Paolo Di Sacco

Antologia della Divina Commedia

**Edizioni Scolastiche
Bruno Mondadori**

INTRODUZIONE

Il poema di un'epoca, un «libro» molteplice
e insieme unitario ... 6

Il viaggio nell'oltretomba,
le fonti e la novità di Dante ... 10

I significati del «poema sacro» e il messaggio
del poeta-profeta ... 15

L'Inferno ... 21

Un ardente crogiolo di passioni ... 22

■ **Canto I** ... 23
Le chiavi del canto, Lavoriamo sul testo ... 29
• **Approfondimenti** Cesare Segre, *Dante incontra Virgilio e il suo viaggio diventa arte* ... 31

■ **Sintesi Canto II** ... 32

■ **Canto III** ... 33
Le chiavi del canto, Lavoriamo sul testo ... 39
• **Approfondimenti** Théophil Spoerri, *La legge dell'inferno* ... 41

■ **Canto IV** ... 42
Le chiavi del canto, Lavoriamo sul testo ... 47
• **Approfondimenti** Gino Funaioli, *Dante e il nuovo rapporto con il mondo classico* ... 48

■ **Canto V** ... 50
Le chiavi del canto, Lavoriamo sul testo ... 54
• **Approfondimenti**
Vittorio Sermonti, *Romanzo d'amore e di morte* ... 56

■ **Canto VI** ... 57
Le chiavi del canto, Lavoriamo sul testo ... 62
• **Approfondimenti**
Nicolò Mineo, *Firenze e i fiorentini nella* Commedia ... 64

■ **Sintesi Canti VII - VIII - IX** ... 65

■ **Canto X** ... 68
Le chiavi del canto, Lavoriamo sul testo ... 73
• **Approfondimenti** Ettore Barelli, *Un "epicureo" dei tempi di Dante: Guido Cavalcanti* ... 75

■ **Sintesi Canti XI - XII** ... 77

■ **Canto XIII** ... 79
Le chiavi del canto, Lavoriamo sul testo ... 86
• **Approfondimenti** Mario Rivoire, *Federico II e Pier delle Vigne* ... 87

■ **Sintesi Canti XIV - XV - XVI - XVII - XVIII** ... 88

■ **Canto XIX** ... 93
Le chiavi del canto, Lavoriamo sul testo ... 99
• **Approfondimenti** Giorgio Falco, *Il papato ai tempi di Dante* ... 101

■ **Sintesi Canti XX - XXI- XXII - XXIII - XXIV - XXV** ... 102

■ **Canto XXVI** ... 108
Le chiavi del canto, Lavoriamo sul testo ... 112
• **Approfondimenti** John Freccero, *L'Ulisse di Dante: dall'epica al romanzo* ... 115

■ **Sintesi Canti XXVII - XXVIII - XXIX - XXX XXXI - XXXII** ... 117

■ **Canto XXXIII** ... 123
Le chiavi del canto, Lavoriamo sul testo ... 128
• **Approfondimenti** Jorge Luis Borges, *Il problema di Ugolino* ... 131

■ **Sintesi Canto XXXIV** ... 132

Amos Nattini, Farinata e Cavalcante (1930).

Il *Purgatorio* 133

La diversa poesia del *Purgatorio* — 134

Canto I — 135
Le chiavi del canto, Lavoriamo sul testo — 142

• *Approfondimenti* Jacques Le Goff, *La nascita del Purgatorio nella cultura medievale* — 144

Canto II — 145
Le chiavi del canto, Lavoriamo sul testo — 151

• *Approfondimenti* Charles S. Singleton, *La scena fondamentale del poema: l'Esodo, la conversione* — 153

Canto III — 155
Le chiavi del canto, Lavoriamo sul testo — 162

• *Approfondimenti* Gianluigi Tornotti, *I papi e i loro nemici: guerre e scomuniche* — 164

Sintesi Canti IV - V — 165

Canto VI — 167
Le chiavi del canto, Lavoriamo sul testo — 172

• *Approfondimenti* Henri Pirenne, *L'impero al tempo di Dante e la sua crisi* — 174

Sintesi Canti VII - VIII - IX - X — 176

Canto XI — 180
Le chiavi del canto, Lavoriamo sul testo — 187

• *Approfondimenti* Paolo Di Sacco, *Dante, la poesia e i poeti nella* Commedia — 190

Sintesi Canti XII - XIII - XIV - XV - XVI - XVII XVIII - XIX - XX - XXI - XXII — 191

Canto XXIII — 202
Le chiavi del canto, Lavoriamo sul testo — 209

• *Approfondimenti* Emilio Pasquini, *Il significato dell'incontro con Forese* — 211

Sintesi Canti XXIV - XXV - XXVI - XXVII XXVIII - XXIX — 212

Canto XXX — 218
Le chiavi del canto, Lavoriamo sul testo — 224

• *Approfondimenti* Giorgio Montefoschi, *Beatrice, il vero amore a un passo dal paradiso* — 227

Sintesi Canti XXXI - XXXII - XXXIII — 228

Il *Paradiso* 231

La sfida suprema della poesia — 232

Canto I — 234
Le chiavi del canto, Lavoriamo sul testo — 238

• *Approfondimenti* Umberto Bosco, *Trasumanar, cioè desiderare Dio* — 240

Sintesi Canto II — 241

Canto III — 242
Le chiavi del canto, Lavoriamo sul testo — 247

• *Approfondimenti* Gianluigi Tornotti, *La donna nel Medioevo: un bene familiare* — 249

Sintesi Canti IV - V — 250

Canto VI — 252
Le chiavi del canto, Lavoriamo sul testo — 256

• *Approfondimenti* Francesco Fioretti, *Il «ghibellin fuggiasco»: Dante tra il papato e l'impero* — 259

Sintesi Canto VII - VIII - IX - X — 260

Canto XI — 264
Le chiavi del canto, Lavoriamo sul testo — 270

• *Approfondimenti* Domenico Del Rio, *La rivoluzione religiosa di Francesco* — 272

Sintesi Canti XII - XIII - XIV - XV - XVI — 274

Canto XVII — 279
Le chiavi del canto, Lavoriamo sul testo — 284

• *Approfondimenti* Jacques Heers, *L'esilio nella vicenda politica dei Comuni* — 286

Sintesi Canti XVIII - XIX - XX - XXI - XXII — 287

Canto XXIII — 292
Le chiavi del canto, Lavoriamo sul testo — 296

• *Approfondimenti* Vittorio Sermonti, *L'ineffabile ineffabilità* — 298

Sintesi Canti XXIV - XXV - XXVI - XXVII XXVIII - XXIX — 299

Canto XXX — 305
Le chiavi del canto, Lavoriamo sul testo — 308

Sintesi Canti XXXI - XXXII — 309

Canto XXXIII — 311
Le chiavi del canto, Lavoriamo sul testo — 314

• *Approfondimenti* Roberto Benigni, *«Roba da andare al manicomio»* — 316

Glossario metrico e stilistico — 318

Marina Bardini
copertina

Studio ABC, Milano
realizzazione editoriale

Beatrice Valli
ricerca iconografica

Massimiliano Martino, Matteo Zaghi
controllo qualità

Tutti i diritti riservati
© 2011, Pearson Italia, Milano - Torino
9788842435259B
© 2012, Pearson Italia, Milano - Torino
9788842416449B
© 2014, Pearson Italia, Milano - Torino
9788842404460B
© 2015, Pearson Italia, Milano - Torino
9788869100581C
© 2016, Pearson Italia, Milano - Torino
9788869101755C

www.pearson.it

Per i passi antologici, per le citazioni, per le riproduzioni grafiche, cartografiche e fotografiche appartenenti alla proprietà di terzi, inseriti in quest'opera, l'editore è a disposizione degli aventi diritto non potuti reperire nonché per eventuali non volute omissioni e/o errori di attribuzione nei riferimenti.
È vietata la riproduzione, anche parziale o ad uso interno didattico, con qualsiasi mezzo, non autorizzata. Le fotocopie per uso personale del lettore possono essere effettuate nei limiti del 15% di ciascun volume dietro pagamento alla SIAE del compenso previsto dall'art. 68, commi 4 e 5, della legge 22 aprile 1941, n. 633. Le riproduzioni effettuate per finalità di carattere professionale, economico o commerciale o comunque per uso diverso da quello personale possono essere effettuate a seguito di specifica autorizzazione rilasciata da CLEAredi, Corso di Porta Romana 108, 20122 Milano, e-mail autorizzazioni@clearedi.org e sito web www.clearedi.org

Stampato per conto della casa editrice presso:
Arti Grafiche Battaia - Zibido San Giacomo - MI

Ristampa	Anno
4 5 6	19 20 21

Introduzione

Il poema di un'epoca, un «libro» molteplice e insieme unitario

1 Tre cantiche, cento canti, 14 mila versi e un'elaborazione lunghissima

Esiliato da Firenze, dopo la sconfitta del suo partito, costretto a chiedere ospitalità presso le corti ghibelline dell'Italia centro-settentrionale, Dante Alighieri, «fiorentino di nascita, non di costumi» (come scrisse in una lettera a un amico), lavorò per circa un quindicennio (più o meno fino alla morte, avvenuta nel 1321) al poema della *Divina Commedia*. Ne risultò un'opera memorabile, in grado di «parlare» a ogni epoca, coinvolgendo e appassionando sensibilità, culture, esperienze molteplici.

Il poema è composto da **14 223 endecasillabi** in terzine concatenate, suddiviso in **3 cantiche** (*Inferno*, *Purgatorio*, *Paradiso*) e **100 canti**. Il primo canto dell'*Inferno* funge da proemio generale all'intero poema; perciò la prima cantica conta 34 canti; *Purgatorio* e *Paradiso* ne hanno 33 ciascuno.

Il poema riflette di conseguenza il maturare delle esperienze, delle idee, degli affetti di Dante uomo, che muta e cresce insieme alla sua opera. Purtroppo però è **difficilissimo** per noi, oggi, **ricostruire questo processo di scrittura e la sua interna elaborazione**. La condanna all'esilio perpetuo comportava, tra le altre punizioni, anche la **distruzione di tutti i documenti** riguardanti il poeta. Possiamo ipotizzare che la *Commedia* fu **iniziata attorno al 1306-07** e che assorbì interamente le energie di Dante fino alla sua morte. La composizione delle prime due cantiche richiese circa sei-sette anni; seguì una fase di revisione, compiuta a Verona verso il 1315-16. La scrittura del *Paradiso* **si protrasse fino al 1321**, l'anno in cui l'autore morì.

2 Una geniale sintesi tra vecchio e nuovo

La *Commedia* ebbe un'**immediata diffusione** presso i dotti e presso i lettori. Il pubblico del Trecento era catturato da diversi fattori:
- l'argomento affascinante dell'**aldilà**;
- la **linearità della vicenda**;
- la presenza di **personaggi noti** e di vicende contemporanee;
- la stessa **denuncia morale** contenuta nel poema, che condannava la corruzione ecclesiastica e le discordie comunali e che rispondeva a un diffuso bisogno di giustizia.

Dante seppe creare **un nuovo pubblico**, come ha notato lo studioso Erich Auerbach, per sé e per gli autori successivi, gettando inoltre le basi perché si avviasse il processo di unificazione linguistica della nazione italiana.

La *Commedia* è l'opera in cui, meglio che in ogni altra del suo tempo, si riconoscono i tratti più caratteristici e i valori più alti della **mentalità medievale**. Essa è fortemente legata al primo Trecento, l'età delle nascenti signorie, l'epoca in cui si stava definitivamente infrangendo il primato di impero e Chiesa, il momento in cui alla cultura religiosa propria del Medioevo cominciava ad affiancarsi una nuova visione della vita e del mondo. Come ogni grande capolavoro, la *Commedia* ha saputo interpretare i primi segni del mutamento, proponendo una **geniale sintesi tra vecchio e nuovo**. Infatti:
- usa il linguaggio dei **simboli** della millenaria cultura medievale, ma è impregnata di **realismo** descrittivo e narrativo;
- è ancorata ai **valori perduti** di un **mondo cavalleresco** ormai tramontato, ma rappresenta anche tutti gli aspetti di una **realtà in trasformazione** come quella dell'Italia di primo Trecento;
- è scritta in una **lingua** di base **fiorentina**, ma in essa l'autore ha mescolato parole ed espressioni di **varia provenienza**: questa lingua quasi «inventata» da Dante è divenuta la base lessicale dell'italiano che parliamo tuttora.

3 Ragioni di un fascino senza tempo

In seguito **ogni epoca** (tranne forse il secolo XV) avrebbe amato il «suo» Dante, circondandolo della quasi unanimità di consensi. I **motivi di tale ammirazione variano** con il variare delle culture: per esempio, all'inizio dell'**Ottocento** i lettori risorgimentali apprezzavano soprattutto la forte «italianità» della *Commedia*, la grande tensione morale e civile che emerge dal testo.

Oggi siamo meno sensibili a motivi di questo genere e ne apprezziamo maggiormente altri. Per esempio, il poema di Dante, impregnato nel profondo di fede cristiana, continua però a suscitare un fascino invincibile anche su un pubblico laico: per la vastità dell'**impianto dottrinale e filosofico**, per l'intensa e immaginosa **visionarietà**, per la varietà dei suoi **registri stilistici** (con frequenti incursioni nello stile più «basso», quello «comico»). Ma soprattutto, chi legge il poema s'imbatte nel valore di un'**esperienza unica**: la vicenda, biografica e culturale insieme, di un grande intellettuale in grado di assorbire e far proprie tutte le voci più significative dell'epoca in cui è vissuto, e capace poi di restituirle in un crogiolo poetico di straordinaria ricchezza. Il fulcro della *Commedia* sta nelle **emozioni morali di un poeta** che ha attraversato, in spirito e corpo, tutti gli stati della condizione umana, e dall'abisso di disperazione del peccato si è innalzato fino alla contemplazione degli impervi misteri della teologia.

4 *Comedía* e stile comico

Accostiamoci ora più da vicino all'opera, esaminando anzitutto il **titolo**. Per due volte Dante attribuisce al poema il titolo *Commedia*, anzi *comedía*. Siamo nell'*Inferno*, nel canto XVI, al v. 128: *...per le note / di questa comedía, lettor, ti giuro...*; lo stesso termine ritorna nel canto XXI, al v.2 *...altro parlando / che la mia comedía cantar non cura.*

Fu poi nell'edizione veneziana del **1555** del poema, curata da Ludovico Dolce, che comparve per la prima volta il titolo, a noi familiare, di ***Divina Commedia***. Esso dipendeva da un'indicazione di **Boccaccio**, che nel *Trattatello in laude di Dante* aveva accostato l'aggettivo *divina* al sostantivo *commedia*. Boccaccio pensava all'argomento «divino», cioè soprannaturale, del poema, che narra di un viaggio nell'oltretomba; ma quell'aggettivo «divina» abbinato a «commedia» piacque perché veniva a connotare la qualità «sublime» dell'opera. Come tale è stato accettato dai lettori e si è conservato fino a oggi.

Naturalmente il termine «commedia» non si riferisce affatto, secondo il senso moderno, al genere teatrale della commedia. Quando Dante parla di *comedía* si riferisce, secondo la terminologia retorica in uso al suo tempo, a uno **stile**, quello **mezzano**, intermedio tra il più elevato (tragico) e il più basso (elegiaco); ebbene, come Dante stesso aveva affermato nel *De vulgari eloquentia* (II, 4), **lo stile comico oscilla** tra livelli diversi, «ora mezzano ora basso».
Precisamente tale **elasticità di forma e di contenuto** costituisce la straordinaria novità del poema. Un poema «misto», impegnato a restituire un'immagine completa e varia del mondo, in un linguaggio che si tende **tra poli opposti**, per celebrare in poesia la complessa, variabile bellezza del creato. La geniale scelta del titolo ci rivela in sostanza che uno dei grandi temi del poema è proprio **il linguaggio** e anzi il suo stesso costruirsi e adeguarsi, volta a volta, alle più diverse situazioni e significati del discorso poetico.

5 Unità e varietà

In un certo senso, ciascuna delle tre cantiche di cui l'opera si compone sembra voler sperimentare un **peculiare livello** di stile e di lingua:
- l'*Inferno*, che si ambienta nel mondo dei dannati, utilizza lo **stile umile** dell'*elegia*;
- lo **stile mezzano o comico** caratterizza il *Purgatorio*, dedicato alla purificazione spirituale delle anime in procinto di entrare nella beatitudine divina;
- infine nel *Paradiso* Dante sperimenta, tendendole fino al massimo grado, le diverse gradazioni dello **stile più sublime**, quello tragico.

È uno schema giusto, ma generico: infatti, in ciascuna delle tre cantiche e pressoché in ciascuno dei cento canti del poema, vediamo **mescolarsi i più diversi elementi** del lessico, della metrica, della sintassi. Quella realizzata nella *Commedia* è la **miscela** più varia che si possa immaginare; il suo scopo è riproporre al lettore, sul piano della poesia, la straordinaria **complessità del mondo**

La Divina Commedia

reale. Appunto a tale varietà – la varietà del genere chiamato *comedía*, ma retta da un saldissimo principio uniformatore – Dante ha voluto intitolare la propria opera.

Siamo a un punto nodale. La *Commedia* cresce tutt'attorno a una legge che potremmo chiamare di **unità nella molteplicità** e viceversa, di **molteplicità nell'unità**. Il molteplice sono i mille destini individuali che il lettore incontra via via, sono i riferimenti al presente (la cronaca fiorentina e comunale, le vicissitudini dell'esilio ecc.) e al passato (storia romana e mitologia greca, la Bibbia e le crociate, le vicende di imperatori e papi), l'altrove lontano (regni esotici, luoghi soprannaturali, visioni) e il vicinissimo (il territorio fiorentino, i fiumi e i colli toscani, le terre d'Italia...): la *Commedia* è una grande enciclopedia della vita e della cultura medievale, ma orchestrata entro una prospettiva prepotentemente, incomparabilmente unitaria.

6 Il simbolismo numerico e le simmetrie del libro

Un'immagine eloquente di questa unità è data dal simbolismo numerico che attraversa l'opera: ai **numeri**, cioè alla perfetta struttura architettonica che regge la narrazione, Dante ha affidato il compito di riprodurre la **perfezione** (unità nella molteplicità, appunto) della creazione divina.

In particolare egli utilizza l'*uno*, il numero di Dio, e il *tre*, il numero della Trinità. La *Commedia* si compone infatti di tre cantiche, ognuna di 33 canti: ma il totale non fa 99, bensì 100, grazie a quell'unico canto proemiale. Ciascuna cantica si conclude con un'identica parola-rima finale: *stelle*.

Ancora. **Tre guide** accompagnano il pellegrino Dante nei tre regni dell'oltretomba:
- la prima è **Virgilio**, simbolo della ragione retta, la ragione cioè che sa riconoscere il bene e lo sa attuare;
- la seconda guida è **Beatrice**, simbolo della grazia santificante e/o della teologia, che è la scienza delle cose di Dio;
- infine, negli ultimi canti della visione paradisiaca, Dante è guidato da **san Bernardo**, il maestro di spiritualità che lo introduce all'ultima contemplazione, quella di Dio.

Una potente simmetria regola inoltre l'ordinamento morale di ciascuna cantica:
- in **tre gruppi** sono riunite le anime dell'*Inferno* (incontinenti, violenti, fraudolenti);
- **tre** sono, nel *Purgatorio*, le **categorie** degli spiriti espianti (coloro che amarono il male, coloro che poco amarono il bene, coloro che troppo apprezzarono i beni terreni);
- **tre**, infine, in *Paradiso*, sono i **gruppi** dei beati (spiriti mondani, spiriti attivi, spiriti contemplativi).

L'esistenza stessa di questa **simmetria** è il segno incancellabile dell'**unità di fondo** che governa la visione di Dante e il suo poema. E si potrebbe continuare: per esempio il nove, che è il numero della Trinità per se stessa, si riflette nei nove cerchi infernali, nelle nove zone purgatoriali, nei nove cieli paradisiaci.

7 La metrica al servizio dei contenuti

Lo **schema metrico** appositamente creato per questa «macchina» poetica è la terzina a rime incatenate: i versi endecasillabi si dispongono in sequenze di tre, legati tra loro da tre rime, in un **processo a espansione** che coincide con il moto in avanti del pellegrino dell'oltretomba, con l'allargarsi e l'approfondirsi della sua visione, man mano che si avvicina al centro della verità, cioè a Dio. Non a caso, tutti e 100 i canti si concludono con un verso isolato (uno solo), che chiude la sequenza dei gruppi di tre, consentendo al secondo verso dell'ultima terzina di non restare senza rima.

Di nuovo, quindi, **la legge dell'uno e del tre**: una coesione davvero concentrica (*unitaria*) governa il progressivo crescere e allargarsi del poema dantesco.

Introduzione

Un poema unitario e molteplice

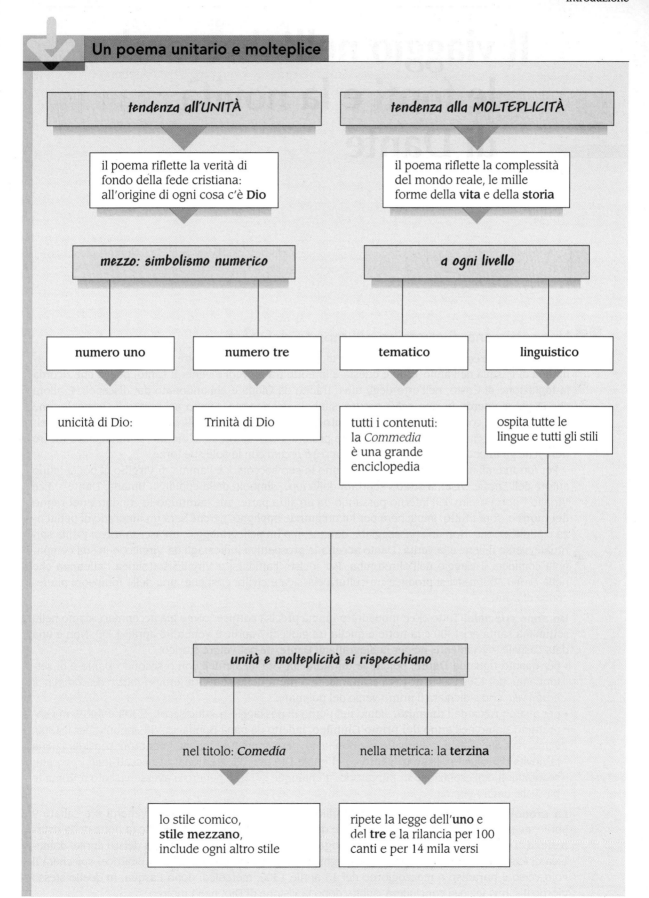

Il viaggio nell'oltretomba, le fonti e la novità di Dante

1 Una settimana di cammino nel mondo dei morti

La notte del peccato. Il poema comincia di notte, ma non in una notte qualsiasi. Siamo nella settimana di Pasqua dell'anno 1300 e questa è la notte tra giovedì e venerdì santo, quella che ricorda la tentazione di Cristo, nell'orto degli ulivi, tradito da Giuda e abbandonato dai discepoli. È allora che Dante **si sperde in una** *selva oscura*, simbolo del peccato. Siamo nei pressi di **Gerusalemme** (Dante non dice come vi sia arrivato), il punto che nella geografia medievale costituiva il centro delle terre emerse. Qui il poeta, in preda a una profonda crisi spirituale e morale, è **minacciato da tre fiere**, che gli impediscono d'uscire da quella *selva oscura* con le sole sue forze.

Per fortuna, all'improvviso, giunge qualcuno in suo soccorso: è l'anima di **Virgilio**, il poeta latino autore dell'*Eneide*. Vista la strada sbarrata dalla *lupa*, simbolo della cupidigia umana, Dante – dice Virgilio – potrà uscire dall'inferno passando da un'altra parte: tale **cammino** lo condurrà **nel regno dei morti** e, soprattutto, implicherà per lui un grande impegno, perché sarà un itinerario di penitenza e purificazione. Non una passeggiata, dunque, ma un pellegrinaggio, un'ascesa-*ascesi* (salita spirituale) verso il bene e la verità. Dante accetta la prospettiva indicatagli da Virgilio, e in sua compagnia comincia il viaggio nell'oltretomba. Per inciso, l'affidarsi a Virgilio sottolinea l'**alleanza** che nella *Divina Commedia* si produce tra cultura classica e civiltà cristiana: una delle intuizioni più feconde di Dante.

Un anno speciale. Tutto ciò è inquadrato in una precisa cornice: come già accennato, siamo nella settimana santa del 1300 e la notte è quella tra giovedì 7 aprile e venerdì 8 aprile 1300. Non è una data casuale, ovviamente, né per la biografia di Dante, né per valore storico:

- per quanto riguarda **Dante**: poiché la durata della vita ideale dell'uomo secondo Dante è di settant'anni, nel 1300 egli si trovava esattamente **a metà della sua vita** (era *nel mezzo del cammin di nostra vita*, come dichiara il primo verso del poema);
- per quanto riguarda l'**umanità**: siamo nel punto di passaggio tra due secoli, il XIII e il XIV, ma soprattutto siamo nell'**anno del primo Giubileo**, indetto da papa Bonifacio VIII appunto per il 1300. Dante non aveva alcuna simpatia per Bonifacio, però come tutti teneva in enorme considerazione la novità del *Giubileo*, l'«**anno santo**», nel quale Dio avrebbe perdonato i peccati (*tutti* i peccati), scontandoli dall'espiazione in purgatorio, a chiunque si fosse pentito e avesse visitato a Roma le basiliche degli Apostoli.

La cronologia del viaggio. Dante e Virgilio attraverseranno l'**inferno** tra venerdì 8 e sabato 9 aprile; ne usciranno nella notte tra sabato e domenica (9-10 aprile 1300), che è la notte della risurrezione di Gesù. Cominceranno la salita lungo le balze del **purgatorio** all'alba del 10 aprile, domenica di Pasqua. Dante (senza più la compagnia di Virgilio, ma con l'ausilio di Beatrice) spiccherà il volo verso il **paradiso** a mezzogiorno del 13 aprile 1300, mercoledì dopo Pasqua. In quello stesso giorno il suo viaggio si concluderà, subito dopo la visione di Dio, nell'Empìreo.

2 I tre regni dell'oltretomba e il cosmo dantesco

L'inferno. Il percorso di Dante e Virgilio si avvia dall'inferno, che secondo la cosmologia medievale è una **voragine a forma di cono rovesciato**; i suoi bordi sono incisi a scaloni orizzontali, e questi ultimi formano i **nove ripiani concentrici** (i «cerchi») in cui sono puniti i diversi peccati. I ripiani o «cerchi» sono sempre più stretti man mano che ci si avvicina al **fondo** dell'inferno. Quest'ultimo è posto **nel centro esatto della terra**: qui è conficcato **Lucifero** (o Satana), l'angelo che all'inizio dei tempi si ribellò a Dio e che, per punizione, venne sprofondato nel punto più lontano da Dio stesso. Quando Lucifero cadde, le terre si ritrassero al suo passaggio: il terremoto originò la voragine conica (l'inferno), mentre sorse un'isola montuosa, (la montagna del Purgatorio), nell'emisfero australe, tutto circondato dalle acque.

Il purgatorio. Il purgatorio è un'**altissima montagna** circondata dal mare, o meglio dall'oceano. Qui Dante e Virgilio giungono attraverso un lungo corridoio sotterraneo, che parte dai piedi di Lucifero: invece tutte le anime che espiano le proprie colpe vi arrivano condotte da un angelo, su una barca che le raccoglie alla foce del Tevere.

- Sulla **spiaggia** che circonda il monte e sulle prime balze di esso (il cosiddetto antipurgatorio) dimorano i **negligenti**, ossia le anime dei peccatori che tardarono a pentirsi.
- Più su comincia il cammino d'espiazione vero e proprio, lungo ciascuna delle **sette cornici** o gironi in cui si suddivide la montagna.
- Sulla **cima** del monte si apre la selva amena (un'altra selva, ma non più oscura, bensì luminosa e fonte di pace spirituale) dell'**Eden**, il **paradiso terrestre**: qui dimorarono i progenitori, Adamo ed Eva, appena creati da Dio. Sulla cima del monte tutte le anime, e anche Dante con loro, completano la propria purificazione. E proprio qui Virgilio si congeda da Dante: sarà sostituito nel ruolo di guida da **Beatrice**, che accompagnerà il poeta nella parte finale del viaggio.

Il paradiso. Le anime del paradiso, i beati, risiedono **nell'Empìreo**, in forma di immenso anfiteatro: è la «**candida rosa**» dischiusa attorno al trono di Dio, fonte di luce e di beatitudine. Dante però incontra le anime beate non nell'Empìreo, ma ciascuna nella sfera celeste (si va dal cielo della Luna a quello di Saturno), ne caratterizzò in vita il carattere. Si tratta di un **espediente narrativo** con cui evitare la monotonia di una serie di dialoghi in un unico luogo. Così, invece, disponendo gli incontri in modo graduale e in luoghi diversi, viene valorizzata la differenza tra le anime, fonte di psicologia e di poesia; sono inoltre conservate le leggi di simmetria che regolano tutte e tre le cantiche.

Nella cosmologia dantesca, che riprende i canoni della geografia medievale (ispirata dalle teorie dell'antico astronomo Claudio Tolomeo, vissuto nel II secolo d.C.), la **terra** è al **centro dell'universo**, sovrastata da **nove cieli concentrici** (dal più stretto al più largo); sopra di essi è l'**Empìreo**, dov'è posto il trono di Dio. Questi cieli si muovono in virtù del movimento che Dio imprime loro e alla terra: è dunque Dio la fonte che dà energia a tutto ciò che vive.

3 Pene e castighi: la struttura morale dell'oltretomba

Il viaggio di Dante comprende una discesa e una risalita, un allontanamento dal Padre celeste e un ritorno; anche le anime si dispongono, secondo le loro colpe o i loro meriti, più o meno lontani da Dio.

Nell'inferno Dante pellegrino **discende** dalla colpa più lieve (il Limbo, dove i giusti non battezzati desiderano senza speranza la visione di Dio) alla più grave (i traditori dei benefattori dell'umanità – Giuda, Bruto, Cassio – «masticati» in eterno nelle tre bocche di Lucifero); l'**ascesa al purgatorio** lo porta dal peccato più grave al più lieve; infine la **visione paradisiaca** lo conduce dal grado più basso di beatitudine al più elevato.

Per costruire la struttura morale (cioè, il **giudizio sulle colpe e sui meriti**) del suo oltretomba, Dante ha ripreso, in generale, i tre gradi conoscitivi dell'anima descritti da san Tommaso e l'antica teoria morale descritta da Aristotele nell'*Etica*. Ha però fatto ricorso anche a una **pluralità di fonti**, per meglio caratterizzare ciascuno dei tre regni, aggiungendo così qualche rilevante novità.

Per esempio, nell'*Inferno* ha aggiunto tre categorie di dannati estranee ad Aristotele:

- gli **ignavi** (coloro che non scelsero, che non agirono né «per» Dio né «contro» di Lui);
- le **anime del Limbo**, i bambini morti senza battesimo; tra loro vi sono anche, per uno speciale privilegio, gli «spiriti magni» dell'antichità classica;
- gli **eretici**, cioè, nel linguaggio dantesco, coloro che non credono in Dio.

L'idea di **un regno intermedio** tra inferno e paradiso aveva invece una tradizione assai più limitata: soltanto nel **1274** l'esistenza del **purgatorio** era divenuta articolo di fede, con il Concilio di Lione; ma Dante non possedeva alcun modello letterario o figurativo per il suo secondo regno. La sua raffigurazione del purgatorio è pura invenzione.

Nel **paradiso** prevale infine la ripresa di molte fonti medievali (Agostino, Gregorio Magno, Bonaventura), combinate da Dante però secondo una personalissima visione.

Le anime dell'oltretomba dantesco soffrono pene e castighi proporzionati alle colpe, e regolati dalla legge del *contrappasso*: la giustizia divina stabilisce una relazione o di analogia o di contrasto **tra la pena e la colpa**:

- l'**analogia** si mostra, per esempio, nel canto V dell'*Inferno*, dove le anime dei lussuriosi, travolti in vita dalla bufera dei sensi, sono allo stesso modo travolti, nell'aldilà, da una *bufera infernal che mai non resta* ("non si arresta");
- il **contrasto** si evidenzia, per esempio, nella continua corsa degli ignavi dell'*Inferno* (canto III) o degli accidiosi del *Purgatorio* (canti XVII e XVIII). Quanto essi, in vita, furono pigri verso il bene, tanto adesso devono correre senza tregua, nell'aldilà.

Ma la **fantasia** di Dante percorre tutto il poema: per esempio, immerge in una palude di fango, di sterco o di pece, rispettivamente, i golosi (*Inf.* VI), gli adulatori (*Inf.* XVIII) e i funzionari corrotti (i *barattieri* di *Inf.* XXI e XXII); quella materia nauseabonda è la rappresentazione figurata di una condizione terrena di ambiguità e assenza di chiarezza.

Sorge a questo punto un dubbio: se l'anima è una realtà spirituale, come può provare tormenti fisici? La risposta è che le anime dell'oltretomba dantesco sono dotate di **corpo spirituale**, simile a quello di Cristo dopo la risurrezione: un corpo capace di digerire il pesce (Giovanni, 21, 13: Luca 24, 41), ma capace di oltrepassare una porta chiusa (Giovanni 20, 19). Della stessa natura è il corpo spirituale dei dannati e delle anime del purgatorio; solo in paradiso la spiritualità si accentua e l'anima è anima e basta.

4 · Le fonti di Dante

Dante non ha inventato il tema del viaggio nell'aldilà: esso aveva **illustri precedenti** nella Bibbia, nella letteratura classica e in molte opere medievali.

Fonti classiche: Virgilio, Omero. Fra gli antecedenti greci e latini, Dante ha tenuto presente soprattutto l'*Eneide* di **Virgilio**, che nel VI libro raccontava la discesa di Enea nel regno dei morti e il suo incontro con il padre Anchise, che gli predice il futuro glorioso della loro discendenza nel Lazio, alle cui coste approderà il lungo peregrinare dell'eroe troiano.

Virgilio si era ispirato a sua volta a un episodio dell'*Odissea* di **Omero**: la cosiddetta *Nekyia*, il "sacrificio funebre" con l'evocazione dei morti, compiuto da Ulisse nella terra nebbiosa dei Cimmeri, ai gelidi confini dell'oceano (*Odissea*, XI). Da tale evocazione scaturisce il colloquio di Ulisse con le ombre (tra cui l'indovino Tiresia e la madre Anticlea).

Le fonti bibliche. Le pagine della Bibbia che costituirono una fonte per Dante sono soprattutto il libro dell'*Apocalisse* e una pagina della **II lettera di san Paolo ai Corinzi**: in essa l'apostolo narrava di essere stato rapito al settimo cielo.

I precedenti medievali. Dalla matrice biblica dipendevano inoltre parecchi **testi medievali**, ascetici e agiografici, che narravano leggende sull'oltretomba; tra questi, la *Navigazione di san Brandano* e il *Purgatorio di san Patrizio*. Sicuramente nota a Dante era la *Visione di san Paolo*, sul rapimento mistico dell'apostolo in paradiso: perciò Dante esplicitamente si paragona (in *Inferno* II, vv.13-32) a Enea e a san Paolo, i più noti «viaggiatori» nell'aldilà.

Alla **cultura araba** risale invece il *Libro della Scala*, che narra l'ascesa al cielo di Maometto: di questo fu prodotta in Spagna una versione latina, poco prima che Dante nascesse. La critica recente ha rivalutato il peso del *Libro della Scala*, vista la diffusione della cultura araba nell'Italia duecentesca: ma la vicinanza di strutture tra la *Commedia* e il *Libro della Scala* si può spiegare anche per il fatto che entrambe scaturirono da un medesimo filone, quello della cosmologia aristotelico-tolemaica.

Nel **Duecento** poi si era sviluppata nell'Italia settentrionale una letteratura didattico-allegorica in volgare, incentrata sulla descrizione dell'aldilà; tra gli esemplari più noti, vi sono i **poemetti** in volgare di **Bonvesin da la Riva** (*Libro delle tre scritture*) e di **Giacomino da Verona** (il *De Babilonia civitate infernali* e il *De Ierusalem celesti*).

5 La vertiginosa novità della *Commedia*

Peraltro, nessuna di queste opere e neppure il loro insieme può essere considerata una vera «fonte» per il poema di Dante. Elementi comuni sussistono, ma si limitano ad aspetti esteriori, come la ripartizione dei luoghi dell'aldilà. Ma nell'insieme, l'opera di Dante risulta di un **livello infinitamente superiore** a questi precedenti. Possiamo individuare tre motivi principali.

1. L'io dell'autore in primo piano. Anzitutto, il poeta fiorentino rielabora tutti i materiali alla luce della sua personalità poetica: non accetta passivamente questo o quell'elemento, ma li fonde tutti all'interno di un'immagine globale, credibile e coerente, della realtà e del suo significato ultimo. La *Commedia* è cioè un'**opera potentemente individuale**, voce di un io che è sempre in primo piano, sulla ribalta; ogni verso del poema si può dire che mostri con rigore le passioni dell'autore.

2. Il dialogo con Virgilio. Un secondo motivo di originalità, sottolineato dal critico Cesare Segre, è la capillare presenza, nella *Commedia*, dell'*Eneide* **virgiliana**, che condusse a un deciso allargamento di orizzonti culturali e letterari. Una spinta poderosa alla composizione della *Commedia* venne a Dante proprio dalla **rilettura** dell'*Eneide* da lui compiuta nel 1305-06. Fu Virgilio a suggerirgli l'idea che l'azione storica dell'Impero romano era "guidata" da una sorta di provvidenza divina, assieme all'idea della collaborazione tra testi antichi e testi cristiani nel processo della salvezza collettiva. Dante entrò così in un **fecondo dialogo** con il massimo poema della latinità: sia per emularne la perfezione letteraria, sia per superarlo, alla luce della verità rivelata da Dio.

3. Aldilà e aldiqua. Dante tratta il tema *escatològico* (inerente cioè alle «cose ultime», dal greco *éschata*: "morte e vita eterna dell'anima") in modo ben diverso dalle evanescenti ombre dell'aldilà evocate dai suoi predecessori medievali. Non vuole solo soddisfare la curiosità dei lettori su come siano fatti i regni celesti, ma vuole **rappresentare drammaticamente** la profonda relazione che lega l'umanità a Dio, la storia e la provvidenza, il tempo e l'eterno. Nei tre regni danteschi, il **legame tra aldiqua e aldilà** rimane a ogni passo strettissimo, e ciò porta a conseguenze decisive.

La prima conseguenza è che al poeta interessa parlare dell'aldilà **per incidere più direttamente sull'esperienza terrena reale e concreta**: l'oltretomba è il luogo di quel Dio che, per un singolare privilegio, si è manifestato a lui, Dante Alighieri fiorentino. Da quel punto di vista così «assoluto», può dunque risuonare con la massima verità la voce del poeta-profeta (voce di Dio), che giudica tutta la realtà e la storia degli uomini.

La seconda conseguenza è che la *Commedia* mette in scena un **mondo artisticamente vivo**, ricco delle molteplici sfumature della realtà; un mondo abitato non da fantasmi o astrazioni, ma da **uomini storici, chiaramente riconoscibili**, con il loro carattere e le loro passioni. La Francesca del canto V dell'*Inferno*, per esempio, non è una personificazione standardizzata del vizio dell'adulterio, bensì una persona viva e reale: la sua personalità terrena viene «adempiuta» nella posizione che Dante le riserva nell'eternità. È la cosiddetta **interpretazione «figurale»** (▶ p. 16) proposta dal critico **Erich Auerbach**, che sottolinea le strette connessioni poste da Dante tra vita terrena e vita ultraterrena.

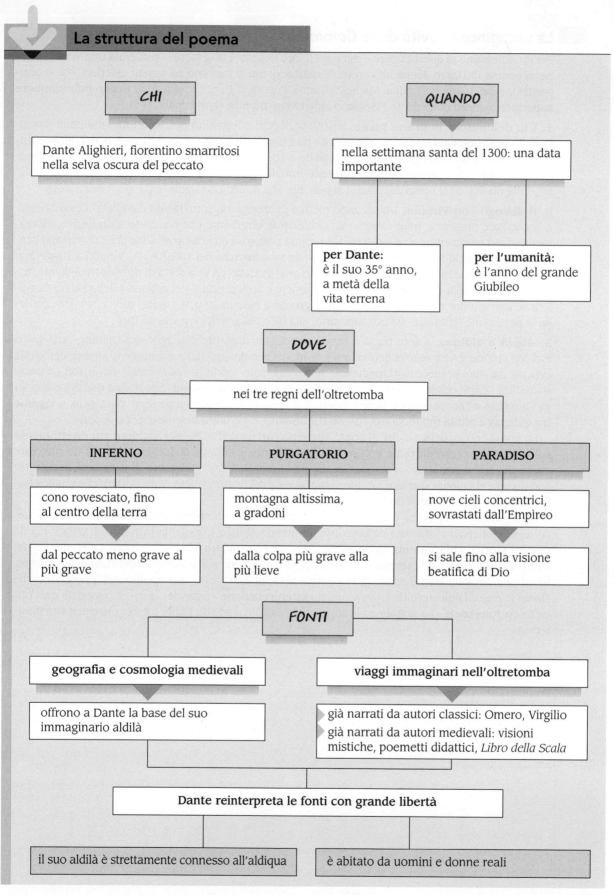

I significati del «poema sacro» e il messaggio del poeta-profeta

1 Un poema allegorico

La *Commedia* rientra nel solco della **letteratura cristiana** medievale. Ma a quale genere letterario appartiene, di preciso? È un poema epico, didattico, allegorico? La risposta è che Dante ha inglobato in essa **molteplici generi letterari** o meglio ancora, **l'intera tradizione letteraria**, antica e moderna, così da farne un «libro-mondo», aperto a tutto tondo sulla complessità del reale.

Tuttavia, come ogni altro autore, anche Dante voleva offrire ai lettori un'opera comprensibile e accettabile secondo le convenzioni della cultura del tempo. Perciò ha costruito la *Commedia* come un **poema allegorico**, come una metafora continuata, un lungo simbolo protratto per cento canti. I frequenti appelli ai lettori, affinché decifrino con efficacia la lettera del testo, sono una spia visibile della natura allegorica e simbolica dell'opera, in cui **figure umane, animali e cose stanno «al posto di» concetti astratti**. La *Commedia* è un'opera aperta che chiede di essere *interpretata* al di là di ciò che dicono letteralmente i suoi versi: in un certo senso, esige dai suoi lettori questa capacità di interpretare.

Le verità nascoste, da Dio, nel mondo e nella Bibbia. Per un pubblico formato nelle scuole di grammatica del tempo, era sottinteso che **Dio** avesse organizzato **tutta la realtà** in modo da favorire la beatitudine eterna degli uomini: a tale scopo, tutta una serie di **significati** sono nascosti sotto una superficie di cose ed eventi. Questo è il significato allegorico (*sensus allegoricus*) del mondo. Inoltre Dio ha nascosto nella trama del reale i precetti morali (*sensus moralis*) che possono farci raggiungere la salvezza dell'anima. Il compito dell'allegoria è **portare alla luce** i significati che Dio ha celato nella realtà, illuminando i suoi sensi morali e spirituali.

Anche la **Bibbia**, in quanto libro di Dio, beneficiava dei medesimi caratteri: la sua *littera*, ovvero ciò che essa letteralmente racconta, è vera come è vero un fatto storico; ma anch'essa, poi, può e deve essere **interpretata allegoricamente**. Per esempio il racconto biblico dell'uscita (o *ésodo*) del popolo ebraico dall'Egitto veniva interpretato dai teologi medievali come allegoria di un'altra «uscita» o liberazione, quella dell'anima dal peccato, che Dio salva con un suo intervento miracoloso.

L'allegoria dei poeti. Accanto all'«allegoria dei teologi» esisteva, come Dante chiarisce nel *Convivio* (II, 1), anche un'«allegoria dei poeti». Con essa s'interpretavano le verità, assai parziali, presenti nelle opere dei **poeti pagani** dell'antichità classica: la lettura «moralizzata» degli *auctores* era prassi scolastica normale nel XIII e XIV secolo. Ciò che essi narravano non aveva verità storica: era solo una **«bella menzogna»**, ma **utile**, in parte, ai lettori, perché poteva insegnare loro il bene e il male.

Per esempio, il mito di Dedalo e Icaro narrato da Ovidio nelle *Metamorfosi* insegnava che l'uomo non deve sfidare la natura e pensare di volare: le sue ali impastate con la cera possono sciogliersi, a contatto con il sole, e procurare la morte. L'uomo, ecco il messaggio morale, non deve fidarsi eccessivamente delle sue forze; Dio ha posto dei limiti alla natura umana. Ora, un simile insegnamento può essere chiarito solo **interpretando** quegli antichi testi **in chiave cristiana**: entrava qui in gioco l'allegoria, grazie alla quale quelle antiche favole venivano messe in rapporto con le verità ultime.

La *Commedia* come la Bibbia: un «poema sacro». Dante realizza però, con la *Commedia*, qualcosa di ben diverso dalle opere degli antichi poeti: al suo poema attribuisce infatti le stesse caratteristiche che la cultura medievale riservava alla **Bibbia**. Se le opere classiche presentavano un senso letterale fittizio, la *Commedia* dichiara invece che **la propria lettera è vera**: al suo inizio, come proclama l'esordio del canto I (*Nel mezzo del cammin.../ mi ritrovai...*), non c'è un'invenzione, bensì un'esperienza personale. La lettura della *Commedia* è dunque da considerarsi allo stesso modo di una lettura biblica: il suo argomento ha come fine quello di mostrare all'uomo la strada della sua salvezza morale, illustrando un percorso di purificazione dal peccato alla beatitudine, passando attraverso l'intera gamma dell'umana esperienza e la vastità del creato. Perciò l'opera di Dante si presenta come un «**poema sacro/ al quale ha posto mano e cielo e terra**» (*Paradiso* XXV, 1-2) e al quale si può e si deve applicare l'allegoria dei teologi. Per lo stesso motivo, il suo autore è un poeta-teologo (ovvero, per quanto riguarda l'insegnamento morale, un poeta-profeta, come vedremo).

2 L'interpretazione figurale

Questa stretta somiglianza tra la *Commedia* e la Bibbia risalta ancor più se, dall'allegoria, passiamo a considerare un ulteriore strumento simbolico: la **figura**. La figura era utilizzata dai teologi medievali per interpretare in chiave cristiana gli antichi fatti della storia ebraica. Ogni evento o personaggio dell'Antico Testamento poteva essere letto in *chiave figurale*: cioè come un'anticipazione di altri fatti, riferibili a Gesù Cristo, così come li narravano i *Vangeli*. Per esempio:

- **Giona** rigettato dalla balena (fatto storico narrato nella Bibbia) è *figura* di **Cristo** risuscitato (fatto storico anch'esso);
- **Isacco** figlio di Abramo e sacrificato da lui a Dio (ma all'ultimo istante un angelo ferma la mano del padre) è *figura* di **Cristo**, perché anticipa il suo sacrificio; Cristo, morendo in croce per la salvezza degli uomini, realizza in pieno ciò che Isacco aveva prefigurato;
- **Mosè**, che salva gli Ebrei dalla schiavitù dell'Egitto, è anch'egli *figura* di **Cristo**, che salva l'umanità dalla schiavitù del peccato.
- La *figura* collega *tipologicamente* (riportandoli cioè allo stesso «tipo») due avvenimenti o personaggi, fra i quali viene così stabilito a posteriori uno stretto rapporto. In tale *rapporto figurale* **ciascuno dei due elementi conserva il proprio senso reale**, anche se il primo elemento viene arricchito dal secondo. Questo non accade invece, nel **simbolismo** della metafora o dell'allegoria: qui il significato è **sempre un'astrazione** (per esempio: la liberazione dell'anima dal peccato), non un fatto o una persona.

La *Divina Commedia* come la Bibbia. Secondo il grande studioso Erich Auerbach, Dante concepì il suo poema estendendo a esso l'interpretazione figurale della Bibbia. Il poema infatti presenta una serie di personaggi storici la cui vita, in terra, costituì una «prefigurazione» di ciò che essi, ora, sono nell'oltretomba, per sempre. **Beatrice** è a un tempo reale e simbolica, così pure lo sono **Virgilio**, **Catone**, e qualsiasi altro personaggio della *Divina Commedia*. **Farinata** (canto X dell'*Inferno*), costretto nella sua tomba infuocata, non è un'astratta allegoria: è la *figura* di un individuo ben preciso, reale, ma che la poesia sa rendere, allo stesso tempo, un simbolo.

Invece le tre fiere che Dante personaggio incontra all'inizio dell'*Inferno* non sono figure, ma semplici simboli di altrettanti vizi morali: sono cioè astrazioni, di modesto valore poetico. Solo l'interpretazione figurale dei grandi personaggi del passato consentirà a Dante d'incontrare, nell'aldilà, **personaggi vivi e concreti**, uomini e donne ben connotati, con una loro precisa fisionomia. In loro il poeta ha incarnato un insegnamento morale, tuttavia esso non cancella, bensì **esalta la loro umanità**: è uno dei risultati che la grande poesia, sempre, sa raggiungere.

3 L'insegnamento morale: le tre tappe della *Commedia*

Per i lettori medievali, l'arte era strettamente connessa con l'**etica**. Anche la *Commedia* è un poema didattico, in senso morale. Il pellegrinaggio del protagonista insegna infatti ai lettori come riconquistare il bene originario, come purificarsi dal peccato, come raggiungere la virtù suprema.

Prima tappa. La discesa nell'orrore del peccato: l'*Inferno*. In questa ottica, l'*Inferno* svolge una **funzione propedeutica**, iniziale: mette in scena la visione dell'orrore del male, fino alle sue più funeste e orride incarnazioni. Il peccato, qualunque sia il dannato che viene a incarnarlo, è sempre una presunzione di autosufficienza, è sempre rifiutare di riconoscere la dipendenza dell'uomo da Dio. Vediamo alcuni esempi.

Introduzione

- **Francesca da Rimini** (canto V) attribuisce la colpa della propria dannazione agli autori di libri cavallereschi: il suo Dio è e resterà quel Paolo che la segue, come un'ombra.
- **Farinata** (canto X) ha fatto della politica il proprio Dio: per lui il mondo si divide tra alleati e avversari; non c'è posto, in esso, né per Dio né per l'amore.
- **Ulisse** (canto XXVI) ha oltrepassato per orgoglio le colonne d'Ercole e sempre per orgoglio è "sprofondato": non ha riconosciuto, né riconosce, la signoria di Dio sul mondo.

Potremmo continuare a lungo: tutti i dannati hanno escluso (e tuttora escludono) Dio dalla loro visione e dalla loro vita; perciò Dante li incontra all'inferno.

Seconda tappa. La riconquista dell'umanità perfetta: il *Purgatorio*. Dopo la visione del male e dei suoi orrori, segue la risalita del pellegrinaggio di purificazione. Nel *Purgatorio* si inizia a **riconquistare gradualmente l'umanità perfetta**: un livello allegoricamente raffigurato nelle **quattro virtù cardinali** o naturali (prudenza, fortezza, giustizia, temperanza) che Dante vede brillare in forma di quattro stelle sul volto di Catone, nel canto I del *Purgatorio*. Quel medesimo livello di **perfezione naturale** sarà raggiunto infine da Dante (così come da ogni altra anima espiante) **sulla vetta del monte**, l'Eden. Lì Dio pose Adamo, l'uomo creato naturalmente perfetto. Tale perfezione venne offuscata dal peccato d'origine e va dunque riconquistata attraverso l'espiazione purgatoriale.

Terza tappa. La vita stessa di Dio: il *Paradiso*. Ritrovata l'integrità originaria, si avvia **l'ultima e definitiva tappa** – irrinunciabile per Dante e per tutta la cultura cristiana – che consiste nella **santificazione** o meglio nella **divinizzazione dell'uomo**. È il paradiso; il poeta rappresenta questo livello soprannaturale nelle **tre virtù teologali** (fede, speranza e carità) che coincidono con il vivere la vita stessa di Dio. Se le quattro virtù cardinali erano virtù naturali, queste tre sono invece **virtù soprannaturali**, infuse dalla grazia divina. Ma non per questo Dante dimentica l'umanità o la rinnega. L'approdo finale del viaggio, il sospirato «godimento dell'aspetto di Dio» celebrato dai mistici medievali, non avrà nulla di disumano, di marmoreo, di sfinge. Il pellegrino contempla, **al centro della Trinità, un Volto d'uomo**: il Cristo prototipo della perfezione.

4 Dante poeta-profeta

Le radici della Commedia. Il **viaggio di un'anima** che si stava smarrendo e che invece si pente e riesce, tappa dopo tappa, a ritrovare il proprio Dio: questo è il seme della *Commedia*. Esso si nutrì di un'intuizione antica, che era il proposito di «**ritorno a Beatrice**» annunciato nell'ultimo capitolo della *Vita nuova*: «Io vidi cose che mi fecero proporre di non dire più di questa benedetta, infino a tanto che io potesse più degnamente trattare di lei. [...] Io spero di dicer di lei quello che mai non fue detto d'alcuna». In gioventù, nella *Vita nuova*, Dante aveva cantato Beatrice come l'incarnazione del bello, del vero, del bene; poi si era staccato da lei, in una fase di traviamento che si riflette nella dolorosa immagine della *selva oscura*. Ma a un certo punto il ricordo di Beatrice divenne per Dante il «mezzo» per salvare la propria anima: nacque così il proposito di «tornare» alla «gloriosa donna [*signora e padrona*] della mia mente»; nacque dunque la *Divina Commedia*.

Gradualmente, il disegno originario (una personale esperienza di perdizione e poi di redenzione, vissuta e sperimentata dall'autore) si allargò in misura prodigiosa, fino a divenire un **progetto di collettiva rigenerazione**, che riguardava l'intera umanità. Questo non è più un livello personale: è un livello sociale e politico. Si trattava di persuadere l'umanità contemporanea, corrotta dalla cupidigia, a fare ritorno alla «diritta via».

Infine, e parallelamente, prese corpo in Dante un ulteriore progetto, che è il **terzo motivo** di fondo del poema: un motivo **poetico**. Dante, nella *Commedia*, intende per così dire **redimere la propria precedente poesia**: la rilegge, la reinterpreta, la «consacra», alla luce della missione che Dio gli ha affidato. L'ex-cantore dell'amore per Beatrice nella *Vita nuova*, l'investigatore della filosofia nel *Convivio*, diviene adesso il poeta-teologo che scrive un «poema sacro», ispirato da quella scienza della rivelazione di cui ora Beatrice è il simbolo.

Una profezia lanciata al mondo. Non dobbiamo farci ingannare dal fatto che protagonista di questo viaggio sia un **individuo comune**: non l'eroe fondatore di un impero, com'era Enea, né l'apostolo chiamato da Dio a evangelizzare le genti, come san Paolo, bensì un **fiorentino del 1300**, còlto *nel mezzo del cammin* di un'esistenza qualunque, attraversata dal dolore e dal peccato. Un uomo come tanti, che ha però da proporre un messaggio morale di straordinario rilievo: la *Commedia*

17

è una «**profezia lanciata agli uomini di buona volontà**» (Petrocchi), una profezia sul tipo di quella offerta da san Giovanni Battista, nel *Vangelo*, ai suoi contemporanei: pentitevi dei vostri peccati, convertitevi, cambiate vita, perché sta per venire il Redentore.

L'annuncio del veltro. Dante, con la *Commedia*, dice più o meno la stessa cosa. Egli non annuncia il Redentore, non annuncia Cristo, ma profetizza l'arrivo di un uomo inviato da Dio e che salverà l'umanità ricacciando nell'inferno la lupa, cioè sconfiggendo definitivamente la cupidigia, la brama del possedere e del potere. Il poeta della *Commedia* ha dunque la funzione di **preparare la strada a questo inviato di Dio**: il **veltro** del canto I dell'*Inferno*, il *cinquecento diece e cinque, / messo di Dio* preconizzato nel canto XXXIII del *Purgatorio*. Egli libererà il mondo dalla lupa-cupidigia e inaugurerà la pace, sia come concordia tra Dio e l'uomo, sia come pace tra lo stato (l'impero) e la Chiesa.

Come Enea, come Paolo. Ricapitoliamo: **Dante Alighieri** non è più soltanto un comune individuo fiorentino del XIV secolo: diviene il preconizzatore di un'era nuova, l'anticipatore dell'arrivo di un salvatore del mondo. Perciò assume su di sé una **duplice funzione**, non per i suoi meriti personali, ma per la scelta imperscrutabile della Grazia di Dio:

• assume la stessa **funzione politica** che fu di Enea, fondatore della nuova città (Roma) voluta da Dio per reggere il mondo (attraverso l'impero romano); anche Dante collabora, con la *Commedia*, alla fondazione di una nuova umanità;

• e assume la **funzione profetico-religiosa** che fu di san Giovanni Battista (annunciatore di Cristo agli Ebrei del suo tempo) o di san Paolo (annunciatore di Cristo alle «genti», ai popoli pagani): la *Commedia* è un messaggio di rinnovamento, di conversione, un'urgente profezia di salvezza.

5 La *Commedia* come visione mistica?

A un poema «sacro» si addice pienamente l'argomento di un viaggio nell'oltretomba, tra le anime dei morti, nel regno di Dio. Dante presenta tale esperienza come un **fatto reale**, degno della massima credibilità: «La finzione della *Divina Commedia* è di non essere una finzione» (Singleton).

Un poeta in estasi? I critici però discutono sulla reale natura di questa esperienza. Dante intendeva il proprio viaggio come la rivelazione di una reale **visione profetica**, sul tipo di quelle ricevute dai mistici medievali? La *visio mystica* ("visione mistica", cioè: "che riguarda l'anima e Dio"), o *visio in somniis* ("visione in sogno"), era un genere assai diffuso nel Medioevo. Forse Dante immaginò la *Commedia* come la rivelazione di una visione profetica, sulla falsariga di quelle avute da san Francesco. Perciò l'autore della *Commedia* sembra scrivere come obbedendo a un preciso incarico di Dio; e manifesta la rivelazione soprannaturale che gli è stata data anche attraverso il ricorso alla complessa simbologia numerica, cara agli scrittori mistici del Medioevo.

Dalla cultura religiosa del suo tempo (in particolare agostiniana) Dante ha poi derivato l'idea di **ineffabilità** come attributo di Dio; **Dio è l'Impronunciabile**, oltre ogni umana definizione. Il *Paradiso* largamente si affida al tema dell'indicibilità dell'**estasi**: il *raptus*, il rapimento dei mistici è infatti un'esperienza squisitamente intima e incomunicabile, l'estasi, appunto, che produce il superamento della ragione e la perdita della memoria.

I caratteri del viaggio. Altri studiosi negano però che la *Commedia* sia la rivelazione di una reale visione mistico-profetica; e adducono più ragioni.

• Anzitutto Dante non si affida mai al linguaggio irrazionale dell'enigma, dell'estasi, cioè al linguaggio tipico delle visioni medievali. Mai scrive come se fosse in stato di *trance*; perfino nel momento supremo della diretta visione di Dio, nel XXXIII canto del *Paradiso*, egli mantiene l'assoluto **controllo razionale** delle sue facoltà linguistiche e mentali.

• Inoltre a viaggiare nell'oltretomba non è la sola anima, libera dai vincoli fisici; Dante percorre i sentieri dell'aldilà con tutto se stesso, **anima e corpo**. Immagina di attraversare **luoghi concreti**, dotati di precise coordinate spazio-temporali: e tale viaggio ha una partenza e un itinerario fissato, sino a una meta faticosamente raggiunta.

All'origine del poema non vi è dunque alcun *raptus* o rapimento mistico, bensì un'esperienza immaginaria. Come tale essa ricade nel **dominio della finzione letteraria**, e non in quello dell'estasi dei santi. Certo però Dante attribuisce a questa esperienza un **altissimo grado di dignità e autorevolezza**. La sua *fictio* (finzione) poetica è la più alta che uno scrittore medievale potesse immaginare: il mistero di Dio, del cosmo e dell'uomo.

Introduzione

Lo scopo della *Commedia*

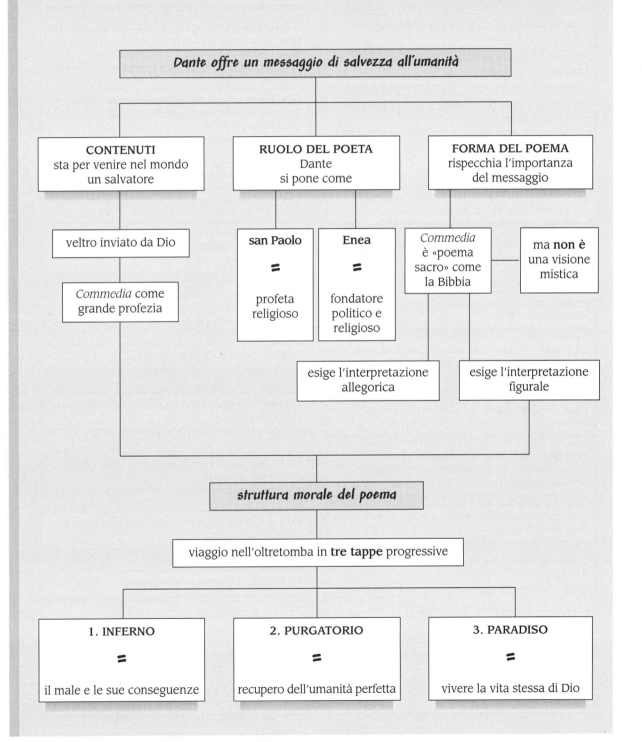

La Divina Commedia

La vita di Dante

EVENTI BIOGRAFICI	EVENTI CULTURALI E LETTERARI
1265 nasce a Firenze da famiglia della piccola nobiltà	**1283 ca.** in questa fase si forma culturalmente sotto la guida del notaio e scrittore ser Brunetto Latini
1274 primo incontro con Beatrice, secondo quanto poi scriverà nella *Vita Nuova*	**1285** entra in amicizia con alcuni poeti fiorentini, tra cui Guido Cavalcanti; comincia a lavorare alle *Rime*
1283 ca. muore il padre	
1285 sposa Gemma Donati, da cui avrà due figli maschi e una figlia femmina	**1290** muore Beatrice, figlia di Folco Portinari, sposa di Simone de' Bardi; Dante concepisce in suo onore la *Vita Nuova*
1291-94 ca. vita dissipata; periodo del «traviamento» (morale e filosofico) di Dante	**1291-94 ca.** scrive la *Vita Nuova*; frequenta le «scuole de li religiosi» e le «disputazioni de li filosofanti»
1295 s'iscrive alla corporazione dei medici e speziali e inizia a partecipare alla vita politica	
1300 viene eletto *priore*; è uno dei capi della fazione dei guelfi detti «Bianchi»	**1304** scrive il trattato linguistico del *De vulgari eloquentia*; compone alcune grandi canzoni filosofico-dottrinali, poi incluse nelle *Rime*
ottobre 1301 è tra gli ambasciatori inviati da Firenze al papa Bonifacio VIII	**1305** lavora al *Convivio*
1302 viene condannato al confino per due anni, sotto accusa di *baratteria* e poi condannato a morte, in contumacia	**1306-07** comincia a lavorare all'*Inferno*
1304 è ospitato da Bartolomeo della Scala, signore di Verona	**1308-09** soggiorna a Lucca, dove forse conclude l'*Inferno* e inizia il *Purgatorio*
1308-09 elezione del nuovo imperatore Enrico VII di Lussemburgo, intenzionato a riportare l'Italia sotto l'autorità dell'impero	**1311** scrive diverse epistole politiche in latino, ispirate all'ideologia ghibellina
1311 incontra Enrico VII a Milano nel 1311, al quale offre i propri servigi letterari	**1314** conclude il *Purgatorio* e revisiona l'*Inferno*, che fa leggere a pochi amici
1314 soggiorna nuovamente a Verona, presso Cangrande della Scala	**1315** continua la revisione delle prime due cantiche
1315 rifiuta l'amnistia offerta agli esiliati, purché si dichiarino colpevoli	**1317** conclude il trattato politico *De Monarchia*, forse cominciato nel 1312
1318 si trasferisce con i figli a Ravenna, ospite di Guido Novello da Polenta	**1318** lavora alacremente al *Paradiso*, che sarà divulgato dai figli dopo la morte dell'autore
1321 muore a 56 anni	

L'Inferno

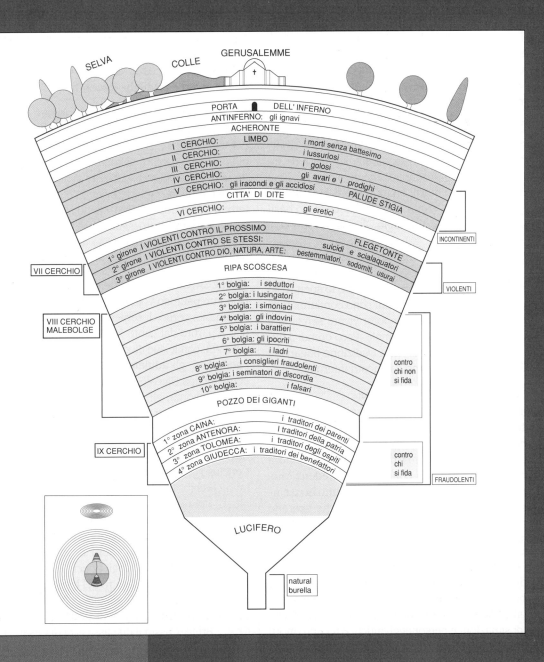

Un ardente crogiolo di passioni

UNA POESIA CRUDA E DOLOROSA

L'*Inferno* è un ardente crogiolo di passioni terrene, politiche, personali; Dante vi riversa le **quotidiane esperienze** di uomo di parte e la sua ansia ascetica di redenzione. Ritratti indimenticabili visualizzano l'odio e la pietà, lo sdegno e l'ammirazione, la ripulsa e lo scherno. Possenti scorci narrativi sono ritagliati in una cronaca eterna sostanziata di profezia. La poesia si carica di crudezza e dolore, respira tutta la violenza di un'emozione che avverte la necessità improrogabile del giudizio finale. Man mano il linguaggio si spinge verso zone sempre più buie, fino al drammatico epilogo del canto di Ugolino.

L'INIZIO DEL RACCONTO

L'*Inferno* comincia con il canto introduttivo dello smarrimento nella selva, degli ostacoli alla salvezza (le tre fiere), dell'intervento di Virgilio, che si presenta come guida al viaggio tra i morti: l'hanno inviato **tre donne** del cielo, la Madonna, santa Lucia, Beatrice, e ciò basti a giustificare un simile privilegio. Il viaggio può così cominciare. Tutto il racconto si snoda molto rapidamente: non vi è indugio o distrazione dal tema, trattato come una favola morale. Ecco, nel canto III, la porta dell'inferno, ecco le grida, l'orrore: si apre lo spettacolo della cattiveria (punita). Tra i primi sono condannati gli ignavi, quelli che credettero di poter vivere senza fare il bene purché non facessero il male. Ecco quindi il fiume Acheronte, già presente nella tradizione pagana: il nocchiero Caronte è il primo dei mostri infernali.

NEL LIMBO, TRA GLI «SPIRITI MAGNI»

Tramortito da un tuono, Dante non sa bene come sia passato dall'altra parte. Come riprende i sensi, ecco presentarglisi dinanzi il **Limbo**: un luogo di immobile attesa, dove non è pena ma nemmeno gioia, dimora dei grandi uomini che **non conobbero la Redenzione**, dei bambini non battezzati. Breve ma commosso è l'incontro con i grandi poeti dell'antichità, che sperano sempre, ma senza soddisfazione, di poter vedere Dio. Poi, usciti dal primo cerchio, il viaggio riprende.

TRA GLI INCONTINENTI (CERCHI II-V)

Dal primo cerchio si passa al secondo: è l'inferno vero e proprio, come appare chiaramente per la presenza del giudice Minosse. Il racconto procede con un susseguirsi di situazioni e personaggi antichi e recenti, morti da tempo o appena defunti e che parlano di sé, o di altri morti, o dei vivi: una disinvolta commistione di fatti dell'antichità pagana o dell'età presente cristiana, di personaggi fiorentini come Ciacco nel canto VI, degli amici, come Cavalcante, il padre di Guido, nel canto X, degli avversari politici, dei nemici personali, come Filippo Argenti, insultato nel canto VIII. Insieme a questi incontri, si snoda la serie degli spettacoli di punizione. Prima categoria di anime dannate è quella degli **incontinenti**, coloro che non seppero dominare i loro vizi, distribuiti tra il secondo e il quinto cerchio: **lussuriosi**, **golosi**, **avari** e **prodighi**, **iracondi**.

OLTRE LE MURA DELLA CITTÀ DI DITE: ERETICI E VIOLENTI

Poi, nel canto IX, si superano le mura di Dite: l'inferno più profondo, la città del demonio. Dall'abisso proviene un fetore insopportabile. Dante incontra gli **eretici** (siamo già al sesto cerchio), ovvero coloro che non credettero in Dio; e dopo di loro, stipati nel settimo, i **violenti**: violenti contro il prossimo (assassini e tiranni), contro se stessi (i suicidi), contro Dio (i bestemmiatori), contro natura (i sodomiti), contro l'arte (gli usurai).

I PECCATORI DEL CERCHIO VIII: I FRAUDOLENTI

Dopo un pauroso volo in groppa al mostro Gerione (viso umano, corpo di serpente, coda di scorpione: la frode), a partire dal canto XVIII si apre lo sterminato cerchio VIII, con le sue dieci bolge, dove sono puniti via via i **seduttori**, gli **adulatori**, i **simoniaci** (cioè coloro che, come il papa Niccolò III, hanno fatto mercato delle cose della religione), gli **indovini**, i **barattieri**, gli **ipocriti**, i **ladri**, i **consiglieri di frode** (tra cui Ulisse), i **seminatori di discordie** (Maometto e il genero Alì), i **falsari**.

NELL'INFERNO PIÙ NERO: I TRADITORI DEL IX CERCHIO

Concluso con il canto XXX il viaggio tra le bolge dell'ottavo cerchio, Dante e Virgilio scendono ancora più in basso, nel nono e ultimo cerchio. Esso è occupato da un lago ghiacciato: è la palude gelata di Cocìto. Qui sono immersi i **traditori** dei congiunti (è la zona detta Caìna), della patria (nell'Antènora, dove viene punito tra gli altri il conte Ugolino), degli amici (Tolomea), dei benefattori (Giudecca). Nel centro del lago è **Lucifero** o Satana, l'angelo caduto, che dilania con le tre bocche delle tre facce mostruose i grandi traditori dell'impero e di Cristo: Bruto, Cassio (i due assassini di Cesare) e Giuda.

Canto I

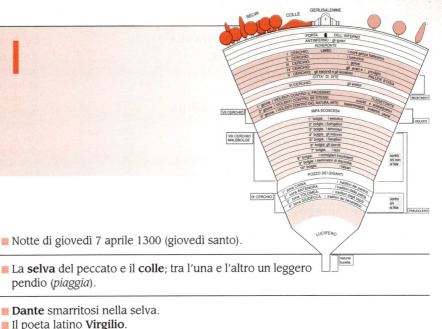

DATA	■ Notte di giovedì 7 aprile 1300 (giovedì santo).
LUOGO	■ La **selva** del peccato e il **colle**; tra l'una e l'altro un leggero pendio (*piaggia*).
PERSONAGGI	■ **Dante** smarritosi nella selva. ■ Il poeta latino **Virgilio**. ■ Tre fiere: **lonza**, **leone**, **lupa**. ■ Viene evocato il **veltro**, un misterioso salvatore del mondo.

SEQUENZE

■ **Lo smarrimento di Dante nella selva** (vv. 1-27)

Giunto all'età della piena maturità, Dante smarrisce, nella selva del mondo (o del peccato), la via diritta del bene (o della felicità). La selva è tanto amara da condurlo quasi a morte, ma il poeta racconta il suo viaggio per trattare del bene che troverà compiendolo. V'è entrato, non ricorda come, con l'animo intorpidito. Uscendone, ai piedi di un colle la cui cima è illuminata dal sole, si volge indietro come fa un naufrago allo scampato pericolo.

■ **L'apparizione delle tre fiere** (vv. 28-54)

Tre fiere gli impediscono la salita sul colle: una lonza (forse un ghepardo o una lince) agile e screziato (simbolo della lussuria), un vorace leone (la superbia), una lupa magra e famelica (l'avarizia).

■ **L'incontro e il dialogo con Virgilio** (vv. 55-90)

Risospinto verso la selva, Dante chiede soccorso a un uomo o a un'ombra che si offre alla sua vista e che si presenta a lui: mantovano dei tempi di Cesare e di Augusto, è il poeta che cantò del viaggio di Enea dopo l'incendio di Troia. Avendo riconosciuto Virgilio, autore da lui studiato con tanta passione, Dante lo venera come maestro di stile e fonte di verità. Infine gli chiede aiuto contro la lupa.

■ **Il viaggio nell'oltretomba** (vv. 91-136)

Virgilio gli suggerisce di prendere un'altra strada per sfuggire alla lupa, che è per sua natura insaziabile: essa, infatti, imperverserà indisturbata fino all'arrivo di un veltro, che la ucciderà. Virgilio si offre per condurre Dante attraverso inferno e purgatorio, fino a un'anima più degna di lui (Beatrice), che lo guiderà al regno dei beati, cui il poeta mantovano non ha accesso. Virgilio s'incammina e Dante lo segue.

Nel mezzo del cammin di nostra vita
mi ritrovai per una selva oscura,
3 ché la diritta via era smarrita.

Ahi quanto a dir qual era è cosa dura
esta selva selvaggia e aspra e forte
6 che nel pensier rinova la paura!

Tant' è amara che poco è più morte;
ma per trattar del ben ch'i' vi trovai,
9 dirò de l'altre cose ch'i' v'ho scorte.

Io non so ben ridir com' i' v'intrai,
tant' era pien di sonno a quel punto
12 che la verace via abbandonai.

Ma poi ch'i' fui al piè d'un colle giunto,
là dove terminava quella valle
15 che m'avea di paura il cor compunto,

guardai in alto e vidi le sue spalle
vestite già de' raggi del pianeta
18 che mena dritto altrui per ogne calle.

Allor fu la paura un poco queta,
che nel lago del cor m'era durata
21 la notte ch'i' passai con tanta pieta.

E come quei che con lena affannata,
uscito fuor del pelago a la riva,
24 si volge a l'acqua perigliosa e guata,

così l'animo mio, ch'ancor fuggiva,
si volse a retro a rimirar lo passo
27 che non lasciò già mai persona viva.

Lo smarrimento di Dante nella selva

1-3. A metà della strada, cui si può paragonare l'esistenza umana, mi trovai a vagare all'interno di una buia foresta, perché avevo smarrito la via del bene. 4-9. Ah, come è penoso descrivere come era questa orrida foresta, intricata e difficile a percorrersi, che al solo ricordo ridesta in me l'angoscia che vi provai! La selva [cioè: la vita peccaminosa] è così sgradevole, che la morte lo è solo poco di più; tuttavia, per dire anche del bene che vi incontrai, parlerò anche delle altre cose che vi ho visto. 10-12. Non so riferire in modo compiuto come penetrai nella foresta, tanto ero assonnato [cioè: spiritualmente ottenebrato] nel momento in cui abbandonai la via della verità. 13-18. Ma quando pervenni ai piedi di un colle, dove terminava l'avvallamento che mi aveva stretto di paura il cuore, guardai verso l'alto, e vidi i pendii alti del colle già rivestiti della luce del sole, la stella che guida sempre per la via retta il cammino di ogni essere vivente. 19-21. Allora [per la vista del colle e del sole] si placò un poco, nell'interiorità (nel lago) del mio cuore, l'angoscia che mi aveva a lungo agitato durante la notte della perdizione, trascorsa con tanto timore. 22-27. E come un naufrago che, respirando con affanno, uscito fuori del mare (pelago) e giunto sulla riva, si volge a guardare con terrore l'acqua in cui aveva rischiato la vita, così il mio animo, ancora nella disposizione di chi fugge, si volse indietro a osservare quel passaggio, quel luogo [la selva] che nessuno aveva attraversato uscendone vivo.

---

1. Nel mezzo... nostra vita: già nel *Convivio* (IV, 23, 7-9) Dante aveva paragonato la vita umana a un arco, il cui punto sommo coincide normalmente con il 35° anno d'età; Dante vi è giunto nel 1300, l'anno del Giubileo indetto da Bonifacio VIII. È un anno decisivo nella sua vita, perché segna il momento della sua massima ascesa nella vita politica; e tuttavia proprio allora maturarono gli eventi che costeranno al poeta la condanna e l'esilio.
3. era smarrita: Dante ha insomma smarrito, verso i 35 anni, la luce della verità nella selva inestricabile del mondo.
5. esta: *esto/a*, dal latino *istu[m]/a[m]*, anche contratto in *sto/a*, è sinonimo di "questo/a"; è forma abbastanza frequente nell'italiano antico; **forte**: dal senso latino di "solido", compatto", quindi "impenetrabile".

11. pien di sonno: il sonno come torpore spirituale dell'anima offuscata dalle tenebre del peccato, è immagine che risale a san Paolo (*Epistola ai Romani* XIII, 1, 1).
14. valle: è la *selva oscura*, assimilata all'evangelica «valle di lacrime».
15. compunto: trafitto, dal latino *compungere* (composto di *pungere*).
16. le sue spalle: il crinale del colle, che si profila sul cielo dell'alba.
17. de' raggi del pianeta: il sole, nella cosmologia medievale, è il quarto dei sette pianeti che ruotano intorno alla Terra. Nella simbologia cristiana è emblema della grazia o della verità rivelata, che orienta gli uomini alla felicità.
18. calle: dal latino *callis*, è sinonimo di "via".
20. lago del cor: secondo la medicina

medievale, in caso di forti emozioni, gli spiriti vitali rifluiscono nella concavità del cuore, svuotando la circolazione periferica; da ciò deriverebbero pallori e svenimenti. L'idea è molto presente nei lirici stilnovistici.
21. pieta: con accento sulla "e", dal nominativo latino *pietas* (anziché dall'accusativo *pietatem*, da cui il tronco "pietà"). Qui indica "timore", "affanno".
23. del pelago: "dal mare aperto" (dal latino *pelagus*, "mare").
24. guata: osserva con attenzione; da *guaitare*, termine derivato del longobardo *wahta*, "guardia".
26. lo passo: il passaggio, il limite fra la selva e la *piaggia diserta* del v. 29, che non ha mai risparmiato la vita a chi lo varcasse.

Poi ch'èi posato un poco il corpo lasso,
ripresi via per la piaggia diserta,
30   sì che 'l piè fermo sempre era 'l più basso.

Ed ecco, quasi al cominciar de l'erta,
una lonza leggera e presta molto,
33   che di pel macolato era coverta;

e non mi si partia dinanzi al volto,
anzi 'mpediva tanto il mio cammino,
36   ch'i' fui per ritornar più volte vòlto.

Temp' era dal principio del mattino,
e 'l sol montava 'n sù con quelle stelle
39   ch'eran con lui quando l'amor divino

mosse di prima quelle cose belle;
sì ch'a bene sperar m'era cagione
42   di quella fiera a la gaetta pelle

l'ora del tempo e la dolce stagione;
ma non sì che paura non mi desse
45   la vista che m'apparve d'un leone.

Questi parea che contra me venisse
con la test' alta e con rabbiosa fame,
48   sì che parea che l'aere ne tremesse.

Ed una lupa, che di tutte brame
sembiava carca ne la sua magrezza,
51   e molte genti fé già viver grame,

questa mi porse tanto di gravezza
con la paura ch'uscia di sua vista,
54   ch'io perdei la speranza de l'altezza.

L'apparizione delle tre fiere

28-30. Dopo aver sostato un po' per riposare il corpo esausto, ripresi il cammino su quel pendio solitario, e salendo appoggiavo il corpo sul piede che, tra i due, era più basso. **31-36.** E all'improvviso, quasi al cominciare della salita, mi apparve un ghepardo (*lonza*) agile e velocissimo, dal mantello a chiazze; e non si allontanava dalla mia vista, anzi, ostacolava il mio cammino al punto che fui più volte indotto (*vòlto*) a tornare indietro. **37-45.** Era ormai l'alba, e il sole sorgeva con quella costellazione [l'Ariete] la quale era con lui quando Dio, con un atto d'amore, impresse il movimento e la vita agli astri; sì che l'ora della giornata e la stagione primaverile mi erano motivo di ben sperare riguardo la fiera dalla pelle leggiadra (*a la gaetta pelle*); tuttavia non al punto che non mi spaventassi per la vista di un leone. **46-48.** Sembrava che questi si muovesse aggressivamente contro di me, a testa alta, senza timore, con tale fame rabbiosa, che pareva tremarne persino l'aria. **49-54.** E una lupa, che per l'estrema magrezza sembrava piena di ogni desiderio sfrenato, e che aveva rattristato in passato la vita di molta gente, mi provocò così grave affanno, per la paura che incuteva il suo aspetto, che io persi [definitivamente] la speranza di poter salire [sul colle].

30. 'l piè fermo... 'l più basso: se il *piè fermo* è il piede d'appoggio, l'immagine indica semplicemente un percorso in salita. Ma sul verso sono fiorite molteplici interpretazioni simboliche. Secondo J. Freccero, il piede sinistro (*'l piè fermo*) e il piede destro sono simboli, rispettivamente, della volontà, dei desideri, degli affetti e della conoscenza razionale, l'andatura claudicante rappresenta il dissidio interiore di chi vede la verità con la ragione, ma stenta poi a seguirla con il cuore.
32. lonza: dal latino volgare *luncea* e dal francese antico *lonce*, indica la "lince", o anche una pantera o un ghepardo, simbolo

di lussuria. Un ghepardo fu esposto in gabbia nel 1285 a Firenze, davanti al Palazzo del Podestà.
33. macolato: a macchie (in latino *maculae*, da cui il verbo *maculare*, "macchiare").
36. fui...vòlto: "mi volsi". Si attua qui un ricercato intreccio di figure retoriche: tra *volte* e *vòlto* si crea una paronomasia (accostamento di parole di suono eguale o quasi, ma di significato differente); con *vòlto* del v. 34 si origina una rima equivoca (rima fra parole di identica grafia, ma di significato differente).
38. con quelle stelle: cioè con la costellazione dell'Ariete. Era tradizione diffusa che

il mondo fosse stato creato in primavera.
42. a la gaetta pelle: "dalla (francese *à la*) pelle leggiadra" (provenzale *gai*) oppure "screziata" (provenzale *caiet*). Abbiamo dunque qui un doppio gallicismo, cioè una doppia derivazione dal francese e/o dal provenzale.
45. un leone: simbolo della superbia.
46. venisse: con *désse* e *tremésse* fa "rima siciliana", così detta perché obbedisce al sistema fonologico dei poeti siciliani, che suona diversamente in toscano.
49. Ed una lupa: simbolo dell'avarizia, cioè dell'avidità di beni terreni.

Inferno

E qual è quei che volontieri acquista,
e giugne 'l tempo che perder lo face,
57 che 'n tutti suoi pensier piange e s'attrista;

tal mi fece la bestia sanza pace,
che, venendomi 'ncontro, a poco a poco
60 mi ripigneva là dove 'l sol tace.

Mentre ch'i' rovinava in basso loco,
dinanzi a li occhi mi si fu offerto
63 chi per lungo silenzio parea fioco.

Quando vidi costui nel gran diserto,
«Miserere di me», gridai a lui,
66 «qual che tu sii, od ombra od omo certo!».

Rispuosemi: «Non omo, omo già fui,
e li parenti miei furon lombardi,
69 mantoani per patrïa ambedui.

Nacqui sub Iulio, ancor che fosse tardi,
e vissi a Roma sotto 'l buono Augusto
72 nel tempo de li dèi falsi e bugiardi.

Poeta fui, e cantai di quel giusto
figliuol d'Anchise che venne di Troia,
75 poi che 'l superbo Ilïón fu combusto.

Ma tu perché ritorni a tanta noia?
perché non sali il dilettoso monte
78 ch'è principio e cagion di tutta gioia?».

L'incontro e il dialogo con Virgilio

55-60. E come accade a chi [l'avaro] con piacere accumula, finché non giunge il momento in cui perde tutto, e allora non ha pensieri che per piangere e rattristarsi, altrettanto triste mi rese la bestia insaziabile [la lupa], che, venendomi incontro, a poco a poco mi respingeva di nuovo nella selva, dove il sole non arriva (*tace*). **61-63.** Mentre dunque stavo rovinosamente retrocedendo verso il basso, mi si offrì alla vista uno che per il lungo silenzio pareva non aver più voce. **64-66.** Quando vidi costui in quel luogo tanto solitario, gli gridai: «Abbi pietà (*Miserere*) di me, chiunque tu sia, anima o uomo vivente!». **67-75.** Mi rispose: «Non sono un uomo vivo, in carne e ossa; lo fui in passato, e i miei genitori furono lombardi, entrambi mantovani per città di nascita. Nacqui sotto Giulio Cesare, negli ultimi tempi del suo potere, quando era tardi per conoscerlo e onorarlo; vissi a Roma al tempo del valente Augusto, quando ancora erano venerati gli dèi falsi e bugiardi del paganesimo. Fui un poeta, e narrai le vicende di Enea, il giusto figlio di Anchise, che giunse [in Italia] da Troia, dopo che la superba Ilio andò distrutta tra le fiamme. **76-78.** Ma tu, perché ritorni a quel luogo di angoscia (*a tanta noia*)? Perché non sali sul colle delizioso, che è principio e causa della perfetta gioia?».

---

60. dove 'l sol tace: il silenzio del sole è un'immagine sinestetica (la sinestesia è una metafora costruita con termini che si riferiscono a diverse sfere sensoriali: qui una sensazione visiva è percepita dall'orecchio). Però prevale qui l'aspetto simbolico: il sole è allegoria della verità, che dunque non si manifesta nella selva.

63. chi per lungo... fioco: una figura che appariva fievole, scontornata, quasi affiorasse da una lunga assenza. Si tratta di Virgilio, noto nel Medioevo sia per le *Bucoliche* (in particolare la IV, in cui profetizzava l'avvento di un *puer* che avrebbe recato un rinnovamento spirituale dell'umanità: i medievali vi leggevano una profezia dell'avvento di Cristo), sia soprattutto per l'*Eneide*, il poema grazie a cui Virgilio godeva nel Medioevo del titolo di maestro dello "stile alto". La sua poesia, dice però Dante, aveva perso l'influenza che un tempo esercitava su di lui. Poiché Virgilio rappresenta, nella *Commedia*, la retta ragione, il verso sembra da collegarsi al sonno della ragione, di cui si parlava all'inizio del canto.

67. Non omo... fui: non è un uomo, è un'*ombra*, cioè l'anima di un defunto. Virgilio, che precisa di essere di origine *lombarda*, cioè dell'Italia settentrionale, era giovane nel 44 a.C., quando Cesare fu ucciso (era nato infatti nel 70 a. C.). Visse in gran parte sotto Augusto, in età pagana. Dante lo amava come l'espressione più alta della civiltà antica, una sorta di precursore inconsapevole del cristianesimo. Nella *Commedia* Virgilio incarna il punto più alto cui possa giungere la ragione umana senza l'ispirazione della grazia e l'illuminazione della verità rivelata. Sarà dunque lui a condurre Dante attraverso la cognizione del male (l'inferno) e la faticosa ascesa espiatoria del purgatorio, fino alla massima felicità terrena (rappresentata dall'Eden).

68. parenti: "genitori", latinismo, come il francese *parents*, dal latino *pario*, "partorire", "generare".

73. e cantai: cantò del "giusto" (*iustus* lo definisce l'*Eneide*, libro I, v. 544) Enea, figlio di Anchise (e della dea Venere), il cui figlio Ascanio (o Iulo) era considerato capostipite della *gens Iulia*, quindi dello stesso Giulio Cesare e di suo nipote Ottaviano Augusto.

75. 'l superbo Ilïón: è la rocca di Troia; Dante cita dall'*Eneide* (III, 2-3) il «superbum/ Ilium»; **combusto:** participio passato del latino *comburo*, "bruciare".

76. noia: angoscia (l'angoscia della selva). Nell'italiano antico, *noia*, così come il provenzale *enueg*, ha significati molto più ampi che non nell'italiano d'oggi: è in sostanza l'opposto della *gioia* con cui rima (v. 78).

Canto I

«Or se' tu quel Virgilio e quella fonte
che spandi di parlar sì largo fiume?»,
81 rispuos' io lui con vergognosa fronte.

«O de li altri poeti onore e lume,
vagliami 'l lungo studio e 'l grande amore
84 che m'ha fatto cercar lo tuo volume.

Tu se' lo mio maestro e 'l mio autore,
tu se' solo colui da cu' io tolsi
87 lo bello stilo che m'ha fatto onore.

Vedi la bestia per cu' io mi volsi;
aiutami da lei, famoso saggio,
90 ch'ella mi fa tremar le vene e i polsi».

«A te convien tenere altro vïaggio»,
rispuose, poi che lagrimar mi vide,
93 «se vuo' campar d'esto loco selvaggio;

ché questa bestia, per la qual tu gride,
non lascia altrui passar per la sua via,
96 ma tanto lo 'mpedisce che l'uccide;

e ha natura sì malvagia e ria,
che mai non empie la bramosa voglia,
99 e dopo 'l pasto ha più fame che pria.

Molti son li animali a cui s'ammoglia,
e più saranno ancora, infin che 'l veltro
102 verrà, che la farà morir con doglia.

Questi non ciberà terra né peltro,
ma sapïenza, amore e virtute,
105 e sua nazion sarà tra feltro e feltro.

79-81. «Dunque sei proprio tu il famoso Virgilio, sorgente di un fecondo fiume di parole [di poesia]?», gli risposi, pieno di vergogna. **82-90.** «O tu che onori e dai lustro agli altri poeti, mi giovi [presso di te=cioè affinché tu possa aiutarmi] il lungo e intenso studio che mi ha indotto a esplorare le tue opere. Sei tu il mio maestro, sei tu colui da cui ho appreso lo stile che mi ha dato fama presso i miei contemporanei. Osserva la fiera [la lupa] che mi ha fatto indietreggiare; aiutami tu, che sei famoso per la saggezza, a resisterle, perché mi fa tremare le vene e i polsi».

Il viaggio nell'oltretomba

91-99. «A te conviene tenere una strada diversa», mi rispose, dopo avermi visto piangere, «se vuoi salvarti dall'asprezza di questo luogo; perché questa bestia, contro la quale invochi il mio aiuto, non lascia passare nessuno per la sua strada, ma ostacola chiunque, fino a ucciderlo; e ha un'indole così perversa e crudele, che non sazia mai la sua fame incontentabile, e anzi, dopo il pasto ha più fame di prima. **100-105.** Molti sono gli individui con i quali si accoppia e si accoppierà, finché verrà il veltro, [il cane da caccia] che le infliggerà una morte dolorosa. Costui [il veltro] non sarà avido né di terre né di denari (*peltro*), ma si ispirerà a sapienza, amore e virtù, e la sua nascita (*nazion*) avverrà da umile condizione sociale (*tra feltro e feltro*).

---

85. autore: fonte di verità; il termine deriva dal latino *auctor,* che dal verbo *augeo,* "accresco", suggerisce l'idea dell'arricchimento spirituale che ogni buon autore procura in chi lo legge. *Autore* è, insieme con l'astratto *autoritade,* un termine chiave in Dante. Per il Medioevo, le opere degli *auctores* latini erano fonti certe e sicure di verità, da porre sul medesimo piano della Bibbia, almeno per quanto riguardava il livello delle cose terrene.
87. lo bello stilo... onore: stile tragico o illustre, quello che Dante aveva teorizzato nel *De vulgari eloquentia* (II, IV, 5-8) e aveva praticato nelle *rime* dottrinali.

91. altro vïaggio: un diverso itinerario, rispetto al sentiero che s'inerpica sul colle; è il viaggio nell'aldilà, nei tre regni oltremondani, come è spiegato ai vv. 112-126.
97. malvagia e ria: la coppia di aggettivi costituisce una dittologia intensiva ("dittologia" è la successione di due sinonimi).
100. Molti son... s'ammoglia: se la lupa è semplicemente la cupidigia, significa che sono molti i vizi a cui si accoppia; se la lupa è la Curia romana, indica che numerosi sono i poteri laici di cui essa ricerca l'alleanza.
101. veltro: dal basso latino *vertagum*; è una specie di levriero da caccia. In senso simbolico, il veltro è il misterioso inviato di

Dio, che ricaccerà la lupa nell'inferno e inaugurerà così una nuova stagione di pace e concordia tra gli uomini. Sulle possibili interpretazioni dell'oscura profezia, ▶ *Le chiavi del canto,* p. 30. In ogni caso è chiaro che essa verte sull'imminente restaurazione dell'ordine in terra per volontà di Dio.
103. peltro: una lega di stagno, piombo e argento, con cui si facevano monete (metonimia per "denaro").
105. tra feltro e feltro: il feltro è un panno poco pregiato; potrebbe riferirsi all'origine umile del veltro, oppure alla sua provenienza geografica (▶ *Le chiavi del canto,* p. 30).

Inferno

Di quella umile Italia fia salute
per cui morì la vergine Cammilla,
108 Eurialo e Turno e Niso di ferute.

Questi la caccerà per ogne villa,
fin che l'avrà rimessa ne lo 'nferno,
111 là onde 'nvidia prima dipartilla.

Ond' io per lo tuo me' penso e discerno
che tu mi segui, e io sarò tua guida,
114 e trarrotti di qui per loco etterno;

ove udirai le disperate strida,
vedrai li antichi spiriti dolenti,
117 ch'a la seconda morte ciascun grida;

e vederai color che son contenti
nel foco, perché speran di venire
120 quando che sia a le beate genti.

A le quai poi se tu vorrai salire,
anima fia a ciò più di me degna:
123 con lei ti lascerò nel mio partire;

ché quello imperador che là sù regna,
perch' i' fu' ribellante a la sua legge,
126 non vuol che 'n sua città per me si vegna.

In tutte parti impera e quivi regge;
quivi è la sua città e l'alto seggio:
129 oh felice colui cu' ivi elegge!».

106-111. Egli sarà (*fia*) la salvezza per quella umile Italia per la quale furono feriti e morirono la vergine Camilla, Eurialo, Turno e Niso. Costui [il veltro] darà la caccia alla lupa per ogni luogo, finché non l'avrà risospinta nell'inferno, il luogo da cui, all'inizio, fu l'invidia [di Lucifero verso l'umanità] a trarla fuori. **112-120.** Perciò io penso e ritengo, per il tuo meglio, che tu mi segua, e io sarò la tua guida, e ti condurrò in salvo da qui, attraverso un luogo eterno [l'inferno]; dove udrai le grida disperate dei dannati, vedrai i dolenti peccatori dei tempi antichi, che si lamentano per la seconda morte [quella dell'anima]; e incontrerai coloro [le anime del purgatorio] che sono contenti della loro pena, il fuoco, perché sperano di salire, presto o tardi, tra i beati. **121-126.** Ai quali [beati], se anche tu vorrai salire in paradiso, un'altra anima, più degna di me, ti farà da guida: con lei ti lascerò, andandomene; perché il re del cielo [Dio], non permette che io giunga alla sua sede, in quanto fui ribelle alla sua legge. **127-129.** Dio esercita il suo impero su tutto il creato ma governa direttamente nel paradiso; è qui la sua città e il suo trono; oh felice colui che Egli sceglie [affinché giunga] fin lassù (*ivi*)!».

---

106. umile Italia: misera Italia. È evidente la ripresa virgiliana (l'*humilem... Italiam* di *Eneide* III, 522-523), dove *humilis* (da *humus*, "terra") si riferiva alla bassezza della costa salentina, come i Troiani la vedono dal mare.
107-108. Cammilla,/ Eurialo e Turno e Niso: i caduti della guerra narrata da Virgilio nei libri VII-XII dell'*Eneide* (Camilla e Turno sono latini, Eurialo e Niso troiani). L'esito finale di questa guerra sarebbe stata la fondazione di Roma.
109. per ogne villa: di città in città (francese *ville*).
111. invidia prima: *prima* può essere sia aggettivo, sia avverbio ("per prima"); se è

avverbio, la "prima invidia" è quella di Lucifero, l'invidioso per antonomasia (in antitesi a "primo Amore", attributo teologico dello Spirito Santo); se è aggettivo, il verso significa che l'avidità rappresentata dalla lupa ha origine dall'invidia.
112. per lo tuo me': per il tuo meglio (*me'* è apocope di *mèi*, toscanismo corrente per "meglio").
114. per loco etterno: l'inferno, spazio della dannazione eterna (*etterno* è grafia corrente, dal latino medievale *ecternus*, a sua volta derivato da *aeternus*).
117. la seconda morte: la morte dell'anima, dopo la prima morte, quella del corpo.

122. anima... di me degna: sarà Beatrice a guidare Dante in Paradiso, mentre Virgilio, pagano, non è abilitato a farlo.
126. per me: da me; è il *per* d'agente, come il *par* francese, con la costruzione pronominale impersonale del verbo intransitivo ("non vuole che da parte mia si venga...").
127. impera...regge: Dio è re del paradiso, dove è posto il suo trono, ma ha imperio su tutto l'universo.
128. la sua città: la "Città di Dio", nel linguaggio di sant'Agostino, cioè l'Empireo, la Gerusalemme celeste.

Canto I

> E io a lui: «Poeta, io ti richeggio
> per quello Dio che tu non conoscesti,
> 132 acciò ch'io fugga questo male e peggio,
>
>   che tu mi meni là dov' or dicesti,
> sì ch'io veggia la porta di san Pietro
> 135 e color cui tu fai cotanto mesti».
>
>   Allor si mosse, e io li tenni dietro.

130-135. E io gli risposi: «Poeta, ti prego in nome di quel Dio di cui in terra non avesti conoscenza, di condurmi fin là dove mi hai detto, affinché possa evitare la schiavitù del peccato e la dannazione [che ne consegue], così che io veda la porta del paradiso (*di san Pietro*) e anche coloro [i dannati] che tu dici (*fai*) tanto tristi». **136.** Quindi si avviò, e io lo seguii.

---

134. la porta di san Pietro: l'espressione è generica; potrebbe alludere alla porta del paradiso, che però è luogo immateriale e celeste, o alla porta del purgatorio, presidiata dall'angelo «vicario di Pietro» (*Purgatorio* IX).

Le chiavi del canto

■ NELLA SELVA, LUOGO DI ERRORE

Il viaggio di Dante comincia in una foresta impenetrabile, come il cammino di Enea nel libro VI dell'*Eneide* «Si va in un'antica selva, profondo covo di fiere» VI, 179). La selva, per l'autore cristiano, è il luogo dell'errore, un terreno scivoloso, nel quale si ha una percezione offuscata del bene e della verità. Dante ha però un'illuminazione, un'**intuizione intellettuale della verità**, rappresentata da un sole sulla cima di una collina. Tenta di conquistare la cima del colle, di raggiungere cioè l'oggetto della sua intuizione, ma viene ostacolato da tre fiere: una lonza (ovvero una lince, o un ghepardo), un leone, una lupa, che rappresentano i vizi dell'umanità (rispettivamente la lussuria, la superbia, l'avidità, secondo l'interpretazione più comune). La loro presenza rende irraggiungibili la verità e la felicità intuite.

■ IL RUOLO DI VIRGILIO

È a questo punto che appare Virgilio, considerato da Dante onore e guida (*lume*) degli altri poeti. In particolare egli saluta Virgilio come maestro di saggezza (*saggio* viene detto al v. 89) e di stile, due qualità che non si dissociano mai, per l'autore della *Commedia*, nella vera poesia di stile "alto".

Dal seguito del poema sapremo che Virgilio assolve nel mondo dantesco la funzione di **emblema della retta ragione**: la ragione cioè non semplicemente riconosce il bene, ma si dispone a realizzarlo. Per ora consiglia a Dante di *tenere altro viaggio*: è lui a restituire al pellegrino smarrito la *speranza de l'altezza* (v. 54), che questi aveva perduto dopo l'incontro con la lupa. Con questa espressione molto intensa, Dante vuole indicare l'aspirazione a una sfera di valori che trascendano il piano della mera sopravvivenza, della materialità e dell'istintualità: i valori cioè che conferiscono una **su-periore dignità al vivere umano**. Essi possono essere incarnati anche da un poeta pagano quale è Virgilio, in quanto sono patrimonio comune dell'umanità (beninteso, di quella non abbrutita dal peccato). La visione di Dante si rivela fin dal canto I profondamente religiosa e, insieme, "laica".

■ I SIMBOLI

Il canto è intessuto di numerosi simboli, come si addiceva a un testo dell'età medievale.

Il colle. Rappresenta la via in salita che conduce al sole della verità (e, insieme, annuncia la strada faticosa che nel purgatorio condurrà alla felicità terrena, raffigurata nell'Eden). Alcuni studiosi vedono nel colle una «figura allegorica della vita contemplativa» (V. Sermonti) e nel *passo* del v. 26 «il transito diretto dalla vita di peccato (la *selva*) alla contemplazione» (cioè alla riflessione filosofica, all'arte ecc.). Dante infatti, nel *Convivio* (IV, 17, 12), parla di **due tipi di felicità terrena**, perseguibili l'uno attraverso la vita attiva, l'altro attraverso quella contemplativa: smarrita la prima via nella selva, Dante tenterebbe adesso il secondo cammino; ma invano.

Le tre fiere. L'immagine delle tre fiere viene da Geremia (V, 6: «Li assalì il leone della foresta, li sbranò a sera il lupo, il leopardo in agguato sulle loro città...»). Nei bestiari medievali (enciclopedie che associavano agli animali qualità morali del mondo umano) le tre fiere erano, rispettivamente, un simbolo di **lussuria** (per alcuni invidia: la **lonza**), di **superbia** (il **leone**), di **avidità** o avarizia (la **lupa**). Secondo altri simboleggiano le tre disposizioni al male in cui saranno ripartite le colpe dell'*Inferno* dantesco: incontinenza (o frode), violenza, matta bestialità. Altra ipotesi è che ai significati morali si aggiunga quello politico, per cui la lonza sarebbe la subdola (e rissosa) Firenze, il leone la monarchia francese (Filippo il

29

Inferno

Bello), la lupa la Curia romana. La forma femminile *lupa* (differente rispetto al *lupo* del passo di Geremia) si potrebbe spiegare proprio con il riferimento alla lupa capitolina e quindi alla Chiesa (e a Bonifacio VIII, il papa la cui azione costò al poeta l'esilio). L'idea di una Curia prepotente e simoniaca, dedita al consolidamento del potere temporale (anziché di quello spirituale), sarebbe indubbiamente ben espressa dall'immagine della *lupa* inquieta e avida. Essa indicherebbe anche la particolare natura del potere ecclesiastico rispetto ad altri poteri terreni: *gli animali a cui s'ammoglia* (v. 100) sarebbero, in tal caso, i poteri laici con cui esso si allea, per conseguire i propri scopi (fu alleandosi con Filippo il Bello, re di Francia, probabile *alter ego* del leone, che Bonifacio VIII sconfisse i Guelfi Bianchi di Firenze).

Il veltro. Il misterioso cane da caccia che restaurerà l'ordine morale in Italia e (probabilmente) nel mondo, è oggetto nei vv. 101-111 di una **profezia vera e propria**: si riferisce infatti a qualcosa che non è ancora accaduto. Non è dunque una profezia *post eventum*, come tante altre presenti nella *Commedia*. Il riferimento sembra molto preciso: parrebbe adattarsi a un **imperatore**; per altri alluderebbe a un religioso, secondo alcuni il veltro sarebbe Dante stesso.

Chi pensa a un imperatore (Arrigo VII?), ricorda che il *feltro* riveste l'interno delle urne e interpreta il v. 105 come un'allusione all'origine elettiva del misterioso personaggio. Qualcuno invece vi legge un'allusione geografica (*tra Feltro e Feltro*, «tra la veneta Feltre e Montefeltro in Romagna») e individua nel veltro Cangrande della Scala, signore di Verona.

Lavoriamo sul testo

I CONTENUTI

1. Quando avviene lo smarrimento di Dante? E dove? C'è un motivo, per l'una e l'altra scelta?
2. Tre fiere impediscono a Dante la salita: dove e come si manifestano?
3. Che cosa simboleggiano tali fiere? Riassumi le possibili interpretazioni.
4. Chi giunge in soccorso a Dante? Come gli si presenta dinanzi? E come viene accolto dal poeta?
5. In Dante personaggio si alternano, lungo il canto, vari stati d'animo: rintracciali ed elencali in successione, citando termini ed espressioni significative.
6. Spiega con le tue parole i seguenti simboli:
   • la selva
   • il colle
   • la stagione prescelta quale inizio del viaggio
7. Quali elementi suggeriscono che il canto serve da introduzione non solo all'*Inferno*, ma all'intero poema?
8. Rintraccia nel testo e riassumi con le tue parole la profezia del veltro.
9. Presenta ora in max 15 righe le principali interpretazioni che sono state date di questa misteriosa figura.
10. Fin dal canto I emerge il tema politico:
    • in quali elementi?
    • perché si tratta di un tema determinante, nell'impianto concettuale del poema?
11. Dante chiama Virgilio *lo mio maestro e 'l mio autore* e poi *famoso saggio*. Rintraccia i punti nel testo. Quale idea di poesia e di cultura essi esprimono?

LE FORME

12. Al v. 3 il participio *smarrita* ha il significato di:
    ❑ che non si fa più trovare
    ❑ che si è allontanata
    ❑ che il personaggio non riesce più a trovare
    ❑ che si è offuscata allo sguardo del personaggio
13. Individua nel canto le varie perifrasi che si riferiscono, via via:
    • al sole
    • alla costellazione dell'Ariete
    • al naufrago
14. Il dialogo tra Dante e Virgilio è connotato da solennità e stile "alto": perché? Motiva la risposta citando opportunamente versi ed espressioni di Dante.
15. Nel canto si può distinguere la presenza di Dante autore, accanto a quella di Dante personaggio. Da quali punti si può arguire tale presenza dell'autore?
16. Tra i vv. 39 e 40 si evidenzia un *enjambement*. Chiarisci che cos'è, e poi cercane altri nel canto.
17. Ai vv. 85-86 si evidenzia, in merito al pronome *tu*, una figura retorica, ovvero:
    ❑ l'anastrofe   ❑ l'anafora
    ❑ l'ossimoro   ❑ la similitudine
18. Individua nel canto le seguenti espressioni, e spiegale nel loro contesto, con parole diverse da quelle della parafrasi laterale:
    • *m'avea di paura il cor compunto*
    • *sua nazion sarà tra feltro e feltro*
    • *felice colui cu' ivi elegge!*
    • *poi che 'l superbo Ilïón fu combusto*
    • *qual che tu sii*

Approfondimenti

Cesare Segre
Dante incontra Virgilio e il suo viaggio diventa arte

L'uso dell'allegoria Il primo canto della *Commedia* è soprattutto un annuncio della conformazione spirituale dell'opera e del suo contenuto. [...] Per spiegarsi, Dante ricorre all'allegoria, che può esser considerata un linguaggio, allora molto più familiare di oggi. Abbiamo l'allegoria dell'uomo come viandante, che troppo spesso imbocca il sentiero del vizio invece di quello della virtù. Abbiamo l'allegoria dello smarrimento in una selva, e poi della salita verso la purezza delle cime e la luce del sole. Dopo una notte tormentosa, Dante, riprendendosi dallo smarrimento, cioè da pensieri almeno intellettualmente peccaminosi, incomincia a salire, e ha quasi un anticipo del sollievo che attende i beati: si sente infatti simile a chi esce «fuor del pelago a la riva» e guarda indietro, con respiro ancora affannoso, verso «l'acqua perigliosa» da cui è scampato. La scena poi si fa più mossa quando al viaggiatore appaiono successivamente tre animali: una lonza o lince, un leone e una lupa, che cercano di tagliargli la strada e di respingerlo verso il basso, verso la selva. Anche questi animali saranno stati subito riconosciuti dal lettore medievale, che certo ne intuì il possibile simbolismo: per esempio la lussuria, la superbia e l'avarizia.

Le tre fiere Qui l'allegoria è semplice, e Dante e le tre fiere formano un'immagine da miniatura, così come, prima, il viaggiatore nella valle oscura e verso la vetta battuta dal sole. Pare di veder rappresentati dalla mano di un pittore il poeta e gli animali su un fondale di colline stilizzate. La lonza è snella, agile, e sembra dare allegria col suo pelo maculato: la sua pelle infatti è «gaetta», cioè a macchie policrome, e si pensa a «gaio», anche se etimologicamente non c'entra; il leone, rabbioso per la fame, alza la testa orgogliosa; la lupa è magrissima, anche lei affamata. E mentre la lonza si accontenta di frenare il cammino del poeta, il leone pare voglia assalirlo, e la lupa riesce davvero a farlo arretrare, verso la selva che aveva abbandonato per forza di volontà. Nulla di realistico, anche se spesseggiano versi pieni di vibrazioni. Il lettore è abilmente preparato all'allargamento di significati che avrà luogo nel seguito del poema: aggettivi come «dura», «aspra», «amara» avranno implicazioni escatologiche quando saranno riferiti alla dannazione, così come «bello», «dolce», «dilettoso» avranno riflessi paradisiaci: tutto entro il contrasto tra «vita» e «morte», non nel senso terreno ma in quello di salvezza e di condanna eterna. [...]

Il modello dell'*Eneide* Un'idea geniale è quella di attuare il trasferimento e l'attraversamento del mondo della visione non con l'aiuto d'un angelo o d'un santo, come nei testi affini, ma di un personaggio come Virgilio, che per qualunque poeta doveva essere familiare, anche se illustre e antico (e ancora un personaggio familiare sarà la guida successiva: Beatrice, la donna amata in gioventù). Assistiamo così, stupefatti, alla transizione dai simboli e dagli stilismi figurativi a un incontro fra poeti, alla rivelazione di quell'amore di Dante per Virgilio che fa del sesto libro dell'*Eneide* uno dei modelli principali del disegno dell'*Inferno*. Insomma, c'è tutta una poetica implicita, che fonde il classicismo pagano di Virgilio con l'ispirazione dei pensatori e dei narratori cristiani del Medioevo. A questa poetica non fecero la dovuta attenzione i critici che immaginarono un Dante visionario, fedele cronista di un viaggio che credeva d'aver fatto. Dante invece ci suggerisce, proprio attraverso il dialogo con Virgilio prima d'entrare fra i morti, che il suo è un lavoro di poeta, e che per dire delle verità non occorrono etichette confessionali. E tratta anzi Virgilio come uno dei tanti personaggi concretissimi della sua esperienza, quei personaggi che si susseguono nella *Commedia* ricostruendo il sistema dei suoi amori, delle sue passioni, dei suoi odi. Virgilio non è solo «maestro» e «autore», cioè modello e testimone di verità, ma quasi un padre.

Cesare Segre,
in «Corriere della Sera», 21/5/2004

«Tu se' lo mio maestro e 'l mio autore,
tu se' solo colui da cu' io tolsi
lo bello stilo che m'ha fatto onore.»

■ Scene relative all'inizio del poema, *Codice Tempiano maggiore* (XIV secolo).

Inferno

Canto II

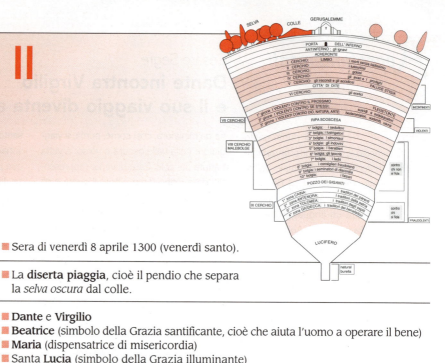

DATA	Sera di venerdì 8 aprile 1300 (venerdì santo).
LUOGO	La **diserta piaggia**, cioè il pendio che separa la *selva oscura* dal colle.
PERSONAGGI	**Dante** e **Virgilio** **Beatrice** (simbolo della Grazia santificante, cioè che aiuta l'uomo a operare il bene) **Maria** (dispensatrice di misericordia) Santa **Lucia** (simbolo della Grazia illuminante)

SEQUENZE

■ **Invocazione alle Muse** (vv. 1-9)
All'imbrunire Dante si accinge al viaggio, che conserverà nella memoria. Quindi invoca le Muse perché lo assistano nel resoconto.

■ **Dubbi e sconforto di Dante** (vv. 10-42)
Il poeta chiede a Virgilio se le sue forze siano adeguate all'impresa, già compiuta da Enea e da san Paolo. Ma Enea originò la *gens Iulia*, destinata a fondare l'impero, e san Paolo fu scelto da Dio per testimoniare la via della salvezza. Dante non è né Enea né Paolo e teme che viaggiare nell'aldilà per lui sia un'impresa folle.

■ **Virgilio lo rincuora: fu Beatrice a chiedergli di soccorrere Dante** (vv. 43-114)
Dante deve avere coraggio: Virgilio gli narra della visita al Limbo ricevuta da una donna beata e bella, che lo ha esortato a muoversi in soccorso del viandante smarrito, rivelando di essere Beatrice e di essere scesa dall'Empìreo mossa da amore. Virgilio si dichiara pronto a obbedire: ma com'è possibile che un'anima beata si degni di scendere nel regno del male? «Bisogna temere soltanto le cose che possono nuocerci» aveva risposto Beatrice «e io sono immune dalla vostra miseria». Proseguendo, gli narra di come la vergine Maria abbia sollecitato santa Lucia, e santa Lucia Beatrice, e Beatrice Virgilio.

■ **Esortazione di Virgilio e dichiarazione finale di Dante** (vv. 115-142)
Virgilio esorta Dante a trovare il coraggio di seguirlo nell'arduo cammino; e Dante, rinfrancato come i fiori dal sole dopo il gelo notturno, ringrazia e trova la forza di affrontare con la sua guida il difficile viaggio.

«O muse, o alto ingegno, or m'aiutate;
o mente che scrivesti ciò ch'io vidi,
qui si parrà la tua nobilitate.»

■ *Joseph Anton Koch*, Inferno (particolare), Sala di Dante, Casino Massimo, Roma (1825-28).

Canto III

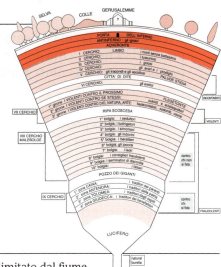

DATA	■ 8 aprile 1300 (venerdì santo), sera
LUOGO	■ **Antinferno** o Vestibolo dell'inferno (delimitato dal fiume Acheronte): è un luogo buio, dove echeggiano senza sosta lamenti e voci di dolore.
COLPA	■ **Ignavia** o viltà: la colpa di chi non si curò di fare né il bene né il male.
PENA / CONTRAPPASSO	■ In vita gli ignavi non aspirarono ad alcun ideale: ora devono **inseguire senza sosta un'insegna vuota**; non sentirono la voce della coscienza, e ora sono **stimolati da vili insetti**; il loro sangue, che in vita non sparsero per la società umana, adesso **nutre vermi immondi**.
CUSTODE	■ **Caronte**, figlio dell'Erebo e della Notte, traghetta le anime dei peccatori al di là del fiume Acheronte.
PERSONAGGI	■ **Dante** e **Virgilio** ■ Il traghettatore **Caronte** ■ Un ignavo non nominato *che fece per viltade* il *gran rifiuto* (forse **Celestino V**).

SEQUENZE

■ **La porta dell'inferno e lo smarrimento di Dante** (vv. 1-21)
I poeti varcano la porta dell'inferno, sulla cui sommità è una scritta minacciosa: *Lasciate ogne speranza, voi ch' intrate*. Dante è preso da timore e Virgilio lo ammonisce a deporre ogni viltà.

■ **Gli ignavi e la loro pena** (vv. 22-69)
Dappertutto si odono sospiri, pianti, lamenti e un tumulto di voci. Sono gli ignavi, che vissero senza meritare né biasimo né lode, assieme agli angeli vigliacchi, che si astennero nella battaglia tra bene e male. Meglio non soffermarsi su questi dannati, tra cui Dante riconosce *colui / che fece per viltade il gran rifiuto*. Gli ignavi corrono dietro un'insegna pungolati da mosconi e da vespe, su un tappeto di vermi che bevono il loro sangue.

■ **Anime di peccatori sulla riva d'Acheronte** (vv. 70-81)
Dante e Virgilio giungono alle rive dell'Acheronte, dove smaniose di passare all'altra sponda, si accalcano le ombre.

■ **Caronte cerca d'impedire il passaggio a Dante** (vv. 82-120)
Giunge Caronte sul suo battello: ingiunge a Dante, vivo, di allontanarsi; accederà da altro ingresso all'inferno. «Non adirarti, Caronte», interviene Virgilio, «contro il volere di Colui in cui volere e potere sono un'unica cosa...». Al muto cenno di Caronte le anime s'imbarcano.

■ **Spiegazioni di Virgilio e passaggio del fiume** (vv. 121-136)
Virgilio spiega che sono tutti dannati e che, se Caronte si rifiuta di portare Dante, è perché a lui, Dante, spetterà la morte dei giusti. La terra trema, un lampo, e Dante sviene: il passaggio dell'Acheronte avverrà in modo miracoloso.

Inferno

'Per me si va ne la città dolente,
per me si va ne l'etterno dolore,
3   per me si va tra la perduta gente.

    Giustizia mosse il mio alto fattore;
fecemi la divina podestate,
6   la somma sapïenza e 'l primo amore.

    Dinanzi a me non fuor cose create
se non etterne, e io etterno duro.
9   Lasciate ogne speranza, voi ch'intrate.

    Queste parole di colore oscuro
vid' ïo scritte al sommo d'una porta;
12   per ch'io: «Maestro, il senso lor m'è duro».

    Ed elli a me, come persona accorta:
«Qui si convien lasciare ogne sospetto;
15   ogne viltà convien che qui sia morta.

    Noi siam venuti al loco ov' i' t'ho detto
che tu vedrai le genti dolorose
18   c'hanno perduto il ben de l'intelletto».

    E poi che la sua mano a la mia puose
con lieto volto, ond' io mi confortai,
21   mi mise dentro a le segrete cose.

La porta dell'inferno e lo smarrimento di Dante

1-3. Attraverso di me si accede alla città della sofferenza, attraverso di me si accede al dolore senza fine, attraverso di me si accede ai dannati. **4-6.** La giustizia ispirò colui che mi ha fabbricata (*il mio alto fattore*); mi fecero la potenza di Dio, la somma sapienza e l'amore primigenio. **7-9.** Prima di me non furono create cose che non fossero incorruttibili, e io duro per l'eternità. Abbandonate ogni speranza, voi che entrate. **10-12.** Tali parole scritte in nero io scorsi scritte sulla parte alta di una porta; perciò [dissi]: «Maestro, il loro significato mi sconforta». **13-18.** Ed egli a me, come persona esperta: «Qui devi abbandonare ogni esitazione; qui bisogna eliminare la viltà. Noi siamo giunti al luogo di cui ti parlai, in cui vedrai le anime sofferenti che hanno smarrito il bene della ragione, cioè la verità». **19-21.** E dopo avere posato la sua mano sulla mia con un sorriso, da cui trassi conforto, mi introdusse in quel mondo segregato.

---

1. Per me: le parole (con la triplice, martellante anafora dei vv. 1-3) sono pronunciate dalla porta infernale, che parla in prima persona e lancia così il proprio grave avvertimento a chi entra. Della «porta stretta» degli inferi parlava il *Vangelo secondo Matteo* (VIII, 13), ma qui Dante si sarà rifatto soprattutto all'uso medievale di porre iscrizioni sulla porta delle chiese e delle città; **città dolente:** non semplicemente città; piuttosto – secondo la tradizione del termine latino *civitas* – "stato", "comunità", in questo caso della dannazione, in antitesi alla «città di Dio», il regno della beatitudine. Per indicare il territorio urbano (la città, appunto) Dante usa di preferenza *terra*, talora *villa*, oltre che, beninteso, *città*.
3. perduta gente: i dannati. I critici notano nei tre versi un crescendo di toni e significati: «il dolore, l'eternità del dolore, l'inesorabile perdizione» (Grabher).
4. Giustizia: assai rilevata a inizio di verso; l'Inferno nasce dal senso tutto medievale della giustizia di Dio, che punisce le colpe e i peccatori; **il mio alto fattore:** il sommo architetto, Dio, mosso da giustizia a progettare la porta e il baratro dell'inferno.

5. la divina podestate: è attributo di Dio nella persona del Padre.
6. la somma sapïenza: è attributo di Dio nella persona del Figlio; invece *'l primo amore* è attributo di Dio nella persona dello Spirito Santo.
8. etterne: nel senso di "imperiture", "senza fine"; si riferisce a quanto Dio ha creato prima dell'inferno, cioè angeli, cieli e materia pura. In seguito vennero create le cose corruttibili. Invece *etterno* ha il valore avverbiale di "eternamente".
9. Lasciate... voi ch'intrate: conclusione sentenziosa e lapidaria. La scritta riecheggia Virgilio (*Eneide* VI, 126-9), ovvero le parole della Sibilla a proposito della porta di Dite: facile da attraversare all'andata, ella dice, ben più difficile (per non dire impossibile) al ritorno. Nella concezione dantesca però il significato della scritta è diverso: non allude solo al passaggio dalla vita alla morte ma all'ingresso nel regno del male. Esso consiste, in sostanza, «in un'assenza di speranza proiettata sull'eternità, in una disperazione perpetua» (V. Sermonti).
10. di colore oscuro: non "difficili da capire", ma piuttosto "tenebrose", "minaccio

se", magari perché "scritte in nero". Il particolare ricorda il *Libro delle tre scritture* di Bonvesin da la Riva, dove la scrittura negra, sui mali infernali, si contrappone alla rossa, sulla passione, e alla dorata, sulla beatitudine paradisiaca.
12. m'è duro: non difficile da capire, ma da accettare; è disumana questa idea di una pena eterna, senza esaurimento né speranza di remissione.
14. sospetto: nel latino *suspicio*, "sospetto", il significato di "diffidenza e sgomento" si assomma a quello di "soggezione".
15. viltà: inaugura il tema della pusillanimità degli ignavi, coloro che sono condannati a non poter entrare neppure all'inferno. *Morta* ha qui valore transitivo ("distrutta", "annientata").
18. il ben de l'intelletto: cioè "il bene supremo della ragione", che consiste nella fruizione della verità assoluta, ovvero di Dio. L'espressione dantesca è poi divenuta proverbiale nella nostra lingua.
20. con lieto volto: una nota assai affettuosa e umana.
21. mi mise... segrete cose: "mi introdusse nel mondo remoto, segregato" dei dannati.

34

Canto III

Quivi sospiri, pianti e alti guai
risonavan per l'aere sanza stelle,
24 per ch'io al cominciar ne lagrimai.

Diverse lingue, orribili favelle,
parole di dolore, accenti d'ira,
27 voci alte e fioche, e suon di man con elle

facevano un tumulto, il qual s'aggira
sempre in quell'aura sanza tempo tinta,
30 come la rena quando turbo spira.

E io ch'avea d'error la testa cinta,
dissi: «Maestro, che è quel ch'i' odo?
33 e che gent' è che par nel duol sì vinta?».

Ed elli a me: «Questo misero modo
tegnon l'anime triste di coloro
36 che visser sanza 'nfamia e sanza lodo.

Mischiate sono a quel cattivo coro
de li angeli che non furon ribelli
39 né fur fedeli a Dio, ma per sé fuoro.

Caccianli i ciel per non esser men belli,
né lo profondo inferno li riceve,
42 ch'alcuna gloria i rei avrebber d'elli».

E io: «Maestro, che è tanto greve
a lor che lamentar li fa sì forte?».
45 Rispuose: «Dicerolti molto breve.

Questi non hanno speranza di morte,
e la lor cieca vita è tanto bassa,
48 che 'nvidïosi son d'ogne altra sorte.

Gli ignavi e la loro pena

22-24. Qui sospiri, pianti e alti lamenti (*guai*) risuonavano per l'aria priva di stelle, al punto che, appena entrato, io scoppiai in lacrime. **25-30.** Varie lingue, spaventevoli modi di parlare, parole di dolore, esclamazioni d'ira, suoni ora alti ora fiochi, e con essi bàttiti di mani (*suon di man con elle*) creavano un frastuono che si propaga senza interrompersi mai in quell'atmosfera eternamente oscura (*tinta*), come fa la sabbia, quando soffia un vortice. **31-33.** E io che avevo la testa fasciata dal dubbio, chiesi: «Maestro, cos'è ciò che sento? Quale gente è questa, che sembra così sopraffatta dal dolore?». **34-36.** Mi rispose: «Questa triste condizione segna [oppure: queste tristi note si levano da] le tristi anime che vissero senza meritarsi né infamia né approvazione. **37-39.** Sono mescolate a quel coro stonato di angeli che non si ribellarono a Dio e neppure gli rimasero fedeli, ma rimasero neutrali a proprio vantaggio (*per sé fuoro*). **40-42.** I cieli li respingono per non essere diminuiti nella loro bellezza, e il più basso inferno non li vuole, perché i dannati avrebbero motivo di vantarsi, nei loro confronti». **43-44.** E io: «Maestro, cosa è per loro così doloroso, da farli lamentare così sonoramente?». **45-48.** Rispose: «Te lo dirò in breve. Costoro non hanno speranza di morire, e la loro vita oscura è così spregevole, che sono invidiosi di qualsiasi altro destino.

---

22. guai: nell'italiano di Dante guaio significa "lamento stridulo e prolungato", "guaito", anche con riferimento alla pena che lo provoca. L'interiezione "guai!", da cui deriva, esprimeva in origine (come nel francese antico) dolore e insieme minaccia (si veda il latino *vae*, da cui anche *vagitus*). La scena ricorda l'analoga raffigurazione del VI libro dell'*Eneide* (vv. 557-58), anche se Virgilio insisteva sui toni pittoreschi della scena, mentre a Dante preme l'effetto che essa produce sull'animo.

23. aere sanza stelle: il buio sarà una nota costante del mondo infernale.

25. diverse: nel senso di "varie", "strane", ma anche di "disumane".

31. error: è il dubbio che verrà espresso subito.

34. misero modo: contegno miserabile. Con il termine *modo* – che nella musica polifonica del Duecento indicava lo schema ritmico – Virgilio forse designa anche il comportamento vocale dei dannati: l'unico elemento di essi che, al momento, i due viandanti dell'oltretomba riescono ad avvertire.

36. sanza 'nfamia e sanza lode: senza meritarsi né biasimo né lode. Altra espressione dantesca passata in proverbio. Questi pusillanimi non sono una categoria di peccatori conosciuti ai peccatori; ma il fatto stesso di averli segregati a parte è assai indicativo dell'animo del poeta, insofferente di fronte a qualsiasi dimostrazione di viltà.

37. cattivo coro: moltitudine miserabile; ma potrebbe anche indicare un "coro" (v.

nota 34), certamente stonato e cacofonico. Cattivo significa "vile", "spregevole".

39. per sé fuoro: si tennero sulle loro; fuoro equivale a "furono". Va detto che la teologia non conosceva affatto una schiera di angeli che non parteggiarono né per Dio né per Lucifero: vale quanto detto per la precedente nota 36.

42. alcuna gloria: diavoli e dannati potrebbero insomma trarre motivo di vanto rispetto ai pusillanimi, visto che ebbero quantomeno il coraggio delle proprie decisioni e azioni.

46. non hanno speranza di morte: di per sé, neppure gli altri dannati l'hanno; ma i pusillanimi non possono sperare nell'annichilimento nel dolore e nella sofferenza, che tocca agli altri.

Inferno

Fama di loro il mondo esser non lassa;
misericordia e giustizia li sdegna:
51 non ragioniam di lor, ma guarda e passa».

E io, che riguardai, vidi una 'nsegna
che girando correva tanto ratta,
54 che d'ogne posa mi parea indegna;

e dietro le venìa sì lunga tratta
di gente, ch'i' non averei creduto
57 che morte tanta n'avesse disfatta.

Poscia ch'io v'ebbi alcun riconosciuto,
vidi e conobbi l'ombra di colui
60 che fece per viltade il gran rifiuto.

Incontanente intesi e certo fui
che questa era la setta d'i cattivi,
63 a Dio spiacenti e a' nemici sui.

Questi sciaurati, che mai non fur vivi,
erano ignudi e stimolati molto
66 da mosconi e da vespe ch'eran ivi.

Elle rigavan lor di sangue il volto,
che, mischiato di lagrime, a' lor piedi
69 da fastidiosi vermi era ricolto.

E poi ch'a riguardar oltre mi diedi,
vidi genti a la riva d'un gran fiume;
72 per ch'io dissi: «Maestro, or mi concedi

ch'i' sappia quali sono, e qual costume
le fa di trapassar parer sì pronte,
75 com' i' discerno per lo fioco lume».

49-57. Il mondo [dei vivi] non lascia (*lassa*) sopravvivere il loro ricordo; li sdegnano la misericordia e la giustizia divina; non parliamone più, ma guarda e passa oltre». E io, che osservai attentamente, scorsi una bandiera che girando intorno correva così rapida (*ratta*), da sembrare incapace di fermarsi; e dietro le veniva una folla così numerosa di individui, che non avrei immaginato che la morte ne avesse disfatti tanti. **58-60.** Dopo che vi ebbi riconosciuto qualcuno, vidi e riconobbi l'anima di colui che per vigliaccheria fece il grande rifiuto. **61-63.** Allora subito (*Incontanente*) compresi e ne fui certo che quella era la sètta dei malvagi che dispiacquero a Dio e anche ai suoi nemici, i diavoli. **64-66.** Questi disgraziati, che non vissero propriamente mai, erano nudi e punzecchiati assai da mosconi e vespe che erano in quel luogo. **67-69.** Tali insetti rigavano il loro volto di sangue, che, mescolato alle lacrime, veniva raccolto in basso da luridi vermi.

Anime di peccatori sulla riva d'Acheronte

70-75. E dopo che mi diedi a osservare più in là, vidi genti sulla riva di un grande fiume; perciò dissi: «Maestro, concedimi di sapere chi sono e quale istinto (*costume*) le rende così desiderose di passare oltre, come mi sembra di capire attraverso la fioca luce».

---

47. cieca vita: l'aggettivo va inteso in senso morale, come sinonimo di "vile", "spregevole".
48. d'ogne altra sorte: di qualunque altro destino, incluso quello dei dannati!
52. che riguardai: Dante, a forza di guardare e riguardare, in obbedienza al comando di Virgilio, comincia a decifrare il buio; **una 'nsegna:** una bandiera, ma potremmo parafrasare: "uno straccio di bandiera". È l'emblema del "prendere partito", "compiere una scelta", giusta o sbagliata che fosse. I pusillanimi o ignavi si sono sempre sottratti a essa; adesso seguono una bandiera qualsiasi, non meglio identificata. È un tipico esempio di contrappasso.

55. sì lunga tratta: Dante sottolinea anzitutto la consistenza numerica di questa moltitudine; è la sua prima e più forte impressione.
59-60. colui / che fece... il gran rifiuto: si tratta verosimilmente di Pietro del Morrone. Pio fraticello molisano, nato intorno al 1210, eremita, fu creato papa nel luglio 1294 con il nome di Celestino V; si dimise il 13 dicembre su pressione del cardinale Benedetto Caetani (destinato a succedergli, dieci giorni dopo, al soglio pontificio come Bonifacio VIII). Morì in semiprigionia a Fumone nel 1296. Il *gran rifiuto* consiste nelle dimissioni che aprirono la via a Bonifacio, il cui appoggio politico alla fazione fioren-

tina dei Guelfi Neri costò l'esilio a Dante. Non è però chiara l'identità di questo colui, che potrebbe anche essere Pilato, il prefetto della Giudea che si lavò le mani del sangue di Gesù, oppure Esaù, che nella Bibbia cedette al fratello Giacobbe la primogenitura in cambio di un piatto di lenticchie.
64. che mai non fur vivi: cioè, che non hanno mai avuto il coraggio e la dignità di vivere.
66-69. mosconi... vespe... vermi: i vili che mai si decisero, in vita, ad agire, ora sono pungolati a correre da schifosi insetti; e spargono lacrime e sangue, cibo degli animali più ripugnanti. Anche qui opera la legge dantesca del contrappasso.

Canto III

Ed elli a me: «Le cose ti fier conte
quando noi fermerem li nostri passi
78   su la trista riviera d'Acheronte».

Allor con li occhi vergognosi e bassi,
temendo no 'l mio dir li fosse grave,
81   infino al fiume del parlar mi trassi.

Ed ecco verso noi venir per nave
un vecchio, bianco per antico pelo,
84   gridando: «Guai a voi, anime prave!

Non isperate mai veder lo cielo:
i' vegno per menarvi a l'altra riva
87   ne le tenebre etterne, in caldo e 'n gelo.

E tu che se' costì, anima viva,
pàrtiti da cotesti che son morti».
90   Ma poi che vide ch'io non mi partiva,

disse: «Per altra via, per altri porti
verrai a piaggia, non qui, per passare:
93   più lieve legno convien che ti porti».

E 'l duca lui: «Caron, non ti crucciare:
vuolsi così colà dove si puote
96   ciò che si vuole, e più non dimandare».

Quinci fuor quete le lanose gote
al nocchier de la livida palude,
99   che 'ntorno a li occhi avea di fiamme rote.

Ma quell' anime, ch'eran lasse e nude,
cangiar colore e dibattero i denti,
102   ratto che 'nteser le parole crude.

76-78. Ed egli a me: «Le cose ti diventeranno (*fier*) ben chiare (*conte*) quando fermeremo i nostri passi sulla triste riva dell'Acheronte».
79-81. Allora, con gli occhi bassi per la vergogna, temendo (*temendo no*) di recargli fastidio con le mie parole, mi astenni dal parlare fin quando non giungemmo al fiume.

Caronte cerca d'impedire il passaggio a Dante

82-89. Ed ecco giungere verso di noi, su una barca, un vecchio, di pelo bianco per l'età tarda, che gridava: «Guai a voi, anime malvage (*prave*)! Non sperate di vedere mai più il cielo; io giungo per condurvi sull'altra sponda, nel buio eterno, nel caldo e nel gelo. E tu che sei qui, anima di un vivo, allontanati da costoro, che sono morti». **90-93.** Ma vedendo che non me ne andavo, aggiunse: «Per un'altra via, per un diverso porto d'imbarco verrai alla riva (*a piaggia*) [dell'aldilà]; per passare non verrai qui, sull'Acheronte; è giusto che ti trasporti una barca più leggera». **94-96.** E la mia guida [Virgilio] a lui: «Caronte, non ti alterare; è voluto così là [in cielo] dove si può tutto ciò che si vuole, e non domandare altro». **97-99.** Da qui in avanti (*Quinci*) si acquietarono le guance barbute del traghettatore di quella livida palude, che aveva intorno agli occhi cerchi di fuoco. **100-102.** Ma quelle anime, che erano stanche e nude, cambiarono colore e batterono i denti, non appena udirono le parole così minacciose [di Caronte].

78. Acheronte: è il fiume che segnava il confine dell'Averno, l'oltretomba degli antichi. Figurava già nel VI libro dell'*Eneide*, in termini che Dante riprende e varia con grande attenzione, in omaggio al ruolo di guida che Virgilio svolgeva nella sua mente, prima ancora che nel suo viaggio.
82. Ed ecco: l'espressione in Dante, sempre segnala il cambiamento di scena e fissa l'attenzione dei lettori.
83. un vecchio... pelo: ha una sua dignità, questo traghettatore dantesco, il primo dei personaggi ripresi dalla mitologia classica e trasformati in ministri infernali.
88. anima viva: il barcaiolo sa che l'anima di Dante è doppiamente viva: perché ancora ospitata dal corpo, e perché – come annuncerà nella prossima terzina – non de-

stinata alla morte eterna dei dannati.
91-93. Per altra... che ti porti: Dante, infatti, è destinato alla spiaggia del monte Purgatorio, provenendo da quel porto d'imbarco che è la foce del Tevere, come leggeremo nel canto II del *Purgatorio* (▶ p. 145). I due porti (v. 91 e v. 93) sono in rima equivoca.
94. Caron: sta per "Caronte", secondo l'uso medioevale di render tronchi i nomi non latini. Figlio, secondo la mitologia, di Erebo e di Notte, Caronte traghetta anime dal vestibolo al bordo dell'abisso infernale, spingendo con una pertica il suo barcone sulle acque melmose del fiume Acheronte. Era raffigurato con lunga barba, ispido e rissoso, ma scrupoloso nel controllo dei dannati. Di Caronte parlava già l'antica mi-

tologia degli etruschi; prima della descrizione fornitane da Virgilio nel VI libro dell'*Eneide* (vv. 298-306 e 385-391).
95-96. vuolsi... si vuole: «si vuole così là dove ciò che si vuole si può», ovvero «dove volere e potere sono tutt'uno», cioè nella mente di Dio. Formula famosa e risolutiva, che tornerà in *Inferno* V, vv. 22-24, rivolta a Minosse, e con piccola variante nel canto VII, rivolta a Pluto (vv. 11-12).
100. lasse e nude: lasso (dal latino *lassus*, "spossato"), significa anche "infelice": queste povere anime dannate appaiono stremate dalla disperazione. Quanto alla loro nudità, è un aspetto comune a tutti gli ospiti dell'*Inferno* e del *Purgatorio* danteschi.

Inferno

Bestemmiavano Dio e lor parenti,
l'umana spezie e 'l loco e 'l tempo e 'l seme
105   di lor semenza e di lor nascimenti.

Poi si ritrasser tutte quante insieme,
forte piangendo, a la riva malvagia
108   ch'attende ciascun uom che Dio non teme.

Caron dimonio, con occhi di bragia
loro accennando, tutte le raccoglie;
111   batte col remo qualunque s'adagia.

Come d'autunno si levan le foglie
l'una appresso de l'altra, fin che 'l ramo
114   vede a la terra tutte le sue spoglie,

similemente il mal seme d'Adamo
gittansi di quel lito ad una ad una,
117   per cenni come augel per suo richiamo.

Così sen vanno su per l'onda bruna,
e avanti che sien di là discese,
120   anche di qua nuova schiera s'auna.

«Figliuol mio», disse 'l maestro cortese,
«quelli che muoion ne l'ira di Dio
123   tutti convegnon qui d'ogne paese;

e pronti sono a trapassar lo rio,
ché la divina giustizia li sprona,
126   sì che la tema si volve in disio.

Quinci non passa mai anima buona;
e però, se Caron di te si lagna,
129   ben puoi sapere omai che 'l suo dir suona».

Finito questo, la buia campagna
tremò sì forte, che de lo spavento
132   la mente di sudore ancor mi bagna.

103-105. Maledicevano Dio e i loro genitori, la specie umana, il luogo e il momento in cui furono concepiti e il seme del loro concepimento e della loro nascita. **106-108.** Poi si ammassarono tutte insieme, piangendo molto, sulla spiaggia dei malvagi, che attende chiunque non abbia il timore di Dio. **109-111.** Il demonio Caronte, facendo loro cenni con gli occhi infiammati (*di bragia*), le raccoglie tutte; pungola con il remo chiunque si siede. **112-117.** Come d'autunno si staccano le foglie una dopo l'altra, fino a quando il ramo non vede caduti a terra tutti i suoi resti, così, allo stesso modo, i discendenti malvagi di Adamo si gettano su quella spiaggia a uno a uno, al cenno di Caronte, come l'uccello obbedisce al richiamo [del falconiere]. **118-120.** Così se ne vanno per le acque livide, e prima ancora che siano scese dall'altra parte, già da questa riva si è radunata una nuova schiera di anime.

Spiegazioni di Virgilio e passaggio del fiume

121-126. «Figliolo mio – disse il mio cortese maestro – tutti quelli che muoiono nell'ira di Dio si radunano qui da ogni paese; e sono pronti ad attraversare il fiume, in quanto la giustizia di Dio li pungola, al punto che la paura [dell'inferno] si trasforma in desiderio [di punizione]. **127-129.** Di qui [su questo fiume] non passa mai alcuna anima buona; e perciò, se Caronte si lamenta di te, ormai puoi ben comprendere cosa (*che*) significhino le sue parole». **130-132.** Come ebbe finito di parlare, la buia campagna sussultò, così forte che ancora oggi il ricordo di quello spavento mi bagna la fronte di sudore.

104-105. 'l seme/ di lor semenza: letteralmente, "il seme della loro inseminazione", cioè "della loro origine".

109-110. con occhi... / loro accennando: l'omissione della tradizionale virgola fra *bragia* e *loro* (ma in realtà, nei manoscritti del tempo di Dante le virgole non esistevano) ci fa immaginare un Caronte che fa cenno ai dannati con il solo lampeggiare imperioso degli occhi.

112. Come d'autunno: la similitudine è ripresa da Virgilio, *Eneide* VI, vv. 309-12.

115-116. il mal seme d'Adamo / gittansi: interessante questa concordanza fra soggetto singolare collettivo (il *mal seme d'Adamo* significa "la malvagia stirpe di Adamo") e verbo plurale (="si gettano"), a significare una folla formata da una somma di solitudini.

117. richiamo: è un termine tecnico venatorio, usato cioè per la caccia; equivale al fischio del cacciatore per convocare il falco-

ne addestrato o per adescare la selvaggina.

126. sì che la tema si volve in disio: non può esserci, neppure nei dannati, un atteggiamento o comportamento diverso da quello deciso da Dio; sicché essi desiderano fortemente obbedire alla divina giustizia.

128. e però: e perciò. Nella lingua della *Commedia*, la congiunzione però conserva (sempre, nel caso sia preceduta da e e copula) il valore causale dell'etimologia latina *per hoc* (="per questo").

Canto III

La terra lagrimosa diede vento,
che balenò una luce vermiglia
la qual mi vinse ciascun sentimento;

135

e caddi come l'uom cui sonno piglia.

133-136. La terra bagnata dalle lacrime [dei dannati] sprigionò un vento, che emise una luce rossastra che soverchiò ogni mia facoltà; e caddi a terra, come chi sia vinto dal sonno.

137. e caddi: Dante sviene; si ridesterà all'inizio del canto successivo già sull'altra sponda del fiume Acheronte.

Le chiavi del canto

■ L'ASSENZA DI SPERANZA

L'inizio del canto III segna il vero e proprio **ingresso nel primo regno dell'oltretomba**: e come tutti gli ingressi che si rispettino, è segnato da una porta, sormontata da una scritta, un'epìgrafe che il poeta scolpisce nella memoria dei lettori con lo scalpello dell'anafora (*Per me si va... /Per me si va.../ Per me si va*), a ribadire una verità tanto semplice quanto disumana: l'inferno è un **luogo di disperazione** senza possibile conforto. È il **primo tema che spicca nel canto III**. Del resto, cos'altro è l'inferno, se non il punto d'arrivo, il bacino in cui si raccoglie tutto il male del mondo? Ebbene, alla radice di questo male, vi è precisamente l'**assenza di speranza**; una fatale incapacità di credere in valori che trascendono la morte.

L'ultimo verso della scritta (*Lasciate ogne speranza, voi ch'intrate*) ha il sapore delle più memorabili sentenze dantesche, che s'imprimono nell'anima e nella mente e lasciano una traccia durevole. Dante personaggio arretra, spaventato: *il senso lor* [cioè: di queste parole] *m'è duro* (v. 12), confessa al suo Maestro, Virgilio. Infatti gli uomini che vivono, e spesso soffrono, in terra, coltivano pur sempre, in fondo al loro cuore, una speranza che quella pena possa, un giorno, finire.

A rendere assolutamente differenti le pene dei dannati, è invece la **condanna irrevocabile** a non poter sperare più.

Neppure la morte può segnare la fine del dolore: anzi, in un certo senso lo inaugura nella sua fase più definitiva. Dante, che è ancora un vivo, non può afferrare interamente un simile concetto; esso va al di là di ogni sua possibile esperienza e perciò lo intimorisce così tanto.

■ IL PECCATO DI PUSILLANIMITÀ

Con l'esortazione di Virgilio a varcare la soglia, il racconto entra finalmente **nel vivo del mondo infernale**. Alle spalle, Dante si è lasciato un confine artificiale (una porta, con un'epigrafe); davanti a lui troverà un confine naturale (un fiume, con un irascibile nocchiero: Caronte). In mezzo tra i due confini citati si stende una buia campagna: un'anonima **terra di nessuno**, che è oltre il mondo dei vivi (aldiquà) ma allo stesso tempo precede l'aldilà (l'inferno). La percorrono, perpetuamente in corsa dietro un'insegna – pure anonima – pungolati da insetti, gli **ignavi** o **pusillanimi** (assieme agli angeli neutrali).

I pur meticolosi teologi medievali non avevano mai classificato, tra i peccatori puniti nell'inferno, una categoria di ignavi. Dante sì, e conia per loro una pena tutta nuova, evidentemente perché riteneva davvero disdicevole la colpa di chi vive senza vivere, di chi cerca sempre e comunque di passare inosservato, per puro egoismo. Questi vili corrono freneticamente, martoriati *da mosconi e da vespe ch'eran ivi*, tra la porta e il fiume. Massa anonima, moltitudine senza volto, perpetuamente sulla soglia: non meritano neppure la pienezza della morte.

■ IL GRAN RIFIUTO

I pusillanimi non hanno diritto d'accesso all'inferno e non meritano che il poeta si soffermi su qualcuno di loro. L'unico che Dante veda e riconosca tra queste ombre resta innominato.

Perciò viene indicato solo con una perifrasi ambigua e misteriosa *colui / che fece per viltade il gran rifiuto* (vv. 59-60: si tratta probabilmente di papa Celestino V). I nomi, per il poeta della *Commedia*, non sono mai semplici accessori: non nominare significa **negare la pienezza dell'identità** a chi non esercitò mai, da vivo, nemmeno a fin di male, il dono divino del libero arbitrio, la scelta tra male e bene.

■ L'*ENEIDE* FONTE PREDILETTA DI DANTE

Nella descrizione dell'oltretomba Dante non aveva modelli plausibili: non potevano bastargli i poeti del Duecento, come Giacomino da Verona e Bonvesin de la Riva, che avevano affrontato l'argomento dell'aldilà; né poteva soccorrerlo la sua precedente esperienza di poeta lirico d'amore o di "rettitudine" (le canzoni filosofiche del *Convivio*). Perciò trae spunti e modelli dalla **poesia classica**, più precisamente da **Virgilio**, il cui libro VI dell'*Eneide* mai come qui appare tanto presente. Virgiliana è la stessa concezione di un vestibolo (anticamera) dell'inferno; virgiliano è l'episodio dell'Acheronte e del suo nocchiero, Caronte. La rappresentazione dell'oltretomba da parte di Dante non rifiuta l'eredità classica, ma semmai la ricomprende in una sintesi nuova.

Inferno

■ CARONTE DA VIRGILIO A DANTE

Anche nell'aldilà degli antichi c'era un guado da passare e un traghettatore per farlo: Caronte. Dante accetta volentieri questa tradizione: in fondo la morte senza ritorno di un pagano non è molto diversa dalla morte senza speranza di chi, nell'era cristiana, rifiuta Dio.

Virgilio aveva ripreso la figura di Caronte dalla tradizione popolare del Charun dipinto sulle tombe etrusche, una sorta di **dèmone della morte**. Nell'*Eneide* il traghettatore è descritto nei particolari anche fisici; Dante invece seleziona alcuni tratti e su quelli si concentra, con maggiore sintesi espressiva. Per esempio Virgilio dice *plurima mento/ canities inculta iacet* («una lunga, incolta canizie gli scende dal mento»); Dante divide l'annotazione in due luoghi (*bianco per antico pelo* al v. 83 e *lanose gote* al v. 97), il primo più generico, perché la visione del nocchiero infernale è ancora lontana, il secondo più preciso, perché l'osservazione si fa ora ravvicinata.

Ciò che in Virgilio era un dettaglio tra i tanti (*stant lumina flamma*: «sbarrati sono gli occhi di fiamma»), in Dante si sdoppia: fiamme e brace erano presenze obbligate nella concezione popolare dell'inferno medievale. Il particolare, in sé mostruoso, del v. 99 (*'ntorno a li occhi avea di fiamme rote*), osservato non appena la barca è giunta a riva, è replicato al v. 109 (*con occhi di bragia*), laddove Caronte sceglie – con un cenno di capo, o meglio, degli occhi – quali anime traghettare sull'altra sponda.

Siamo cioè di fronte a una riscrittura del modello, riadattato in un differente contesto ideologico. Il **Caronte dantesco è un ministro**, sia pure infernale, della giustizia di Dio; deve perciò esprimere una superiore dignità (per antico pelo) rispetto al Caronte dell'*Eneide*. Dante vuol dare l'idea di una presenza soprannaturale, più che animalesca: perciò ignora il lurido particolare del *sordidus amictus*, il "sordido mantello" che «dalle spalle [gli] pende annodato»; perciò la barca (*ratem*) dell'*Eneide* è divenuta una nave (v. 82). Invece Dante insiste sul dialogo tra Caronte e la guida Virgilio: costui riduce al silenzio l'antagonista (vv. 94-96), sottolineando la presenza di una **volontà superiore** che guida il viaggio nell'oltretomba e alla quale anche il mondo infernale deve obbedire.

Lavoriamo sul testo

I CONTENUTI

1. Che cosa dice l'iscrizione sulla porta? Quale concetto sottolinea? Perché Dante rimane tanto turbato?

2. Gli ignavi durante la loro vita si rifiutarono:
   ❏ di prendere posizione per qualcosa
   ❏ di rinunciare ai beni terreni
   ❏ di credere in Dio
   ❏ di seguire la bandiera della giustizia

3. Il poeta riconosce qualcuno, nella turba dei vili: di chi si tratta? Come lo caratterizza?

4. Caronte non vuole traghettare Dante perché:
   ❏ è un vivo   ❏ è accompagnato da Virgilio
   ❏ è un poeta   ❏ non ha commesso peccati

5. Oltre che di uomini, il poeta parla anche di angeli colpevoli: di che cosa?

6. Per due volte, in sequenze diverse, il poeta afferma la necessità di abbandonare la speranza: rintraccia i due punti nel testo e commentali con le tue parole.

7. Che cos'è la legge del contrappasso? Come e dove la vedi qui applicata?

8. La pena dei pusillanimi è più dolorosa o più mortificante? Secondo te, questo è un segno di disprezzo maggiore o minore, da parte del poeta? Motiva la risposta.

9. In quale momento del canto si cita la fama? Avevi incontrato questo concetto già nel canto I: metti in rapporto i due luoghi e chiarisci perché si tratti di un valore importante, agli occhi di Dante. (max 20 righe)

LE FORME

10. Leggi attentamente la prima terzina del canto. Ci troverai diverse figure retoriche:
    • un'anafora
    • un parallelismo
    • una personificazione
    Dove si mostrano rispettivamente?

11. Al v. 62 s'incontra il termine *cattivi*, con un significato diverso dall'attuale: quale?

12. Spiega l'ipotesi del v. 42.

13. Più volte Dante si rivolge a Virgilio chiamandolo maestro. Quale significato ha l'attribuzione di questo titolo?

14. Un vortice di lamenti investe il pellegrino al di là della porta dell'inferno: sottolinea sul testo le varie sensazioni (uditive, visive ecc.) di Dante. Quale dei diversi tipi di percezione prevale?

15. Nei vv. 25-27 incontri un climax discendente: mostralo sul testo e spiega di che cosa si tratta. Cerca poi nel corso del canto un esempio di climax ascendente.

16. Nel canto s'incontra in più occasioni la «costruzione inversa», ovvero la posposizione – rispetto all'uso normale – di soggetto e verbo (o complementi). Rintracciane almeno tre esempi.

Approfondimenti

Théophil Spoerri
La legge dell'inferno

Le inesorabili parole della sofferenza Qual sia il valore di attualità, di contemporaneità dell'*Inferno* di Dante rivelano le parole che si trovano scritte sull'entrata di esso. Si tratta dell'inizio del terzo canto. Il pellegrino s'impaurisce per la loro inesorabilità. «Lasciate ogni speranza...». La privazione di speranza costituisce il clima dell'inferno, ed è inferno dovunque non c'è più speranza. Dell'inferno dantesco ciò che ci turba è il fatto ch'esso non si presenta come una sorta di penitenziario dell'aldilà, bensì scaturisce quale conseguenza ineluttabile dalle leggi intese a regolare la vita sulla terra. Esso non conosce alcuna origine puramente esterna, alcuna punizione stabilita da un'istanza estranea a sé. Esso scaturisce dall'intimo dell'uomo. «... Tu vedrai le genti dolorose / c'hanno perduto il ben de l'intelletto...» (*Inf.* III, vv. 17-18). Viene attribuito alla privazione di speranza questo segno distintivo: che coloro che si trovano nell'inferno hanno perduto l'elemento orientativo, direttivo, creativo dello spirito. Ciò che loro manca è la capacità di tendere al tutto, all'ordine obiettivo del mondo, alla coerenza interiore dell'esistenza. In essi è venuta meno, estinta alle proprie radici stesse, la forza capace di orientarli: ciò che guida l'uomo al sommo bene, che lo pone in rapporto col fine e la prima origine di ogni essere, con Dio, che mantiene libera la via per adire[1] le infinite possibilità della vita.

La perdita della speranza è perdita di se stessi Privazione di speranza e perdita di Dio finiscono per rappresentare un unico dato, poiché, come afferma Kierkegaard[2] ne *La malattia mortale*, «Dio significa per l'uomo che tutto è possibile, e l'uomo si fa spirito col comprendere che tutto è possibile». Non appena non c'è più alcuna possibilità, alcuna condizione di sviluppo, alcun luogo aperto e libero nel mondo, allora l'uomo si trova a dover soffocare nella necessità, nell'oscura costrizione, nell'assenza di spiritualità, nella privazione di speranza. E questo è inferno.

Inferno è per ogni uomo ciò che è irremissibilmente consolidato e irrigidito. Ma l'irrigidimento si determina dall'uomo stesso, dalla propria volontà. « Essi [i dannati] sono non solo tenacemente racchiusi, senza speranza di uscirne, dal luogo in cui si trovano, ma anche dall'interno risultano come affascinati e invisibilmente irrigiditi nella necessità del loro essere perversi» (Hugo Friedrich).

Il castigo di Dio consiste nel fatto ch'egli abbandona gli uomini alla loro perversità. Il traviamento stesso è un castigo, lo stesso peccato si fa decreto divino. L'uomo non si libera più dalla propria perversità, anzi non vuole più liberarsi, risulta come fissato in modo definitivo nella sua cupidigia, nel suo odio, nella sua ira. Inferno è un disorientamento per sempre.

Théophil Spoerri, *Introduzione alla Divina Commedia*, trad. it. di Marco Cerruti, Mursia, Milano 1966

---

1. adire: aspirare, intraprendere.
2. Kierkegaard: Soren Kierkegaard (1813-55), filosofo danese, autore di importanti opere sull'angoscia esistenziale dell'individuo e sulla vita religiosa, intesa come rapporto con un Dio che è visto come assoluta trascendenza. L'opera qui citata, *La malattia mortale*, risale al 1848.

«Ed ecco verso noi venir per nave
un vecchio, bianco per antico pelo,
gridando: "Guai a voi, anime prave!"»

■ *Michelangelo Buonarroti*, Giudizio Universale, la barca di Caronte, *1536-1541, affresco (particolare), Roma, Palazzi Vaticani, Cappella Sistina.*

Canto IV

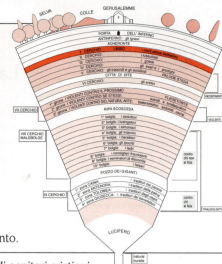

DATA	8 aprile 1300 (venerdì santo), al tramonto.
LUOGO	**Cerchio I**: il **Limbo**. Vi dimorano i figli di genitori cristiani, morti senza battesimo, e anche le anime dei «grandi spiriti» pagani, morti prima dell'incarnazione di Cristo.
COLPA	Mancanza di battesimo
PENA/ CONTRAPPASSO	I non battezzati, in vita, non conobbero Dio; adesso non sono gravati da pene fisiche, ma assillati da un **tormento morale**: privati della vista di Dio, non desiderano altro che vederlo, ma invano.
PERSONAGGI	**Dante** e **Virgilio** Quattro grandi poeti antichi: **Omero**, **Orazio**, **Ovidio**, **Lucano**. Dante scorge anche una moltitudine di **uomini e donne dell'antichità classica**. Alcuni sono personaggi di fantasia (Elettra, Ettore, Enea, Camilla ecc.), altri sono figure storiche (Cesare, Bruto, Cornelia, il Saladino ecc.). Tra questi compaiono filosofi e intellettuali, antichi (come Socrate, Platone, Aristotele, Democrito, Anassagora, Diogene, Empedocle, Eraclito ecc.) e medievali (come Avicenna e Averroè).

SEQUENZE

Risveglio di Dante (vv. 1-21)
Dante, scosso da un tuono cupo, si sveglia sull'altra sponda del fiume infernale. Si ritrova sull'orlo dell'inferno, da dove sale un rumore di continui lamenti. Virgilio invita Dante a seguirlo, ma questi esita, vedendo la sua guida impallidire. Virgilio chiarisce: non prova timore, bensì pietà verso gli spiriti del primo cerchio.

Il Limbo (vv. 22-45)
Entrati nel primo cerchio, i due poeti odono solo grandi sospiri. Virgilio spiega che lì sono puniti coloro che vissero senza peccato, ma anche senza la fede in Dio. La loro pena è di essere eternamente privati della speranza di salvezza. Lo stesso Virgilio dimora nel Limbo e subisce quella punizione.

La discesa di Cristo nel Limbo e il riscatto dei Patriarchi (vv. 46-63)
Dante chiede se mai qualche anima del Limbo sia stata beatificata. Virgilio elenca i patriarchi ebrei (primi beati della storia) salvati da Cristo nella sua discesa agli inferi.

L'incontro con i quattro grandi poeti antichi (vv. 64-105)
Dante e Virgilio si avviano verso uno spazio luminoso, occupato da anime di aspetto onorevole. Dante chiede chi siano e Virgilio risponde che sono le anime di famosi sapienti. Quattro poeti (Omero, Ovidio, Orazio, Lucano) si fanno incontro ai due nuovi venuti: rendono onore a Virgilio e accolgono Dante con loro.

Il nobile castello e i suoi ospiti: gli spiriti magni (vv. 106-147)
Tutti e sei entrano in un nobile castello, cinto da sette ordini di mura e da un fiumicello. Qui, su un verde prato, dimorano gli «spiriti magni», pagani e musulmani. Dante li osserva da un luogo rialzato.

Dante e Virgilio riprendono il viaggio (vv. 148-151)
Virgilio e Dante si separano dagli altri poeti e proseguono il cammino, allontanandosi dalla zona luminosa.

Canto IV

Ruppemi l'alto sonno ne la testa
un greve truono, sì ch'io mi riscossi
3 come persona ch'è per forza desta;

e l'occhio riposato intorno mossi,
dritto levato, e fiso riguardai
6 per conoscer lo loco dov' io fossi.

Vero è che 'n su la proda mi trovai
de la valle d'abisso dolorosa
9 che 'ntrono accoglie d'infiniti guai.

Oscura e profonda era e nebulosa
tanto che, per ficcar lo viso a fondo,
12 io non vi discernea alcuna cosa.

«Or discendiam qua giù nel cieco mondo»,
cominciò il poeta tutto smorto.
15 «Io sarò primo, e tu sarai secondo».

E io, che del color mi fui accorto,
dissi: «Come verrò, se tu paventi
18 che suoli al mio dubbiare esser conforto?».

Ed elli a me: «L'angoscia de le genti
che son qua giù, nel viso mi dipigne
21 quella pietà che tu per tema senti.

Andiam, ché la via lunga ne sospigne».
Così si mise e così mi fé intrare
24 nel primo cerchio che l'abisso cigne.

Quivi, secondo che per ascoltare,
non avea pianto mai che di sospiri
27 che l'aura etterna facevan tremare;

Risveglio di Dante

1-6. Un cupo rimbombo di tuono mi ruppe nella testa il profondo sonno, e così mi risvegliai come uno che viene destato bruscamente; e alzatomi in piedi volsi intorno a me gli occhi riposati [dal sonno] e guardai con attenzione (*fiso*) per conoscere il luogo in cui mi ritrovavo. **7-12.** Sta di fatto che mi ritrovai sul margine della profonda cavità che infligge dolore (l'inferno), che in sé racchiude (*accoglie*) il fragore (*'ntrono*) di eterni lamenti (*guai*). [Quella cavità] era buia, profonda e nebbiosa, al punto che, per quanto mi sforzassi di aguzzare (*per ficcar*) verso il fondo la vista (*il viso*), non riuscivo a discernere nulla. **13-15.** E Virgilio, tutto pallido, cominciò [a dire]: «Adesso scendiamo quaggiù, nel mondo buio (*cieco*=privo della luce divina). Io andrò avanti per primo, tu mi verrai dietro». **16-18.** Ma io, che avevo notato il suo pallore, gli dissi: «Con quale animo (*Come*) potrò seguirti, se tu stesso hai paura (*paventi*), tu che sei solito farmi coraggio quando sono preso dai dubbi?» **19-21.** E Virgilio mi disse: «È stata la terribile sofferenza (*l'angoscia*) [che attanaglia] le anime che dimorano qui, nell'inferno, a colorarmi il volto di quella pietà che tu hai scambiato per timore».

Il Limbo

22-24. Ora andiamo, perché la lunga strada [che dobbiamo fare] ci sollecita [a non perder tempo]. Così si avviò e così mi fece entrare nel primo cerchio che circonda la voragine infernale. **25-30.** Qui, per quanto si poteva arguire dal solo udito, non c'era (*non avea*) altra espressione di dolore (*pianto*) all'infuori dei sospiri che facevano tremare l'aria di quel luogo eterno;

1. l'alto sonno: il profondo torpore, prodotto dal vento citato nella chiusa del canto III. Risuona qui un verso dell'Eneide di Virgilio: «Un gran terrore interruppe il suo sonno» (*Olli* [= *illi*] *somnum ingens rupit pavor*, libro VII, v. 458); l'aggiunta pleonastica *nella testa* è un di più con cui Dante intensifica il concetto.

5. dritto levato: nel canto precedente Dante era caduto a terra, svenuto; la postura eretta indica che adesso è moralmente pronto ad affrontare la nuova situazione.

11. viso: vista, latinismo abituale nella lingua di Dante (*visus*, nel lessico degli oculisti).

13. cieco mondo: il mondo buio infernale; ma *cieco* indica anche la cecità morale, che distoglie l'anima dalla luce della grazia divina.

19. l'angoscia: non nel significato, frequente in Dante, di "sofferenza fisica", ma in quello di "tormento" per cause morali; Virgilio sta pensando alla sua stessa condizione personale.

22. Andiam... sospigne: verso definitorio, sentenzioso, passato in proverbio come molti altri della *Divina Commedia*; qui indica la volontà di Virgilio di riprendersi il proprio ruolo di guida, superando un momento di debolezza.

24. nel primo cerchio: il Limbo. In latino *limbus* significa "orlo"; i teologi medievali insegnavano che sull'orlo superiore dell'Inferno, o Limbo, avevano avuto dimora i patriarchi e i profeti ebrei, prima che Cristo, dopo la morte in croce, scendesse laggiù per liberarli e condurli con sé, in paradiso. Inoltre si riteneva che il Limbo fosse la sede dei bambini morti prima di poter ricevere il battesimo. A queste due categorie, Dante (allontanandosi dal pensiero di san Tommaso) ne aggiunge una terza, come vedremo: dimorano nel Limbo i grandi spiriti dell'antichità classica, così salvaguardati (per i loro grandi meriti umani) dalle sofferenze più atroci della dannazione.

Inferno

ciò avvenia di duol sanza martìri,
ch'avean le turbe, ch'eran molte e grandi,
30 d'infanti e di femmine e di viri.

Lo buon maestro a me: «Tu non dimandi
che spiriti son questi che tu vedi?
33 Or vo' che sappi, innanzi che più andi,

ch'ei non peccaro; e s'elli hanno mercedi,
non basta, perché non ebber battesmo,
36 ch'è porta de la fede che tu credi;

e s'e' furon dinanzi al cristianesmo,
non adorar debitamente a Dio:
39 e di questi cotai son io medesmo.

Per tai difetti, non per altro rio,
semo perduti, e sol di tanto offesi
42 che sanza speme vivemo in disio».

Gran duol mi prese al cor quando lo 'ntesi,
però che gente di molto valore
45 conobbi che 'n quel limbo eran sospesi.

tali sospiri (*ciò*) provenivano da un dolore privo di tormenti fisici (*martìri*), che [lì] pativano le folle (*turbe*), numerose e folte, di bambini, di donne e di uomini. **31-39.** E Virgilio (*Lo buon maestro*) mi disse: «Non chiedi quali spiriti siano questi, che vedi? Voglio che tu sappia, prima di procedere oltre, che essi (*ei*) non commisero peccato; e se anche hanno meriti (*mercedi*), non sono sufficienti, perché non ricevettero il battesimo, che dà l'accesso alla religione a cui presti fede; e se essi vissero prima dell'era cristiana, non adorarono Dio al modo dovuto: io stesso mi trovo nella condizione di costoro. **40-42.** Per tali mancanze, non per altre colpe, siamo condannati all'inferno, e siamo puniti (*offesi*) solo in ciò, ovvero viviamo nel desiderio [di Dio], ma senza speranza [di poterlo mai appagare]». **43-45.** Un vivo dolore mi strinse il cuore quando lo [Virgilio] ascoltai, poiché (*però che*) compresi che uomini di alte qualità erano sospesi in quel limbo. [...]

[*vv. 46-63: Dante chiede al suo maestro se è mai successo che qualche anima del Limbo potesse lasciare quel luogo e salire in paradiso; Virgilio risponde di aver visto con i suoi occhi un possente, / con segno di vittoria coronato – vv. 53-54 – , cioè Cristo, scendere all'inferno e liberare da lì le anime dei grandi patriarchi ebrei, cioè Adamo, Abele, Noè, Mosè, Abramo, Davide, Giacobbe e Rachele e molti altri: furono i primi ad accedere alla salvezza eterna.*]

Non lasciavam l'andar perch' ei dicessi,
ma passavam la selva tuttavia,
66 la selva, dico, di spiriti spessi.

Non era lunga ancor la nostra via
di qua dal sonno, quand' io vidi un foco
69 ch'emisperio di tenebre vincia.

L'incontro con i quattro grandi poeti antichi

64-66. Il fatto che egli (*ei*) parlasse non ci faceva tralasciare il cammino, ma [anzi], continuavamo sempre (*tuttavia*) ad attraversare quella folla, la folla, dico, di anime addensate. **67-72.** Non ci eravamo ancora molto allontanati dal punto del mio risveglio, quand'ecco, vidi una luce viva che aveva la meglio su un emisfero di tenebra.

---

33. tu andi: presente congiuntivo del verbo "andare"; al tempo di Dante questa forma si alternava con l'altra ("tu vada") che è oggi l'unica corretta.
36. porta de la fede: accesso alla fede; il battesimo è, secondo sant'Agostino (*Confessioni* XIII, 21), «porta dei sacramenti».
37. e' furon dinanzi al cristianesmo: si riferisce ai pagani virtuosi, che, come Virgilio, vissero in tempi precristiani.

38. non adorar debitamente a Dio: non resero a Dio la dovuta adorazione, come invece fecero i patriarchi e gli ebrei credenti dell'*Antico Testamento*, i quali adorarono Dio debitamente perché vissero nell'attesa fiduciosa di Cristo redentore.
42. vivemo in disio: viviamo nel desiderio di vedere Dio; è questa l'unica loro pena, ma tutt'altro che piccola.
45. 'n quel limbo: letteralmente "su quella

balza"; solo qui Dante adopera il termine limbo come nome comune, conservandogli il valore che aveva, prima di specializzarsi, il nome comune greco da cui deriva (*límbos* = "balza d'abito", "lembo").
68-69. un foco / ch'emisperio di tenebre vincìa: un fuoco che rompeva le tenebre, formando una mezza sfera (*emisperio*) luminosa. Dunque: un emisfero luminoso inserito nella tenebra.

Di lungi n'eravamo ancora un poco,
ma non sì ch'io non discernessi in parte
72 ch'orrevol gente possedea quel loco.

«O tu ch'onori scïenzïa e arte,
questi chi son c'hanno cotanta onranza,
75 che dal modo de li altri li diparte?».

E quelli a me: «L'onrata nominanza
che di lor suona sù ne la tua vita,
78 grazïa acquista in ciel che sì li avanza».

Intanto voce fu per me udita:
«Onorate l'altissimo poeta;
81 l'ombra sua torna, ch'era dipartita».

Poi che la voce fu restata e queta,
vidi quattro grand' ombre a noi venire:
84 sembianz' avevan né trista né lieta.

Lo buon maestro cominciò a dire:
«Mira colui con quella spada in mano,
87 che vien dinanzi ai tre sì come sire:

quelli è Omero poeta sovrano;
l'altro è Orazio satiro che vene;
90 Ovidio è 'l terzo, e l'ultimo Lucano.

Però che ciascun meco si convene
nel nome che sonò la voce sola,
93 fannomi onore, e di ciò fanno bene».

Così vid' i' adunar la bella scola
di quel segnor de l'altissimo canto
96 che sovra li altri com' aquila vola.

Eravamo ancora un po' distanti da quella luce, ma non così distanti che io non potessi discernere, almeno un po' (*in parte*), che quel posto era occupato da gente degna di onore (*orrevol*). **73-75.** «O tu [Virgilio] che [con la tua attività di poeta] hai dato onore alla sapienza e alla poesia [dimmi:] chi sono costoro che godono di tanto onore, da distinguersi dalla condizione degli altri [spiriti del Limbo]?». **76-78.** E Virgilio mi rispose: «La fama onorevole di cui essi ancora godono nel mondo dei vivi, ottiene per loro uno speciale favore (*grazïa*), presso il cielo [Dio], il quale li privilegia (*avanza*) in questo modo». **79-81.** Nel frattempo udii una voce [che diceva]: «Onorate il sublime poeta [Virgilio]; sta ritornando la sua anima, che era uscita [da qui]». **82-84.** Dopo che la voce si fermò e tacque, vidi venire verso di noi quattro anime di personaggi illustri: avevano un aspetto non triste, ma neppure lieto. **85-93.** Il mio valente maestro cominciò a dire: «Osserva colui che ha in mano la spada, e venendo [verso di noi] precede gli altri tre come fosse il [loro] sovrano: egli è Omero, il re dei poeti; l'altro che giunge è Orazio, poeta di satire; Ovidio è il terzo e l'ultimo è Lucano. Mi tributano onore, e in ciò si comportano bene, per il fatto che (*Però che*) ciascuno di loro ha in comune con me quella qualifica [di poeta] che venne proclamata [poco fa] da uno solo di loro (*la voce sola*)». **94-96.** Così vidi io radunarsi la bella compagnia di quel signore [Omero] dello stile più eccelso [lo stile tragico], il quale [stile] vola al di sopra degli altri [stili] come fa un'aquila.

---

72. orrevol gente: l'aggettivo *orrevol* è il primo degli otto vocaboli che ricorrono nel giro di 22 terzine, tutti costruiti sulla radice di "onore".

73. tu: attacco molto solenne, come si addice agli *spiriti magni* che abitano il luogo. Viene qui apostrofato Virgilio, nella duplice qualità di saggio (in quanto possiede la *scïenzïa*) e di poeta (perché coltiva l'arte).

74. onranza: onoranza, cioè "attestato d'onore" (dal provenzale *onransa*).

79. voce: una voce isolata, di uno dei quattro poeti poi nominati; sarà verosimilmente la voce di Omero.

80. altissimo: l'epiteto designa il poeta sommo, in quanto ha praticato il genere epico; come tale si addice sia a Virgilio, sia

a Omero. Aldilà di questa specifica tecnica, altissimo conferma tutta l'ammirazione, morale e umana, che Dante nutre per il suo Virgilio. La celebrazione di quest'ultimo prepara l'esaltazione imminente degli altri poeti classici.

83. grandi ombre: l'aggettivo ribadisce la dignità morale di questi poeti classici, che pare riflettersi nel loro aspetto esteriore.

88-90. Omero... Orazio... Ovidio... Lucano: Omero è l'autore dell'*Iliade* e dell'*Odissea*, primo dei poeti e padre della poesia epica, la più insigne, nel giudizio dei medievali; Orazio Flacco (65-8 a.C.) è ricordato come sàtiro, cioè autore di *Satire* ed *Epistole* di tono moraleggiante (le sue odi liriche non vengono qui prese in

considerazione, perché la poesia erotica di Orazio non era molto apprezzata nel Medioevo); Ovidio Nasone (43 a.C.-17 d.C.) era l'autore del poema delle *Metamorfosi*, vera enciclopedia di mitologia classica, opera apprezzatissima da Dante, come la *Farsaglia* di M. Anneo Lucano (39-65 d.C.).

91-93. Però che ciascun... fanno bene: potremmo parafrasare così: fanno bene a onorarmi, ma solo in quanto, onorandomi, essi onorano se stessi e la poesia.

96. che sovra... vola: il pronome relativo che introduce la similitudine dell'aquila va riferito, probabilmente, non tanto a Omero (*quel segnor*) quanto all'epica (*l'altissimo canto*).

Inferno

Da ch'ebber ragionato insieme alquanto,
volsersi a me con salutevol cenno,
99   e 'l mio maestro sorrise di tanto;

e più d'onore ancora assai mi fenno,
ch'e' sì mi fecer de la loro schiera,
102   sì ch'io fui sesto tra cotanto senno.

Così andammo infino a la lumera,
parlando cose che 'l tacere è bello,
105   sì com' era 'l parlar colà dov' era.

Venimmo al piè d'un nobile castello,
sette volte cerchiato d'alte mura,
108   difeso intorno d'un bel fiumicello.

Questo passammo come terra dura;
per sette porte intrai con questi savi:
111   giugnemmo in prato di fresca verdura.

Genti v'eran con occhi tardi e gravi,
di grande autorità ne' lor sembianti:
114   parlavan rado, con voci soavi.

Traemmoci così da l'un de' canti,
in loco aperto, luminoso e alto,
117   sì che veder si potien tutti quanti.

Colà diritto, sovra 'l verde smalto,
mi fuor mostrati li spiriti magni,
120   che del vedere in me stesso m'essalto.

97-102. Dopo che ebbero parlato un po' (*alquanto*=latino *aliquantum*) tra loro, si volsero a me con un cenno di saluto, e il mio maestro [Virgilio] sorrise, [lieto] per questo [riconoscimento]; e mi resero un onore assai maggiore [cioè lo accolgono nel loro gruppo], al punto che io divenni il sesto in mezzo a uomini così saggi. **103-105.** E così procedemmo insieme fino al luogo luminoso (*lumera*), parlando di cose che qui è più opportuno tacere, tanto quanto era gradevole parlarne là dove io ero [cioè nel Limbo].

Il nobile castello e i suoi ospiti: gli spiriti magni

106-108. Giungemmo ai piedi di un signorile castello, circondato da sette ordini di mura, e tutto intorno protetto da un bel fossato. **109-11.** Attraversammo questo fiumicello come se fosse terra asciutta; in compagnia di questi sapienti, entrai [nel castello] attraversando sette porte; e sbucammo in un prato coperto di erba verde e fresca. **112-114.** Là vi erano gruppi (*genti*) [d'individui] con sguardi lenti e pensosi, dall'aspetto molto autorevole: parlavano poco, con voci soavi. **115-120.** Allora ci avviammo verso uno degli angoli, in un punto aperto, luminoso e sopraelevato, in modo che di lì fosse possibile osservare [panoramicamente] tutti gli spiriti [del castello]. Là, in basso, sopra il prato verde [come smalto], mi furono indicati quegli spiriti grandi, e dell'averli visti [ancora oggi] esulto [ripensandoci].

[A Dante sono indicati numerosi personaggi celebri dell'antichità classica, ciascuno chiamato con il suo nome; spiccano Cesare, fondatore dell'Impero romano (v. 123), Aristotele, 'l maestro di color che sanno (v. 131), Averroè, il commentatore arabo di Aristotele (v. 144). Infine Dante e Virgilio lasciano la compagnia degli altri quattro poeti e s'incamminano verso il buio.]

---

101. sì mi fecer: il sì è pleonasmo rafforzativo, analogo al nostro "ma sì!"; era frequente, non solo in Dante, ma soprattutto nell'italiano del suo tempo.
103. lumera: forma simile al francese *lumière* e al provenzale *lumiera*; indica la zona di luce da cui i quattro poeti si sono fatti incontro a Virgilio e Dante.
104. cose che 'l tacere è bello: forse argomenti tecnici di poesia, che poco interesserebbero il lettore comune, a cui la *Commedia* si rivolge.
106-108. un nobile castello... sette volte cerchiato... bel fiumicello: i commentatori hanno molto discusso sui significati allegorici del nobile castello e degli elementi a corredo (sette giri di mura, fiumi-

cello transitabile, sette porte, fino al prato fiorito del v. 111); del resto Dante non fornisce indicazioni univoche, lasciando "aperta" l'interpretazione di questa allegoria, così medievale (e anche aristocratica) nella sua architettura. Probabilmente il castello raffigura la sapienza umana, che coincide con la nobiltà dell'uomo; i suoi sette cerchi di mura rappresentano le sette parti della filosofia (fisica, metafisica, etica, politica, estetica, matematica, logica), le sette porte sono le arti del Trivio (grammatica, dialettica e retorica) e del Quadrivio (aritmetica, geometria, musica e astrologia). Infine il fiumicello simboleggia un ostacolo alla virtù (i beni terreni, oppure le gioie del mondo), ostacolo che i sei poeti,

con la loro saggezza, letteralmente calpestano.
117. potien: potevano (leggi "potièn").
119. li spiriti magni: letteralmente, le «grandi anime» (ma l'aggettivo magno implica qualcosa in più di grande, sul piano morale). Dante ricalca qui l'espressione greca *megalópsychoi* usata da Aristotele nell'*Etica Nicomachea* e il corrispondente termine latino "magnanimi" di san Tommaso, a indicare coloro che si rendono degni di grande onore, perché consapevolmente onorarono in sé la dignità dell'uomo, concependo grandi cose e poi realizzandole. Un segno esterno di magnanimità è l'atteggiamento pensoso, raccolto, austero.

Le chiavi del canto

■ DUE CANTI IN RECIPROCA ANTITESI

Il canto IV è strettamente connesso al precedente. In entrambi, infatti, il tema è la **dignità della persona umana**, trattato in modo esplicito in questo canto, sotto forma di grandezza d'animo, mentre costituiva il contenuto implicito del canto III, che raffigurava il motivo della viltà d'animo.

La diversità spicca anzitutto sul piano **ambientale**:

- nel canto III incontravamo **grida**, **lamenti** e **buio**, la terra pullulava di vermi in un fango di lacrime e sangue; le anime correvano affannate e prive di dignità;
- invece nel canto IV incontriamo solo **sospiri**, poiché il buio è vinto dalla luce del fuoco della ragione, le anime dimorano in un ridente prato (*verde smalto*) e il loro comportamento è serio e grave. È questo l'atteggiamento che si conviene (già secondo Aristotele e Tommaso) ai magnanimi: Dante lo attribuirà poi ad altri magnanimi come Farinata (*Inferno*, canto X) e Sordello (*Purgatorio*, canto VI).

■ PERSONE O SIMBOLI?

Vi è anche una **differenza poetica** tra i due canti: sia nel III sia nel IV le anime sono rappresentate come masse (il v. 66 parla di *selva*, di *spiriti spessi*); le anime del canto IV però sono chiamate per nome, diversamente dalla massa anonima del canto III. Tuttavia ancora nulla caratterizza, sul piano individuale, gli **spiriti magnanimi**: l'elenco di nomi (i quattro poeti, citati ai vv. 88-90, e poi l'elenco svolto nei vv. 120-144, da noi omessi) ha solo un valore esemplare. I magnanimi sono entità astratte, valgono solo come esempi di eroismo della sapienza, non sono persone dotate di una fisionomia precisa. Questa sarà la grande conquista del canto V, il canto di Paolo e Francesca. Per ora Dante appare fedele alla tradizione dei poemi didattici e allegorici medievali, allo scrupolo enciclopedico di non dimenticare nessuno, tra i grandi nomi del passato.

■ PROBLEMA TEOLOGICO E SOLUZIONE POETICA

Nel canto IV, Dante si pone un problema rilevante, quello della **salvezza degli infedeli**. È giusto che un grande pagano vissuto senza errore sia dannato? Era uno dei dubbi che a un certo punto turbarono la fede di Dante. Il poeta se ne libererà nel canto XIX del *Paradiso*, rinunciando alla superbia della ragione umana e accettando il principio in base a cui, senza battesimo in Cristo, non c'è salvezza (*Vangelo secondo Giovanni* III, 5; *Lettera agli Ebrei* X, 1, 6). Se questa è la volontà di Dio (e per Dante lo era), la ragione umana deve compiere un atto di umiltà e ammettere la superiore giustizia di Dio, pur nell'apparente ingiustizia.

Ciò a livello teologico. Ma a livello poetico, Dante forza al limite i testi autorevoli:

- raccoglie le tesi di alcuni teologi medievali che immaginavano una **zona speciale**, il Limbo, riservata ai profeti e ai patriarchi ebrei e anche ai bambini morti senza battesimo;
- non solo, ma sfrutta un'intuizione di san Tommaso, il quale, almeno in teoria, ammetteva la possibilità di **salvezza per un pagano**, pur negando che, senza la grazia di Dio, si possa evitare il peccato.

Perciò, nel suo Limbo, Dante pone non solo i profeti e i patriarchi ebrei, ma anche degli adulti (i grandi spiriti dell'antichità classica) vissuti prima di Cristo. Accetta così la prima parte della affermazione di Tommaso, e nega la seconda: infatti, essendo adulti, ed essendo privi della grazia divina, essi non potevano non aver peccato.

Perché una simile forzatura? Dante voleva a ogni costo dare **riconoscimento ai meriti puramente umani**. Il problema, più che teologico, riguarda la grandezza dell'uomo e la sua dignità. La soluzione dunque non è teologica, ma poetica: sulla scorta del libro VI dell'*Eneide*, Dante immagina un Limbo come luogo privilegiato e ameno, sede delle anime grandi, le cui opere e le cui virtù sarebbero risultate del tutto inefficaci, se fossero state dannate. Era il riconoscimento che le civiltà classiche (ma anche quella araba) elaborarono grandi valori umani, destinati poi a confluire nel cristianesimo.

■ DOLORE E ONORE

Il canto ruota attorno a due sentimenti fondamentali:

- il **dolore**, che segna le anime che sempre sospirano nell'eterno rimpianto di Dio: è il dolore dello stesso Virgilio, come emerge dal v. 42: *sanza speme vivemo in disio*; ma è una sofferenza morale a cui è sensibile anche Dante, che si rincresce per tale destino;
- l'**onore**, parola che ricorre, con i suoi composti, per ben otto volte lungo il canto IV, assieme ai termini che indicano "grande", presenti per quattro volte.

È l'onore a meritare agli spiriti grandi un posto privilegiato nell'inferno, esattamente come accadrà, in paradiso, agli spiriti del cielo di Mercurio (anime che bene operarono *perché onore e fama li succeda*).

La grandezza degli antichi è grandezza a più livelli:

- è **grandezza di sapienza**, come dimostrano i numerosi filosofi citati nel canto;
- è **grandezza di attività**, visto che tra gli spiriti magni citati ai vv. 121 e ss. vi sono numerosi eroi, espressione di un ideale operativo ed eroico della vita: eroi mitologici come Enea, lontano progenitore di Roma, storici come Bruto, che cacciò il tiranno Tarquinio, come Giulio Cesare ecc;
- è **grandezza di poesia**, incarnata da Omero e dai poeti della sua *bella scola* (v. 94).

Fermiamoci su quest'ultimo punto. Nel canto II Dante aveva ricevuto l'investitura politica e morale di riformatore della Chiesa e dell'Impero (Dante come nuovo Enea e nuovo Pao-

Inferno

lo, p. 32). Qui, nel canto IV, riceve l'investitura di poeta, accolto com'è nella *schiera* dei cinque grandi poeti antichi.

Dante accetta tale onore non per superbia, ma come giusto riconoscimento dei suoi meriti; del resto, la modestia non è una virtù dei magnanimi.

Magnanimo è chi conosce i propri meriti, così come riconosce i propri limiti. Il canto del Limbo è basato proprio sulla coscienza della grandezza, ma anche della fragilità di un sapere e di una virtù unicamente umana, soggetta alla sconfitta del peccato, alla dannazione, anche se onorevole, del Limbo.

Lavoriamo sul testo

I CONTENUTI

1. Quale colpa hanno commesso gli abitatori del Limbo?
2. Di quale pena essi soffrono?
3. Quali poeti vengono citati nel canto?
4. Come viene caratterizzato da Dante il loro atteggiamento esteriore?
5. Quali rapporti legano, rispettivamente, Virgilio e Dante alla *bella scola* di Omero?
6. Uno dei sentimenti che dominano il canto è la pietà di Virgilio per l'*angoscia de le genti*. Ritrovalo nel testo e spiega la ragione di tale sentimento.
7. Rintraccia e spiega l'allegoria che riguarda il nobile castello. Come si connette al resto del canto?
8. Che cos'è la magnanimità, secondo Dante?
9. Il canto fa spazio, a un certo punto, all'esaltazione di Virgilio e anche a quella di Dante. Ritrova il punto, o i punti, nel testo. Perché, nel caso di Dante, si può parlare di «investitura» poetica?
10. Nel canto si esprime la posizione dantesca in merito a uno dei problemi più discussi dalla filosofia del suo tempo: il rapporto tra la fede e le facoltà umane naturali. Esponilo con le tue parole in max 15 righe.
11. Secondo te prevale nel canto l'esaltazione intellettuale degli eroi pagani, oppure la loro dannazione? Motiva la tua scelta in max 10 righe.

LE FORME

12. *Onore* può essere indicato come il vocabolo-chiave del canto: sottolinea sul testo le sue diverse occorrenze (otto in tutto) e spiega il perché di tale centralità.
13. Due attributi dell'inferno sono gli aggettivi *cieco* e *doloroso*; ritrovali nel testo e spiegali nel contesto.
14. Individua nel canto le seguenti espressioni, e spiegale nel loro contesto, con parole diverse da quelle della parafrasi laterale:
    * questi [...] c'hanno cotanta onranza
    * veder si potien tutti quanti
    * sanza speme vivemo in disio
    * non avea pianto mai che di sospiri
15. Quali gesti o atteggiamenti connotano gli spiriti magni? Rispondi citando parole o versi significativi.
16. E quale differenza manifestano rispetto a gesti e atteggiamenti dei pusillanimi del canto III?
17. A un certo punto del canto, Dante autore prende direttamente la parola e commenta ciò che provò, nell'inferno, come personaggio. Dove avviene?

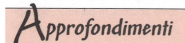

Gino Funaioli
Dante e il nuovo rapporto con il mondo classico

Dante maestro dell'età moderna
C'è come una scia di latente umanesimo nella spiritualità medievale, specialmente nella italiana, senza di che un Dante non si concepirebbe; ma sopraffatta, questa sopravvivenza, quasi del tutto da abitudini intellettuali, da visioni *toto coelo*[1] diverse, dispersa in un mondo non suo. Occorrerà un uomo di genio perché questa materiale mescolanza di due mondi diventi un connubio, una armonica e salda fusione, almeno in più punti, e per più rispetti di estrema importanza. Dante è un uomo del Medioevo, di fede, di idee filosofiche e politiche, di cultura; in lui culmina anzi l'età di mezzo e trova la sua voce più alta. Quale il segreto di questa rivelazione? Eccolo: Dante è il primo, dopo quasi un millennio di storia, a riavvicinarsi all'antico con intelletto d'amore, con comprensione, con la apertura del genio e del gusto classico: nella riconquista dell'arte antica egli non è soltanto un precursore; è un eroico iniziatore, il maestro dell'età moderna.

I classici: regno della bellezza antica In ampiezza di cognizioni antiche [Dante] non supera certamente i suoi coetanei; forse per estensione non arriva neppure alla misura che poté essere di altri, o accanto a lui, o prima di lui nel corso dell'alto Medioevo, come Brunetto Latini o Albertino Mussato, oppure Lupo di Ferrières o papa Gerberto[2]. [...]

Il mondo greco Dante lo conosce, dove lo conosce, esclusivamente per via indiretta, o nel caso eccezionale di Aristotile, se non anche del *Timeo* di Platone, per traduzione, e per interpretazioni altrui; la latinità è possesso suo e su questo terreno segna un'orma per sempre: non, si diceva, per vastità del conoscere[3], ma per profondità dell'intendere e del sentire, per il vasto respiro e l'originalità del ricreare. Qui entra in azione il «lungo studio e il grande amore», che è il segreto d'ogni conquista. A qualunque scuola si sia formato da giovane in Firenze, Dante nella sostanza è un autodidatta. «Scuole de li religiosi», va bene, «disputazioni de li filosofanti[4]», e influsso, qualunque sia stato, di Brunetto Latini; ma di gran lunga al di sopra di tutto, il proprio genio. Egli in alcuni classici, che ama, si sprofonda e vi sussulta; non senza difficoltà, troppo comprensibili, ne indaga e interpreta la parola, scopre rivelazioni di pensiero, di arte, di poesia.

Si volge, dopo appresa la «grammatica», a Cicerone, per trovar rimedio alle sue lacrime nella morte di Beatrice, e gli compare fascinatrice la Filosofia, e lo prende tutto, diviene il suo conforto nel dolore. Forte passione, bisogno di anima commossa: questa la molla che lo porta nei regni incantati della bellezza antica. Legge con ardore sino a soffrirne nella vista. Ed ecco l'*Eneide*, la *Farsa-*

glia, Ovidio, la *Poetria* di Orazio, la *Te-baide*[5]. Esemplari del bello sono questi fin dalla *Vita nuova*. I poeti prevalgono.

Egli si muove ancora nell'ambito dei classici rimasti superstiti nel Medioevo; ma li guarda con ben altra affettuosità che i suoi coetanei, colla stessa colloquiale familiarità, collo stesso palpito dell'anima con cui Stazio nel *Purgatorio* parla a Virgilio, il *vicin suo grande*; egli sembra ripetere e a Virgilio e agli altri poeti:
«...Tu prima m'inviasti[6]
verso Parnaso a ber ne le sue grotte,
e prima appreso Dio m'alluminasti.
[...]
Per te poeta fui, per te cristiano.»
(*Purg.*, XXII, vv. 64-66 e 73)

Con loro Dante conquista una superiore spiritualità, e conquista se stesso; impara «come l'uom s'etterna[7]». È così che sottolinea la fine del proprio colloquio fra Virgilio e Stazio con queste parole:

«Elli gívan[8] dinanzi, e io soletto
di retro, e ascoltava i lor sermoni,
ch'a poetar mi davano intelletto.»
(*Purg.*, XXI, vv. 127-29)
[...]

Con questo esaltarsi che Dante fa nei grandi antichi, con questo immedesimarsi in loro, viene «forti cose a pensar, mettere in versi»; regala quell'arte nuova di stampo classico, ch'è tutta sua, all'Italia e all'Europa moderna. Il giro dei poeti e dei prosatori latini su cui press'a poco si muove, è quello degli abitatori del «nobile castello» nel Limbo; precede Omero

il «poeta sovrano» della Grecia a capo del glorioso stuolo, e

«l'altro è Orazio satiro che viene,
Ovidio è il terzo e l'ultimo Lucano»
(*Inf.*, IV, vv. 89-90);

il presentatore è Virgilio. E ancora: «vidi», dice Dante,

«e Tulïo e Lino e Seneca morale.»
(*Inf.*, IV, v. 141).
[...]

Virgilio: «lo mio maestro e 'l mio autore» Ma al di sopra di tutti gli antichi un nome risuona nei cieli della *Divina Commedia*: Virgilio. «Onorate l'altissimo poeta», è il saluto che a lui viene dal «nobile castello» degli spiriti magni; e già nel primo incontro[9] è un'effusione di cuore a cui Dante si apre [...]. E veramente l'«alta tragedia» di Virgilio, l'*Eneide*, che Dante «sapeva tutta quanta», fu «nutrice» a lui e «mamma», fu la luce della bellezza e della saggezza antica che rinacque in un uomo di genio.

Qui ci fu veramente una poetica e umana compenetrazione: non per nulla i signori dell'altissimo canto nel Limbo fan Dante della loro schiera, ed egli, scavalcando i secoli, si allinea a loro; «sí ch'io fui sesto fra cotanto senno». È uno spirituale connubio; nella poesia, una chiara coscienza di redenzione.

Gino Funaioli, *da Dante e il mondo classico*, in *Medioevo e Rinascimento. Studi in onore di Bruno Nardi*, Sansoni, Firenze 1955

---

1. *toto coelo*: completamente.
2. papa Gerberto: il famoso erudito Gerberto d'Aurillac divenne nel 999 papa con il nome di Silvestro II.
3. per vastità del conoscere: infatti ha appena chiarito che altri eruditi ebbero conoscenze più ampie nel senso della quantità; ma Dante evidenzia una maggiore "profondità" nel penetrare quel patrimonio classico e nel farlo vivere, nella sua concezione e nella sua arte, in modo originale.
4. «Scuole de li religiosi»... «disputazioni de li filosofanti»: cita un passo del *Convivio* (cap. XII) in cui Dante ricorda di aver partecipato ai dibattiti culturali, allora così in voga, presso le scuole dei domenicani e dei francescani di Firenze.

5. la *Farsaglia... Tebaide*: la *Farsaglia* è il poema epico di Lucano (I secolo d.C.), che narra la guerra civile tra Pompeo e Cesare fino alla risolutiva battaglia di Farsalo (48 a.C.), che diede la vittoria al secondo; la *Poetría* è l'*Ars poetica* di Orazio, epistola in versi indirizzata dal poeta latino ai Pisoni e contenente precetti di poetica; infine la *Tebaide* è il poema epico di Cecilio Stazio, l'autore più sotto ricordato e che compare come personaggio nel *Purgatorio* (a partire dal canto XXI).
6. Tu prima m'inviasti: qui è Stazio che sta parlando a Virgilio; e lo sta ringraziando, perché, con le sue opere, Virgilio indusse Stazio a diventare poeta.
7. come l'uom s'etterna: citazione da *Inf.*

XV, 85; Dante incontra tra i sodomiti il suo maestro Brunetto Latini e, riconoscente, gli dice di aver appreso proprio da lui *come l'uomo s'etterna*, cioè come si possa acquistare fama eterna con le proprie opere virtuose.
8. Elli gívan: essi (Virgilio e Stazio) se ne andavano.
9. nel primo incontro: lo studioso richiama qui i commossi vv. 79-87 del canto I dell'Inferno («*Or se' tu quel Virgilio e quella fonte / che spandi di parlar sí largo fiume? / [...] / O de li altri poeti onore e lume, / vagliami 'l lungo studio e '1 grande amore / che m'ha fatto cercar lo tuo volume. / Tu se' lo mio maestro e 'l mio autore...*» (*Inf.* I, vv. 79-85).

Inferno

Canto V

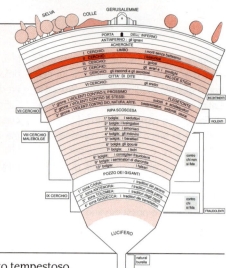

DATA	8 aprile 1300 (venerdì santo), sera.
LUOGO	**Cerchio II**; nel buio rimbomba un vento tempestoso, dentro cui si odono i lamenti e le imprecazioni dei dannati.
COLPA	La **lussuria**
PENA / CONTRAPPASSO	Una bufera senza tregua trasporta le anime e le percuote con violente raffiche. Come il turbine delle passioni trascinò in vita queste anime, così adesso la **tempesta di vento** le spinge qua e là.
CUSTODE	**Minosse**, mitico re di Creta, figlio di Zeus e di Europa; fece costruire da Dedalo il Labirinto, per rinchiudervi il Minotauro; fu re di grande saggezza.
PERSONAGGI	**Dante** e **Virgilio**. Il giudice-custode **Minosse**. **Lussuriosi antichi** (Semiramide, Didone, Cleopatra, Elena, Achille, Pàride) e **medievali** (Tristano). **Francesca da Rimini** e **Paolo Malatesta**.

SEQUENZE

■ **Minosse giudice infernale** (vv. 1-24)
Dante e Virgilio scendono nel secondo cerchio. All'ingresso Minosse giudica le colpe dei dannati e ruotando la coda indica loro il cerchio a cui la giustizia divina li destina.

■ **I lussuriosi** (vv. 25-45)
Appaiono, travolti dalla bufera infernale, i lussuriosi, che hanno sottomesso l'ordine della ragione al disordine del desiderio. Essi si muovono disordinatamente come storni in schiera trascinati dal vento.

■ **Una schiera particolare di lussuriosi, trascinati in lunga fila** (vv. 46-72)
Tra i lussuriosi spiccano i morti d'amore, simili a una lunga fila di gru lamentose. Virgilio, rispondendo alla domanda del discepolo, gli addita Semiramide, Didone, Cleopatra, Elena, Achille, Paride, Tristano.

■ **La vicenda di Paolo e Francesca** (vv. 73-142)
Dalla schiera dei morti per amore si staccano come colombe, chiamate da Dante in nome dell'amore che le conduce, le anime di Paolo e Francesca. Francesca comincia a parlare: «Amore, che istantaneamente attecchisce in un cuore nobile, prese Paolo del bel corpo che m'è stato sottratto nel modo che ancora m'offende; Amore, che obbliga alla reciprocità, mi prese tanto di lui che ancor non m'abbandona; Amore ci trascinò ad un'unica morte...». Sollecitata da Dante, Francesca racconta l'inizio della sua passione: leggevano insieme il romanzo di Lancillotto e, quando arrivarono al bacio di costui a Ginevra, Paolo baciò Francesca così che, facendo da mediatrice tra loro, la lettura quel giorno restò interrotta... Paolo assiste silenzioso al racconto, e Dante, alla fine, sviene, profondamente turbato.

Canto V

[...]
I' cominciai: «Poeta, volontieri
parlerei a quei due che 'nsieme vanno,
75 e paion sì al vento esser leggeri».

Ed elli a me: «Vedrai quando saranno
più presso a noi; e tu allor li priega
78 per quello amor che i mena, ed ei verranno».

Sì tosto come il vento a noi li piega,
mossi la voce: «O anime affannate,
81 venite a noi parlar, s'altri nol niega!».

Quali colombe dal disio chiamate
con l'ali alzate e ferme al dolce nido
84 vegnon per l'aere, dal voler portate;

cotali uscir de la schiera ov' è Dido,
a noi venendo per l'aere maligno,
87 sì forte fu l'affettüoso grido.

«O animal grazïoso e benigno
che visitando vai per l'aere perso
90 noi che tignemmo il mondo di sanguigno,

se fosse amico il re de l'universo,
noi pregheremmo lui de la tua pace,
93 poi c'hai pietà del nostro mal perverso.

Di quel che udire e che parlar vi piace,
noi udiremo e parleremo a voi,
96 mentre che 'l vento, come fa, ci tace.

Siede la terra dove nata fui
su la marina dove 'l Po discende
99 per aver pace co' seguaci sui.

La vicenda di Paolo e Francesca

73-75. Io cominciai [a parlare]: «Poeta, parlerei volentieri a quei due spiriti che procedono insieme, e che appaiono più degli altri in balìa del vento». **76-78.** E Virgilio a me: «Vedrai quando saranno più vicini a noi; e tu allora pregali in nome di quell'amore che li conduce (*i mena*), ed essi verranno». **79-81.** Così, non appena il vento li spinse verso di noi, dissi: «O anime tormentate, venite a discorrere con noi, se qualcuno [Dio] non ve lo vieta!». **82-87.** Come colombe, al richiamo dell'istinto amoroso, volano verso l'amato nido con le ali aperte e tese, portate dal desiderio, così essi uscirono dal gruppo in cui si trova Didone, giungendo verso di noi attraverso l'aria maligna dell'inferno: a tal punto efficace fu il mio appello, mosso dal sentimento dell'amore. **88-93.** «O creatura cortese e benevola, che vai visitando per l'aria tenebrosa (*aere perso*) noi [omicidi o suicidi per amore], che tingemmo la terra con il nostro sangue, se Dio ci fosse amico, noi lo pregheremmo per la tua pace, poiché provi compassione del nostro atroce tormento. **94-96.** A ciò che vorrai dire e ascoltare, noi daremo ascolto e risposta, mentre il vento, qui, non spira.
97-99. La città in cui nacqui [Ravenna] si affaccia sul mare in cui il Po si getta per trovare pace con i suoi affluenti.

---

74. quei due: Paolo (Malatesta) e Francesca (da Polenta), lui riminese, lei ravennate, cognati e adulteri. Francesca era figlia del signore di Ravenna, Guido Minore, e nel 1275 andò sposa a Gianciotto Malatesta, signore di Rimini. Rimase ingannata, perché riteneva di dover sposare Paolo, fratello minore di Gianciotto. Tra i due cognati si accese l'amore; nel 1285 furono assassinati dal geloso Gianciotto, forse nel castello di Gradara. Può darsi che Dante abbia conosciuto di persona Paolo, che nel 1282 era di capitano del popolo a Firenze.
82. Quali colombe... chiamate: evidente qui il richiamo all'*Eneide* di Virgilio (VI, 190-

92): «ciò disse appena, e in volo ecco dal cielo due candide colombe posarsi lievi davanti a lui sul verde suolo».
84. dal voler portate: come fossero condotte non dalle ali, ma dalla voglia di accoppiarsi nel dolce nido.
85. la schiera ov'è Dido: è la *lunga riga* (v. 47) dei morti d'amore. *Dido* è un latinismo per Didone, che Dante sembra considerare l'unico personaggio da porre accanto al personaggio di Francesca.
88. animal: creatura animata, essere umano.
90. sanguigno: color sangue; nell'espressione vi è il ricordo del barbaro modo in

cui i due furono assassinati.
93. mal perverso: smodato dolore, condizione disperata; ma può alludere al peccato di smoderatezza di cui si macchiarono.
95. voi: in rima siciliana con *fui* (v. 97) e *sui* (v. 99).
96. ci tace: in contraddizione con quanto era stato detto al v. 31, in cui si parlava della *bufera infernal che mai non resta*, "che non cessa mai"; ma qui prevalgono le esigenze narrative, che impongono una pausa momentanea nel dolore.
98. su la marina: nel Medioevo, Ravenna si affacciava direttamente sul mare.

Inferno

Amor, ch'al cor gentil ratto s'apprende,
prese costui de la bella persona
102 che mi fu tolta; e 'l modo ancor m'offende.

Amor, ch'a nullo amato amar perdona,
mi prese del costui piacer sì forte,
105 che, come vedi, ancor non m'abbandona.

Amor condusse noi ad una morte.
Caina attende chi a vita ci spense».
108 Queste parole da lor ci fuor porte.

Quand' io intesi quell' anime offense,
china' il viso, e tanto il tenni basso,
111 fin che 'l poeta mi disse: «Che pense?».

Quando rispuosi, cominciai: «Oh lasso,
quanti dolci pensier, quanto disio
114 menò costoro al doloroso passo!».

Poi mi rivolsi a loro e parla' io,
e cominciai: «Francesca, i tuoi martìri
117 a lagrimar mi fanno tristo e pio.

Ma dimmi: al tempo d'i dolci sospiri,
a che e come concedette amore
120 che conosceste i dubbiosi disiri?».

E quella a me: «Nessun maggior dolore
che ricordarsi del tempo felice
123 ne la miseria; e ciò sa 'l tuo dottore.

100-102. Amore, che rapidamente (*ratto*) attecchisce nei cuori gentili [cioè negli animi nobili], fece innamorare costui [Paolo] del mio bel corpo (*de la bella persona*), che mi fu tolto [da chi mi uccise]; e l'intensità di questo amore mi vince tuttora [oppure: e l'istantaneità della morte, che non mi diede il tempo di pentirmi, ancora mi danneggia]. **103-105.** Amore, che a nessuno che sia amato consente (*perdona*) di non ricambiare chi l'ama, mi fece innamorare così intensamente della bellezza (*piacer*) di costui, che come vedi quell'amore mi tiene legata a sé ancora adesso. **106-108.** Amore ci condusse a condividere la medesima morte. Caina [dove sono puniti i traditori dei parenti] attende colui che ci spense la luce della vita». Queste parole ci furono dette da loro. **109-111.** Ascoltate quelle anime travagliate dalla passione e dalla pena, chinai gli occhi, e li tenni bassi fino a che il poeta mi chiese: «A cosa pensi?». **112-114.** Infine risposi e dissi: «Ahimé, quali dolci pensieri, quanta passione amorosa, condusse costoro a commettere il peccato di adulterio!». **115-120.** Poi [da Virgilio] volsi lo sguardo ai due amanti e dissi: «Francesca, le tue sofferenze mi rendono triste e compassionevole. Però dimmi: al tempo in cui vi limitavate a sospirare d'amore, attraverso quali indizi e in che modo l'amore vi mise in grado di conoscere l'un l'altro i desideri restii a manifestarsi [oppure: i desideri pericolosi]?» **121-123.** Ed ella a me: «Non c'è dolore maggiore che ripensare ai momenti felici, quando si è nel dolore; e il tuo maestro [Virgilio] la sa bene.

100-106. Amor... Amor... Amor: è un'anafora tra le più celebrate del poema dantesco. Le tre terzine enunciano norme della teoria d'amore codificata da Andrea Cappellano nel *De Amore*: a) il legame inscindibile tra amore e cortesia (sostenuto dal Guinizelli in *Al cor gentil rempaira sempre Amore* e da Dante stesso nel sonetto *Amore e 'l cor gentil sono una cosa*; b) la reciprocità e l'irrefutabilità del sentimento amoroso; c) il destino comune (fino alla morte) degli amanti. L'incontro con Francesca offre a Dante l'occasione per rimeditare su forme letterarie da lui stesso praticate in gioventù: ai vv. 127-138 viene messa esplicitamente sotto inchiesta la letteratura dell'amor cortese, con la sua proposta di un eros tutto terreno e legato all'amore adulterino.
102. e 'l modo ancor m'offende: l'espressione ha suscitato molteplici interpretazioni. Si può intendere: "e il modo, anzi la

smodatezza della passione di Paolo mi tiene ancora in sua balìa", "mi menoma ancora". Più tradizionale l'altra tesi: "e il modo dell'uccisione continua a offendermi", quasi fosse "uccisa in perpetuo".
103. ch'a nullo amato amar perdona: è un concetto che ha riscontri nell'esperienza psicologica degli innamorati comuni, più ancora che nella teoresi dell'amor cortese.
107. Caina: nel lago di ghiaccio che chiude il cratere dell'inferno, è il settore riservato ai traditori dei parenti; si trova nel IX cerchio.
107. chi a vita ci spense: chi ci tolse la vita, cioè Gianciotto Malatesta, fratello maggiore di Paolo e marito di Francesca.
112. Oh lasso: il dolente sospiro del poeta-pellegrino è indizio di una nuova inquietudine. Le due anime, portatrici di un ideale (l'amore gentile) che Dante stesso aveva condiviso, sul piano letterario, sono

condannate a una pena eterna.
114. al doloroso passo: al peccato e ai suoi esiti strazianti.
118. al tempo d'i dolci sospiri: va inteso così: "nella fase in cui il vostro linguaggio si limitava alla dolcezza dei sospiri". Più avanti *dubbiosi disiri* vale "desideri ancora titubanti": Dante desidera che la donna rievochi il momento emozionante in cui un innamorato svela a chi ama il proprio amore.
121-123. Nessun maggior... ne la miseria: la sentenza traduce lo scrittore latino Boezio, vissuto nel VI secolo d.C. («in ogni avversità della sorte, l'essere stati felici è tristissima disgrazia», *De consolatione philosophiae* II, iv, 2). Francesca sembra attribuire la massima a Virgilio (*l tuo dottore*, v. 123), ma forse desidera semplicemente che Virgilio dia testimonianza in quanto dannato del dolore che è suscitato dalla felicità trascorsa.

Canto V

    Ma s'a conoscer la prima radice
    del nostro amor tu hai cotanto affetto,
126 dirò come colui che piange e dice.

    Noi leggiavamo un giorno per diletto
    di Lancialotto come amor lo strinse;
129 soli eravamo e sanza alcun sospetto.

    Per più fïate li occhi ci sospinse
    quella lettura, e scolorocci il viso;
132 ma solo un punto fu quel che ci vinse.

    Quando leggemmo il disïato riso
    esser basciato da cotanto amante,
135 questi, che mai da me non fia diviso,

    la bocca mi basciò tutto tremante.
    Galeotto fu 'l libro e chi lo scrisse:
138 quel giorno più non vi leggemmo avante».

    Mentre che l'uno spirto questo disse,
    l'altro piangëa; sì che di pietade
138 io venni men così com' io morisse.

    E caddi come corpo morto cade.

124-126. Ma se sei così desideroso di conoscere il primissimo sorgere del nostro amore, parlerò come chi parli piangendo. **127-129.** Noi leggevamo un giorno, per svago, la storia di Lancillotto e di come fu vinto dall'amore [s'innamorò]; eravamo noi due soli, senza presentimenti e senza alcun timore di essere visti. **130-132.** Più volte (*fïate*) quella lettura indusse i nostri sguardi a incontrarsi, e ci fece impallidire; ma fu un punto solo quello che ci vinse. **133-138.** Quando leggemmo di come la bocca desiderata e sorridente [di Ginevra] venne baciata da un cosiffatto amante [Lancillotto], costui [Paolo], che non sarà (*fia*) mai separato da me, mi baciò, tutto tremante, la bocca. Il tramite fu il libro [così come Galehaut fece da intermediario da Lancillotto e Ginevra] e il suo autore; da [oppure: per] quel giorno non proseguimmo più nella lettura». **139-142.** Mentre una delle due anime [Francesca] raccontava, l'altro [Paolo] piangeva; così che per l'emozione io svenni, come se morissi. E caddi di schianto, come un corpo senza vita».

«Quali colombe dal disio chiamate
con l'ali alzate e ferme al dolce nido
vegnon per l'aere, dal voler portate.»

■ *William Blake*, Il vortice degli amanti (1824-27).

125. cotanto affetto: un così trepido desiderio. Nuovo calco virgiliano: così Enea dice a Didone: «ma se così grande è l'amore di conoscere le nostre vicende» (*Eneide* II, 10).
128. Lancialotto: Lancillotto del Lago, cavaliere della Tavola Rotonda, innamorato di Ginevra la Bella, moglie di re Artù. Su di lui e sul suo amore illeggittimo vertono numerosi romanzi del cosiddetto ciclo bretone, scritti in lingua d'oïl fra XII e XIII sec. Si può supporre che quel giorno funesto Paolo e Francesca leggessero il *Lancelot*, una voluminosa compilazione in prosa del primo Duecento, di autore a noi ignoto.
134. basciato: il termine riproduce la pronuncia toscana (come *basciò* al v. 135).

137. Galeotto: qui nel senso di "ruffiano". Si tratta del siniscalco Galehaut, che nel *Lancelot* istiga il leale cavaliere a dichiarare amore a Ginevra.
140. l'altro: Paolo, che non interviene mai nel discorso di Francesca, approvando però e sostenendo le parole dell'amata, di cui condivide le emozioni e il punto di vista.

Le chiavi del canto

■ L'INTERPRETAZIONE ROMANTICA DEL CANTO

Il canto V dell'*Inferno* è tra i più noti e commentati della *Commedia*. La critica romantica dell'Ottocento, appassionata di amori devastanti e fatali, pensava a una **complicità di Dante** con il personaggio di Francesca, donna sentimentale e passionale; pareva che la sua umana fragilità rendesse in qualche modo accettabile il suo peccato.

In qualche modo, questa interpretazione può avvalersi del fatto che i due amanti, Paolo e Francesca, sembrano **sovvertire molte regole** vigenti nel regno dei morti. Sono dannati, sì, ma scontano insieme la pena. Il loro tradimento (quello di Francesca verso lo sposo, di Paolo verso il fratello) sembra non pesare direttamente sul loro destino. Per Dante essi non hanno tradito, hanno amato; la loro è la colpa dell'amore. Traditore è invece il marito, che volle coglierli in flagrante e che atrocemente li divise, inchiodandoli a una punizione eterna. Gianciotto sembra adesso sbeffeggiato: i due amanti sono riuniti nell'aldilà, ora e per sempre; mentre è lui l'atteso da Caina, condannato alla pena dei traditori nell'inferno più nero.

■ UN IMPEGNATIVO ESAME DI COSCIENZA

Oggi gli studiosi tendono a smorzare la portata della pietà di Dante personaggio e dunque respingono una lettura soltanto romantica del testo; ridimensionano la solidarietà da parte del poeta con l'infelice Francesca e sottolineano invece la **sofferenza di Dante** poeta e personaggio: un tempo provò anche lui la tentazione di Francesca; poi la superò, ma essa fu comunque intensa e tormentosa, tanto che le sue tracce non sono ancora sopite.

L'incontro del secondo cerchio diviene l'occasione per rimettere in discussione tutto ciò. Ne nasce un intenso **esame di coscienza**, alimentato dalle parole di Francesca «Amore, che istantaneamente attecchisce in un cuore nobile...; Amore, che obbliga alla reciprocità...; Amore ci trascinò ad un'unica morte», parole che sembrano altrettante citazioni dai poeti dell'amor cortese e che paiono risvegliare il tempo in cui anche Dante fu uno di loro. Anch'egli fu affascinato dall'ideale amoroso del cuore gentile e perciò, adesso, Dante personaggio china il capo di fronte a chi gli parla d'amore e di passione.

Farà lo stesso nell'Eden (▶ p. 218) allorché Beatrice gli rimprovererà di essersi allontanato dall'amore che ella gli aveva ispirato nella *Vita nuova*. Qui, per il momento, siamo nella fase iniziale dell'esame di coscienza: il punto su cui Dante riflette è la **facilità con cui la passione può attecchire** in un cuore generoso (come un tempo, presumiamo, attecchì nel suo). Perciò si sofferma a chiedere a Francesca qualche particolare in più: come germinò in lei quella passione? Ella gli risponde che venne generata da un'**emulazione letteraria**: lei e Paolo, infatti, imitarono i protagonisti di un romanzo all'epoca famoso, incentrato sugli amori adulterini di Lancillotto e Ginevra.

All'udire ciò, Dante sviene, profondamente turbato: il poeta della *Commedia* è sempre personaggio, e in questo canto V lo è più che mai. Le tragiche vicende dei due cognati suscitano in lui sentimenti così profondi e sconvolgenti, da farlo stramazzare a terra come morto. E noi lettori sentiamo sgomento e pena anche per lui, posto di fronte a un esame di coscienza tanto impegnativo.

■ I RISULTATI DELL'AUTOESAME

I canti successivi documenteranno con chiarezza i risultati di questo esame di coscienza:

- la letteratura che non rappresenta l'inferno della passione, ma ne mette in luce soltanto gli **aspetti eccitanti**, è una **letteratura pericolosa**;
- l'amore «che attecchisce inevitabilmente su un cuore nobile» (così potremmo parafrasare il v. 100: un verso che sembra scritto da Guinizelli) va giudicato, al di là di ogni nobilitazione letteraria, un **amore illecito**.

L'unico amore per la donna d'altri che, all'autore della *Commedia*, appare ormai lecito, è quello svincolato da ogni implicazione materiale o sensuale. Insomma, si può continuare a cantare Beatrice solo rendendola una **guida spirituale** sulla via della salvezza.

■ LA COLPA DI FRANCESCA

Il critico Gianfranco Contini ha definito Francesca un'«intellettuale di provincia», individuando nel suo discorso citazioni da Guido Guinizelli e di un teorico dell'amor cortese come Andrea Cappellano.

È da queste prestigiose fonti letterarie che la sventurata ha appreso la teoria d'amore e l'ha messa in pratica, consumando il fatale adulterio con il cognato Paolo. Parlando con Dante, Francesca presenta come inevitabile il **cedimento alla passione**, e non solo: di quel cedimento, e dell'attuale dannazione, ella sembra incolpare gli altri, i poeti, Dante stesso. Non riconosce alcuna responsabilità, e questa, agli occhi di Dante, è una buona ragione per essere condannati, per sempre, all'inferno.

In realtà, se avesse davvero voluto, ella avrebbe potuto respingere – con l'aiuto della grazia divina – la tentazione che le proveniva dalle sue letture. Dante ritiene infatti che **al cuore si possa e si debba comandare**, che la nostra volontà sia più forte di ogni passione. In questo senso il canto V non è il canto dell'inguaribile fragilità umana; è il testo della (colpevole) **arrendevolezza verso una tentazione** che si poteva vincere, e superare.

■ IL SILENZIO DI PAOLO

È a Francesca che Dante personaggio costantemente si rivolge. Paolo c'è, ma è come se in realtà fosse assente.

Questo privilegiare la donna, che parla spesso al plurale, che dice «noi», ma che in sostanza riempie la scena da sola, sembra preparare, nel finale, l'**irrompere improvviso di Paolo**.

Il poeta pareva averlo dimenticato; in realtà è proprio il suo silenzioso pianto ciò che scatena la pietà di Dante: *l'altro piangea, sì che di pietade io venni men...* Al *cotanto amante* di cui si leggeva nel libro galeotto, si oppone questo amante dubbioso, tutto tremante, che ha voluto emulare Lancillotto e che adesso, travolto dalla bufera, piange.

Lavoriamo sul testo

I CONTENUTI

1. In quale cerchio infernale ci troviamo? Quale categoria di anime vi viene punita?
2. Illustra la pena del contrappasso.
3. Riassumi in max 10 righe la triste vicenda terrena di Paolo e Francesca, specificando i luoghi, il tempo ecc.
4. In quante e quali sequenze si può suddividere la narrazione di Francesca?
5. Attribuisci un titolo a ciascuna di esse.
6. Per quale motivo Francesca risponde a Dante con tanta disponibilità e dovizia di particolari?
7. La protagonista giustifica oppure nega il proprio peccato?
8. Ai vv. 100-107 incontri una sintesi della teoria dell'amor cortese, esposta da Francesca. Riassumila con le tue parole.
9. L'amore tra Paolo e Francesca è giudicato peccaminoso da Dante, perché:
   - ❏ si sono baciati di nascosto
   - ❏ hanno letto un libro d'amore di nascosto
   - ❏ sono giunti all'adulterio
   - ❏ sono giunti ad assassinare Gianciotto, marito di Francesca
10. Quali *dolci pensier* e quale *disio* hanno condotto i due cognati al *doloroso passo* del v. 114?
11. L'atteggiamento che Dante manifesta davanti ai due cognati è anomalo: non c'è traccia dello sdegno che egli riserverà più avanti al peccato e ai peccatori. Perché, secondo te?
12. A un certo punto, nel canto, viene stabilito un rapporto tra la vicenda di Paolo e Francesca e quella di:
    - ❏ Dante e Beatrice
    - ❏ Gianciotto e Laura
    - ❏ Tristano e Isotta
    - ❏ Lancillotto e Ginevra
13. È Gianciotto ad aver condannato Francesca all'inferno, impedendole il pentimento. Ti sembra una tesi sostenibile? Ti sembra pentita Francesca? E in ogni caso, pensi che avrebbe potuto pentirsi, se fosse rimasta viva? Motiva la risposta in max 15 righe.
14. Dante conduce qui un esame di coscienza. Spiega in max 15 righe in che senso: che cosa egli esamina e a quali conclusioni giunge?

LE FORME

15. Sia Dante sia Francesca mettono in atto la figura retorica chiamata *captatio benevolentiae*:
    - in che cosa consiste?
    - in quali versi la rintracci?
    - perché essi vi fanno ricorso?
16. Ai vv. 100, 103 e 106 si riscontra un'importante figura retorica: quale?
    - ❏ Anafora
    - ❏ Similitudine
    - ❏ Antonomasia
    - ❏ Assonanza
17. Spiega con le tue parole l'effetto prodotto da tale figura retorica in questo contesto.
18. Individua nelle parole di Francesca gli elementi tipici del linguaggio (lessico, immagini, figure retoriche ecc.) della lirica cortese del Duecento.
19. Spiega nel suo contesto l'espressione *Galeotto fu 'l libro e chi lo scrisse*.
20. Rintraccia poi nel canto altre parole il cui significato è molto diverso, in italiano, da quello attuale.
21. Per due volte, nei versi citati, Dante parla della *pietà* o *pietade* che prova all'udire la storia dei due cognati. Rintraccia i due punti sul testo. Ora rifletti: si tratta di un sentimento dettato:
    - ❏ dalla compassione
    - ❏ dal rispetto
    - ❏ dal timore d'incorrere nella medesima pena
    - ❏ dalla riflessione sui limiti dell'amor cortese

Vittorio Sermonti
Romanzo d'amore e di morte

La storia di Paolo a Francesca
Per sedare antichi rancori, due potenti famiglie guelfe di Romagna (Polenta da Ravenna e Malatesta da Rimini) patteggiano un'alleanza, e pensano bene di ratificarla con un matrimonio.

Bellissima è la Francesca da Polenta; brutto e sciancato, il Malatesta, Giovanni, detto il *ciotto*, cioè "lo zoppo". Temendo una ripulsa della giovane, si conviene fra gli anziani delle due famiglie di celebrare il matrimonio per procura. Ulteriore raggiro o delicato quiproquò, si forma per un attimo in Francesca l'illusione che il procuratore sia lo sposo promesso: e un attimo è sufficiente per far attecchire in lei la primissima favilla dell'amore. [...] Fatto sta, che a Rimini la trepida Francesca si trova nel letto le smanie d'uno storpio. Costumata qual è, si sottomette al vincolo. Ma come scongiurare che la promiscuità col bellissimo cognato, il quale – a norma di cavalleria – l'ama inappellabilmente anche lui, moltiplicando le tentazioni, non travolga alla buonora i fragili argini del pudore?

E una sera stregata di maggio, in una loggia panoramica della rocca di Gradara [...], basterà la lettura a due della pagina d'un famoso romanzo erotico-cavalleresco, in cui si narrano gli esordi d'una rapinosa vicenda adulterina, perché i cognati si arrendano alle ingiunzioni della carne, e si bacino insaziabili. Qui irrompe il marito, che circostanziate maldicenze avevano messo sul chi vive, e li trafigge in flagranza, infilzandoli in un'unica stoccata.

Tale racconto, secondo cui la lettura, interrotta dal bacio, sarebbe stata definitivamente troncata dall'irruzione del marito zoppo e dal doppio omicidio, adibisce questo e tanti altri dettagli immaginari [...] al buon fine di accumulare attenuanti per i due poveri cognati, in sintonia con la supposta propensione del poeta a perdonarli...

Il giudizio di Dante Ma [...] che Dante Alighieri, uomo e poeta, propenda a perdonare peccatori nell'atto stesso di destinarli alla dannazione eterna, non persuade.

Vero, che il pellegrino d'oltretomba si prodiga con gli adulteri cognati in espressioni riguardose e compassionevoli, come non gli capiterà spesso all'inferno. Vero, che in chiusa, alle ultime parole di Francesca e alla vista di Paolo, muto, in lacrime, vien meno e cade come corpo morto cade. Vero. Ma se non isoliamo – con un procedimento abusivo d'identificazione sentimentale – questo V canto dell'*Inferno* e la bella persona di Francesca dal libro che li contiene, ci renderemo ben conto che in queste terzine il poeta ci sta raccontando il primo incontro e il primo colloquio fra un'anima perduta e Dante-peccatore, appena avviato al suo severo pellegrinaggio traverso i tre regni dei morti: la prima tappa, la prima tentazione debellata; e dovremo anche constatare come questa tentazione non sia mera vertigine dei sensi, pura follia d'amore, se Francesca, esponendo al pellegrino affettuoso la parabola obbligata che ha tratto lei e Paolo all'adulterio, alla morte e al castigo eterno, parafrasa versi scritti qualche anno prima dallo stesso pellegrino, ripete con una qualche rigidezza sillogistica tracciati mentali e sentimentali in cui lui s'era attardato e compiaciuto da giovane. E addita la letteratura come ruffiana.

Dante, dunque, è doppiamente implicato nella storia peccaminosa e funesta degli amanti romagnoli: perché, in concorso col cappellano del re di Francia[1] e con «chi scrisse» il *Roman de Lancelot*, figura – come poeta di Stilnovo – mandante ideologico dell'adulterio; e perché – come comune cristiano coniugato – ha applicato alla lettera anche lui l'articolo I del breviario di André Chapelain («la scusa del matrimonio non esonera dall'amore»), e vi ha conformato, alla maniera di Francesca e Paolo, un segmento d'esistenza[2]. Certo, il fatto che per i due cognati quel segmento sia stato l'ultimo e irrevocabile, confonde di misericordia il pellegrino e lo induce in una straziante complicità emotiva. Ma questo non significa che il poeta perdoni in deroga alla sentenza celeste. [...]

L'inferno, luogo di rimpianti Però Francesca – s'è obbiettato – ama ancora, non ha rimorsi. All'inferno, però, nessuno ha rimorsi, fuorché Dante; tutti, semmai, hanno rimpianti. E Francesca rimpiange, eccome, la pace che ha perduto all'infinito per quel capoverso di romanzo e per quel bacio sillogisticamente ineluttabile. Continua ad amare, d'accordo, innamorata in eterno del suo Paolo Malatesta e, più ancora, del *segnore di pauroso aspetto che è Amore* (*Vita nuova* III, 3). Ma questo non costituisce attenuante, né allevia la pena: anzi, nel turbine, è il mulinello che succhia l'anima, spazza via la confidenza col re de l'universo: è la pena.

Per quanto costi di tormento a Dante-pellegrino abiurare ai dolci pensieri in rima della propria adolescenza [...], il sacro scrivano della *Commedia* crede di sapere, sa, che in eterno non si può amare che l'Eterno. E solo una fede così dura gli consente di cantare questo morbido, rapinoso ed estremo canto d'amor profano.

Vittorio Sermonti, *La Divina Commedia,
Inferno*, Edizioni scolastiche
Bruno Mondadori, Milano 1996

---

1. cappellano del re di Francia: Andrea Cappellano, autore del trattato *De amore*, testo di riferimento dell'amor cortese.
2. vi ha conformato... d'esistenza: allorché Dante amò Beatrice (ma in modo diverso da come si amavano Paolo e Francesca) e fece dell'amore per lei la sorgente della *Vita nuova*.
3. licantropia: malattia che trasforma gli uomini in lupi, nelle notti di luna piena.

Canto VI

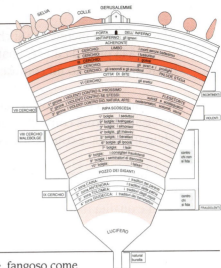

DATA	8 aprile 1300 (venerdì santo), notte.
LUOGO	**Cerchio III**: un ambiente maleodorante, fangoso come un porcile, battuto da una pioggia incessante mista a grandine e neve.
COLPA	La **gola**.
PENA/ CONTRAPPASSO	Chi in vita cercò le prelibatezze del palato, adesso **dimora nel sudiciume**, con la bocca piena di fango, il corpo sferzato dalla pioggia gelata, il naso offeso dalla puzza, le orecchie tormentate dai latrati di Cerbero e il corpo da lui graffiato.
CUSTODE	**Cerbero**, «il gran verme»: mitico cane a tre teste, è trasformato da Dante in demonio. È allo stesso tempo custode e strumento di tortura.
PERSONAGGI	**Dante** e **Virgilio**. Il custode **Cerbero**. Il fiorentino **Ciacco**. Sono nominati altri **cinque fiorentini**: Farinata degli Uberti, Tegghiaio Aldobrandi, Jacopo Rusticucci, Arrigo (Fifanti? Giandonati?), Mosca dei Lamberti.

SEQUENZE

Il terzo cerchio e la pena dei golosi (vv. 1-12)
Dante riprende i sensi e scende con Virgilio nel III cerchio, dove una pioggia sporca mista a grandine spessa e neve schiaccia nella melma i golosi.

Cerbero (vv. 13-33)
Incontrano Cerbero, cane mostruoso, avido, con tre enormi teste. Vorrebbe ostacolare il passaggio dei due poeti; ma Virgilio lo placa gettandogli due manciate di melma.

Incontro con Ciacco; il suo peccato di gola (vv. 34-57)
I due poeti avanzano sul tappeto di fango e anime. Un dannato si mette a sedere e chiede a Dante se lo riconosce; alla risposta negativa, si presenta: è il fiorentino Ciacco e si trova lì per il peccato di gola.

Ciacco profetizza i futuri mali di Firenze (vv. 58-76)
Dante gli rivolge tre domande sull'esito dei conflitti tra fazioni a Firenze, sulla presenza (o meno) nella città di uomini giusti, sulle cause della discordia. Alla prima Ciacco risponde prevedendo il momentaneo trionfo dei Bianchi e quello definitivo dei Neri; alla seconda, segnala la presenza, in città, di due soli giusti; alla terza, ravvisa le cause dei continui conflitti nella superbia, nell'invidia e nell'avarizia dei fiorentini.

La sorte di alcuni grandi fiorentini del passato (vv. 77-93)
Dante chiede notizie su alcuni illustri fiorentini del passato; sono dannati tra le «anime più nere», risponde Ciacco, che poi scongiura Dante di ricordarlo tra i vivi. Quindi sprofonda nel fango.

La condizione dei dannati dopo il Giudizio Universale (vv. 94-115)
Ciacco non si ridesterà più fino al Giudizio Universale, dice Virgilio. Dante chiede allora informazioni sulla vita futura delle anime: le loro pene si accresceranno o diminuiranno dopo il Giudizio? Si accresceranno, dice Virgilio, per ragioni illustrate da Aristotele e san Tommaso. I due poeti giungono sull'orlo di un altro cerchio.

Inferno

Al tornar de la mente, che si chiuse
dinanzi a la pietà d'i due cognati,
3   che di trestizia tutto mi confuse,

novi tormenti e novi tormentati
mi veggio intorno, come ch'io mi mova
6   e ch'io mi volga, e come che io guati.

Io sono al terzo cerchio, de la piova
etterna, maladetta, fredda e greve;
9   regola e qualità mai non l'è nova.

Grandine grossa, acqua tinta e neve
per l'aere tenebroso si riversa;
12   pute la terra che questo riceve.

Cerbero, fiera crudele e diversa,
con tre gole caninamente latra
15   sovra la gente che quivi è sommersa.

Li occhi ha vermigli, la barba unta e atra,
e 'l ventre largo, e unghiate le mani;
18   graffia li spirti ed iscoia ed isquatra.

Urlar li fa la pioggia come cani;
de l'un de' lati fanno a l'altro schermo;
21   volgonsi spesso i miseri profani.

Quando ci scorse Cerbero, il gran vermo,
le bocche aperse e mostrocci le sanne;
24   non avea membro che tenesse fermo.

E 'l duca mio distese le sue spanne,
prese la terra, e con piene le pugna
27   la gittò dentro a le bramose canne.

Il terzo cerchio e la pena dei golosi

1-6. Quando si riebbero i miei sensi, i quali si erano spenti davanti al pianto commovente verso i [oppure: dei] due cognati [Paolo e Francesca], che mi sconvolse profondamente per la tristezza, vedo nuove pene e dannati differenti [da quelli precedenti], intorno a me, in qualsiasi direzione io mi muova e mi giri, e dovunque io guardi. **7-9.** Sono giunto al terzo cerchio, [il cerchio] della pioggia eterna, maledetta [dai dannati], gelida e opprimente (*greve*): il suo modo [di cadere] e la sua qualità rimane costante per l'eternità (*mai*). **10-12.** Grossi chicchi di grandine, pioggia nera (*acqua tinta*) e neve si rovesciano per l'aria carica di tenebre; la terra che riceve ciò manda cattivo odore (*pute*=puzza).

Cerbero

13-18. Cerbero, belva crudele e mostruosa, lancia dalle sue tre fauci i suoi latrati sopra le anime che là (*quivi*=nella fanghiglia) sono sommerse. Ha gli occhi rossi, la barba sudicia e nera (di sporcizia: *atra*), grasso il ventre e le mani con artigli: [con essi] graffia le anime, le scuoia e le squarta. **19-21.** La pioggia fa urlare le anime (*li*) come cani; con uno dei fianchi (*lati*) fanno riparo (*schermo*) all'altro [fianco]; gli infelici peccatori (i *miseri profani*) si rigirano di continuo. **22-24.** Quando Cerbero, quel mostro schifoso (il *gran vermo*), ci vide, aprì le fauci e ci mostrò le zanne: non teneva fermo alcun membro del corpo. **25-27.** Il mio maestro [Virgilio] aprì le mani in tutta la loro ampiezza, raccolse la terra e con i pugni pieni la gettò dentro le avide fauci [di Cerbero].

---

1. mente: l'insieme delle funzioni sensoriali (e la memoria che le registra).

3. trestizia: per san Tommaso, *trestitia* (in latino) è «presa di coscienza e rifiuto del male» (*cognitio et recusatio mali*: *Summa Theologiae* I-II, q. XXXIX, a. 2); qui indica "compunzione e tristezza".

7. Io sono: non precisa in che modo ci sia giunto; lo stesso era accaduto con il miracoloso passaggio del fiume Acheronte.

9. regola e qualità mai non l'è nova: non presenta variazioni né di ritmo né di composizione; cioè continua a cadere e cadrà per tutta l'eternità allo stesso modo.

13. Cerbero: mostruoso cane dalle tre teste, che l'antica mitologia poneva a custode dell'Averno, il regno dei morti (*Eneide* VI, vv. 417-423). Dante lo trasforma in un essere diabolico (del diavolo Cerbero ha la bruttezza, la violenza bruta, la stupida ferocia) e ne fa uno strumento della volontà divina. L'aggettivo "diversa" significa "mostruosamente assortita": in Cerbero si combinano vari elementi del brutto, cari al gusto medievale per l'orrido infernale.

14. caninamente: il lungo avverbio va letto scorporando i suoi due elementi, *canina-* e poi *-mente*, prolungando così, nella lettura, l'effetto del disumano latrato della belva.

18. graffia li spirti ed iscoia ed isquatra: i suoni aspri e duri del verso rendono l'idea della sofferenza fisica di questi dannati e anche dell'animalità del loro peccato.

21. profani: etimologicamente viene dal latino *profanum* e significa "escluso dal tempio", in questo caso "dal cielo", "dal paradiso". Anche la *Lettera agli Ebrei* (cap. 2, 16) attribuisce a Esaù la qualifica di profano, imputandogli la sua golosità (Esaù vendette la primogenitura a Giacobbe in cambio di un piatto di lenticchie).

22. vermo: epiteto altrove riservato a Satana (*Inf.*, XXXIV, 108), orribile re dell'abisso infernale.

27. canne: gole; vedi il nostro scannare= "sgozzare". La terzina ricorda il passo dell'*Eneide* (VI, vv. 419-21) in cui la Sibilla, guida di Enea nell'Averno, placa Cerbero gettandogli nelle fauci spalancate una focaccia soporifera. Qui Virgilio getta in bocca a Cerbero qualcosa di ben più bestiale, commisurato all'indegnità morale del peccato.

Qual è quel cane ch'abbaiando agogna,
e si racqueta poi che 'l pasto morde,
30 ché solo a divorarlo intende e pugna,

cotai si fecer quelle facce lorde
de lo demonio Cerbero, che 'ntrona
33 l'anime sì, ch'esser vorrebber sorde.

Noi passavam su per l'ombre che adona
la greve pioggia, e ponavam le piante
36 sovra lor vanità che par persona.

Elle giacean per terra tutte quante,
fuor d'una ch'a seder si levò, ratto
39 ch'ella ci vide passarsi davante.

«O tu che se' per questo 'nferno tratto»,
mi disse, «riconoscimi, se sai:
42 tu fosti, prima ch'io disfatto, fatto».

E io a lui: «L'angoscia che tu hai
forse ti tira fuor de la mia mente,
45 sì che non par ch'i' ti vedessi mai.

Ma dimmi chi tu se' che 'n sì dolente
loco se' messo, e hai sì fatta pena,
48 che, s'altra è maggio, nulla è sì spiacente».

Ed elli a me: «La tua città, ch'è piena
d'invidia sì che già trabocca il sacco,
51 seco mi tenne in la vita serena.

Voi cittadini mi chiamaste Ciacco:
per la dannosa colpa de la gola,
54 come tu vedi, a la pioggia mi fiacco.

28-33. Come un cane che attraverso l'abbaiare mostra la sua fame e si placa dopo che ha addentato il pasto, perché è intento e s'accanisce (*pugna*) solo a divorarlo, proprio così (*cotai*) si acquietarono quelle sozze facce del demonio Cerbero, che rintrona (*'ntrona*) [con i suoi latrati] le anime, al punto che esse vorrebbero essere sorde.

Incontro con Ciacco; il suo peccato di gola

34-36. Noi transitavamo sopra le anime che la pesante pioggia opprime (*adona*), e [camminando] mettevamo i piedi sulla loro ombra inconsistente (*vanità*) che ha l'aspetto di un corpo fisico. **37-39.** Esse giacevano tutte a terra, tranne una, che si levò a sedere, non appena ci scorse passare davanti a lei. **40-42.** «O tu, [Dante], che sei condotto (*tratto*) attraverso questo inferno, riconoscimi, se riesci; tu nascesti (*fosti… fatto*) prima che io morissi [fossi] *disfatto*». **43-45.** E io gli risposi: «La sofferenza che patisci forse ti sottrae alla mia memoria, al punto (*sì*) che non mi sembra di averti mai visto. Ma dimmi chi sei tu, che sei posto in un luogo così doloroso, e subisci una pena talmente grave (*sì fatta*) che, se anche qualche altra [pena] è maggiore [di questa], nessuna però è altrettanto ripugnante». **49-57.** Ed egli mi rispose: «La tua città [Firenze], che è così gravata dall'odio, che ha ormai superato ogni limite (*il sacco*), mi ospitò nella mia vita terrena. Voi concittadini mi soprannominaste Ciacco; e per la colpa della gola, come vedi tu stesso, mi logoro alla [sotto questa] pioggia. E io, anima peccatrice, non sono l'unica [all'inferno], perché queste [anime] sono sottoposte alla stessa pena per un peccato identico [al mio]». E non aggiunse (*fé*=fece) più parola.

---

28. agogna: smania di bramosia. Il verbo fa rima siciliana, assieme a pugna (v. 26) e a pugna (v. 30): due parole a loro volta allacciate da "rima equivoca").
31. quelle facce lorde: i tre musi imbrattati di Cerbero.
34. adona: prostra, fiacca, dal provenzale *adonar* (in francese antico: *adonner*, "sottomettere").
36. lor vanità che par persona: il verso indica la consistenza (labile però e ambigua) delle anime dei morti; persona significa infatti "corpo" (come al v. 101 del canto V: la *bella persona* di Francesca). Dante immagina che le anime del suo oltretomba abbiano un corpo spirituale, simile a quello che aveva Cristo dopo la risurrezione: un

corpo capace di digerire il pesce, ma anche capace di oltrepassare una porta senza aprirla.
46. Ma dimmi: questa formula indica sempre nella *Commedia* un'affettuosa impazienza di curiosità.
50. invidia… che già trabocca il sacco: infatti ben presto a Firenze scoppieranno i disordini tra Bianchi (della fazione dei Cerchi) e Neri (della fazione dei Donati). Ciò avverrà nel maggio 1300, meno di un mese dopo la data del viaggio dantesco. L'accenno di Ciacco all'invidia dei fiorentini (invidia nel senso di malanimo, ostilità reciproca) prepara il tema etico-politico dei versi successivi.
51. in la vita serena: per un'anima dan-

nata, è sempre serena la vita terrena.
52. Ciacco: della persona e del suo nome non sappiamo nulla. Non può essere diminutivo di *Iacobus*, come qualcuno aveva supposto, né può significare "porco", significato mai attestato nei testi fiorentini dell'epoca. Fragilissima è la tesi di chi lo identifica con un certo Ciacco dell'Anguillaia. In compenso il Ciacco di Dante coincide senz'altro con l'analogo personaggio che compare nel *Decameròn* (IX, 8) e che Boccaccio definisce così: «uomo [...] dato tutto al vizio della gola», tanto che, «se chiamato era a mangiare, v'andava, e similmente se invitato non era». Per il resto, Boccaccio lo dice «costumato uomo, ed eloquente e affabile e di buon sentimento».

Inferno

E io anima trista non son sola,
ché tutte queste a simil pena stanno
57   per simil colpa». E più non fé parola.

Io li rispuosi: «Ciacco, il tuo affanno
mi pesa sì, ch'a lagrimar mi 'nvita;
60   ma dimmi, se tu sai, a che verranno

li cittadin de la città partita;
s'alcun v'è giusto; e dimmi la cagione
63   per che l'ha tanta discordia assalita».

E quelli a me: «Dopo lunga tencione
verranno al sangue, e la parte selvaggia
66   caccerà l'altra con molta offensione.

Poi appresso convien che questa caggia
infra tre soli, e che l'altra sormonti
69   con la forza di tal che testé piaggia.

Alte terrà lungo tempo le fronti,
tenendo l'altra sotto gravi pesi,
72   come che di ciò pianga o che n'aonti.

Giusti son due, e non vi sono intesi;
superbia, invidia e avarizia sono
75   le tre faville c'hanno i cuori accesi».

Qui puose fine al lagrimabil suono.
E io a lui: «Ancor vo' che mi 'nsegni
78   e che di più parlar mi facci dono.

Ciacco profetizza i futuri mali di Firenze

58-63. Gli risposi: «Ciacco, la tua sofferenza mi addolora tanto, da spingermi a piangere; ma dimmi, se lo sai, a quale esito (*a che*) perverranno i cittadini della città [così] divisa [in fazioni] [Firenze]; se [in Firenze] vi sia qualche cittadino giusto, e rivelami la causa per la quale [Firenze] è stata aggredita dalla discordia [civile].» **64-72.** E Ciacco mi rispose: «Dopo un lungo contrasto (*tencione*) essi giungeranno allo scontro sanguinoso, la fazione del contado (*selvaggia*=i Cerchi, cioè i Guelfi Bianchi) scaccerà [dalla città] [in esilio] l'altra [fazione], con molta violenza (*offensione*). Poco dopo sarà destino (*convien*) che questa fazione [dei Bianchi] soccomba [*caggia*] nel giro di tre anni, e che l'altra fazione prevalga (*sormonti*), con l'aiuto di colui (*tal*) che adesso (*testé*) si mostra neutrale (*piaggia*). [La fazione dei Neri] prevarrà per lungo tempo, tenendo gravemente soggiogato l'altra [fazione], benché (*come che*) [questa di ciò si lamenti o se ne sdegni (*n'aonti*).» **73-75.** [A Firenze] vi sono solo due cittadini giusti, e non sono ascoltati in città (*vi*); sono la superbia, l'invidia e la cupidigia le tre scintille (*faville*) che hanno infiammato i cuori [scatenandoli alla guerra civile].»

La sorte di alcuni grandi fiorentini del passato

76-84. Qui [Ciacco] pose fine al suo doloroso discorso. E io gli dissi: «Desidero (*vo'*) che [tu] mi erudisca e che mi faccia il dono di ulteriori informazioni (*di più parlar*).

---

64. lunga tencione: è l'interminabile vertenza che divise in due opposte fazioni i Guelfi di Firenze dopo il 1280, anno in cui la ricca famiglia dei Cerchi, da poco immigrata in città (proveniva dal contado: perciò Ciacco la chiamerà al v. 65 la *parte selvaggia*), s'insediò nel quartiere di Porta San Piero, a ridosso delle case dei Donati. Questi erano nobili di vecchia data, meno ricchi ma bene inseriti negli affari e nella politica. Intorno alle due famiglie si raccolsero le due fazioni dei Bianchi e dei Neri, che verso il 1300 si contendevano litigiosamente l'egemonia economica e il governo del Comune. I Donati o Guelfi Neri avevano sposato in pieno la politica papale, mentre i Cerchi, o Guelfi Bianchi erano più gelosi dell'autonomia del Comune e perciò veni-

vano chiamati "Ghibellini" dagli avversari.
66. con molta offensione: cioè, corredando il provvedimento (bando del giugno 1301) con una serie di misure persecutorie.
68. infra tre soli: è una profezia *post-eventum*, dal carattere retroattivo. Il viaggio di Dante nell'oltretomba si svolge nella primavera del 1300; i Neri trionferanno a Firenze il 1° novembre 1301, allorché Carlo di Valois invaderà la città con le sue truppe, scacciandone i Bianchi. Nel 1302 Dante sarà condannato all'esilio.
69. con la forza di tal che testé piaggia: grazie alla prepotenza di uno che (al momento della profezia: primavera del 1300) ancora si barcamena. Questo è il primo riferimento della *Commedia* a Bonifacio VIII, il grande nemico personale di Dante.

73. Giusti son due, e non vi sono intesi: Ciacco risponde così, in modo molto enigmatico, al secondo quesito di Dante (*s'alcun v'è giusto*, v. 62). Impossibile dire chi siano questi due galantuomini; qualcuno pensa a Dante stesso e a Guido Cavalcanti, ma le ipotesi non sono verificabili.
74. superbia, invidia e avarizia: Ciacco risponde alla terza domanda (*dimmi la cagione / per che l'ha tanta discordia assalita*, vv. 62-63); sono arroganza, rancore e avidità le tre scintille che hanno innescato la rissosità dei fiorentini.
76. lagrimabil suono: le parole di Ciacco suonano lacrimevoli soprattutto per il pianto che promettono a chi le sta ascoltando, cioè Dante, presto condannato all'esilio (esito a cui però qui non si fa cenno).

Canto VI

	Farinata e 'l Tegghiaio, che fuor sì degni,
	Iacopo Rusticucci, Arrigo e 'l Mosca
81	e li altri ch'a ben far puoser li 'ngegni,
	dimmi ove sono e fa ch'io li conosca;
	ché gran disio mi stringe di savere
84	se 'l ciel li addolcia o lo 'nferno li attosca».
	E quelli: «Ei son tra l'anime più nere;
	diverse colpe giù li grava al fondo:
87	se tanto scendi, là i potrai vedere.
	Ma quando tu sarai nel dolce mondo,
	priegoti ch'a la mente altrui mi rechi:
90	più non ti dico e più non ti rispondo».
	Li diritti occhi torse allora in biechi;
	guardommi un poco e poi chinò la testa:
93	cadde con essa a par de li altri ciechi.
	[...]

Dimmi dove sono Farinata, il Tegghiaio, uomini che furono così degni, [e dimmi dove sono] Iacopo Rusticucci, Arrigo e il Mosca, e gli altri [fiorentini] che si dedicarono (*puoser li 'ngegni*) al bene [della città], e fa' in modo che io conosca la loro sorte; perché provo grande desiderio di sapere se il cielo [il paradiso] dia loro dolcezza (*li addolcia*) oppure se l'inferno li avveleni (*attosca*) [con le sue pene]». **85-90.** Ed egli [mi rispose così]: «Essi (*Ei*) si trovano tra le anime più nere [più dannate]; colpe diverse li sprofondano giù nel fondo [dell'inferno]; se scendi così in basso (*tanto*), le potrai vedere laggiù. Ma ti prego (*priegoti*) che, quando tu sarai [tornato] nel dolce mondo [dei vivi], tu abbia a ricordare me alla mente degli altri; non ti dico altro (*più*) e non ti rispondo altro». **91-93.** Storse allora gli occhi che teneva rivolti [a me]; mi guardò un momento e poi chinò la fronte: sprofondò [nel fango] con la testa, al pari degli altri dannati (*ciechi*).

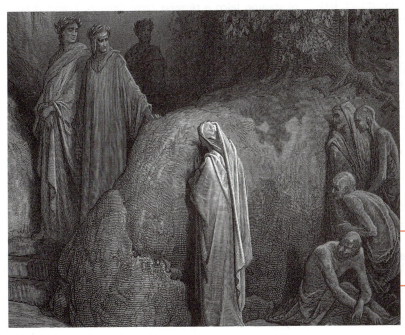

«Voi cittadini mi chiamaste Ciacco: per la dannosa colpa de la gola, come tu vedi, a la pioggia mi fiacco.»

▪ *Gustave Doré,* Dante e Virgilio nel girone dei golosi *(1857).*

79. Farinata: è il celebre capoparte ghibellino Farinata degli Uberti, protagonista del canto X; Tegghiaio è Tegghiaio Aldobrandi degli Adimari, nobile della consorteria dei Donati che Dante incontrerà nel canto XVI, tra i sodomiti, sotto un diluvio di fuoco, insieme a Iacopo Rusticucci, pure Guelfo Nero. Mosca è il noto Mosca dei Lamberti, podestà di Reggio nel 1242; è punito ancora più in basso, con le mani amputate, tra i seminatori di discordie. Arrigo è l'unico assente dai successivi canti infernali.
81. ben far: Dante ammira questi personaggi benemeriti, per il loro impegno politico e civile a favore della città; ciò non impedisce il biasimo morale e religioso per i loro peccati, come vedremo anche nel canto di Farinata (▶ p. 68).
89. priegoti ch'a la mente altrui mi rechi: molte anime dell'oltretomba dantesco manifesteranno questa medesima preghiera a Dante, di rinverdire la loro memoria nel mondo dei vivi.
90. più non ti dico e più non ti rispondo: forse questa asciuttezza caratterizzava davvero il personaggio conosciuto da Dante; di certo era un tratto che al poeta non dispiaceva.
91-93. Li diritti occhi torse in biechi... e poi chinò la testa: Ciacco prima torce gli occhi, poi fissa Dante con uno sguardo imbambolato, quindi china la testa e infine cade a capo in giù. Gesto dopo gesto, si spegne in lui ogni barlume di umanità; e alla fine egli ritorna all'ebetudine bestiale di chi è immerso nel fango del peccato.

Le chiavi del canto

■ NEL CERCHIO DEI GOLOSI

Il canto VI si apre ricollegandosi al precedente. Dante però omette di spiegare come sia disceso, con Virgilio, dal secondo al terzo cerchio: un'abile mossa per tenere desta l'attenzione del lettore, che si ritrova all'improvviso, al pari di Dante personaggio, in un **nuovo scenario** di pena e di dannati.

Il visitatore dell'oltretomba tende i suoi sensi e percepisce:

- prima una serie di **sensazioni visive**: pioggia, grandine, neve;
- poi una **sensazione olfattiva** (*pute la terra*, v. 12);
- più avanti (v. 19: *Urlar li fa la pioggia come cani*; e poi al v. 33: *esser vorrebber sorde*) le **sensazioni acustiche**;
- ultima verrà una sensazione per così dire **psicologica**, ovvero la compassione del poeta per il dolore dei miseri profani (v. 21).

■ DISGUSTO E REPULSIONE

Il peccato punito nel terzo cerchio è l'insaziabile **vizio della gola**. Per esso Dante utilizza un linguaggio tipicamente "basso", infarcito di parole popolari (*piova*, *latra*, *spanne*, *lorde*, *vermo* ecc.), assieme a incontri di suoni aspri e gutturali (*graffia li spirti ed iscoia ed isquatra*, v. 18). Disgusto e repulsione connotano il peccato di gola, non uno dei più gravi dell'*Inferno*, ma uno dei più animaleschi, perché capace di ridurre l'umanità a semplice sacca sensoriale. Chi non sa sollevarsi dalla sfera di ciò che è puramente materiale, nega la dimensione spirituale e intellettuale che è propria dell'umanità: **nega Dio**, in sostanza, e si condanna al suo eterno inferno di fango e di puzza.

■ CERBERO, IL GRAN VERMO

Una figura-chiave del canto è il cane Cerbero. Era già presente nella mitologia classica come un temibile cane a tre teste; i poeti antichi lo dipingono con alcuni particolari (aveva serpenti intorno al collo e una coda di serpente; emetteva bava velenosa) che qui Dante preferisce omettere. In compenso il poeta della *Commedia* sottolinea la figura enorme di Cerbero (*'l ventre largo*, v. 17) e alcuni tratti umanoidi (barba, mani, bocche) che rendono davvero diversa, ibrida e repellente allo stesso tempo, la sua figura. Del resto la cultura medievale amava pensare all'inferno come a un **luogo di mostri**, nei quali si mescolano più nature: ebbene, anche il Cerbero di Dante è una figura grottesca, più che terrificante.

Bisogna aggiungere che, lungo il Medioevo, nella figura di Cerbero erano venuti a sommarsi due significati:

- Cerbero era anzitutto il **simbolo dell'ingordigia**, della voracità, e perciò si prestava magnificamente a custodire il cerchio dei golosi;
- inoltre, spesso simboleggiava anche gli **odi** e le **discordie civili** tra i concittadini.

Proprio quest'ultimo sarà il tema con il maggiore risalto nel seguito del canto. Forse Dante pensava all'analogia tra la brama della gola e gli egoismi civili che dividono i rissosi cittadini di Firenze: l'una e gli altri nascono da uno spasmodico desiderio di godimento terreno, da un'ingordigia insaziabile, che non può che condurre alla rovina chi se ne rende schiavo.

■ UN PERSONAGGIO A TUTTO TONDO: CIACCO

L'episodio centrale del canto si concentra intorno a Ciacco e al tema politico che a lui si lega. Per quale motivo un peccatore di gola tiene il ruolo di accusatore dell'invidia cittadina? In realtà per Dante non c'era nulla di strano. Ciacco, per noi personaggio misterioso, godeva di buona fama a Firenze, al di là della sua ghiottoneria, ed era perciò pienamente credibile nel suo ruolo. Lo si poteva ben paragonare a quegli illustri fiorentini del Duecento, come Farinata, il Tegghiaio (vv. 79-80) ecc., i quali *a ben far puoser li 'ngegni*: la **condanna morale e religiosa** da parte di Dante può saldarsi con un'**ammirazione di stampo laico e terreno**, come mostrerà il canto di Farinata (▶ p. 68). La *Commedia* – come tutti i capolavori della letteratura – è un'opera complessa e problematica, mai a senso unico.

Ciacco è connotato da particolari vivi e concreti: è, con Francesca, il primo vero "personaggio" dell'*Inferno*, e ancor più di Francesca, tutta risolta in parole. Ciacco infatti agisce: si alza *ratto* (v. 38), si guarda intorno, riconosce Dante, gli chiede di ricordarlo nel mondo dei vivi; poi, alla fine dell'episodio, abbasserà la testa, rituffandosi nell'animalità della sua condizione. È insomma un personaggio letterario a tutto tondo.

■ IL TEMA POLITICO

Fin dal canto VI dell'*Inferno* Dante mette a fuoco uno dei motivi di fondo del poema: il tema politico, e, più in particolare, le **discordie intestine a Firenze**, causa prossima del suo esilio. Questo esito personale per adesso viene taciuto; la profezia di Ciacco rivela solo quello generale, ovvero il trionfo, con le armi e con l'inganno, dei Guelfi Neri, con le sofferenze e i lutti che seguiranno. Del resto, poco prima, i Guelfi Bianchi non avevano tenuto un comportamento migliore; nel momento della loro (temporanea) vittoria, avevano essi pure cacciato i Neri *con molta offensione*. Le colpe sono reciproche, così come le responsabilità: Dante si trova nell'oltretomba e dunque può – adottando l'ottica dell'aldilà (l'ottica "assoluta" di Dio) – fornire un giudizio più obiettivo e vero sull'insieme dei problemi.

All'inizio e alla fine del suo intervento Ciacco dichiara la causa di questa situazione:

- i vv. 49-50 (*La tua città, ch'è piena / d'invidia sì che già trabocca il sacco...*) mettono l'accento sull'**invidia**;

Inferno

62

- al verso 74 la diagnosi si allarga: *superbia, invidia e avarizia sono / le tre faville c'hanno i cuori accesi.*

Non è dunque un male passeggero a dilaniare la vita civile fiorentina: l'espressione «superbia, invidia e avarizia» indica che esiste un **male morale** più profondo e preoccupante, contro il quale bisogna lottare con armi non semplicemente politiche.

■ TRE CANTI SESTI

Il tema politico ritorna in molti luoghi e personaggi della *Commedia*, ma ha un suo rilievo esclusivo nei tre canti sesti dell'opera: era una delle simmetrie a cui Dante teneva maggiormente. Il tema politico viene declinato di volta in volta in forma più ampia e complessa:

- nel canto VI dell'*Inferno*, l'argomento sono le **discordie interne a Firenze**;
- nel canto VI del *Purgatorio*, l'argomento sono le **discordie interne all'Italia**;
- nel canto VI del *Paradiso*, l'argomento sono le **discordie interne all'Impero**.

La progressione Firenze / Italia / Impero ci mostra l'allargarsi delle prospettive; però:

- unico rimane il tema di fondo, le **discordie interne**;
- unica l'origine di esse, l'**egoismo**, che il canto I aveva raffigurato nella lupa, madre di tutte le cupidigie;
- e unico resta il rimedio, ovvero l'**iniziativa di Dio**.

Infatti, impietosito dei mali che affliggono l'umanità, Dio sta per agire inviando un veltro nel mondo.

Di questo veltro Dante Alighieri è l'ambasciatore e la *Commedia* è la profezia che gli spianerà la strada: il canto VI ci immette dunque in una delle sorgenti più profonde del poema.

Lavoriamo sul testo

I CONTENUTI

1. Quale è la pena a cui sono condannati i golosi? Spiega il contrappasso.

2. Cerbero vorrebbe ostacolare il cammino di Dante. La sua opposizione viene vinta:
   - ❏ con le opportune spiegazioni di Virgilio
   - ❏ proseguendo il cammino senza ascoltarlo
   - ❏ con una focaccia
   - ❏ lanciandogli come boccone una manciata di fango

3. Che cosa c'è in comune tra i dannati del terzo cerchio e il loro custode?

4. Dante non riconosce Ciacco perché:
   - ❏ il suo volto è trasfigurato dal dolore e dalla pena
   - ❏ all'inizio, si gira dall'altra parte per non farsi vedere
   - ❏ in vita non si erano mai conosciuti
   - ❏ Dante è ancora impaurito dall'incontro con Cerbero

5. Che cosa sappiamo del personaggio di Ciacco? E cosa possiamo intuire di lui? Rispondi a questa domanda citando opportunamente versi ed espressioni dal testo.

6. Dante rivolge a Ciacco due serie di domande: individuale nel corso del canto.

7. A queste due serie di domande, Ciacco risponde con due serie di risposte: individuale nel testo.

8. A un certo punto Ciacco cita *tre faville*: quali sono? E perché sono citate?

9. In che modo Ciacco si congeda da Dante? Di che cosa è segno questa conclusione?

10. Ciacco esprime a Dante una profezia *post eventum*: che cosa significa questa espressione? Riassumi con le tue parole questa profezia in max 10 righe.

11. Quali altri personaggi fiorentini agiscono o sono nominati nel corso del canto? Ritrovali nel testo.

12. Il v. 69 allude a un personaggio cruciale nella situazione politica di allora: di chi si tratta? Quale peso ebbe nella vita di Dante?

13. Il canto VI dell'*Inferno* è il primo, grande canto politico della *Divina Commedia*. Riassumi in max 20 righe il rapporto che lo lega agli altri canti sesti del poema.

LE FORME

14. *Ciacco, il tuo affanno / mi pesa sì, ch'a lagrimar m'invita; / ma dimmi*: cerca nel canto V un inizio espresso quasi con le stesse parole. Come ti spieghi simili analogie?

15. Con l'aiuto delle note, chiarisci:
    - quale fonte classica sta alla sorgente dell'episodio di Cerbero
    - in che cosa si differenzia il trattamento di Dante

16. Il v. 36 allude a un'importante caratteristica dell'oltretomba dantesco. Spiegala con le tue parole.

17. Quale particolarità formale caratterizza il v. 18? E quale relazione essa ha con il contesto?

18. Il testo si caratterizza per alcune rime aspre: rintracciane almeno tre. Spiegane inoltre brevemente la funzione.

19. Individua nel testo almeno due metafore.

20. Spiega con le tue parole (diverse da quelle fornite in parafrasi) le seguenti espressioni:
    - *la pietà d'i due cognati*
    - *pute la terra che questo riceve*
    - *città partita*
    - *infra tre soli*
    - *parte selvaggia*

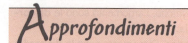

Nicolò Mineo
Firenze e i fiorentini nella *Commedia*

L'esempio di Firenze Un numero assai cospicuo di figure del poema è di persone del tempo di Dante (del Duecento e del Trecento). Di queste circa 180 sono italiane e 90 straniere. Al mondo antico e mitologico appartengono oltre 250 figure. Circa 80 figure provengono dal mondo biblico. Delle figure di contemporanei 60 sono di toscani in generale e 38 di fiorentini (32 in inferno, 4 in purgatorio, 2 in paradiso). Un esempio particolare ma di una significatività universale, che viene con grande frequenza offerto alla riflessione del visitatore, è quello costituito dalla storia economica, sociale e politica di Firenze.

Il destino della città è forse tutto racchiuso e significato nella duplicità di composizione della sua cittadinanza. Fondata dai romani, fu costituita di romani e fiesolani, «semente santa» i primi, «ingrato popolo maligno» i secondi. La città nasceva, per la presenza dei fiesolani, come «nido di malizia tanta» (*Inf.*, XV, 61 sgg.) – e come per un incombente fato maligno sarebbe stata funestata; e quasi distrutta dal perpetuo stato di guerra (*Inf.*, XIII, 143-150).

La città felice di un tempo Ci fu un tempo però, in cui la città poté godere una condizione di pace e di armoniosa convivenza, il tempo tra l'XI e XII secolo rievocato dal trisavolo di Dante nel cielo di Marte. Firenze allora contava da seimila a dodicimila abitanti (*Par.*, XVI, 46-48) e l'abitato era compreso entro la «antica» cerchia di mura. La vita che vi si svolgeva era ispirata a «sobrietà» e «pudicizia». Era un «riposato [...] bello / viver di cittadini» (*Par.*, XV, 97 sgg.), specchio – si può intuire, dell'ordine e della pace generali della cristianità, guidata dai «due soli». I suoi cittadini potevano nobilitarsi nel servizio dell'imperatore e nelle sante crociate della fede e realizzare così i due fini, morale e religioso, della vita dell'uomo (*Par.*, XV, 139 sgg.). Ultima, ma fondamentale, caratteristica: la cittadinanza «pura vediesi ne l'ultimo artista», era cioè composta in tutti i ceti solo di famiglie cittadine e fiorentine (*Par.*, XVI, 49 sgg.).

Le origini del male Il «mal della cittade» ha avuto inizio e causa nella «confusione delle persone», cioè nella mescolanza verificatasi nella città di genti di diversa origine e provenienza. Sono affluite a Firenze dal contado persone di ogni ceto plebeo e patrizio: dalla valle del Bisenzio, dalla Valdelsa, dal Valdarno, dalla Val di Pesa, dalla Val di Piave, dalla Val di Greve. Particolarmente nefasta fu la venuta dei Buondelmonti, Velluti, Cerchi. Causa di tale affluenza, volontaria o imposta, fu l'espansione della città ai danni della campagna o del feudo, espansione a sua volta causata dal comportamento della Chiesa, matrigna e non madre, nei confronti dell'Impero (*Par.*, XVI, 49 sgg.). Gli effetti si susseguiranno in fatale successione. Prima la scissione nei partiti guelfo e ghibellino per l'offesa di Buondelmonte alla famiglia Amidei, nel 1215. Ne seguiranno le sconfitte militari e i rivolgimenti interni, e sarà la vittoria delle forze maligne incombenti su Firenze (*Par.*, XVI, 133 sgg.). Sino alla metà del Duecento tuttavia si leveranno figure di reggitori zelanti del «ben fare», come Farinata degli Uberti, Tegghiaio Aldobrandi, Iacopo Rusticucci, Arrigo Fifanti, Mosca dei Lamberti. E pur questi non saranno uomini integralmente degni sul piano morale (*Inf.*, VI, 79 sgg.). «La gente nuova e i sùbiti guadagni» creeranno un pericoloso stato d'animo nei cittadini, fatto di «orgoglio e dismisura» (*Inf.*, XVI, 37-75). L'inurbamento contribuirà a dar forza alla borghesia delle Arti (giudici e notai, calimala, cambio).

Le conseguenze nefaste Sulla città presto domineranno «superbia, invidia e avarizia» e scaveranno nuovi solchi tra i cittadini, finché si giungerà allo scontro cruento e una delle parti sarà costretta ad un lungo esilio. Si giungerà a tal punto che i cittadini «giusti» saranno solo «due» e non saranno ascoltati (*Inf.*, VI, 66 sgg.). Anzi sia l'una che l'altra parte perseguiterà i pochi discendenti degli antichi romani, tra i quali è lo stesso Dante (*Inf.*, XV, 70-78).

Contro Dante, precisamente, si trama già al tempo del suo viaggio oltremondano nella Curia pontificia. Il suo destino è appunto subire l'ingiustizia delle accuse e l'amarezza dell'esilio (*Par.*, XVII, 46 e ss.; *Inf.*, X, 79-81). Nel generale disordine, la condotta dell'istituto particolare coincide con quella dell'istituto universale. Così pure sono accomunati dal destino di una grave prossima punizione (*Inf.*, XXVI, 7-12; *Purg.*, XXIII, 97-111; *Par.*, XVII, 97-99).

Firenze ha superato Roma nella via ascensionale e così la supererà nella gravità del precipitare (*Par.*, XV, 109-111).

Insegnamento e profezia Come si è potuto notare dalle citazioni, i vari elementi dei sistemi di apprendimento, vengono offerti a Dante in momenti e luoghi diversi. È un principio di strutturazione poetica, che obbedisce al criterio della funzionalità, per cui i diversi insegnamenti sono legati alle situazioni particolari. Così anche nella successione dei motivi, il poi chiarisce il prima e tutto si chiarisce solo alla fine, secondo un principio di progressiva illuminazione, che conferisce rilievo e senso ad ogni minimo particolare.

Nicolò Mineo, *Il Duecento dalle origini a Dante*, in AA.VV., *La letteratura italiana storia e testi*, Laterza, Bari 1970

Canto VII

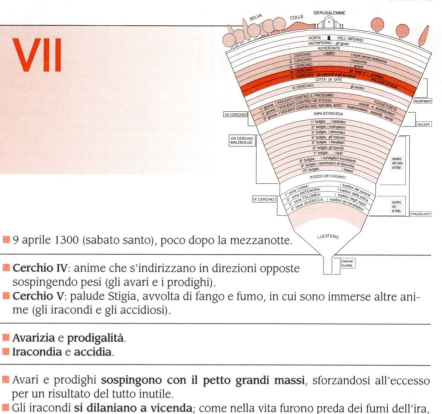

DATA	■ 9 aprile 1300 (sabato santo), poco dopo la mezzanotte.
LUOGO	■ **Cerchio IV**: anime che s'indirizzano in direzioni opposte sospingendo pesi (gli avari e i prodighi). ■ **Cerchio V**: palude Stigia, avvolta di fango e fumo, in cui sono immerse altre anime (gli iracondi e gli accidiosi).
COLPA	■ **Avarizia** e **prodigalità**. ■ **Iracondia** e **accidia**.
PENA / CONTRAPPASSO	■ Avari e prodighi **sospingono con il petto grandi massi**, sforzandosi all'eccesso per un risultato del tutto inutile. ■ Gli iracondi **si dilaniano a vicenda**; come nella vita furono preda dei fumi dell'ira, così adesso sono avvolti dal fumo della palude. ■ Gli accidiosi (coloro a cui rincrebbe fare il bene) sotto la superficie **fanno ribollire l'acqua** con i loro lamenti.
CUSTODI	■ Cerchio IV: **Pluto**, il dio delle ricchezze. ■ Cerchio V: **Flegiàs**, personaggio mitologico (citato nel canto VIII).
PERSONAGGI	■ **Dante** e **Virgilio**. ■ **Anime di avari** (per lo più ecclesiastici) e di **prodighi**, non nominati. ■ **Anime di iracondi** e di **accidiosi**, non nominati.

SEQUENZE

■ **Pluto cerca di opporsi al passaggio di Dante** (vv. 1-15)
Pluto, custode del IV cerchio, mormora rauco parole minacciose e incomprensibili all'indirizzo di Dante. Virgilio lo placa ricordandogli la vendetta dell'arcangelo Michele sugli angeli ribelli.

■ **La pena degli avari e dei prodighi** (vv. 16-66)
Gli avari lungo un semicerchio del IV cerchio, i prodighi lungo un semicerchio opposto, sospingono macigni e si rimproverano reciprocamente le rispettive colpe quando si incontrano, per poi tornare indietro e ricominciare eternamente. Chi sono questi dannati? Virgilio risponde che molti furono chierici, e che non usarono bene la ragione. La loro incapacità, in vita, di riconoscere il bene, li rende adesso irriconoscibili: perciò non se ne può nominare nessuno.

■ **Virgilio spiega a Dante il ruolo della Fortuna** (vv. 67-96)
Virgilio spiega a Dante che i beni terreni sono sottoposti alla Fortuna, ministra di Dio, che predispone le rapide permutazioni della sorte, e il passaggio dei beni da città a città e da famiglia a famiglia.

■ **Passaggio al V cerchio: la palude Stigia** (vv. 97-130)
Lungo un cupo ruscello, i due poeti scendono sulla palude Stigia, che forma il V cerchio: qui, nel fango, sono immersi gli iracondi e gli accidiosi. Compiendo un largo giro intorno alla palude, arrivano ai piedi di una torre.

Inferno

Canto VIII

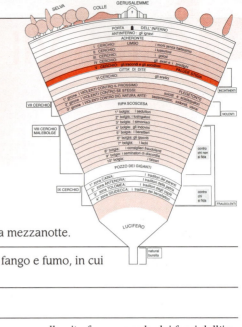

DATA	9 aprile 1300 (sabato santo), dopo la mezzanotte.
LUOGO	**Cerchio V**: palude Stigia, avvolta di fango e fumo, in cui sono immersi iracondi e accidiosi.
COLPA	**Iracondia** e **accidia**.
PENA / CONTRAPPASSO	Gli iracondi **si dilaniano a vicenda**; come nella vita furono preda dei fumi dell'ira, così adesso sono avvolti dal fumo della palude. Gli accidiosi (coloro a cui rincrebbe fare il bene) sotto la superficie **fanno ribollire l'acqua** con i loro lamenti.
CUSTODE	**Flegiàs**, personaggio mitologico: per vendicare l'offesa fatta a sua figlia da Apollo, incendiò a Delfi il tempio a lui dedicato. Il suo nome proviene dal verbo greco *phlégo*, "ardo".
PERSONAGGI	**Dante** e **Virgilio**. **Filippo Argenti**. Altri **iracondi**, non nominati.

SEQUENZE

Dante e Virgilio salgono sulla barca di Flegiàs (vv. 1-30)
Diretti ai piedi della torre, i due poeti scorgono segnalazioni luminose sulla sua cima, cui risponde un segnale lontano. Dante s'incuriosisce; nel frattempo, sulla palude, arriva una barca velocissima. Il marinaio Flegiàs li minaccia, ma Virgilio lo ammansisce. A malincuore Flegiàs imbarca i due poeti sulla barca, fortemente inclinata per il peso di Dante vivo.

Filippo Argenti (vv. 31-63)
Durante la navigazione, un iracondo tutto imbrattato apostrofa Dante, che lo riconosce e lo insulta. Il dannato cerca di rovesciare la barca, ma Virgilio lo respinge e abbraccia Dante, benedicendo la sua giusta ira nei confronti di quel prepotente. L'anima iraconda, nel frattempo, viene assalita dai compagni di pena che lo colpiscono, gridando: «Dàgli, a Filippo Argenti».

Arrivo alla città di Dite e sbarco (vv. 64-81)
La barca si avvicina a riva. Virgilio annuncia che sono giunti alla città di Dite, di cui s'intravedono le mura infuocate. Giunti al fossato, lo circumnavigano; infine Flegiàs ingiunge ai due poeti di sbarcare.

Dante, Virgilio e i diavoli (vv. 82-130)
Un esercito di diavoli presidia la città; accortisi che Dante è vivo, lo minacciano. Virgilio prima rincuora Dante, poi va a parlamentare, lasciando solo il compagno. Torna dalla trattativa a mani vuote: i diavoli chiudono le porte e si barricano dentro le mura. Virgilio se ne duole, ma annuncia a Dante che un Messo del cielo si è già mosso in loro aiuto.

Canto IX

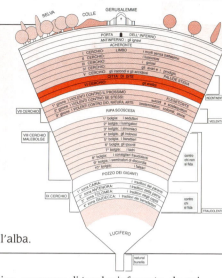

DATA	■ 9 aprile 1300 (sabato santo), prima dell'alba.
LUOGO	■ La **città di Dite**. ■ **Cerchio VI**: una pianura vasta e desertica, cosparsa di tombe infuocate, da cui escono lamenti.
COLPA	■ **Eresia** nelle sue varie forme (ateismo, epicureismo ecc.).
PENA / CONTRAPPASSO	■ Gli eresiarchi (eretici) erano sepolti vivi nei loro errori e ora sono **seppelliti in grandi arche**, **tombe scoperchiate e infuocate**; l'arsura del fuoco è commisurata alla gravità della loro eresia.
CUSTODI	■ I **diavoli** della città di Dite. ■ Le tre **Furie** o Erinni (Megera, Aletto, Tesífone), di *sangue tinte*: raffigurano il rimorso punito negli ultimi tre cerchi dell'inferno. ■ **Medusa**, una delle tre Gorgòni, che impietrisce chiunque la guardi: raffigura l'indifferenza al male compiuto.
PERSONAGGI	■ Dante e Virgilio. ■ Il **Messo celeste**.

SEQUENZE

■ **Turbamento di Virgilio e sgomento di Dante** (vv. 1-33)
Dopo l'esito deludente della trattativa con i diavoli, Virgilio è sdegnato e pare dubitare. Suscita perciò l'ansia di Dante, timoroso che il maestro non conosca bene la via. Dante allora domanda: «È mai accaduto che qualcuno del Limbo sia sceso nel fondo dell'inferno?». Virgilio risponde di essere già sceso un'altra volta, evocato dalla maga tessala Eritone, per richiamare al suo corpo l'anima di un dannato della zona più bassa dell'inferno: dunque conosce bene la topografia del luogo.

■ **Le tre Furie** (vv. 34-60)
Sulla torre sopra le porte di Dite appaiono le tre Furie o Erinni, mostri femminili, cinte di serpenti e imbrattate di sangue. Esse evocano Medusa, il cui sguardo pietrifica chi lo incontra con il proprio. Virgilio copre gli occhi di Dante, e il poeta invita i lettori di sano intelletto a decifrare il senso nascosto dell'allegoria.

■ **Arrivo del Messo celeste e apertura della porta di Dite** (vv. 61-103)
Si ode un turbine: mille anime dannate fuggono qua e là. Quando giunge il Messo celeste, che passa Stige con le piante asciutte, Virgilio libera gli occhi di Dante. Al Messo basta il semplice tocco d'una verghetta per forzare le porte di Dite. Poi rimprovera i diavoli per la loro superbia e se ne va, rapido come era venuto.

■ **Dante e Virgilio entrano in Dite; descrizione del VI cerchio** (vv. 104-133)
Entrati senza altri ostacoli nella città di Dite, i due poeti avanzano in una campagna piena di sepolcri di pietra arroventati e scoperchiati, dove bruciano gli eresiarchi. Il Maestro s'incammina verso destra.

Inferno

Canto X

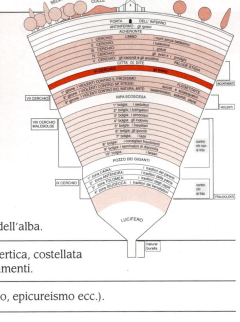

DATA	9 aprile 1300 (sabato santo), prima dell'alba.
LUOGO	**Cerchio VI**: una pianura vasta e desertica, costellata di tombe infuocate, da cui escono lamenti.
COLPA	**Eresia** nelle sue varie forme (ateismo, epicureismo ecc.).
PENA / CONTRAPPASSO	Gli **eresiarchi** (eretici): ▶ canto IX.
CUSTODI	I **diavoli** della città di Dite (ma qui non si mostrano).
PERSONAGGI	**Dante** e **Virgilio**. **Farinata degli Uberti**. **Cavalcante Cavalcanti** e (appena nominato) suo figlio **Guido**. Altri eresiarchi nominati da Farinata: **Federico II** e il cardinale **Ottaviano degli Ubaldini**.

SEQUENZE

Le tombe degli eretici (vv. 1-21)
Dante chiede se sia possibile vedere chi giace nei sepolcri. Virgilio risponde che in essi sono seppelliti gli eretici e coloro *che l'anima col corpo morta fanno*. Il desiderio inespresso di Dante sarà presto esaudito.

Farinata degli Uberti (vv. 22-51)
Il dialogo tra i due poeti è interrotto dalla voce di Farinata, che si erge sprezzante dell'inferno, sporgendo dalla cintola in su da una delle arche. Il vecchio ghibellino s'informa della famiglia di Dante: poiché apprende che è guelfa, ricorda al poeta le due espulsioni dei guelfi da Firenze. «Ma entrambe le volte – risponde Dante – i Guelfi sono rientrati in città, mentre i Ghibellini non hanno ancora appreso l'arte del ritorno».

Cavalcante Cavalcanti e la sorte del figlio Guido (vv. 52-72)
Emerge dalla stessa arca la testa di Cavalcante, che chiede il motivo per cui il figlio Guido non sia con Dante: non gli era certo inferiore quanto a ingegno! «Non vengo per mio esclusivo merito – risponde il poeta – ma Virgilio mi conduce a chi (Beatrice, n.d.r.) fu oggetto del disdegno di Guido». Dante dice «fu»: Cavalcante ne deduce che il figlio sia morto e sprofonda disperato nella sua tomba.

Farinata, Dante e l'esilio (vv. 73-93)
Farinata riprende impassibile il discorso: tormentato dalla sconfitta dei Ghibellini più che dall'inferno, predice a Dante l'esilio. Gli chiede inoltre la ragione dell'odio fiorentino contro di lui e la sua famiglia, anche perché, dopo la battaglia di Montaperti, fu lui a impedire la distruzione di Firenze auspicata da altri Ghibellini.

I dannati conoscono il futuro? (vv. 94-120)
Apprendendo da Farinata che i dannati, che vedono il futuro, ignorano il presente, Dante raccomanda di avvertire Cavalcante che il figlio è ancora vivo.

Turbamento di Dante e commento di Virgilio (vv. 121-136)
Dante procede turbato per la predizione appena udita del suo esilio. Virgilio gli dice che le parole di Farinata gli saranno chiarite da Beatrice in Paradiso. I due arrivano a un vallone nauseabondo.

Ora sen va per un secreto calle,
tra 'l muro de la terra e li martìri,
3 lo mio maestro, e io dopo le spalle.

«O virtù somma, che per li empi giri
mi volvi», cominciai, «com' a te piace,
6 parlami, e sodisfammi a' miei disiri.

La gente che per li sepolcri giace
potrebbesi veder? già son levati
9 tutt' i coperchi, e nessun guardia face».

E quelli a me: «Tutti saran serrati
quando di Iosafàt qui torneranno
12 coi corpi che là sù hanno lasciati.

Suo cimitero da questa parte hanno
con Epicuro tutti suoi seguaci,
15 che l'anima col corpo morta fanno.

Però a la dimanda che mi faci
quinc' entro satisfatto sarà tosto,
18 e al disio ancor che tu mi taci».

E io: «Buon duca, non tegno riposto
a te mio cuor se non per dicer poco,
21 e tu m'hai non pur mo a ciò disposto».

«O Tosco che per la città del foco
vivo ten vai così parlando onesto,
24 piacciati di restare in questo loco.

Le tombe degli eretici

1-3. Ora il mio maestro [Virgilio] cammina (*sen va*) per un sentiero stretto, tra le mura della città (*terra*: la città di Dite) e i luoghi di pena [i sepolcri], e io lo seguo. **4-9.** Cominciai [a dire]: «O tu, [Virgilio=ragione], maestro di suprema virtù, che mi conduci attraverso i cerchi infernali (*empi giri*), secondo la tua volontà, parlami, e soddisfa le mie richieste (*disiri*=desideri). Sarebbe possibile vedere le anime (*la gente*) che giacciono dentro (*per*) le tombe? Infatti (*già*) sono tutti alzati i coperchi, e nessuno fa la guardia». **10-18.** Ed egli a me: «Tutti [i coperchi] saranno richiusi quando [le anime] ritorneranno qui dalla valle di Giosafat con i corpi che ora hanno lasciato lassù [sulla terra]. In questo luogo [cerchio] hanno il loro (*suo*) cimitero, assieme a Epicuro, tutti i seguaci della sua dottrina, i quali ritengono (*fanno*) che l'anima muoia assieme al corpo. Per tale motivo (*Però*) sarai presto (*tosto*) soddisfatto relativamente alla domanda che mi rivolgi (*mi faci*) e anche [sarà soddisfatto] l'altro tuo desiderio, che ancora non mi riveli». **19-21.** E io risposi: «O mia guida (*duca*) valorosa, non tengo nascosto a te il mio cuore, se non perché [voglio] parlare il meno possibile, come (*e*) tu mi hai insegnato (*m'hai... a ciò disposto*) non soltanto poco fa (*mo*=ora)».

Farinata degli Uberti

22-27. «O toscano, che ancora vivo te ne vai attraverso l'inferno parlando con tanto decoro, degnati di fermarti qui.

«La gente che per li sepolcri giace
potrebbesi veder? già son levati
tutt' i coperchi, e nessun guardia face.»

Sandro Botticelli, Illustrazione del canto X (1482-90 ca.).

4. O virtù somma: si eleva il tono stilistico, sia per preparare la domanda dei vv. 7-8, sia per inaugurare i temi alti e impegnativi che seguiranno (l'immortalità dell'anima e le lotte politiche di Firenze).
11. Iosafàt: la valle presso Gerusalemme dove, secondo la Bibbia, si celebrerà il Giudizio universale.
14. Epicuro: l'antico filosofo greco (341-270 a.C.) che aveva negato con forza la qualità spirituale dell'anima e quindi la sua immortalità; nel Medioevo si chiamavano epicurei i non credenti.
18. disio... che mi taci: Dante desidera infatti parlare con un eretico in particolare, quello di cui aveva chiesto notizia a Ciacco nel canto VI, inaugurando l'elenco dei fiorentini *che a ben far puoser li 'ngegni*.
22. O Tosco: la voce di Farinata – che ha riconosciuto Dante come fiorentino a causa della pronuncia – crea un forte mutamento di scena.
24. piacciati di restare: l'invito cortese è anch'esso un modo di parlare onesto. Per adesso Farinata cerca di catturare la simpatia dell'interlocutore; poi, come vedremo, passerà a toni anche sprezzanti.

Inferno

La tua loquela ti fa manifesto
di quella nobil patrïa natio,
27   a la qual forse fui troppo molesto».

Subitamente questo suono uscìo
d'una de l'arche; però m'accostai,
30   temendo, un poco più al duca mio.

Ed el mi disse: «Volgiti! Che fai?
Vedi là Farinata che s'è dritto:
33   da la cintola in sù tutto 'l vedrai».

Io avea già il mio viso nel suo fitto;
ed el s'ergea col petto e con la fronte
36   com' avesse l'inferno a gran dispitto.

E l'animose man del duca e pronte
mi pinser tra le sepulture a lui,
39   dicendo: «Le parole tue sien conte».

Com' io al piè de la sua tomba fui,
guardommi un poco, e poi, quasi sdegnoso,
42   mi dimandò: «Chi fuor li maggior tui?».

Io ch'era d'ubidir disideroso,
non gliel celai, ma tutto gliel' apersi;
45   ond' ei levò le ciglia un poco in suso;

poi disse: «Fieramente furo avversi
a me e a miei primi e a mia parte,
48   sì che per due fïate li dispersi».

La tua parlata dimostra che sei nativo di Firenze, la nobile patria alla quale, forse, io fui di danno». **28-30.** Questa voce uscì all'improvviso da una delle tombe; perciò (*però*), con timore, mi accostai un po' di più a Virgilio. **31-33.** Ed egli mi disse: «Voltati! Che fai? Vedi là Farinata che s'è drizzato: lo vedrai interamente dalla cintola in su». **34-36.** Io avevo già fissato il mio sguardo nel suo; ed egli si ergeva con il petto e con la fronte, come se tenesse in gran dispregio l'inferno. **37-39.** Le mani rassicuranti e sollecite della mia guida [Virgilio] mi spinsero a lui attraverso le tombe, mentre mi diceva: «Fa' attenzione a come parli (*Le tue parole sien conte*)». **40-42.** Quando giunsi alla base della sua tomba, mi osservò un po' e poi, quasi con sdegno, mi chiese: «Chi furono i tuoi antenati (*li maggior tui*)?». **43-48.** Io, che desideravo obbedire prontamente, non glielo nascosi, ma lo rivelai apertamente; motivo per cui egli corrugò un poco le ciglia; poi disse: «Furono avversari accaniti miei, dei miei avi e del mio partito (*mia parte*), al punto che per due volte li dispersi».

27. molesto: nel senso che egli ha procurato troppe disgrazie. Molesto (dal latino *molestum*) ha un significato più negativo di quello attuale, simile a "ostile" o "nefasto".
32. Farinata: Manente di Iacopo degli Uberti, detto il Farinata, nato nei primi anni del Duecento, fu per un quarto di secolo (dal 1239, anno a cui risalgono i primi documenti, al 1264, anno della sua morte) capo dei Ghibellini fiorentini. La sua azione fu determinante nella sconfitta dei guelfi del 1248. Dopo tre anni, però, dopo la morte di Federico II, i vinti rientrarono e in città si riaccese la lotta tra le fazioni. Nel 1258 le principali famiglie ghibelline, tra cui gli Uberti, dovettero esulare da Firenze; Farinata organizzò la resistenza da Siena e con l'appoggio di Manfredi, figlio di Federico II, sbaragliò nel 1260, nella piana di Montaperti, l'esercito guelfo fiorentino. Successivamente prese posizione perché Firenze non venisse distrutta, come altri capi ghibellini avrebbero voluto (da qui

l'ammirazione di Dante per lui). Rientrato a Firenze, vi morì appunto nel 1264. Nel 1283 l'inquisitore domenicano fra Salomone da Lucca fece riesumare nella chiesa di S. Reparata le ossa di Farinata e della moglie Adaleta e le seppellì in terreno sconsacrato: Dante probabilmente assistette al macabro episodio e ne conservò il ricordo fino a questa pagina del poema, ambientata nel lugubre cimitero degli epicurei.
34. fitto: letteralmente "ficcato", quindi "fissato intensamente".
36. com'avesse l'inferno a gran dispitto: noi diremmo "come se l'inferno gli facesse schifo". *Dispitto* è francesismo (dal francese antico *despit*) per "disprezzo".
39. conte: misurate e cortesi; viene dal latino *comptus*, "confacente", forse mediato dal francese *cointe*, "grazioso".
41. quasi sdegnoso: sprezzante. *Sdegnóso* e *disideróso* (al v. 43) sono in "rima siciliana" con *suso* (v. 45).
42. Chi fuor li maggior tui?: chi furono i

tuoi antenati? Farinata aveva individuato Dante come fiorentino per la loquela, ma non lo conosceva personalmente (il pellegrino è troppo giovane per lui). La domanda, inquisitoria, presuppone un certo fastidio, da parte del capo ghibellino, nel parlare con uno sconosciuto. E poi c'è qui un riflesso dell'idea, molto aristocratica, secondo cui, se non si hanno antenati nobili, socialmente non si conta nulla.
45. levò le ciglia un poco in suso: si aggrottò appena; la collera (per aver sentito nominare una famiglia della parte avversaria ai ghibellini) si esprime per adesso in lieve disappunto.
47. mia parte: è il partito ghibellino. Farinata estende l'inimicizia della famiglia di Dante a tutto il suo partito, con maggior efficacia che se l'avesse riservata solo a sé.
48. due fïate: per "due volte", nel 1248 e nel 1260, i Ghibellini avevano sconfitto i Guelfi.

70

Canto X

«S'ei fur cacciati, ei tornar d'ogne parte»,
rispuos' io lui, «l'una e l'altra fiata;
51 ma i vostri non appreser ben quell'arte».

Allor surse a la vista scoperchiata
un'ombra, lungo questa, infino al mento:
54 credo che s'era in ginocchie levata.

Dintorno mi guardò, come talento
avesse di veder s'altri era meco;
57 e poi che 'l sospecciar fu tutto spento,

piangendo disse: «Se per questo cieco
carcere vai per altezza d'ingegno,
60 mio figlio ov' è? e perché non è teco?».

E io a lui: «Da me stesso non vegno:
colui ch'attende là, per qui mi mena
63 forse cui Guido vostro ebbe a disdegno».

Le sue parole e 'l modo de la pena
m'avean di costui già letto il nome;
66 però fu la risposta così piena.

49-51. «Se furono cacciati – gli risposi – essi però tornarono da ogni luogo [d'esilio] la prima e la seconda volta; invece i vostri [gli Uberti] non appresero altrettanto bene quell'arte [di tornare]».

Cavalcante Cavalcanti e la sorte del figlio Guido

52-54. In quel momento si eresse (*surse*) dall'apertura scoperchiata della tomba un'anima, al fianco di quest'anima [cioè: di Farinata], [visibile] fino al mento; credo che si fosse rizzata in ginocchio. 55-60. Guardò intorno a me, come se avesse desiderio di vedere se c'era qualcun altro con me; e dopo che il dubbio si estinse [cioè: dopo che tutte le sue speranze vennero meno], piangendo disse: «Se vai attraverso l'inferno grazie alla tua intelligenza, dov'è mio figlio? Perché non è con te?». 61-63. E io: «Non per mio merito sono qui; è colui che mi attende là [Virgilio] a condurmi fino a colei [Beatrice] a cui il vostro Guido, penso (*forse*), si rifiutò (*ebbe a disdegno*) [di essere condotto]». 64-66. Le parole di quell'anima e il tipo della pena [l'essere tra gli epicurei], mi avevano già fatto intendere il suo nome; perciò la mia risposta era stata così esplicita.

---

49. S'ei fur... quell'arte: risentito, Dante pellegrino distingue nettamente fra dispersi e cacciati: sono stati cacciati (i miei avi guelfi), ammette il poeta, ma non dispersi al punto che entrambe le volte (nel 1251 e nel 1267) non facessero ritorno a Firenze. Rincarando la dose aggiunge: i vostri antenati, invece, non l'hanno imparata bene quest'arte di ritornare. I vostri sono gli Uberti; infatti altre famiglie ghibelline poterono rientrare alla spicciolata, mentre gli Uberti rimasero sempre esclusi da ogni amnistia. Per quanto irritato, Dante continua a dare del «voi» a Farinata, mescolando deferenza e dimestichezza, la stessa che userà in Paradiso al trisavolo Cacciaguida e a Beatrice.
52. Allor: nuovo, efficacissimo mutamento di scena. *Vista* nell'italiano antico significa "apertura", "finestra" (talora anche "stella").
54. in ginocchie: l'atteggiamento di Cavalcante è più umile e doloroso rispetto a Farinata.
57. e poi... tutto spento: quando la supposizione svanì del tutto. *Sospecciar* viene dal latino *suspicio*, "sospettare", come il

provenzale *sospechar*; qui esprime l'idea dello sbirciare, diffidando della propria speranza.
58-60. Se per questo / ... non è teco?: L'anima che parla ginocchioni è quella di Cavalcante dei Cavalcanti, gentiluomo guelfo, proprietario di case in Firenze; dopo il ritorno dei Guelfi nel 1267, per consolidare la pace precaria tra le fazioni, il figlio di Cavalcante, Guido, allora giovanissimo, venne fidanzato con Beatrice, la figlia di Farinata (che però, all'epoca, era già morto). Interpella Dante con familiarità e senza preamboli, avendolo conosciuto da ragazzo, quando Dante era l'amico più caro di suo figlio Guido.
61. Da me stesso non vegno: non sono qui per merito mio, cioè per la mia *altezza d'ingegno*. Dante attribuisce il proprio viaggio all'intervento della Grazia divina.
62-63. colui ch'attende... a disdegno: colui che mi aspetta lì [Virgilio] mi conduce per questi luoghi (*per qui*) da qualcuno, a cui vostro figlio Guido sdegnò [di farsi condurre], cioè: che finì per rifuggire. La meta così indicata è Beatrice, personificazione, qui, della Grazia. Il *forse* è un dubi-

tativo di cortesia, equivalente al nostro "vorrei sbagliare". Guido è Guido Cavalcanti (1255 ca.-agosto 1300), il maggiore poeta lirico del Duecento italiano. Fu il *primo amico* di Dante, come questi lo chiama nella *Vita nuova*; successivamente fra i due intervennero divergenze, forse segnalate dall'esilio che il Consiglio dei Priori, in cui sedeva Dante, intimò nel giugno 1300 a Guido, come "estremista" di parte bianca. Le divergenze probabilmente nacquero per la severa laicità di Cavalcanti, per il suo "aristotelismo radicale" o "epicureismo" che dir si voglia (una celebre novella del *Decameron* – VI, 9 – lo ritrae come ateo). L'amore, per Cavalcanti, era un'esperienza solo terrena, mentre lo stilnovismo di Dante evolveva, nella *Vita nuova*, verso un'idea spirituale dell'amore e della poesia.
64. 'l modo de la pena: il genere della sua pena; l'"epicureismo" di Cavalcanti padre era ben noto.
65. letto: insegnato (la *lectio* era la lezione medievale, che si apriva "leggendo" gli *auctores*); si può intendere "manifestato" a chiare lettere, con valore transitivo.

71

Inferno

Di sùbito drizzató gridò: «Come?
dicesti "elli ebbe"? non viv' elli ancora?
69 non fiere li occhi suoi lo dolce lume?».

Quando s'accorse d'alcuna dimora
ch'io facëa dinanzi a la risposta,
72 supin ricadde e più non parve fora.

Ma quell' altro magnanimo, a cui posta
restato m'era, non mutò aspetto,
75 né mosse collo, né piegò sua costa;

e sé continüando al primo detto,
«S'elli han quell' arte», disse, «male appresa,
78 ciò mi tormenta più che questo letto.

Ma non cinquanta volte fia raccesa
la faccia de la donna che qui regge,
81 che tu saprai quanto quell' arte pesa.

E se tu mai nel dolce mondo regge,
dimmi: perché quel popolo è sì empio
84 incontr' a' miei in ciascuna sua legge?».

Ond' io a lui: «Lo strazio e 'l grande scempio
che fece l'Arbia colorata in rosso,
87 tal orazion fa far nel nostro tempio».

67-69. Levandosi in piedi all'improvviso, gridò: «Come? Hai detto "egli ebbe"? dunque è morto? La dolce luce [del sole] non colpisce (*non fiere*) più i suoi occhi?». **70-72.** Quando si avvide di un certo indugio (*alcuna dimora*) che mi tratteneva dal rispondergli subito, ricadde supino e non riapparve più fuori.

Farinata, Dante e l'esilio

73-78. Ma quell'altro grand'uomo, per la cui richiesta (*a cui posta*) mi ero fermato lì, non aveva cambiato atteggiamento, non aveva mosso il collo né piegato il fianco; e riprendendo il [suo] discorso là dove si era interrotto, disse: «Se essi [gli Uberti] hanno male appreso l'arte [di ritornare dall'esilio], ciò mi tormenta più ancor di questo letto [cioè di questa pena di esser chiuso nell'arca]. **79-84.** Ma prima che la faccia di Proserpina [la dea degli inferi, cioè la luna] si accenda per 50 volte [cioè: non trascorreranno 50 mesi], anche tu conoscerai quanto sia difficile quell'arte di rientrare in patria. Oh, possa tu (*E se tu mai*) ritornare nel dolce mondo! Dimmi: perché quel popolo [di Firenze] è così crudele, in ogni sua legge, contro i miei [gli Uberti]?». **85-87.** Per cui gli risposi: «L'immane carneficina che colorarono di sangue il fiume Arbia, fa prendere tale decisione (*orazion*) nel nostro Comune».

---

67. Come?: il generico interrogativo inaugura tre rapide domande, incalzanti, frutto della disperazione paterna. Cavalcante crede di aver capito che Guido sia morto.
68. ebbe: per il fatto che, parlando di Guido, Dante avesse usato il passato remoto *ebbe* (v. 63), Cavalcante teme che suo figlio sia morto (morirà pochi mesi dopo, appena rientrato dal brevissimo esilio, in seguito alla malaria contratta in Lunigiana).
69. lo dolce lume: la luce del sole; in *nóme / cóme / lume* ritorna il sistema di "rime siciliane". *Fiere* significa "ferisce", "colpisce", riferito alla luce del sole (*il dolce lume*).
70-72. Quando s'accorse... fora: sulla perplessità prodotta dal suo ritardo (*dimora*) nel rispondere, Dante chiederà chiarimenti a Farinata (vv. 95-99: un dannato come Cavalcanti non conosce forse il futuro?), e Farinata glieli fornirà con ampiezza (vv. 100-108: pur conoscendo il futuro, i dannati ignorano il presente). Nel frattempo, però, il povero Cavalcante trova nel ritardo conferma al proprio sospetto, e perciò stramazza all'indietro, nel sepolcro rovente.
73. quell'altro magnanimo: con questo appellativo, Dante sembra rendere omag-

gio alla testardaggine di Farinata, oltre che alla sua figura etico-politica di patriota fiorentino.
74-75. non mutò... sua costa: Farinata non gira la testa, non ruota il busto. È davvero un individuo tutto d'un pezzo, ma è anche dotato di una suprema insensibilità, rispetto al dolore di Cavalcante. Sembra non accorgersi neppure della sofferenza di chi gli giace accanto.
77. quell'arte: l'arte del rimpatrio (v. 51).
78. ciò mi tormenta... letto: il tormento di Farinata insegnerà a Dante come l'impegno politico non solo non basta a guadagnarsi la vita eterna, ma per giunta può procurare una pena aggiuntiva e maggiore rispetto alla stessa dannazione.
79-81. Ma non cinquanta... pesa: il senso è: non saranno trascorsi cinquanta plenilunii (cioè 50 mesi), che anche tu saprai com'è dura, com'è impraticabile l'arte di rimpatriare; la regina di quaggiù è Proserpina, nel mito greco sposa di Plutone e signora degli ínferi. Se aggiungiamo 50 mesi all'aprile 1300, arriviamo al giugno 1304. Così, con l'oscurità delle profezie, Farinata si "vendica" su Dante: profetizza

al giovane interlocutore guelfo un destino assai triste, pari, nel dolore, al suo di esiliato.
82. se: ha, come spesso nella *Commedia*, il valore augurale del latino *sic*; *regge* è congiuntivo (dal latino *rede[as]*, "ritorni"), in rima equivoca con l'indicativo *regge*, "regna" del v. 80.
84. in ciascuna sua legge: tutti gli Uberti – vivi o morti – furono realmente condannati al rogo in contumacia, scrupolosamente esclusi da ogni amnistia, quindici anni dopo il bando d'esilio.
85. Lo strazio e 'l grande scempio: è un'endiadi, ovvero una coppia di sinonimi; intendi: "La terribile strage".
86. L'Arbia: il torrente che scorre sotto le alture di Montaperti; qui si svolse il 4 settembre 1260 la memorabile battaglia che l'arrossò di sangue, segnando la disfatta dei Guelfi di Firenze e il temporaneo trionfo dei Ghibellini.
87. tale orazion... tempio: nel senso di "legittima e provvedimenti del nostro Comune", forse perché a quel tempo i più solenni riti giudiziari si celebravano in chiesa.

Canto X

Poi ch'ebbe sospirando il capo mosso,
«A ciò non fu' io sol», disse, «né certo
90 sanza cagion con li altri sarei mosso.

Ma fu' io solo, là dove sofferto
fu per ciascun di tòrre via Fiorenza,
93 colui che la difesi a viso aperto».
[...]

88-93. Dopo che ebbe scosso il capo con un sospiro, disse: «Non fui l'unico responsabile, e non avrei certo agito così senza un motivo. Ma fui io l'unico, mentre tutti gli altri avrebbero accettato (*sofferto*) di distruggere (*tòrre via*) Firenze, a difenderla apertamente».

88. mosso: cioè "scosso", in rima equivoca con *mosso* del v. 90.
89-90. né certo... sarei mosso: non avremmo certo assunto quell'iniziativa – io e i miei compagni di partito – senza una

buona ragione; il senso è che i fuoriusciti ghibellini non avevano altra possibilità per rientrare a Firenze.
92. Fiorenza: era la forma normale, al tempo di Dante, per Firenze.

93. a viso aperto: la metafora deriva dall'uso – invalso fra i cavalieri più impavidi – di affrontare i tornei a visiera alzata, senza nascondere il viso sotto la celata.

Le chiavi del canto

■ LA STRUTTURA

L'episodio è costruito con un montaggio alternato (A1-B-A2):
- A1) dopo l'introduzione didascalica del canto (la distesa dei sepolcri infernali e la sorte degli epicurei: vv. 1-22), la prima sequenza narra l'incontro e il dialogo tra **Dante** e **Farinata degli Uberti** (vv. 22-51);
- B) il colloquio s'interrompe nel punto di maggiore tensione: subentra ora il dialogo con **Cavalcante**, connotato poeticamente in senso opposto a Farinata (vv. 52-72);
- A2) riprende quindi il dialogo con **Farinata**, nel punto stesso in cui si era interrotto (v. 73 e ss.).

■ FARINATA: MAGNANIMO, GHIBELLINO E SCONFITTO

Protagonista dell'episodio è Farinata, presentato attraverso alcuni momenti successivi, ciascuno dei quali connota la sua figura e l'arricchisce di particolari:
- prima (vv. 21-27) udiamo solo **una voce**, che improvvisamente esce da una delle tombe infuocate, creando l'inatteso mutamento di scena;
- segue (vv. 28-30) una pausa di **silenzio** e di **timore** da parte di Dante;
- quindi (vv. 31-33) le **parole di Virgilio** dipingono la figura erta e solenne di quel magnanimo, che però ancora non vediamo;
- infine (v. 34 e ss.) Dante volge lo sguardo: Farinata appare adesso in tutta la sua **monumentale statura**, che è fisica e morale insieme.

Farinata è diverso da tutti gli altri dannati: si erge quasi fosse una gigantesca statua, *com'avesse l'inferno a gran dispitto* (v. 36), dice Dante. Per di più si eleva col petto e con la fronte, cioè con le parti più nobili del corpo umano

(sede, secondo la scienza medievale, dei pensieri e dei sentimenti).

In seguito, però, verso la conclusione dell'episodio, la figura del fiero ghibellino si umanizza; i suoi atteggiamenti esteriori appaiono meno duri e inflessibili. Il ricordo della carneficina di Montaperti (vv. 85-86: *Lo strazio e 'l grande scempio / che fece l'Arbia colorata in rosso*) suscita una **dolorosa meditazione** sulla violenza della storia. Malinconicamente Farinata scuote la testa, mentre un sospiro (v. 88) esce da quel petto prima sprezzante. Così affievolita l'intransigenza politica di Farinata, si crea una sorta di **dolorosa identità tra lui e Dante** (*che tu saprai quanto quell'arte pesa*, v. 81): entrambi sono esuli, entrambi sono vittime, in modo diverso, della violenza politica.

L'ingresso in scena di Cavalcante serve a **smorzare la tensione** originata dal primo dialogo tra Dante e Farinata. Obbedendo al senso medievale (e dantesco) delle gerarchie, Cavalcante sporge la testa solo fino al mento; ed è da lì, da quella postura, che egli parla, con le tonalità più dimesse dell'elegia, dei sentimenti familiari.

■ IL RUOLO DI DANTE PERSONAGGIO

Protagonista dell'episodio è anche Dante personaggio.
- All'inizio (vv. 22-23) è chiamato in causa da Farinata per la sua **parlata fiorentina**.
- Poi (vv. 40-51) si rende protagonista di un **vivace alterco** con il capo ghibellino: Farinata si vantava di avere per due volte disperso i Guelfi, e Dante, punto nel vivo del suo orgoglio, politico e familiare, reagisce: si lascia andare a un rinfaccio (vv. 49-51: *S'ei fur cacciati, ei tornar d'ogne parte / [...] l'una e l'altra fiata; / ma i vostri non*

73

Inferno

appreser ben quell'arte), genere di moda nell'età comunale. Dante non si limita a vantare l'abilità dei suoi maggiori a rientrare in città dopo l'esilio; provoca l'avversario nel suo punto debole, ovvero l'incapacità degli Uberti a ritornare: Farinata stesso ammetterà (vv. 77-78) che è questo a provocare, nell'aldilà, le sue maggiori sofferenze.

• Più avanti, nel dialogo con Cavalcante (vv. 58-72), propiziato dalla comune amicizia, emerge di scorcio il periodo della **giovinezza fiorentina** di Dante.

• L'ultimo dialogo con Farinata, infine (v. 76 e ss.), evoca le difficoltà del momento; la riflessione sull'**ingiustizia della storia** coinvolge anche i figli del poeta.

■ IL TEMA POLITICO

Il dialogo tra Farinata e Dante porta alla ribalta il tema della **lotta tra le fazioni comunali**; una lotta senza esclusione di colpi, con le sue crudeltà, la ferocia che tinge i fiumi di sangue, le brutali catene di vendette e uccisioni. Lo stesso Farinata si cura dell'inferno meno che della disfatta del suo partito e delle sorti della patria.

Nell'episodio si riflette anche la triste vicenda personale di Dante; egli pure sarà a sua volta sconfitto, e condividerà presto con Farinata l'umiliazione della **condanna** e l'amarezza dell'**esilio** (gennaio 1302). Dante ebbe diverse occasioni per rientrare a Firenze; le rifiutò, perché l'amnistia implicava che l'esule ammettesse pubblicamente le proprie colpe. Non sottomettendosi, Dante firmò la condanna sua e anche dei suoi figli maschi. Proprio questa problematica si avverte, in controluce, nell'episodio di Farinata: è giusto che figli e discendenti siano coinvolti nelle proprie responsabilità politiche? È un'amara riflessione, che prende corpo qui, ai vv.77-78, allorché Farinata rivela il proprio tormento al sapere che i suoi figli e discendenti rimangono lontani e banditi da Firen-

ze. Riascolteremo il medesimo tema anche nell'epilogo del canto di Ugolino (v. 87 e ss., ▶ p. 127).

■ IL TEMA FILOSOFICO

Con l'emergere sulla scena di Cavalcante Cavalcanti, s'introduce nel canto un altro tema, ovvero la questione dei **rapporti giovanili tra Dante e l'amico Guido Cavalcanti**, il figlio dell'"eretico" (cioè miscredente) Cavalcante ed "eretico" a propria volta. Guido è il grande assente della *Commedia*. Compare solo qui, e solo brevemente. Cavalcante si chiede infatti perché il suo Guido, non inferiore a Dante quanto a ingegno, non stia viaggiando nell'aldilà assieme all'autore della *Commedia*.

Ma è sufficiente l'**altezza d'ingegno** a penetrare questo mistero? Cavalcante, eretico, pensa di sì, ma Dante, da credente, risponde di no. Dal suo punto di vista, la ragione in sé non è sufficiente; o meglio, la retta ragione (quella impersonata da Virgilio) può condurre alle soglie del mistero; poi, però, deve subentrare ben altro (Beatrice).

Così infatti gli studiosi interpretano il seguito della risposta di Dante a Cavalcante: *colui ch'attende là, per qui mi mena / forse cui Guido vostro ebbe a disdegno* (vv. 62-63). Il «colui ch'attende là» cui Dante allude, è Virgilio, la ragione naturale, che sta scortando Dante nei due primi regni dell'oltretomba.

Non potrà condurlo nel terzo, però: giunti nel paradiso terrestre, infatti, a Dante occorrerà un'altra guida, cioè Beatrice. È lei il misterioso oggetto del disdegno di Guido. Nel poema Beatrice raffigura la scienza della rivelazione o **teologia**: *ella è colei / ch'a l'alto volo ti vestì le piume*, come Cacciaguida dirà a Dante in *Paradiso* XV, 54. Disprezzata da Guido Cavalcanti e dalla sua visione tutta laica e razionalistica, sarà proprio Beatrice a consentire a Dante l'esperienza che Guido (e anche Ulisse) si negarono.

Lavoriamo sul testo

I CONTENUTI

1. Numera correttamente queste microsequenze del testo:
   ❏ Dante ricorda a Farinata che i suoi discendenti non hanno saputo rientrare a Firenze
   ❏ Virgilio spiega che nelle tombe sono puniti gli eretici
   ❏ Dante ricorda che il proprio viaggio è finalizzato a raggiungere Beatrice
   ❏ Farinata vanta di avere salvato Firenze
   ❏ Farinata interpella Dante per la sua parlata fiorentina
   ❏ Cavalcante chiede a Dante notizie su suo figlio Guido
   ❏ Dante chiede a Virgilio se può parlare con qualcuna delle anime lì punite
   ❏ Farinata profetizza a Dante l'esilio

2. Uno dei grandi temi del canto X è quello delle violente lotte politiche tra Guelfi e Ghibellini. Quali momenti o episodi vengono qui ricordati? E che cosa pensa Dante di quella fase della vita cittadina? Infine: è una fase presentata come conclusa, oppure no?

3. Ad abilitare Dante al viaggio nell'aldilà non è semplicemente l'altezza del suo ingegno, come insinua Cavalcante. Ritrova il punto nel testo e spiegalo. Come gli risponde Dante? Quale significato si può attribuire alla sua risposta?

4. «L'"umano, troppo umano" di Cavalcante fa risaltare, per contrasto, l'eroico disprezzo di Farinata verso l'inferno.» Commenta con le tue parole questo giudi-

Canto X

zio del critico Francesco De Sanctis.

5. A dominare la scena è il busto di Farinata, che si sporge dalla cintola in su, fuori del suo sepolcro arroventato: quali tratti psicologici Dante assegna al suo personaggio? Ti sembra che il linguaggio si adegui ai contenuti? Motiva la risposta.

6. Nel finale il carattere di Farinata si arricchisce di nuove sfumature: in che senso? Rintracciale nel testo.

7. Sia Farinata sia Cavalcante sono "eretici": che cosa significa questa definizione? Vi sono nel testo particolari che possano riferirsi a tale loro caratteristica? Ti sembra che essa produca effetti sull'atteggiamento, il modo di pensare ecc., dei due personaggi?

8. Alla luce delle allusioni del canto, ripercorri le fasi storiche e biografiche che portarono all'esilio di Dante. Dove e come tale evento rientra nel canto?

LE FORME

9. Parafrasa con le tue parole (diverse da quelle del libro) le seguenti espressioni:
   • com'avesse l'inferno in gran dispitto

   • E se tu mai nel dolce mondo regge
   • Le parole tue sien conte
   • poi che 'l sospecciar fu tutto spento
   • non fiere li occhi suoi lo dolce lume?
   • tal orazion fa far nel nostro tempio

10. Ai vv. 22-23 incontri una figura inerente alla sintassi: per la città del foco / vivo ten vai. Si tratta di:
    ❏ un'anastrofe   ❏ un'apostrofe
    ❏ una similitudine   ❏ un'iperbole
    Rispondi e scrivi poi una definizione di questa figura.

11. Cerca nel canto due o tre esempi di enjambements e poi spiega in che cosa consiste tale figura.

12. Qual è il "rinfaccio" di cui Dante si rende protagonista? Individualo nel testo. Ti sembra intonato all'atmosfera dell'episodio? Motiva la risposta.

13. Il v. 69 utilizza un linguaggio metaforico: chiarisci perché e cerca altre metafore nel canto.

14. Come definiresti lo stile di questo canto?
    ❏ Epico   ❏ Lirico
    ❏ Didascalico   ❏ Comico
    Motiva la risposta con opportune citazioni.

Approfondimenti

Ettore Barelli

Un "epicureo" dei tempi di Dante: Guido Cavalcanti

La discussione sull'immortalità dell'anima Per qui mi mena / forse cui Guido vostro ebbe a disdegno (Inf. X, 62-63). [...] L'anima che conduce Dante, e che Guido Cavalcanti ebbe a disdegno, è Virgilio [...] o Beatrice? La seconda ipotesi pare ormai accolta da tutti. Restano da spiegare le ragioni del disdegno da parte di colui che fu uno dei grandi amici di Dante, e quasi – diremmo oggi – suo talent scout nella piccola brigata dei poeti dello Stilnovo.

[Per rispondere, dobbiamo] inserire l'allusiva e vagamente oscura battuta di Dante nel contesto del canto X. Il padre di Guido si trova, con Farinata, nel luogo ove sono puniti gli "epicurei", che l'anima col corpo morta fanno; in breve: quelli che negano l'immortalità dell'anima. In verità, di seguaci di Epicuro, il filosofo greco materialista del III secolo a.C., nel Medioevo non v'era traccia. Il termine "epicureo" designava genericamente correnti di pensiero irreligiose, assumendo il valore di "ateo" o "miscredente". In particolare, al tempo di Dante, "epicurei" erano i cosiddetti aristotelici radicali: pensatori che interpretavano Aristotele alla luce del commento dell'arabo Averroè[1]. Costoro negavano appunto la sopravvi-

venza dell'anima individuale.

Studi recenti hanno mostrato come questa corrente di pensiero non ortodossa fosse diffusa tra Firenze e Bologna nel secolo XIII: Dante stesso ne fu affascinato, tanto da nominare con onore, nel Paradiso, il maestro averroista Sigieri di Brabante[2]. L'irreligiosità di Guido Cavalcanti era invece già nota ai suoi contemporanei: ci sono testimonianze del Boccaccio e di cronisti fiorentini del tempo.

Questo è sufficiente a spiegare la presenza di Cavalcante – evidentemente pari al figlio in fatto di fede – in quel girone, e, in prospettiva, quella di Guido, nonché

---

1. Averroè: filosofo arabo (1126-98; il suo nome arabo era Ibn Rushd), commentatore di Aristotele. Ebbe il merito di diffondere, con i suoi commenti tradotti dall'arabo in latino, la conoscenza di Aristotele nell'Europa cristiana. Dell'antico filosofo greco Averroè diede però un'interpretazione razionalistica e piuttosto lontana dall'aristotelismo cristiano che ne ri-

caveranno san Tommaso d'Aquino e altri filosofi occidentali; tra l'altro, Averroè negava che l'anima individuale sopravvivesse dopo la morte. Perciò averroista era quasi sinonimo di epicureo e cioè di ateo.

2. Sigieri di Brabante: vissuto tra 1235 e 1282, insegnò teologia all'università di Parigi e fu un seguace dell'"averroismo latino", cioè

di quella tendenza a interpretare Aristotele in chiave averroistica che la Chiesa del tempo non accettava. Sigieri fu per questo condannato come eretico nel 1277; tuttavia Dante lo presenta tra le anime beate del canto X (vv. 136-138) del Paradiso.

[a spiegare] la risposta di Dante all'eretico che ipotizza che il viaggio del poeta sia dovuto a meriti esclusivamente intellettuali (*per altezza d'ingegno*). L'intelletto umano, dice in sostanza Dante, non basta a compiere questa impresa: occorre una guida d'altro genere. Ma il riferimento preciso a Beatrice "disdegnata" richiede un ulteriore approfondimento.

Dante e Guido: un'amicizia importante Quella fra Dante e Guido fu una bella amicizia, celebrata da Dante in diverse poesie; tra tutte ricordiamo il sonetto *Guido, i' vorrei*[3], in cui Dante auspica di trovarsi con l'amico e con l'altro poeta Lapo su una navicella insieme alle rispettive donne, tra le quali "monna Vanna", l'amata di Guido. L'amicizia tuttavia si ruppe. Alle ragioni politiche (fu Dante, quando nell'anno 1300 ricoprì la carica di priore, a esiliare Guido assieme ad altri esponenti delle fazioni in lotta) si sommava un dissenso intellettuale, che investiva il campo della filosofia e il modo stesso di intendere la poesia.

La crisi fra i due poeti è registrata da Guido in un sonetto indirizzato a Dante (*I' vegno il giorno a te infinite volte*) in cui si lamenta che l'amico un tempo sfuggiva a certe noiose compagnie, mentre ora ne è tutto coinvolto. Il sonetto è da collegare alla passione dichiarata da Dante per "la donna gentile", che designa allegoricamente la Filosofia, cristianamente intesa. Guido non approvava. Un'altra importante traccia sui rapporti fra Dante e Guido ci è offerta dal capitolo XXIV della *Vita nuova*. In quella pagina Dante interpreta il nome della donna di Guido, Giovanna, detta in poesia "Primavera", come "prima verrà"; a sua volta il vero nome, Giovanna, viene accostato a quello di Giovanni Battista. Allegoricamente, così come il Battista anticipò la venuta di Cristo, così Giovanna anticipa la venuta di Beatrice; e come il Battista fu, per la salvezza degli uomini, superato da Gesù, così la poesia rivolta a Beatrice supera, secondo Dante, quella per Giovanna. E non in termini di bellezza, piuttosto in termini morali.

Dante, già ai tempi della sua poesia d'amore, quando l'impegno teologico profuso nella *Commedia* non era ancora al centro dei suoi interessi, si era creato una figura di donna angelicata, beatificante (Beatrice), portatrice di elevati sentimenti spirituali. Uno sviluppo ulteriore di questa figura si ha nella *Commedia*, allorché Beatrice diventa mediatrice tra il mondo terreno e Dio, l'emblema stesso della Grazia.

L'amore secondo Guido Era questo modo di intendere la figura femminile in poesia (con tutti i risvolti religiosi e filosofici che ciò comportava) che Guido non concepiva. In Guido l'amore – che per Dante è cosa altamente spirituale e mezzo di elevazione alle grandi verità teologiche – è realtà non solo terrena, ma oscura, negativa: un dominio cui l'uomo non sa sottrarsi, ma che ne minaccia drammaticamente l'equilibrio. Basta sfogliare il canzoniere di Guido per rendersene conto: gli effetti della passione sono pianto, disfatta, morte. Nella grande (e difficilissima) canzone *Donna me prega*[4], in cui la natura dell'amore è da Cavalcanti analizzata filosoficamente, si dice che esso è un *accidente che sovente è fero* ("feroce", "violento") e che *di sua potenza segue spesso morte*; non quella fisica, ma certo di quella parte razionale dell'uomo, che Guido, in base alle sue convinzioni filosofiche, giudicava la sola degna.

L'idea che una donna (una "Beatrice") potesse trasformarsi in strumento di conoscenza e di elevazione verso quella verità a cui Guido non credeva, spiega il disdegno che Dante gli rimprovera.

Ettore Barelli, in *Dante Alighieri*,
La Divina Commedia, Edizioni Scolastiche
Bruno Mondadori, Milano 1995

---

3. il sonetto *Guido i' vorrei*: fa parte delle *Rime* di Dante.
4. Donna me prega: celebre canzone filosofica di Cavalcanti, orientata a presentare l'amore non in chiave di elevazione spirituale dell'animo, ma come passione tutta terrena e irrazionale.

«Allor surse a la vista scoperchiata
un'ombra, lungo questa, infino al mento:
credo che s'era in ginocchie levata.»

■ *Amos Nattini,* Farinata e Cavalcante *(1930)*.

Canto XI

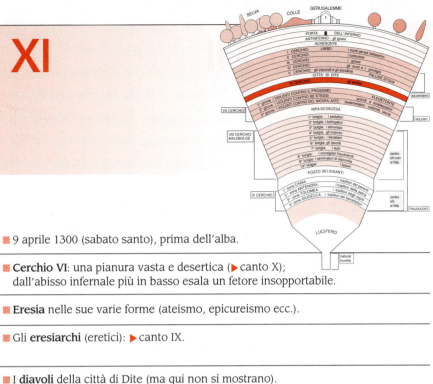

DATA	■ 9 aprile 1300 (sabato santo), prima dell'alba.
LUOGO	■ **Cerchio VI**: una pianura vasta e desertica (▶ canto X); dall'abisso infernale più in basso esala un fetore insopportabile.
COLPA	■ **Eresia** nelle sue varie forme (ateismo, epicureismo ecc.).
PENA / CONTRAPPASSO	■ Gli **eresiarchi** (eretici): ▶ canto IX.
CUSTODI	■ I **diavoli** della città di Dite (ma qui non si mostrano).
PERSONAGGI	■ **Dante** e **Virgilio**. ■ **Papa Anastasio**.

SEQUENZE

■ **Presso la tomba di papa Anastasio** (vv. 1-12)
I poeti sono giunti nel punto in cui il sesto cerchio digrada nel settimo: sono sul ciglio d'un burrone di massi spaccati, dove giunge l'insopportabile fetore dell'abisso sottostante. Si riparano dietro la tomba di papa Anastasio, che si lasciò fuorviare nell'eresia da Fotino. Virgilio propone di rinviare la discesa, affinché i loro olfatti si abituino al lezzo.

■ **Virgilio illustra l'ordinamento dei dannati nei tre cerchi del Basso Inferno** (vv. 13-66)
Per non perdere inutilmente tempo, Virgilio spiega al discepolo la struttura dell'inferno: nei cerchi più bassi, quelli che devono ancora visitare, si punisce la malizia, il male commesso mediante violenza e mediante frode. La violenza può essere esercitata (a) contro il prossimo e le sue proprietà, (b) contro sé e le proprie cose, (c) contro Dio o contro natura (sodomiti e usurai). La frode può essere esercitata contro chi non si fida (frode semplice: ipocriti, adulatori, indovini, falsari, ladri, simoniaci, ruffiani, barattieri) o contro chi si fida (tradimento).

■ **I dannati puniti fuori della città di Dite** (vv. 67-91)
Su richiesta di Dante, Virgilio spiega che le colpe punite nei cerchi precedenti, già visitati, erano colpe d'incontinenza: anch'essa (assieme a malizia e matta bestialità) è una delle tre disposizioni al male descritte da Aristotele nell'*Etica Nicomachea*.

■ **L'usura, peccato contro Dio** (vv. 92-111)
Ora Dante chiede: «Perché l'usura offende la bontà di Dio?». Virgilio risponde sempre seguendo Aristotele: «L'arte umana (che l'usura tradisce) è figlia della natura, che è a sua volta figlia di Dio». L'usuraio, che sfrutta le fatiche altrui, offende Dio.

■ **Ripresa del cammino** (vv. 112-115)
Sono le quattro del mattino e il punto dove si dismonta (si scende) nel VII cerchio è ancora lontano: è tempo perciò di riprendere il cammino.

Canto XII

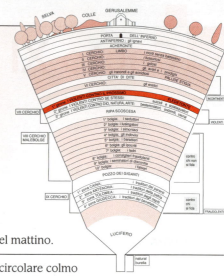

DATA	■ 9 aprile 1300 (sabato santo), quattro del mattino.
LUOGO	■ **Cerchio VII, primo girone**: un fossato circolare colmo di sangue, intorno al quale corrono i Centauri armati.
COLPA	■ **Violenza contro il prossimo**, nelle tre forme: contro la persona (**omicidi**), contro le cose (**predoni**), contro l'una e le altre (**tiranni**).
PENA / CONTRAPPASSO	■ I violenti contro il prossimo sono **immersi nel Flegetonte**, fiume di acqua sanguigna bollente; vi sprofondano a seconda della gravità e del numero delle violenze commesse. Sono colpiti dalle frecce dei Centauri.
CUSTODE	■ Il **Minotauro**, mostro mezzo uomo e mezzo toro: rappresenta la matta bestialità, ossia la natura umana imbestialita, ed è il custode di tutto il 7° cerchio. ■ I **Centauri**, coadiuvanti del Minotauro: mezzo cavalli e mezzo uomini, vivevano rubando e commettendo violenze. Dante ne nomina tre: Chirone, maestro di Achille; Nesso, che tentò di rapire Deianira, moglie di Ercole; Folo, che tentò di violare le donne dei Lapiti.
PERSONAGGI	■ **Dante** e **Virgilio**. ■ **Tiranni**: Alessandro Magno, Dionigi il vecchio di Siracusa, Ezzelino da Romano, Obizzo d'Este, Attila, Pirro Neottòlemo, Sesto Pompeo. ■ **Assassini**: Guido da Montfort. ■ **Predoni**: Rinieri da Corneto e Rinieri de' Pazzi.

SEQUENZE

■ **Discesa nel primo girone del settimo cerchio: il Minotauro** (vv. 1-27)
I poeti arrivano al passaggio per il settimo cerchio. S'imbattono nel Minotauro, che al vederli si morde da solo per l'ira. Virgilio, gridandogli insulti, lo doma. Poi i due poeti, approfittando di un momento favorevole, scendono per la scarpata di pietre franate.

■ **La frana misteriosa** (vv. 28-45)
Le pietre si muovono sotto i piedi di Dante; Virgilio spiega che il burrone si produsse con il terremoto scatenatosi alla morte di Cristo, allorché questi discese nel Limbo per liberare i patriarchi ebrei.

■ **Arrivo al fiume Flegetonte e incontro con i Centauri** (vv. 46-99)
Appare in basso il Flegetonte, fiume di sangue in cui sono immersi i violenti contro il prossimo. Tra fiume e costone roccioso corre un drappello di centauri, armati di frecce. Tre di essi si avvicinano, ingiungendo l'alt ai poeti. Virgilio chiede di parlare al loro capo, Chitone; gli conferma che Dante è un vivo e spiega che quel viaggio è voluto da Dio. Chirone ordina allora a Nesso di scortare i due poeti al guado, senza molestarli.

■ **Attraversamento del Flegetonte; Nesso indica i violenti che vi sono puniti** (vv. 100-139)
Scortati da Nesso, i poeti procedono sulla riva del Flegetonte. Nesso indica i dannati che vi sono immersi: tiranni, omicidi, predoni, guastatori e i tiranni-predoni. Così discorrendo, mentre la profondità del fiume decresce, giungono al guado; Nesso, voltatosi, se ne va.

Canto XIII

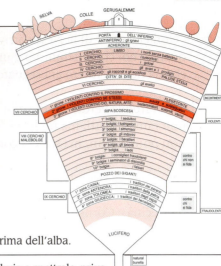

DATA	9 aprile 1300 (sabato santo), appena prima dell'alba.
LUOGO	**Cerchio VII**, secondo girone: una selva buia e spettrale, priva di vegetazione e frutti, dove crescono solo cespugli spinosi e contorti. Si odono ovunque lamenti. Nella selva corrono dannati inseguiti senza tregua da fameliche cagne.
COLPA	**Violenza contro se stessi**, nella persona (suicidi) e negli averi (scialacquatori).
PENA / CONTRAPPASSO	I **suicidi**, che si privarono volontariamente della vita umana, ora sono eternamente **costretti alla forma di vita più bassa**, quella vegetativa. Gli **scialacquatori** dissiparono i loro beni: adesso, **cagne straziano** e spargono qua e là **le loro membra**. L'**orrida e spaventosa selva** si contrappone alla bellezza del mondo terreno, rifiutato dai suicidi, deturpato dagli scialacquatori.
CUSTODI	Le **Arpie**, animali mitologici, dal volto di donna e dal corpo di uccello. Le **nere cagne** che si aggirano per la selva.
PERSONAGGI	**Dante** e **Virgilio**. **Pier delle Vigne** e un anonimo fiorentino tra i suicidi. **Lano da Siena** e **Giacomo da Santo Andrea** tra gli scialacquatori.

SEQUENZE

■ **La selva dei suicidi** (vv. 1-21)
Scaricati da Nesso, i poeti si avventurano in un orribile bosco di piante scure, spinose, nodose e contorte. Su di esse nidificano le Arpie. Virgilio raccomanda a Dante la massima attenzione.

■ **Parole e sangue** (vv. 22-45)
Nella selva s'odono lamenti: chi mai li emette? Su invito del maestro, il discepolo coglie un ramicello, da cui escono, assieme, parole e sangue: «Perché mi strappi? Fummo uomini, e ora siamo piante...». Virgilio chiede scusa: ma bisognava che Dante compisse quel gesto, perché non avrebbe potuto credere a semplici parole.

■ **Pier delle Vigne** (vv. 46-78)
Virgilio invita l'anima a rivelarsi: è Pier delle Vigne, consigliere di Federico II, finché l'invidia dei cortigiani indusse il re al sospetto (infondato) del tradimento. Sdegnato, Piero si suicidò. Divenne così – lui, uomo giusto – ingiusto, cioè peccatore. Ora prega Dante di rivendicare la sua fama, quando tornerà nel mondo dei vivi.

■ **La triste sorte dei suicidi** (vv. 79-108)
Virgilio chiede all'anima notizie sulla sorte dei suicidi. Pier delle Vigne risponde che i loro corpi resteranno per l'eternità impiccati alla pianta che ciascuno di loro è diventato.

■ **Gli scialacquatori** (vv. 109-129)
Appaiono all'improvviso, in un frastuono, due anime di scialacquatori, inseguite da cagne che le sbranano.

■ **Un anonimo suicida fiorentino** (vv. 130-151)
Questa loro punizione si ripercuote sul cespuglio suicida dietro a cui il secondo scialacquatore si era rifugiato: era un fiorentino, dice, impiccatosi nella sua casa.

Inferno

Non era ancor di là Nesso arrivato,
quando noi ci mettemmo per un bosco
3   che da neun sentiero era segnato.

Non fronda verde, ma di color fosco;
non rami schietti, ma nodosi e 'nvolti;
6   non pomi v'eran, ma stecchi con tòsco.

Non han sì aspri sterpi né sì folti
quelle fiere selvagge che 'n odio hanno
9   tra Cecina e Corneto i luoghi cólti.

Quivi le brutte Arpie lor nidi fanno,
che cacciar de le Strofade i Troiani
12   con tristo annunzio di futuro danno.

Ali hanno late, e colli e visi umani,
piè con artigli, e pennuto 'l gran ventre;
15   fanno lamenti in su li alberi strani.

E 'l buon maestro «Prima che più entre,
sappi che se' nel secondo girone»,
18   mi cominciò a dire, «e sarai mentre

che tu verrai ne l'orribil sabbione.
Però riguarda ben; sì vederai
21   cose che torrien fede al mio sermone».

Io sentia d'ogne parte trarre guai
e non vedea persona che 'l facesse;
24   per ch'io tutto smarrito m'arrestai.

Cred' ïo ch'ei credette ch'io credesse
che tante voci uscisser, tra quei bronchi,
27   da gente che per noi si nascondesse.

Però disse 'l maestro: «Se tu tronchi
qualche fraschetta d'una d'este piante,
30   li pensier c'hai si faran tutti monchi».

La selva dei suicidi

1-3. Il centauro Nesso non era ancora giunto all'altra sponda [del Flegetonte], quando ci addentrammo in un bosco che non era segnato da alcun sentiero. **4-6.** Non vi erano fronde verdi, ma di colore scuro; non rami diritti, ma nodosi e contorti; non vi erano frutti, ma spine avvelenate (*con tòsco*). **7-9.** Quegli animali selvatici che nella Maremma rifuggono i luoghi coltivati, non hanno per dimora sterpi altrettanto ispidi e folti. **10-12.** Qui fanno il loro nido le repellenti Arpie, che cacciarono i Troiani dalle isole Strofadi con una triste profezia dei mali che avrebbero sofferto in seguito. **13-15.** [Le Arpie] hanno larghe (*late*) ali, e colli e visi umani, piedi con artigli e un gran ventre ricoperto di penne; emettono strane grida lamentose sugli alberi. **16-21.** E Virgilio, il mio buon maestro, cominciò a dirmi: «Prima che più penetri nella selva, sappi che sei nel secondo girone [del settimo cerchio] e che vi resterai fino a che non giungerai nell'orribile sabbione [del terzo girone]. Perciò (*Però*) osserva attentamente: vedrai cose che se te le dicessi, non ci crederesti (*torrien fede*=toglierebbero fede)».

Parole e sangue

22-24. Udivo risuonare lamenti (*trarre guai*) dappertutto e non vedevo nessuno che li emettesse; perciò mi fermai tutto confuso. **25-27.** Penso che Virgilio (*ei*) pensasse che io pensassi che tali voci provenissero, tra quegli sterpi, da individui a noi nascosti. **28-30.** Perciò il maestro disse: «Se spezzi qualche rametto di una di queste piante, le tue supposizioni si spezzeranno anch'esse».

1-7. Non era ancor/ Non fronda verde/ Non han sì: l'anafora scandisce l'inizio del canto. Esso viene complicato da laboriosi incastri: il *non*, oltre che aprire le prime tre terzine, inaugura infatti i tre versi della terzina centrale; ciascuno dei tre presenta un secondo emistichio che esordisce ogni volta con un *ma* fortemente avversativo; **stecchi con tòsco:** spunzoni velenosi (dal latino *toxicum*, "veleno").
8. quelle fiere selvagge: sono i cinghiali che rifuggono i terreni coltivati della Maremma.
9. Corneto: Tarquinia.
10. le brutte Arpie: mostri mitologici, le

Arpie erano raffigurate con ampia apertura d'ali, facce di donna, piedi artigliati, ventre grande e pennuto; il fetore si accompagnava paradossalmente, in loro, alla bellezza dei volti da vergini. La presenza spettrale delle Arpie viene percepita da Dante e dai lettori solo per i loro lamenti indefinibili.
11. le Strofade: dalle isole Stròfadi, nel basso Jonio, i troiani in fuga (*Eneide*, libro III) furono cacciati dalle Arpie; esse imbrattarono le loro mense predicendo che avrebbero un giorno patito una fame tale da indurli a divorarle.
15. strani: l'aggettivo può riferirsi sia agli

alberi sia ai lamenti. L'ambiguità è voluta.
19. l'orribil sabbione: l'arenile arroventato dei violenti contro Dio.
20-21. sì... sermone: cioè: inutile cercare di spiegarti; guarda tu stesso.
22-24. Io sentia... m'arrestai: Dante avverte d'ogni parte flebili lamenti, senza vedere nessuno; perciò si arresta smarrito.
25. Cred'ïo... ch'io credesse: il pensiero si attorciglia nella testa di Dante, così come nell'arzigogolato v. 25. Dante è convinto che Virgilio ritenesse che egli fosse convinto che tutte quelle voci venissero emesse da gente nascosta tra quei tronchi.

Canto XIII

Allor porsi la mano un poco avante
e colsi un ramicel da un gran pruno;
33 e 'l tronco suo gridò: «Perché mi schiante?».

Da che fatto fu poi di sangue bruno,
ricominciò a dir: «Perché mi scerpi?
36 non hai tu spirto di pietade alcuno?

Uomini fummo, e or siam fatti sterpi:
ben dovrebb' esser la tua man più pia,
39 se state fossimo anime di serpi».

Come d'un stizzo verde ch'arso sia
da l'un de' capi, che da l'altro geme
42 e cigola per vento che va via,

sì de la scheggia rotta usciva insieme
parole e sangue; ond' io lasciai la cima
45 cadere, e stetti come l'uom che teme.

«S'elli avesse potuto creder prima»,
rispuose 'l savio mio, «anima lesa,
48 ciò c'ha veduto pur con la mia rima,

31-33. Allora stesi la mano un po' avanti e colsi un piccolo ramo da un grande cespuglio; e il suo tronco gridò: «Perché mi spezzi?». **34-39.** Dopo che si fece scuro di sangue, proseguì a parlare: «Perché mi laceri? Non hai neanche un po' di pietà? Fummo, un tempo, uomini, e adesso siamo diventati sterpi, la tua mano dovrebbe davvero essere più pietosa, anche qualora fossimo anime di serpenti». **40-45.** Come l'estremità di un tronco, quando sia bruciato sul fuoco da una parte, dall'altra cola rugiada e stride per il vapore che si libera, così dalla scheggiatura uscivano parole e sangue contemporaneamente, motivo per cui lasciai cadere la cima, e stetti fermo, immobile per il timore.

Pier delle Vigne

46-54. Rispose il mio maestro: «Se costui [Dante] avesse potuto direttamente sperimentare – o anima offesa – quanto peraltro già aveva visto nei miei versi, non avrebbe steso la sua mano contro di te; ma l'incredibilità della tua condizione m'indusse a fargli compiere un gesto (*ovra*=opera) che dispiace a me per primo.

«Allor porsi la mano un poco avante
e colsi un ramicel da un gran pruno;
e 'l tronco suo gridò: «Perché mi schiante?»

■ La selva dei suicidi e le Arpie, *Biblioteca Marciana, Venezia, seconda metà del XIV secolo.*

48. ciò c'ha veduto... rima: ciò che finora aveva esperito solo leggendo i miei versi. Virgilio allude ai vv. 22-48 del libro III dell'*Eneide*, dove si narra di Polidoro, figlio ultimogenito di re Priamo: assassinato a tradimento sulle coste della Tracia dal cognato Polimnèstore, Polidoro si è trasformato in mirto. Perciò, a Enea che gli strappa frasche per decorarne un'altare votivo, egli parla singhiozzando e sanguinando alle radici. Quella pagina dell'*Eneide* suggerisce a questo canto XIII diverse parole e immagini, anche se l'analogia tra le due situazioni è solo relativa: Polidoro venne colpito dai giavellotti e fu da questi che germogliò il mirto; la voce con cui esso parla a Enea non è sangue. Invece il pruno da cui proviene la voce di Pier delle Vigne è la forma snaturata di un'anima snaturata; spezzandole un ramo, Dante pellegrino adempie a un bisogno di conoscere e anche a un'opera di giustizia.

Inferno

non averebbe in te la man distesa;
ma la cosa incredibile mi fece
51 indurlo ad ovra ch'a me stesso pesa.

Ma dilli chi tu fosti, sì che 'n vece
d'alcun' ammenda tua fama rinfreschi
54 nel mondo sù, dove tornar li lece».

E 'l tronco: «Sì col dolce dir m'adeschi,
ch'i' non posso tacere; e voi non gravi
57 perch' ïo un poco a ragionar m'inveschi.

Io son colui che tenni ambo le chiavi
del cor di Federigo, e che le volsi,
60 serrando e diserrando, sì soavi,

che dal secreto suo quasi ogn' uom tolsi;
fede portai al glorïoso offizio,
63 tanto ch'i' ne perde' li sonni e ' polsi.

La meretrice che mai da l'ospizio
di Cesare non torse li occhi putti,
66 morte comune e de le corti vizio,

infiammò contra me li animi tutti;
e li 'nfiammati infiammar sì Augusto,
69 che ' lieti onor tornaro in tristi lutti.

L'animo mio, per disdegnoso gusto,
credendo col morir fuggir disdegno,
72 ingiusto fece me contra me giusto.

Ma digli chi fosti, così che a titolo di risarcimento egli restauri la tua fama nel mondo di sopra, dove gli è consentito (*li lece*) ritornare». 55-57. E il tronco: «Tanto mi alletti (*m'adeschi*) con le tue dolci parole, che non posso tacere; e non vi dispiaccia se mi trattengo (*m'inveschi*) un po' a ragionare. 58-63. Io sono quello che teneva in pugno entrambe le chiavi [la chiave che apre e la chiave che chiude] del cuore di Federico II, e che le girai, aprendo e chiudendo, così dolcemente da allontanare quasi chiunque altro dalla sua confidenza (*secreto suo*); rimasi fedele al mio glorioso compito, al punto di perderne il riposo e la salute. 64-69. [L'invidia], la puttana che mai distolse lo sguardo pieno di cupidigia dal palazzo imperiale [di Cesare], e che è rovina di tutti gli uomini (*comune*) e vizio peculiare delle corti, infiammò tutti gli animi contro di me; e gli infiammati, infiammarono il sovrano, al punto che la gioia dell'onore (*lieti onor*) si tramutò in mortale disperazione. 70-72. La mia anima, credendo di sfuggire con la morte lo sdegno [del sovrano], mi spinse ad agire ingiustamente contro me stesso, che ero giusto.

---

53. m'inveschi: inveschiare (o invischiare, "catturare con il vischio") è termine venatorio, riguardante cioè la tecnica della caccia, come l'adescare del v. 55 (alla lettera: "attirare con l'esca"). Del resto Piero era un cortigiano di Federico II, l'imperatore che scrisse il trattato *De arte venandi cum avibus*, "L'arte del cacciare con gli uccelli", cioè con i falconi addestrati.
58. Io son: Pier della Vigna o delle Vigne fu per decenni consigliere e capo della cancelleria di Federico II. Nato a Capua, intorno al 1190, fu uomo di raffinata erudizione, letterato e poeta. Nell'inverno del 1249, ormai quasi anziano, venne arrestato e condotto in catene in Toscana. A Pisa, o forse a San Miniato al Tedesco, i soldati dell'imperatore lo accecarono con un ferro rovente; Piero si fracassò la testa picchiandola nel muro della cella. L'atroce episodio destò sensazione all'epoca e originò una serie di supposizioni e sospetti; perché Pie-

ro era caduto improvvisamente in disgrazia? Lo si sospettava di avere architettato un doppio tentativo di avvelenamento dell'imperatore, d'accordo con papa Innocenzo IV: in effetti si sa di un suo strano colloquio con il pontefice a Lione. Dante però è di diverso parere, anche perché si sapeva che lo stesso Federico II piombò nella disperazione subito dopo avere ordinato l'arresto di Piero.
58-59. ambo le chiavi/ del cor di Federigo: la chiave che apre (*diserra*) il cuore e quella che lo chiude (*serra*), l'immagine viene dalla Bibbia. Scrive il profeta Isaia che il Signore ha dotato il re David, delle «chiavi della casa» (22, 22): «Se apre, nessuno potrà chiudere; se chiude, nessuno potrà aprire». Anche Gesù nel *Vangelo secondo Matteo* dice a Pietro: «Ti darò le chiavi del regno dei cieli» (16, 19). Un certo Nicola della Rocca in un'epistola latina indirizzata a Pier delle Vigne parla del cancel-

liere come dell'*imperii claviger* ("portatore di chiavi dell'impero").
63. polsi: nel senso di "pulsazioni arteriose palesi nei polsi", cioè di "energia vitale", "vita".
64. La meretrice: l'invidia, puttana con occhi da puttana (*putti*).
67-68. infiammò/ 'nfiammati infiammar: la ricercatissima retorica esprime il contagio del rancore indotto dall'invidia.
70-72. L'animo mio... /ingiusto... giusto: nella terzina, preziosamente ordita, risalta l'errore morale del suicidio. Disdegnoso gusto è infatti il "piacere sprezzante e rivendicativo" con cui il suicida rinfaccia al mondo la propria innocenza. Dante ragionava in un'ottica di fede, per la quale la vita è un dono di Dio: perciò il suicida, ammazzandosi, finisce per ribaltare la propria innocenza e giustizia nell'esatto contrario.

Per le nove radici d'esto legno
vi giuro che già mai non ruppi fede
75   al mio segnor, che fu d'onor sì degno.

E se di voi alcun nel mondo riede,
conforti la memoria mia, che giace
78   ancor del colpo che 'nvidia le diede».

Un poco attese, e poi «Da ch'el si tace»,
disse 'l poeta a me, «non perder l'ora;
81   ma parla, e chiedi a lui, se più ti piace».

Ond' ïo a lui: «Domandal tu ancora
di quel che credi ch'a me satisfaccia;
84   ch'i' non potrei, tanta pietà m'accora».

Perciò ricominciò: «Se l'om ti faccia
liberamente ciò che 'l tuo dir priega,
87   spirito incarcerato, ancor ti piaccia

di dirne come l'anima si lega
in questi nocchi; e dinne, se tu puoi,
90   s'alcuna mai di tai membra si spiega».

Allor soffiò il tronco forte, e poi
si convertì quel vento in cotal voce:
93   «Brievemente sarà risposto a voi.

Quando si parte l'anima feroce
dal corpo ond' ella stessa s'è disvelta,
96   Minòs la manda a la settima foce.

Cade in la selva, e non l'è parte scelta;
ma là dove fortuna la balestra,
99   quivi germoglia come gran di spelta.

Surge in vermena e in pianta silvestra:
l'Arpie, pascendo poi de le sue foglie,
102   fanno dolore, e al dolor fenestra.

73-78. Per le insolite radici di questa pianta, io vi giuro che mai e poi mai tradii la fede verso il mio re, il quale fu del tutto degno di rispetto. E se qualcuno di voi ritornerà (*riede*=ritorna) nel mondo, riabiliti il mio ricordo, che è ancora schiacciato sotto il peso della calunnia».

La triste sorte dei suicidi

79-81. Virgilio attese un po'; e poi soggiunse: «Visto che tace, non perdere l'occasione propizia: parla, invece, e ponigli domande, se vuoi ancora [parlare con lui]. **82-84.** Perciò risposi a Virgilio: «Interrogalo tu ancora su quanto pensi che soddisfi il mio desiderio [di sapere]; io non potrei farlo, poiché troppa pietà mi commuove». **85-90.** Perciò Virgilio riprese: «Oh, possa Dante (*Se l'om*) esaudire spontaneamente il desiderio che hai espresso con le tue parole, o spirito incarcerato nella pianta: dimmi, ti prego, in che modo l'anima si trasformi in questi tronchi nodosi (*nocchi*); e rivelaci, se ti è lecito, se mai qualche anima si libera (*si spiega*) da queste membra [vegetali]». **91-93.** Allora il tronco soffiò con forza e poi quel soffio si trasformò in queste parole: «Vi risponderò in breve. **94-96.** Quando la crudele anima del suicida si separa dal corpo da cui essa stessa si è strappata con violenza, Minosse la invia al settimo cerchio (*foce*). **97-99.** Cade nel bosco, senza che le sia stato prestabilito un luogo; ma nel punto in cui il caso la scaglia, lì germoglia, come fa il seme del farro. **100-102.** [Appena germogliata] si innalza in forma di ramicello (*vermena*) e poi di pianta selvatica; le Arpie, poi, nutrendosi delle sue foglie, le procurano dolore, e [generano] aperture da cui fuoriesce [sotto forma di parole] il dolore.

---

73. esto legno: nell'immagine si riassume tutta la degradazione dell'anima di Piero. Secondo un'interessante interpretazione di Claudia Villa, egli da vigna passa a pruno, e di qui a legno. *Petrus de Vinea* era infatti il nome latino del personaggio: nome che alludeva a Dio, chiamato "vigna" dai profeti e dagli evangelisti. Ora per lui tutto dunque si squalifica.
75. che fu d'onor sì degno: il cancelliere rimane fedele al suo imperatore ancora adesso, nel tempo della dannazione.

84. pietà: compassione. Si stabilisce una complicità emotiva fra il pellegrino Dante e l'anima-pruno.
85. se l'om: il *se* è un ottativo alla latina ("Possa essere esaudita..."); l'*om* è forma impersonale alla francese, come poi al v. 105.
91. soffiò il tronco forte: soffre quanto gli è indispensabile per parlare.
96. Minòs: giudice e carceriere generale dell'abisso infernale, come Dante ha chiarito all'inizio del canto V.
97. non l'è parte scelta: senza una desti-

nazione prestabilita; noi diremmo: "come càpita, càpita".
98. fortuna: qui, il caso. L'anima suicida è scaraventata giù nel VII cerchio.
99. spelta: il farro, ma qui designa una graminacea comune, un'erbaccia.
102. fanno dolore, e al dolor fenestra: si può intendere che le Arpie le potano, procurando dolore e, nel contempo, uno sbocco verbale a quel dolore.

Inferno

Come l'altre verrem per nostre spoglie,
ma non però ch'alcuna sen rivesta,
105 ché non è giusto aver ciò ch'om si toglie.

Qui le strascineremo, e per la mesta
selva saranno i nostri corpi appesi,
108 ciascuno al prun de l'ombra sua molesta».

Noi eravamo ancora al tronco attesi,
credendo ch'altro ne volesse dire,
111 quando noi fummo d'un romor sorpresi,

similemente a colui che venire
sente 'l porco e la caccia a la sua posta,
114 ch'ode le bestie, e le frasche stormire.

Ed ecco due da la sinistra costa,
nudi e graffiati, fuggendo sì forte,
117 che de la selva rompieno ogne rosta.

Quel dinanzi: «Or accorri, accorri, morte!».
E l'altro, cui pareva tardar troppo,
120 gridava: «Lano, sì non furo accorte

le gambe tue a le giostre dal Toppo!».
E poi che forse li fallia la lena,
123 di sé e d'un cespuglio fece un groppo.

Di rietro a loro era la selva piena
di nere cagne, bramose e correnti
126 come veltri ch'uscisser di catena.

103-105. Come le altre anime verremo [nel giorno del Giudizio Universale] per riprenderci i nostri corpi, ma non per questo ciascuna di noi se ne rivestirà, in quanto sarebbe ingiusto che uno (*om*) abbia di nuovo quel corpo di cui si è privato. **106-108.** Trascineremo qui con fatica i nostri corpi e per la selva dolorosa essi saranno appesi, ciascuno al cespuglio in cui ora è rinchiusa la sua anima, nemica al corpo».

Gli scialacquatori

109- 114. Eravamo ancora avvinti alle parole del tronco, pensando che volesse aggiungere dell'altro, quando venimmo sorpresi e distolti da un rumore, come il cacciatore che sente giungere verso il suo nascondiglio (*a la sua posta*) il cinghiale e la muta [dei cani] (*e la caccia*) all'inseguimento: egli ode i cani e le frasche smosse. **115-117.** E all'improvviso ecco [apparire] due da sinistra, nudi e pieni di graffi, che scappavano così velocemente da rompere ogni intoppo [di cespuglio] del bosco. **118-123.** Quello davanti diceva: «Aiutami, vieni presto, o morte!». E l'altro, a cui sembrava di correre non abbastanza in fretta, gridava: «O Lano, le tue gambe non furono altrettanto svelte [per fuggire la morte] alla battaglia del Toppo!». E poiché, forse, gli mancava (*li fallia*) il respiro [per il troppo correre], si gettò nascondendosi in un cespuglio, formando con esso un unico viluppo.
124-126. Dietro di loro la selva era piena di nere cagne, fameliche e velocissime, come cani da caccia appena liberati dalla catena.

106-108. Qui le strascineremo... de l'ombra sua molesta: terzina desolata e poeticamente assai alta. Si noti il verbo *strascineremo*, esempio insigne del realismo poetico di Dante: un'immagine dello sforzo cui l'anima è costretta per trasportare fin nella selva il proprio corpo inerte. L'anima feroce dei suicidi sopravvive per sempre nel bosco maledetto, stecchita e degradata a patibolo del povero corpo innocente. La crudeltà (verso i sopravvissuti) dei suicidi durerà per sempre: «L'io assassino presenzierà in perpetuo al dondolìo del sé assassinato» (V. Sermonti).
112. similemente a colui che venire: il ritmo improvvisamente muta, inaugurando una nuova e velocissima sequenza, quella della caccia infernale degli scialacquatori.

114. le frasche: stormiscono, calpestate dal cinghiale in avvicinamento.
115. due: gli scialacquatori non sono semplicemente i "prodighi", cioè spendaccioni che aspirano a mettersi in mostra; secondo l'*Etica* di Aristotele (IV) essi, dilapidando le proprie sostanze, hanno "perduto se stessi".
117. rosta: dal termine longobardo *hrausta*, è un riparo di frasche a ventaglio; qui indica l'ostacolo del sottobosco.
118. Or accorri: tale morte invocata da *quel dinanzi* è la seconda morte, l'annientamento totale promesso ai dannati dal libro dell'*Apocalisse* (cfr. Inf. I, v. 117; III, v. 46).
120. Lano: Lano da Siena, *quel dinanzi*, fu uno scialacquatore rinomato per la sua smodata frivolezza. Nell'imboscata tesa

dagli Aretini ai Senesi in località Pieve al Toppo (1288), in Valdichiana, non ebbe gambe altrettanto sollecite (*accorte*) come quaggiù all'inferno, tanto che i nemici lo raggiunsero e lo uccisero. Secondo Boccaccio, cercò volontariamente la morte nello scontro, perché ridottosi in miseria dopo avere sperperato le proprie sostanze.
121. giostre: tornei. È sarcastico l'uso del vocabolo per designare uno scontro armato costato la vita al personaggio.
126. veltri ch'uscisser di catena: sono semplici cani da caccia; non si caricano di alcun significato allegorico, come invece avveniva nel finale del canto I dell'*Inferno* (vv. 120-122).

84

Canto XIII

In quel che s'appiattò miser li denti,
e quel dilaceraro a brano a brano;
129   poi sen portar quelle membra dolenti.

Presemi allor la mia scorta per mano,
e menommi al cespuglio che piangea
132   per le rotture sanguinenti in vano.

«O Iacopo», dicea, «da Santo Andrea,
che t'è giovato di me fare schermo?
135   che colpa ho io de la tua vita rea?».

Quando 'l maestro fu sovr' esso fermo,
disse: «Chi fosti, che per tante punte
138   soffi con sangue doloroso sermo?».

Ed elli a noi: «O anime che giunte
siete a veder lo strazio disonesto
141   c'ha le mie fronde sì da me disgiunte,

raccoglietele al piè del tristo cesto.
I' fui de la città che nel Batista
144   mutò 'l primo padrone; ond' ei per questo

sempre con l'arte sua la farà trista;
e se non fosse che 'n sul passo d'Arno
147   rimane ancor di lui alcuna vista,

que' cittadin che poi la rifondarno
sovra 'l cener che d'Attila rimase,
150   avrebber fatto lavorare indarno.

Io fei gibetto a me de le mie case».

127-129. Azzannarono colui che si era nascosto [nel cespuglio], e lo sbranarono pezzo per pezzo; poi portarono via quelle membra sofferenti.

Un anonimo suicida fiorentino

130-132. Allora la mia guida (*scorta*=Virgilio) mi prese per mano e mi condusse al cespuglio che piangeva per le ferite che sanguinavano invano [non avendo procurato scampo al dilapidatore]. **133-135.** «O Iacopo di Sant'Andrea – diceva il cespuglio – a cosa ti è servito farti scudo di me? Quale colpa ho io della tua vita colpevole?». **136-138.** Quando il maestro si fermò presso di lui, disse: «Chi fosti, tu che per così tante cime [dei rami spezzati] soffi fuori parole di dolore (*doloroso sermo*) insieme al sangue?». **139-142.** Ci rispose: «O anime giunte qui a vedere lo strazio indecoroso che ha separato in questo modo da me le mie fronde, raccoglietele ai piedi del mio infelice cespuglio. **143-151.** Io fui di Firenze, la città che mutò in Giovanni Battista il precedente protettore; motivo per cui Marte (*ond'ei*) sempre la renderà infelice (*trista*) con la sua arte della guerra; e se non fosse che sull'Arno [presso il ponte Vecchio] rimane tuttora di lui qualche resto visibile (*alcuna vista*), quei cittadini che ricostruirono Firenze sopra le ceneri rimaste dopo la distruzione di Attila, l'avrebbero fatta ricostruire invano [perché Marte l'avrebbe nuovamente distrutta]. Io mi impiccai nelle (*fei gibetto a me de le*) mie case».

---

127. quel che s'appiattò: è *l'altro* del v. 119: sapremo fra due terzine, grazie ai gemiti del cespuglio, che si tratta di Iacopo da Sant'Andrea, altro noto scialacquatore, di Padova. In pochi anni riuscì a sperperare l'enorme fortuna della madre; finì povero e infine ucciso (1239) dal tiranno Ezzelino da Romano.

129. poi sen portar... dolenti: la rottura del ritmo (si notino gli accenti sulle sillabe 1, 4 e 7), simmetrica a quella del v. 112, esaurisce la frenesia e chiude questa fulminea "caccia infernale".

132. per le rotture... in vano: attraverso i rami inutilmente spezzati e sanguinanti. Tale rituale si ripete ogni volta, come il suicida-cespuglio rinfaccia a Iacopo da Sant'Andrea; il nascondiglio non impedisce che sia dilaniato dalle cagne.

137. tante punte: le cime dei rami del cespuglio; spezzate, esse gocciano sangue.

138. doloroso sermo: l'eloquio (dal latino *sermo, -onis*) è doloroso, sia perché l'argomento è dolente, sia per il dolore che costa al cespuglio parlare, o meglio, soffiare la voce.

142. cesto: dal latino *cisthu[m]*, "cespuglio", "cespo" (ancora oggi si dice "un cespo d'insalata").

143-144. Io fui de la città... padrone: è Firenze questa città che, secondo la leggenda, passò dalla protezione di Marte a quella di san Giovanni Battista; ragion per cui – continua la leggenda - *ei* (Marte, il dio della guerra) continuerà a rattristarla con la sua arte funesta, cioè la guerra. L'effigie di san Giovanni Battista era impressa sul rovescio del fiorino d'oro, la moneta fiorentina: forse Dante pensa che alla Firenze guerriera d'un tempo, protetta da Marte, sia subentrata una Firenze diversa, che va protetta da san Giovanni; una Firenze mercantile e, appunto, a suo modo suicida.

146. e se non fosse: la diceria affermava che a salvare Firenze da ulteriori distruzioni, dopo quella di Attila (o, meglio, di Tòtila, stando al cronista Giovanni Villani, *Cronica* II 1-2), fosse la residua benevolenza di Marte, dovuta al mozzicone d'una sua statua rimasto in capo al Ponte Vecchio. Una favola assurda, ma accettata per tutto il Medioevo e ascoltata anche da Dante. In realtà la statua (ai tempi di Dante ne rimaneva un troncone di cavallo e una punta di scudo) era stata eretta per un re goto. Venne spazzata via per sempre da una piena dell'Arno, nel 1333.

151. gibetto: forca, patibolo (dal francese antico *gibet*). Questo anonimo fiorentino – Dante preferisce sottolinearne la fiorentinità piuttosto che attribuirgli un'identità – si è impiccato a una trave di casa. Anche quest'ultimo verso «è solitario come una forca» (A. Momigliano).

85

Le chiavi del canto

■ LA PRIMA SEQUENZA: LA SELVA DEI SUICIDI

Siamo nell'orrido bosco dei suicidi, di coloro che volontariamente si privarono del dono maggiore fatto da Dio agli uomini: la vita. Dunque la giustizia divina li costringe eternamente alla forma più bassa di esistenza, quella vegetativa; neppure dopo il Giudizio Universale potranno rivestire più la figura umana. Uomini, sono costretti all'**innaturale immobilità delle piante**; parlano come parlerebbe una pianta, si dolgono d'essere feriti nei rami e nelle fronde. Dopo il Giudizio, quando tutte le altre anime rivestiranno i loro corpi, il loro corpo verrà invece impiccato alla pianta-anima, responsabile della violenza inferta.

Questi significati s'incarnano poeticamente nel *bosco/ che da neun sentiero era segnato* (vv. 2-3). Chi disprezzò il proprio corpo, riveste adesso un corpo vegetale, ma senza raggiungere il livello delle piante d'alto fusto, bensì rimanendo a a quello degli **arbusti spinosi**: brutti cespugli ostili, lacerati dalle lugubri Arpie e dilaniati dagli scialacquatori in fuga.

■ LA SECONDA SEQUENZA: L'INCONTRO CON UN SUICIDA

In questo luogo inaccessibile, impenetrabile, disumano, si aggira dunque il pellegrino dell'oltretomba, ammonito dal maestro Virgilio a prestare bene attenzione, perché vedrà e udrà cose incredibili. Su consiglio del maestro, coglie la fraschetta di una di quelle piante: ne esce la voce, mista di parole e sangue, di **Pier delle Vigne**, protonotaro di Federico II, prosatore insigne in latino e poeta in lingua volgare. Dante lo presenta come la **vittima dell'altrui invidia**: tutto l'ambiente in cui Pier delle Vigne è vissuto e ha operato – la corte – viene coinvolto nella condanna morale di Dante. La corte imperiale è divenuta anch'essa come una selva disumana: un ambiente non di relazioni, ma di invidie, gelosie, tradimenti.

Gli animi infiammati dall'invidia infiammarono a loro volta l'imperatore (vv. 67-68) contro il suo più fidato consigliere: il poeta traduce anche linguisticamente l'atmosfera intricata e dubitosa che domina l'episodio (v. 25: *Cred'io ch'ei credette ch'io credesse*).

■ LA TERZA SEQUENZA: LA CACCIA INFERNALE

Con rapido mutamento di scena, la spettrale boscaglia diviene dal v. 111 in avanti un fremere minaccioso di **suoni e forme in movimento**. All'improvviso appaiono due anime di scialacquatori o dilapidatori, inseguite da cagne fameliche che le raggiungono e le sbranano, facendo scempio anche del cespuglio (un anonimo suicida fiorentino) dietro cui il secondo scialacquatore si era rifugiato. L'animatissima scena della caccia allo scialacquatore era una di quelle "**cacce infernali**" di cui si compiaceva la fantasia medievale: essa riassume qui il senso di lacerazione che pervade il canto, in uno strazio di corpi dilaniati tra pezzi sparsi di uomini-cespuglio.

■ IL PROTAGONISTA: PIER DELLE VIGNE

Dante ci tiene a sottolineare la dignità morale del protagonista Pier delle Vigne: sul piano religioso il peccato di suicidio è orrendo, tuttavia Piero vi fu trascinato da ragioni che, dal punto di vista del poeta, sono degne di **pietosa comprensione** e di **rispetto**. Più avanti, nella *Commedia*, incontreremo (canto I del *Purgatorio*) un altro degno suicida, Catone l'Uticense, riscattato dal proprio peccato e insignito anzi della dignità di ministro divino, in virtù dell'alto amore che egli aveva portato alla libertà. Qui non si arriva a tanto; ma in ogni caso il personaggio di Pier delle Vigne è un tipico esempio della compresenza, frequente nell'*Inferno*, di **condanna religiosa** e di **comprensione per gli errori** e per l'umana fragilità: un motivo che abbiamo già incontrato in Francesca (canto V), in Farinata (canto X) e che ritroveremo, al massimo grado, in Ulisse (canto XXVI).

Del resto, Dante scorgeva in Piero anche qualcosa di sé:
- entrambi furono **poeti** e **uomini di governo**;
- entrambi furono **vittime** di invidie politiche;
- entrambi spesero la propria vita **al servizio della giustizia** dell'imperatore.

Tali affinità accrescono, in Dante, il senso di umana pietà e di comprensione verso il suo personaggio.

■ LO STILE E IL SIGNIFICATO DEL TESTO

Il canto si connota per il suo **stile "alto"**, pienamente adeguato allo spessore umano del suo grande protagonista. Soprattutto ai vv. 64-72 il discorso di Piero appare ricco di personificazioni, di parallelismi, di antitesi verbali e di altri artifici retorici: del resto egli era un raffinatissimo letterato.

Ma la manierata ricercatezza stilistica del canto non è un gratuito tentativo di riproduzione del linguaggio cancelleresco, raffinato e prezioso, di Pier delle Vigne. L'ambiente (la selva), la biografia (il suicidio), la lingua (retorica), tutto ciò vuole esprimere con coerenza una condizione dell'anima. Gli uomini-pianta *nodosi e 'nvolti* e gli elaborati **contorsionismi della sintassi** rappresentano in parallelo quell'attorcigliarsi dell'anima su se stessa che ha reso infine Piero *ingiusto... contra* [sé] *giusto*. Qui sta l'errore e il peccato di Piero: ha fatto del suo imperatore il proprio Dio; e quando gli è venuta meno la benevolenza del sovrano, non ha avuto più ragioni per sopravvivere. La sua anima non seppe trovare orizzonti più alti e più larghi: perciò ora è ridotta a un tronco, da cui escono insieme parole e sangue (vv. 43-44), senza più distinzione, né speranza.

Canto XIII

Lavoriamo sul testo

I CONTENUTI

1. Chi abita la selva? Distingui tra peccatori e custodi. E chi vi viene punito?
2. In base a quale contrappasso sono punite le due categorie di dannati di questo canto?
3. Quando e in che modo Dante comprende che cosa accade nella selva e con chi ha a che fare?
4. Che cosa accadrà ai suicidi dopo il Giudizio Universale?
5. Che cosa chiede Virgilio a Pier delle Vigne? E si rivolge a lui una volta sola o più di una volta?
6. La pena di cui soffrono suicidi e dilapidatori risponde alla legge del contrappasso: illustrala per entrambi.
7. Chi è Lano? In quale punto del canto si mostra?
8. Che cosa s'intende, a proposito di questo canto, per "caccia infernale"?
9. Alla fine del canto interviene un altro suicida: è lieto o risentito verso Dante? Perché?
10. Il pensiero del poeta torna regolarmente alla sua Firenze e ciò succede anche nella selva dei suicidi e dei dilapidatori: in quale passaggio e come?
11. Piero ti appare un personaggio positivo o negativo? Considera, per rispondere, tutti gli elementi in gioco.

LE FORME

12. Al v. 25 si evidenzia un poliptoto. Definisci brevemente in cosa consista tale figura retorica e poi evidenziala concretamente sul testo.
13. Al v. 68 l'espressione 'nfiammati infiammar è:
    ❏ un'antitesi   ❏ un'allitterazione
    ❏ un iperbato   ❏ un epiteto
14. Rintraccia nel testo e spiega nel contesto l'immagine [delle due] chiavi / del cor di Federigo.
15. Rintraccia le rime aspre e difficili del canto e cerca di illustrarne la funzione espressiva.
16. Di grande effetto poetico è il chiasmo del v. 72. Definisci con parole tue questa figura retorica e poi illustrala nel verso citato: in che senso essa, qui, fotografa il ribaltamento morale che il suicidio produce?

Mario Rivoire
Federico II e Pier delle Vigne

Un mistero insoluto «Non ho mai nutrito un porco se non per cavarne il grasso»; «Ci vorrebbe un'ascia per ficcargli un po' di senso in testa»; «Non è capace di vedere un corvo in una ciotola di latte»; «Si gratti dove gli prude».

Queste e altre frasi, autentiche anche se più o meno liberamente rese, sono frequenti nel linguaggio di Federico, per altro poeta fiorito. E non sorprendono, perché l'uomo è complesso. Lo smisurato orgoglio paterno si fonde all'astuzia normanna. La triste giovinezza gli ha ispirato un profondo disprezzo degli uomini. È stato molto tradito. «Ma è un dato favorevole per un principe essere sempre tradito?» chiede a ragione Pierre Gaxotte.

Il caso più nero, in fatto di tradimenti, è quello di Pier delle Vigne. Un «giallo» tuttora insoluto. Figlio d'un notaio, Pier delle Vigne era partito da Capua per Bologna, dove gli studenti dell'università erano padroni della città oltre che dello studio [...] «Non aveva pane da mangiare, né abiti per vestirsi» scrive un cronista. Ma c'era l'intelligenza, e c'era il sapere. Verso il 1225 è chiamato alla corte imperiale. La penna sarà l'arma che come il fucile per un soldato napoleonico diverrà il suo bastone di maresciallo. Non si risparmia. E l'ascesa è rapida, sicura. Ambasciatore, uomo di fiducia, giustiziere, gran cancelliere. È l'ombra di Federico. Logoteta del regno, ne è di fatto il viceré, quest'uomo d'umile origine. Nel 1248 Federico gli scrive di sorvegliare bene le finanze, e Piero risponde risentito.

Vi fu illecito arricchimento? Si ebbe un tentato avvelenamento dell'imperatore. Vi ebbe mano Pier delle Vigne? L'ipotesi della malversazione sembra avvalorata da una lettera dove Federico parla di «questo nuovo Simone[1] che, per aver sempre la borsa piena, aveva trasformato in serpe la verga della giustizia».

A Cremona, dov'è la corte, [Piero] è arrestato una notte di febbraio del 1249, condotto in segreto a Borgo San Donnino (oggi Fidenza). L'accusa è definitiva: lesa maestà. Sarà l'accecamento, la morte. È trasferito alla rocca di San Miniato al Tedesco, di qui lo porteranno a Pisa, per l'ultimo esempio. Non vi arriva. Lungo il cammino, il cieco forse trovò la forza di sfracellarsi gettandosi dall'asino che lo portava. Forse morì altrimenti. «Colui che è venuto dal nulla è ritornato nel nulla» è il gelido epitaffio dell'intimo amico, l'imperatore Federico II.

Mario Rivoire, *Federico II*, Mondadori, Milano 1969

---

1. **nuovo Simone:** allusione a Simon mago, che cercò di comprare dagli apostoli la facoltà di compiere miracoli.

Inferno

Canto XIV

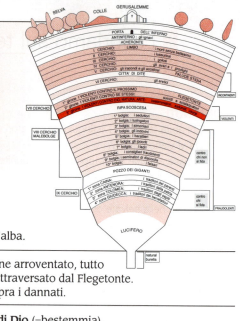

DATA	■ 9 aprile 1300 (sabato santo), verso l'alba.
LUOGO	■ **Cerchio VII**, terzo girone: un sabbione arroventato, tutto circondato dalla selva dei suicidi e attraversato dal Flegetonte. Lingue di fuoco piovono dall'alto sopra i dannati.
COLPA	■ **Violenza contro Dio nella persona di Dio** (=bestemmia).
PENA / CONTRAPPASSO	■ I bestemmiatori sono **distesi supini sotto la pioggia di fuoco**: come in vita guardarono Dio con disprezzo, ora devono tenere gli occhi rivolti in alto, al fuoco.
CUSTODE	■ Nessun custode speciale; il Minotauro (▶ canto XII) è il custode di tutto il cerchio.
PERSONAGGI	■ **Dante** e **Virgilio**. ■ Il bestemmiatore **Capaneo**, figura mitologica di individuo superbo. ■ Si parla del leggendario **Veglio** (=Vecchio) **di Creta**.

SEQUENZE

■ **Il sabbione dei violenti contro Dio** (vv. 1-42)

Dopo aver pietosamente radunato sotto il cespuglio dell'anonimo fiorentino le fronde sparse, Dante giunge sul margine del sabbione rovente. Qui, sotto una pioggia di lingue di fuoco, sono puniti i diversi gruppi dei violenti: contro Dio (giacciono supini), contro la natura (corrono senza sosta) e contro l'arte (rimangono rannicchiati).

■ **Capaneo il bestemmiatore** (vv. 43-82)

Uno dei supini è il gigantesco Capaneo, che giace *dispettoso e torto*, sprezzante della pena, raddoppiando il martirio con la rabbia che gli brucia dentro. Virgilio ricorda la sua vicenda e poi esorta Dante a tenersi discosto dal sabbione.

■ **Virgilio narra a Dante il mito del Veglio di Creta** (vv. 83-120)

Proseguendo, i due poeti giungono sull'argine di pietra di un canale in cui scorre un fiumicello rosso. Virgilio spiega al discepolo l'origine dei fiumi infernali: provengono dalle lacrime che escono da una crepa del Veglio di Creta, statua di vecchio gigantesco, dai piedi l'uno di terracotta, l'altro di ferro (come le gambe), dall'addome di rame, dal torace d'argento e dalla testa d'oro. È il simbolo di quanto sia fragile e caduca la stirpe umana, dalle cui ferite sgorgano lacrime di dolore.

■ **Precisazioni sui fiumi dell'oltretomba** (vv. 121-142)

Due questioni poste da Dante: perché si imbattono solo ora nel fiume che taglia tutto l'inferno? E dove sono il Flegetonte e il Lete, di cui Virgilio parla nell'*Eneide*? Il maestro risponde che non hanno ancora percorso l'intera circonferenza dell'abisso. Inoltre il fiume di sangue che hanno visto è il Flegetonte; quanto al Lete, non è nell'inferno, ma nel paradiso terrestre.

Canto XV

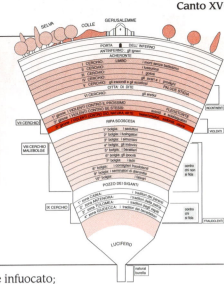

DATA	■ 9 aprile 1300 (sabato santo), alba.
LUOGO	■ **Cerchio VII**: terzo girone: un sabbione infuocato; lingue di fuoco piovono dall'alto sui dannati.
COLPA	■ **Violenza contro Dio nella natura** (il peccato di sodomia).
PENA / CONTRAPPASSO	■ I sodomiti, divisi in gruppi distanziati tra loro, **camminano sul sabbione rovente**, così come in vita furono "arsi" dalla passione e dall'irrequietezza. Sono colpiti dalle fiamme che piovono dal cielo: con questa punizione Dio distrusse la città di Sodoma.
CUSTODE	■ Nessun custode speciale; il Minotauro (▶ canto XII) è il custode di tutto il cerchio.
PERSONAGGI	■ **Dante** e **Virgilio**. ■ **Brunetto Latini**, maestro di Dante in gioventù. ■ **Altri sodomiti**: il grammatico Prisciano, il giurista Francesco d'Accorso, il vescovo fiorentino Andrea de' Mozzi.

SEQUENZE

■ **Sugli argini del Flegetonte: incontro con una schiera di sodomiti** (vv. 1-21)
Dante e Virgilio attraversano la landa infuocata, procedendo sopra uno degli argini del fiume Flegetonte. Incrociano una schiera d'anime, che procede in direzione opposta alla loro.

■ **Brunetto Latini si stacca dalla sua schiera** (vv. 22-45)
Una delle anime, con il volto tumefatto dalle fiamme, riconosce Dante, che la riconosce a sua volta: «Voi qui, ser Brunetto?». Brunetto cambia direzione e segue Dante conversando; non può fermarsi, perché altrimenti dovrebbe scontare supino e immobile cent'anni di pena. Dante vorrebbe scendere dall'argine, ma teme il fuoco che cade sul sabbione; perciò cammina tenendo il capo basso.

■ **Affettuoso colloquio tra Brunetto e Dante e profezia di futuri danni** (vv. 46-78)
Dante spiega come mai si trovi lì. Brunetto lo esorta a proseguire nel retto cammino intrapreso; prevede per colui che fu suo discepolo un destino glorioso, cui darebbe volentieri conforto, se fosse vivo. Predice altresì l'ostilità verso Dante dei fiorentini, avari, invidiosi, superbi.

■ **Coraggiosa risposta di Dante** (vv. 79-99)
Dante, grato per queste parole così gentili, rievoca il ricordo dell'antico maestro, quando a Firenze gli insegnava come l'uomo possa rendere eterno il suo ricordo compiendo opere buone. Quindi si dichiara pronto a sopportare le sventure che gli occorreranno e Virgilio loda il suo proposito.

■ **Altri sodomiti** (vv. 100-124)
Brunetto indica e presenta tre compagni di pena, poi li raggiunge rapido.

Canto XVI

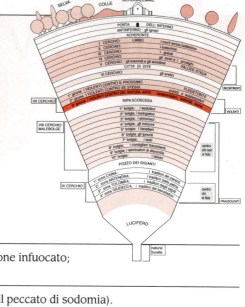

DATA	■ 9 aprile 1300 (sabato santo), alba.
LUOGO	■ **Cerchio VII**: terzo girone: un sabbione infuocato; lingue di fuoco piovono dall'alto.
COLPA	■ **Violenza contro Dio nella natura** (il peccato di sodomia).
PENA / CONTRAPPASSO	■ I **sodomiti**: ▶ canto XV.
CUSTODE	■ Appare **Gerione**, custode dell'VIII cerchio.
PERSONAGGI	■ **Dante** e **Virgilio**. ■ **Tre fiorentini illustri**: Guido Guerra, Tegghiaio Aldobrandi, Iacopo Rusticucci. ■ Viene nominato Guglielmo Borsiere.

SEQUENZE

■ **Incontro con altri sodomiti, tutti e tre fiorentini** (vv. 1-27)
Procedendo lungo l'argine, Dante e Virgilio si avvicinano al luogo in cui il Flegetonte precipita con fragore nel baratro sottostante. Incontrano tre anime che si fanno incontro di corsa a Dante. Riconosciutolo fiorentino dall'abito, lo pregano di fermarsi, e Virgilio esorta il discepolo a trattarli con rispetto. Giunti nei pressi, i tre sodomiti girano continuamente in cerchio, non potendo fermarsi mai.

■ **Cortese dialogo tra Dante e Jacopo Rusticucci** (vv. 28-63)
Una delle anime presenta sé e i suoi compagni: sono Guido Guerra, Tegghiaio Aldobrandi e Iacopo Rusticucci, tre illustri guelfi fiorentini. Dante manifesta il dolore che prova per aver incontrato in un luogo simile tre personaggi tanto ragguardevoli. Rivela poi la meta del suo viaggio.

■ **Le tristi condizioni attuali di Firenze** (vv. 64-90)
Jacopo domanda a Dante se è vero, come hanno sentito dire, che la loro città è traviata. «Firenze – risponde Dante – è in preda alla dismisura generata dalle smodate ambizioni degli arricchiti di recente». A questo punto i tre si congedano in fretta, pregando Dante di ricordarli ai vivi.

■ **Ripresa del cammino: il *buratto*** (vv. 91-105)
I due poeti giungono al burrone (il *buratto*) che divide il VII dall'VIII cerchio. Il Flegetonte scende verso il basso con terribile frastuono.

■ **Appare il mostro Gerione** (vv. 106-136)
Ubbidendo al maestro, Dante si leva dalla cintola una corda (simbolo di umiltà) e gliela porge. Virgilio la lancia nel precipizio. Che cosa accadrà? Appare in volo nel cielo una bestia mostruosa, che nuota nell'aria: è Gerione.

Canto XVII

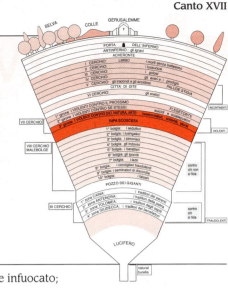

DATA	■ 9 aprile 1300 (sabato santo), alba.
LUOGO	■ **Cerchio VII**: terzo girone: un sabbione infuocato; lingue di fuoco piovono dall'alto.
COLPA	■ **Violenza contro Dio nell'arte, cioè nella professione** (usura).
PENA / CONTRAPPASSO	■ Gli usurai stanno seduti, così come in vita furono inoperosi; non lavorarono e adesso **le loro mani si agitano continuamente**, in un'inutile fatica; **piangono silenziosamente**, segno del dolore chiuso di chi visse un'esistenza egoistica. Sono costretti a fissare continuamente la borsa con lo stemma di famiglia.
CUSTODE	■ Appare **Gerione**, custode dell'VIII cerchio: nella mitologia greca era un gigante di tre teste e sei braccia; in Dante è un mostro con un solo corpo, in cui si uniscono tre nature: di uomo, di serpente e di scorpione. Il poeta lo definisce *sozza immagina di froda*: è la personificazione animalesca della colpa dei due cerchi sottostanti, i più profondi dell'inferno.
PERSONAGGI	■ **Dante** e **Virgilio**. ■ Tra gli **usurai**, si riconoscono uno della famiglia Gianfigliazzi, uno degli Obriachi, uno degli Scrovegni. ■ Si annuncia il prossimo arrivo di un certo Vitaliano e di Giovanni de' Buiamonti.

SEQUENZE

■ **L'arrivo di Gerione** (vv. 1-33)
All'orlo del burrone tra settimo e ottavo cerchio approda Gerione, personificazione della frode: ha la faccia di galantuomo, zampe di leone, corpo di serpente, coda di scorpione.

■ **Gli usurai sul sabbione infuocato** (vv. 34-78)
Mentre Virgilio convince il mostro a depositarli sul fondo del baratro, Dante si allontana un po' per osservare gli usurai, accovacciati, dolenti e piangenti, sferzati dalla pioggia di fuoco e inutilmente affannati nello scansarla con le mani. Non riconosce nessuno in particolare, ma solo vede, sulle borse che pendono dal collo di ciascuna anima, alcuni stemmi di famiglia: quello dei Gianfigliazzi, degli Obriachi, degli Scrovegni padovani. Un'anima gli annuncia la prossima discesa di Vitaliano del Dente e del fiorentino Giovanni de' Buiamonti. Dante non dice nulla e torna dal maestro.

■ **Volo in groppa a Gerione e passaggio all'VIII cerchio** (vv. 79-136)
Virgilio è già salito sulla groppa di Gerione; Dante vi si sistema a sua volta, ma rabbrividendo di paura. Virgilio lo abbraccia stretto e ordina a Gerione di muoversi lentamente. Il mostro prima retrocede, poi nuota nell'aria, agitando la coda come un'anguilla. Dall'alto Dante scorge lo scroscio del Flegetonte e tutte le pene dell'ottavo cerchio. Gerione scende, con volo a spirale, fino al fondo del burrone. Deposti i due poeti, si dilegua, sparendo rapidissimo.

Inferno

Canto XVIII

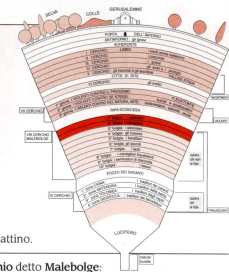

DATA	9 aprile 1300 (sabato santo), primo mattino.
LUOGO	Prima e seconda bolgia dell'**VIII cerchio** detto **Malebolge**: un imbuto di dieci fosse concentriche o bolge, nelle quali sono punite le diverse categorie di fraudolenti.
COLPA	Prima bolgia: **ruffiani** e **seduttori di donne**. Seconda bolgia: **adulatori**.
PENA / CONTRAPPASSO	I **ruffiani** e **seduttori** sono **nudi e frustati continuamente** da diavoli, secondo una punizione in uso nel Medioevo per questo genere di colpe. Gli **adulatori** in vita si avvilirono usando per gli altri untuosi complimenti; ora sono **tuffati nel lurido sterco** e nel suo pestilenziale odore; si graffiano e si percuotono da sé, così come in vita accarezzarono gli altri con le parole.
CUSTODI	**Gerione**, custode di tutto l'VIII cerchio (▶ p. 90) **Diavoli** (non più rappresentati come mostri pagani, ma da qui in avanti come i diavoli del Medioevo cristiano).
PERSONAGGI	**Dante** e **Virgilio**. **Prima bolgia**: il ruffiano Venedico Caccianimico e il seduttore Giasone (personaggio mitologico; sedusse la maga Medea). **Seconda bolgia**: Alessio Interminelli da Luca; Taide, meretrice della commedia Eunuco di Terenzio.

SEQUENZE

■ **Malebolge** (vv. 1-21)
L'ottavo cerchio è suddiviso in 10 bolge (borse): trincee circolari digradanti e concentriche, sovrastate da ponticelli di pietra che ne congiungono le sponde. Nel centro di Malebolge si apre un pozzo largo e profondissimo, che forma il nono cerchio.

■ **La prima bolgia: seduttori e ruffiani** (vv. 22-99)
Costeggiando (da sinistra) la prima bolgia, Dante e Virgilio vedono nel fondo le due file dei ruffiani e dei seduttori, ignudi, che marciano in direzioni opposte, fustigati da diavoli cornuti. Tra i ruffiani (seduttori per conto altrui) Dante riconosce il bolognese Venedico Caccianemico, che prostituì la sorella Ghisolabella al marchese Obizzo II d'Este. «Ci sono più bolognesi ruffiani morti – dice Venedico – che bolognesi vivi». Un diavolo fustigatore lo interrompe. Dall'alto del ponticello di pietra, Dante osserva i seduttori di donne per conto proprio: spicca Giasone, che partito alla conquista del Vello d'oro, sedusse (con secondi fini), e poi abbandonò, Isìfile e Medea.

■ **La seconda bolgia: gli adulatori** (vv. 100-136)
I poeti attraversano il secondo argine e, dall'alto del secondo ponte, vedono gli adulatori, che si lamentano immersi come maiali nello sterco. Le pareti sono incrostate di muffa nauseabonda e il fondo è buio. Dante riconosce, benché così imbrattato da renderlo quasi irriconoscibile, Alessio Interminelli da Lucca: la sua lingua, ora impastata di escrementi, non fu mai sazia di lusinghe. Virgilio addita poi la meretrice Taide, che si graffia con le unghie insozzate.

Canto XIX

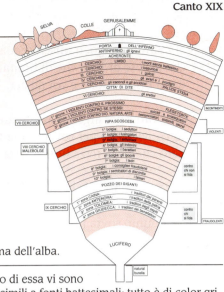

DATA	■ 9 aprile 1300 (sabato santo), poco prima dell'alba.
LUOGO	■ **Terza bolgia** dell'VIII cerchio: sul fondo di essa vi sono moltissime buche circolari o pozzetti, simili a fonti battesimali; tutto è di color grigio pietra.
COLPA	■ **Simonìa**, cioè la compravendita di cariche ecclesiastiche e di cose sacre.
PENA / CONTRAPPASSO	■ I simonìaci sono **capofitti in piccole buche rotonde**: in vita guardarono in basso, a onori e ricchezze terrene, anziché a Dio; così ora sono «messi in buca», laddove in terra vollero «imbucare» (mettere in borsa) il denaro. Quando uno arriva nel pozzetto che gli è riservato, il precedente sprofonda e il nuovo venuto resta nella buca con i piedi in alto e la testa in basso. Hanno le piante dei piedi bruciacchiate da una fiamma, e perciò agitano le gambe: come in vita respinsero la fiamma dello Spirito Santo, che li avrebbe illuminati, così ora sono puniti dalla fiammella sui piedi, come un'«aureola a rovescio».
CUSTODE	■ **Gerione**, custode di tutto l'VIII cerchio (▶ p. 90).
PERSONAGGI	■ **Dante** e **Virgilio**. ■ Papa **Niccolò III**. ■ Stanno per giungere nella bolgia papa **Bonifacio VIII** e papa **Clemente V**.

SEQUENZE

■ **Invettiva contro i simoniaci e descrizione della loro pena** (vv. 1-30)
Dante prorompe in una violenta apostrofe contro gli adepti di Simone (il mago che voleva comprare dagli apostoli il dono di infondere lo Spirito Santo), cioè i simoniaci, che giacciono nel fondo della terza bolgia, immersi a testa in giù in pozze gli uni sugli altri con le piante dei piedi arse da fiammelle.

■ **Papa Niccolò III** (vv. 31-87)
Chinandosi come un frate che ascolta la confessione, Dante interpella un simoniaco che si agita più degli altri e che aveva attirato la sua attenzione: «Chi sei, tu che hai il di su di sotto?». «Sei già qui, Bonifacio? – risponde quello – Già sazio delle ricchezze per le quali hai ingannato la bella donna (la Chiesa), per poi farne strazio?». Sorpreso, Dante rimane senza parole, ma poi, su consiglio di Virgilio, spiega al dannato l'errore. Quello allora si presenta: fu della famiglia Orsini e fu pontefice con il nome di Niccolò III. Sotto di lui vi sono altri papi simoniaci; e anche lui scenderà più in basso, allorché giungerà nella bolgia l'anima di papa Bonifacio. Quest'ultimo sarà poi seguito da Clemente VII, che asservì la Curia ai re di Francia.

■ **Invettiva di Dante contro i pontefici simoniaci** (vv. 88-117)
Dante maledice i papi simoniaci, che snaturano il Vangelo per puttaneggiare con i re come la bestia con le sette teste e le dieci corna dell'Apocalisse. Il poeta vorrebbe dire di più, ma si trattiene, per rispetto alla dignità papale; ma non può non deprecare il dono di Costantino a papa Silvestro, origine del potere temporale della Chiesa.

■ **Compiacimento di Virgilio** (vv. 118-133)
Conclusa l'invettiva (che fa agitare ancor di più papa Niccolò), tra le braccia d'un Virgilio che ha apprezzato le sue parole, Dante viene condotto sul ponte che sovrasta la quarta bolgia.

Inferno

O Simon mago, o miseri seguaci
che le cose di Dio, che di bontate
3   deon essere spose, e voi rapaci

per oro e per argento avolterate,
or convien che per voi suoni la tromba,
6   però che ne la terza bolgia state.

Già eravamo, a la seguente tomba,
montati de lo scoglio in quella parte
9   ch'a punto sovra mezzo 'l fosso piomba.

O somma sapïenza, quanta è l'arte
che mostri in cielo, in terra e nel mal mondo,
12   e quanto giusto tua virtù comparte!

Io vidi per le coste e per lo fondo
piena la pietra livida di fóri,
15   d'un largo tutti e ciascun era tondo.

Non mi parean men ampi né maggiori
che que' che son nel mio bel San Giovanni,
18   fatti per loco d'i battezzatori;

l'un de li quali, ancor non è molt' anni,
rupp' io per un che dentro v'annegava:
21   e questo sia suggel ch'ogn' omo sganni.

Fuor de la bocca a ciascun soperchiava
d'un peccator li piedi e de le gambe
24   infino al grosso, e l'altro dentro stava.

Le piante erano a tutti accese intrambe;
per che sì forte guizzavan le giunte,
27   che spezzate averien ritorte e strambe.

Invettiva contro i simoniaci e descrizione della loro pena

1-6. O Simone mago, o voi [suoi] infelici seguaci, che, avidi (*rapaci*), per denaro adulterate [cioè: fate illecito commercio del]le cariche ecclesiastiche (*cose di Dio*), che dovrebbero essere spose della carità, ora suoni per voi la [mia] tromba, visto che siete condannati alla terza bolgia. **7-9.** Eravamo già saliti, [essendo giunti] alla seguente bolgia (*tomba*), su quella parte del ponticello (*scoglio*) che cade a perpendicolo proprio nel mezzo del fossato. **10-12.** O sapienza di Dio, quanto perfetta è l'arte che dimostri in cielo, in terra e nell'inferno, e quanto giustamente (*giusto*) la tua potenza (*virtù*) distribuisce [le punizioni ai dannati]! **13-14.** Io vidi la pietra grigiastra [della bolgia] tutta piena, lungo le pareti e giù nel fondo, di buche (*fòri*), tutte della medesima larghezza e ciascuna era circolare. **15-21.** [Quei fori] erano di circonferenza uguale a quelli che sono presenti nel mio bel battistero di S. Giovanni [a Firenze], [fori] fatti allo scopo di fonti battesimali (*battezzatori*); uno dei quali, pochi anni fa, feci rompere per [estrarre] uno che stava annegando all'interno; e ciò lo dico per disingannare chiunque (*ogn'omo*) crede altrimenti. **22-27.** Fuori dall'orlo di ciascun foro, a ciascun peccatore sporgevano in alto (*soperchiava*) i piedi e le gambe, fino alla coscia, mentre (*e*) il resto del corpo rimaneva dentro. Entrambe le piante dei piedi erano a ciascun dannato accese; per la qual cosa [per questo fuoco] le loro giunture si dimenavano con tale energia (*sì forte*), che avrebbero spezzato funi e corde [robustissime].

---

1. Simon mago: Simone, mago in Samaría ai tempi di Gesù, secondo ciò che narrano gli *Atti degli Apostoli* (8, 9-20). Dopo che la sua città si convertì al cristianesimo, pretese che gli apostoli Pietro e Giovanni gli cedessero, in cambio di denaro, la facoltà d'infondere lo Spirito Santo. Deriva da lui il nome di simonìa per indicare la compravendita delle cose sacre, quelle che, invece, *di bontate / deon essere spose* (dovrebbero cioè sposarsi alla carità).
3. e voi: qui *e* ha valore avversativo: "e voi invece", "mentre voi".
5. la tromba: la profezia di Dante sembra identificarsi con la tromba suonata dall'angelo nel giorno del Giudizio.
8. scoglio: qui, come in tutti e tredici i canti di Malebolge, la parola scoglio signi-

fica "ponte, campata di roccia".
9. sovra mezzo 'l fosso: a piombo sul bel mezzo del fossato; è un costrutto perfettamente latino.
10. somma sapïenza: è uno degli attributi tipici del Dio trinitario (▶ *Inf.* III, v. 6).
17. nel mio bel San Giovanni: il Battistero di Firenze, dove Dante era stato battezzato nel 1265; lo evocherà come *fonte / del mio battesmo* nel canto XXV del *Paradiso* (vv. 1-9).
18. per loco d'i battezzatori: con la funzione di pozzetti, di fonti battesimali.
20. rupp'io: forse nel bimestre del suo priorato (estate 1300) Dante aveva disposto la rottura di un pozzetto del fonte battesimale, per evitare che un tale, che ci si era incastrato dentro a testa in giù, soffo-

casse. L'episodio era noto nella Firenze di allora, se Dante lo evoca in modo così rapido; forse ne erano fioriti equivoci e pettegolezzi, tanto che, per troncarli, il poeta coglie l'occasione offerta dal canto: *e questo sia suggel ch'ogn'omo sganni*, ovvero: "e con questo, il caso è chiuso". Importante l'inciso *ancor non è molt'anni*: la rottura del pozzetto dev'essere accaduta prima del 1301 (anno in cui Dante partì da Firenze per l'ambasceria a Roma, presso papa Bonifacio VIII); se non sono trascorsi molti anni, ciò significa che questo canto dell'*Inferno* risale al periodo 1305-07 al massimo.
27. ritorte e strambe: le ritorte sono funi di vimini intrecciate; le strambe, corde di fibre vegetali: entrambe tenacissime.

94

Qual suole il fiammeggiar de le cose unte
muoversi pur su per la strema buccia,
30   tal era lì dai calcagni a le punte.

«Chi è colui, maestro, che si cruccia
guizzando più che li altri suoi consorti»,
33   diss' io, «e cui più roggia fiamma succia?».

Ed elli a me: «Se tu vuo' ch'i' ti porti
là giù per quella ripa che più giace,
36   da lui saprai di sé e de' suoi torti».

E io: «Tanto m'è bel, quanto a te piace:
tu se' segnore, e sai ch'i' non mi parto
39   dal tuo volere, e sai quel che si tace».

Allor venimmo in su l'argine quarto;
volgemmo e discendemmo a mano stanca
42   là giù nel fondo foracchiato e arto.

Lo buon maestro ancor de la sua anca
non mi dipuose, sì mi giunse al rotto
45   di quel che si piangeva con la zanca.

«O qual che se' che 'l di sù tien di sotto,
anima trista come pal commessa»,
48   comincia' io a dir, «se puoi, fa motto».

Io stava come 'l frate che confessa
lo perfido assessin, che, poi ch'è fitto,
51   richiama lui per che la morte cessa.

28-30. Come una cosa unta, di solito, brucia solo sulla superficie esterna, [senza carbonizzarsi], così la fiamma bruciava in quei dannati (*lì*), dai talloni alle punte [dei piedi].

Papa Niccolò III

31-33. «Maestro, chi è quel dannato (*colui*) che mostra dolore (*si cruccia*), dimenandosi (*guizzando*), più degli altri dannati come lui – così dissi – e che è consumato da una fiamma più rossa (*roggia*=ardente)»? **34-36.** E Virgilio a me: «Se accetti che io ti conduca là, lungo il fianco che è meno ripido (*che più giace*), da lui stesso avrai notizie di sé e dei suoi peccati». **37-39.** E io: «Mi è gradito, quanto a te pure è gradito; sei tu il mio capo e sai che non mi allontano mai da ciò che vuoi, e sai anche quello che non ti rivelo [apertamente] [cioè: il desiderio di parlare a quel dannato]». **40-42.** Allora giungemmo sull'argine che divide la terza dalla quarta bolgia; girammo e scendemmo sulla sinistra fin giù nel fondo [della bolgia] pieno di fori e stretto (*arto*). **43-45.** Il buon maestro non mi depose dalla sua spalla, finché (*sì*) non mi portò vicino [non mi congiunse] alla buca (*al rotto*) dell'anima che mostrava il proprio dolore con l'agitarsi delle gambe (*con la zanca*). **46-48.** «Chiunque sia tu, che tieni sotto il di sopra, anima dannata, conficcata [a terra] come un palo – cominciai a dire – parla, se riesci». **49-51.** Ero [chino su di lui] come il frate che confessa lo spietato omicida, il quale, dopo essere stato interrato (*fitto*: a testa in giù nel terreno), lo richiama per dilazionare la morte [protraendo la confessione].

---

35. giace: nel senso, frequente nella *Commedia*, di "essere orizzontale", "tendere all'orizzontalità".

41. a mano stanca: sulla sinistra; è un modo di dire popolare, fondato sull'idea che la mano sinistra, "meno abile della ritta", si stanca prima.

43. Lo buon maestro: Virgilio scende il costone, stringendosi Dante al fianco e tenendolo sollevato da terra, finché (*sì* con valore temporale) non arriva a depositarlo proprio sull'orlo del pertugio (*rotto*, aggettivo sostantivato = "fessura").

45. con la zanca: dimenando i polpacci. *Zanca* è vocabolo di origine iraniana, giunto in Europa nel lessico dei calzolai france-

si, con significato di "gambale".

46. qual che se' che 'l di sù tien di sotto: notevolissima in questo verso la sequenza dei dieci monosillabi di fila. Nel canto XIX del *Purgatorio* Dante chiederà, simmetricamente: *Chi fosti e perché vòlti avete i dossi / al su...?* a un altro papa, Adriano V, pure lui avaro, ma non tanto da meritare l'inferno. Tale postura capovolta risponde all'analogia del contrappasso: voltando le spalle alla luce della verità, i papi simoniaci hanno posto i valori terreni al di sopra di quelli celesti.

49. Io stava come il frate: davvero paradossale questa immagine con cui Dante, laico, è paragonato a un frate, cioè a un

ecclesiastico, in atto di confessare, mentre il papa fa la parte di un peccatore che si confessa. L'inversione dei ruoli corrisponde al capovolgimento del contrappasso, per cui il di su del dannato viene tenuto di sotto.

51. per che la morte cessa: colui che è stato condannato a morte (*lo perfido assessin*, v. 50) richiama il frate per dilazionare la morte (protraendo la confessione); ma si può intendere in due modi: l'assassino (oggetto) cessa, allontana la morte (complemento oggetto); oppure: la morte (soggetto) cessa, viene cioè evitata (magari perché l'assassino ottiene la grazia in cambio della denuncia di altri).

Inferno

Ed el gridò: «Se' tu già costì ritto,
se' tu già costì ritto, Bonifazio?
54   Di parecchi anni mi mentì lo scritto.

Se' tu sì tosto di quell' aver sazio
per lo qual non temesti tòrre a 'nganno
57   la bella donna, e poi di farne strazio?».

Tal mi fec' io, quai son color che stanno,
per non intender ciò ch'è lor risposto,
60   quasi scornati, e risponder non sanno.

Allor Virgilio disse: «Dilli tosto:
"Non son colui, non son colui che credi"»;
63   e io rispuosi come a me fu imposto.

Per che lo spirto tutti storse i piedi;
poi, sospirando e con voce di pianto,
66   mi disse: «Dunque che a me richiedi?

Se di saper ch'i' sia ti cal cotanto,
che tu abbi però la ripa corsa,
69   sappi ch'i' fui vestito del gran manto;

e veramente fui figliuol de l'orsa,
cupido sì per avanzar li orsatti,
72   che sù l'avere e qui me misi in borsa.

Di sotto al capo mio son li altri tratti
che precedetter me simoneggiando,
75   per le fessure de la pietra piatti.

Là giù cascherò io altresì quando
verrà colui ch'i' credea che tu fossi,
78   allor ch'i' feci 'l sùbito dimando.

52-57. E quello gridò: «Sei tu proprio qui, sei tu proprio qui, Bonifacio? Di non pochi anni mi ha ingannato il libro [del futuro: la morte di Bonifacio è prevista per il 1303]! Così presto (*sì tosto*) ti sei saziato di quelle ricchezze (*aver*), per le quali non ti sei fatto scrupolo di sposare la Chiesa (*la bella donna*) e poi di disonorarla?». **58-60.** [Ciò dicendo], io divenni come coloro i quali se ne stanno quasi confusi (*scornati*), perché non capiscono ciò che è stato loro detto, e non sanno rispondere. **61-63.** Allora Virgilio disse: «Digli subito: "No, non sono quello che tu pensi [che io sia]"; e feci come mi era stato ordinato». **64-72.** Alle mie parole (*Per che*), lo spirito incurvò tutti i piedi; poi mi disse, tra i sospiri e quasi piangendo: «Dunque, cosa vuoi da me? Se così t'importa di sapere chi io sono, che a tale scopo hai disceso l'argine [della bolgia], sappi che io fui rivestito del manto papale; e in verità fui della famiglia degli Orsini, così avido [di ricchezze], per far crescere la potenza (*per avanzar*) dei miei parenti (*li orsatti*), che lassù in vita misi nella borsa molte ricchezze, e qui [all'inferno], ho messo in borsa me stesso. **73-75.** Sotto la mia testa sono trascinati giù gli altri papi che mi precedettero peccando di simonia, schiacciati (*piatti*) nelle fessure della roccia. **76-78.** Anch'io cascherò laggiù, quando giungerà colui [Bonifacio] che [io] pensavo che tu [Dante] fossi, allorché feci la mia precipitosa domanda.

---

52. el: papa Niccolò III, al secolo Giovanni Caetano Orsini, che fu pontefice dal 15 novembre 1277 al 22 agosto 1280. Favorì parenti e amici nelle cariche ecclesiastiche (▶ v. 71).
53. Bonifazio: Niccolò III crede di parlare con papa Bonifacio VIII, uno dei suoi successori sul soglio di Pietro; si stupisce che sia già giunto, prima del previsto (siamo nel 1300, non nel 1303). A dichiarare dannato Bonifacio VIII non è dunque Dante, ma un altro papa: così la condanna suona più solenne, e più efficace la vendetta del poeta verso il suo nemico. Bonifacio VIII, divenuto papa dalla fine del 1294, sarebbe morto nell'ottobre 1303.
54. lo scritto: il libro del futuro, su cui i dannati leggono ciò che si prepara nella

storia terrena. Niccolò III non vede il presente, ma il futuro sì.
56. tòrre a 'nganno: sposare con l'inganno; *tòrre* significa "togliere", cioè togliere=prendere in moglie.
57. la bella donna: la sposa del papa è la Chiesa di Roma; ma si tratta di un matrimonio truccato. Infatti, secondo Dante e secondo molti suoi contemporanei, Bonifacio aveva ingannato Celestino V per spingerlo ad abdicare; dunque la sua carica papale era stata ottenuta in modo simoniaco.
64. storse i piedi: è in questo modo capovolto e disumano che i simoniaci possono esprimere i loro sentimenti. Prima Niccolò III piangeva con la *zanca*; adesso manifesta con i piedi il proprio disappunto per essersi ingannato, o forse, si rammarica di

dover ancora attendere prima di assistere alla condanna infernale del suo pessimo successore.
70. veramente fui figliuol de l'orsa: cioè, "ma per la verità son sempre rimasto un Orsini" (famiglia di provenienza di Niccolò III). L'orso era considerato nel Medioevo una bestia proverbialmente ingorda, feroce e attaccatissima alla prole: dunque riassumeva in sé le caratteristiche attribuite alla famiglia Orsini in generale e a papa Niccolò III in particolare.
71. li orsatti: i miei orsacchiotti, cioè i rampolli della casata.
72. sù l'avere e qui me misi in borsa: fui così avaro che in terra cercai di arraffare ricchezze, e qui, all'inferno, sono io stesso preso nella borsa.

96

Ma più è 'l tempo già che i piè mi cossi
e ch'i' son stato così sottosopra,

81 ch'el non starà piantato coi piè rossi:

ché dopo lui verrà di più laida opra,
di ver' ponente, un pastor sanza legge,

84 tal che convien che lui e me ricuopra.

Nuovo Iasón sarà, di cui si legge
ne' Maccabei; e come a quel fu molle

87 suo re, così fia lui chi Francia regge».

Io non so s'i' mi fui qui troppo folle,
ch'i' pur rispuosi lui a questo metro:

90 «Deh, or mi dì: quanto tesoro volle

Nostro Segnor in prima da san Pietro
ch'ei ponesse le chiavi in sua balìa?

93 Certo non chiese se non "Viemmi retro".

Né Pier né li altri tolsero a Matia
oro od argento, quando fu sortito

96 al loco che perdé l'anima ria.

Però ti sta, ché tu se' ben punito;
e guarda ben la mal tolta moneta

99 ch'esser ti fece contra Carlo ardito.

E se non fosse ch'ancor lo mi vieta
la reverenza de le somme chiavi

102 che tu tenesti ne la vita lieta,

io userei parole ancor più gravi;
ché la vostra avarizia il mondo attrista,

105 calcando i buoni e sollevando i pravi.

PARADISO / PURGATORIO / INFERNO

Canto XIX

79-84. Ma il tempo che ho passato io a cuocermi i piedi a testa in giù (*così sottosopra*) è già più lungo di quello che passerà lui [Bonifacio] capovolto (*piantato*) con i piedi rossi [di fuoco: cioè, nella stessa posizione]: perché dopo Bonifacio gli subentrerà [molto presto], in arrivo da occidente [cioè dalla Francia] un papa fuorilegge, colpevole di azioni ancora più abiette delle sue (*di più laida opra*), il quale è destinato a cacciarci sotto entrambi. **85-87.** Sarà un nuovo Giosuè (*Iasón*), come quello del quale si legge nel libro [biblico] dei Maccabei: e come verso Giosuè fu accondiscendente il suo sovrano, così [accondiscendente] il re di Francia [Filippo il Bello] sarà (*fia*) verso di lui [cioè verso papa Clemente V]».

Invettiva di Dante contro i pontefici simoniaci

88-93. Non so se a questo punto (*qui*) io fui troppo temerario, perché gli risposi con questo tono (*metro*) [polemico]: «Suvvia, ora dimmi: Nostro Signore quanto ha preteso in contanti da san Pietro prima di mettergli a disposizione le chiavi [del cielo]? Niente, salvo chiedergli di seguirlo. **94-96.** Né Pietro né gli altri apostoli chiesero a Mattia oro o argento, quando [Mattia] fu scelto al posto di Giuda, l'anima colpevole (*ria*: di aver tradito Gesù). **97-99.** Perciò stàttene qui, che sei giustamente punito; e sorveglia bene il denaro che hai indebitamente acquisito, [denaro] che ti ha reso così arrogante con Carlo d'Angiò. **100-111.** E se non me lo impedisse il rispetto verso le chiavi a te [in quanto papa] assegnate nella vita terrena, ti parlerei in tono ancora più duro; infatti la vostra [di voi papi simoniaci] cupidigia offusca tutta l'umanità, opprimendo i buoni e favorendo i malvagi.

79-81. Ma più è 'l tempo... coi piè rossi: Niccolò III spiega che papa Bonifacio sgambetterà bruciandosi i piedi per meno dei vent'anni che a tutt'oggi son toccati a lui (dal 1280 al 1300). Dice il perché nella prossima terzina.

83. un pastor sanza legge: papa Clemente V, al secolo Bertrand de Got, nativo della Guascogna, primo fra i papi residenti ad Avignone. Salì sul soglio nel 1305 e morì nell'aprile 1314, lasciando Bonifacio (morto nell'ottobre 1303) ad abbrustolire nel suo pozzetto per meno di undici anni. Qui la cronologia è piuttosto precisa e lascia intendere che Dante abbia scritto il canto dopo la morte di Clemente V (aprile 1314); o meglio, lo rivide e corresse intorno al 1314-15.

85. Iasón: non è il mitico Iasón (Giasone, capo degli Argonauti) citato nel canto precedente, ma un personaggio biblico (Giosuè), di cui si parla nel secondo libro dei Maccabei: comprò a rate la carica di sommo sacerdote del sinedrio dal re Antioco Epifane (suo re), il quale ebbe la "mollezza" di venderglela. Ugualmente molle – sostiene Niccolò – sarà il re di Francia, Filippo IV il Bello (Dante non lo nomina mai, nella *Commedia*, in segno di disprezzo) con papa Clemente: gli procurerà l'elezione in conclave, in cambio di garanzie finanziarie e politiche.

88. troppo folle: troppo temerario. Il dubbio nasce perché Niccolò è stato pur sempre un papa, e Dante è un sincero cattolico.

90. quanto... Nostro Segnor: è citando i

Vangeli (Mt 16, 19 e 4, 18-19; Mc 1 17) che il pellegrino Dante contesta con insolenza le pratiche simoniache di papa Niccolò e dei suoi prossimi compagni di pena.

92. le chiavi: secondo i Vangeli, Cristo diede a Pietro, cioè ai papi, le chiavi del regno dei cieli, cioè dell'aldilà: «A te darò le chiavi del regno dei cieli, e tutto ciò che legherai sulla terra sarà legato nei cieli, e tutto ciò che scioglierai sulla terra sarà sciolto nei cieli» (Mt 16, 19).

99. contra Carlo ardito: fu la sete di guadagno, e il desiderio di favorire i parenti, gli *orsatti*, che – afferma Dante – ti ha reso così arrogante con Carlo I d'Angiò. Effettivamente il papa revocò a Carlo, fratello del re di Francia, il titolo di senatore romano e la carica di vicario imperiale in Toscana.

Inferno

Di voi pastor s'accorse il Vangelista,
quando colei che siede sopra l'acque
108 puttaneggiar coi regi a lui fu vista;

quella che con le sette teste nacque,
e da le diece corna ebbe argomento,
111 fin che virtute al suo marito piacque.

Fatto v'avete dio d'oro e d'argento;
e che altro è da voi a l'idolatre,
114 se non ch'elli uno, e voi ne orate cento?

Ahi, Costantin, di quanto mal fu matre,
non la tua conversion, ma quella dote
117 che da te prese il primo ricco patre!».

E mentr' io li cantava cotai note,
o ira o coscïenza che 'l mordesse,
120 forte spingava con ambo le piote.

I' credo ben ch'al mio duca piacesse,
con sì contenta labbia sempre attese
123 lo suon de le parole vere espresse.

Però con ambo le braccia mi prese;
e poi che tutto su mi s'ebbe al petto,
126 rimontò per la via onde discese.

Né si stancò d'avermi a sé distretto,
sì men portò sovra 'l colmo de l'arco
129 che dal quarto al quinto argine è tragetto.

Quivi soavemente spuose il carco,
soave per lo scoglio sconcio ed erto
132 che sarebbe a le capre duro varco.

Indi un altro vallon mi fu scoperto.

A voi pensava Giovanni Evangelista [autore dell'Apocalisse], quando nella sua visione vide colei che ha il trono sulle acque [la Chiesa] amoreggiare sconvenientemente con i sovrani [di questo mondo]; colei, ch'è nata con sette teste, e dalle sue dieci corna ha tratto forza (*argomento*), fintanto che suo marito [il papa] si è compiaciuto di praticare la virtù. **112-114.** Vi siete prostituiti a idoli d'oro e d'argento; e tra voi e gli idolatri c'è forse un'altra differenza, all'infuori del fatto che quelli adoravano un solo idolo, e voi ne adorate cento? **115-17.** Ahi Costantino, di quanto male fu origine, non la tua conversione, ma quella donazione che ricevette da te il primo papa proprietario [papa Silvestro I]!».

Compiacimento di Virgilio

118-120. E mentre gli pronunciavo parole così sgradevoli, o per l'ira o per la cattiva coscienza che lo rimordeva, [Niccolò III] scalciava con forza, con entrambe le piante [dei piedi]. **121-123.** Ritengo senz'altro che al mio maestro [Virgilio] piacesse [il mio discorso], [visto che] con volto sempre soddisfatto ascoltò il suono di quelle parole da me pronunciate, rispondenti a verità (*vere*). **124-126.** Perciò mi strinse con entrambe le braccia e dopo avermi sollevato con tutta la persona sopra il suo petto, risalì per la via da cui era disceso. **127-129.** E non si stancò di stringermi a lui, ma mi condusse sulla sommità del ponte che fa da passaggio tra la quarta e la quinta bolgia. **130-133.** Qui depose con dolcezza il carico [cioè la persona di Dante], [lui] delicato, su quel ponte (*scoglio*) disagevole e ripido, che anche per le capre sarebbe stato un percorso duro. Da lì mi fu aperta la vista di un'altra bolgia.

106. Di voi pastor s'accorse il Vangelista: qui il poeta trascrive quasi letteralmente una sinistra allegoria dell'*Apocalisse* (17, 1-3: «Vieni, ti mostrerò la dannazione della grande meretrice che siede sulle acque. Con la quale fornicarono i re della terra... E vidi una donna sedere su una bestia... che aveva sette teste e dieci corna»). Però in questo passo, caro ai movimenti profetici del Duecento, san Giovanni Evangelista, autore dell'*Apocalisse*, non pensava alla Chiesa, ma all'Impero romano (da lui chiamato *meretrix magna*) del I secolo d.C.: esso dominava i popoli, mercanteggiando con i re degli altri popoli. Dante riparlerà della Curia papale nelle vesti di *puttana*

sciolta nel canto XXXII del *Purgatorio*: là essa viene blandita e violentata da re Filippo il Bello di Francia.
112. Fatto v'avete dio d'oro e d'argento: cita solennemente alla lettera un passo del profeta biblico Osea (8, 4 e ss.), che parla degli Ebrei, asserviti al re dell'Assiria e dediti a culti idolatrici. Il passo si riferisce anche al Vitello d'oro (*Esodo*, 32) fabbricato dal popolo ebraico nel deserto in assenza di Mosè.
115. Ahi, Costantin: l'imperatore Costantino (IV secolo), secondo una leggenda accettata da Dante e da tutti i medievali, fece donazione della città di Roma a papa Silvestro I, il quale lo aveva guarito dalla lebbra

e battezzato. Silvestro accettò il dono, divenendo così il primo papa titolare di un patrimonio mondano (*il primo ricco patre*). L'atto di Costantino fu, in realtà, fabbricato dai monaci francesi di Saint-Denis verso il 750: era cioè un falso, come dimostrerà il dotto umanista Lorenzo Valla intorno al 1440. Su di esso però la Chiesa di Roma fondava i suoi diritti di possedere beni temporali: il male originario da cui, secondo Dante, è derivata la colpa di compravendita di beni spirituali, ovvero la simonia.
123. parole vere: parole veritiere ed esplicite; Virgilio (simbolo della retta ragione) si compiace che Dante abbia esposto tutta intera la verità al papa simoniaco.

Le chiavi del canto

■ LA SIMONÌA E IL TEMA POLITICO NELLA *COMMEDIA*

Il canto XIX è uno dei grandi **canti politici** della *Divina Commedia*. Nel canto VI Dante aveva trattato il tema di Firenze e della politica a lui più vicina (le divisioni tra Bianchi e Neri, l'esilio suo personale). Qui lo sguardo si allarga alle dimensioni più larghe già toccate nel canto I: il problema è sempre quello della lupa, la bestia che solo il veltro potrà ricacciare nel profondo dell'inferno; qui la lupa-cupidigia assume uno dei suoi aspetti più caratteristici, la simonìa. Il motivo è posto con solennità fin dalla prima terzina del canto, con l'apostrofe rivolta dal poeta all'indirizzo dei papi e dei sacerdoti che vendono e comprano le cose di Dio, *che di bontate / deon essere spose*.

Tecnicamente, la simonìa è il peccato di Simon mago, che pretendeva di comprare dagli apostoli una facoltà spirituale (▶ nota 1, p. 94); ma in senso più generale, essa coincide con l'**adoperare l'autorità religiosa a fini economici** (per arricchirsi) **e politici** (per accrescere il proprio potere). Dunque è il male da cui, nella visione di Dante, discendono tutti gli altri. Infatti una Chiesa simoniaca impedisce l'azione pacificatrice dell'imperatore e quindi distorce l'intero quadro della vita degli uomini su questa terra.

Siamo dunque di fronte al grande tema da cui germina la poesia-profezia della *Commedia* ("convertitevi, perché il vaso è ormai colmo: Dio sta per intervenire"): ecco perché Dante è tanto severo con i papi simoniaci. Mai come in questo canto XIX il poeta appare tanto duro, fino a dichiarare la **dannazione di ben tre papi** vissuti al suo tempo (Niccolò III, Bonifacio VIII, Clemente V); ma non si può dire che si comporti con indulgenza nel resto del poema. Infatti:

- nel canto III dell'*Inferno* viene dannato Celestino V, se fu lui a fare – come sembra – *per viltade il gran rifiuto* (v. 60);
- note di biasimo sono espresse per altri due papi che pontificarono durante la vita terrena del poeta, cioè Clemente IV (persecutore di Manfredi in *Purgatorio*, III) e Giovanni XXII (aspramente rimbrottato da san Pietro in *Paradiso*, XXVII);
- due altri papi del tempo di Dante (Martino IV e Adriano V) figurano in *Purgatorio*, uno tra i golosi (canto XXIV), uno tra gli avari (canto XIX).

Tra i papi vissuti al tempo di Dante, soltanto uno (Giovanni XXI) viene posto in paradiso, ma non in quanto papa, bensì come filosofo (quando si chiamava Pietro Ispano).

■ LA CONDANNA DEGLI UOMINI, IL RISPETTO PER L'UFFICIO PAPALE

C'è da dire, comunque, che la condanna per gli uomini si associa sempre, nella *Commedia*, al rispetto per il loro ministero. Dante infatti:

- obbedisce alle decisioni prese dai papi simoniaci in ambi-

to spirituale (per esempio colloca il suo viaggio nell'aldilà proprio nell'anno del Giubileo del 1300, indetto da Bonifacio VIII);
- condanna chi li oltraggiò: anche se Bonifacio VIII fu un papa indegno, tuttavia lo schiaffo di Anagni contro di lui appare al poeta un oltraggio fatto a Cristo stesso (*Purgatorio* XX, vv. 85-90).

Anche in questo canto XIX Dante dice che è *la reverenza de le somme chiavi* (v. 101) a impedirgli di essere ancora più duro verso Niccolò III; già al v. 88 aveva dichiarato di temere di essere troppo folle per esprimere, lui comune cristiano, un giudizio tanto severo all'indirizzo di un papa.

Dunque Dante **non mette mai in dubbio l'autorità papale**; distingue però tra l'alto ufficio e l'uomo: al primo si deve riverenza, ma il secondo, se sbaglia, va denunciato. Il male resta male, sempre, chiunque lo compia e comunque lo si faccia.

■ LO STILE SOLENNE DELL'APOSTROFE

Rispetto ai precedenti canti di Malebolge, questo canto XIX presenta un'importante particolarità: la forte presenza di **esclamazioni**, **apostrofi**, **interventi diretti** da parte del poeta, tutti elementi che innalzano il linguaggio, coerentemente con l'argomento così importante nell'ottica di Dante.

a) Il canto comincia senza preamboli con un'apostrofe ai peccatori qui puniti: *O Simon mago, o miseri seguaci/ ... / or convien che per voi suoni la tromba...* (vv. 1-5), che contiene un richiamo solenne, addirittura, al Giudizio finale di Dio.

b) Dopo l'inizio così impegnativo, segue una terzina di raccordo narrativo (vv. 7-9) sul viaggio di Dante e Virgilio.

c) Si continua con una nuova apostrofe (vv. 10-12: *O somma sapïenza, quanta è l'arte/ che mostri in cielo, in terra e nel mal mondo...*) di lode alla giustizia di Dio (e implicitamente di nuova condanna dei simoniaci, da parte del poeta).

d) La parte narrativa del canto riprende al v. 13 con la breve descrizione della bolgia e della pena, prima del drammatico diverbio tra Dante e papa Niccolò III (vv. 31-87): lungo il quale è lo stesso pontefice peccatore che biasima, con ironia e anche con sdegno, la colpa sua e dei suoi colleghi di pena.

e) La replica di Dante assume la forma di una lunga invettiva (vv. 88-117) all'indirizzo dei pontefici che puttaneggiano con i re: invettiva che Virgilio approva (vv. 121-123).

f) Solo a questo punto il canto può chiudersi con un tono pacato di racconto (vv. 124-133), che ci conduce sul ponte sovrastante la quarta bolgia.

■ INSERTI "BASSI" E LINGUAGGIO "COMICO"

La presenza di queste apostrofi e invettive eleva l'impegno stilistico del canto, che in più punti si richiama direttamente ai **testi biblici**, già a partire dal v. 1 (ispirato dagli *Atti degli*

Inferno

Apostoli), per continuare con i vv. 85-86 (Libro dei Macca-bei), 90 e ss. (Vangelo secondo Matteo, XVI), 112 (libro dell'Esodo). Soprattutto i vv. 106-111 s'intonano a una solenne profezia dell'Apocalisse (17, 1-3), trasferita però dalla Roma pagana alla Curia papale: ma già il v. 5 del canto intonava, con l'immagine della poesia concepita come suono di tromba, un forte motivo apocalittico, in consonanza con la natura profetica della Divina Commedia.

Questo impegno stilistico alto convive però – ed è un carattere tipico dello stile comico di Dante – con **parole ed espressioni "basse"**, di forte realismo e/o tratte dal lessico comune:
– la sequenza ai vv. 45-47: piangeva con la zanca; 'l di sù tien di sotto; come pal commessa; fondo foracchiato (v. 42); scornati (v. 60); son stato così sottosopra (v. 80), puttaneggiar (v. 108); forte spingava con ambo le piote (v. 120).

Simili espressioni "comiche" convivono peraltro con altri **momenti solenni** (per esempio al v. 69: sappi ch'i' fui vestito del gran manto; o al v. 101: la reverenza de le somme chiavi) o patetici, come al v. 65, in cui Niccolò III parla sospirando con il pianto nella voce.

Il risultato di tutto ciò è un impasto ricco, multiforme, adeguato al grande impegno ideologico che Dante pone nella trattazione dei contenuti di questo canto.

Lavoriamo sul testo

I CONTENUTI

1. A un certo punto il poeta cita il Battistero di san Giovanni a Firenze: perché? Quale relazione lo lega con la situazione del canto? Che cosa avvenne in quel luogo?

2. Per quali colpe Niccolò III è condannato alla terza bolgia? Quali particolari autobiografici Niccolò III rivela, nel suo colloquio con Dante?

3. Un equivoco accompagna la prima parte del colloquio tra Niccolò III e Dante: spiegalo con le tue parole. Esso però ha una precisa funzione nel contesto del canto: quale sottolineatura consente al poeta?

4. Illustra il contrappasso dei simoniaci.

5. Oltre a Niccolò III, vengono citati nel testo altri papi simoniaci: quali? Quando vissero e come operarono?

6. Alla fine del dialogo con Dante, Niccolò III agita i piedi con veemenza. Secondo te, lo fa perché:
   ❏ è d'accordo sulla condanna dei papi simoniaci
   ❏ è furente perché Dante lo ha smascherato
   ❏ prova rimorso per quanto ha compiuto in vita

7. La Chiesa, vista come realizzazione della prostituta dell'Apocalisse, faceva parte delle posizioni ereticali di catari e valdesi. Dante a tuo avviso:
   ❏ concorda con queste posizioni
   ❏ le condanna attraverso l'intervento finale di Virgilio
   ❏ si allontana da tali posizioni, perché considera la Chiesa riformabile e correggibile
   ❏ non prende una posizione esplicita su questi temi

8. Alla fine del canto Virgilio si dimostra:
   ❏ particolarmente soddisfatto e d'accordo con Dante
   ❏ ansioso solo di proseguire il cammino
   ❏ polemico con Dante per l'atteggiamento troppo duro tenuto con Niccolò III
   ❏ polemico con Dante per l'atteggiamento troppo tenero tenuto con Niccolò III

LE FORME

9. Ai vv. 22-23 si mostra una costruzione a senso: evidenziala sul testo.

10. Una delle parole-chiave del canto è borsa. Rintracciala nel testo e spiega il motivo di questa centralità in rapporto alla pena qui punita. Ti suggerisce qualcosa il fatto che bolgia significhi appunto borsa?

11. Rintraccia nel testo l'immagine dell'orsa e degli orsatti e spiegala con le tue parole.

12. Il canto si gioca poeticamente sul motivo del rovesciamento. Illustralo con le tue parole, citando termini ed espressioni significative.

13. Il canto è ricco di esclamazioni, pronunciate sia da Dante poeta, sia da Dante personaggio. Rintraccia nel testo le une e le altre.

14. Il discorso di papa Niccolò III è pienamente comico nel senso che unisce termini "alti" a termini "bassi". Evidenziali sul testo. Spiega inoltre in che senso questa mescolanza si possa definire «comica».

15. Secondo lo studioso N. Sapegno, il canto XIX è caratterizzato da un «tono… di sarcasmo violento e al tempo stesso accorato».
    Ritrova nel testo alcuni passaggi che rendano visibile la compresenza dei due elementi.

100

Approfondimenti

Giorgio Falco
Il papato ai tempi di Dante

La supremazia degli interessi "terreni" La teocrazia, vinta in Bonifacio VIII, aveva dovuto cercare riparo in Avignone, sotto la protezione di quella che, pur senza il titolo imperiale, era la potenza egemone d'Europa. Per settant'anni effettivamente la Santa Sede fu occupata da papi, francesi di nascita, se anche inglesi di stato; francesi furono 113 dei 134 cardinali eletti in quel periodo, francesi molti degli ufficiali preposti al governo del Patrimonio. Per contro, ciò che [...] era in ogni caso assai lontano dalle speranze sue e di molti suoi contemporanei, è che nessuna spinta al rinnovamento sarebbe derivata al papato dall'influenza della Francia, che anzi si sarebbero percorse fino al fondo le vecchie vie, e i mali, di cui si faceva così grande lamento, si sarebbero ingigantiti.

Solo in astratto era pensabile[1] l'instaurazione della Chiesa spirituale, moderatrice della pace europea, la sua totale abdicazione ai propri principi e ai propri diritti secolari. Viceversa fu tenacemente riaffermata la supremazia papale contro l'impero, e si dissiparono ricchezze ed energie nello sforzo disperato di fronteggiare Enrico VII, Ludovico il Bavaro e i Ghibellini d'Italia, di strappare il Patrimonio[2] alle turbolenze e alle usurpazioni dei signori e dei comuni [...]. Fra il malcontento dei vescovi e dei collatori[3] ordinari si moltiplicarono le esenzioni[4] e si accrebbe in maniera vertiginosa il numero dei benefici riservati alla Santa Sede. Oltre i diritti pagati da vescovi ed abati in occasione della loro nomina o della loro conferma da parte del papa, oltre gli elevati diritti di cancelleria dovuti

dai destinatari delle bolle, si levarono decime straordinarie sui redditi dei beni ecclesiastici, si percepirono a vantaggio della Curia i frutti dei benefici riservati vacanti, e, in seguito alla loro collazione[5], i frutti della prima annata. Si convertirono in una tassa a favore della Camera Apostolica le *procuratiónes*, cioè le somministrazioni dovute ai vescovi in occasione delle visite pastorali; si misero le mani, con sempre maggiore avidità e con sempre più larghe pretese, sull'eredità dei beneficiari che venivano a morte; si riscossero sussidi caritativi[6], ma non per questo meno obbligatori, ora per una, ora per altra ragione: la Terra Santa, le necessità della Chiesa, la lotta contro gli eretici e i ribelli. La grandiosa organizzazione delle collettorie[7], diramate per tutte le province del mondo cattolico e facenti capo all'amministrazione centrale, raccolse implacabilmente d'ogni parte e convogliò ad Avignone il denaro dei fedeli.

Effettivamente la fiscalità ecclesiastica doveva suscitare l'immagine di un'enorme piovra distesa coi suoi tentacoli a suggere il sangue della cristianità. Ne soffriva il clero, taglieggiato senza tregua, impedito e sminuito nel suo stesso ministero spirituale; ne soffrivano popoli e principi, che vedevano portate oltre confine e destinate ad altri usi le ricchezze del paese; ne risentiva l'intera vita religiosa.

La crisi avignonese Per una dinamica fatale la Chiesa d'Avignone, materialmente e moralmente impoverita, fronteggiata dalla nuova Europa[8], era costretta

a cercare la sua salvezza, là, dove risiedeva la sua rovina. Quanto più s'allargava e s'infittiva la rete dei suoi interessi temporali, quanto più essa aderiva alla terra per trarne il succo vitale, tanto più s'impoveriva la sua sostanza religiosa e si abbassava il suo prestigio. La ricchezza era la condizione indispensabile per assicurare l'indipendenza della Chiesa anche dalla Francia, per tener in pugno il Patrimonio, condurre un'energica politica contro l'impero e i Ghibellini d'Italia, intervenire autorevolmente nelle grandi questioni europee, bandire la guerra agli infedeli, dispensare e acquistar favori, conciliarsi il rispetto dei popoli. Ma la ricchezza si otteneva solo a patto di offuscare la santità del papato e di esasperare le ostilità.

Noi possiamo distinguere da pontefice a pontefice, chiamare Clemente V responsabile della più sommessa obbedienza alla corona di Francia [...], possiamo attribuire a Giovanni XXII il maggior impulso allo sviluppo della fiscalità pontificia; ma la linea dello svolgimento risale ben più alta[9] del primo e discende ben più giù del secondo, né bastano ad arrestare il male, che anzi si aggrava ogni giorno, le buone disposizioni di un Benedetto XII o di un Urbano V. Combattere vittoriosamente contro un intero sistema politico e religioso, che s'era venuto formando nel corso delle generazioni, che rispondeva a inderogabili esigenze civili del tempo, non era evidentemente in potere di un papa, fosse pure animato da una eroica volontà.

Giorgio Falco, *La Santa Romana Repubblica*, Ricciardi, Milano 1986

---

1. era pensabile: come invece Dante afferma di voler credere possibile.
2. strappare il Patrimonio: tutelare (dalle mire esterne) i possessi della Chiesa nell'Italia centrale, le sue rendite terriere o benefici ecc.
3. collatori: raccoglitori, esattori fiscali che

agivano in nome della Chiesa.
4. le esenzioni: il privilegio di non pagare le imposte ordinarie, concesso a monasteri, titolari di cariche ecclesiastiche, signori locali ecc.
5. collazione: dopo la prima raccolta fiscale.
6. sussidi caritativi: le offerte che vengo-

no versate dai fedeli.
7. collettorie: i punti periferici di raccolta.
8. dalla nuova Europa: l'Europa delle monarchie nazionali.
9. ben più alta: a un'epoca assai precedente.

Inferno

Canto XX

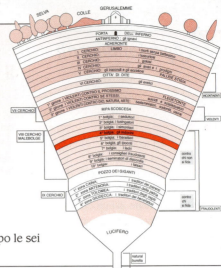

DATA	9 aprile 1300 (sabato santo), subito dopo le sei del mattino.
LUOGO	**Quarta bolgia** dell'VIII cerchio: una fossa circolare, in pietra, bagnata dal pianto degli indovini.
COLPA	La **falsità** di maghi e indovini.
PENA / CONTRAPPASSO	Gli indovini non accettarono i limiti della natura umana e perciò, adesso, la loro figura appare stravolta: nudi, **camminano lentamente**, tacendo e lagrimando, con il volto del tutto girato dietro le spalle. Vollero scrutare avanti, nel futuro, più di quanto sia lecito all'uomo, e adesso **procedono a ritroso** e guardano dietro di sé, senza vedere neppure il presente. **Tacciono**, dopo aver svelato in vita cose che dovevano tacere.
CUSTODE	**Gerione**, custode di tutto l'VIII cerchio (▶ p. 90).
PERSONAGGI	**Dante** e **Virgilio**. **Indovini** e **maghi**, alcuni antichi e altri medievali.

SEQUENZE

La triste pena degli indovini (vv. 1-30)
Dal ponticello che sovrasta la IV bolgia, Dante vede sul fondo gli indovini, che camminano in triste processione con la faccia rivolta all'indietro. Al triste spettacolo della natura umana così stravolta, Dante non riesce a trattenere le lacrime, ma Virgilio lo rimprovera: quel moto di pietà è del tutto fuori luogo.

Virgilio indica a Dante alcuni indovini e maghi (vv. 31-57)
Il maestro indica alcuni di quei dannati: Anfiarao, che non riuscì a sfuggire alla premonizione della propria morte sotto le mura di Tebe; Tiresia, l'augure tebano che per punizione fu temporaneamente mutato in donna; Arunte, che visse solo, in una spelonca; Manto, che dopo molto peregrinare si trasferì sulle rive del Mincio, là – dice Virgilio – dove io nacqui.

Digressione su Mantova e la sua leggendaria origine (vv. 58-102)
Virgilio descrive il sito geografico della sua città, tra il lago di Garda, Peschiera e il Mincio. Manto si fermò proprio nel punto in cui il Mincio si fa palude, per compiere le sue magie. Dopo la sua morte, gli abitanti della zona si raccolsero in quel luogo, fondarono una città e la chiamarono "Mantova" in suo ricordo. Dante a questo punto potrà sconfessare le altre false dicerie sull'origine di Mantova.

Continua la rassegna degli indovini (vv. 103-123)
Virgilio menziona altri indovini puniti sul fondo della bolgia, assieme ad alcune maghe che abbandonarono telaio e spola per far *malie con erbe e con imago* (immagini di cera).

Ripresa del cammino (vv. 124-130)
Virgilio avverte Dante che è tempo di andare: sono passate le sei del mattino, come indica in cielo la posizione della luna, che sta toccando l'orizzonte tra i due emisferi.

Canto XXI

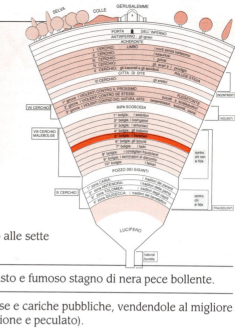

DATA	■ 9 aprile 1300 (sabato santo), intorno alle sette del mattino.
LUOGO	■ **Quinta bolgia** dell'VIII cerchio: un vasto e fumoso stagno di nera pece bollente.
COLPA	■ **Baratteria**, cioè il fare mercato di cose e cariche pubbliche, vendendole al miglior offerente (equivale ai nostri concussione e peculato).
PENA / CONTRAPPASSO	■ I barattieri sono **avvolti in una pece nera**, vischiosissima, simbolo dei loro intrighi e ambiguità. Violarono le leggi della giustizia umana e qui sono **alla mercé di diavoli violenti**, che li feriscono con uncini non appena si sporgono dalla pece.
CUSTODI	■ I **diavoli**, somministratori della pena.
PERSONAGGI	■ Dante e Virgilio. ■ Due magistrati di Lucca, tra cui Bonturo Dati. ■ Malacoda, Barbariccia e gli altri diavoli.

SEQUENZE

■ **La bolgia dei barattieri** (1-21).
Conversando tra loro, Dante e Virgilio giungono a metà del quinto ponte di Malebolge. Il fondo della bolgia è un lago di pece, nera e densa come quella che usano i veneziani, d'inverno, nel loro arsenale, per riparare le navi. È difficile vedere che cosa sta ribollendo sotto la superficie.

■ **Il diavolo e il barattiere** (vv. 22-57)
Virgilio fa cenno a Dante di guardare: arriva un diavolo con un peccatore lucchese in spalla, lo getta nel fondo della bolgia e grida agli altri diavoli che sta ritornando a Lucca, città piena di barattieri. Il dannato è Bonturo Dati: tuffato nella pece, risale a galla, ma i diavoli lo colpiscono con gli uncini e lo tengono giù.

■ **Virgilio parlamenta con Malacoda** (vv. 58-87)
Dante si nasconde dietro a uno scoglio, mentre Virgilio va a parlamentare. I diavoli stanno per gettarglisi contro, ma il poeta mantovano chiede di parlare con qualcuno di loro. Si avanza Malacoda. Dopo aver udito che il viaggio è voluto da Dio, intima alla sua truppa di non aggredire i pellegrini.

■ **Dante esce dal nascondiglio** (vv. 88-105)
Dante può uscire dal suo nascondiglio: passa, come quei Pisani che uscirono dal castello di Caprona, dopo la resa, tra i diavoli che si incitano vicendevolmente a colpirlo.

■ **Assicurazioni di Malacoda e la scorta diabolica** (vv. 106-126)
Malacoda avvisa i poeti che il ponte sulla sesta bolgia crollò 1266 anni fa (il giorno di Venerdì santo), e che dovranno imboccare un altro ponte poco più in là. Potranno avviarsi con una scorta di diavoli (Alichino, Calcabrina, Cagnazzo...), comandati da Barbariccia.

■ **Il gruppo si avvia** (vv. 130-151)
Dante teme l'inganno, ma Virgilio lo rassicura. Barbariccia emette un peto e il gruppo di diavoli si mette in cammino, seguito dai due poeti.

Inferno

Canto XXII

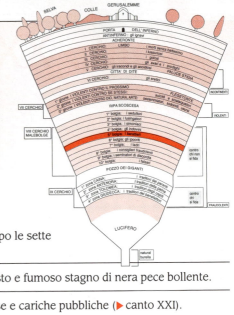

DATA	9 aprile 1300 (sabato santo), poco dopo le sette del mattino.
LUOGO	**Quinta bolgia** dell'VIII cerchio: un vasto e fumoso stagno di nera pece bollente.
COLPA	**Baratteria**, cioè il fare mercato di cose e cariche pubbliche (▶ canto XXI).
PENA / CONTRAPPASSO	I barattieri sono **avvolti in una pece nera** (▶ canto XXI).
CUSTODI	I **diavoli**, somministratori della pena.
PERSONAGGI	**Dante** e **Virgilio**. **Ciàmpolo di Navarra** e due barattieri da lui nominati (frate Gomita, Michele Zanche). I **diavoli**: Barbariccia, Ciriatto, Cagnazzo, Alichino ecc.

SEQUENZE

■ **Marcia di diavoli e strani segnali** (1-15)
Dante ha visto in terra molte battaglie, parate e tornei: ma mai gli era capitato di assistere a un segnale come quello usato da Barbariccia (▶ fine del canto XXI).

■ **La piscina bollente dei barattieri** (vv.16-30)
I poeti proseguono con la fiera compagnia dei dieci diavoli. In fondo alla bolgia qualche peccatore mostra il dorso saltando come un delfino, qualcun altro, sempre per cercare refrigerio dalla pece bollente, resta appollaiato come una rana, per rituffarsi subito giù, all'apparire dei diavoli.

■ **Ciàmpolo di Navarra** (vv. 31-96)
Barbariccia arpiona un peccatore che non ha fatto in tempo a tuffarsi. Appeso all'arpione, interrogato da Virgilio, Ciàmpolo di Navarra narra la sua storia: al servizio di re Tebaldo di Navarra ha fatto traffici illeciti. I diavoli, ignorando il divieto di Barbariccia, continuano a straziarlo con i loro arpioni. Interrogato di nuovo da Virgilio, Ciàmpolo fa i nomi di fra' Gomita e Michele Zanche, suoi compagni di pena.

■ **Sfida infernale** (vv. 97-123)
Ciàmpolo, nuovamente minacciato dal diavolo Farfarello, promette che, se lui e i suoi colleghi si scosteranno un momento, emetterà un segno convenzionale, con il quale farà risalire dalla pece molti barattieri. Alichino abbocca, ingolosito dalla prospettiva di una bella caccia al dannato. Guai però se Ciàmpolo vorrà ingannarlo! I diavoli si allontanano e il dannato, cogliendo l'attimo, spicca un salto e scompare sotto la pece, sottraendosi così agli arpioni.

■ **La zuffa dei diavoli** (vv. 124-151)
Alichino lo insegue, mentre l'altro diavolo Calcabrina artiglia il compagno furioso per la beffa di Ciàmpolo. Azzuffandosi, i due diavoli restano con le ali impegolate nella pece bollente. Barbariccia li trae in salvo e i due poeti ne approfittano per allontanarsi.

Canto XXIII

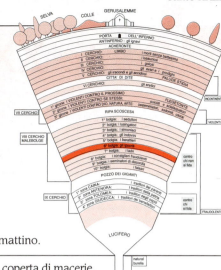

DATA	9 aprile 1300 (sabato santo), nove del mattino.
LUOGO	**Sesta bolgia** dell'VIII cerchio: una fossa coperta di macerie, smosse dal terremoto seguito alla morte di Cristo; anche il ponticello di pietra che sovrastava la bolgia è crollato.
COLPA	**Ipocrisia** = la simulazione della virtù.
PENA / CONTRAPPASSO	Gli ipocriti camminano a lenti passi, coperti da **manti pesantissimi**, all'esterno dorati (l'apparenza della virtù), all'interno di piombo (simbolo della realtà vera). Il peso delle cappe ricorda lo sforzo sostenuto in vita, per apparire ciò che non erano. Tengono calato il cappuccio fin sugli occhi e perciò possono guardare solo di traverso, dopo che in vita non guardarono mai dritto negli occhi. Un gruppo particolare è quello dei sacerdoti ebraici del sinedrio, che decisero la condanna a morte di Gesù: sono crocefissi in terra, nudi e calpestati dagli ipocriti. Anch'essi piangono in eterno.
CUSTODE	**Gerione**, custode di tutto l'VIII cerchio (▶ p. 90).
PERSONAGGI	**Dante** e **Virgilio**. **Frate Catalano** e **frate Loderingo**, entrambi bolognesi e podestà di diverse città. Il sommo sacerdote **Caifas**, che con il pretesto del bene pubblico impose la condanna di Gesù; suo suocero Anna.

SEQUENZE

■ **Precipitosa discesa nella sesta bolgia** (vv. 1-57)
Allontanandosi dalla rissa dei diavoli, Dante teme che questi possano vendicarsi su lui e su Virgilio per la beffa patita da Ciàmpolo. Ma ogni pericolo cesserà, afferma Virgilio, non appena scesi nell'altra bolgia. All'improvviso appaiono i diavoli: Virgilio prende Dante tra le braccia e lo porta sul fondo del sesto fossato.

■ **La processione degli ipocriti** (vv. 58-72)
Qui Dante vede anime che indossano manti dorati, calcati fin sugli occhi, e che con grande fatica procedono innanzi. Dante e Virgilio le affiancano.

■ **Fra Catalano e fra Loderingo** (vv. 73-108)
Ottenuto il consenso del maestro, Dante si ferma ad aspettare due dannati, che gli chiedono chi sia, così vivo e senza la cappa. Dante si presenta e domanda a propria volta chi siano. Uno dei due è frate Catalano e con lui c'è frate Loderingo, entrambi bolognesi. Divenuti podestà di Firenze vi aizzarono la discordia.

■ **Caifas e i farisei croficissi a terra** (vv. 109-126)
Dante scorge uno, crocefisso in terra con tre pali, che si contorce, tra molti sospiri. È Caifas, spiega Catalano, e come lui sono puniti anche gli altri membri del sinedrio ebraico.

■ **Passaggio alla bolgia successiva** (vv. 127-148)
Quale via conduce alla settima bolgia? Fra' Catalano risponde a Virgilio che non c'è alcun ponticello su cui passare; esiste solo un passaggio sopra le macerie. Virgilio comprende che Malacoda lo ingannò; se ne rammarica, ma fra Catalano infierisce: cosa si aspettava da un diavolo? Virgilio, alterato, affretta il passo e Dante lo segue.

Inferno

Canto XXIV

DATA	■ 9 aprile 1300 (sabato santo), intorno alle 11 del mattino.
LUOGO	■ **Settima bolgia** dell'VIII cerchio: una fossa buia e piena di serpenti d'ogni specie.
COLPA	■ Il **furto**.
PENA / CONTRAPPASSO	■ I ladri **corrono nudi e atterriti tra i serpenti**; si trasformano frequentemente da uomini in serpi e altri da serpi in uomini: allo stesso modo, in vita, i ladri erano capaci di mutare aspetto per meglio rubare. Le loro mani sono legate dietro la schiena mediante serpenti, che si annodano nella parte anteriore e li mordono. Il serpente è simbolo del vizio e punge nascosto fra l'erba, come il ladro agisce di soppiatto. Ora i ladri hanno le mani legate, perché in vita le usarono per impadronirsi delle cose altrui.
CUSTODE	■ **Gerione**, custode di tutto l'VIII cerchio (▶ p. 90).
PERSONAGGI	■ **Dante** e **Virgilio**. ■ **Vanni Fucci**, pistoiese, che nel 1293 cercò con altri di rubare i *belli arredi*, cioè il tesoro della sacrestia del Duomo di Pistoia. Fuggito, commise altri furti e omicidi.

SEQUENZE

■ **Faticosa uscita dalla sesta bolgia** (vv. 1-42)
Dante teme che Virgilio non sappia come proseguire, ma si conforta al vedere il maestro sereno. Virgilio abbraccia il discepolo e lo sospinge su per lo scoglio scosceso: la fatica è tanta.

■ **Pausa e ripresa del cammino** (vv. 43-60)
Dante giunge sull'orlo tra sesta e settima bolgia e si arresta per prendere fiato, ma Virgilio lo rimprovera: si risollevi, perché dovranno affrontare salite ben più faticose. Punto dal rimprovero, il discepolo si rimette in marcia.

■ **Il buio della settima bolgia** (vv. 61-78)
Giunto sul ponte della settima bolgia, Dante getta uno sguardo di sotto: ma a causa del buio non scorge nulla. Con l'assenso di Virgilio, si trascina sull'argine che porta all'VIII bolgia.

■ **L'incredibile spettacolo dei serpenti-ladri** (vv. 79-96)
Da lì si vede una *stipa* (ammasso) di serpenti, tra cui corrono le anime dei ladri, con le mani legate dietro la schiena e privi di ogni difesa dai morsi delle bestie.

■ **Metamorfosi di un ladro** (vv. 97-120)
Su uno di quei dannati si avventa un serpente che lo trafigge sulla nuca: in un baleno, egli arde e diviene di cenere, poi la polvere si raccoglie in se stessa e il dannato riprende le proprie fattezze, simile alla Fenice, che rinasce dalle proprie ceneri. L'anima si guarda intorno trasognata.

■ **Vanni Fucci e le sventure future di Dante** (vv. 121-151)
Il dannato confessa di essere Vanni Fucci di Pistoia, da poco giunto all'inferno. Dante lo conosce di fama. Vanni dice di trovarsi lì per un furto sacrilego nel Duomo di Pistoia. Indispettito per essere stato riconosciuto, profetizza la sconfitta dei Guelfi Bianchi a opera di Morello Malaspina: sa che Dante ne soffrirà.

Canto XXV

DATA	9 aprile 1300 (sabato santo), poco prima di mezzogiorno.
LUOGO	**Settima bolgia** dell'VIII cerchio: una fossa buia e piena di serpenti d'ogni specie.
COLPA	Il **furto**.
PENA / CONTRAPPASSO	I **ladri**: ▶ canto XXIV.
CUSTODE	**Gerione**, custode di tutto l'VIII cerchio (▶ p. 90).
PERSONAGGI	**Dante** e **Virgilio**. **Vanni Fucci**. **Altri ladri**: Cianfa Donati, Agnolo Brunelleschi, Buoso degli Abati (o dei Donati), Puccio Sciancato, Francesco de' Cavalcanti.

SEQUENZE

■ **Bestemmia e punizione di Vanni Fucci; invettiva di Dante contro Pistoia** (vv. 1-15)
Conclusa la profezia, Vanni Fucci fa un gesto osceno all'indirizzo del Creatore ed è immediatamente assalito da due serpenti, che gli si avvolgono al collo e alle mani, immobilizzandolo. Dante maledice Pistoia, augurandole di finire in cenere, così da non dare più natali a individui simili.

■ **Il centauro Caco e le sue imprese terrene** (vv. 16-33)
All'inseguimento di Vanni Fucci giunge il centauro Caco, ucciso da Ercole dopo che gli aveva rubato le giovenche. Porta in groppa un carico di bisce e un drago sputafuoco.

■ **Un'incredibile trasformazione** (vv. 34-78)
Tre anime interpellano i poeti, poi una di loro chiede in fiorentino agli altri dove sia finito Cianfa. Dante non li conosce, ma vedrà qualcosa d'incredibile e avverte i lettori che devono credere alla sua testimonianza. Un serpente a sei piedi si abbarbica come edera a uno dei tre, fondendosi con la sua figura, fino a formare un mostruoso uomo-serpe. «Come sei cambiato, Agnolo», affermano gli altri. Il ladro non è più né due né uno: a poco a poco le due teste divengono una sola e si confondono in un unico essere mostruoso.

■ **Altre mostruose metamorfosi** (vv. 79-151)
Appare poi un serpentello quadrupede, che viene a trafiggere nell'ombelico un altro ladrone. I due si fissano: esce fumo dalla ferita dell'uno e dalla bocca dell'altro. Quanto segue lascerebbe stupefatti Lucano e Ovidio, due poeti che narrarono trasformazioni: a poco a poco il corpo del serpentello assume figura di uomo, e viceversa, l'uomo quella di serpente: si deformano i volti di entrambi, finché l'uomo diventato serpente fugge via e la bestia divenuta uomo dice al terzo dannato: «Prima a me, adesso tocca a Buoso». Buoso, divenuto serpente, fugge, inseguito da Francesco Cavalcanti, divenuto uomo. Dante invita il lettore a perdonare l'eventuale incapacità della scrittura nel riuscire a raccontare un simile portento. Poi riconosce un ultimo dannato, il fiorentino Puccio Sciancato.

107

Inferno

Canto XXVI

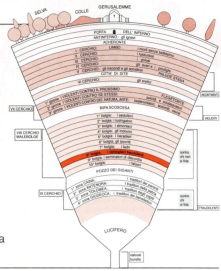

DATA	■ 9 aprile 1300 (sabato santo), poco prima di mezzogiorno.
LUOGO	■ **Ottava bolgia** dell'VIII cerchio: una fossa buia, dove si aggirano fiammelle-anime.
COLPA	■ **Consigli menzogneri** (dati soprattutto da uomini politici o militari).
PENA / CONTRAPPASSO	■ I consiglieri fraudolenti vagano per la cavità della bolgia, volteggiando **ciascuno rinchiuso in una fiammella**, dalla cima appuntita e a forma di lingua. Essi in vita frodarono le loro vittime, circuendole con consigli ingannevoli; ora nell'aldilà vagano avvolti in fiamme aguzze, che ricordano le punture inflitte dalle loro lingue appuntite. I loro consigli menzogneri furono spesso scintille all'origine di vasti incendi.
CUSTODE	■ **Gerione**, custode di tutto l'VIII cerchio (▶ p. 90).
PERSONAGGI	■ **Dante** e **Virgilio**. ■ **Ulisse** e **Diomede**: i due eroi greci sono uniti nella stessa fiamma così come, in vita, furono uniti nell'ordire inganni e frodi.

SEQUENZE

■ **Invettiva contro Firenze, patria di troppi ladri** (vv. 1-12)
Erano nativi di Firenze molti ladri protagonisti delle orribili metamorfosi narrate nel canto precedente: il poeta prorompe in una violenta invettiva contro la patria, destinata a esser presto punita come merita.

■ **Sul ponte dell'ottava bolgia: le mille fiammelle dei consiglieri fraudolenti** (vv. 13-51)
Aiutandosi con le mani e con i piedi i due poeti si arrampicano sul ponte che sovrasta la nuova bolgia. Lo spettacolo osservato nel fondo induce Dante a frenare più del solito l'ingegno, lasciandosi guidare dalla virtù. Nel vuoto vagano innumerevoli fiammelle, simili a lucciole; ognuna di esse avvolge e nasconde un cattivo consigliere. Dante, fortemente scosso dalla visione, rischia di perdere l'equilibrio e cadere.

■ **La doppia fiamma di Ulisse e Diomede** (vv. 52-84)
L'attenzione del poeta è attratta da una fiamma a due punte. Virgilio spiega che vi sono riunite le anime di Ulisse e Diomede, punite insieme, come insieme commisero i tre loro inganni (il cavallo di Troia, l'inganno ordito ai danni di Achille per indurlo a riprendere le armi contro i Troiani, il rapimento della statua troiana del Palladio).

■ **L'ultimo viaggio di Ulisse** (vv. 85-142)
Interpellato da Virgilio, il lembo più alto della fiamma si agita, dicendo: «Quando partii dall'isola di Circe, gli affetti familiari non frenarono il mio ardore di conoscenza, ma mi spinsi in mare aperto con una nave piccola e pochi uomini fidati. Attraversai il Mediterraneo fino alle colonne d'Ercole, oltre le quali è vietato inoltrarsi. E lì parlai ai miei compagni: "Fratelli, giunti fin qui tra mille pericoli, non ci resta che fare l'esperienza dell'emisfero disabitato. Siamo uomini, non bruti, e la nostra vocazione è perseguire il bene e la conoscenza". Li convinsi a proseguire. Viaggiammo per cinque mesi verso sud-ovest, finché ci apparve una montagna, di cui ci rallegrammo, ma per poco: un turbine ci investì, ci fece girare tre volte, ci inghiottì, com'altrui piacque. Infine il mare si richiuse sopra di noi».

Canto XXVI

PARADISO | PURGATORIO | INFERNO

[...]
Poi che la fiamma fu venuta quivi
dove parve al mio duca tempo e loco,
78   in questa forma lui parlar audivi:

«O voi che siete due dentro ad un foco,
s'io meritai di voi mentre ch'io vissi,
81   s'io meritai di voi assai o poco

quando nel mondo li alti versi scrissi,
non vi movete; ma l'un di voi dica
84   dove, per lui, perduto a morir gissi».

Lo maggior corno de la fiamma antica
cominciò a crollarsi mormorando,
87   pur come quella cui vento affatica;

indi la cima qua e là menando,
come fosse la lingua che parlasse,
90   gittò voce di fuori e disse: «Quando

mi diparti' da Circe, che sottrasse
me più d'un anno là presso a Gaeta,
93   prima che sì Enëa la nomasse,

né dolcezza di figlio, né la pieta
del vecchio padre, né 'l debito amore
96   lo qual dovea Penelopè far lieta,

vincer potero dentro a me l'ardore
ch'i' ebbi a divenir del mondo esperto
99   e de li vizi umani e del valore;

Ulisse e Diomede

76-78. Dopo che la fiamma si avvicinò là (*quivi*) dove alla mia guida sembrò il momento e il luogo [opportuni], in questo modo lo [Virgilio] udii (*audivi*) parlare: **79-84.** «O voi, che siete due anime dentro a un'unica fiamma, se io [Virgilio] acquisii meriti ai vostri occhi mentre vissi in terra, se acquisii pochi o tanti meriti verso di voi, quando nella vita terrena scrissi in stile elevato i versi [dell'*Eneide*], fermatevi [un momento]: e uno di voi racconti dove egli (*per lui*) se ne andò (*gissi*) a morire, perdendosi per sempre».

L'ultimo viaggio di Ulisse

85-90. Il lembo più alto dell'antica fiamma cominciò a muoversi (*crollarsi*) crepitando, proprio come la fiamma che viene incalzata dal vento; quindi, dimenando la cima qua e là, quasi fosse la lingua a parlare, emise (*gittò*) la voce di fuori e disse: **90-99.** «Quando mi allontanai dalla maga Circe, che mi trattenne per più di un anno presso Gaeta, prima che Enea così battezzasse quel luogo, né la tenerezza per mio figlio [Telemaco], né il rispetto (*pieta*) per il vecchio padre [Laerte], né il doveroso amore nuziale che avrebbe dovuto rendere lieta Penelope, poterono vincere in me l'ardente desiderio che io provai di diventare esperto del mondo, dei vizi e delle virtù degli uomini;

---

76. la fiamma: nella quale sono racchiuse le anime di due antichi consiglieri di Eracle, Ulisse e Diomede.
80. s'io meritai di voi: Virgilio è convinto di ottenere la loro attenzione in quanto, da poeta epico, ne cantò le gesta (anche se, per verità, in termini poco lusinghieri).
82. li alti versi: i versi dell'«alta tragedía» (▶*Inferno* XX, v. 113), cioè dell'*Eneide*. Alto è sinonimo, di "tragico-epico".
83. l'un di voi: si riferisce in effetti al solo Ulisse.
84. dove... morir gissi: "dove, da parte sua (*per lui*), si andò (*gissi*, cioè "si gì") a morire perdutamente". È un verso tortuoso e latineggiante, imperniato sull'ambiguità del participio *perduto*, che nel lessico dei romanzi arturiani significava "disperso", mentre nell'*Inferno* significava di per sé "dannato", "caduto in perdizione".
85. Lo maggior corno: la punta più alta della fiamma, che racchiude l'anima di Ulis-

se. Il comparativo *maggiore* allude a una superiorità morale, che si aggiunge a quella materiale della fiammella. L'aggettivo *antica* concorre a creare un clima favoloso ed eroico.
90. gittò voce di fuori: Dante sottolinea lo sforzo di questa voce, che deve trovare una via attraverso la fiamma; **Quando:** il *quando* sospeso in fine di terzina dilata d'attesa del lettore.
91. Circe: nell'*Odissea* è la bellissima maga che, sulla spiaggia del Monte Circeo, *presso a Gaeta*, dove aveva fastosa dimora, adescava i marinai e li trasformava in maiali o simili. Ulisse però, dopo un soggiorno di *più d'un anno* nella villa della maga, riuscì a liberare la propria ciurma dall'abietto incantamento, e salpò le ancore. Dante leggeva la vicenda non nell'*Odissea*, ma in Ovidio (*Metamorfosi* XIV, 154-440). Quest'ultimo precisava che Ulisse aveva invitato i compagni a riprendere il

cammino, ma essi si sentivano ormai «stanchi e resi lenti dalla pigrizia» (*Metamorfosi* XIV, 436), un'immagine che Dante farà propria al v.106. Anche il particolare dell'indugio di un anno presso Circe deriva da Ovidio.
93. prima che... nomasse: Enea, un altro eroe viaggiatore, in seguito avrebbe intitolato la località costiera alla sua balia Caiéta, ivi morta e sepolta (*Eneide* VII, 1-2). Dante trovava in Ovidio anche questa precisazione sul topònimo «Gaeta».
95. 'l debito amore: è l'amor coniugale; la moglie Penelope (la forma *Penelopè* risponde al fenomeno dell'"ossitonizzazione" tipico, nella *Commedia*, dei nomi non latini) aveva tutti i diritti di pretenderlo, vista la lunga assenza da Itaca del marito Ulisse. Anche tale quadro familiare deriva da Ovidio (*Heroides I*, vv. 97-98). Dopo queste prime derivazioni, però, il racconto dantesco si sgancia dalle fonti classiche.

109

Inferno

ma misi me per l'alto mare aperto
sol con un legno e con quella compagna
102   picciola da la qual non fui diserto.

L'un lito e l'altro vidi infin la Spagna,
fin nel Morrocco, e l'isola d'i Sardi,
105   e l'altre che quel mare intorno bagna.

Io e ' compagni eravam vecchi e tardi
quando venimmo a quella foce stretta
108   dov' Ercule segnò li suoi riguardi

acciò che l'uom più oltre non si metta;
da la man destra mi lasciai Sibilia,
111   da l'altra già m'avea lasciata Setta.

"O frati", dissi, "che per cento milia
perigli siete giunti a l'occidente,
114   a questa tanto picciola vigilia

d'i nostri sensi ch'è del rimanente
non vogliate negar l'esperïenza,
117   di retro al sol, del mondo sanza gente.

Considerate la vostra semenza:
fatti non foste a viver come bruti,
120   ma per seguir virtute e canoscenza".

100-102. ma mi affidai al mare aperto, immenso, con una nave soltanto e con quella piccola compagnia di amici dai quali non fui mai abbandonato (*diserto*). **103-105.** Vidi l'una e l'altra sponda del Mediterraneo, fino al Marocco, e la Sardegna, e le altre isole che quel mare tutt'attorno circonda. **106-111.** Io e i miei compagni eravamo ormai vecchi e lenti, quando giungemmo finalmente a quello stretto braccio di mare [Gibilterra], dove Ercole pose le sue barriere, affinché l'uomo non si spinga oltre; alla mia destra lasciai Siviglia, dall'altra parte avevo già lasciato Céuta. **112-117.** "Fratelli – dissi – che attraverso innumerevoli pericoli siete giunti all'estremo occidente, non vogliate privare il breve periodo di vita che vi rimane della possibilità di conoscere (*l'esperienza*), seguendo il corso del sole, l'emisfero disabitato. **118-120.** Considerate la vostra natura (*semenza*): non siete stati creati per vivere come bestie, ma per inseguire la virtù e la conoscenza".

---

100. alto mare aperto: i due aggettivi compongono una *dittología* (coppia di sinonimi) che intensifica il concetto.
103. l'un lito e l'altro: la costa europea e quella africana del Mediterraneo occidentale; si tratta appunto di *quel mare* che *bagna* tutt'*intorno* la Sardegna e quant'*altre* isole, fino a imbottigliarsi fra *la Spagna* meridionale e il Marocco (*Morrocco*, nell'italiano antico). Da Gaeta a Gibilterra, attraverso il Mediterraneo, la rotta di Ulisse approderà infine nell'ignoto.
107. foce stretta: lo Stretto di Gibilterra. Nei due promontori che lo delimitano – lo spagnolo e il marocchino – gli antichi vedevano le famose "Colonne d'Ercole"; sarebbe stata poi la leggenda medievale a raccontare che quelle colonne di roccia costituiscono segnali (*riguardi*) posti lì *acciò che l'uom più oltre non si metta* (v. 109) per diffidare cioè gli uomini dall'avventurarsi

nelle acque dell'oceano.
110. Sibilia: o *Sobilia*, forma corrente per «Siviglia», che qui designa la costa oceanica dell'Andalusia spagnola.
111. Setta: Ceuta (dal latino *Septa*), in Marocco, di fronte a Gibilterra.
112. «O frati...: comincia qui l'*orazion picciola*, il breve discorso con cui Ulisse convince i compagni superstiti ad affrontare la navigazione nell'ignoto. I commentatori vi hanno letto ora il capolavoro dell'astuzia ingannatrice, ora un esempio di altissima umanità. Certo è un discorso sapientemente costruito: dalla *captatio benevolentiae* dell'inizio (vv. 112-114), all'incitamento all'impresa (vv. 115-117), fino all'appello finale (vv. 118-120), colmo di orgoglio nella distinzione fra l'uomo e i *bruti*.
113. l'occidente: il limite occidentale del mondo abitato.
115. ch'è del rimanente: cioè: al poco pe-

riodo di vita sensibile che ci rimane da vivere (in latino: *quae de reliquo est*). La vita è detta "veglia (in latino *vigilia*) dei sensi" perché si fonda sull'attività dei sensi; questo vegliare indica vita, mentre la morte è "sonno", il contrario della "veglia".
117. mondo sanza gente: è il mondo disabitato dell'altro emisfero; le Americhe e l'Oceania non erano ancora state scoperte.
120. per seguir virtute e canoscenza: per perseguire il bene e la cognizione del vero. *Canoscenza* è un meridionalismo, non raro nell'uso dantesco, per "conoscenza". Quanto a *virtute*, è certamente diversa dalla *virtù* citata nel v. 22 di questo canto: là Dante raccomandava a se stesso di «tenere a freno» l'*ingegno*, affinché non corresse senza la guida della virtù (in senso morale: la virtù che riconosce i limiti umani e che cerca aiuto nella Grazia di Dio).

Canto XXVI

> Li miei compagni fec' io sì aguti,
> con questa orazion picciola, al cammino,
> 123 che a pena poscia li avrei ritenuti;
>
> e volta nostra poppa nel mattino,
> de' remi facemmo ali al folle volo,
> 126 sempre acquistando dal lato mancino.
>
> Tutte le stelle già de l'altro polo
> vedea la notte, e 'l nostro tanto basso,
> 129 che non surgëa fuor del marin suolo.

121-126. Resi i miei compagni così desiderosi (*aguti*) di continuare il cammino con le mie brevi parole, che a fatica, poi, avrei potuto trattenerli; e, rivolta la poppa della nostra nave verso oriente (*nel mattino*), trasformammo i remi in ali per l'ardita navigazione (*folle volo*), proseguendo sempre verso sinistra [cioè verso sud-ovest]». **127-129.** La notte ci mostrava ormai tutte le stelle dell'altro emisfero, e il nostro si era così abbassato sull'orizzonte, che non sorgeva più dalla superficie del mare.

«e volta nostra poppa nel mattino,
de' remi facemmo ali al folle volo,
sempre acquistando dal lato mancino.»

■ Ulisse e le sirene, *cratere greco del III secolo a.C.*

124. nel mattino: a oriente; dunque la prua (la parte anteriore della nave, che segna la rotta) è volta a ponente, "nel tramonto".
125. de' remi... folle volo: bellissima l'immagine dei *remi* trasformati in *ali*; anche l'espressione *folle volo* è assai pregnante, poiché suggerisce la consapevolezza che l'impresa affrontata con tanto ardimento era, in realtà, vana e destinata a fallire, perché non sorretta dalla Grazia divina.
126. sempre... mancino: continuando a navigare verso sinistra, cioè a babordo; la rotta di Ulisse porta prima a ovest e poi, raggiunto l'Oceano, a sud, oltre l'Equatore, agli antipodi.
127-129. Tutte le stelle... suolo: Ulisse racconta che la nave ha passato la linea dell'Equatore. Ormai *la notte* contempla le stelle dell'*altro polo* (cioè, le costellazioni dell'emisfero australe), laddove *'l nostro* (il Polo Nord astronomico, cioè la Stella Polare) non affiora più dalla distesa delle acque (che costituiscono il *marin suolo*).

111

Inferno

Cinque volte racceso e tante casso
lo lume era di sotto da la luna,
132 poi che 'ntrati eravam ne l'alto passo,

quando n'apparve una montagna, bruna
per la distanza, e parvemi alta tanto
135 quanto veduta non avëa alcuna.

Noi ci allegrammo, e tosto tornò in pianto,
ché de la nova terra un turbo nacque
138 e percosse del legno il primo canto.

Tre volte il fé girar con tutte l'acque;
a la quarta levar la poppa in suso
141 e la prora ire in giù, com' altrui piacque,

infin che 'l mar fu sovra noi richiuso».

130-135. L'emisfero a noi visibile della luna si era illuminato cinque volte e cinque oscurato (*casso*: erano passati cioè cinque mesi), da quando ci eravamo addentrati nell'ardua impresa, quando ci apparve una montagna, oscura per la distanza, e mi parve tanto alta, quanto mai ne avevo vista alcuna. **136-138.** Noi ci rallegrammo, ma ben presto (*tosto*) la nostra gioia si trasformò in dolore, perché dalla terra appena apparsa sorse un vento turbinoso, che colpì il fianco più esposto (*il primo canto*) della nave. **139-142.** Tre volte la fece (*il fé*) girare su di sé insieme con i flutti circostanti; alla quarta [fece] alzare la poppa in su e inabissare la prora, secondo l'altrui volontà [cioè: come Dio volle], finché il mare si chiuse sopra di noi».

131. di sotto da la luna: sulla faccia inferiore della luna, quella che vediamo noi.
132. 'ntrati eravam... passo: avevamo intrapreso quella traversata impossibile; *passo* è "passaggio, transito", con una sfumatura di fatalità.
133. una montagna: la cima enorme, piantata al centro dell'oceano, è il monte del Purgatorio, supporto roccioso del paradiso terrestre.
139. Tre volte... tutte l'acque: chiaro ri-

cordo di Virgilio: «tre volte l'onda avvita [la nave] ruotandole intorno» (*illam ter fluctus ibidem / torquet agens circum*: Eneide I, vv. 116-117).
140-141. levar... ire in giù: i due verbi sono retti entrambi da *il fé* del v. 139, sempre nel senso di "gli fece" (al legno). La nave si capovolge e s'inabissa.
141. com'altrui piacque: come piacque ad altri, cioè al Dio non nominato e ignoto. Il sintagma verrà ripetuto in rima nella

conclusione del primo canto del *Purgatorio* (*Purgatorio* I, v. 133): è la conferma che navigazione e naufragio di Ulisse costituiscono un riferimento costante per Dante-peccatore nel suo pellegrinaggio ultraterreno sulla via della verità. Sono l'immagine di un rischio radicale di perdizione e di un orgoglio intellettuale che va debellato.
142. infin che 'l mar fu sovra noi richiuso: è uno di quei versi perentori, definitivi, che s'imprimono nella memoria del lettore.

Le chiavi del canto

■ **IL FOLLE VOLO DI ULISSE E IL SIGNIFICATO DEL TESTO**
Il canto XXVI dell'*Inferno* è il canto del *folle volo* di Ulisse e del suo naufragio: il canto della temeraria **infrazione ai divieti divini**, per eccesso di fiducia nelle capacità umane. Infatti, a giudizio di Dante e di buona parte della cultura medievale, è un errore supporre di poter perseguire *virtute* e *canoscenza* sconfinando, con le sole forze umane, nel territorio dell'ignoto.

È, infatti, fidando solo sulla miseria dell'umana intelligenza, che Ulisse indaga il mare sconfinato dell'essere. **Empirista**, sprona i suoi all'*esperienza* (v. 116) dell'inesperibile, di quello che non si può provare. **Razionalista**, usa il lessico dei razionalisti del Duecento: la studiosa Maria Corti ha mostrato che le parole con cui esorta i compagni al *folle volo* (*fatti non foste a viver come bruti/ ma per seguir virtute e canoscenza*, vv. 119-120) ricalcano quelle di un filosofo danese medievale,

Boezio di Dacia, un averroista, che riteneva qualità supreme dell'essere razionale (tali da distinguerlo dal *brutum animal*) la «pratica del bene» (in latino: *operatio boni*) e la «cognizione del vero» (*cognitio veri*). Ulisse, come ogni materialista, fonda tali capacità sull'esperienza, sulla conoscenza attraverso i sensi: la vita, per lui, è *veglia dei sensi*; egli è dominato dall'*ardore di divenir del mondo esperto* fino all'*esperienza del mondo sanza gente*. A tal fine sacrifica ogni altro affetto, incluso il *debito amore lo qual dovea Penelopè far lieta*.

Il volo radente di Ulisse è quello della conoscenza empirico-razionale. La passione che lo anima è diventare *esperto* del mondo, constatare di persona i confini tra il bene e il male. *Aperto*, sconfinato è il mare oggetto della sua inchiesta; *picciola* la nave e la compagnia che contiene; *picciola* anche l'orazione che convince i seguaci all'impresa.

In tutto ciò, Ulisse si è dimostrato magnanimo, e Dante non

lo condanna interamente. Ma la conoscenza umana, fondata su ragione ed esperienza, ha dei limiti, dei *riguardi* invalicabili. In questo canto sono rappresentati dalle colonne d'Ercole, che separano l'emisfero noto e popolato da quello ignoto e disabitato. Quest'altro emisfero era, per Dante, il territorio del soprannaturale; perciò vi colloca la sede del suo purgatorio. Nel canto II del *Purgatorio* (▶ p. 145), Virgilio farà notare a Dante che l'angelo che compie la sacra traversata sdegna *remi* e *vele* che non siano le sue *ali*. Con i remi della sola conoscenza empirica, cioè, non si esegue il volo che solo la grazia e la fede possono consentire. C'è conoscenza e conoscenza: a un viaggiatore cristiano come Dante, il percorso negato a Ulisse sarà possibile, ma solo a patto che riconosca per tempo i **limiti del suo ingegno** e si affidi fiducioso a Beatrice, cioè alla grazia divina.

■ IL PROTAGONISTA ULISSE

Ulisse è un personaggio davvero emblematico. Come egli stesso narra, ha varcato le colonne d'Ercole e si è inoltrato con una nave e una piccola compagnia di fedeli nell'oceano inesplorato. È giunto così a imbattersi in una montagna altissima (il monte Purgatorio), da cui è partito un turbine che lo ha sprofondato nell'abisso (la punizione divina per la sua temerarietà).

Quella ripresa da Dante era una versione assolutamente secondaria del mito, soprattutto rispetto a quella ben più conosciuta che Omero aveva narrato nell'*Odissea*: qui Ulisse, dopo molti viaggi e molte avventure, riusciva infine a ritornare a Itaca e, dopo aver sconfitto i Proci, a reimpossessarsi del regno. Tuttavia esistevano variazioni significative di questo mito. Lo stesso Omero, nel libro XI dell'*Odissea*, faceva profetizzare all'indovino Tiresia che, una volta giunto a Itaca, prima di poter finalmente vivere una vecchiaia tranquilla, Ulisse avrebbe dovuto compiere un ultimo viaggio.

Dante non conosceva il greco e quindi, direttamente, neppure l'*Odissea*. Forse aveva preso spunto da alcuni passi dello scrittore latino Cicerone, che evidenziavano la brama conoscitiva di Ulisse. Tuttavia l'Ulisse che campeggia in questo canto XXVI è una geniale e originalissima creazione artistica di Dante. Non è, come nell'*Odissea*, l'eroe del *nostos*, del ritorno: non solo non rientra a Itaca, ma continua a viaggiare, in un viaggio che è **ricerca estrema**, totale. Non è insensibile agli affetti familiari, ma nulla può distoglierlo dal suo **desiderio di conoscere**, di andare "oltre", di superare qualunque misura.

È precisamente questa trasgressività di Ulisse a non poter essere accettata da Dante, uomo del Medioevo cristiano. Pur se nobile nella sua origine, il desiderio di conoscenza di Ulisse si trasforma in **superbo orgoglio**, in una negazione autodistruttiva delle leggi dell'esistenza: perciò l'eroe del *folle volo* precipita verso il naufragio definitivo, verso la morte.

Nei confronti di Ulisse Dante si pone in modo contraddittorio: da una parte lo considera un mentitore, dall'altra ne esalta il desiderio di *seguire virtute e canoscenza*, desiderio che distingue l'uomo dalle bestie; da una parte condanna la sua volontà di forzare ogni limite, la sua superbia intellettuale, dall'altra condivide, forse, l'incapacità di accettare questo limite, e lo sforzo titanico di Ulisse di uscire dal ristretto ambito che tale limite impone.

■ DANTE E ULISSE: DUE DIVERSI "VOLI"

I critici recenti accostano il verso in cui Dante definisce il viaggio di Ulisse *folle volo* a un esametro virgiliano in cui si parla delle ali di Dedalo (*Eneide* VI, 19) e a un esametro dell'*Ars amatoria* di Ovidio (II, 45) in cui, parlando ancora di Dedalo, le ali sono dette "i remi degli uccelli". Lo studioso Guglielmo Gorni ha così individuato nel *folle volo* di Ulisse una replica di quello, altrettanto folle e fallimentare, di **Icaro**, il mitico figlio dell'architetto Dedalo, che precipitò in mare in quanto volò troppo in alto e fece così sciogliere la cera con cui erano impastate le ali. Gorni giustifica l'accostamento dei due miti, «due versioni di un naufragio che si ripete», attraverso il serrato confronto col secondo libro dell'*Ars amatoria*, da lui considerato la principale fonte del racconto dantesco: vi si trovano infatti sia il mito di Dedalo e Icaro, sia quello di Ulisse, con la profezia di Calipso di un futuro naufragio dell'eroe greco.

Nel racconto della *Commedia*, come sappiamo, Dante approderà effettivamente agli antipodi: a lui toccherà quindi di varcare quel medesimo confine che a Ulisse era stato precluso. Dante vi giungerà attraverso il centro della terra, dopo aver attraversato tutto l'inferno fino al suo fondo, occupato da Lucifero. Approderà sulla spiaggia del purgatorio (canto I); qui assisterà all'arrivo di un angelo nocchiero che ha varcato, anche lui, le colonne d'Ercole e l'oceano con un carico di anime destinate all'espiazione e alla salvezza. Sarà Virgilio, nel canto II del *Purgatorio*, a far notare a Dante come quell'angelo trasbordatore voli servendosi delle proprie *ali*, e non dei *remi* di cui si era servito Ulisse.

■ LE ALI, UN EMBLEMA DANTESCO

Questo riferimento alle ali è molto importante. Esse sono infatti il simbolo di quell'"**intelletto angelico**" di cui, secondo Tommaso d'Aquino, l'uomo partecipa e per mezzo del quale soltanto può elevarsi al di sopra degli animali. Le ali diventano così un "emblema dantesco", come ha mostrato Gorni. Egli, tra l'altro, ha avanzato un'ulteriore, interessante ipotesi: Dante dava infatti al nome latino del proprio casato, "Alagherius", il significato di *alas gerere*, in latino "portare le ali"; per cui Dante "Alighieri" sarebbe, etimologicamente, un "portatore d'ali". L'alígero Alighieri spiccherà il volo verso il cielo nel canto I del *Paradiso*, allorché «trasumanerà» verso l'alto al solo fissare lo sguardo in Beatrice (▶ p. 234).

Il suo volo si contrappone quindi al *folle volo* di Ulisse, al tragico precipitare verso il basso dell'Icaro ovidiano e, in sostanza, al naufragio di quegli intellettuali che, come l'amico Guido Cavalcanti, fondano la conoscenza sulla ragione, e la ragione sui sensi e sull'esperienza.

Inferno

Lavoriamo sul testo

I CONTENUTI

1. In quale punto dell'*Inferno* si ambienta il canto XXVI? Quale peccato vi è punito e come?

2. Chi sono Ulisse e Diomede e perché sono puniti insieme?

3. Chiarisci se le seguenti affermazioni siano vere o false.

	V	F
• L'ultimo viaggio di Ulisse nel Mediterraneo è di fatto brevissimo.	☐	☐
• La maga Circe ha imprigionato a lungo Ulisse con i compagni.	☐	☐
• Prima del suo ultimo viaggio, Ulisse vorrebbe recarsi da Achille.	☐	☐
• Nel corso della loro navigazione, Ulisse e i suoi compagni hanno avvistato l'isola del Purgatorio.	☐	☐
• Ulisse aveva già superato, in passato, le colonne d'Ercole, ma evita di dirlo ai compagni.	☐	☐

4. Dove e perché Dante si dimostra tanto ansioso di parlare alla fiamma?

5. Quale rotta tiene Ulisse? Ripercorri le sue tappe segnandole sul testo.

6. Ulisse ha raggiunto oppure no la sua meta? Da che cosa lo capisci?

7. Il protagonista a un certo punto parla ai compagni di viaggio: in quale momento particolare? E su quali argomenti fa leva, per convincerli?

8. Che cosa sono le colonne d'Ercole e che cosa simboleggiavano nella cultura medievale?

9. Perché nell'*orazion picciola* di Ulisse si possono individuare tracce di razionalismo e averroismo? Rispondi aiutandoti con *Le chiavi del canto*.

10. Ulisse ha trascurato gli affetti familiari, per affermare altri valori. Da quale punto, o da quali punti del testo rilevi tale trascuratezza? E che cosa ne pensa Dante?

11. Rintraccia nel testo l'espressione *folle volo* e spiegala nel suo contesto in max 15 righe, rispondendo alle seguenti domande:
    • Chi e perché definisce *folle* il viaggio?
    • Perché esso viene metaforicamente chiamato *volo*?

Leggi con attenzione, per rispondere, *Le chiavi del canto*.

12. Gli studiosi sottolineano l'ambiguità che circonda la figura e l'azione di Ulisse. Quali sono gli aspetti maggiormente contraddittori che Dante mette in luce? Rispondi in max 20 righe, citando opportunamente parole e frasi del testo.

13. La ragione che non è consapevole dei propri limiti non è ragione, ma temerarietà e follia. Dove e come emerge questo tema, nel canto? Rispondi in una breve relazione di max 1 facciata di foglio protocollo.

LE FORME

14. La terzina dei vv. 79-81 evidenzia da una parte la figura dell'anafora, dall'altra quella della *captatio benevolentiae*. Evidenziale nel testo e commentale.

15. Con quale significato viene usato il termine *pieta*, nel corso del canto? Rintraccialo e spiegalo nel contesto, chiarendo l'eventuale differenza rispetto all'uso terminologico odierno.

16. Compi la stessa operazione con il termine *riguardi*, pure presente nel canto.

17. Al v. 101 il termine *legno* costituisce, in quel contesto:
    ❏ un'anastrofe
    ❏ una metonimia
    ❏ una sineddoche
    ❏ un'allegoria

18. Nell'*orazion picciola* dei vv. 112-120 si evidenziano diverse figure retoriche:
    • l'apostrofe
    • l'iperbole (nell'esaltazione dei pericoli del viaggio)
    • la litote
    • l'antitesi
    Evidenziale l'una dopo l'altra nei versi e spiegale con le tue parole.

19. Spiega con le tue parole (diverse da quelle fornite nella parafrasi laterale) le seguenti espressioni:
    • *pur come quella cui vento affatica*
    • *sempre acquistando dal lato mancino*
    • *Tre volte il fé girar con tutte l'acque*

114

Approfondimenti

John Freccero
L'Ulisse di Dante: dall'epica al romanzo

Il tempo circolare dei greci Il viaggio di Ulisse fu ampiamente letto nell'antichità come [l'immagine del] trionfo dell'anima sull'esistenza materiale e al suo graduale raffinamento per il recupero della spiritualità originaria. Il ritorno di Ulisse a Itaca in forza delle sue astuzie, l'elemento più rilevante della storia, fu interpretato come la rappresentazione dell'evento più rilevante dell'odissea spirituale dell'uomo: il ritorno dell'anima alla sua patria celeste per mezzo dell'esercizio della saggezza. Tutta l'esistenza umana sembrava snodarsi tra il punto di partenza e quello di ritorno, la patria dei filosofi e degli eroi.

Romanzo, libertà e un'idea lineare di tempo Niente di più lontano, come si vede, dalla moderna forma di narrativa, il romanzo, in cui è fondamentale la linearità temporale[1]. In ogni narrazione lineare, c'è un dubbio sufficiente a mettere in discussione l'intero mondo del romanzo: una volta che si supponga l'esistenza di un fine, tale fine sarà raggiunto o no? La risposta non è possibile prima che la storia si sia definitivamente conclusa. Conoscere l'esito diviene disperatamente importante perché le regole del gioco non sono più fissate semplicemente dal carattere del protagonista. In ogni momento la libertà del protagonista o l'imperscrutabilità delle leggi a cui è sottoposto, possono cospirare a interrompere l'evolversi della storia per ragioni anche del tutto sganciate da ogni intima necessità. Spesso il lettore ha la tentazione di saltare le pagine, ignorando le digressioni che costituiscono la materia dell'epica, per arrivare subito alla conclusione attesa con estrema suspen-

se. Certo la fede in Dio e nel soprannaturale limita l'incertezza relativa agli eventi esteriori, ma ciò significa solo che la suspense si sposta ad un altro livello, non che scompare: la morte cessa di essere il culmine della traiettoria; al suo posto subentra la questione del significato della morte - salvezza o dannazione in termini medievali - esito definitivo di ogni storia. Nel contesto cristiano la morte è minacciosa non perché è la fine della vita, ma perché irrompe nella sfera dell'umana responsabilità come il momento più importante di tutta la vita. [...]

Dante tra linearità e circolarità, tra avventura e fiducia Secondo György Lukàcs[2], Dante scrisse insieme l'ultima opera epica e il primo romanzo; sia nella storia dei generi letterari che in quella della cultura occidentale nel suo complesso, egli getterebbe un ponte tra il Medioevo e l'età moderna. Da una parte noi sappiamo fin dall'inizio che la storia di Dante non potrà non avere un finale rassicurante: ad apertura di libro il narratore dice «io», segno infallibile del fatto che egli è tornato dalla sua avventura[3] e può raccontarcene la storia. Ma nello stesso tempo il terrore del pellegrino nel corso del viaggio, il suo smarrimento nell'aldilà non possono essere liquidati come puri espedienti di drammatizzazione. Il terrore del pellegrino si attenua gradualmente fino a trasformarsi nella fiducia dell'autore che ci ha accompagnato sin dall'inizio. Intendere la *Divina Commedia* semplicemente come un'opera di epica religiosa vuol dire trascurare del tutto come irrilevante la trasformazione del protagonista[4]. D'altra parte, definirla senz'altro un romanzo

equivale a togliere all'opera una delle sue caratteristiche più rilevanti, e cioè l'acquisita fiducia della voce d'autore. In realtà epica e romanzo, linearità e circolarità coesistono fianco a fianco in quest'opera che è stata sempre giustamente considerata un genere a parte.

Come nell'epica omerica, anche nella storia narrata da Dante il viaggio di Ulisse si pone come emblema del tempo umano, ma la storia di Omero è glossata dal punto di vista della linearità cristiana[5], nella prospettiva, cioè, della morte.

È per questo che l'Ulisse dantesco finisce in un naufragio e non col ritorno a casa da Penelope. Come ci dice Benvenuto da Imola[6], tutti all'epoca di Dante, compresi gli incolti, sapevano che Ulisse era tornato sano e salvo a Itaca; eppure Dante lo fa morire in vista della montagna del purgatorio. Questa sorprendente trasformazione di una delle più famose leggende di tutti i tempi è l'inevitabile correzione in chiave cristiana dell'antica teoria del destino umano. È come se il poeta avesse [...] deformato la circolarità del viaggio vero e proprio sì da farlo corrispondere alla nuova teoria lineare del tempo umano. La trasformazione del viaggio circolare di Ulisse in un disastro lineare equivale a una critica in chiave cristiana delle categorie epiche, una critica dell'eroismo umano dal punto di vista dell'aldilà.

Dante e Ulisse: dal naufragio alla risurrezione Proprio perché nell'episodio troviamo una sorta di antitesi dell'esperienza dantesca, si tratta evidentemente di qualcosa in cui Dante si sente intimamente coinvolto, nonostante il si-

---

1. la linearità temporale: nel romanzo la vicenda non ritorna su di sé, come accade nei racconti del mito greco, in cui si propone una struttura ciclica e «circolare».
2. György Lukàcs: filosofo e critico letterario ungherese (1885-1971).
3. egli è tornato dalla sua avventura: in

questo senso la *Divina Commedia* si può comprendere nella categoria delle opere epiche.
4. la trasformazione del protagonista: è il tema cruciale del genere "romanzo".
5. la storia di Omero è glossata... cristiana: riprendendo il racconto omerico del

naufragio di Ulisse, Dante lo reinterpreta (lo glossa) in una chiave diversa da quella originaria, e rispondente alle sue categorie culturali.
6. Benvenuto da Imola: uno dei primi e più autorevoli commentatori della *Divina Commedia*, vissuto nel XIV secolo.

lenzio del pellegrino. Il viaggio di Ulisse è presentato chiaramente come il corrispettivo antico dell'avventura dantesca; esso è perciò sia un episodio dell'*Inferno*, sia, come nessun altro, un motivo tematico costante a cui si fa riferimento spessissimo nel corso del *Purgatorio* e persino nell'ultimo stadio del viaggio in *Paradiso*.

Il metaforico naufragio ai piedi di una montagna con cui inizia il poema dantesco («E come quei che con lena affannata / uscito fuor del pelago a la riva») è seguito da un riferimento al mare come il «passo / che non lasciò già mai persona viva» (Inf. I, vv. 22-27); e quando il pellegrino raggiunge finalmente la montagna in vista della quale Ulisse fu sommerso dalle acque, Dante descrive la riva come un «... lito diserto, che mai non vide navicar sue acque omo, che di tornar sia poscia esperto.» (*Purg.*, I, 130-132).

Le acque possono essere finalmente attraversate dalla barca dell'angelo che trasporta le anime di coloro che vanno a purgarsi sulla montagna. Questo tema drammatico sembra implicare che è possibile sì far ritorno in patria dopo una esplorazione di tal genere, ma solo a patto di sperimentare una vera e propria morte e risurrezione. [...]

Quello che vorrei dimostrare qui è che alla tragica morte di Ulisse si contrappone la sopravvivenza dell'eroe dantesco[7]. In questo senso il poema rappresenta il resoconto che della propria vita fa un uomo in procinto di annegare il quale riesce in qualche modo a salvarsi per raccontare la sua storia. In altre parole, la *mórphosis*[8] dell'anima, la traiettoria circolare verso la verità quale compare nel viaggio di Ulisse[9], diviene una *métamorphosis*[10], una morte e risurrezione, nel poema dantesco. Ciò che distingue la morte senza scampo di Ulisse tra le acque dal battesimo di Dante nella morte con successiva risurrezione, è l'avvento di Cristo nella storia, cioè la grazia, che è l'avvento di Cristo nell'anima individuale.

John Freccero, *Dante. La poetica della conversione*, Il Mulino, Bologna 1989

---

7. la sopravvivenza dell'eroe dantesco: cioè, la sopravvivenza di Dante personaggio, capace di attraversare l'aldilà e di ritornare vivo nel mondo, ma interiormente trasformato.

8. mórphosis: in greco, "rappresentazione", "raffigurazione".
9. nel viaggio di Ulisse: quello narrato da Omero e dalla tradizione, ma non da Dante.

10. métamorphosis: in greco, "cambiamento", "trasformazione".

«Considerate la vostra semenza: fatti non foste a viver come bruti, ma per seguir virtute e canoscenza.»

■ *Giorgio De Chirico*, Ulisse *(1922)*.

Canto XXVII

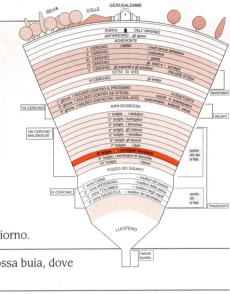

DATA	■ 9 aprile 1300 (sabato santo), mezzogiorno.
LUOGO	■ **Ottava bolgia** dell'VIII cerchio: una fossa buia, dove si aggirano fiammelle-anime.
COLPA	■ **Consigli menzogneri** (dati soprattutto da uomini politici o militari).
PENA / CONTRAPPASSO	■ I consiglieri fraudolenti: ▶ canto XXVI.
CUSTODE	■ **Gerione**, custode di tutto l'VIII cerchio (▶ p. 90).
PERSONAGGI	■ **Dante** e **Virgilio**. ■ **Guido da Montefeltro**, valente condottiero militare, di parte ghibellina, scomunicato e poi riconciliatosi con la Chiesa. ■ Sono citati papa **Bonifacio VIII** e un **diavolo loico** (cioè sottile ragionatore).

SEQUENZE

■ **Guido da Montefeltro chiede notizie della Romagna** (vv. 1-30)
Si avvicina a Dante un'altra anima-fiammella: prima emette solo una sorta di muggito, poi finalmente riesce a farsi comprendere. Credendo che Virgilio sia un dannato giunto da poco, gli chiede notizie della Romagna, la sua terra natale.

■ **Dante fornisce notizie sulla Romagna** (vv. 31-57)
Virgilio esorta Dante a rispondere. In questo momento, dice Dante, i signori romagnoli sono stranamente in pace tra loro. Ravenna e Cervia sono sotto i Da Polenta, Forlì sotto gli Ordelaffi, i Malatesta tiranneggiano i Riminesi (*là dove soglion fan d'i denti succhio*). Su Faenza e Imola domina Maghinardo, che mantiene il potere attraverso mutevoli alleanze. Cesena, infine, sopravvive, tra servitù e libertà.

■ **Guido racconta la propria vita e il proprio peccato** (vv. 58-111)
In cambio, Dante chiede allo spirito di rivelarsi. Costui dice di essere stato prima uomo d'arme, poi francescano, ma infine dannato da Bonifacio VIII, *il gran prete, a cui mal prenda!* Si tratta di Guido da Montefeltro. Noto per la sua astuzia, si pentì negli ultimi anni ed entrò nell'ordine francescano. Egli racconta a Dante che si sarebbe salvato l'anima, se il papa, principe *de' novi Farisei*, senza riguardo per la propria e l'altrui fede, non gli avesse chiesto consigli su come espugnare con l'inganno la rocca di Palestrina. Poiché Guido taceva, gli aveva promesso l'assoluzione: e Guido aveva parlato e peccato. «Promettendo molto, mantenendo poco» era stata la sua risposta a Bonifacio, che aveva dato la vittoria al pontefice.

■ **Un'anima contesa** (vv. 112-129)
Appena Guido spirò, san Francesco reclamò l'anima per il paradiso, ma gliela sottrasse un demonio astutissimo, il quale dimostrò, a filo di logica, l'impossibilità di un pentimento simultaneo alla colpa. E così, quando Guido si presentò davanti a Minosse, il giudice infernale si attorcigliò per otto volte la coda: Guido era reo di *foco furo*, cioè delle fiamme che sottraggono le anime alla vista.

■ **Dante e Virgilio riprendono il cammino** (vv. 130-136)
Ciò detto, la fiamma di Guido si allontana sofferente. Dante e Virgilio giungono alla bolgia successiva.

Inferno

Canto XXVIII

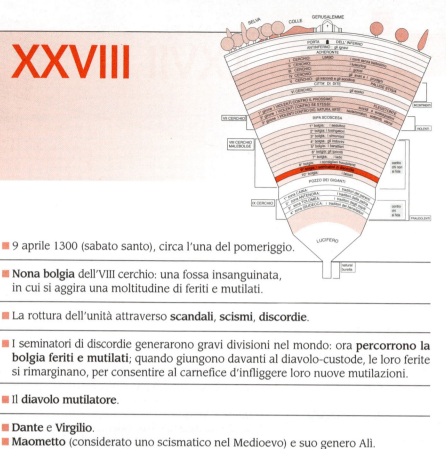

DATA	9 aprile 1300 (sabato santo), circa l'una del pomeriggio.
LUOGO	**Nona bolgia** dell'VIII cerchio: una fossa insanguinata, in cui si aggira una moltitudine di feriti e mutilati.
COLPA	La rottura dell'unità attraverso **scandali**, **scismi**, **discordie**.
PENA / CONTRAPPASSO	I seminatori di discordie generarono gravi divisioni nel mondo: ora **percorrono la bolgia feriti e mutilati**; quando giungono davanti al diavolo-custode, le loro ferite si rimarginano, per consentire al carnefice d'infliggere loro nuove mutilazioni.
CUSTODE	Il **diavolo mutilatore**.
PERSONAGGI	**Dante** e **Virgilio**. **Maometto** (considerato uno scismatico nel Medioevo) e suo genero Alì. **Fra Dolcino**, capo di una setta eretica che predica la comunione dei beni e delle donne. **Bertran de Born**, nobile e trovatore, che aizzò il re Enrico il giovane d'Inghilterra contro suo padre Enrico II. Altri dannati: **Pier da Medicina**, che seminò discordia tra i signori della Romagna; **Curione**, che esortò Cesare a passare il Rubicone, origine della guerra civile con Pompeo; **Mosca dei Lamberti**, causa in Firenze della divisione tra guelfi e ghibellini.

SEQUENZE

■ **L'orribile pena dei seminatori di discordie** (vv. 1-21)
Dante dice che non ci si potrebbe fare un'idea di ciò che gli appare dal ponte che sovrasta la nona bolgia, nemmeno se si radunassero insieme, con le loro ferite e amputazioni, tutti i caduti di tutte le battaglie combattute nell'Italia meridionale dai tempi delle guerre tarantine alla battaglia di Tagliacozzo (1268).

■ **Maometto e fra Dolcino** (vv. 22-63)
Lo sguardo di Dante si posa su un dannato, che ha l'aspetto di una botte sventrata, squarciato dal mento alle natiche, con l'intestino e lo stomaco visibili: è Maometto, che si presenta e indica suo genero Alì, con il volto spaccato dal mento al ciuffo. «Gli scismatici – dice – sono puniti da un diavolo che li spacca come loro fecero delle istituzioni religiose». Virgilio gli rivela che Dante è vivo e Maometto gli affida allora un messaggio-profezia per fra Dolcino da Novara: la sua sconfitta incombe.

■ **Altri seminatori di discordie** (vv. 64-111)
Senza un orecchio, tronco il naso, forata la gola, Pier da Medicina ha invece un messaggio da trasmettere, attraverso Dante, agli attuali signori di Fano. Poi afferra per la mandibola il tribuno Curione, suo compagno di pena, e mostra a Dante che ha la lingua mozza. Senza mani è Mosca dei Lamberti, che con una frase memorabile («Cosa fatta capo ha») aveva generato conflitti insanabili a Firenze.

■ **L'orribile pena di Bertran de Born** (vv. 112-151)
Arriva un'anima decapitata con la propria testa in mano: la testa li guarda e parla. Sono, dice, Bertran de Born, poeta provenzale d'armi e battaglie, che rese Enrico il Giovane il principale nemico di suo padre, Enrico II. Una separazione così dolorosa gli costa la separazione del capo dal tronco: è la legge del contrappasso.

Canto XXIX

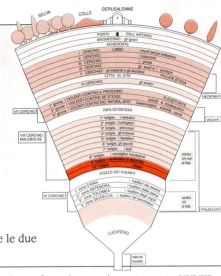

DATA	■ 9 aprile 1300 (sabato santo), tra l'una e le due del pomeriggio.
LUOGO	■ La **nona bolgia** (seminatori di discordie) è una fossa insanguinata (▶ canto XXVIII); ■ La **decima bolgia** (falsari) è una stretta fossa buia, piena di lamenti e di malati, con l'aria satura di disfacimento, come in un gigantesco ospedale.
COLPE	■ La rottura dell'unità attraverso **scandali**, **scismi**, **discordie**. ■ La **falsificazione**.
PENA / CONTRAPPASSO	■ Per i **seminatori di discordie**, ▶ il canto precedente. ■ I falsari si dividono in varie categorie. Qui sono puniti i **falsificatori di metalli**, o alchimisti: corruppero la verità e ora si trascinano penosamente, **deturpati dalle malattie**; hanno la pelle ridotta a scaglie, esito della loro chimica di alchimisti; si affannano inutilmente a diminuire il prurito, ricordo della vana e frenetica attività con cui, in vita, si diedero alle loro false arti.
CUSTODE	■ **Gerione**, custode di tutto l'VIII cerchio (▶ p. 90).
PERSONAGGI	■ **Dante** e **Virgilio**. ■ Nella nona bolgia: **Geri del Bello**. ■ Nella decima: **Griffolino d'Arezzo**, **Capocchio**, alcuni scialacquatori senesi.

SEQUENZE

■ **Continuazione della nona bolgia: Geri del Bello** (vv. 1-36)
Dante si attarda a guardare nella nona bolgia: perché? Gli chiede Virgilio. È già l'una dopo mezzogiorno, la bolgia è immensa – ventidue miglia – e la strada è ancora lunga. Dante si giustifica: cercava un suo parente (Geri del Bello) ucciso e in attesa di esser vendicato dai familiari. L'ho visto, dice Virgilio, mentre tu Dante discorrevi con Bertran de Born: ti puntava il dito contro, come in un gesto di minaccia.

■ **Decima bolgia: i falsificatori di metalli** (vv. 37-72)
Sul ponte che sovrasta la decima bolgia, i poeti sentono lamenti e fetore e uno spettacolo, alla vista, più raccapricciante di quello dell'isola di Egìna (presso Atene) colpita dalla peste. Dannati giacciono l'uno sull'altro come in un lazzaretto. Dante e Virgilio discendono sull'argine.

■ **Dialogo con due falsari: Griffolino d'Arezzo e Capocchio** (vv. 73-123)
Due dannati, seduti schiena contro schiena, si grattano furiosamente le pustole. Interpellato da Virgilio, uno dei due dice che sono latini (italiani) entrambi. Anche Dante lo è, risponde Virgilio, ed è vivo. Tutti, intorno, si stupiscono. Dante invita l'anima a narrare la sua storia. È Griffolino d'Arezzo, alchimista, che Albero da Siena aveva fatto ardere vivo per non essere stato in grado di insegnargli a volare.

■ **Dante e Capocchio commentano la stupidità dei Senesi** (vv. 124-139)
Sono strani i senesi, «tranne Stricca...» interviene ironico l'altro lebbroso, e tranne Niccolò, che introdusse usanze culinarie assai dispendiose, e Caccia d'Asciano e l'Abbagliato, dilapidatori di sostanze e di senno nella loro brigata godereccia. Io – forse mi riconosci – sono Capocchio, alchimista e buon imitatore di ciò che produce la natura».

119

Canto XXX

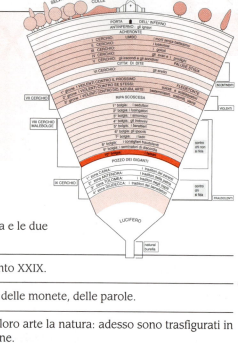

DATA	■ 9 aprile 1300 (sabato santo), tra l'una e le due del pomeriggio.
LUOGO	■ **Decima bolgia** dell'VIII cerchio: ▶ canto XXIX.
COLPA	■ La **falsificazione**: qui, delle persone, delle monete, delle parole.
PENA / CONTRAPPASSO	Tutti i falsificatori degradarono con la loro arte la natura: adesso sono trasfigurati in negativo da una rabbiosa degenerazione. ■ I **falsificatori di persona** corrono rabbiosamente e si affannano: sono **idrofobi**. ■ I **falsificatori di moneta** sono **idropici**: hanno il ventre orribilmente rigonfio, e stando immobili soffrono una sete inestinguibile. ■ I **falsificatori di parola** hanno **febbre altissima** e **sudano** in gran quantità.
CUSTODE	■ **Gerione**, custode di tutto l'VIII cerchio (▶ p. 90).
PERSONAGGI	■ **Dante** e **Virgilio**. ■ Falsificatori di metalli: Capocchio e Griffolino d'Arezzo (▶ canto XXIX). ■ Falsificatori di persone: **Gianni Schicchi** (fiorentino) e **Mirra** (figura mitologica). ■ Falsificatori di monete: **Maestro Adamo** da Brescia, che falsificò il fiorino di Firenze. ■ Falsificatori di parola: il greco **Sinone**, e la biblica **moglie di Putifarre**.

SEQUENZE

■ **I falsificatori di persone** (vv. 1-27)
Per mostrare il furore da cui sono invasi i falsificatori di persone, Dante cita esempi mitologici. Ma sono solo un pallido riflesso della rabbia che egli osserva in due anime, che si rincorrono mordendosi come animali.

■ **Gianni Schicchi e Mirra** (vv. 28-45)
«Quello è Gianni Schicchi» dice Griffolino «l'altra è Mirra: il primo si travestì da Buoso e fece testamento al suo posto in cambio della migliore giumenta dell'allevamento dei Donati, la seconda amò suo padre e si travestì per consumare l'incesto».

■ **Falsificatori di monete: Maestro Adamo** (vv. 46-90)
Dante nota un idropico: ha la pancia così gonfia che, se non avesse le gambe, parrebbe un liuto. Si presenta: è Maestro Adamo; e rimpiange, specie per l'enorme sete che lo divora, i ruscelletti del Casentino: colà, nel castello di Guido di Romena, egli falsificò i fiorini di Firenze con tre carati di rame. Egli maledice i fratelli Conti di Romena, che l'indussero a tale peccato.

■ **Falsificatori di parole: la moglie di Putifarre e Sinone** (vv. 91-99)
Al suo fianco, arsi da febbre fino a emanare fumo, ci sono – continua Maestro Adamo – la moglie di Putifarre, che accusò falsamente Giuseppe di averla sedotta; e Sinone, che ingannò i Troiani sul cavallo di legno.

■ **Alterco tra Sinone e Maestro Adamo e reazione di Virgilio** (vv. 100-129)
Sentendosi nominare, Sinone si adira e dà un pugno sulla pancia a Maestro Adamo: questi glielo rende in piena faccia. Dante si sofferma ad ascoltare il battibecco che segue tra i due dannati e Virgilio lo rimprovera: mai prestare ascolto a persone e parole tanto volgari.

Canto XXXI

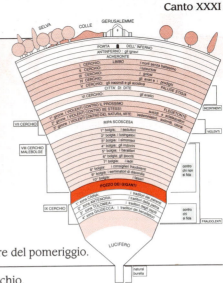

DATA	■ 9 aprile 1300 (sabato santo), dopo le tre del pomeriggio.
LUOGO	■ Il **pozzo dei giganti** tra l'VIII e il IX cerchio. Disposti intorno alla parete di roccia, sporgenti con il busto dall'ombelico in su, i giganti paiono torri che cingono una città.
COLPA	■ La superbia di chi osò **sfidare la divinità**.
PENA / CONTRAPPASSO	■ Chi elevò se stesso, giace ora **sprofondato nel pozzo infernale**; chi sfidò Dio con la propria forza, è ora **ridotto all'impotenza** dalla potestà divina: infatti i giganti sono immobili (tranne Anteo); alcuni sono anche incatenati. Il contrappasso riprende la colpa particolare di ciascuno di loro: Nembròt, che tentò di costruire la torre di Babele, fonte della moltiplicazione delle lingue, ora parla una lingua che lui solo conosce; Fialte, che lottò contro gli dèi, ha ora le braccia legate ecc.
CUSTODE	■ I **sei giganti** sono contemporaneamente custodi del IX cerchio e peccatori puniti.
PERSONAGGI	■ **Dante** e **Virgilio**. ■ i sei giganti: **Nembròt** (primo re di Babilonia, ricordato nella Bibbia); **Fialte** (Efialte, figlio di Nettuno, che combatté contro Zeus); **Briareo** (gigantesco figlio di Urano e della Terra, combatté anch'egli contro Zeus e fu da questi fulminato); **Anteo** (non è incatenato perché non combatté contro Zeus); **Tizio** (figlio di Zeus, fu ucciso da Apollo); **Tifo** (fu fulminato da Zeus e seppellito sotto l'Etna).

SEQUENZE

■ **Uscita dalla decima bolgia** (vv. 1-19)
Dante e Virgilio, in silenzio, volgono le spalle alla decima bolgia e avanzano nella foschia. Dante ripensa al rimprovero di Virgilio, che però adesso lo ha perdonato.

■ **Il Pozzo dei Giganti** (vv. 20-45)
I due poeti sono scossi da un suono di corno terribile come quello di Orlando a Roncisvalle. Dante volge le spalle al punto da cui proviene il frastuono: gli sembra una città turrita quella che si vede in lontananza, ma le torri – spiega Virgilio – sono giganti, disposti sul bordo del pozzo come le alte torri che cingono il castello di Monteriggioni. Ora che vede meglio, Dante prova paura.

■ **Nembròt, Fialte, Briareo** (vv. 46-111)
Finalmente si distingue un gigante: Dante riflette che sia una fortuna che la natura non produca più esseri simili. Il primo è Nembròt, dalla faccia lunga ed enorme, smisurato dall'ombelico alla clavicola. «Raphèl maí amèche zabí almi» urla Nembròt in babelico. Virgilio gli dà dello sciocco e spiega a Dante che è colui che ideò la Torre di Babele. Il secondo gigante, incatenato, è Efialte, che sfidò Giove. Dante vorrebbe vedere Briareo, ma è lontano ed è troppo feroce. Efialte si scuote come una torre mossa da un sisma, spaventando Dante.

■ **Anteo e passaggio al IX cerchio** (vv. 112-145)
I due raggiungono Anteo. Virgilio gli si avvicina, gli ricorda le sue imprese di caccia: «Depònici sul ghiaccio di Cocito, e costui, vivo, rinnoverà nel mondo la memoria delle tue imprese». La mano di Anteo prende Virgilio, che a sua volta abbraccia Dante: poi, curvandosi come farebbe la torre Garisenda di Bologna, li deposita sul fondo.

Inferno

Canto XXXII

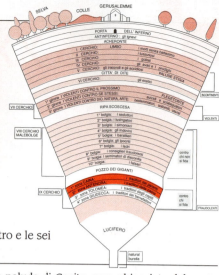

DATA	9 aprile 1300 (sabato santo), tra le quattro e le sei del pomeriggio.
LUOGO	Prima e seconda zona del **IX cerchio**: la palude di Cocito, resa ghiacciata dal vento prodotto dalle ali di Lucifero. È diviso in 4 zone: Caína, Antenòra, Tolomea, Giudecca.
COLPA	**Tradimento dei parenti** (punito in Caína: da Caino, uccisore del fratello Abele). **Tradimento della patria** (punito in Antenora: da Antenore troiano, che consegnò ai greci il Palladio).
PENA / CONTRAPPASSO	I traditori sono **conficcati nel ghiaccio di Cocito**; il ghiaccio indica la freddezza di cuore (in antitesi all'ardore della carità) con cui hanno compiuto il tradimento. In Caína e in Antenora i traditori tengono la testa fuori dal ghiaccio e rivolta verso il basso. Spesso sono accoppiati secondo gli odi nutriti in vita e che continuano nell'aldilà.
CUSTODE	I **giganti del Pozzo** (▶ canto XXXI).
PERSONAGGI	**Dante** e **Virgilio**. **Traditori dei parenti** e **traditori della patria**.

SEQUENZE

■ **Invocazione alle Muse e invettiva contro i traditori** (vv. 1-15)
Le rime impronunciabili non basterebbero a esprimere l'esperienza del Cocito, che Dante si accinge a narrare, pur spaventato dall'impresa di dover descrivere i peggiori esiti della creazione. Chiede che lo aiutino le Muse.

■ **I dannati di Cocito** (vv. 16-39)
Una voce invita Dante a fare attenzione, perché non calpesti i dannati ai suoi piedi, immersi nel Cocito. Dante cammina sopra un lago di ghiaccio: dalla superficie gelata, emergono la faccia e il collo dei dannati, come il muso della rana dallo stagno. I loro denti battono come becchi di cicogna.

■ **I traditori dei parenti** (vv. 40-69)
Due dannati sono uniti strettamente. Dante li chiama, ma per le lacrime che gelano sui loro occhi essi non possono vederlo. Risponde un altro e dice che i due sono fratelli, Napoleone e Alessandro, più meritevoli di tutti (e fa alcuni nomi) di essere lì. Lui è Camicione dei Pazzi, e aspetta Carlino che lo scagioni.

■ **I traditori della patria: Bocca degli Abati** (vv. 70-123)
Passeggiando tra le teste, Dante scalcia involontariamente un dannato, che protesta. Il poeta lo invita a presentarsi, ma il traditore tace. Dante lo afferra allora per i capelli, vigorosamente. «Ma che hai, Bocca?» grida un altro. Dante capisce di aver a che fare con il guelfo che tradì i suoi compagni a Montaperti (1260): scoperto, Bocca si vendica facendo i nomi dei colleghi di pena in Antenora.

■ **Due roditori in una buca** (vv. 124-140)
Dante e Virgilio vedono due dannati in una sola buca: la testa dell'uno è il cappello dell'altra, i denti dell'una addentano l'altra tra il cervello e la nuca. «Perché lo mangi?» chiede Dante; «se hai ragioni per odiarlo, divulgherò la tua storia tra i vivi».

Canto XXXIII

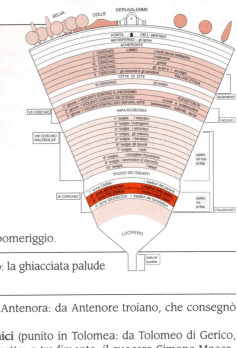

DATA	■ 9 aprile 1300 (sabato santo), tardo pomeriggio.
LUOGO	■ Seconda e terza zona del **IX cerchio**: la ghiacciata palude di Cocito (▶ canto XXXII).
COLPE	■ **Tradimento della patria** (punito in Antenora: da Antenore troiano, che consegnò ai greci il Palladio). ■ **Tradimento dei parenti e degli amici** (punito in Tolomea: da Tolomeo di Gerico, che fece uccidere durante un banchetto, a tradimento, il suocero Simone Maccabeo con i figli).
PENA / CONTRAPPASSO	■ Per la pena dei **traditori** ▶ canto XXXII.
CUSTODE	■ I **giganti del Pozzo** (▶ canto XXXI).
PERSONAGGI	■ **Dante** e **Virgilio**. ■ **Traditori della patria**: il **conte Ugolino** della Gherardesca, l'**arcivescovo Ruggieri**. ■ **Traditori degli amici**: **frate Alberigo** e **Branca Doria**.

SEQUENZE

■ **La tragica storia del conte Ugolino** (vv. 1-78)
Il dannato solleva la bocca dal fiero pasto e parla, per infamare il traditore che sta divorando: «Fui il conte Ugolino e questo è l'arcivescovo Ruggieri. Si sa come, ingannandomi, mi catturò, ma ti narrerò quanto fu crudele la mia morte. Dopo vari mesi di prigionia nella Torre della Muda, sognai Ruggieri che, a caccia, faceva raggiungere e sbranare dalle sue cagne il lupo con i suoi cuccioli. Al risveglio, sentii i miei figli piangere e chiedere pane. Sentii inchiodare l'uscio e mi pietrificai. Il giorno dopo, leggendo nei quattro sguardi dei miei figli la mia stessa angoscia, mi morsi le mani dal dolore. Pensando fosse fame, mi dissero: "Mangia noi, piuttosto". Li vidi cadere a uno a uno entro il sesto giorno, e sopravvissi finché il digiuno fu più forte del dolore». Ciò detto, riprende a spolpare il teschio dell'arcivescovo.

■ **Invettiva di Dante contro Pisa** (vv. 79-90)
Dante pronuncia un'invettiva contro Pisa, «vergogna delle genti del bel paese (l'Italia) dove il sì suona: possano la Capraia e la Gorgona intasare le foci dell'Arno e giunga così il fiume a sommergerti, poiché hai condannato anche i figli innocenti alla pena del padre traditore».

■ **Passaggio alla Tolomea: frate Alberigo e Branca Doria** (vv. 91-157)
Proseguendo, Dante e Virgilio camminano tra peccatori sdraiati: solo il loro viso affiora dal ghiaccio. Uno di essi li invita a liberargli gli occhi dalle lacrime solidificate. Dante promette che lo farà ma prima l'anima deve presentarsi. È frate Alberigo, che fece uccidere i suoi parenti durante un banchetto, e ora riscuote *dattero per figo*. Dante non lo pensava già morto, e Alberigo spiega che in Tolomea si può finire ancora vivi, mentre un diavolo gestisce il corpo sulla terra. Così è accaduto anche a Branca Doria. Dante si allontana senza pulirgli gli occhi, inveendo contro i genovesi.

123

Inferno

La bocca sollevò dal fiero pasto
quel peccator, forbendola a' capelli
3   del capo ch'elli avea di retro guasto.

Poi cominciò: «Tu vuo' ch'io rinovelli
disperato dolor che 'l cor mi preme
6   già pur pensando, pria ch'io ne favelli.

Ma se le mie parole esser dien seme
che frutti infamia al traditor ch'i' rodo,
9   parlare e lagrimar vedrai insieme.

Io non so chi tu se' né per che modo
venuto se' qua giù; ma fiorentino
12   mi sembri veramente quand' io t'odo.

Tu dei saper ch'i' fui conte Ugolino,
e questi è l'arcivescovo Ruggieri:
15   or ti dirò perché i son tal vicino.

Che per l'effetto de' suo' mai pensieri,
fidandomi di lui, io fossi preso
18   e poscia morto, dir non è mestieri;

La tragica storia del conte Ugolino

1-3. Quel peccatore [Ugolino] sollevò dal feroce pasto la bocca, pulendosela con (*forbendola a'*) i capelli del capo che aveva rosicchiato nella parte posteriore (*di retro*). **4-6.** Poi cominciò: «Tu desideri che io ricordi il dolore disperato, che mi opprime il cuore anche soltanto (*già pur*) a pensarvi, prima ancora di parlarne (*ch'io ne favelli*). **7-9.** Ma se le mie parole devono essere (*esser dien*) un seme che procuri infamia al traditore che io corrodo, [allora] vedrai parlare e piangere contemporaneamente. **10-12.** Io non so chi tu sia, né so in che modo tu sia giunto fin qui giù; ma in verità da come parli mi sembri fiorentino. **13-15.** Tu devi sapere che io fui il conte Ugolino, e costui è l'arcivescovo Ruggieri; ora ti dirò perché io sia per lui (*i son*) un vicino così [crudele]. **16-21.** Del fatto che, per effetto dei suoi malvagi complotti (*mai pensieri*), essendomi fidato di lui, io fui catturato e successivamente ucciso, non è necessario parlare;

---

1. La bocca: la prima parola del canto fissa l'attenzione sul particolare più crudo di tutti, cioè sull'eterno pasto cannibale del conte Ugolino. In questa immagine (rafforzata dal *forbendola* del v. 2) è riassunta la tragica vicenda – di fame fisica e di avidità morale – che seguirà. *Fiero* significa "ferino": la condizione di questi dannati pare pietrificata nella dimensione della bestialità.
4-5. Tu vuo' ch'io rinovelli/ disperato dolor: ricorda un celebre attacco virgiliano. Enea così premette alla regina Didone, che gli ha chiesto di raccontare le sventure di Troia e i suoi viaggi per mare: «Tu mi ordini, regina, di rinnovare un dolore indicibile», *Eneide* II, 3.
8. che frutti infamia: nella chiusa del canto precedente Dante aveva offerto a Ugolino non solo di rinfrescarne la memoria, ma di far conoscere il torto del suo avversario; Ugolino raccoglie l'invito.
9. parlare e lagrimar... insieme: ricorda il *dirò come colui che piange e dice* di Francesca (*Inferno* V, 126). Ma il racconto del traditore cannibale differisce nettamente da quello di Francesca, sia nel rapporto con l'interlocutore (in questo caso Dante, fred-

do e scostante), sia nella finalità (crudelmente vendicativa), sia nella disperazione di Ugolino, che rimane inalterata malgrado lo sfogo del proprio racconto.
10. Io non so: Ugolino non sa, né gl'interessa, chi sia l'interlocutore; gli basta che sia fiorentino, al corrente cioè del tragico antefatto in cui maturò quell'episodio divenuto notissimo in tutta la Toscana.
13. conte Ugolino: uomo politico pisano, della nobile famiglia della Gherardesca. Nacque verso la metà del Duecento, figlio del conte Guelfo. Raggiunta a Pisa una posizione politica di primo piano, tentò inutilmente di far prevalere la parte guelfa su quella ghibellina con un complotto che, scoperto, gli costò l'esilio. Riuscì a rientrare in città nel 1276, durante lo scontro con Genova, culminato (1284) con la battaglia navale della Meloria e la sconfitta di Pisa. Ugolino comandava l'ala sinistra dello schieramento navale pisano e riuscì a salvarsi a stento con poche navi. Pochi mesi dopo fu nominato podestà. Cedette alcuni castelli pisani ai fiorentini e ai lucchesi per staccarli da Genova; ritornò intanto a complottare per la parte guelfa. Quando nel

1288 l'arcivescovo Ruggeri, ghibellino, riuscì a prendere il sopravvento, il conte fu abbattuto da una sollevazione popolare, arrestato a tradimento e rinchiuso in una torre del Comune con due figli e due nipoti. Dopo pochi mesi di carcere furono lasciati morir di fame (1289).
14. l'arcivescovo Ruggieri: Ruggieri, forse della famiglia degli Ubaldini, fu, nonostante la carica religiosa, tra i maggiori esponenti della fazione ghibellina della città. Divenne arcivescovo di Pisa nel 1278; riuscì a sfruttare le prime inimicizie nate tra Nino Visconti e il conte Ugolino, fingendosi alleato di quest'ultimo e sconfiggendoli entrambi (da qui la sua presenza fra i traditori politici). Impadronitosi della signoria, con l'aiuto popolare eliminò il conte, meritandosi i rimproveri di papa Niccolò VI: grazie alla morte del pontefice, riuscì a conservare la diocesi fino alla morte (1295).
18. dir non è mestieri: è superfluo ricordare. Non c'è bisogno di precisare come, per *effetto* delle trame (*mai* [mali] *pensieri*) del prelato, nel quale riponeva fiducia, lui, Ugolino, fosse catturato e poi lasciato morire (*preso / e poscia morto*).

124

Canto XXXIII

però quel che non puoi avere inteso,
cioè come la morte mia fu cruda,
21 udirai, e saprai s'e' m'ha offeso.

Breve pertugio dentro da la Muda,
la qual per me ha 'l titol de la fame,
24 e che conviene ancor ch'altrui si chiuda,

m'avea mostrato per lo suo forame
più lune già, quand' io feci 'l mal sonno
27 che del futuro mi squarciò 'l velame.

Questi pareva a me maestro e donno,
cacciando il lupo e ' lupicini al monte
30 per che i Pisan veder Lucca non ponno.

Con cagne magre, studïose e conte
Gualandi con Sismondi e con Lanfranchi
33 s'avea messi dinanzi da la fronte.

In picciol corso mi parieno stanchi
lo padre e ' figli, e con l'agute scane
36 mi parea lor veder fender li fianchi.

Quando fui desto innanzi la dimane,
pianger senti' fra 'l sonno i miei figliuoli
39 ch'eran con meco, e dimandar del pane.

Ben se' crudel, se tu già non ti duoli
pensando ciò che 'l mio cor s'annunziava;
42 e se non piangi, di che pianger suoli?

---

perciò udrai quel che non puoi avere appreso, cioè quanto crudele fu la mia morte, e saprai se costui (e') mi ha fatto del male. **22-27.** Una stretta feritoia dentro la Torre della Muda, a causa mia ribattezzata Torre della Fame, e che bisogna che sia di nuovo sprangata per [ospitarvi] altri [prigionieri], mi aveva mostrato più volte attraverso la sua apertura (forame) il trascorrere di più mesi (lune), quando io feci il brutto sogno che mi strappò dagli occhi il velo del futuro. **28-30.** Costui [l'arcivescovo Ruggieri] mi appariva maestro e signore, nell'atto di cacciare il lupo e i suoi cuccioli, sulla montagna a causa della quale (per che) da Pisa non si può vedere Lucca. **31-33.** Con cani da caccia magri, famelici e ammaestrati, [l'arcivescovo] aveva disposto davanti a sé i Gualandi, i Sismondi e i Lanfranchi. **34-36.** Dopo un breve inseguimento, il padre e i figli mi parevano già stanchi, e con i denti aguzzi (agute scane) mi pareva che [l'arcivescovo] fendesse i fianchi a loro [al padre e ai figli]. **37-39.** Svegliatomi prima dell'alba, sentii che i miei figlioli, che erano con me, piangevano nel sonno a causa della fame, e che domandavano pane. **40-42.** Saresti davvero crudele, se tu non provassi dolore, pensando a ciò che il mio cuore presagiva a se stesso; e se non piangi ora, di che cosa sei solito piangere?

19-20. però... fu cruda: si limiterà a illustrare perché mai si trovi in quella crudele promiscuità con l'arcivescovo Ruggieri (perché i [gli] son tal vicino). Tutti conoscevano la fine tremenda di Ugolino e dei suoi, ma nessuno era al corrente dei dettagli in cui era maturata.
22. la Muda: la torre dei Gualandi, famiglia ghibellina nemica di Ugolino; servì da prigione fino al 1318. In seguito fu ribattezzata la "torre della fame".
24. convien... si chiuda: non sappiamo a chi Ugolino auguri d'esser rinchiuso nella torre, ma l'inciso appare assai sinistro.
26. mal sonno: "sogno funesto", o meglio, "sonno funestato da un sogno". Il sogno premonitore prefigura la morte imminente di Ugolino-lupo e dei suoi figli-lupicini.
27. che del futuro... 'l velame: secondo i medievali, i sogni fatti presso al mattin sono rivelatori di verità e premonitori. Così si

afferma in Inferno XXVI, 7; e tali saranno i numerosi sogni del pellegrino Dante nel Purgatorio (canti IX, XIX e XXVII).
28. maestro e donno: è dittologia, cioè una coppia di sinonimi: l'arcivescovo in sogno appariva nel ruolo di signore della caccia (donno dal latino dominu[m], da cui il titolo di "don" usato per gli ecclesiastici).
29. al monte: a impedire ai pisani di veder Lucca è il monte San Giuliano (o monte Pisano), frapposto tra le due città contigue. Forse il sogno adombra un tentativo di fuga di Ugolino e dei suoi verso Lucca, città guelfa. Pònno è forma toscana per "possono".
32. Gualandi con Sismondi e con Lanfranchi: tali famiglie sono il fior fiore del patriziato ghibellino di Pisa; il prelato capobattuta le dispone in prima linea (dinanzi da la fronte). La muta delle cagne indica il popolo aizzato dai magnati.

35. lo padre e' figli: nella concitazione del racconto, lupo e lupicini sono divenuti padre e figli (si trattava in realtà di due figli, Gaddo e Uguccione, e di due nipoti: Nino, detto il Brigata, e Anselmuccio). Che fossero quattro, lo sapremo al v. 57; i nomi li conosceremo via via (vv. 50, 68, 89); **scane:** i "canini dei cani". Il particolare delle agute scane delle cagne che sbranano lupo e lupicini, aggiunge al sogno un elemento sinistramente ambiguo, il preannuncio cioè di una fine cannibalesca.
36. mi parea: torna, per la terza volta in tre terzine, il verbo "parere", a indicare la visionarietà del sogno.
38-39. pianger... del pane: anche i figli, stanno sognando; nel dormiveglia chiedono del pane. Se il padre sognava l'esecuzione d'una sentenza di morte, essi sognano di morire di fame.

125

Inferno

Già eran desti, e l'ora s'appressava
che 'l cibo ne solëa essere addotto,
45 e per suo sogno ciascun dubitava;

e io senti' chiavar l'uscio di sotto
a l'orribile torre; ond' io guardai
48 nel viso a' mie' figliuoi sanza far motto.

Io non piangëa, sì dentro impetrai:
piangevan elli; e Anselmuccio mio
51 disse: "Tu guardi sì, padre! che hai?".

Perciò non lagrimai né rispuos' io
tutto quel giorno né la notte appresso,
54 infin che l'altro sol nel mondo uscìo.

43-48. Ormai si erano destati, e si avvicinava l'ora in cui di solito ci portavano il cibo, e a causa (*per*) del sogno fatto, ciascuno era in apprensione; e io sentii inchiodare di sotto l'uscio di entrata della terribile torre; per cui guardai negli occhi i miei figli, senza parlare. **49-51.** Io non piangevo, tanto mi ero fatto di pietra nell'animo; essi piangevano; e il mio Anselmuccio disse: "Padre, tu ci guardi in un modo! che hai?". **52-54.** Perciò io non piansi e non risposi per tutto quel giorno e per la notte seguente, fino a che non spuntò nel mondo l'alba successiva (*l'altro sol*).

«Quando fui desto innanzi la dimane,
pianger senti' fra 'l sonno i miei figliuoli
ch'eran con meco, e dimandar del pane.»

■ *Giuseppe Diotti,*
Il conte Ugolino (1832).

48. sanza far motto: senza parlare. Il racconto della terribile agonia è tutto un'«alternativa di interminabili silenzi e di scatti improvvisi» (A. Momigliano).
50. Anselmuccio mio: figlio di Guelfo II della Gherardesca, era il più giovane dei due nipoti di Ugolino; aveva quindici anni o forse meno. L'affettuoso possessivo *mio* accompagna il ricordo del ragazzo.
51. Tu guardi sì... che hai?: Anselmuccio piange e anche la sua sintassi sembra singhiozzare.
54. uscìo: spuntò (si noti l'epitesi in *-o*).

Canto XXXIII

Come un poco di raggio si fu messo
nel doloroso carcere, e io scorsi
57   per quattro visi il mio aspetto stesso,

ambo le man per lo dolor mi morsi;
ed ei, pensando ch'io 'l fessi per voglia
60   di manicar, di sùbito levorsi

e disser: "Padre, assai ci fia men doglia
se tu mangi di noi: tu ne vestisti
63   queste misere carni, e tu le spoglia".

Queta'mi allor per non farli più tristi;
lo dì e l'altro stemmo tutti muti;
66   ahi dura terra, perché non t'apristi?

Poscia che fummo al quarto dì venuti,
Gaddo mi si gittò disteso a' piedi,
69   dicendo: "Padre mio, ché non m'aiuti?".

Quivi morì; e come tu mi vedi,
vid' io cascar li tre ad uno ad uno
72   tra 'l quinto dì e 'l sesto; ond' io mi diedi,

già cieco, a brancolar sovra ciascuno,
e due dì li chiamai, poi che fur morti.
75   Poscia, più che 'l dolor, poté 'l digiuno».

Quand' ebbe detto ciò, con li occhi torti
riprese 'l teschio misero co' denti,
78   che furo a l'osso, come d'un can, forti.

55-58. Non appena (*Come*) una fioca luce riuscì a penetrare nel doloroso carcere, e io intravidi sui loro quattro volti il mio aspetto medesimo, mi morsicai entrambe le mani per il dolore; **59-63.** ed essi, pensando che lo facessi (*ch'io 'l fessi*) per desiderio di mangiare (*manicar*), si levarono in piedi immediatamente (*di sùbito*), e dissero: "Padre, ci sarà (*ci fia*) meno doloroso (*men doglia*) se tu ti cibi di noi: tu ci hai dato (*ne vestisti*) queste carni sofferenti, adesso sii tu a privarcene". **64-66.** Mi placai, allora, per non rattristarli ulteriormente; quel giorno e il successivo rimanemmo tutti in silenzio; ah terra crudele, perché non ti sei aperta [per inghiottirci]? **67-69.** Dopo che fummo arrivati al quarto giorno, Gaddo mi si gettò ai piedi, disteso, dicendo: "Padre, perché non mi aiuti?". **70-75.** In quella morì; e come tu ora vedi me, così io vidi i tre rimasti cadere a terra l'un dopo l'altro, tra il quinto e il sesto giorno; motivo per cui, già cieco per la fame, mi misi a brancolare sopra ciascuno di loro, e invano li chiamai per due giorni, dopo la loro morte. Infine il digiuno prevalse sul dolore». **76-78.** Detto questo, con gli occhi biechi (*torti*) riprese a masticare il povero teschio [dell'arcivescovo] con i denti, i quali, nell'addentare (*a*) l'osso, furono forti come i denti di un cane.

---

57. per quattro... stesso: tornata la luce, Ugolino scorge nei volti smagriti dei giovani il proprio volto, come in uno specchio. Da tale improvvisa rivelazione proviene lo scatto, che suscita la reazione dei figli.

60. manicar: forma fiorentina per "mangiare", "metter qualcosa sotto i denti". L'uso della voce parlata serve a riequilibrare l'intensa drammaticità del momento.

62-63. tu ne... le spoglia: l'immagine richiama un passo della Bibbia (*Dominus dedit, Dominus abstulit*, "Il Signore ha dato, il Signore ha tolto", *Giobbe* 1, 21).

66. ahi dura terra... t'apristi: richiama un verso dell'*Eneide*: «quale terra può aprirsi abbastanza profonda per inghiottirmi?», grido disperato di Turno (X, 675-676).

68. Gaddo: il figlio quartogenito di Ugolino, ormai sui trent'anni.

69. Padre... m'aiuti?: ricorda il grido «Dio mio, Dio mio, perché mi hai abbandonato?», che Gesù leva sulla croce al Padre (*Vangelo secondo Matteo* 27, 46). Il sacrificio di questi poveri figli crocifissi dalla fame ripete, in qualche modo, quello del Salvatore.

75. Poscia... 'l digiuno: verso memorabile, anche per la sua ambiguità. Si parafrasa generalmente: "Poi, più che il dolore, mi uccise la fame". Ma Dante fa nascere nei

lettori il sospetto di antropofagia da parte del conte.

77. riprese il teschio: Ugolino riprende il comportamento cui è dannato per l'eternità; la sua golosità cannibalesca si riverbera nel contrappasso bestiale.

78. che furo... forti: l'episodio si chiude su questa immagine dei *denti* del conte, *forti* come quelli d'un cane, le *agute scane* delle cagne sognate al v. 35. L'alterazione della sequenza naturale delle parole, o iperbato, risulta qui molto espressiva: è infatti un'immagine dell'alterazione dell'umanità, cioè dell'ordine naturale delle cose.

Inferno

Ahi Pisa, vituperio de le genti
del bel paese là dove 'l sì suona,
81   poi che i vicini a te punir son lenti,

muovasi la Capraia e la Gorgona,
e faccian siepe ad Arno in su la foce,
84   sì ch'elli annieghi in te ogne persona!

Che se 'l conte Ugolino aveva voce
d'aver tradita te de le castella,
87   non dovei tu i figliuoi porre a tal croce.

Innocenti facea l'età novella,
novella Tebe, Uguiccione e 'l Brigata
90   e li altri due che 'l canto suso appella.
[...]

Invettiva di Dante contro Pisa

79-84. Ah Pisa, vergogna (*vituperio*) del popolo d'Italia, il paese dove si parla (*suona*) la lingua del "sì", poiché le città vicine sono lente a punirti, si smuovano le isole della Capraia e della Gorgona, e sbarrino (*faccian siepe*) la foce del fiume Arno, in modo che muoia annegato ogni tuo cittadino!
85-90. Perché, se correva voce che il conte Ugolino ti avesse tradito a causa dei (*de le*) castelli [ceduti ai nemici], non dovevi infliggere una simile punizione ai suoi figli. Uguccione, il Brigata e gli altri due che il canto menziona più sopra (*suso*), o Pisa, o nuova Tebe, erano resi innocenti dalla loro giovane (*novella*) età.

82. la Capraia e la Gorgona: due isole dell'arcipelago toscano, fra l'Elba e la foce dell'Arno.
86. d'aver... le castella: il conte Ugolino, cedendo una serie di piazzeforti (*le castella*) a Lucca e a Firenze per alleggerirne la pressione militare, aveva tradito la patria pisana. Così si vociferava all'epoca; non sappiamo se Dante condividesse quel

giudizio; certo condivise la deprecazione generale per la crudele uccisione dei figli e nipoti innocenti.
89. novella Tebe: con questo misfatto, Pisa è divenuta una nuova Tebe, città greca famosa, nel mito antico, per le tragiche lotte fratricide. Secondo la leggenda Pisa fu fondata da Pelope, figlio del re di Tebe.
89. Uguccione e 'l Brigata: Uguccione

era il quintogenito di Ugolino; Nino, detto il *Brigata*, figlio di Guelfo II, era fratello maggiore di Anselmuccio. Avevano passato entrambi la ventina, e il secondo si era già distinto per un omicidio.
90. li altri due: Anselmuccio (ricordato al v. 50) e Gaddo (v. 68).

Le chiavi del canto

■ L'ORCHESTRAZIONE NARRATIVA

Il celebre canto non si disperde nei particolari; il conte Ugolino non racconta l'arresto e la condanna, eventi ben noti ai suoi contemporanei: ciò che invece gli preme narrare è la **crudeltà del supplizio** (*come la morte mia fu cruda*), il sadismo dell'arcivescovo, che giustifica adesso, nell'aldilà, quello del contrappasso inventato da Dante.

Il racconto della terribile agonia e della morte crudele si snoda lungo **tre fasi**, seguite da due diversi momenti di epilogo:

1. si comincia con un **sogno rivelatore**, in cui Ugolino vede sé e i figli trasfigurati in un lupo e i suoi cuccioli, sbranati, l'uno e gli altri, dalle cagne dell'arcivescovo cacciatore;

2. si prosegue con il dramma dell'**angoscia del padre**, che vede morire di fame la propria prole, con un morso di

rabbia impotente che il conte si dà sulla mano e che i figli attribuiscono alla fame, offrendosi in pasto al genitore;

3. il verso finale del racconto, sinistramente ambiguo, suggerisce al lettore la possibilità di un **epilogo cannibalesco**: *poscia, più che 'l dolor, potè 'l digiuno*;

4. al termine del racconto il conte si avventa con rinnovata energia sul **cranio dell'arcivescovo**;

5. segue, a mo' di commento del poeta, la tremenda **invettiva su Pisa**.

Sapiente risulta anche l'**orchestrazione temporale** dei suoi momenti. Dopo che i cinque infelici hanno sentito inchiodare la porta (vv. 46-47: *e io senti' chiavar l'uscio di sotto / a l'orribile torre*) trascorrono inizialmente due giorni:

• il primo è quello dell'angosciosa domanda di Anselmuccio (vv. 49-54);

- il secondo giorno è quello dell'offerta di sé stessi al padre (vv. 55-65: lo *dì*).
- Passa quindi un terzo giorno intero (*l'altro*, v. 65);
- nel quarto (v. 67: *Poscia che fummo al quarto dì venuti*) muore Gaddo, il primo dei figli.
- *Tra 'l quinto dì e 'l sesto* (v. 72) muoiono gli altri tre.
- L'atroce agonia di Ugolino, l'ultimo superstite, dura altri due giorni, il settimo e l'ottavo (v. 74: *due dì li chiamai*).

■ IL SIGNIFICATO: UN MONDO DI CANNIBALI

L'ultimo indimenticabile personaggio che racconta la propria storia nel fondo dell'inferno, è quello che meglio riassume la condizione di bestialità che accomuna tutti i dannati. Nel ghiaccio del Cocito, in Antenora, Dante vede anime di traditori immerse fino al collo; tra queste se ne distingue una, che spolpa la testa di un'altra. La **scena cannibalesca** è agghiacciante, scandalizza il lettore, che si chiede quale colpa possa mai meritare una pena così atroce: il cannibale infernale è il conte Ugolino della Gherardesca, lo spolpato è l'arcivescovo Ruggieri degli Ubaldini. È il primo a rievocare la terribile vicenda che li vide protagonisti.

Il significato di tale racconto è già racchiuso nel suo punto d'avvio, cioè nel **sogno premonitore** dei lupi e delle cagne: Ugolino in carcere vede, in sogno, l'arcivescovo capeggiare con cagne bramose una brigata di cacciatori; gli inseguiti sono lui con i figli e i nipoti, il lupo e i lupicini. Fin da qui misuriamo la spietata **legge di sopraffazione** che domina tra i dannati dell'inferno. L'uomo è lupo per l'altro uomo: l'istinto famelico della belva condensa il senso della storia in un'immagine di violenza generalizzata. Nella storia di Ugolino e dei suoi figli il poeta ha voluto raffigurare, oltre all'esito delle feroci lotte politiche dell'età comunale, l'esito dell'**egoismo** che dilania il cuore dell'uomo peccatore. Gli uomini si sbranano a vicenda per il potere e, più in generale, per i beni materiali, che, quanto più sono ricercati, tanto meno, secondo Dante, sono condivisibili.

■ L'INVETTIVA FINALE

La terribile invettiva che si leva dal v. 79 (*Ahi Pisa...*) nasce dalla **coscienza offesa del poeta**, dallo sdegno contro gli abusi e le illegalità compiute dalle fazioni, che fatalmente si risolvono in sfoghi di odio e in vendette private. L'invocata distruzione della città che lasciò morire di fame Ugolino e i suoi figli innocenti, ha il tono dei terribili castighi biblici (il diluvio, la distruzione di Sodoma e Gomorra, le piaghe d'Egitto), quando l'ira di Dio scendeva inesorabile contro le città colpevoli e maledette. Francesco De Sanctis si è chiesto: «non so se sia più feroce Ugolino, che ha i denti infissi nel cranio del suo traditore, o Dante che, per vendicare quattro innocenti, condanna a morte tutti gli innocenti di un'intera città».

■ IL PROTAGONISTA

Al centro di tutto campeggia la figura, poeticamente gigantesca, di Ugolino. Straziato dal ricordo, egli è però desideroso di **procurare infamia al suo nemico**, quell'arcivescovo Ruggieri che lo richiamò a Pisa sotto falso pretesto di concludere la pace, per poi tradirlo, imprigionarlo nella torre dei Gualandi – la «torre della Fame» – con due figli e due nipoti, e dopo otto mesi lasciarli tutti morire di fame.

Ugolino e l'*altro*, dunque. Quest'altro, Ruggieri degli Ubaldini, gli sta vicinissimo, come a incarnare – e rovesciare – il precetto evangelico del «prossimo tuo». Qui il prossimo viene, letteralmente, mangiato: Ugolino racconta la propria tragica morte dopo avere sollevato la bocca dal *fiero pasto*. L'*Inferno* di Dante si conclude con il pasto antropofago del conte al quale è condannato per l'eternità e poi (nel canto successivo) con quello di Lucifero.

Il poeta coglie con tocchi psicologicamente finissimi il **precipitare di Ugolino nella disperazione**; dipinge lo strazio del padre, che consiste anche nel suo doversi controllare (v. 52: *Perciò non lagrimai né rispuos'io*), per impedire che i figli, già smarriti e angosciati, debbano ulteriormente soffrire. Perciò Ugolino frena le lacrime e non apre la bocca, per tutto un giorno e la notte seguente; all'indomani, proromperà nel gesto inconsulto (v. 58: *ambo le man per lo dolor mi morsi*) che costituisce come un'anticipazione del suo destino di rosicchiare, in eterno, il cranio del suo nemico.

■ *POSCIA, PIÙ CHE 'L DOLOR, POTÉ 'L DIGIUNO*

Ibernato nella dannazione, il conte Ugolino sta sopravvivendo per l'eternità ai suoi figli, sta presenziando per sempre all'evento della loro morte. Li ha mangiati? Non lo chiarisce il grande v. 75, *Poscia, più che 'l dolor, poté 'l digiuno*. È certo che Ugolino riaddenta, a metà del canto (vv. 77-78), il cranio del suo persecutore, come in un rito antropofago che urla l'**infinita insaziabilità del dolore**. Su ciò si veda la scheda di p. 131.

Lavoriamo sul testo

I CONTENUTI

1. Quali sono i protagonisti del racconto? Quando e dove vissero?

2. In quale punto dell'*Inferno* essi sono collocati dal poeta? Perché?

3. Prima di rispondere a Dante, il protagonista compie un gesto: quale? Ti sembra importante, alla luce di ciò che segue?

4. Il racconto di Ugolino comincia al suo momento culminante: in che senso? Qual è l'antefatto che Dante tace e perché lo tace? Riassumilo con le tue parole.

5. Stabilisci le corrispondenze simboliche tra gli elementi del sogno di Ugolino e la realtà, espressa nei punti a), b), c) e)d.

   | | lupo
   | | lupacchiotti
   | | cagne
   | | uccisione di lupo e lupacchiotti

   a) le famiglie nemiche b) il conte Ugolino c) i figli e i nipoti di Ugolino d) la condanna a morte decretata dal comune di Pisa

6. Dopo quanti giorni Ugolino muore?
   - ❏ due
   - ❏ sei
   - ❏ otto
   - ❏ nove

7. In quali punti del testo emerge il tema "antropofagico"? Sottolineali facendo attenzione anche a sfumature e gesti appena accennati da parte di Ugolino.

8. Il lupo che, nel sogno di Ugolino, è azzannato dai cani diventa, nell'aldilà, il cane che azzanna il lupo. In che modo si realizza questo capovolgimento?

9. Nel canto si riflette anche un problema a cui Dante era particolarmente sensibile, quello del coinvolgimento dei figli innocenti nelle colpe, o presunte tali, dei padri. Dove emerge, tale tema, nel testo letto? E in quali altri canti o momenti della *Commedia* lo hai già osservato?

10. Spiega in max 15 righe il motivo dell'invettiva finale, così crudele e "apocalittica", verso Pisa.

11. Molti critici, tra cui F. De Sanctis e J. Freccero, interpretano il cedimento alla fame non come un semplice cedimento fisico, ma come un'attuazione del pasto antropofagico. Secondo te, Ugolino ha veramente mangiato i figli? Motiva il tuo parere in max 15 righe.

12. Con l'episodio di Ugolino si chiude sostanzialmente l'*Inferno*, il regno della disperazione eterna. Essa si lega, per Dante, a una visione della lotta politica che non si distingue affatto dalla lotta per la vita nel regno animale, e che può risolversi soltanto nella sopraffazione e nell'annientamento del nemico.

    Ti sembra che si tratti di una visione solo poetica? O in certi casi, nella storia umana, si è realmente realizzata? E oggi? Sviluppa l'argomento sotto forma di tema tradizionale.

LE FORME

13. Suddividi il racconto di Ugolino (vv. 22-75) in sequenze e attribuisci a ciascuna di esse un titolo.

14. Qual è la fonte classica dell'espressione *Tu vuo' ch'io rinovelli/ disperato dolor?*

15. Rintraccia nel canto tutte le espressioni che suggeriscono l'atmosfera di silenzio e oscurità.

16. Individua nel racconto di Ugolino tutte le espressioni di dolore e pianto.

17. Ai vv. 4-5 (*Tu vuo' ch'io rinovelli / disperato dolor che 'l cor mi preme*) si evidenzia la presenza di una fonte letteraria: quale? Con l'aiuto delle note, rintraccia lungo il testo anche le altre fonti.

18. Illustra sinteticamente le due possibili interpretazioni del v. 75: *Poscia, più che 'l dolor, poté 'l digiuno.*

19. Perché Pisa è chiamata *novella Tebe*? Rintraccia il punto e spiegalo nel contesto.

20. Chiarisci con parole tue (diverse da quelle proposte nella parafrasi) il significato delle seguenti espressioni:
    - *cagne... studiose e conte*
    - *mi squarciò il velame*
    - *maestro e donno*
    - *dir non è mestieri*

Approfondimenti

Jorge Luis Borges
Il problema di Ugolino

La scelta dell'incertezza Il problema storico se Ugolino abbia esercitato il cannibalismo è evidentemente insolubile. Il problema estetico o letterario è di ben diversa indole. Conviene enunciarlo così: volle Dante che pensassimo che Ugolino (l'Ugolino del suo *Inferno*, non quello della storia) mangiò la carne dei suoi figli? Io arrischierei la risposta: Dante non ha voluto che lo pensassimo bensì che lo sospettassimo. L'incertezza è parte del suo disegno.

Ugolino rode il cranio dell'arcivescovo; Ugolino sogna cani dalle zanne acuminate che lacerano i fianchi del lupo:

«... e con l'agute scane
mi parea lor veder fender li fianchi»
(Inf. XXXIII, vv. 35-36).

Ugolino, spinto dal dolore, si morde le mani; Ugolino sente che i figli gli offrono inverosimilmente la loro carne; Ugolino, pronunciato l'ambiguo verso, torna a rosicchiare il cranio dell'arcivescovo. Tali atti suggeriscono o simboleggiano il fatto atroce. Adempiono a una duplice funzione: li crediamo parte del racconto e sono profezie. Robert Louis Stevenson osserva che i personaggi di un libro sono filze[1] di parole; a questo, per quanto blasfemo ci possa sembrare, si riducono Achille e Peer Gynt, Robinson Crusoe e Don Chisciotte[2]. A questo[3] anche i potenti che ressero la terra: una serie di parole è Alessandro, un'altra Attila. Di Ugolino dobbiamo dire che è una testura[4] verbale che consta di una trentina di terzine. Dobbiamo includere in questa testura la nozione di cannibalismo? Ripeto che dobbiamo sospettarla con incertezza e timore. Negare o affermare il mostruoso delitto di Ugolino è meno tremendo che intravederlo.

Così, carichi d'ambiguità, rimaniamo sospesi, la moneta[5] eternamente fissata in quell'attimo che ne precede la caduta e con essa una scelta; sospesi ed eterni come esige «l'ambiguo tempo dell'arte»: Nel tempo reale, nella storia, ogni volta che un uomo si trova di fronte a varie alternative opta per una ed elimina o perde le altre; non è così nell'ambiguo tempo dell'arte, che somiglia a quello della speranza e dell'oblio. Amleto in quel tempo, è assennato ed è pazzo[6]. Nella tenebra della sua Torre della Fame, Ugolino divora e non divora gli amati cadaveri, e questa ondulante imprecisione, questa incertezza, è la strana materia di cui è fatto.

Così, con due possibili agonie, lo sognò Dante, e così lo sogneranno le future generazioni.

Jorge Luis Borges, *Nove saggi danteschi*,
Adelphi, Milano 2001

---

1. filze: successioni, sequenze.
2. Achille e Peer Gynt, Robinson Crusoe e Don Chisciotte: personaggi, rispettivamente, di Omero e Ibsen, Defoe e Cervantes.
3. A questo: sottointeso, "si riducono".
4. una testura: un intreccio.
5. la moneta: con la quale si tenta la sorte, tirando a testa o croce.
6. è assennato ed è pazzo: lo è contemporaneamente, in virtù della suprema ambiguità dell'arte.

«Poi cominciò: «Tu vuo' ch'io rinovelli
disperato dolor che 'l cor mi preme
già pur pensando, pria ch'io ne favelli.»

■ *Auguste Rodin*, Ugolino in prigione *(1880 ca).*

Canto XXXIV

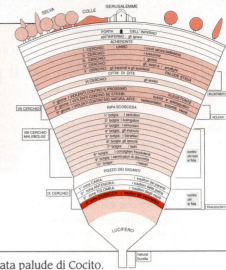

DATA	■ 9 aprile 1300 (sabato santo), sera.
LUOGO	■ Quarta zona del **IX cerchio**: la ghiacciata palude di Cocito. Qui si trova l'orrendo e immenso Lucifero, conficcato al centro esatto della Terra, nel punto più lontano da Dio. Da qui parte in senso opposto un lungo cammino sotterraneo (la natural burella) che sbocca sulla spiaggia del Purgatorio, nell'emisfero opposto.
COLPA	■ **Tradimento dei benefattori** e in particolare della maestà da cui si è ricevuto del bene. È il peccato punito nella quarta zona, Giudecca (da Giuda, il traditore di Cristo).
PENA / CONTRAPPASSO	■ I traditori sono **interamente conficcati nel ghiaccio di Cocito** e **maciullati nelle tre bocche di Lucifero**, l'angelo ribelle a Dio. Il demonio è l'esatto opposto di ciò che fu prima del tradimento: è infatti orribile, quanto prima della ribellione era bello; le sue tre bocche sono il rovesciamento della Trinità di Dio.
CUSTODE	■ **Lucifero**, o Belzebù, l'*imperador del doloroso regno* (re dell'inferno).
PERSONAGGI	■ **Dante** e **Virgilio**. ■ **Giuda**, traditore di Cristo, è nella bocca centrale di Lucifero. ■ **Bruto** e **Cassio**, traditori di Giulio Cesare (il benemerito fondatore dell'Impero romano), sono masticati nelle bocche laterali di Lucifero. ■ **Lucifero** è immerso nel ghiaccio fino al petto; ha tre facce ed enormi ali di pipistrello, e piange senza sosta; lacrime e bava sanguinosa gli gocciolano dai tre menti.

SEQUENZE

■ **Giudecca** (vv. 1-27)
«Siamo vicini al re dell'inferno». Dante sente freddo e si ripara dietro a Virgilio. In basso scorge i traditori della Giudecca, completamente immersi nel ghiaccio.

■ **Lucifero e il suo pasto eterno** (vv. 28-67)
Lo 'mperador del doloroso regno è colossale e orrendo, e ha tre facce. Tre coppie di ali provocano i venti che congelano il Cocito. Nella bocca centrale divora Giuda, nelle altre due Bruto e Cassio.

■ **Arrampicata sul corpo di Lucifero, e discesa nell'altro emisfero** (vv. 68-132)
È sera e bisogna andare. I due poeti (Virgilio porta Dante sulle spalle) si arrampicano sul corpo di Lucifero, scendendo fino alla sua anca. Qui Virgilio, tenendosi al manto del demonio, si gira e inverte il senso di marcia: si risale. I due approdano su una roccia e si siedono. Dante vede Lucifero capovolto; le gambe volte verso il cielo. Virgilio lo sollecita: è già mattino. Dante vuole capire: «Ma se poco fa era sera? E dov'è finito il ghiaccio di Cocito?». Si sono girati nel centro della terra, risponde il Maestro: ora sono passati nell'altro emisfero, dove è giorno quando di là è sera. Lucifero, dopo la ribellione, sprofondò negli ìnferi a testa in giù: le terre inorridite si ritrassero al suo passaggio; fu l'origine del cono infernale; ma dall'altra parte formarono un gran monte. Ci si può giungere da uno stretto cammino nel seno della Terra, dove corre un ruscelletto.

■ **Uscita dall'inferno** (vv.133-139)
Per questo passaggio transitano i due poeti, finché, attraverso un pertugio tondo, sbucano a riveder le stelle.

Il *Purgatorio*

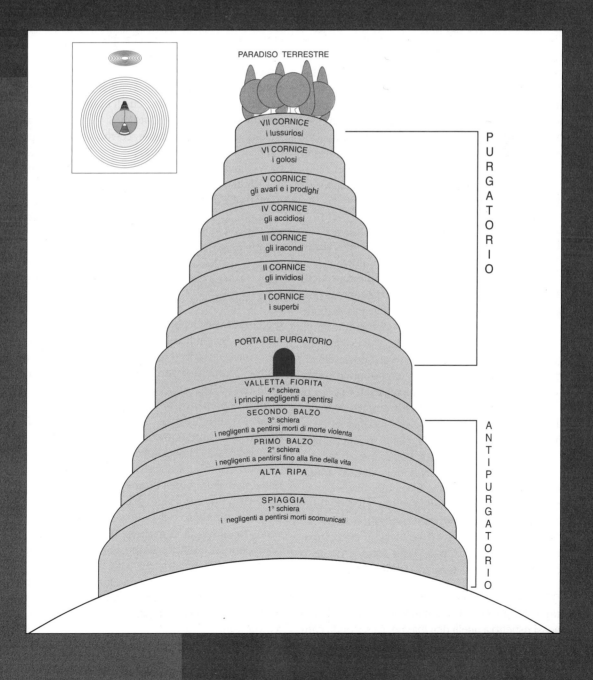

La diversa poesia del *Purgatorio*

■ UNA SOLITARIA, ALTISSIMA MONTAGNA

Dopo le passioni dell'*Inferno*, il *Purgatorio* segna un tipo diverso di poesia: è il momento del ricordo, del canto affettuoso delle amicizie e memorie giovanili, della cortesia cavalleresca e dell'arte; infine della misericordia data e ricevuta, nella luce del perdono di Dio.

Il purgatorio è un'altissima montagna, che si erge verso il cielo in un'**isola dell'oceano Atlantico**, una delle mitiche isole Fortunate, molto probabilmente le attuali Canarie. Verso quest'isola aveva puntato la prua della nave di Ulisse; qui l'eroe aveva per l'ultima volta tentato di appagare la sua sete di conoscenza. Per Dante, il purgatorio si erge **nell'emisfero delle acque**, la parte del mondo "senza gente". A questa meta l'angelo nocchiero (cioè traghettatore) conduce i defunti pentiti, dopo averli raccolti alla foce del Tevere. Qui dunque il poeta pellegrino e Virgilio giungono, letteralmente sbucando da sottoterra, dopo aver battagliato aggrappati al pelo di Lucifero, contro la forza di gravità.

■ LA SCALATA DELLE SETTE CORNICI

Arrivati in purgatorio il primo incontro è con **Catone** detto l'**Uticense**, dal nome della città nordafricana, Utica, dove il politico romano si suicidò pur di non cadere nelle mani di Cesare vincitore nella guerra contro Pompeo; per questo, Dante lo celebra come il campione della libertà repubblicana. Seguono gli incontri con i primi penitenti: per ora, sono le anime o di **coloro che morirono scomunicati** dalla Chiesa (devono perciò dimorare nell'antipurgatorio per un tempo lungo trenta volte quello che vissero fuori della Chiesa), oppure di **chi si pentì all'ultimo istante di vita**: costoro sono destinati all'antipurgatorio tanto tempo quanto vissero. Tra gli scomunicati e i negligenti, Dante incontra Manfredi, Belacqua, Pia de' Tolomei, Buonconte di Montefeltro, Sordello. Solo successivamente queste anime potranno affrontare la scalata del monte. Di cornice in cornice, secondo la loro condotta di vita, gli spiriti purgheranno infatti i **sette peccati capitali**: la superbia, l'invidia, l'ira, l'accidia, l'avarizia, la gola, la lussuria. Ciascuna delle sette cornici è posta sotto il rigoroso controllo di un angelo dalla spada fiammeggiante.

■ SOFFERENZE E SENTIMENTI POSITIVI

Nel *Purgatorio* gli incontri risultano più pacati e spesso commossi rispetto a quelli dell'*Inferno*. La seconda cantica è ricca di **sentimenti positivi**, quasi totalmente assenti nella prima e poco frequenti nel *Paradiso*, dove la mente non riuscirà ad abbandonarsi ai moti del cuore.

Anche le **pene**, nel *Purgatorio*, risultano meno orrende, pur se in ogni caso dolorose, tanto da suscitare non minore raccapriccio di quelle che toccano alle anime infernali: i **superbi** camminano sotto gravi pesi (tra loro, nel canto XI, il miniatore Oderisi da Gubbio, che ammonisce sulla vanità della gloria terrena); gli **invidiosi** (tra cui Sapía e Guido del Duca), indossano il cilicio e hanno le palpebre cucite con filo di ferro; gli **iracondi**, come il dotto Marco Lombardo (canto XVI) sono avvolti in un denso fumo, che li acceca e li soffoca; gli **accidiosi**, che come l'abate di S. Zeno peccarono per scarso amore verso il bene, corrono senza tregua, gridando esempi di sollecitudine esaltata e di accidia punita; gli **avari** e i **prodighi**, tra i quali Dante incontra papa Adriano V (canto XIX), sono distesi bocconi con le mani e i piedi legati, piangono e pregano; anche le facce magre, consunte e scavate dalla fame dei **golosi**, come l'amico Forese Donati (canto XXIII-XXIV), suscitano grande pietà nel pellegrino. L'ultima schiera del monte è quella dei **lussuriosi**, che come i poeti Guido Guinizzelli e Arnaut Daniel (canto XXVI) camminano attraverso le fiamme.

■ NEL PARADISO TERRESTRE

Alla fine, **in cima alla montagna**, si apre il paradiso terrestre (canti XXVII-XXXIII). Si fanno incontro al poeta una donna di sogno, **Matelda**, e **Beatrice**, l'amata della *Vita nuova*.

Ella lo rimprovera con vibrante partecipazione: perché Dante s'è fatto "traviare", dopo la morte di lei? Al **pentimento del cuore** – anche Dante, come le altre anime del monte, sta conducendo la sua personale espiazione – dà un contributo decisivo l'immersione nel **Lete**, il fiume dell'oblio, e nell'**Eunoè**, che ravviva la memoria della virtù. Intanto Dante assiste a una simbolica processione, nel corso della quale udrà parole di vigorosa invettiva contro la corruzione della Chiesa di Roma e della corte di Francia. Erano gli anni della "cattività" avignonese (la dimora del papa ad Avignone): Dante poeta non può tacere il proprio furore di uomo politico offeso dall'avidità dei potenti; tanto meno può tacerlo adesso, che è *puro e disposto a salire a le stelle* (canto XXXIII, 145).

Canto I

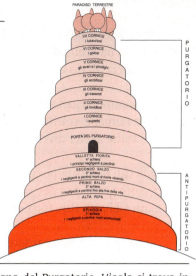

DATA	■ 10 aprile 1300 (domenica di Pasqua), poco prima dell'alba.
LUOGO	■ La **spiaggia** dell'isola su cui sorge la montagna del Purgatorio. L'isola si trova in mezzo all'oceano, agli antipodi di Gerusalemme; viene via via illuminata dalla luce dell'alba. Nel cielo – che non si può osservare dall'emisfero delle terre emerse – Dante scorge il pianeta Venere e quattro stelle luminose.
CUSTODE	■ **Catone l'Uticense**, simbolo di libertà morale. Visse nell'antica Roma, nell'ultimo periodo della repubblica. Si suicidò in Utica (Africa) per sfuggire al tiranno Cesare, che aveva eroicamente combattuto.
PERSONAGGI	■ **Dante** e **Virgilio**. ■ **Catone l'Uticense**.

SEQUENZE

■ **Protasi e invocazione** (vv. 1-12)
La navicella del mio ingegno, dice Dante, abbandona il mare della colpa senza riscatto (l'inferno) per veleggiare in acque meno turbolente (l'espiazione in purgatorio). Cambia dunque l'argomento. L'innalzarsi del tono richiede l'aiuto delle Muse, specialmente di Calliope, tutrice dell'epica, che aveva sconfitto in una gara di canto le Pieridi, che avevano osato sfidarla.

■ **Il cielo, Venere e le quattro stelle** (vv. 13-27)
Dolce color d'orïental zaffiro risplende nel cielo sereno dell'aurora. Nel cielo dell'altro emisfero brillano quattro stelle (simbolo delle quattro virtù cardinali: Prudenza, Giustizia, Fortezza, Temperanza) rimaste ignote agli uomini dopo la colpa di Adamo. Sono il simbolo della perfezione che va riconquistata con l'espiazione della colpa.

■ **Catone l'Uticense** (vv. 28-48)
Appare ora un vecchio dignitoso, illuminato dai raggi delle quattro stelle: è Catone. Egli crede che Dante e Virgilio siano sfuggiti all'inferno e chiede loro come abbiano potuto uscirne.

■ **Virgilio, Dante e la preghiera a Catone** (vv. 49-84)
Virgilio spiega le finalità del viaggio di Dante (la ricerca della libertà dalla schiavitù del peccato) e chiede a Catone di lasciarli passare. In cambio – promette – ringrazierà Marzia, moglie di Catone, non appena ritornerà nel Limbo, dove anche ella dimora.

■ **Risposta di Catone** (vv. 85-108)
Non in nome di Marzia, pur amata, ma della beata Beatrice, che ordinò quel viaggio, Catone lascerà passare gli insoliti visitatori. Prima però Dante dovrà compiere un rito di purificazione e d'umiltà.

■ **Il rito del giunco** (vv. 109-136)
Catone sparisce. È l'alba e Virgilio compie il rito prescritto: lava con la rugiada la sporcizia depositatasi sul volto di Dante nel corso del viaggio all'inferno, quindi gli cinge i fianchi con una pianticella di giunco, segno d'umiltà; strappato dalla sabbia, il giunco rinasce miracolosamente.

Purgatorio

Per correr miglior acque alza le vele
omai la navicella del mio ingegno,
3   che lascia dietro a sé mar sì crudele;

e canterò di quel secondo regno
dove l'umano spirito si purga
6   e di salire al ciel diventa degno.

Ma qui la morta poesì resurga,
o sante Muse, poi che vostro sono;
9   e qui Calïopè alquanto surga,

seguitando il mio canto con quel suono
di cui le Piche misere sentiro
12   lo colpo tal, che disperar perdono.

Dolce color d'orïental zaffiro,
che s'accoglieva nel sereno aspetto
15   del mezzo, puro infino al primo giro,

a li occhi miei ricominciò diletto,
tosto ch'io usci' fuor de l'aura morta
18   che m'avea contristati li occhi e 'l petto.

Lo bel pianeto che d'amar conforta
faceva tutto rider l'orïente,
21   velando i Pesci ch'erano in sua scorta.

Protasi e invocazione

1-6. Per navigare in acque migliori, dispiega finalmente le vele la piccola nave del mio ingegno, che lascia dietro di sé un mare tanto burrascoso; e ora mi accingo a cantare di quel secondo regno [dell'oltretomba], in cui l'anima si purifica [dalle proprie colpe] e diventa degna di ascendere al paradiso. **7-12.** Ma a questo punto la poesia, che era morta [parlando dei dannati], risorga, o sante Muse, poiché io appartengo a voi; e a questo punto si alzi sufficientemente (*alquanto*) Calliope, accompagnando il mio canto con quella voce, udita la quale, le Piche [che l'avevano sfidata al canto] capirono di non poter sperare in alcun perdono.

Il cielo, Venere e le quattro stelle

13-18. Un dolce colore di zaffiro orientale, che si concentrava nella limpida vista del cielo (*del mezzo*), terso fino all'orizzonte, donò ai miei occhi nuovamente il piacere della vista, non appena io fui uscito dalla lugubre atmosfera dell'inferno, che mi aveva rattristato lo sguardo e ogni sentimento. **19-21.** Il bel pianeta [Venere], che invita ad amare, riempiva con la sua luce tutta la zona orientale del cielo, velando la costellazione dei Pesci, con la quale si trovava congiunto.

---

1. miglior acque: allude all'argomento del *Purgatorio* (v. anche il v. 4: *quel secondo regno*), più nobile rispetto all'*Inferno*. In questo solenne proemio, la prima e la seconda terzina riguardano la proposizione dell'argomento; segue (secondo le regole retoriche) l'invocazione alle muse, che prende le successive due terzine.

9. Calïopè: Calliope; l'accento spostato sull'ultima obbedisce alla regola del troncamento, l'ossitonizzazione – costante nella *Divina Commedia* – che riguarda tutti i nomi non latini. Calliope era la musa dell'epica, e quindi la più importante tra le muse ispiratrici di poesia. Già nel canto II dell'*Inferno* Dante le aveva invocate, più genericamente, *O Muse, o alto ingegno, or m'aiutate* (v. 7); all'inizio del *Paradiso* (I, 13-36) invocherà addirittura Apollo, il dio della poesia e delle muse stesse.

11. le Piche: le Pieridi, mitiche figlie di Pierio, re della Tessaglia; cantavano così bene che sfidarono Calliope; ma costei punì la loro arroganza trasformandole in *piche* cioè in gazze. Il mito fu narrato dal poeta latino Ovidio nelle *Metamorfosi* (V, 294-678), dove però le Piche non «disperano» il perdono, ma disprezzano l'ira della Musa che le punisce.

13. Dolce color d'orïental zaffiro: al proemio, segue la descrizione del nuovo ambiente purgatoriale, con una viva nota di colore e di paesaggio. Una ben diversa condizione spirituale separa la luminosa apertura di questa seconda cantica dall'atmosfera, tetra e opprimente, dell'*Inferno*. Quanto a *orïental zaffiro*, si riteneva allora che lo zaffiro più bello fosse quello di provenienza asiatica, famoso per il suo colore celeste e di gran pregio.

15. mezzo: dal latino *medium*, è termine tecnico-scientifico della cosmologia medievale, per indicare l'atmosfera, interposta tra l'orizzonte (*il primo giro*: il cielo della Luna, nella cosmologia medievale) e gli occhi umani che lo contemplano. Il cielo insomma si mostrava limpido, senza nebbie o vapori, fino all'orizzonte estremo del mare.

16. ricominciò diletto: dopo il tanto orrore dell'inferno ritorna la gioia, il *diletto*, di contemplare. *Ricominciò* suggerisce un sospiro di sollievo per quest'alba di risurrezione spirituale, alba della domenica di Pasqua del 1300, anno del Giubileo di perdono.

19. Lo bel pianeto: Venere, che influisce sulle creature viventi della Terra spingendole all'amore. La stella di Venere si mostra particolarmente luminosa, anzi, *ridente*, in primavera, quando è congiunta con la costellazione dei Pesci (che gli fa come da *scorta*); sul far dell'alba tale luminosità impedisce di scorgere la costellazione dei Pesci. Tali precisazioni astronomiche servono a situare il viaggio di Dante in una più vasta cornice spazio-temporale.

Canto I

I' mi volsi a man destra, e puosi mente
a l'altro polo, e vidi quattro stelle
24 non viste mai fuor ch'a la prima gente.

Goder pareva 'l ciel di lor fiammelle:
oh settentrïonal vedovo sito,
27 poi che privato se' di mirar quelle!

Com' io da loro sguardo fui partito,
un poco me volgendo a l'altro polo,
30 là onde 'l Carro già era sparito,

vidi presso di me un veglio solo,
degno di tanta reverenza in vista,
33 che più non dee a padre alcun figliuolo.

Lunga la barba e di pel bianco mista
portava, a' suoi capelli simigliante,
36 de' quai cadeva al petto doppia lista.

Li raggi de le quattro luci sante
fregiavan sì la sua faccia di lume,
39 ch'i' 'l vedea come 'l sol fosse davante.

«Chi siete voi che contro al cieco fiume
fuggita avete la pregione etterna?»,
42 diss' el, movendo quelle oneste piume.

22-24. Io mi volsi alla mia destra, e guardai attentamente verso il polo australe e vidi quattro stelle, mai vedute prima, se non da (*fuor ch'a*) Adamo ed Eva (*la prima gente*). **25-27.** Il cielo pareva gioire per le loro luci; o [povero] emisfero settentrionale, vedovo di loro, privato della gioia di vederle!

Catone l'Uticense

28-33. Non appena mi fui allontanato dal loro sguardo, volgendomi un poco verso il polo boreale, là dove l'Orsa Maggiore (*il Carro*) era scomparsa, vidi accanto a me un vecchio solitario, degno al primo sguardo di tanta riverenza, quale nessun figliuolo deve di più al proprio padre. **34-36.** Portava una lunga barba, mista di fili bianchi, brizzolata quindi come i capelli, che gli scendevano sul petto, in due ciocche (*doppia lista*). **37-39.** I raggi delle quattro sante stelle illuminavano (*fregiavan... di lume*) a tal punto il suo volto, che io lo vedevo come se gli fosse stato di fronte il sole. **40-48.** «Chi siete voi che, attraversando controcorrente il fiume infernale, siete sfuggiti dall'eterna prigione [dell'inferno?]», diss'egli, agitando la barba e i capelli.

23. a l'altro polo: l'emisfero antartico, ritenuto coperto dalle acque degli oceani e quindi disabitato. Dante immagina che la montagna del purgatorio si trovi dalla parte diametralmente opposta rispetto all'emisfero boreale, sede delle terre abitate; **vidi quattro stelle:** simboleggiano le quattro virtù cardinali (Giustizia, Prudenza, Fortezza e Temperanza), conosciute e praticate "naturalmente" dai primi uomini, Adamo ed Eva, prima del peccato originale.

24. fuor ch'a la prima gente: solo i progenitori godettero del benefico influsso delle quattro stelle; furono cioè gli unici a condurre (prima del peccato) un'esistenza pienamente retta sul piano morale e umano. Delle quattro virtù cardinali parlarono già gli scrittori antichi (tutto il primo libro del *De officiis* di Cicerone, in particolare, è dedicato alla loro analisi). Ma per Dante il recupero della perfezione naturale è solo la base per spiccare poi (dalla vetta della montagna) il volo verso Dio e attingere così alla perfezione spirituale del paradiso.

31. un veglio solo: è Marco Porcio Catone, che si uccise a Utica nel 46 a.C., dopo la sconfitta pompeiana di Tapso; non tollerava infatti di cadere in mano di Cesare, come Cicerone scrisse nel *De officiis* I, 31: «Parve invero a Catone di dover morire piuttosto che dover contemplare la faccia del tiranno». Tutti gli autori classici consideravano Catone un modello insuperabile di stoica fermezza, esempio proverbiale di virtù e dirittura morale. Perciò Dante caratterizza il personaggio come degno di particolare riverenza: lo dipinge come un nobile *veglio* ("vecchio"), malgrado Catone avesse solo 48 anni al momento della morte.

34-35. lunga la barba... / a' suoi capelli simigliante: la barba di Catone è lunga e brizzolata; i capelli parimenti lunghi (cosa assai rara tra i romani). Il poeta Lucano narra (*Pharsalia* II, 375) che Catone, dallo scoppio della guerra civile fino alla morte, non si tagliò più capelli e barba, come pegno della sua lotta contro Cesare.

38. fregiavan sì la sua faccia di lume: la luce delle quattro stelle risplende sul volto di Catone, illuminandolo come se (v. 39) fosse il sole (simbolo della grazia divina) a rischiararlo; a Catone, per salvarsi, bastano le quattro virtù cardinali. Dante ha fatto per lui una doppia eccezione, visto che non lo ha posto al Limbo (come Virgilio), bensì tra i salvati del Purgatorio, e visto che lo ha salvato malgrado il suicidio. Ma Dante giudicava il suicidio di Catone non un gesto egoistico, finalizzato ad affermare se stesso, bensì un modo per rifiutare il male e salvaguardare la libertà morale.

40. contro al cieco fiume: il ruscello invisibile e sotterraneo, accennato nel canto XXXIV dell'*Inferno* (vv. 130-133), che unisce il centro della Terra alla spiaggia del purgatorio.

42. movendo quelle oneste piume: agitando capelli e barba; l'aggettivo *oneste* ne fa il simbolo di dignità e onestà morale; in Dante *onesto* ha sempre una connotazione morale e altamente positiva. Nel canto II (v. 119) Catone sarà detto il *veglio onesto*.

137

Purgatorio

«Chi v'ha guidati, o che vi fu lucerna,
uscendo fuor de la profonda notte
45 che sempre nera fa la valle inferna?

Son le leggi d'abisso così rotte?
o è mutato in ciel novo consiglio,
48 che, dannati, venite a le mie grotte?».

Lo duca mio allor mi diè di piglio,
e con parole e con mani e con cenni
51 reverenti mi fé le gambe e 'l ciglio.

Poscia rispuose lui: «Da me non venni:
donna scese del ciel, per li cui prieghi
54 de la mia compagnia costui sovvenni.

Ma da ch'è tuo voler che più si spieghi
di nostra condizion com' ell' è vera,
57 esser non puote il mio che a te si nieghi.

Questi non vide mai l'ultima sera;
ma per la sua follia le fu sì presso,
60 che molto poco tempo a volger era.

Sì com' io dissi, fui mandato ad esso
per lui campare; e non lì era altra via
63 che questa per la quale i' mi son messo.

Mostrata ho lui tutta la gente ria;
e ora intendo mostrar quelli spirti
66 che purgan sé sotto la tua balìa.

Com' io l'ho tratto, saria lungo a dirti;
de l'alto scende virtù che m'aiuta
69 conducerlo a vederti e a udirti.

Or ti piaccia gradir la sua venuta:
libertà va cercando, ch'è sì cara,
72 come sa chi per lei vita rifiuta.

«Chi vi ha guidati, o che cosa vi fece luce, per uscire dall'impenetrabile buio (*profonda notte*) che rende perennemente tenebrosa la voragine dell'inferno? Sono state così infrante le leggi infernali? oppure il cielo [Dio] ha preso nuove decisioni, grazie alle quali voi, pur essendo dei dannati, siete giunti alle pendici rocciose (*grotte*) [della mia montagna]?».

Virgilio, Dante e la preghiera a Catone

49-51. Allora la mia guida (*duca*=Virgilio) mi afferrò [un braccio] e con parole, gesti e cenni [del capo] mi costrinse a piegare con riverenza le gambe e [a chinare] la testa (*ciglio*=gli occhi). **52-54.** Quindi gli disse: «Non sono venuto [qui] di mia iniziativa; una donna scese dal Cielo e fu per le sue preghiere che io aiutai costui accompagnandolo (*de la mia compagnia*) [nel viaggio]. **55-57.** Ma poiché è tua volontà che io spieghi meglio (*più*) la nostra condizione, com'essa è veramente, non può essere che la mia volontà, [a sua volta], ti neghi [ciò che vuoi sapere]. **58-60.** Costui non vide mai la morte (*l'ultima sera*), ma per colpa dei suoi peccati (*per la sua follia*) le fu così vicino, che ormai sarebbe bastato poco tempo, perché egli si perdesse del tutto. **61-63.** Come già ti ho detto, fui mandato da lui per guidarlo alla salvezza; e non c'era là (*lì*: nella selva) nessun'altra via che questa per la quale sto conducendolo. **64-66.** Gli ho mostrato tutti i dannati (*la gente ria*) e ora ho intenzione di mostrargli quegli spiriti che stanno purgando le loro colpe sotto la tua custodia. **67-69.** Come io abbia potuto condurlo [fin qui], sarebbe lungo da spiegare; dal cielo scende una virtù che mi aiuta a guidarlo fino a te, a conoscerti e ad ascoltarti. **70-72.** Perciò, ora, ti sia gradito il suo arrivo; egli va cercando la libertà, che è così preziosa, come ben sa chi per lei è disposto a rinunciare alla vita.

---

48. dannati: il *veglio* non si è ancora accorto che Dante è vivo. La severità di Catone risalta nelle sue parole, assai aspre e contrastanti con l'idillio del paesaggio.
49. mi diè di piglio: il *piglio* è l'atto di afferrare con decisione; Virgilio velocemente fa inginocchiare Dante (il rapido polisindeto: *e... e.... e...* indica la simultaneità di atti e parole), per poter poi parlare con Catone.
52. Da me non venni: ripete le parole già

dette a Cavalcante nel canto X dell'*Inferno* (v. 61); il viaggio di Dante nasce da un'iniziativa non umana, ma soprannaturale, concretizzatasi nell'intervento di Beatrice (la *donna* del v. 53).
59. la sua follia le fu sì presso: *follia* in Dante è la superbia intellettuale, quella che lo aveva trascinato vicino alla morte spirituale (*l'ultima sera*, v. 58) della *selva oscura*.
66. sotto la tua balìa: Catone è il guardiano del purgatorio, anche se in senso

generico, perché le anime espianti, una volta accolte sull'isola, in seguito non lo vedranno più.
71. libertà va cercando: la libertà dello spirito, che è emancipazione dal male. La libertà cercata da Catone era stata per lo più politica, emancipazione dal tiranno; ma Dante applica al personaggio la sua interpretazione "figurale", in virtù di cui il martire delle libertà repubblicane diviene un martire della libertà morale dal peccato.

Tu 'l sai, ché non ti fu per lei amara
in Utica la morte, ove lasciasti
75 la vesta ch'al gran dì sarà sì chiara.

Non son li editti etterni per noi guasti,
ché questi vive e Minòs me non lega;
78 ma son del cerchio ove son li occhi casti

di Marzia tua, che 'n vista ancor ti priega,
o santo petto, che per tua la tegni:
81 per lo suo amore adunque a noi ti piega.

Lasciane andar per li tuoi sette regni;
grazie riporterò di te a lei,
84 se d'esser mentovato là giù degni».

«Marzïa piacque tanto a li occhi miei
mentre ch'i' fu' di là», diss' elli allora,
87 «che quante grazie volse da me, fei.

Or che di là dal mal fiume dimora,
più muover non mi può, per quella legge
90 che fatta fu quando me n'usci' fora.

Ma se donna del ciel ti move e regge,
come tu di', non c'è mestier lusinghe:
93 bastisi ben che per lei mi richegge.

Va dunque, e fa che tu costui ricinghe
d'un giunco schietto e che li lavi 'l viso,
96 sì ch'ogne sucidume quindi stinghe;

73-75. Lo sai bene tu, che non hai esitato a morire per la libertà (*per lei*) in Utica, dove lasciasti la tua veste corporea, che nel giorno del Giudizio risplenderà di luce. **76-81.** Non sono state violate da noi (*per noi guasti*) le leggi celesti: infatti costui è ancora vivo e io non sono sotto i vincoli di Minosse, ma [sono] del cerchio [il Limbo] dove ci sono anche gli occhi casti di Marzia, la tua sposa, che ancora fa l'atto di pregarti, o santo cuore (*petto*), di considerarla [ancora] tua: in nome del suo amore, quindi, accogli il nostro desiderio. **82-84.** Lasciaci andare per i sette tuoi gironi [del purgatorio], e io riferirò a lei gradite notizie sul tuo conto, se ti fa piacere d'essere ricordato laggiù [nel Limbo]».

Risposta di Catone

85-90. «Marzia piacque tanto ai miei occhi finché io vissi» disse allora Catone «che tutti i favori che ella mi richiese, io glieli concessi (*fei*). Ma ora che dimora oltre il fiume infernale, non può più commuovermi, a causa della legge che fu promulgata quando io uscii fuori dal Limbo [per la venuta di Cristo]. **91-93.** Ma se, come tu dici, è una donna del Cielo a farti muovere e a guidarti, non c'è bisogno di [altre] lusinghe: è sufficiente che tu chieda il mio aiuto in nome suo. **94-96.** Vai, dunque, cingi costui con un giunco ben liscio (*schietto*), e lavagli il viso, così da cancellargli ogni sudiciume;

---

74. lasciasti: un verbo delicatissimo per intendere il suicidio; Dante vuol darci l'idea di un sacrificio, di una volontaria privazione del bene più prezioso, la *vita* del v. 72. La *vesta* è la spoglia mortale, il corpo di Catone, destinato anch'esso a brillare, per specialissima grazia, nel giorno del Giudizio (il *gran dì*), con quello degli altri beati.

79. Marzia tua: il poeta Lucano, nella sua *Farsaglia* (II, 326-391), narra la lunga storia dei rapporti tra Catone e Marzia. Dopo aver dato al marito tre figli, ella fu ceduta da lui all'amico Ortensio Ortalo, il grande oratore, la cui moglie non riusciva ad avere figli. Quando Ortensio morì, Marzia ritornò presso Catone, che la sposò nuovamente poco prima di morire. Marzia chiese e ottenne che sulla sua tomba venisse scritto *Catonis Marcia*, "Marzia di Catone". Dante (che di lei parla diffusamente anche

nel *Convivio* IV, 28, 13 19) la riteneva simbolo della sposa fedele pur dopo esser stata ceduta: perciò dice al verso 80 [*ti priega*] *che per tua la tegni*. Altri scrittori cristiani avevano invece censurato tale cessione ad altro marito.

85. Marzïa piacque... miei: all'inizio della risposta di Catone campeggia il nome della moglie (messo in risalto anche dall'indugio di pronuncia della dieresi), come in un dolce cedimento affettivo. Ma Catone si riprende subito, affermando che ormai essa nulla può su di lui: il suo dovere di guardiano prevale sugli affetti privati.

89. per quella legge: il severo Catone si attiene alle legge voluta da Cristo, grazie alla quale lui stesso fu tratto in salvo (v. il 90: *quando me n'usci' fora*), assieme ai patriarchi e agli ebrei giusti. Liberati costoro, nessun altro spirito del Limbo può più spe-

rare di salvarsi, almeno fino al giorno del Giudizio finale.

94-96. fa che tu ricinghe... quindi stinghe: Virgilio dovrà compiere un gesto liturgico, quasi un rito battesimale; prima cingerà Dante con l'umile giunco, poi gli tergerà il viso dal *sucidume* infernale. Il *Purgatorio* è ricco di simili liturgie. Sul piano linguistico, spicca in *richegge... ricinghe... stinghe* la desinenza in –*e* della seconda persona singolare (in luogo di –*i*), fenomeno tipico dell'italiano antico.

95. un giunco: una pianticella di canna (*schietto*: spoglia di foglie, liscia). È un simbolo d'umiltà: Catone invita Virgilio a cingerne Dante, come se lo dovesse munire del cordone dei frati francescani, segno di umiltà e povertà. Con questa disposizione d'animo, di penitenza e umiltà, Dante dovrà affrontare la salita purgatoriale.

Purgatorio

ché non si converria, l'occhio sorpriso
d'alcuna nebbia, andar dinanzi al primo
99 ministro, ch'è di quei di paradiso.

Questa isoletta intorno ad imo ad imo,
là giù colà dove la batte l'onda,
102 porta di giunchi sovra 'l molle limo:

null'altra pianta che facesse fronda
o indurasse, vi puote aver vita,
105 però ch'a le percosse non seconda.

Poscia non sia di qua vostra reddita;
lo sol vi mosterrà, che surge omai,
108 prendere il monte a più lieve salita».

Così sparì; e io sù mi levai
sanza parlare, e tutto mi ritrassi
111 al duca mio, e li occhi a lui drizzai.

El cominciò: «Figliuol, segui i miei passi:
volgianci in dietro, ché di qua dichina
114 questa pianura a' suoi termini bassi».

L'alba vinceva l'ora mattutina
che fuggia innanzi, sì che di lontano
117 conobbi il tremolar de la marina.

Noi andavam per lo solingo piano
com' om che torna a la perduta strada,
120 che 'nfino ad essa li pare ire in vano.

Quando noi fummo là 've la rugiada
pugna col sole, per essere in parte
123 dove, ad orezza, poco si dirada,

97-99. Perché non sarebbe decoroso presentarsi con gli occhi offuscati dai resti della caligine [infernale] (*d'alcuna nebbia*) al primo angelo, che è uno di quelli del paradiso. **100-105.** Questa isoletta, nella [sua] parte più bassa (*ad imo ad imo*), dove [la spiaggia] è battuta dall'onda [del mare], fa crescere qua e là (*intorno*) dei giunchi, sulla battigia fangosa (*sovra'l molle limo*); nessun'altra pianta che avesse fronde o rami rigidi vi potrebbe aver vita, perché non asseconderebbe il moto ondoso (*le percosse*). **106-108.** In seguito (*Poscia*) non passate di qua per ritornare; il sole, che sta già sorgendo, vi mostrerà come accedere al monte, là dove la salita è più agevole».

Il rito del giunco

109-111. Così [Catone] sparì; e io mi levai in piedi senza parlare, e tutto mi accostai alla mia guida, e alzai gli occhi a lui. **112-114.** Egli cominciò a dire: «Segui i miei passi, figliolo; torniamo indietro, poiché è di qua che la pianura scende verso la sua parte più bassa.» **115-117.** L'alba vinceva l'ora del *mattutino* [cioè la parte finale della notte], che le fuggiva davanti, così che da lontano riconobbi il tremolío del mare. **118-120.** Noi camminavamo per la spiaggia solitaria come uno che ritorna verso la strada perduta, e che crede di viaggiare a vuoto, finché non l'abbia ritrovata. **121-129.** Quando fummo là dove la rugiada ancora resiste al sole, essendo in un luogo all'ombra (*ad orezza*) dove [la rugiada] si scioglie a fatica, il mio maestro delicatamente pose le palme aperte sull'erba; per cui io, avendo intuito che cosa volesse fare, gli porsi le guance rigate di lacrime; egli allora mi restituì (*mi fece tutto discoverto*) il colore [del viso] che l'inferno m'aveva nascosto.

---

103. null'altra pianta: solo il flessibile giunco resiste al moto ondoso; le altre piante, appesantite dalle foglie o di fusto rigido, verrebbero spazzate via dall'oceano. È evidente il senso allegorico: nessun'altra virtù induce, quanto l'umiltà-giunco, al pentimento e, quindi, alla purificazione.
109. sparì: Catone era apparso all'improvviso accanto a Dante; così pure improvvisamente scompare. La sua figura intimidisce moltissimo Dante personaggio, che non ha aperto bocca per tutto il canto (esattamente com'era avvenuto davanti a

Ulisse: *Inferno* XXVI); **io sù mi levai:** Dante si alza in piedi in silenzio (Virgilio gli aveva imposto di inginocchiarsi e di abbassare il capo), si accosta al maestro e, per sapere come comportarsi, alza gli occhi su di lui: chiede cioè aiuto alla Ragione, di cui Virgilio è simbolo.
115-117. L'alba vinceva... tremolar de la marina: il chiarore dell'alba vince a poco a poco le ultime tenebre notturne; in questo modo Dante può scorgere in lontananza, nell'atmosfera serena, il perpetuo andare e venire del mare. Entrambe le immagini provengono dall'*Eneide* di Virgilio, fonte

prediletta per i sentimenti più teneri e sfumati (libro III, 589: «Già l'Aurora dal cielo scuoteva le umide ombre»; libro VII, 8-9: «Soffia la brezza notturna, una candida luna asseconda / il corso, risplende la marina sotto il tremulo raggio»). Ma ciò che conta non è tanto il significato letterale dei versi, quanto la serena atmosfera che essi dipingono, fino alla suggestione musicalissima della chiusa, con i suoi tre nitidi accenti (*conòbbi, tremolàr, marìna*). Si noti anche il valore pregnante di *conobbi*: il verbo dice ben più di "vidi"; vale "riconoscere", con totale abbandono alla sensazione.

Canto I

ambo le mani in su l'erbetta sparte
soavemente 'l mio maestro pose:
126 ond' io, che fui accorto di sua arte,

porsi ver' lui le guance lagrimose;
ivi mi fece tutto discoverto
129 quel color che l'inferno mi nascose.

Venimmo poi in sul lito diserto,
che mai non vide navicar sue acque
132 omo, che di tornar sia poscia esperto.

Quivi mi cinse sì com' altrui piacque:
oh maraviglia! ché qual elli scelse
135 l'umile pianta, cotal si rinacque

subitamente là onde l'avelse.

130-136. Giungemmo quindi sulla spiaggia deserta, che mai non vide navigare le sue acque da chi poi fosse capace (*esperto*) di ritornare. Qui [Virgilio] mi cinse [con il giunco], così come qualcun altro [Catone] aveva voluto. Oh, meraviglia! L'umile pianticella che egli aveva scelto (*avelse*=strappato), subito rinacque identica là, dove l'aveva colta.

«...porsi ver' lui le guance lagrimose;
ivi mi fece tutto discoverto
quel color che l'inferno mi nascose.»

■ Virgilio lava il viso a Dante con la rugiada, *manoscritto Holkham (XIV secolo)*.

124. sparte: distese a palme aperte sull'erba, anzi, sull'*erbetta* e per di più *soavemente*, quasi sfiorando i fili delicati e rugiadosi. È un gesto gentile e delicatissimo.
127. guance lagrimose: rigate di lacrime, sia quelle sparse durante la discesa infernale sia quelle suscitate dalla commozione del luogo in cui si trova, dopo l'incontro con Catone e prima di ciò che l'attende. Continua la poesia silenziosa di Dante personaggio: prima s'inginocchia davanti a Catone, poi si rifugia a ridosso di Virgilio (vv. 110-111: *tutto mi ritrassi / al duca mio*)

e ora piange silenziosamente, sempre senza una sola parola. Nulla dirà neppure davanti al piccolo miracolo del giunco, di cui sarà tra poco testimone.
133. com'altrui piacque: la stessa espressione sigla il canto di Ulisse (XXVI, 141: *e la prora ire in giù, com'altrui piacque*). Ulisse viaggiava senza il consenso divino, a differenza di Dante: da qui il diverso esito dei due percorsi.
134. oh maraviglia!: l'espressione sottolinea, con solenne semplicità, il fatto miracoloso che sta per narrare e che s'inserisce

naturalmente nell'atmosfera di religioso stupore propria del *Purgatorio*.
135. cotal si rinacque: anche nell'*Eneide* il protagonista Enea, per poter intraprendere il suo viaggio nell'aldilà, aveva dovuto munirsi di un ramoscello d'oro da donare a Proserpina. Anche là si era prodotto un analogo prodigio: «Staccato il primo ramo, subito un altro ne cresce / d'oro pur esso, una verga di uguale metallo frondeggia» (VI, 143-144). Allegoricamente, l'episodio significa che «la virtù è inconsumabile» (Buti).

Purgatorio

Le chiavi del canto

■ IL PROLOGO: LA RISURREZIONE DELLA POESIA

I primi 12 versi del *Purgatorio* ne costituiscono il prologo, conciso e allusivo. In poche terzine Dante delinea l'argomento della seconda cantica, in opposizione alla prima. La piccola nave del suo talento poetico (povera cosa è infatti l'umano ingegno, come sa bene Ulisse: vedi *Inferno* XXVI) *alza le vele* (v. 1: "innalza il tono") per percorrere acque più tranquille rispetto a quelle solcate nella prima cantica. È la **resurrezione della poesia**: *qui la morta poesì resurga*, v. 7.

Tra le muse, viene invocata soprattutto Calliope. Dante ricorda il libro V delle *Metamorfosi* di Ovidio, in cui Calliope, musa dell'epica, aveva sconfitto, cantando del rapimento agli ínferi e della resurrezione di Proserpina, la Pieride che aveva inneggiato ai Giganti ribelli contro gli dèi. Dunque: *la morta poesí* che ora "risorge" è la poesia che canta la resurrezione dalla morte, il **ritorno alla speranza** dopo il passaggio nel regno tenebroso della morte spirituale, della morte dell'anima. La poesia del *Purgatorio*, poesia di resurrezione, sta a quella dell'*Inferno*, poesia della morte, come Calliope, che canta l'avvento primaverile di Proserpina, sta alla Pieride: i Giganti sconfitti da Zeus sono un'immagine di Lucifero, ribelle a Dio e precipitato nell'inferno.

■ IL CIELO DEL PURGATORIO E LE SUE STELLE

Dante, uscito dalla caligine infernale, torna finalmente *a riveder le stelle*. Nei 18 versi successivi al prologo (vv. 13-30), Dante guarda il cielo con **occhi da astronomo**. Prima constata le condizioni meteorologiche ottimali, come a dire: sulla spiaggia del purgatorio tutto è in ordine e favorevole alla rinascita. Poi osserva la presenza di Venere che vela (v. 21) la costellazione dei Pesci; riflette rapidamente tra sé e sé che quello è *l'altro polo* (v. 23): perciò manca la familiare presenza del Carro dell'Orsa Maggiore; subito dopo individua nel cielo antartico la presenza di una costellazione sconosciuta (vista soltanto da Adamo ed Eva, *la prima gente*: v. 24).

Così, in pochi versi, Dante ci ha detto:

1. che sta per sorgere il **sole della Pasqua** del 1300 (dall'*Inferno* sappiamo che il sole sorge in Ariete, e che dunque è primavera; adesso sappiamo che Venere è nei Pesci, e i Pesci precedono l'Ariete);
2. che siamo agli **antipodi del nostro emisfero** (il Carro non si vede e appaiono stelle sconosciute);
3. che da questa parte del mondo, prima che vi approdasse Dante, erano vissuti soltanto i **progenitori del genere umano** (Adamo ed Eva), e che dunque il paradiso terrestre dev'essere poco lontano.

Mentre indica tutti questi elementi, costruisce uno scenario allegorico denso di significati sotterranei:

- Venere, *lo bel pianeto che d'amar conforta* (v. 19), è simbolo dell'amore; e **bellezza e amore** saranno concetti-chiave nella narrazione del *Purgatorio*, nel corso del quale si chiarirà tutto quanto c'è da chiarire su cosa sia il vero amore e cosa sia la vera bellezza (la vera poesia);
- le *quattro stelle* sconosciute rappresentano le **quattro virtù cardinali** (di cui il mondo abitato ha perso la cognizione dopo la colpa di Adamo ed Eva).

Ritornare alla perfezione originaria dell'umanità appena creata da Dio, ritornare all'umanità "naturale" di Adamo ed Eva: sarà precisamente questo l'impegno del pellegrino-penitente. Salendo per le sette balze del monte, Dante (così come ogni altra anima di espiante) reintegrerà in se stesso appunto quella perfezione, oggi smarrita, dell'umanità appena nata dalle mani del Creatore.

■ CATONE L'UTICENSE: UNA *FIGURA* DI LIBERTÀ

Mentre Dante guarda il cielo, ecco materializzarsi accanto a lui l'ombra di Catone l'Uticense. Illuminata a giorno dalla luce delle virtù cardinali, la sua è l'**immagine di un patriarca**: barba lunga, capelli sulle spalle, brizzolato. Virgilio si affretta a far inginocchiare Dante (il pellegrino si rialzerà soltanto nel finale del canto, dopo il lungo dialogo tra Virgilio e Catone).

Qual è la ragione di tanta riverenza, di tanta importanza attribuita a questo personaggio? Dante sembra ricavare la risposta da un'esortazione, contenuta nella *Farsaglia* (IX, vv. 275-276) di Lucano; un'esortazione di Catone ai suoi soldati, spronati a «meritare qualcosa di più che la vita e il perdono» (il perdono del tiranno Cesare). Questo bene supremo, per cui Catone sacrifica la vita, è la libertà, e qui poco importa se la libertà che egli intende sia politica, la libertà repubblicana. Nel *De Monarchia* (I, XII) Dante dirà che la libertà è essenzialmente **libertà morale**; è indipendenza del giudizio dalle passioni, è padronanza di sé: è **libero arbitrio**, un tema chiave per l'aldilà dantesco (senza libero arbitrio, non ci sarebbero colpe o meriti, dunque non ci sarebbero premi o castighi ultraterreni). La centralità di questo tema risalterà nel canto XVI del *Purgatorio*, momento centrale della seconda cantica e della *Commedia* stessa.

Ora, la forma istituzionale che garantisce la libertà sul piano politico è la **monarchia universale**, quella che l'autore della *Commedia* fa risalire a Cesare, di cui proprio Catone fu irriducibile nemico. Ciò sembrerebbe porre una vistosa contraddizione tra il giudizio morale su Catone, uomo degnissimo e incorruttibile, e quello che dovrebbe essere il giudizio politico su Catone oppositore dell'impero. Ma Dante non arriva a trarre rigorosamente le conseguenze delle sue posizioni ideologiche. Catone, è vero, si oppone al piano provvidenziale che il veltro è chiamato a rinvigorire; ma allo stesso tempo è un **martire della libertà**. Tale contraddizione è

Canto I

stata spiegata dal critico Erich Auerbach mediante l'**interpretazione figurale** del personaggio di Catone: questo tipo di interpretazione (▶*Introduzione*, p. 16) riduce i personaggi e i fatti storici a **figure** o meglio, "prefigurazioni" di eventi della storia morale dell'umanità, che consiste nel cammino verso la salvezza.

Ebbene, il personaggio storico di Catone, che si suicida a Utica, è *figura* di quello che appare qui, custode della montagna del purgatorio; e reciprocamente, quello che appare qui è il Catone storico, svelato nel significato morale della sua vicenda terrena. Solo adesso, nell'aldilà, sappiamo che il suicidio di Catone fu l'espressione della virtù del "saper morire" di cui parla Lucano (*Farsaglia* IX, v. 211) in nome di un ideale più alto della vita, ossia la libertà. Non solo: il significato cristiano del gesto suicida di Catone è il "morire in grazia di Dio", liberando l'anima dalla colpa: dunque il senso allegorico del suicidio di Catone coincide con quello del monte Purgatorio, perché le anime degli espianti sono appunto morte nella grazia divina.Nel programma divino di salvezza l'Uticense non poteva che trovarsi qui, a guardia del secondo regno. Non è un regolare espiante, perché non sale per le sette cornici del monte, ma resterà qui fino al giorno del giudizio, a rappresentare fino ad allora la **libertà morale della coscienza**. Con la negazione di sé, egli affermerà la necessità di un bene superiore alla vita stessa. come dicono i due versi più famosi di tutto il canto: *libertà va cercando, ch'è sì cara, come sa chi per lei vita rifiuta* (vv. 71-72). Nessuno l'ha "saputo", e vissuto, più e meglio di Catone; ma le parole che Virgilio pronuncia presentando l'anima dell'Uticense sono un evidente riferimento alla scelta etica e politica di Dante, che pur di non rinunciare alla propria libertà scelse una vita di peregrinazione.

Lavoriamo sul testo

I CONTENUTI

1. Suddividi il prologo nei suoi diversi momenti.
2. Perché il ricordo di Calliope e delle Piche contiene un giudizio morale, intonato alla seconda cantica?
3. In quale ora del giorno Dante comincia il suo viaggio purgatoriale? Da quale verso o versi lo capisci?
4. Chi è la *prima gente* cui il canto fa cenno? Da che cosa era connotata?
5. Il volto di Catone:
   ❏ reca tracce dell'antico peccato
   ❏ è scuro, perché Catone si suicidò
   ❏ è illuminato dalla luna calante
   ❏ è illuminato da quattro stelle
6. Spiega chi era storicamente Catone l'Uticense.
7. Ora chiarisci in max 10 righe l'interpretazione "figurale" che si può attribuire al personaggio.
8. Catone si rivolge a Dante e a Virgilio ignorando qualcosa d'importante: che cosa?
9. Le stelle sul cielo del purgatorio sono simbolo:
   ❏ dell'uscita dal peccato e della riconquista della speranza
   ❏ delle quattro virtù cardinali
   ❏ delle virtù civili incarnate da Catone nella sua vita
   ❏ dei quattro evangelisti che attendono Dante sulla cima del monte
10. Per quale ideale Catone ha combattuto e perché si è suicidato? Da che cosa lo capisci, nel contesto del canto?
11. Chi è Marzia? Perché Virgilio la cita e dove?
12. Perché Virgilio cita Marzia a Catone e che cosa gli risponde quest'ultimo?
13. Catone impone a Virgilio un rito: quale? E quale autorità ha per ordinarglielo?
14. Alla fine del canto Dante registra la propria *maraviglia*. Da che cosa è suscitata?
15. In che senso si può parlare di «risurrezione» della poesia? Rintraccia il punto o i punti nel testo e spiega con le tue parole, in max 10 righe.

LE FORME

16. Riconosci nei versi iniziali del canto quali espressioni si riferiscano, rispettivamente, a ciascuno dei tre regni dell'oltretomba:
    ❏ *di salire al ciel diventa degno*
    ❏ *mar sì crudele*
    ❏ *l'umano spirito si purga*
17. Con quale perifrasi viene indicata, in questo canto, Beatrice? Ritrovala nel testo.
18. Al v. 31 l'aggettivo *solo*, associato al sostantivo *veglio*, ha il significato di:
    ❏ isolato   ❏ solitario
    ❏ abbandonato   ❏ semplice
19. Al v. 75 il termine *vesta* è:
    ❏ un'allegoria   ❏ una metafora
    ❏ un'antitesi   ❏ una sineddoche
20. Individua nel corso del canto tutte le espressioni che si riferiscono all'*Inferno* e spiegale.
21. Rileggi la risposta di Virgilio a Catone; suddividila nei suoi momenti salienti, assegnando un titolo a ciascuno di essi.

143

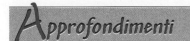

Jacques Le Goff
La nascita del Purgatorio nella cultura medievale

Un luogo impreciso Il Purgatorio si è imposto in quanto «terzo luogo». Dalle religioni e dalle civiltà anteriori il cristianesimo aveva ereditato una geografia dell'aldilà: tra la concezione di un mondo uniforme dei morti – quale lo *sheol* ebraico – e le idee di un doppio universo dopo la morte – l'uno spaventoso, l'altro felice, come l'Ade e i Campi Elisi dei greci e dei romani – aveva scelto il modello dualista[1]. Lo aveva anche singolarmente rafforzato: anziché relegare sotto terra entrambi gli spazi destinati ai morti – quello buono e quello cattivo – per il periodo intercorrente tra la creazione e il giudizio finale, aveva situato in cielo, sin dal trapasso nella morte, la dimora dei giusti, o almeno dei migliori tra loro: i martiri, e quindi i santi. [...] Quando il cristianesimo [...] si mise a riflettere, tra il II e il IV secolo, sulla situazione delle anime tra la morte individuale e il giudizio finale, e quando i cristiani pensarono – e questa, con le sfumature che vedremo, è l'opinione dei grandi Padri della Chiesa del secolo IV, Ambrogio, Gerolamo, Agostino – che le anime di alcuni peccatori potevano forse, durante quel lasso di tempo, essere salvate, probabilmente subendo una prova, la credenza che così si manifestava (e che nel secolo XII darà origine al Purgatorio) non sfociò nella localizzazione precisa di tale situazione e di tale prova.

Quando "nasce" il Purgatorio Sino alla fine del secolo XII la parola *purgatorium* non esiste come sostantivo. Il Purgatorio non esiste. [...] Che cos'è il Purgatorio, quando, tra il 1150 e il 1250 circa, si insedia tra le credenze della cristianità occidentale? Un aldilà intermedio, nel quale alcuni defunti subiscono una prova che può essere abbreviata dai suffragi – l'aiuto spirituale – dei viventi. Per arrivare a questo è stato necessario un lungo passato di idee e di immagini, di credenze e di atti, di dispute teologiche e, probabilmente, di profondi sommovimenti della società, che difficilmente noi siamo in grado di cogliere. [...]

Credere nel Purgatorio implica innanzitutto che si crede nell'immortalità e nella resurrezione, poiché qualcosa di nuovo può accadere a un essere umano tra la morte e la resurrezione. È un supplemento di condizioni offerte a taluni per pervenire alla vita eterna [...]. L'esistenza di un Purgatorio si fonda anche sulla concezione di un giudizio dei morti, idea abbastanza diffusa nei diversi sistemi religiosi; però, le modalità di tale giudizio variano profondamente tra l'una e l'altra civiltà. Molto originale è il tipo di giudizio che implica l'esistenza di un Purgatorio. Esso infatti si basa sulla credenza in un doppio giudizio, il primo al momento della morte, il secondo alla fine dei tempi, e istituisce in questo spazio intermedio del destino escatologico[2] di ciascun essere umano una complessa procedura giudiziaria di *mitigazione* delle pene, di un loro abbreviamento in funzione di diversi fattori. Presuppone dunque la proiezione di un'idea di giustizia e di un sistema penale molto sofisticati.

Un luogo per espiare peccati veniali Tale giudizio è inoltre collegato all'idea della responsabilità individuale, del libero arbitrio dell'uomo, colpevole per natura, a causa del peccato originale, ma giudicato sulla base di peccati commessi sotto la sua propria responsabilità.

Esiste uno stretto legame tra il Purgatorio, aldilà intermedio, e un tipo di peccato intermedio tra la purezza dei santi e dei giusti e l'imperdonabile reità dei peccatori criminali. L'idea, per molto tempo vaga, di peccati «lievi», «quotidiani», «abituali», espressa efficacemente da Agostino e poi da Gregorio Magno, sfocerà solo molto lentamente nella categoria del peccato «veniale» – cioè perdonabile –, di poco precedente lo svilupparsi del Purgatorio, ed è stata una delle condizioni della sua nascita. Anche se le cose sono state un po' più complicate, essenzialmente il Purgatorio è nato come luogo di purgazione dei peccati veniali. [...]

La porta del Paradiso L'oscillazione tra Paradiso e Inferno lascia intendere come per i cristiani il Purgatorio non sia stato una questione di poco conto. Prima che Dante conferisca alla geografia dei tre regni dell'aldilà la sua più alta espressione, la messa a punto di quel Nuovo Mondo è stata lunga e difficile. Alla fine, il Purgatorio non sarà un vero, perfetto grado intermedio.

Riservato alla completa purificazione dei futuri eletti, propenderà verso il Paradiso. Come grado intermedio non si collocherà al centro di quello spazio, ma sarà spostato verso l'alto, rientrando così in quei sistemi di equilibrio eccentrico che sono tanto caratteristici della mentalità feudale: diseguaglianza nell'eguaglianza, che si incontra nei modelli contemporanei del vassallaggio e del matrimonio, per i quali, in un universo di eguali, il vassallo è tuttavia subordinato al signore, e la moglie al marito. [...]

Perché il Purgatorio nasca, occorre che la nozione di grado intermedio assuma consistenza, diventi spunto di riflessione per gli uomini del Medioevo. [...] Struttura logica, matematica, il concetto di intermedio è collegato a mutazioni profonde delle realtà sociali e mentali del Medioevo. Non lasciare più soli a fronteggiarsi i potenti e i poveri, i chierici e i laici, ma ricercare una categoria mediana – classi medie o terzo ordine – rientra nel medesimo processo e si riferisce a una società mutata.

Jacques Le Goff, *La nascita del* Purgatorio, Einaudi, Torino rist. 1996

---

1. il modello dualista: l'idea cioè di una netta opposizione tra dimora dei buoni e dimora dei cattivi.
2. destino escatologico: il destino ultraterreno dell'anima.

Canto II

Canto II

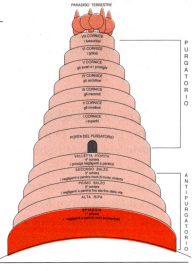

DATA	■ 10 aprile 1300 (domenica di Pasqua), alle sei del mattino.
LUOGO	■ Sulla **spiaggia dell'Antipurgatorio** (*anti*=prima del). Qui giungono le anime espianti, sulla barca dell'angelo nocchiero (=trasbordatore); egli le ha raccolte alla foce del Tevere.
CUSTODE	■ **Catone l'Uticense**.
PERSONAGGI	■ **Dante** e **Virgilio**. ■ **Catone l'Uticense**. ■ **L'angelo nocchiero**. ■ Le anime espianti; tra queste è **Casella**, un fiorentino amico di Dante.

SEQUENZE

■ **L'aurora** (vv. 1-12)
Il sole tramonta in quel momento sull'orizzonte astronomico di Gerusalemme e sta per spuntare sull'orizzonte del purgatorio; a Gerusalemme spunta la notte, qui il sole. Sulla spiaggia del purgatorio sono le sei del mattino.

■ **L'angelo nocchiero** (vv. 13-51)
Un punto luminoso, rosseggiante come il pianeta Marte, dotato di ali, sta giungendo rapido sul mare, da Oriente. Virgilio fa inginocchiare il pellegrino: è un'apparizione prodigiosa. A mano a mano che il punto luminoso si avvicina, Dante capisce che non sono remi, ma ali a sospingere la barca guidata dall'angelo di Dio. Infine la navicella approda con il suo carico di anime, che cantano un salmo. Esse sbarcano e l'angelo si allontana.

■ **Colloquio tra le anime e Virgilio** (vv. 52-69)
Ormai il sole scaccia il Capricorno dal mezzo del cielo. Le anime appena giunte non sanno dove dirigersi: chiedono ai pellegrini la strada, poi si accorgono che Dante è vivo e gli si accalcano festosamente intorno.

■ **Casella e Dante** (vv. 70-117)
Dante riconosce l'amico Casella, un musico fiorentino. Per tre volte, invano, cerca di abbracciare la sua ombra. Poi Casella, morto da molti anni, risponde alla domanda di Dante sul suo ritardo ad approdare in purgatorio: solo adesso ha potuto giungervi, per la speciale grazia concessa con il Giubileo. Su richiesta di Dante, l'amico intona una canzone stilnovista (*Amor che ne la mente mi ragiona...*) composta da Dante per il *Convivio*. È una musica dolcissima anche solo a ricordarla.

■ **Rimprovero di Catone e fuga delle anime** (vv. 118-133)
La musica sembra far dimenticare a tutti il motivo della propria presenza. Ma giunge Catone: severamente interrompe Casella ed esorta le anime a rimettersi in movimento.

Purgatorio

[vv. 1-9. Già il sole era giunto in quella parte dell'orizzonte, il cui cerchio meridiano, con la sua più alta traiettoria, passa sopra Gerusalemme; nell'emisfero opposto, era notte profonda. Là dov'io mi trovavo, le guance bianche e rosse della bella Aurora stavano diventando, data l'ora avanzata, color d'arancio.]

   Noi eravam lunghesso mare ancora,
come gente che pensa a suo cammino,
12 che va col cuore e col corpo dimora.

   Ed ecco, qual, sorpreso dal mattino,
per li grossi vapor Marte rosseggia
15 giù nel ponente sovra 'l suol marino,

   cotal m'apparve, s'io ancor lo veggia,
un lume per lo mar venir sì ratto,
18 che 'l muover suo nessun volar pareggia.

   Dal qual com' io un poco ebbi ritratto
l'occhio per domandar lo duca mio,
21 rividil più lucente e maggior fatto.

   Poi d'ogne lato ad esso m'appario
un non sapeva che bianco, e di sotto
24 a poco a poco un altro a lui uscìo.

   Lo mio maestro ancor non facea motto,
mentre che i primi bianchi apparver ali;
27 allor che ben conobbe il galeotto,

   gridò: «Fa, fa che le ginocchia cali.
Ecco l'angel di Dio: piega le mani;
30 omai vedrai di sì fatti officiali.

   Vedi che sdegna li argomenti umani,
sì che remo non vuol, né altro velo
33 che l'ali sue, tra liti sì lontani.

L'angelo nocchiero

10-12. Noi eravamo ancora lungo (*lunghesso*) la riva del mare, come chi va pensando al cammino da percorrere, che va col cuore, ma indugia (*dimora*) per l'incertezza. **13-18.** Ed ecco che, come a volte, sul far del giorno, attraverso i densi vapori dell'aria il pianeta Marte rosseggia, basso a ponente, sulla superficie del mare, così mi apparve – oh possa io rivederla! (*s'io ancor lo veggia*) – una luce venire dal largo così in fretta, che nessun volo potrebbe eguagliarne la velocità. **19-24.** Quando io ebbi per un momento distolto l'occhio da quella luce, per chiedere alla (*domandar lo*) mia guida [Virgilio] di che cosa si trattasse, rivolgendomi a essa di nuovo, la rividi più lucente e più grande. Poi ecco da una parte e dall'altra di (*ad*) essa, apparire qualcosa (*un non sapeva che*) di bianco, e un altro [bianco] uscirne a poco a poco di sotto. **25-30.** Il mio maestro non aveva ancora detto parola (*motto*), quando quei bianchi si rivelarono come ali; allora, com'ebbe chiaramente conosciuto il nocchiero (*il galeotto*), [Virgilio] gridò: «Inginocchiati, inginocchiati! Ecco l'angelo di Dio, congiungi le mani; d'ora in poi (*omai*) vedrai tali ministri (*officiali*) [del Cielo]. **31-33.** Vedi che rifiuta i mezzi (*argomenti*) umani, al punto che, per navigare tra lidi così lontani, non usa né remo né vela che non siano quelli delle sue ali.

---

12. che va... corpo dimora: nell'indugiare del corpo, che non sa ancora trovare la strada per la penitenza, è raffigurata la debolezza della carne, cioè della natura umana, prima della purificazione.

15. per li grossi... suol marino: il pianeta Marte è di colore tendente al rosso di per sé; ma ancor più *rosseggia* quando la sua luce è filtrata dai vapori bassi e densi (*grossi*) che si formano spesso al mattino sull'orizzonte del mare. La nota di colore serve a documentare la differente atmosfera che si produce nel purgatorio rispetto alle tenebre infernali. Secondo quanto si afferma nel *Convivio* (II, 13, 20-24) Marte è il pianeta della musica: s'introduce così un

motivo che avrà poi rilievo nell'incontro con il musicista Casella.

16. s'io: Dante usa qui il *se* ottativo-desiderativo ("volesse il cielo che...", equivalente all'*ut* latino). Il poeta si augura di potere un giorno ritornare su quella spiaggia per espiare sul monte del purgatorio le proprie colpe.

23-24. un non sapeva... uscìo: un non so che di bianco, e sotto a quello spuntò poco a poco un altro bianco; cioè: un doppio indistinto biancore.

26. i primi bianchi: i due oggetti bianchi apparsi da una parte e dall'altra del *lume*, indistinguibili a motivo della distanza.

27. galeotto: nocchiero, trasbordatore (al-

la lettera, "colui che rema sulle galee"); è l'angelo che conduce le anime all'isola del purgatorio. Il termine non ha qui alcun risvolto negativo, come ha invece nell'italiano d'oggi.

28. Fa, fa... cali: Virgilio ingiunge a Dante d'inginocchiarsi davanti all'angelo celeste. È il primo degli angeli che s'incontrano nella seconda cantica.

33. tra liti sì lontani: sapremo poi (al v. 101) che l'angelo proviene dalla foce del Tevere. È qui che si radunano le anime dei pentiti, in attesa che l'angelo nocchiero venga a prelevarle per condurle nel purgatorio.

Canto II

Vedi come l'ha dritte verso 'l cielo,
trattando l'aere con l'etterne penne,
36 che non si mutan come mortal pelo».

Poi, come più e più verso noi venne
l'uccel divino, più chiaro appariva:
39 per che l'occhio da presso nol sostenne,

ma chinail giuso; e quei sen venne a riva
con un vasello snelletto e leggero,
42 tanto che l'acqua nulla ne 'nghiottiva.

Da poppa stava il celestial nocchiero,
tal che faria beato pur descripto;
45 e più di cento spirti entro sediero.

«In exitu Isräel de Aegypto»
cantavan tutti insieme ad una voce
48 con quanto di quel salmo è poscia scripto.

Poi fece il segno lor di santa croce;
ond' ei si gittar tutti in su la piaggia:
51 ed el sen gì, come venne, veloce.

La turba che rimase lì, selvaggia
parea del loco, rimirando intorno
54 come colui che nove cose assaggia.

Da tutte parti saettava il giorno
lo sol, ch'avea con le saette conte
57 di mezzo 'l ciel cacciato Capricorno,

quando la nova gente alzò la fronte
ver' noi, dicendo a noi: «Se voi sapete,
60 mostratene la via di gire al monte».

34-36. Vedi come le punta diritte verso il cielo, agitando l'aria con le penne eterne, che non si mutano come [muta] il pelo mortale». **37-42.** Poi, a mano a mano che quel soprannaturale essere alato (*l'uccel divino*) cominciò ad avvicinarsi, divenne sempre più luminoso: tanto che la mia vista non resse a guardarlo da vicino (*da presso*), ma dovetti chinare gli occhi a terra (*giuso*); ed esso intanto giunse a riva con un vascello così agile e leggero, che appena sfiorava il pelo dell'acqua. **43-45.** A poppa stava il nocchiero celeste, tale che, solamente (*pur*) descritto, renderebbe beato [ogni uomo]; nella barca sedevano (*sediero*) più di cento anime. **46-48.** «All'uscita di Israele dall'Egitto», cantavano tutte insieme, all'unisono (*ad una voce*), con quanto segue scritto di quel salmo. **49-51.** Poi l'angelo fece loro il segno della santa croce; esse allora si gettarono tutte sulla spiaggia; ed egli se ne andò (*sen gì*), così com'era venuto, veloce.

Colloquio tra le anime e Virgilio

52-54. La folla (*turba*) [delle anime] rimaste sole sembrava del tutto inesperta (*selvaggia*) del luogo, poiché si guardava tutt'attorno, come fa colui che sta provando nuove esperienze. **55-60.** Ormai il sole sprigionava dovunque la sua luce, dopo aver cacciato da mezzo il cielo, con le sue frecce infallibili (*conte*), la costellazione del Capricorno, quando i nuovi arrivati alzarono la fronte verso di noi, dicendo: «Se voi la conoscete, mostrateci la strada che conduce al monte».

34. Vedi come l'ha dritte: gli uccelli, quando stendono le ali per abbracciare quanta più aria possibile e quindi prendere la spinta maggiore, drizzano le ali all'indietro con le punte verso l'alto. L'angelo lo fa anche per indicare che è il cielo la meta sua e delle anime che conduce. Si noti anche la ripetizione di *Vedi* a inizio del verso, in posizione di forte rilievo.
42. tanto che... inghiottiva: la navicella è così leggera, e così inconsistente il peso dei suoi occupanti, che non "pesca" nulla, cioè sfiora appena l'acqua.
46. «In exitu... Aegypto»: è il primo versetto del salmo 113, che esalta i prodigi opera-

ti dal Signore per Israele al momento dell'esodo (cioè dell'uscita) dall'Egitto. Veniva cantato durante i funerali; qui è intonato dalle anime per celebrare la propria uscita, la liberazione dalla schiavitù del peccato.
47. ad una voce: nel *Purgatorio* i rapporti tra le anime sono opposti rispetto a quelli che correvano tra i dannati; qui le anime sono spesso insieme e la loro voce è sovente di coro, mentre nell'*Inferno* dominavano l'isolamento, la bestemmia, il rancore reciproco.
49. Poi fece... croce: l'angelo si limita a un solenne segno della croce, a benedire le anime prima di lasciarle. A quel segno le

anime si affrettano sulla spiaggia, dove comincia la loro purificazione.
55. il giorno: cioè la luce, che è complemento oggetto di *lo sol saettava*. Nell'immagine incontriamo un'ardita metonimia: il sole, da grande arciere, scagliava sul mondo il giorno (cioè la luce del giorno), quasi i raggi fossero frecce. Secondo la mitologia greca, il dio del sole era Apollo, maestro nell'arte di tirare con l'arco.
57. di mezzo... Capricorno: all'alba, la costellazione zodiacale del Capricorno si trovava, in quel momento dell'anno, nella posizione centrale del cielo, quindi pressoché allo zenit.

147

Purgatorio

E Virgilio rispuose: «Voi credete
forse che siamo esperti d'esto loco;
63   ma noi siam peregrin come voi siete.

Dianzi venimmo, innanzi a voi un poco,
per altra via, che fu sì aspra e forte,
66   che lo salire omai ne parrà gioco».

L'anime, che si fuor di me accorte,
per lo spirare, ch'i' era ancor vivo,
69   maravigliando diventaro smorte.

E come a messagger che porta ulivo
tragge la gente per udir novelle,
72   e di calcar nessun si mostra schivo,

così al viso mio s'affisar quelle
anime fortunate tutte quante,
75   quasi oblïando d'ire a farsi belle.

Io vidi una di lor trarresi avante
per abbracciarmi, con sì grande affetto,
78   che mosse me a far lo somigliante.

Ohi ombre vane, fuor che ne l'aspetto!
tre volte dietro a lei le mani avvinsi,
81   e tante mi tornai con esse al petto.

Di maraviglia, credo, mi dipinsi;
per che l'ombra sorrise e si ritrasse,
84   e io, seguendo lei, oltre mi pinsi.

61-66. E Virgilio rispose: «Voi forse credete che noi siamo esperti di questo luogo; invece siamo stranieri, qui, come siete voi. Siamo giunti un po' prima (*dianzi*) di voi, ma per un'altra strada, che fu così disagevole e difficoltosa, che ormai il salire al monte ci (*ne*) sembrerà un gioco». **67-69.** Le anime, che si erano intanto accorte, vedendomi respirare (*per lo spirare*), che io ero ancora vivo, impallidirono per la meraviglia.

Casella e Dante

70-75. E come la gente accorre incontro (*tragge*) a un messaggero che porti un rametto d'ulivo, per ascoltare notizie [di pace], e nessuno si fa scrupolo di accalcarsi [con gli altri], allo stesso modo quelle anime fortunate [accalcandosi intorno a me] mi fissarono (*s'affisar*) in viso, come dimentiche di recarsi (*ire*) alla loro purificazione. **76-78.** Io vidi una di loro farsi avanti per abbracciarmi, con tale dimostrazione d'affetto, che indusse me a fare altrettanto. **79-81.** Oh ombre inconsistenti (*vane*), fuorché nell'aspetto! Per tre volte cercai con le mani di abbracciarla, e per tre volte (*e tante*) esse mi ritornarono al petto. **82-84.** Credo che impallidii di meraviglia, perché l'ombra sorrise e indietreggiò, e io, seguendola d'istinto, mi spinsi in avanti.

---

65. per altra via: cioè non per mare, ma attraversando le viscere della terra, partendo dall'inferno. *Via* va letto come monosillabo per rispettare la misura nell'endecasillabo (è il fenomeno detto sinèresi).

69. diventaro smorte: già Virgilio nell'*Inferno* (IV, 14) era mortalmente impallidito per la pietà verso l'*angoscia delle genti* del Limbo; ora sono le anime del purgatorio a impallidire, sbalordite nel trovarsi di fronte a un vivo.

70. messagger: quelli che portavano buone notizie si presentavano con un ramoscello d'olivo in mano.

73. al viso mio s'affisar: queste *anime fortunate* (perché avviate alla salvezza)

fanno, per così dire, ressa di sguardi al *viso* di quello strano pellegrino che respira.

75. quasi obliando... belle: quasi dimenticando di affrettarsi all'espiazione. Queste anime sono ancora legate ai sentimenti e alle tensioni terrene, per cui basta poco a distrarle dalla via del bene. A tale condizione i primi canti del *Purgatorio* alludono spesso.

80-81. tre volte... al petto: viene ripreso il passo dell'*Eneide* con l'incontro tra Enea e il padre Anchise nei Campi Elisi, tratto a sua volta dalla pagina dell'*Odissea* di Omero che narrava l'incontro tra Odisseo e la madre nella terra dei morti. In Virgilio l'impossibile abbraccio è abbellito da un'ag-

giunta, un doppio paragone: «Tre volte tentò di cingergli intorno al collo le braccia / tre volte, invano abbracciata, l'immagine gli sfuggì dalle mani / pari a un vento leggero, simile a un sogno fuggente» (*Eneide* VI, 700-702). I primi due versi comparivano già nel II libro dell'*Eneide* (vv. 792-793), in cui Enea tentava invano di abbracciare l'ombra della moglie Creusa, nella notte della fine di Troia. Dante rende più asciutta la scena, riducendola a due versi più brevi e privi di paragoni.

84. oltre mi pinsi: l'ombra si è sottratta all'abbraccio di Dante facendo un passo indietro, e lui d'istinto la segue. È una nota di vivo realismo.

Canto II

Soavemente disse ch'io posasse;
allor conobbi chi era, e pregai
87 che, per parlarmi, un poco s'arrestasse.

Rispuosemi: «Così com' io t'amai
nel mortal corpo, così t'amo sciolta:
90 però m'arresto; ma tu perché vai?».

«Casella mio, per tornar altra volta
là dov' io son, fo io questo vïaggio»,
93 diss' io; «ma a te com' è tanta ora tolta?».

Ed elli a me: «Nessun m'è fatto oltraggio,
se quei che leva quando e cui li piace,
96 più volte m'ha negato esto passaggio;

ché di giusto voler lo suo si face:
veramente da tre mesi elli ha tolto
99 chi ha voluto intrar, con tutta pace.

Ond' io, ch'era ora a la marina vòlto
dove l'acqua di Tevero s'insala,
102 benignamente fu' da lui ricolto.

A quella foce ha elli or dritta l'ala,
però che sempre quivi si ricoglie
105 qual verso Acheronte non si cala».

85-87. E allora, con bellissima voce (*soavemente*), mi disse di fermarmi; così la riconobbi e la pregai di fermarsi un momento, per parlarmi. **88-90.** Mi rispose: «Così come t'amai quando ero nel corpo mortale, così t'amo ora che ne sono separato (*sciolta*); perciò (*però*) m'arresto. Ma tu perché viaggi?». **91-93.** «Casella mio, io affronto (*fo*) questo viaggio per tornare di nuovo [dopo la mia morte] qui dove adesso mi trovo. Ma perché ti è stato sottratto tanto tempo (*tanta ora tolta*) [da quando sei morto; cioè: perché hai tardato tanto a giungere in Purgatorio]?». **94-99.** Ed egli a me: «Non mi viene fatto alcun torto (*oltraggio*) se l'angelo, che preleva quando e chi (*cui*) gli piace, mi ha negato più volte il passaggio fin qui, poiché la sua volontà nasce (*si face*) direttamente da quella giusta di Dio. Tuttavia (*veramente*) da tre mesi a questa parte egli ha accolto (*tolto*), senza opporsi, tutti coloro che hanno voluto salire sulla sua barca. **100-105.** Per cui io, che stavo allora (*ora*) in attesa [sulla spiaggia di Ostia, là] dove l'acqua del Tevere si mescola con quella salata del mare (*s'insala*), fui da lui accolto con benevolenza. Ora egli ha rivolto di nuovo (*ha or dritta*) le sue ali verso quella foce, poiché (*però che*) è là che si raccolgono le anime che non scendono (*non si cala*) dalla parte dell'Acheronte».

85. Soavemente: con voce soave; ma poiché l'ombra è quella di Casella, musico e cantore, e dunque dotato di una bella voce, si può dare a *soavemente* il significato di "con bellissima voce". A Dante basta infatti ascoltare poche parole per riconoscere l'amico.

91. Casella mio: era amico di Dante, musico e cantore, e morì poco prima del 1300.

92. là dove: "laddove", o semplicemente "dove": dove sono ora. Lo scopo del viaggio è insomma quello di poter ritornare, dopo la morte, a espiare in purgatorio.

93. a te... ora tolta: poiché il viaggio di Dante si ambienta nella primavera del 1300, a quell'epoca Casella doveva già essere morto da mesi o addirittura da anni; perciò l'amico gli chiede come mai abbia dovuto attendere tanto, prima di poter cominciare l'espiazione delle sue colpe. Casella non risponderà alla domanda se non alludendo in modo generico alla volontà di Dio. Sapremo dal canto III che coloro che sono morti scomunicati, pur pentiti, non possono cominciare l'espiazione prima che siano passati trenta volte tanti anni quanti furono quelli trascorsi *in contumacia della* (cioè: "lontani dalla") Chiesa. È qui evidente il ricordo della tradizione classica pagana relativa all'Averno: i defunti rimasti senza sepoltura non potevano infatti attraversare l'Acheronte prima di cent'anni.

96. esto passaggio: allude al viaggio-traversata del grande oceano fino all'isola del purgatorio.

98. da tre mesi: cioè da quando il papa Bonifacio VIII aveva indetto la celebrazione dell'Anno Santo, accordando il giubileo (perdono) universale per tutti i pentiti, vivi e morti. Da tre mesi, quindi, chiunque avesse voluto salire sulla barca dell'Angelo aveva potuto farlo. Casella ha tardato ancora un poco, non sappiamo perché.

101. l'acqua di Tevero: Roma e il Tevere sono, per Dante, il centro della storia del mondo; lì infatti era sorto l'impero, voluto dalla provvidenza divina, che avrebbe poi destinato Roma a sede della Chiesa e del papato. Perciò Dante sceglie proprio la foce del Tevere come luogo di appuntamento delle anime con l'Angelo per il viaggio al purgatorio.

102. benignamente: l'avverbio – assieme al *soavemente* del v. 85 e all'espressione *con tutta pace* del v. 99 – crea l'atmosfera di pacata attesa, di pace interiore, di dolce speranza (pur se mista a un certo timore), che caratterizza tutto l'episodio.

103. ha elli... l'ala: ritorna l'immagine delle grandi ali che l'angelo distende come fossero vele.

105. qual... si cala: chiunque non scenda al passaggio dell'Acheronte, cioè sia destinato all'inferno.

Purgatorio

E io: «Se nuova legge non ti toglie
memoria o uso a l'amoroso canto

108 che mi solea quetar tutte mie doglie,

di ciò ti piaccia consolare alquanto
l'anima mia, che, con la sua persona

111 venendo qui, è affannata tanto!».

«Amor che ne la mente mi ragiona»
cominciò elli allor sì dolcemente,

114 che la dolcezza ancor dentro mi suona.

Lo mio maestro e io e quella gente
ch'eran con lui parevan sì contenti,

117 come a nessun toccasse altro la mente.

Noi eravam tutti fissi e attenti
a le sue note; ed ecco il veglio onesto

120 gridando: «Che è ciò, spiriti lenti?

qual negligenza, quale stare è questo?
Correte al monte a spogliarvi lo scoglio

123 ch'esser non lascia a voi Dio manifesto».

Come quando, cogliendo biado o loglio,
li colombi adunati a la pastura,

126 queti, sanza mostrar l'usato orgoglio,

se cosa appare ond' elli abbian paura,
subitamente lasciano star l'esca,

129 perch' assaliti son da maggior cura;

così vid' io quella masnada fresca
lasciar lo canto, e fuggir ver' la costa,

132 com' om che va, né sa dove rïesca;

né la nostra partita fu men tosta.

106-111. E io: «Se una nuova legge non ti toglie la memoria e la capacità di cantare canzoni d'amore, che già era solita placare [in terra] tutte le mie inquietudini (*doglie*), per favore consola un poco la mia anima, che, venendo qui insieme col mio corpo, si è tanto affannata!». **112-114.** «Amor che ne la mente mi ragiona», cominciò egli allora a cantare, con tale dolcezza, che essa ancora risuona dentro di me. **115-117.** Il mio maestro e io e gli altri spiriti che erano assieme al cantore, sembravamo così contenti, come se (*come*) nessuno avesse altro pensiero.

Rimprovero di Catone e fuga delle anime

118-123. Noi eravamo tutti fissi e attenti alle sue note; ma improvvisamente (*ed ecco*) [sopraggiunse] il vecchio onesto [cioè Catone, il guardiano del Purgatorio], gridando: «Che cosa state facendo, anime pigre? Quale negligenza, quale indugio (*stare*) è mai il vostro? Correte verso la montagna, per purificarvi da quella scorza (*spogliarvi lo scoglio*) che v'impedisce di avere la piena manifestazione di Dio». **124-133.** Come quando, radunati alla pastura, i colombi, intenti a beccare granelli di biada o di loglio, se ne stanno quieti, senza quell'atteggiamento di superbia [che mostrano spesso quando non pasturano], se all'improvviso (*subitamente*) appare qualcosa che li spaventa, subito tralasciano il cibo, assaliti da maggior preoccupazione; così io vidi quella schiera di anime (*masnada*), da poco arrivata (*fresca*), cessare il canto e affrettarsi verso la parete [della montagna], con la fretta di chi (*om*) va di corsa, ma non sa dove andare; né la nostra partenza fu meno frettolosa.

---

112. «Amor che ne la mente mi ragiona»: è la canzone dottrinale posta in apertura del terzo trattato del *Convivio*, con la quale Dante aveva tessuto l'elogio della filosofia. Casella forse l'aveva musicata («dato il suono», si diceva nel Duecento, cioè "intonato la melodia").

116. contenti: appagati. Il canto si conclude con il severo intervento di Catone, guardiano del purgatorio, che interrompe il canto di Casella ed esorta le anime a purificarsi con maggiore sollecitudine.
119. il veglio onesto: Catone detto l'Uticense (▶ canto I).

126. l'usato orgoglio: allude a quel modo dei colombi di muoversi con il gozzo in fuori, quando vagano nei cortili o nelle piazze.
132. né sa dove rïesca: alle parole di Catone le anime fuggono, dirigendosi confusamente verso il monte.

Le chiavi del canto

■ LE SEQUENZE NARRATIVE: TRE MOMENTI PRINCIPALI

Possiamo suddividere l'episodio che abbiamo letto in tre sequenze principali.

• **L'arrivo, sulla spiaggia del purgatorio, dell'angelo nocchiero e delle anime purganti (vv. 10-45).**
Mentre il sole sta per spuntare sull'orizzonte del purgatorio, Dante e Virgilio si trovano sulla riva del mare, incerti su quale via prendere: è tutto nuovo per loro, anche per Virgilio-Ragione e il dubbio è dunque più che legittimo. Ecco rosseggiare un lume, via via più lucente e grande. È un angelo, che conduce un'imbarcazione senza remi né vele. Man mano che si avvicina, il ministro di Dio si fa più luminoso; nella barca, più di cento anime intonano l'inno degli ebrei usciti dalla schiavitù egiziana (vv. 46-84).

• **Il colloquio tra Dante e Casella (vv. 85-117).**
Dopo che le anime sono sbarcate, si rivelano incapaci di scegliere una direzione. Sanno che dovranno salire sulla montagna, ma per dove? Inutile chiedere spiegazioni a Virgilio. Anzi, grande è la meraviglia dei sopraggiunti, al vedere che Dante è un uomo vivo... Ma l'atmosfera è serena, piena di buoni presagi. Una delle anime vorrebbe abbracciare Dante e questi desidera ricambiarlo: tuttavia non si può, purtroppo l'anima è incorporea. Dalla voce però il poeta riconosce un amico fiorentino, Casella il musico, accolto sulla barca dall'angelo, dopo lunga attesa, grazie al recente giubileo. Dante vorrebbe udirlo un'altra volta intonare uno dei suoi canti e sulla spiaggia del purgatorio risuona così *Amor che ne la mente mi ragiona*, una canzone del *Convivio*, con tale dolcezza che tutti restano, rapiti, in ascolto.

• **Il canto di Casella viene bruscamente interrotto da Catone l'Uticense (vv. 118-123).**
Giunge però presto Catone il guardiano, a interrompere l'indugio e a richiamare le anime ai loro doveri di espiazione. Esse si sparpagliano dunque alla rinfusa verso la montagna.

■ PRIMO TEMA: L'ANGELO NOCCHIERO E LE ALI DELLA GRAZIA

La prima manifestazione soprannaturale del secondo regno è l'angelo-nocchiero: figura lievissima rispetto alla massiccia corporeità del nocchiero infernale, Caronte (che appariva nel canto III dell'*Inferno*), e navigatore ben più accorto di Ulisse.

Infatti per il *folle volo* dell'eroe greco le uniche *ali* possibili erano i remi (▶ *Inf.* XXVI, v. 125; e *Le chiavi del canto*, in particolare: *Le ali, un emblema dantesco*, p. 113); invece questo angelo-nocchiero purgatoriale *remo non vuol, né altro velo / che l'ali sue* (vv. 32-33). Il significato simbolico è chiaro: ci sono voli che **soltanto le ali della grazia possono consentire**; Ulisse cercò con le sue sole forze di raggiungere l'altro emisfero, e fallì miseramente; l'angelo trasbordatore si affi-

da invece a Dio. In tal modo può superare di slancio una rotta che al tempo di Dante doveva apparire pressoché infinita.

Riprendendo, nella figura dell'angelo nocchiero, questo tema cruciale delle *ali*, Dante crea una di quelle corrispondenze che fanno della *Commedia* non una raccolta di canti, ma un "libro" compatto, in cui la trama dei significati si dispone in vaste impalcature simboliche e tematiche.

■ SECONDO TEMA: IL SALMO DELLA LIBERAZIONE DAL PECCATO

Tutta la montagna del purgatorio appare, canto dopo canto, come un'immensa basilica, affollata di riti e risonante dei canti e delle preghiere dei fedeli. Si comincia fin dal canto II: le anime trasportate dall'angelo cantano infatti, sulla barca, il salmo 113, *In exitu Israël de Aegypto*. Era il salmo che ricordava l'"uscita" del popolo ebraico dalla schiavitù in Egitto e che un tempo veniva intonato nei funerali, a significare l'uscita dell'anima dalla vita terrena, per raggiungere l'aldilà. Dante aveva già citato tale salmo nel *Convivio* (II, 1, 7; lo citerà ancora nell'*Epistola a Cangrande,* 7) per esemplificare i quattro possibili "sensi" di un testo (letterale, allegorico, morale, anagogico). Esso risulta dunque assai adatto a introdurre l'atmosfera – inaugurata nel *Purgatorio* – di conquista di un **nuovo orizzonte, spirituale e poetico insieme**.

■ TERZO TEMA: CASELLA E IL TEMA DELL'AMICIZIA

Ci sono tematiche a cui il poeta del *Purgatorio* è particolarmente affezionato: una di esse è il tema della **musica** e della **poesia**, l'altro è quello dell'**amicizia**. Entrambe sono inaugurate dall'incontro con Casella, che suscita l'abbandono nostalgico all'"amoroso canto" degli anni giovanili e stilnovisti.

Sul piano strutturale, l'incontro con Casella obbedisce a uno schema compositivo che ritornerà in altri episodi, pure dedicati al ritrovamento affettuoso di un amico:

• il primo momento è quello del "**moto d'affetto**" iniziale (qui, il tentato abbraccio: vv. 76-81);
• esso precede o segue un "**ritardo del riconoscimento**" dell'amico (Dante infatti riconosce Casella soltanto al v. 86, allorché ne ode la voce);
• segue quindi "**l'indugio**", il desiderio di stare insieme; l'indugio è motivato dal bisogno affettivo di conoscere le reciproche condizioni attuali (▶ rispettivamente, i vv. 90 e 93);
• il tutto contornato dalla "**ripresa delle comuni abitudini**": qui, con Casella, la musica (vv. 112-114).

Sulla spiaggia del canto II, dall'episodio di Casella spira un'intensa **nostalgia per il periodo stilnovistico della gioventù** di Dante e per quell'ambiente di raffinate amicizie.

Ma esso vuole anche suggerire il pericolo insito nell'arte (qui, la musica, la cui potenza rapisce spiritualmente Dante

Purgatorio

personaggio, e lo stesso Virgilio accanto a lui). Infatti l'arte può distogliere dai doveri spirituali dell'anima, come bruscamente ricorderà il guardiano Catone alle anime.

Tutto ciò evoca irresistibilmente, per Dante, una stagione ormai terminata ma non dimenticata, quella della sua giovinezza: quando, sviatosi dal pensiero di Beatrice appena morta, egli si era lasciato sedurre dalle **consolazioni della filosofia e della poesia**. Tale stagione continua adesso, segretamente, a insidiarlo con i languori della nostalgia; il vivo rimorso che ne consegue accompagnerà l'espiante fino in cima alla montagna del purgatorio. Lì, infine, verrà Beatrice a rim-

proverare Dante per il suo *traviamento*. Il significato generale è chiaro: la poesia stilnovistica va inquadrata in un percorso più ampio; altrimenti può portare a sbandamenti (da ciò l'intervento di Catone), facendo dimenticare al cristiano il **dovere di sorvegliare le passioni**. Però, mentre Dante poeta individua l'arte come possibile mezzo di perdizione, Dante personaggio trova naturale che ci si possa smarrire: da questo punto di vista, così smemorato e incline a subire il dolce fascino dell'arte e dei ricordi, egli ci appare qui, agli esordi della seconda cantica, un personaggio ben diverso dalla figura decisa che conoscevamo dall'*Inferno*.

Lavoriamo sul testo

I CONTENUTI

1. Chi è e che cosa fa l'angelo *nocchiero*? Qual è il suo compito e come lo caratterizza il poeta?

2. Chi sbarca dal *vasello snelletto e leggero*?

3. Le anime trasportate sulla barca cantano una preghiera: quale? Spiega perché è assai significativo che si tratti proprio di quella preghiera.

4. Perché appena sbarcate le anime *diventaro smorte*? Che cosa le turba?

5. Anche in questo secondo canto appare la figura di Catone l'Uticense. In quale punto? Ritrovalo nel testo. Che cosa fa o dice? Infine: ti sembra coerente con il Catone del canto I?

6. Il *Purgatorio* è la cantica della coralità, dopo l'esasperato individualismo dell'*Inferno*. Quali elementi "corali" rintracci nell'episodio letto? Sottolineali nel testo.

7. In che modo le anime purganti scoprono che Dante è vivo? E come reagiscono?

8. In quale punto del canto si allude al Giubileo voluto da papa Bonifacio VIII?

9. Le anime dell'oltretomba hanno solo un'apparenza corporea. Da quale terzina emerge questo motivo?

10. Il dolcissimo canto di Casella è interrotto da Catone: perché? Che cosa rimprovera il *veglio onesto* alle anime? Ti sembra una colpa grave? Motiva la risposta in max 15 righe.

11. Il ricordo della terra è ancora vivissimo in queste anime; esso contagia Dante e anche Virgilio, che all'inizio del *Purgatorio* mostra la fragilità della sola ragione. Sviluppa questa riflessione con gli opportuni riferimenti al testo, in max una facciata di un foglio protocollo. In essa citerai anche qualche altro momento della *Commedia* in cui hai incontrato il tema della nostalgia del passato.

12. La cultura, la poesia, la musica, l'affetto, l'amicizia, l'amore: tali valori diventano realmente tali solo quan-

do si fanno gradini lungo la scala che porta a Dio. In che modo tale tema viene sviluppato nel canto?

LE FORME

13. Al v. 63 si evidenzia, secondo te:
   - ❏ un chiasmo
   - ❏ un parallelismo
   - ❏ un'anafora
   - ❏ una similitudine

14. Quale valore ha al v. 95 il pronome *cui*?
   - ❏ soggetto
   - ❏ complemento di specificazione
   - ❏ oggetto
   - ❏ complemento di termine

15. Nella perifrasi astronomica dei vv. 55-57:
   - ❏ il sole è la preda del Capricorno
   - ❏ il Capricorno è la preda del sole
   - ❏ sole e Capricorno sono la preda del giorno
   - ❏ il sole caccia dal giorno il cielo, come fa il Capricorno con la notte

16. Al v. 115 si evidenzia un polisindeto: illustralo nel testo. Sapresti anche spiegarne la ragione? Quale elemento il poeta mette in luce, secondo te, attraverso questa figura retorica?

17. Quale analogia si rivela tra, rispettivamente, i vv. 11-12 e i vv. 52-54?

18. Ai vv. 88-93, in cui viene registrato il dialogo tra Dante e Casella, si nota un'interessante simmetria sintattica: entrambi gli amici cominciano parlando di sé; poi si interrompono per parlare dell'altro. Evidenzia sul testo questo aspetto. Quale funzione svolge, in entrambi i discorsi, la congiunzione *ma*?

19. Al momento del loro incontro:
   - ❏ sia Dante sia Casella si esortano reciprocamente a fermarsi
   - ❏ solo Dante chiede a Casella di arrestarsi, mentre l'altro vorrebbe proseguire
   - ❏ solo Casella chiede a Dante di arrestarsi, mentre l'altro vorrebbe proseguire
   - ❏ è l'angelo nocchiero a farli incontrare e riconoscere

Approfondimenti

Charles S. Singleton

La scena fondamentale del poema: l'Esodo, la conversione

Il cammino verso la luce Nella *Commedia*, quella iniziale è la scena di una conversione: da una selva oscura di peccato, un uomo si volge verso una luce posta sulla vetta di un monte e verso tale luce si sforza di procedere. Essa proviene dal «pianeta[1] / che mena dritto altrui per ogne calle»; in seguito, in quanto meta posta sulla vetta, sarà considerata un *sol iustitiae*[2] e, da ultimo, si rivelerà essere il Sole che in Cielo illumina i beati: in qualsiasi modo la si interpreti, quella luce è la luce di Dio.

L'atto di distogliersi dal peccato e volgersi verso questa luce è una *conversio*, nel senso in cui Dante e la teologia del suo tempo intendevano tale termine. E, d'altra parte, questo non è l'unico esempio di conversione che si incontri nel viaggio a Dio, quale Dante ha voluto rappresentarlo. [...]

Una conversione in questo senso si riavrà quando il viandante emerge dalle tenebre dell'Inferno a riveder le stelle: nella luce aurorale è nuovamente visibile il profilo di un monte, e questa volta egli può salire il pendio per «il corto andare» *Inf*. II, 120). Ora lo guida Virgilio, anche se questi, fatto abbastanza curioso, non conosce il cammino. Comunque, «lo sol... mosterrà, che surge omai, / prendere il monte a più lieve salita» (*Purg*. I, vv. 107-108) – e in questo verso cogliamo l'eco distinta dell'altro, che nel canto di prologo parlava del pianeta che guida «dritto.... per ogne calle» (*Inf*. I, 18). La scena iniziale del *Purgatorio* ha una straordinaria somiglianza con la scena del prologo: ciò sfuggirà a pochi lettori.

Si ha la distinta sensazione di star «facendo ritorno» – e non c'è molto da meravigliarsi: questa scena corrisponde al prologo[3] in tanti aspetti essenziali che

l'intera azione di questo sembra, in certo modo, ripetersi – ma con l'importantissima differenza che [...] la conversione fallisce nel primo caso, e riesce nel secondo. [...]

Una volta compreso che si trattava di una conversione, avremmo dovuto ricordare almeno quel paragrafo dell'*Epistola a Can Grande*[4] in cui Dante fa presente che, in senso morale, la partenza dei figli d'Israele dall'Egitto al tempo di Mosè significa «conversio anime de luctu et miseria peccati ad statum gratie[5]». Che l'Esodo è la «figura» stabilita e consueta per la conversione, non potrebbe venirci detto più chiaramente. [...] Questo è quanto occorreva ci chiedessimo al fine di vedere con chiarezza che cosa guidò la mano del poeta quando dipinse il quadro del prologo[6]. [...]

L'Esodo è lo schema fondamentale dell'azione del prologo, l'immagine di fondo che detta sia gli elementi essenziali della scena su cui ha luogo l'azione, sia lo sviluppo dell'azione stessa. Certo, quando nel poema osserviamo un uomo che si lascia dietro la selva oscura, non v'è nulla che si debba interpretare come fuga dall'Egitto. Qui a guidare non c'è nessun Mosè, né ci vien detto di pingui terre situate al di là di un fiume Giordano. Qui non si parla di alcuna terra promessa, a meno che a raffigurarla non sia la luce sulla vetta del monte. Ma se aguzziamo un po' la vista, vediamo che su questa scena c'è acqua: acque pericolose da cui un uomo riesce a mettersi in salvo venendo a riva – una riva che è una spiaggia deserta e, a quanto pare, l'inizio di un «gran diserto» (*Inf*. I, 64). Lì gli compaiono davanti le fiere, ed è forse a questo punto che cominciamo a ricordare ciò che incontrarono i figli di Israele quando, attraversato il Mar

Rosso, si misero sulla via del deserto: tentazioni, impedimenti, ricadute nel peccato. Una fuga, una traversata di acque pericolose, un luogo deserto dove ci sono delle «fiere» che sbarrano il cammino: sono questi i semplici elementi che ci permettono di cominciare a intravedere che qui in un certo senso sta avendo luogo, simbolicamente, un «Esodo».

La similitudine dell'acqua Del resto, è la prima similitudine del poema a introdurci chiaramente nella figura dell'Esodo:

E come quei che con lena affannata,
uscito fuor del pelago a la riva,
si volge a l'acqua perigliosa e guata,
così l'animo mio, ch'ancor fuggiva,
si volse a retro a rimirar lo passo
che non lasciò già mai persona viva.
(*Inferno*, I, 22-27)

Il primo termine della similitudine porta sulla scena non solo delle acque perigliose, ma anche la figura di un uomo (evidentemente un nuotatore) che, dopo essere faticosamente riuscito ad emergere da esse, sta sulla riva, ansante per lo sforzo, e si volta a guardare il *pelago* dove per poco non trovava la morte; a ciò, nella seconda parte della similitudine, corrisponde l'uomo (o il suo *animo*, trattandosi qui di un paesaggio morale) che, dopo essere fuggito sgomento, ora si volta indietro a guardare un «passo che non lasciò già mai persona viva» (ove *passo* corrisponde a *pelago* della prima parte). Come potremmo raffigurarcela questa distesa di acque? Innanzi tutto come un oceano profondo, poiché *pelago* implica profondità. D'altronde, *passo* può facilmente suggerire l'idea di "passare attraverso, traversare", introducendo così nel quadro l'elemento di una

---

1. «**pianeta / che mena dritto altrui per ogne calle**»: v. *Inf*. I, vv. 17-18. Il pianeta è ovviamente il sole.
2. *sol iustitiae*: "sole di giustizia", cioè Dio.
3. prologo: il primo canto dell'*Inferno*.
4. *Epistola a Can Grande*: una delle episto-

le scritte (in latino) da Dante; in essa l'autore dedicava il *Paradiso* al suo munifico protettore Cangrande della Scala, signore di Verona. La lettera risale al 1320 e illustra scopo e natura della terza cantica del poema, messo a paragone con le prime due.

5. «**conversio anime [...] ad statum gratie**»: conversione, passaggio dell'anima dalla condizione di morte e dalla miseria del peccato alla condizione della grazia.
6. **del prologo**: cioè del canto I dell'*Inferno*.

spiaggia o di spiagge, non importa quanto distanti l'una dall'altra.

Più avanti, Ulisse parlerà del suo lungo viaggio oceanico come di un «alto passo», e più oltre ancora, quello stesso viaggio sarà chiamato «varco». Analogamente, della nave che traghetta le anime alla spiaggia del Purgatorio, tenendo press'a poco la stessa rotta dell'antico eroe, ci vien detto che compie la traversata «tra liti sí lontani». [...]

Un'alba diversa, più lieve La conferma inequivocabile del fatto che la figura dell'Esodo è l'immagine-chiave e la matrice della scena-prologo, giunge trentatré canti più avanti, all'inizio del Purgatorio, dove il pellegrino «ritorna» a una scena analoga: anche qui è l'alba, quando da una valle infernale e da una «silvestra via» egli esce a riveder le stelle.

Anche qui egli si ritrova su una spiaggia deserta e fissa intento acque che vanno senza dubbio definite «perigliose». Certo, questa volta non «varca» quelle acque, ma viene pur tuttavia da un «passo»[7] che si può ben dire «non lasciò mai persona viva». Egli non attraversa le acque perigliose che si trovano al largo della spiaggia, ma mentre è lì a guardare, dal «pelago» giunge una navicella pilotata da un angelo. A bordo vi sono più di cento anime che, mentre il «vasello» si avvicina, cantano un inno dell'Esodo.

Questo particolare non lascia possibilità di equivoco: all'inizio del Purgatorio non solo assistiamo a un «Esodo» ma, proprio perché ciò che vi ha luogo è un «Esodo», anche l'azione del prologo[8] sembra ripetersi, come in figura[9] o metaforicamente. Ma nella stessa somiglianza è subito visibile una differenza invero notevole: qui non c'è un nuotatore che si dibatte per toccare la riva, ma un «vasello» che solca leggero le acque e approda senza alcuna difficoltà; lo pilota un angelo, e questo ministro del Signore «sdegna» ogni «argomento umano».

Due diversi «Esodi» In verità, se si può parlare di due «Esodi», uno nel prologo e l'altro qui all'inizio del Purgatorio, rileviamo subito che quello più simile all'avvenimento reale è il secondo. Fu con un miracolo che il Signore guidò il Suo popolo attraverso il Mar Rosso a una spiaggia deserta sull'altra riva e a ciò, evidentemente, corrisponde meglio una nave pilotata da un angelo che non l'immagine di un uomo che si sforza di compiere la traversata con «argomenti» umani. Inoltre anche ciò che succede qui, sul «lito deserto», quando queste anime si uniscono a Virgilio e Dante, e tutti insieme formano un gruppo di «peregrini» in cerca della via per salire alle «promesse», è più simile a quel che successe agli Israeliti. In corrispondenza alle fiere della scena-prologo, anche qui sopraggiungono «tentazioni», proprio come nell'evento reale dell'Esodo. Casella canta una canzone d'amore, ed ecco! i nuovi «peregrini» (v. Purg. II, vv. 61-63) dimenticano la «terra promessa», dimenticano di essere pellegrini e si raccolgono attorno al cantore «come a nessun toccasse altro la mente» (Purg. II, 117). Ma alla loro negligenza non è concesso durare molto, perché a farli memori del viaggio e a sollecitarli all'ascesa del monte irrompe sulla scena Catone, il «veglio onesto». Anche in ciò siamo molto più vicini all'Esodo storico, e di nuovo viene sottolineata l'importante differenza tra quanto avviene in questo secondo «Esodo» e quanto avveniva nel primo. [...]

Nell'«Esodo» del prologo [...] più il viandante si sforza di lottare con le fiere, più egli ricade indietro. Anche nel secondo «Esodo», in Purgatorio, sopraggiungono le «tentazioni» come nel primo, ma ad assistere il pellegrino *in via* c'è ora la guida e la protezione della mano del Signore, e questa volta l'ascesa del monte riesce. Il pellegrino, che nel primo tentativo era ricaduto indietro, ora ascende per il «corto andare».

Charles S. Singleton, «*In Exitu Israël de Aegypto*», in *La poesia della Divina Commedia*, Il Mulino, Bologna 1978

---

7. **da un «passo»:** l'attraversamento sotterraneo del sentiero (*Inf.* XXXIV) mediante il quale Dante e Virgilio, provenienti dal centro della terra, sbucano nell'emisfero opposto, sulla spiaggia del purgatorio.
8. **del prologo:** ▶ nota 6.
9. **in figura:** allegoricamente.

«Da poppa stava il celestial nocchiero,
tal che faria beato pur descripto;
e più di cento spirti entro sediero.»

■ Gustave Doré, *Navicella piena di anime guidata da un angelo* (incisione, 1857).

Canto III

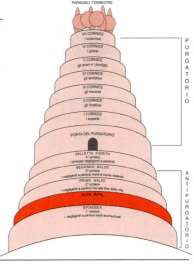

DATA	■ 10 aprile 1300 (domenica di Pasqua), dopo l'alba.
LUOGO	■ **Antipurgatorio**. Tra la spiaggia e la prima balza della montagna: poiché la salita è assai ripida, occorre trovare un passaggio non troppo disagevole per Dante.
COLPA	■ La **scomunica** ricevuta.
PENA / CONTRAPPASSO	■ Primo gruppo di anime, gli scomunicati: **avanzano con lentezza** verso le prime rampe del monte. Ognuna deve rimanere nell'Antipurgatorio trenta volte il tempo che visse nella scomunica. Ribelli alla Chiesa in vita, adesso gli scomunicati procedono lenti e mansueti.
PERSONAGGI	■ **Dante** e **Virgilio**. ■ **Manfredi** e altre anime di morti scomunicati.

SEQUENZE

■ **Avvicinamento al monte** (vv. 1-15)
Le anime si disperdono all'intervento di Catone e Dante si accosta di più alla sua guida. Virgilio, nella sua nobiltà d'animo, appare turbato dai rimproveri di Catone.

■ **L'ombra di Dante, il corpo delle anime e i misteri da rispettare** (vv. 16-45)
Dante si sgomenta perché vede dinanzi a sé una sola ombra, anziché due: non sarà stato abbandonato dalla sua guida? Ma Virgilio lo rassicura: il corpo con il quale proiettava ombra, è sepolto a Napoli; ora Virgilio ha un corpo tutto spirituale. Ci sono misteri in cui la mente umana non può penetrare; grandi filosofi come Aristotele e Platone aspirarono vanamente a conoscere le cause prime. Riflettendo sulle insufficienze della ragione, Virgilio china pensoso la fronte.

■ **Anime ai piedi della montagna** (vv. 46-66)
Di fronte alla parete scoscesa del monte, la guida e il pellegrino cercano un valico e s'imbattono nel gruppo degli scomunicati. Chiederanno a loro la strada.

■ **Virgilio, Dante, le anime** (vv. 67-102)
Notata l'ombra di Dante, le anime si fermano, prima turbate per quella strana visione, poi rassicurate da Virgilio: Dante è un vivo, ma sta viaggiando per virtù divina. A quel punto le anime indicano la strada ai due viandanti.

■ **Manfredi** (vv. 103-145)
Uno scomunicato richiama l'attenzione di Dante. È biondo, bello, di nobile aspetto, sfregiato però da una ferita in mezzo alla fronte. Si presenta: è Manfredi, nipote dell'imperatrice Costanza, nonno di due re. Prega Dante di riferire alla figlia come morì. Ricevette due ferite mortali nella battaglia di Benevento (1260); ma era uno scomunicato e così, per volere di papa Clemente IV, le sue ossa furono disseppellite e disperse dall'arcivescovo di Cosenza fuori del Regno di Napoli. La scomunica però non cancella l'amore di Dio. Anche gli scomunicati, se si pentono, possono salvare la propria anima; devono però ritardare l'espiazione di trenta volte il periodo della scomunica.

Purgatorio

Avvegna che la subitana fuga
dispergesse color per la campagna,
3   rivolti al monte ove ragion ne fruga,

i' mi ristrinsi a la fida compagna:
e come sare' io sanza lui corso?
6   chi m'avria tratto su per la montagna?

El mi parea da sé stesso rimorso:
o dignitosa coscïenza e netta,
9   come t'è picciol fallo amaro morso!

Quando li piedi suoi lasciar la fretta,
che l'onestade ad ogn' atto dismaga,
12   la mente mia, che prima era ristretta,

lo 'ntento rallargò, sì come vaga,
e diedi 'l viso mio incontr' al poggio
15   che 'nverso 'l ciel più alto si dislaga.

Lo sol, che dietro fiammeggiava roggio,
rotto m'era dinanzi a la figura,
18   ch'avëa in me de' suoi raggi l'appoggio.

Io mi volsi dallato con paura
d'essere abbandonato, quand' io vidi
21   solo dinanzi a me la terra oscura;

e 'l mio conforto: «Perché pur diffidi?»,
a dir mi cominciò tutto rivolto;
24   «non credi tu me teco e ch'io ti guidi?

Vespero è già colà dov' è sepolto
lo corpo dentro al quale io facea ombra;
27   Napoli l'ha, e da Brandizio è tolto.

Avvicinamento al monte

1-6. Benché la fuga improvvisa avesse disperso quelle anime per la pianura, in direzione del monte dove la giustizia divina (*ragion*) ci (*ne*) tormenta [per la nostra purificazione], io mi feci più vicino al mio fido compagno [Virgilio]: come sarei potuto correre via senza di lui? chi mi avrebbe guidato su per la montagna? **7-9.** Egli sembrava tormentato da un pensiero: oh, nobile, limpida coscienza, come anche una piccola mancanza (*fallo*) può essere, per te, [fonte] di amaro rimorso! **10-15.** Quando egli, camminando, diminuì un poco la fretta, che toglie (*dismaga*) dignità ai nostri atti, la mia mente, che prima era distratta [da quanto era accaduto], si fece più attenta e desiderosa (*sì come vaga*) [di capire], e io rivolsi lo sguardo (*viso*) verso la montagna che emerge dal mare (*si dislaga*) innalzandosi verso il cielo.

L'ombra di Dante, il corpo delle anime e i misteri da rispettare

16-18. Il raggio del sole, che fiammeggiava rosso dietro [di me], era interrotto davanti alla mia persona (*figura*), perché incontrava in me un ostacolo (*appoggio*) ai suoi raggi. **19-21.** Quando m'accorsi che solo davanti al mio corpo c'era ombra, mi voltai verso il fianco, per la paura d'essere stato abbandonato. **22-24.** Ma Virgilio, colui che mi dava conforto: «Perché continui a dubitare?» cominciò a dire rivolto premurosamente (*tutto*) verso di me, «non credi tu che io sia con te (*teco*) [a farti da guida]? **25-27.** Ormai è sera (*Vespero è già*) là [in Italia], dov'è sepolto il corpo dentro il quale io [in vita] proiettavo ombra. Si trova a Napoli, ed è stato trasportato là da Brindisi.

---

1. la subitana fuga: la fuga precipitosa delle anime, che Catone aveva sorpreso troppo intente ad ascoltare il canto di Casella. Dopo il suo rimprovero, esse si sono disperse verso il monte, inesperte del luogo.
3. ragion: qui usato con l'insolito significato di "giustizia divina" o "autorità divina".
4. da sé stesso rimorso: Virgilio, guida di Dante e simbolo della retta ragione, aveva smarrito la coscienza del suo incarico, perdendosi anche lui dietro al canto di Casella; ciò gli suscita un intenso rimorso.
11. l'onestade... dismaga: toglie dignità. Correre, muoversi poco compostamente, non si addice a persone mature e di prestigio; era norma del mondo "cortese" mantenere un atteggiamento sempre misurato.

Invece Virgilio, colto di sorpresa da Catone, aveva perso il controllo. *Dismaga* ("distoglie da") è un verbo usato nel poema solo due volte; rima con il sottostante *dislaga* (da *dislagarsi*, "balzar fuori dal lago", "dal mare"), neologismo dantesco.
12. ristretta: conferma il significato dell'episodio di Casella (canto II), il suo canto era consolante e dolcissimo, ma in sostanza aveva ottenebrato e "ristretto" la mente del pellegrino, facendogli perdere di vista il privilegio di potersi purificare.
17. rotto: il raggio è spezzato dalla presenza fisica di Dante, che genera una lunga ombra davanti a sé. Ma forse c'è qui un anticipo del tema della *persona* (cioè del corpo) di Manfredi *rotta* dalle ferite, come

vedremo più avanti (▶ vv.118-120).
25. Vespero è già: sulla montagna del purgatorio il Sole è sorto da qualche tempo; dunque a Napoli, a mezza strada tra il Purgatorio e gli antipodi (Gerusalemme), sarà ormai sera. Virgilio era morto a Brindisi (*Brandizio*, francesismo da *Brandis*) nel 19 a.C., ma per ordine di Augusto era stato sepolto sulla strada di Pozzuoli, dove ancora s'indicano col suo nome i ruderi di un'antica tomba romana.
27. l'ha... è tolto: richeggia in queste parole il famoso epitaffio (dettato, secondo la leggenda, dallo stesso Virgilio) inciso sulla tomba del poeta dell'*Eneide*: «Mantova mi generò, mi rapirono i Calabri, ora mi tiene Napoli; cantai i pascoli, i campi, i duci».

Canto III

Ora, se innanzi a me nulla s'aombra,
non ti maravigliar più che d'i cieli
30 che l'uno a l'altro raggio non ingombra.

A sofferir tormenti, caldi e geli
simili corpi la Virtù dispone
33 che, come fa, non vuol ch'a noi si sveli.

Matto è chi spera che nostra ragione
possa trascorrer la infinita via
36 che tiene una sustanza in tre persone.

State contenti, umana gente, al quia;
ché, se potuto aveste veder tutto,
39 mestier non era parturir Maria;

e disïar vedeste sanza frutto
tai che sarebbe lor disio quetato,
42 ch'etternalmente è dato lor per lutto:

io dico d'Aristotile e di Plato
e di molt' altri»; e qui chinò la fronte,
45 e più non disse, e rimase turbato.

Noi divenimmo intanto a piè del monte;
quivi trovammo la roccia sì erta,
48 che 'ndarno vi sarien le gambe pronte.

Tra Lerice e Turbìa la più diserta,
la più rotta ruina è una scala,
51 verso di quella, agevole e aperta.

28-30. Se ora davanti a me non c'è nulla che faccia ombra, non meravigliarti, più di quanto ti desta meraviglia il fatto che i cieli non facciano ostacolo l'uno all'altro al passaggio dei raggi. **31-33.** La potenza di Dio predispone queste sostanze [le anime dei morti] a sopportare tormenti, caldo e gelo; ma essa non ci svela come ciò possa accadere. **34-36.** È folle chi spera che la nostra ragione umana possa percorrere tutta l'infinita via che segue (*tiene*) Dio, unico e insieme trino. **37-45.** Accontentatevi, o uomini, [di sapere] che le cose sono [e basta]; perché, se voi aveste potuto capire tutto, non sarebbe stato necessario che Maria partorisse [Cristo]; cosicché avete visto desiderare senza risultato uomini tali, per i quali [se ciò fosse stato possibile] sarebbe stato appagato il loro desiderio, il quale invece è dato loro come castigo (*lutto*) in eterno; parlo di Aristotele e di Platone e di molti altri»; e a questo punto (*qui*) Virgilio chinò la testa turbato, senza aggiungere altro.

Anime ai piedi della montagna

46-48. Frattanto giungemmo ai piedi del monte; e là (*quivi*) trovammo la roccia così ripida (*erta*), da rendere inutile ogni tentativo di scalarla con le nostre gambe. **49-51.** Tra Lerici e Turbia [per tutto l'arco della Liguria] la meno frequentata (*diserta*), la più impervia frana è una scala agevole e larga, rispetto a (*verso di*) quella.

29. cieli: sono immaginati da Dante, sulle tracce di Aristotele e di san Tommaso, come sfere concentriche attorno alla Terra, formate di una particolare sostanza che lascia passare i raggi. Di questa medesima sostanza sono fatti i corpi aerei che rivestono le anime dell'oltretomba.
32. la Virtù: la Virtù divina (soggetto) dispone i corpi dei dannati e dei penitenti in modo che soffrano i tormenti infernali e purgatoriali. Come faccia a ottenere ciò, la stessa Virtù non vuole svelarlo (v. 33): è uno dei suoi misteri, come quello del Dio uno e, insieme, trino (v. 36).
34. Matto è: soltanto un folle può pensare d'intendere i misteri divini; Virgilio, simbolo della ragione che riconosce i propri limiti, condanna l'arroganza dei filosofi che pretendono di conoscere e spiegare tutto.

37. State contenti... al quia: la congiunzione *quia* è un termine tecnico della filosofia medievale; mentre nel latino classico *quia* introduceva domande sul «perché», nella filosofia scolastica serviva invece a reggere le proposizioni rette da verbi di «dire», «affermare» ecc. Dunque: gli uomini, dice Virgilio, si accontentino di sapere «che» le cose esistono, e non presumano di conoscere «perché» esistono.
39. mestier non era... Maria: l'incarnazione di Cristo, e poi la sua rivelazione, non sarebbe stata necessaria, se le menti umane fossero state perfette.
41. tai: sono i grandi filosofi citati al verso 43 (*Aristotile, Plato*); vissuti prima della Redenzione, essi cercarono inutilmente la verità, la desiderarono *senza frutto* (v. 40). Ancora adesso, nel Limbo, desiderano inu-

tilmente conoscere qualcosa che non possono raggiungere; in ciò consiste il loro *lutto* (v. 42), la loro pena.
44-45. chinò la fronte... turbato: Virgilio tra i *molt'altri* del v. 44 include evidentemente se stesso. È un tocco di grande poesia, che umanizza profondamente la figura del maestro. Il discorso, partito dal turbamento di Dante (che non vedeva l'ombra di Virgilio), si allarga così a un altro turbamento (quello di Virgilio stesso).
49. Lerice...Turbia: località liguri, all'estremo est (Lerici) e all'estremo ovest della regione (La Turbie, vicino all'odierna Montecarlo). Per Dante l'intera Liguria era una regione impervia e in effetti nel Trecento molte località si potevano raggiungere solo dal mare, visto che l'antica strada consolare romana, l'Aurelia, era quasi impraticabile.

Purgatorio

«Or chi sa da qual man la costa cala»,
disse 'l maestro mio fermando 'l passo,
54 «sì che possa salir chi va sanz' ala?».

E mentre ch'e' tenendo 'l viso basso
essaminava del cammin la mente,
57 e io mirava suso intorno al sasso,

da man sinistra m'apparì una gente
d'anime, che movieno i piè ver' noi,
60 e non pareva, sì venïan lente.

«Leva», diss' io, «maestro, li occhi tuoi:
ecco di qua chi ne darà consiglio,
63 se tu da te medesmo aver nol puoi».

Guardò allora, e con libero piglio
rispuose: «Andiamo in là, ch'ei vegnon piano;
66 e tu ferma la spene, dolce figlio».

Ancora era quel popol di lontano,
i' dico dopo i nostri mille passi,
69 quanto un buon gittator trarria con mano,

quando si strinser tutti ai duri massi
de l'alta ripa, e stetter fermi e stretti
72 com' a guardar, chi va dubbiando, stassi.

«O ben finiti, o già spiriti eletti»,
Virgilio incominciò, «per quella pace
75 ch'i' credo che per voi tutti s'aspetti,

ditene dove la montagna giace,
sì che possibil sia l'andare in suso;
78 ché perder tempo a chi più sa più spiace».

52-54. «E ora, chi sa da che parte (*man*) la montagna è meno ripida» disse il maestro fermandosi, «sì che possa salire anche chi procede (*va*) senza avere le ali?». **55-60.** E mentre egli (*e'*), tenendo chinato il viso, interrogava la mente su quale strada [prendere], e [mentre] io guardavo in alto (*suso*) la roccia a strapiombo, apparve alla nostra sinistra un gruppo di anime, che avanzavano verso di noi, ma (*e*) non sembrava, tanto lentamente si muovevano. **61-63.** «Alza gli occhi, maestro – gli dissi –; ecco [giungere] da questa parte (*di qua*) chi potrà darci consiglio, se tu non lo puoi trovare da te». **64-66.** [Virgilio] guardò allora, e con il volto più rinfrancato (*con libero piglio*) rispose: «Andiamo noi incontro a loro, che camminano così piano; ma tu rafforza la [tua] speranza, dolce figlio».

Virgilio, Dante, le anime

67-72. Quella schiera (*popol*) di anime, dopo che noi facemmo circa mille passi, era ancora distante da noi quanta è la distanza a cui un abile lanciatore (*buon gittator*) potrebbe scagliare (*trarria*) un sasso con la mano, quando tutte si accostarono contro i duri macigni della parete, e rimasero immobili e strette le une alle altre, come si ferma (*stassi*) a guardare chi è colto dal dubbio.
73-78. «O morti in grazia di Dio, o spiriti già destinati (*eletti*) [al Paradiso]» cominciò a dire Virgilio, «in nome di quella pace, della quale credo che tutti voi siate in attesa, diteci dove la montagna è meno ripida, sì che sia possibile salire: perché più dispiace, a chi è più saggio, perdere tempo».

57. io mirava suso: mentre Virgilio, tutto smarrito, cerca in se stesso qualcosa che non può trovare, Dante, con naturalezza, si guarda intorno. In tal modo vedrà presto qualcuno.
58-59. una gente / d'anime: è il primo gruppo che Dante incontra nell'Antipurgatorio; si tratta di anime morte scomunicate. Devono attendere, prima di cominciare l'espiazione, trenta volte il tempo vissuto in condizione di scomunica (▶ vv. 136-140).

63. se tu da te medesmo aver nol puoi: nuovo segnale della difficoltà di Virgilio a muoversi nel regno di Dio.
66. e tu ferma la spene, dolce figlio: rassicurazione e affetto guidano la risposta di Virgilio, che riprende subito il suo ruolo di guida autorevole.
71. stetter fermi e stretti: le anime dell'Antipurgatorio tendono sempre a stare in gruppo, unite e vicine, sia per sentirsi più sicure, sia per un istinto di fratellanza, ben

diverso dai sentimenti dei dannati nell'inferno.
78. ché perder tempo a chi più sa più spiace: è una delle massime morali frequenti nella *Commedia*; a chi più conosce il valore del tempo, dice Virgilio, più dispiace perderlo. In questo canto egli aveva già parlato per sentenza: *State contenti, umana gente, al quia*, v. 31; gli farà eco Manfredi: *qui per quei di là molto s'avanza*, v. 145.

Come le pecorelle escon del chiuso
a una, a due, a tre, e l'altre stanno
81 timidette atterrando l'occhio e 'l muso;

e ciò che fa la prima, e l'altre fanno,
addossandosi a lei, s'ella s'arresta,
84 semplici e quete, e lo 'mperché non sanno;

sì vid' io muovere a venir la testa
di quella mandra fortunata allotta,
87 pudica in faccia e ne l'andare onesta.

Come color dinanzi vider rotta
la luce in terra dal mio destro canto,
90 sì che l'ombra era da me a la grotta,

restaro, e trasser sé in dietro alquanto,
e tutti li altri che venieno appresso,
93 non sappiendo 'l perché, fenno altrettanto.

«Sanza vostra domanda io vi confesso
che questo è corpo uman che voi vedete;
96 per che 'l lume del sole in terra è fesso.

Non vi maravigliate, ma credete
che non sanza virtù che da ciel vegna
99 cerchi di soverchiar questa parete».

Così 'l maestro; e quella gente degna
«Tornate», disse, «intrate innanzi dunque»,
102 coi dossi de le man faccendo insegna.

E un di loro incominciò: «Chiunque
tu se', così andando, volgi 'l viso:
105 pon mente se di là mi vedesti unque».

Io mi volsi ver' lui e guardail fiso:
biondo era e bello e di gentile aspetto,
108 ma l'un de' cigli un colpo avea diviso.

79-87. Come le pecorelle escono dal recinto [dell'ovile] a una, a due, a tre [per volta], e le altre, timide, stanno ferme, tenendo l'occhio e il muso verso terra; e ciò che fa la prima fanno anche le altre, addossandosi a lei, se essa si ferma, docili e mansuete, senza sapere il perché; così (*sì*) vidi muovere allora (*allotta*) nella mia direzione le prime file di quella schiera fortunata, dai volti pudichi, dal dignitoso incedere. **88-93.** Non appena (*Come*) quelle anime videro interrotta al suolo la luce [del sole], alla mia destra, sì che l'ombra si proiettava (*era*) tra me e la montagna, si fermarono e arretrarono di qualche passo, e fecero altrettanto gli altri, che venivano dopo di loro, senza sapere il perché. **94-99.** «Senza che voi me lo chiediate, sappiate che questo che vedete è il corpo di un uomo vivo, a causa del quale (*per che*) la luce del sole in terra è interrotta. Non sorprendetevi, ma siate certi, piuttosto, che se costui cerca di scalare questa parete, non è senza virtù che gli viene dal cielo». **100-102.** Così disse Virgilio; e quelle anime di salvati: «Tornate indietro» dissero «e proseguite davanti a noi»; e indicavano la direzione col dorso della mano.

Manfredi

103-105. E uno di loro cominciò a dire: «Chiunque tu sia, pur continuando ad andare, volgi lo sguardo (*'l viso*) [verso di me], cerca di ricordare se mi hai mai (*unque*) veduto in vita». **106-108.** Io mi volsi verso di lui e lo fissai con attenzione: era biondo, bello, di nobile aspetto; ma uno dei suoi sopraccigli era stato spaccato in due da una ferita inferta da un colpo di spada.

79-84. Come le pecorelle... non sanno: è tra le più famose similitudini del poema per la semplicità e naturalezza del linguaggio e per la precisione dei dettagli. Serve a elogiare mansuetudine e umiltà, virtù decisive per cominciare l'espiazione. Paradossale il fatto che queste *pecorelle* siano gli scomunicati, pentiti all'ultimo momento: tutti, o quasi, personaggi famosi e di forte personalità. Dante sottolinea il contrasto tra la loro vita di crucci e di violenze e la loro situazione attuale, profondamente trasformata dal pentimento.

84. lo 'mperché non sanno: le anime che stanno dietro alle prime non hanno visto l'ombra di Dante. Si fermano solo perché si sono fermate quelle che le precedono.

94. Sanza vostra domanda: Virgilio previene le domande delle anime, ma sembra una precauzione inutile: manca del tutto in loro la curiosità quasi morbosa spesso manifestata dalle anime infernali, per le quali la vita (riassunta nel corpo terreno di Dante) era l'unico bene concepibile.

104. così andando: lo spirito non può fermarsi, unito alla schiera dei compagni. Ma anche Virgilio aveva mostrato sollecitudine a trovare la strada giusta per salire, e l'anima ne tiene cortesemente conto.

107-108. biondo era e bello... avea diviso: in due soli versi si concentrano l'immagine terrena di Manfredi e la sua nuova immagine, quella eterna, indelebilmente segnata dalla ferita. L'antitesi tra le due immagini è evidenziata dal *ma* avversativo del verso 108.

	Quand' io mi fui umilmente disdetto d'averlo visto mai, el disse: «Or vedi»;
111	e mostrommi una piaga a sommo 'l petto.
	Poi sorridendo disse: «Io son Manfredi, nepote di Costanza imperadrice;
114	ond' io ti priego che, quando tu riedi,
	vadi a mia bella figlia, genitrice de l'onor di Cicilia e d'Aragona,
117	e dichi 'l vero a lei, s'altro si dice.
	Poscia ch'io ebbi rotta la persona di due punte mortali, io mi rendei,
120	piangendo, a quei che volontier perdona.

109-111. Come ebbi cortesemente negato d'averlo mai visto, mi disse: «Guarda, ora,» e mi mostrò una piaga sul petto, in alto. **112-117.** Poi sorrise e disse: «Io sono Manfredi, nipote dell'imperatrice Costanza; per cui (*ond'io*) ti prego, quando sarai tornato al mondo [dei vivi], di recarti dalla mia bella figlia, madre dei re (*de l'onor*) di Sicilia e d'Aragona, e di dirle la verità sul mio conto, se altro si dice [di me]. **118-120.** Dopo che io ebbi il corpo trafitto da due ferite mortali, piangendo mi affidai a Colui che è sempre disposto a perdonare.

«Poscia ch'io ebbi rotta la persona
di due punte mortali, io mi rendei,
piangendo, a quei che volontier perdona.»

■ Carlo d'Angiò uccide Manfredi, *miniatura dal* Roman de la rose *(XIII secolo).*

109. umilmente: l'avverbio può essere giustificato dall'aspetto regale di Manfredi, ma dipende soprattutto dall'atmosfera spirituale di carità reciproca. Per lo stesso motivo, poco dopo, Manfredi sorriderà a Dante (v. 112), dopo che costui gli avrà detto di non riconoscerlo.
112. Io son Manfredi: figlio naturale dell'imperatore Federico II, Manfredi aveva ereditato dopo la morte del padre (1250) la guida dei Ghibellini italiani; venne scomunicato da papa Innocenzo IV (1258) e poi combattuto dai papi successivi. Fu ucciso combattendo nella battaglia di Benevento (1266) guidata dalla coalizione dei Guelfi e rinforzata dalle truppe francesi di Carlo d'Angiò (fratello del re di Francia e invitato in Italia da papa Urbano IV).
113. nepote di Costanza imperadrice: non si dichiara figlio di Federico, come ci si aspetterebbe, ma nipote di sua nonna Costanza, normanna, figlia di Ruggero d'Altavilla, che aveva unito in sé le due case normanna e sveva. Non parla di Federico II probabilmente perché l'imperatore era ateo. In ogni caso, Manfredi riafferma, citando Costanza, i suoi buoni diritti dinastici e il torto di chi lo combatté.
117. s'altro si dice: se, sulla Terra, corre voce che io sia tra i dannati, per via della scomunica. Dante, salvando Manfredi, si poneva polemicamente contro l'opinione comune.
120. piangendo: secondo alcune fonti, Manfredi, morendo, mormorò parole di pentimento, tuttavia ciò è storicamente improbabile. Il suo corpo fu trovato tre giorni dopo, in mezzo a quello di altri molti caduti.

Orribil furon li peccati miei;
ma la bontà infinita ha sì gran braccia,
123 che prende ciò che si rivolge a lei.

Se 'l pastor di Cosenza, che a la caccia
di me fu messo per Clemente allora,
126 avesse in Dio ben letta questa faccia,

l'ossa del corpo mio sarieno ancora
in co del ponte presso a Benevento,
129 sotto la guardia de la grave mora.

Or le bagna la pioggia e move il vento
di fuor dal regno, quasi lungo 'l Verde,
132 dov' e' le trasmutò a lume spento.

Per lor maladizion sì non si perde,
che non possa tornar, l'etterno amore,
135 mentre che la speranza ha fior del verde.

Vero è che quale in contumacia more
di Santa Chiesa, ancor ch'al fin si penta,
138 star li convien da questa ripa in fore,

per ognun tempo ch'elli è stato, trenta,
in sua presunzïon, se tal decreto
141 più corto per buon prieghi non diventa.

Vedi oggimai se tu mi puoi far lieto,
revelando a la mia buona Costanza
144 come m'hai visto, e anco esto divieto;

ché qui per quei di là molto s'avanza».

121-123. I miei peccati furono orribili, ma la bontà infinita di Dio ha braccia talmente larghe, da accogliere chiunque si rivolga a lei. **124-129.** Se il vescovo (*pastor*) di Cosenza, che fu in quell'occasione (*allora*) inviato da papa Clemente alla caccia del mio corpo, avesse ben compreso questo aspetto di Dio, le mie ossa sarebbero ancora in cima (*in co*) al ponte, presso Benevento, protette dal pesante cumulo di pietre. **130-132.** Ora la pioggia le bagna, e il vento le smuove fuori dal Regno [di Napoli e Sicilia], quasi lungo il fiume Verde, dove egli (*e'*) le fece di notte traslare con i ceri spenti. **133-135.** In conseguenza della scomunica della Chiesa (*Per lor maladizion*) l'eterno amore di Dio non si perde fino al punto da non poterlo recuperare, almeno finché c'è un soffio di speranza [e di vita]. **136-141.** È però vero che chi muore in disobbedienza (*contumacia*) verso la santa Chiesa, anche se si pente all'ultimo momento, deve (*li convien*) restare fuori da questo monte del purgatorio, trenta volte gli anni che ha vissuto nella sua ostinata ribellione [alla Chiesa], a meno che tale decreto non venga abbreviato dalle preghiere dei buoni. **142-145.** Vedi tu a questo punto se puoi farmi contento, rivelando alla mia buona Costanza che mi hai visto salvo e anche l'esistenza di questo divieto: perché qui, in purgatorio, per [le preghiere de] i vivi, si fa molta strada».

---

121. Orribil furon li peccati miei: basta questa consapevolezza, dice Dante, seguita dalla richiesta di perdono, per salvare l'anima. Continua la polemica con la Chiesa di allora.

122. la bontà infinita: di Dio; ritorna l'immagine dell'infinita misericordia del verso 120, confermata da due versi di larga e solenne semplicità. Alla misericordia divina si oppone la caparbia durezza della Chiesa, che scomunica e condanna, invece di perdonare.

124. il pastor di Cosenza: il cardinale Bartolomeo Pignatelli, vescovo di Cosenza dal 1254 al 1266.

125. per Clemente: dal papa Clemente IV (francese).

129. sotto la guardia della grave mora: *mora* significa "mucchio di pietre"; i soldati francesi, secondo il costume militare, ave-

vano seppellito (e onorato alla loro maniera) Manfredi, gettando ciascuno, al passaggio, una pietra sul cadavere del re nemico caduto valorosamente in battaglia. L'onore tributato dai soldati contrasta con la condanna disonorevole della Chiesa.

130. Or le bagna la pioggia: la morte di Manfredi risaliva a 34 anni prima; le sue spoglie, quindi, dovevano essere andate disperse da tempo; ma l'ultima impressione che il giovane re ha portato con sé nell'aldilà sono quelle povere ossa esposte alla pioggia e al vento; il ricordo di se stesso, trattato a quel modo, è ancor vivo e dolente in lui. Nel canto V del *Purgatorio* altre due anime compatiranno il proprio corpo abbandonato sul luogo della morte: Iacopo del Cassero e Buonconte di Montefeltro.

131. di fuor dal regno: il regno di Napoli, che confinava con quello della Chiesa sul

fiume Verde (o Liri, o Garigliano). Qui il vescovo fece trasportare e gettare sul greto il corpo dello scomunicato, di notte, coi ceri spenti e capovolti, come si usava allora per gli eretici e gli scomunicati.

136. Vero è: con sfumatura avversativa ("E però..."); l'*etterno amore* di Dio supera la condanna ecclesiastica, come ha detto; però la sanzione della Chiesa costa allo scomunicato pentito una dolorosa sosta nell'antipurgatorio. Anche nell'Averno virgiliano (*Eneide*, VI) le anime degli insepolti sono condannate a restare cento anni nell'antinferno prima di essere traghettate da Caronte al di là dell'Acheronte.

143. a la mia buona Costanza: la figlia di Manfredi era andata sposa a Pietro III d'Aragona; aveva generato due figli, divenuti poi re di Sicilia e di Aragona, come si dice al v. 115.

Le chiavi del canto

■ L'AMMONIMENTO ALL'UMILTÀ

Il protagonista dei primi 45 versi del canto è Virgilio; il tema è l'**insufficienza della ragione umana** (di cui proprio Virgilio è il simbolo) a comprendere i grandi misteri: occorre – dice Dante – rifarsi alla rivelazione divina, e per il resto mantenere un atteggiamento di grande **umiltà intellettuale**.

Il punto di partenza del ragionamento, fino al nodo centrale dei versi 34-39, è quasi banale rispetto alle conseguenze che ne trae Virgilio. Potremmo riassumerlo così: tu (Dante) non vedi la mia (di Virgilio) ombra accanto alla tua, e già ti senti perduto; eppure lo sai bene che io sono un puro spirito, anche se posso soffrire come se avessi il corpo. In che modo ciò accada, è un mistero, come lo è la Trinità. Accontèntati di sapere che accade. Uomini come Aristotele, Platone, io stesso, ci siamo tormentati tutta la vita per arrivare a capire. Ora, dopo morti, e non per nostra colpa, dobbiamo tenere il nostro doloroso desiderio in eterno mentre a te (è sottinteso) non accadrà.

■ L'UMANITÀ DI VIRGILIO

Questo concetto – la ragione umana non basta a spiegare il senso della vita – viene poeticamente impersonato da Virgilio, che mai come qui appare anzitutto un uomo, prima che un maestro di verità o una guida. Il maestro china il capo e riflette pensosamente sulla verità che lui stesso ha appena enunciato (*chinò la fronte, / e più non disse, e rimase turbato*, vv. 44-45): la verità che esclude dalla beatitudine i migliori ingegni dell'antichità classica, costretti a desiderare *sanza frutto*, nel Limbo, quel Dio che non conobbero personalmente. Lui pure, Virgilio, è tra i *molt'altri* che, assieme ad *Aristotile e... Plato*, sperimentano in eterno i limiti di *nostra ragione* (v. 34): e se ne duole.

La poesia dell'**insufficienza di Virgilio-Ragione** trova, nel canto, altri segnali. Al verso 52 incontriamo Virgilio perplesso sulla strada da imboccare: *Or chi sa da qual man la costa cala*, ed è una domanda che, curiosamente, il maestro rivolge a se stesso. Poi incorre in un errore banale, perché, pur non sapendo dove andare, tiene il *viso basso* (v. 55), mettendosi così da solo fuori gioco, laddove è il discepolo Dante, per una volta, ad avere l'atteggiamento giusto, visto che non solo *mira [...] suso intorno al sasso* (v. 57), ma per di più inviterà il maestro ad alzare lo sguardo e a chiedere *consiglio* (v. 62).

Non basta: Virgilio-Ragione non solo sbaglia ad affidarsi alle proprie forze; ha anche imboccato la direzione sbagliata, come poi gli diranno (con parole e con gesti) le anime degli scomunicati (*Tornate... intrate innanzi dunque*, v. 101).

Sono i primi segnali del lento, inarrestabile distacco tra il pellegrino Dante e la sua guida, che caratterizza il percorso della seconda cantica.

■ LA POLEMICA CON LA CHIESA

Il tema dell'insufficienza della ragione umana trova una lampante conferma nello sviluppo del canto. Le gerarchie ecclesiastiche – i pontefici in primo luogo – credono che i loro provvedimenti, specialmente le scomuniche, abbiano efficacia tanto nell'aldiqua quanto nell'aldilà. Invece non è così. C'è qualcosa che supera, di gran lunga, la loro presunzione: *la bontà infinita ha sì gran braccia, / che prende ciò che si rivolge a lei* (vv. 122-123). Nessuno può presumere di conoscere i disegni di Dio: le sue *vie* sono *infinite* sia per quanto riguarda la Trinità (vv. 35-36), sia per quanto riguarda il destino ultraterreno delle anime.

Lo rivela in modo lampante il caso di Manfredi: il re ghibellino scomunicato sulla terra, eppure salvo nell'aldilà. Ebbene, il suo caso non è affatto isolato: il sovrano fa parte di una schiera numerosa di anime (chiamata infatti *popol* al v. 67, *mandra* al v. 86, *gente* al v. 100), tutti scomunicati e morti senza essersi riconciliati con la Chiesa. È vero, devono attendere un tempo supplementare, come spiegherà Manfredi ai versi 136-140, ma ciò che rimane certo è che la *maladizion* (v. 133) di vescovi e papi non ha realmente efficacia sull'*etterno amore* di Dio. Invece, al tempo di Dante si pensava senz'altro che la scomunica della Chiesa implicasse una condanna all'inferno: lo stesso Manfredi lo prega infatti di dire a sua figlia Costanza di averlo visto salvo in purgatorio, *s'altro si dice* (v. 117: e *altro* certamente si diceva, sul suo conto).

■ MANFREDI, RE E MARTIRE

La triste (e insieme gloriosa) vicenda di Manfredi mostra che:

- egli è la **vittima della cattiveria degli uomini**: le sue *ossa* furono disperse da chi avrebbe dovuto tenere in maggior conto la misericordia di Dio;
- è la **vittima della presunzione** di chi pretende di legare la volontà di Dio ai propri *decreti* umani. Ben pochi, in Italia, in quegli anni, avrebbero osato affermare che il figlio di Federico II – ucciso in battaglia dopo una vita notoriamente libera e dissoluta – condotta al di fuori dalla Chiesa al punto da rimanere scomunicato ben due volte, in punto di morte si era salvato per poche lacrime di pentimento sgorgate in extremis dal cuore;
- infine, Manfredi è rimasto **vittima di una Chiesa** che confonde livello terreno e livello spirituale, poiché era lui il legittimo titolare di quel *regno* reclamato a torto dai papi. Fin dall'inizio del suo discorso, al v. 113, egli orgogliosamente si proclama *nepote di Costanza imperadrice*: discendente di re, padre di regine e iniziatore di dinastie (v. 116: *de l'onor di Cicilia e d'Aragona*).
- Oltre che vittima, il giovane sovrano (Manfredi era diventato re a 18 anni ed era morto ad appena 34) è in un

certo senso un **martire**: egli si mostra come una specie di «secondo Cristo», visto che ostenta – come Gesù nel Cenacolo davanti agli apostoli allibiti – le sue piaghe: prima (v. 108) osserviamo *l'un de' cigli* spaccato da un *colpo*; poi è lui stesso a esporre le proprie ferite (v. 111: *mostrommi una piaga a sommo 'l petto*).

Tale atroce destino incrina, ma non spezza, la bellezza di Manfredi. Dante lo dipinge infatti *biondo [...] e bello e di gentile aspetto* (v. 107: è l'unico ritratto fisico maschile del poema), seguendo i cronisti medievali e soprattutto ricordando come la Bibbia raffigurava il giovane Davide (*I libro di Samuele*, cap. 16: «Era fulvo, di bell'aspetto e gentile di viso…»).

Manfredi però non è solo bello, è anche valoroso: è caduto in battaglia e i suoi stessi avversari l'hanno onorato, seppellendolo *sotto… la grave mora* (v. 129); una pietra per ciascuno dei baroni di Francia, essi sì capaci di rendere a quel nemico sconfitto l'onore che meritava, e che invece gli uomini di Chiesa gli hanno negato, fino all'ultimo.

■ ODIO E PERDONO

La bellezza di Manfredi non è solo esteriore: è anche **bellezza interiore**. Egli infatti avrebbe pieno diritto di esprimersi in modo polemico. Potrebbe insultare i suoi avversari, per il trattamento che gli hanno riservato. Invece parla a Dante *sorridendo* (v. 112): è pienamente inserito nell'atmosfera beata e già distaccata del purgatorio. Perdonato da Dio, ha perdonato a sua volta. Riconosce le proprie mancanze: *Orribil furon li peccati miei* (v. 121), dice; ma poi si è rimesso alla *bontà infinita* (v. 122) di Dio. Questo dunque, dice Dante, è l'individuo che la "propaganda" guelfa e pontificia definiva un diavolo in terra. Se le opinioni umane sono così effimere, se le lotte umane sembrano così piccole, davanti all'eterno, **a che cosa serve odiare qualcuno?** Guardate, dice Dante ai suoi lettori, a cosa ha portato l'accanimento del *pastor di Cosenza* (il vescovo Bartolomeo Pignatelli) contro un mucchio di povere *ossa* ormai inermi. L'odio è un sentimento disumano e, soprattutto, è inutile, o meglio, assurdo: questo è l'insegnamento del canto III del *Purgatorio*.

Lavoriamo sul testo

I CONTENUTI

1. Virgilio appare più volte turbato, nel canto, per ragioni diverse. Individua i vari passaggi e spiegali.
2. Dante al verso 20 «teme»: perché?
3. Nel discorso di Virgilio si allude a un certo punto al Limbo: dove e perché?
4. Quale conclusione trae Virgilio dal suo ragionamento sull'insufficienza della ragione umana? Sottolinea il verso o i versi che paiono più riassuntivi.
5. Davanti alla strada da intraprendere, i due poeti tengono un atteggiamento diverso: quale? Rispondi citando il testo. E chi dei due, in questo caso, ha ragione?
6. Manfredi parla a Dante di due Costanze: chi sono?
7. Nel canto vengono anche nominati due ecclesiastici: chi sono e quale carica detenevano?
8. Quali difficoltà di Virgilio emergono nel canto e da che cosa sono motivate?
9. Nel corso del canto Dante e Virgilio incontrano un primo gruppo di anime: quali? Qual è la loro pena?
10. Manfredi pone una richiesta a Dante: quale? Ti sembra un particolare significativo?
11. Nel testo vengono nominate diverse località geografiche. Passale in rassegna e spiega per quale motivo vengono citate.
12. Manfredi appare un re valoroso: da che cosa lo capisci?
13. Egli però appare anche un buon cristiano: da quali segni lo puoi cogliere?
14. Nel corso del canto Dante assume una posizione polemica verso la Chiesa del suo tempo: dove emerge e perché? Riassumi la tua risposta in max 20 righe.

LE FORME

15. Il v. 87 contiene un chiasmo: illustralo sul testo.
16. Al v. 124 il termine *pastor* acquista una connotazione ironica: perché?
17. Al v. 132 è rievocata la cerimonia funebre riservata agli scomunicati e agli eretici: quali elementi ti indicano come essa si svolgeva?
18. Spiega il significato di *quia* (v. 37) e chiarisci perché si tratta di un punto importante, nel contesto.
19. Ai vv. 73-75 si evidenzia:
    - ❏ una similitudine   ❏ una perifrasi astronomica
    - ❏ una *captatio benevolentiae*   ❏ un'allegoria
20. Al v. 24 incontriamo quattro pronomi personali:
    - di quale persona?
    - essi sono disposti a chiasmo: spiega in che senso.
    - questa insistenza quale effetto poetico raggiunge, secondo te, nel contesto?
21. Ai vv. 124-125 si evidenzia un *enjambement*: mostralo sul testo e spiega in che cosa esso consiste. Secondo te, quale effetto poetico Dante raggiunge?
22. Nel discorso di Manfredi s'incontra a un certo punto un'espressione simile al nostro proverbio «finché c'è vita c'è speranza»: di quale verso si tratta?

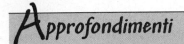

Gianluigi Tornotti
I papi e i loro nemici: guerre e scomuniche

La Chiesa nel Duecento: una storia di guerre La storia della Chiesa nel Duecento è in gran parte una storia di guerre perché il papato svolge una politica di affermazione della propria autorità temporale. Innocenzo III (1198-1216) e Bonifacio VIII (1294-1303) aprono e chiudono il secolo all'insegna della teocrazia[1].

Innocenzo III, fondandosi sulla «donazione di Costantino[2]» e sulla regalità di Dio proclamata dall'Antico Testamento, non solo combatte inflessibilmente le eresie e istituisce una Chiesa latina a Costantinopoli, nell'effimero Impero Latino d'Oriente (1204-61), ma – interpretando politicamente l'ideale cristiano di una comunità universale guidata dalla Chiesa – obbliga a rendergli omaggio feudale molti sovrani (fra i quali i re di Inghilterra, Aragona, Portogallo, Danimarca, Ungheria, Bulgaria), riconquista la marca di Ancona e il ducato di Spoleto e impone la nomina imperiale del giovane Federico II di Svevia, che sarà incoronato nel 1220 da Onorio III (1216-27).

Ma Federico si emanciperà ben presto dalla tutela papale e per lunghi anni, con gli alleati ghibellini, sarà il nemico per eccellenza della Chiesa e dei Comuni guelfi. Lo combattono Gregorio IX (1227-41) e Innocenzo IV (1243-54), che scomunica l'imperatore, bandisce una crociata contro di lui e alla sua morte (1250) ne osteggia il figlio Corrado IV (1250-54).

Dopo Federico II I papi successivi ingaggiano una lotta a oltranza contro Manfredi, figlio di Federico e re di Napoli e Sicilia (1250-66), finché Clemente IV (1265-68) offrirà la corona di Napoli e Sicilia a Carlo d'Angiò: Manfredi sarà sconfitto nella battaglia di Benevento (1266), dove troverà la morte.

Ma i focolai di guerra non si spegneranno. In primo luogo perché la Chiesa si contrappone con forza alla perdita di territori (in Toscana, nelle Marche, in Romagna), dovuta sia allo sgretolamento operato dall'ingrandirsi dei Comuni, anche guelfi, sia al sorgere di Signorie periferiche che si attestano su città e terre un tempo sotto il controllo del papa: clamorosa sarà la presa della ghibellina Forlì da parte di truppe papali-angioine inviate da Martino IV (1281-85). In secondo luogo la politica di espansionismo dinastico di papi appartenenti a famiglie di alta nobiltà (come i Conti di Segni, i Savelli, gli Orsini, i Caetani) li coinvolge in frequenti scontri con famiglie rivali per il controllo dei numerosi «feudi» in cui la nobiltà romana aveva suddiviso il territorio dell'attuale Lazio.

In questa politica di corto raggio, localistica, ma funestata da battaglie, scomuniche, interdetti, delitti e inganni, si distingue l'ultimo papa teocratico, Bonifacio VIII Caetani. Egli (che pure allarga la sua azione all'Europa e si scontra con il re di Francia Filippo il Bello proclamando nel 1302, con la bolla *Unam sanctam*, il diritto del pontefice a impugnare le due «spade», quella spirituale e quella temporale) scomunica nel 1297 due cardinali della famiglia dei Colonna, rivali dei Caetani, e indice una vittoriosa crociata contro di loro che, signori di Palestrina e del medio Lazio, si opponevano all'espansionismo dei Caetani, signori di Anagni e di gran parte del Lazio meridionale.

L'arma della scomunica La scomunica (dal latino *excommunicare* = "escludere dalla comunione con il gruppo") è un atto giuridico-disciplinare e amministrativo, contro laici o chierici, che esclude dalla comunità ecclesiale e dai benefici spirituali (i sacramenti, la sepoltura in terra consacrata e ogni tipo di suffragio) ma anche dal rapporto con gli altri fedeli. Se si tiene conto della stretta connessione, nel Medioevo, tra Chiesa e società, si può ben comprendere come la scomunica fosse molto temuta, perché lo scomunicato era frequentemente emarginato dalla vita sociale. [...]

La scomunica fu soprattutto una delle modalità organizzative usate contro gli eretici e gli scismatici per difendere l'unità della Chiesa e riaffermare le dottrine della fede cattolica. Tuttavia fu talvolta proclamata anche contro re e imperatori, in particolare da papi «teocratici» tra i secoli XI e XIV, per tutelare i diritti temporali e territoriali della Chiesa minacciati dall'espansionismo militare o dalle pretese giurisdizionali sul clero da parte di alcuni sovrani. La scomunica contro un sovrano lo dichiarava formalmente decaduto dal suo potere: è famoso il «pentimento» dell'imperatore Enrico IV che, scomunicato da papa Gregorio VII per la questione delle investiture ecclesiastiche, chiese e ottenne il perdono del pontefice (1077) per timore di essere deposto.

Il Duecento, secolo di scontri fra papato e Impero, fu anche il secolo delle scomuniche politiche: ne risulterà colpita la casa di Svevia e particolarmente Federico II e il figlio Manfredi.

Gianluigi Tornotti, *La mente innamorata*, Edizioni Scolastiche Bruno Mondadori, Milano 2005

---

1. teocrazia: o "governo di Dio"; è la pretesa di alcuni papi medievali di governare tanto la sfera spirituale, quanto quella temporale (vedi oltre il riferimento a Bonifacio VIII e alle «due spade»).
2. donazione di Costantino: un falso documento che, si pensava nel Medioevo, attestava il legittimo possesso giuridico, da parte della Chiesa, di Roma e dello Stato Pontificio, «donati» dall'imperatore Costantino nell'anno 313 a papa Silvestro I.

Canto IV

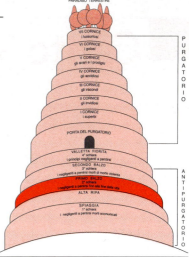

DATA	■ 10 aprile 1300 (domenica di Pasqua), al mattino.
LUOGO	■ **Antipurgatorio**. Salita alla prima balza della montagna: un passaggio strettissimo e molto ripido.
COLPA	■ **Negligenza alla conversione** (coloro che giungono al pentimento solo in punto di morte).
PENA / CONTRAPPASSO	■ Secondo gruppo di anime, i negligenti: **stanno seduti**, all'ombra di grandi macigni, simbolo della loro indolenza. Sono **in atteggiamento pigro e ozioso**, immagine del ritardo con cui, in vita, si pentirono solo all'ultima ora.
PERSONAGGI	■ **Dante** e **Virgilio**. ■ **Belacqua** (liutaio fiorentino) e altre anime di morti scomunicati.

SEQUENZE

■ **Riflessioni sull'anima** (vv. 1-18)
Assorto nel colloquio con Manfredi, Dante ha perduto la cognizione del tempo e non si accorge che sono passate tre ore. Dunque tutte le sue funzioni erano assorbite nell'esercizio di una sola facoltà: segno che l'anima è una.

■ **Faticosa salita alla prima balza del monte** (vv. 19-51)
Trovato il sentiero, i due poeti iniziano l'impervia salita; per procedere bisogna arrampicarsi con le mani. A metà strada, Dante guarda verso la cima, tanto alta da nascondersi alla vista. Entrambi si siedono sulla balza che gira intorno al monte.

■ **Il sole a sinistra: spiegazione di Virgilio** (vv. 52-84)
Dante osserva con perplessità il sole a nord-est (invece che a sud-est, come sarebbe normale). Virgilio gli spiega che il purgatorio e Gerusalemme hanno la stessa latitudine, ma opposta: perciò il sole si muove nell'emisfero settentrionale (quello delle terre emerse) in un senso, e qui invece, nell'emisfero meridionale, in senso opposto.

■ **Natura della montagna del purgatorio** (vv. 85-96)
Dante chiede quanto ancora è lontana la cima. La sommità del monte è così alta che non si riesce a scorgere. Virgilio risponde che il cammino diventa più agevole man mano che si sale.

■ **Belacqua** (vv. 97-139)
«Forse avrai bisogno di sederti prima», dice una voce. È Belacqua, accovacciato sotto una roccia con altri negligenti. Si rivolge a Dante con ironia per la sua curiosità, e il poeta sorride, riconoscendolo. Belacqua, pentitosi in punto di morte, spiega perché si trovi lì: attende un tempo di espiazione pari alla sua vita prima di poter entrare in purgatorio. Solo le preghiere dei vivi potrebbero rendere meno lunga la sua attesa. Intanto Virgilio avverte che giunge la notte in Marocco, e dunque che lì, sul monte, è già mezzogiorno, quindi è tempo di muoversi.

Purgatorio

Canto V

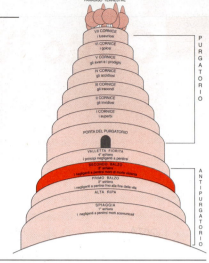

DATA	10 aprile 1300 (domenica di Pasqua), poco dopo mezzogiorno.
LUOGO	**Antipurgatorio**: il ripido pendio roccioso della seconda balza.
COLPA	**Negligenza alla conversione** (coloro che giungono al pentimento solo in punto di morte).
PENA / CONTRAPPASSO	Terzo gruppo di anime: attesero a pentirsi in punto di morte, **avvenuta con violenza**. Devono stare nell'antipurgatorio **tanto tempo quanto vissero**; **girano in schiera attorno al monte** e cantano il salmo del *Miserere*, per invocare la misericordia divina.
PERSONAGGI	Dante e Virgilio. Jacopo del Cassero, Bonconte da Montefeltro, Pia senese.

SEQUENZE

■ **L'ombra di Dante e il rimprovero di Virgilio** (vv.1-21)
Le anime si accorgono, dall'ombra che proietta, che Dante è vivo. Il poeta, distratto dalla loro meraviglia, rallenta il passo e Virgilio lo rimprovera: dev'essere incrollabile come una torre, se vuole davvero salvarsi. Dante si pente e arrossisce di vergogna.

■ **I negligenti morti di morte violenta** (vv. 22-63)
Sul nuovo gradone si scorge un'altra schiera di anime: cantano il *Miserere*, ma s'interrompono alla vista dell'ombra di Dante. Virgilio conferma che Dante è vivo ed esorta quest'ultimo ad ascoltare le anime, ma senza arrestarsi. Queste invitano il poeta a fermarsi e si presentano: sono i morti di morte violenta. Chiedono a Dante di recare in terra loro notizie: otterranno così preghiere di suffragio dai loro cari. Dante lo promette, in nome della stessa fede che muove sia lui sia loro.

■ **Jacopo del Cassero** (vv. 64-84)
Il primo a parlare è Jacopo del Cassero, nobiluomo di Fano. Combatté vittoriosamente con i guelfi fiorentini a Campaldino, nel 1289; poi fu inseguito fin nel padovano dai sicari di Azzo VIII d'Este; fu raggiunto, e assassinato, presso Oriago.

■ **Bonconte da Montefeltro** (vv. 85-129)
Segue Bonconte («Io fui di Montefeltro, io son Bonconte»), che spirò invocando il nome di Maria. Egli spiega la misteriosa scomparsa del suo cadavere a Campaldino. Accadde, dice, a opera del demonio: questi venne infatti per rivendicare l'anima peccatrice di Bonconte, ma fu defraudato da un angelo, che se l'aggiudicò «per una lacrimetta» finale di pentimento. Allora il diavolo infierì per vendetta sul corpo di Bonconte, disperdendolo nell'Arno.

■ **Pia senese** (vv. 130-136)
Infine è la volta dell'anima gentile di Pia, che nacque a Siena e venne uccisa dal marito in Maremma.

Canto VI

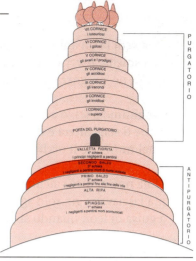

DATA	10 aprile 1300 (domenica di Pasqua), poco dopo mezzogiorno.
LUOGO	**Antipurgatorio**: il ripido pendio roccioso della seconda balza.
COLPA	**Negligenza alla conversione** (coloro che giungono al pentimento solo in punto di morte).
PENA / CONTRAPPASSO	Terzo gruppo di anime: attesero a pentirsi in punto di morte, **avvenuta con violenza**. Devono stare nell'antipurgatorio **tanto tempo quanto vissero**; **girano in schiera attorno al monte** e cantano il salmo del *Miserere*, per invocare la misericordia divina.
PERSONAGGI	**Dante** e **Virgilio**. **Sordello da Goito**, trovatore mantovano, e altre anime.

SEQUENZE

Altri negligenti che morirono di morte violenta (vv. 1-24)
Come la piccola folla che si assiepa intorno al vincitore dei dadi, così molti penitenti circondano Dante, chiedendo di essere ricordati: il poeta ne riconosce e ne elenca diversi.

Dubbio di Dante sull'efficacia delle preghiere di suffragio e spiegazione di Virgilio (vv. 25-57)
Ora Dante, ricordando un passo dell'*Eneide* sull'inefficacia delle preghiere, sottopone un suo dubbio a Virgilio. Ma questi risponde che quei versi si riferivano al mondo pagano, che non conosceva Dio. D'altra parte, aggiunge, Beatrice potrà meglio chiarire simili dubbi a Dante. Sentendo menzionare la donna amata, il pellegrino dell'aldilà accelera il passo.

Sordello da Goito (vv. 58-75)
I due poeti decidono di chiedere la via a un'anima solitaria, che li osserva in silenzio, come un leone a riposo (*a guisa di leon quando si posa*). Subito dopo, però, Virgilio e Sordello si abbracciano, non appena si accorgono di essere figli della stessa città: Mantova.

Invettiva di Dante contro l'Italia (vv. 76-126)
Al vedere quella spontanea manifestazione di amore cittadino, Dante non può frenare il pensiero delle discordie così frequenti che colpiscono l'Italia. Essa gli appare un cavallo senza cavaliere (l'imperatore): la colpa è della «gente che dovrebbe esser devota», cioè la Chiesa, che non lascia «seder Cesare in la sella». Ma un analogo giudizio negativo colpisce l'attuale imperatore, Alberto d'Asburgo, sovrano solo «tedesco», disinteressato dell'Italia e dell'impero. Il poeta lo esorta a scendere nella penisola, osservare che cosa avviene e provarne vergogna. Forse – si chiede Dante – la giustizia divina ha abbandonato il mondo? O forse, nell'imperscrutabile sapienza del Creatore, il male presente è preparazione di un bene futuro che noi, adesso, non sappiamo vedere?

Apostrofe ironica di Dante contro Firenze (vv. 127-151)
«E tu, Firenze mia, puoi rallegrarti del fatto che questa digressione non ti coinvolga: tu, che sei così ben governata, che Atene e Sparta, modelli di civiltà, al confronto valgono ben poco; tu che prepari leggi così sottili che bisogna cambiarle in meno d'un mese. Tu, Firenze, sei come un'ammalata che, per lenire il dolore, sa solo voltarsi e rivoltarsi senza posa nel suo letto». Il canto termina con una nota ironica.

167

Purgatorio

[...]
Ma vedi là un'anima che, posta
sola soletta, inverso noi riguarda:
60 quella ne 'nsegnerà la via più tosta».

Venimmo a lei: o anima lombarda,
come ti stavi altera e disdegnosa
63 e nel mover de li occhi onesta e tarda!

Ella non ci dicëa alcuna cosa,
ma lasciavane gir, solo sguardando
66 a guisa di leon quando si posa.

Pur Virgilio si trasse a lei, pregando
che ne mostrasse la miglior salita;
69 e quella non rispuose al suo dimando,

ma di nostro paese e de la vita
ci 'nchiese; e 'l dolce duca incominciava
72 «Mantüa...», e l'ombra, tutta in sé romita,

surse ver' lui del loco ove pria stava,
dicendo: «O Mantoano, io son Sordello
75 de la tua terra!»; e l'un l'altro abbracciava.

Ahi serva Italia, di dolore ostello,
nave sanza nocchiere in gran tempesta,
78 non donna di province, ma bordello!

Quell' anima gentil fu così presta,
sol per lo dolce suon de la sua terra,
81 di fare al cittadin suo quivi festa;

Sordello da Goito

58-60. «[...] Ma vedi là un'anima tutta sola che guarda verso di noi: sarà lei a insegnarci la via più rapida (*tosta*)». **61-63.** La raggiungemmo: o anima lombarda, come te ne stavi altera e disdegnosa, quanto composta e lenta nel muovere gli occhi! **64-66.** Non parlava, ma ci lasciava andare (*gir*), solo seguendoci con lo sguardo, come un leone quando riposa. **67-75.** Nonostante ciò (*Pur*), Virgilio le si accostò, pregando l'anima d'indicarci la strada migliore per salire; ma quella non rispose alla sua domanda; chiese (*c'inchiese*) invece da quale paese venissimo, quale fosse la nostra condizione (*vita*). E il dolce Virgilio cominciò: «Mantova...», quando l'ombra, tutta in sé raccolta (*romita*), si alzò di slancio (*surse*) verso di lui da dov'era seduta, dicendo: «O mantovano, io son Sordello, tuo compaesano!», e si abbracciavano.

Invettiva di Dante contro l'Italia

76-78. Ahi serva Italia, dimora (*ostello*) di dolore, nave senza timoniere nel bel mezzo di una tempesta, non signora (*donna*) di province, ma bordello! **79-84.** Quell'anima nobile fu così sollecita (*presta*), al semplice udire il nome della propria terra, a far festa, in Purgatorio (*quivi*), al [suo] concittadino;

---

62. altera e disdegnosa: Dante prepara l'incontro con Virgilio del trovatore medievale, caricando di grande dignità e alterezza la figura di quest'ultimo.

70. ma di nostro... de la vita: vuol conoscere la realtà passata, quella precedente alla morte, ma che qui nell'antipurgatorio è sempre assai viva. È sorprendente questa curiosità di Sordello, poco prima raffigurato in disparte e staccato da tutto; ma tale sua curiosità serve a Dante come motore del successivo abbraccio al concittadino.

71. e 'l dolce duca: la dolcezza di Virgilio è posta in luce più volte da Dante, nel *Purgatorio*.

74. «O Mantoano, io son Sordello: il grido (tale possiamo immaginarlo) di Sordello è la breve ed emozionata nota introduttiva alla successiva apostrofe all'Italia. Poeta e uomo di corte, Sordello nacque a Goito di Mantova intorno al 1200 e morì nel 1269 circa. Fu il maggior trovatore italiano, raffinato cultore della lingua provenzale nei suoi componimenti poetici, tra cui il famoso *Compianto in morte di Ser Blacatz* (1236), un feudatario del quale era stato al servizio e di cui celebra le grandi doti morali. Ebbe vita avventurosa; ebbe tra l'altro una «scandalosa» relazione sentimentale con Cunizza da Romano, sorella

del tiranno di Treviso. Dovette allontanarsi per qualche tempo dall'Italia e trovar rifugio in varie corti feudali della Francia meridionale. Ritornato in Italia al seguito di Carlo d'Angiò, si rifugiò in alcuni possedimenti abruzzesi, dove morì, si pensa di morte violenta, visto che Dante lo pone nell'antipurgatorio.

76. serva Italia: *serva* dei propri mille signori locali, *nave* senza timoniere (cioè senza l'imperatore, punto fermo della teoria politica di Dante: l'unico in grado, secondo lui, d'imporre la pace) in mezzo alla *gran tempesta* delle risse comunali.

168

e ora in te non stanno sanza guerra
li vivi tuoi, e l'un l'altro si rode
84 di quei ch'un muro e una fossa serra.

Cerca, misera, intorno da le prode
le tue marine, e poi ti guarda in seno,
87 s'alcuna parte in te di pace gode.

Che val perché ti racconciasse il freno
Iustinïano, se la sella è vòta?
90 Sanz' esso fora la vergogna meno.

Ahi gente che dovresti esser devota,
e lasciar seder Cesare in la sella,
93 se bene intendi ciò che Dio ti nota,

guarda come esta fiera è fatta fella
per non esser corretta da li sproni,
96 poi che ponesti mano a la predella.

O Alberto tedesco ch'abbandoni
costei ch'è fatta indomita e selvaggia,
99 e dovresti inforcar li suoi arcioni,

mentre (*e*) in te i vivi non fanno che guerreggiare tra loro, e vicendevolmente si combattono quelli che sono rinserrati da uno stesso muro e da una stessa fossa! **85-87.** Guarda (*Cerca*) le tue spiagge (*marine*) tutt'intorno alle coste (*prode*), guarda alle tue regioni interne (*in seno*), se c'è una che goda un po' di pace. **88-90.** A che servì l'opera di Giustiniano per fornirti di briglie [le leggi], quando poi la sella [il trono] è vacante? Ci sarebbe (*fora*) meno da vergognarsi, se non ci fosse [il freno delle leggi]. **91-96.** E tu, gente di Chiesa, che dovresti occuparti delle tue devozioni e lasciare – se bene intendi ciò che Dio ti prescrive (*ti nota*) – che l'imperatore (*Cesare*) si assida sulla sella, guarda come questo animale [il cavallo=l'Italia] è imbizzarrito (*è fatta fella*) essendo privo di sproni che ne limitino gli eccessi, da quando tu [Chiesa] hai voluto prendere in mano le redini. **97-102.** O Alberto [imperatore] tedesco, che abbandoni costei [l'Italia], divenuta perciò indomabile e recalcitrante, mentre (*e*) dovresti inforcare i suoi arcioni: cada dal cielo una giusta vendetta sui tuoi discendenti (*'l tuo sangue*), e [cada] in modo nuovo e a tutti ben chiaro (*aperto*), sì che colui che ti succederà ne provi (*n'aggia*=ne abbia) spavento!

---

78. non donna di province: non più signora di province, cioè delle circoscrizioni in cui era diviso l'Impero di Roma. Dante sente e rimpiange come ancora vicina la grandezza romana e il suo dominio. Il secondo termine, *bordello* (letteralmente: luogo di prostituzione, cioè di corruzione e confusione estrema), non è bene appropriato alla similitudine: *donna/bordello*, persona da una parte e luogo o situazione dall'altra. Ma l'anomalia traduce bene il furore espressivo del poeta.

81. quivi: qui, nel purgatorio, dove pure si direbbe meno sensibile il ricordo della patria terrena.

83. li vivi tuoi: quelli ancor vivi, che dovrebbero prepararsi in ben altro modo a quanto li attende nell'altra vita. L'immagine del "rodersi" l'un l'altro ci riporta, irresistibilmente, alla scena del conte Ugolino (*Inferno* XXXIII), con le sue roventi, barbariche passioni politiche.

84. di quei... serra: un'altra immagine fortissima, dove il cittadino diventa belva tra le belve, dietro le stesse mura e lo stesso fossato.

89. Iustinïano: l'imperatore bizantino Giustiniano (482-565 d.C.), riordinatore del diritto romano grazie alla sua fondamentale raccolta delle leggi, il *Corpus iuris civilis*. Gli studi del diritto romano erano all'epoca molto coltivati nelle università italiane (in particolare a Bologna). Nella situazione politica così confusa, peraltro, mancava un'autentica restaurazione del diritto.

91. Ahi gente... devota: sono gli uomini di Chiesa, che dovrebbero avere a cuore soltanto la loro funzione di pastori spirituali. L'ingerenza ecclesiastica nelle faccende politiche d'Italia torna come un motivo costante lungo il poema: ora Dante rimprovera la rapacità degli uomini di Chiesa (*Inf.* XIX, 90 e ss.), ora biasima, come qui, la loro ingerenza nei centri del potere politico.

92. Cesare: il nome dell'imperatore per antonomasia, divenuto titolo degli imperatori del Sacro romano impero.

93. ciò che Dio ti nota: si ricordi il passo evangelico: «Date a Cesare quel che è di Cesare e a Dio quel ch'è di Dio» (*Vangelo secondo Matteo* XXII, 21).

94. esta fiera: questa bestia. Continua l'immagine dell'Italia come cavallo recalcitrante, introdotta dal *freno* del v. 88.

96. predella: la parte della briglia usata per condurre il cavallo a mano. La sella manca del suo cavaliere, e mancano perciò anche freni e speroni; condotta da mani deboli e inesperte, quelle degli uomini di Chiesa, la bestia ovviamente s'imbizzarrisce.

97. Alberto tedesco: Alberto d'Austria, imperatore dal 1298 al 1308, anno in cui rimase ucciso. Come già il padre Rodolfo d'Asburgo, si disinteressò del tutto dell'Italia. Nell'aggettivo *tedesco* vibra una nota polemica: malgrado Alberto fosse stato incoronato, secondo la prassi, *rex Romanorum*, "re dei romani", si sentì sempre *tedesco*, non volendo, come avrebbe dovuto, essere "romano".

Purgatorio

giusto giudicio da le stelle caggia
sovra 'l tuo sangue, e sia novo e aperto,
102   tal che 'l tuo successor temenza n'aggia!

Ch'avete tu e 'l tuo padre sofferto,
per cupidigia di costà distretti,
105   che 'l giardin de lo 'mperio sia diserto.

Vieni a veder Montecchi e Cappelletti,
Monaldi e Filippeschi, uom sanza cura:
108   color già tristi, e questi con sospetti!

Vien, crudel, vieni, e vedi la pressura
d'i tuoi gentili, e cura lor magagne;
111   e vedrai Santafior com' è oscura!

Vieni a veder la tua Roma che piagne
vedova e sola, e dì e notte chiama:
114   «Cesare mio, perché non m'accompagne?».

Vieni a veder la gente quanto s'ama!
e se nulla di noi pietà ti move,
117   a vergognar ti vien de la tua fama.

E se licito m'è, o sommo Giove
che fosti in terra per noi crucifisso,
120   son li giusti occhi tuoi rivolti altrove?

103-105. Poiché (*Ch'*) tu e tuo padre, tutti distratti (*distretti*) dall'avidità per le faccende di lassù [della Germania], avete permesso (*sofferto*) che il giardino dell'impero [l'Italia] fosse abbandonato a se stesso. **106-108.** Vieni a vedere, o negligente, i Montecchi e i Cappelletti, i Monaldi e i Filippeschi: quelli già malconci e questi nel timore [di decadere presto]. **109-111.** Vieni, o crudele, vieni, e vedi le tribolazioni (*la pressura*) dei tuoi gentiluomini, e cura i loro guai; così vedrai com'è oscurato il nome di Santafiore! **112-114.** Vieni a vedere la tua capitale, Roma, che piange vedova e sola, e giorno (*dì*) e notte ti invoca: «Cesare mio, perché non mi resti vicino?». **115-117.** Vieni a vedere quanto si ami la gente! E se non ti ispira alcuna pietà verso di noi, vieni almeno a vergognarti per quanto [di male] si dice di te. **118-120.** E se mi è lecito dirlo, o sommo Giove [Cristo] che fosti crocifisso in terra per noi, i tuoi giusti occhi si sono forse rivolti altrove?

100-101. giusto giudicio... tuo sangue: il poeta invoca sopra di lui la vendetta del Cielo, perché lo punisca colpendolo sul suo *sangue*, ovvero sui suoi successori. In realtà la morte del suo figlio maggiore, Rodolfo di nome come il nonno, erede al trono, avvenuta immaturamente per malattia nel 1307, fa pensare a una maledizione non generica sui successori di Alberto; quel figlio, quel suo *sangue*, fu rapito tanto prematuramente da giustificare gli attributi di *novo e aperto* ("straordinario ed evidente") riferiti al *giusto giudicio* del Cielo.
102. 'l tuo successor: Arrigo VII di Lussemburgo, che effettivamente sarebbe poi sceso in Italia per cercare di mettere ordine nella penisola; la sua impresa, però, fallì miseramente.
106. Vieni: il richiamo disperato all'imperatore ("Vieni a vedere, vieni e vedi...") si snoda con una serie di quattro consecutivi *Vieni*, a inizio delle rispettive terzine (v. 106, 109, 112, 115). L'uso della figura retorica dell'anafora conferisce all'invettiva un forte effetto drammatico.
106-107. Montecchi e Cappelletti, / Mo-

naldi e Filippeschi: le quattro casate, elencate a due a due, sono richiamate come esempi di nobili famiglie italiane sull'orlo della rovina a causa delle lotte tra loro; nomi che richiamavano ai lettori del tempo, evidentemente, casi clamorosi, in bocca a tutti. I Montecchi di Verona, ghibellini, e i loro rivali, i guelfi Cappelletti di Cremona (questi ultimi poi diventati veronesi con nome di Capuleti nella novellistica cinquecentesca e nella tragedia *Romeo e Giullietta* di William Shakespeare), i Monaldi di Perugia e i Filippeschi di Orvieto, erano tutte famiglie in lotta, o tra loro o con altri, nella stessa città o in aree diverse. L'accento del poeta cade sul decadimento di grandi famiglie nobiliari ridotte drammaticamente alla rovina o in procinto di cadervi, con i loro partigiani, di una parte e dell'altra.
111. Santafior: la contea di santa Fiora, nella Maremma toscana, già feudo dei ghibellini Aldobrandeschi; dopo lunghi contrasti con Siena, dovette cederle parecchi territori.
113. vedova: in quanto priva della presenza e dell'appoggio dell'imperatore.

118. o sommo Giove: il re degli dèi dell'Olimpo pagano è ricordato per indicare Cristo. Ai nostri occhi è una commistione sorprendente, ma per Dante non c'era un effettivo distacco tra le due culture, quella classico-pagana e quella moderna cristiana: con *sommo Giove* egli intende la somma autorità celeste, e il nome contava poco. Allo stesso modo chiamerà i cieli del paradiso con i loro nomi pagani: Mercurio, Venere ecc. Più strano, semmai, il fatto che *sommo Giove* sembrerebbe riferirsi a Dio Padre, non al Figlio, come invece precisa l'aggiunta *che fosti in terra per noi crucifisso*.
120. sono li giusti... altrove?: o forse la tua giustizia si è allontanata da noi? La domanda proviene dalla Bibbia (per esempio v. il salmo 43, v. 24) e non è affatto blasfema: Dante pone qui l'interrogativo angoscioso di chi sente il mondo abbandonato da Dio; una sensazione subito corretta dalla speranza che Dio stia preparando un intervento benefico che risanerà il mondo. La fede cristiana rispetta il mistero del male nel mondo.

O è preparazion che ne l'abisso
del tuo consiglio fai per alcun bene
123 in tutto de l'accorger nostro scisso?

Ché le città d'Italia tutte piene
son di tiranni, e un Marcel diventa
126 ogne villan che parteggiando viene.

Fiorenza mia, ben puoi esser contenta
di questa digression che non ti tocca,
129 mercé del popol tuo che si argomenta.

Molti han giustizia in cuore, e tardi scocca
per non venir sanza consiglio a l'arco;
132 ma il popol tuo l'ha in sommo de la bocca.

Molti rifiutan lo comune incarco;
ma il popol tuo solicito risponde
135 sanza chiamare, e grida: «I' mi sobbarco!».

Or ti fa lieta, ché tu hai ben onde:
tu ricca, tu con pace e tu con senno!
138 S'io dico 'l ver, l'effetto nol nasconde.

Atene e Lacedemona, che fenno
l'antiche leggi e furon sì civili,
141 fecero al viver bene un picciol cenno

verso di te, che fai tanto sottili
provedimenti, ch'a mezzo novembre
144 non giugne quel che tu d'ottobre fili.

121-23. Oppure, nell'abisso insondabile della tua sapienza, tu stai preparando un qualche bene del tutto inafferrabile al (*scisso de l'*) nostro [limitato] intuito (*accorger*)? **124-126.** Certo è che le città d'Italia sono gremite di tiranni; e qualsiasi contadino, sol che giunga [in città] a schierarsi con un partito, già si sente salvatore della patria (*un Marcel*).

Apostrofe ironica di Dante contro Firenze

127-129. O mia Firenze, ben puoi esser contenta di questa digressione che non riguarda te, per merito (*mercè*) della tua gente, che si impegna (*si argomenta*) [a provvedere alla tua pace e prosperità]. **130-132.** Molti [fuori di Firenze] hanno ben vivo il sentimento della giustizia, anche se poi lo manifestano tardi, per non apparire avventati; invece la tua gente parla sempre di giustizia [senza però applicarla mai]! **133-135.** Molti rifiutano le cariche (*incarco*) pubbliche; ma la tua gente subito risponde, senza neppur bisogno d'esser chiamata, e «Eccomi» grida «me ne incarico io!». **136-138.** Perciò rallegrati, che ne hai ben motivo: tu ricca, tu in pace, tu piena di senno. Se io dico la verità, basta guardare i fatti (*l'effetto*). **139-144.** Atene e Sparta, che stabilirono le antiche leggi e furono così bene ordinate, fecero ben poco per la convivenza dei cittadini, a paragone (*verso*) di te, che emani provvedimenti così finemente escogitati (*sottili*; con il significato anche di "fragili"), che non arriva (*giugne*) a metà novembre quel che hai deciso in ottobre.

---

124. Ché...: poiché, nel frattempo, le città d'Italia ecc.

125. un Marcel: Marcello fu il generale conquistatore di Siracusa (212 a.C.: nel saccheggio rimase ucciso il matematico Archimede) e grande nemico di Annibale in Italia. Ma potrebbe anche trattarsi di Claudio Marcello, console nel 50 a.C., partigiano di Pompeo e avversario di Cesare, noto per la sua alterigia.

127. Fiorenza mia: Dante, che scrive dall'esilio, pensa costantemente alla sua città; logico che ora porti la sua attenzione su di essa. Lo fa con un sarcasmo che genera ulteriore tensione.

128. digression: la lunga apostrofe all'Italia, che è venuta a interrompere l'episodio dell'incontro tra Virgilio e Sordello.

130. tardi scocca: quasi come una freccia che scocca dall'arco, ma senza fretta, perché l'arciere vuole prima prendere con cura la mira.

135. sanza chiamare: l'infinito del verbo viene usato con valore di sostantivo, come fosse "la chiamata"; **«I' mi sobbarco!»:** me lo accollo io, mi assumo io questa difficile responsabilità.

140. l'antiche leggi: quelle famose di Solone e di Licurgo, i legislatori rispettivamente di Atene e di Sparta (*Lacedemona*).

142. sottili: acuti, ingegnosi, detto con il sarcasmo che ben meritano i *provedimenti* legislativi all'apparenza intelligenti, ma, nella sostanza, emanati solo per nascon-

dere interessi privati o per intorbidare le acque. Il richiamo alla filatura (*quel che tu d'ottobre fili*) può far supporre per *sottili* l'altro significato di "fragili", cioè che si spezzano facilmente. Se si fa prevalere questa connotazione, il sarcasmo scompare e la terzina viene a significare solo la constatazione dolorosa di una situazione di fatto.

143. a mezzo novembre... d'ottobre: dopo due settimane, il provvedimento appare già inapplicabile, assurdo. È un'altra straordinaria battuta di grande effetto, bene intonata all'apostrofe, che per propria natura si presta all'eloquente invenzione verbale. I commentatori citano in proposito un proverbio: «Legge fiorentina, fatta la sera e guasta la mattina».

Purgatorio

Quante volte, del tempo che rimembre,
legge, moneta, officio e costume
147 hai tu mutato, e rinovate membre!

E se ben ti ricordi e vedi lume,
vedrai te somigliante a quella inferma
150 che non può trovar posa in su le piume,

ma con dar volta suo dolore scherma.

145-147. Quante volte, a memoria d'uomo, tu hai mutato leggi, monete, cariche di governo e modi di esse, quante volte hai rinnovato i cittadini [al potere]! **148-151.** E se ben ti ricordi, se ci vedi bene, ti riconoscerai somigliante a quell'ammalata, che non riesce a trovar pace nel suo letto (*piume*), ma cerca in qualche modo sollievo al suo dolore, rigirandosi ora di qua ora di là.

---

147. rinovate membre: mutati i cittadini, più volte cacciati in esilio (o addirittura uccisi), richiamati, cacciati di nuovo; e ogni volta dopo lotte sanguinose, dispersione di famiglie e di patrimoni, distruzioni di case e beni comuni. *Membre* ("membra") è plurale neutro con desinenza in -*e*.
151. non può trovar... scherma: si difende dal male rivoltandosi continuamente nel letto. Il finale s'intona a un'amarezza senza speranza, esausta, come questa *inferma*.

Le chiavi del canto

■ TRE CANTI SESTI DELLA COMMEDIA

Il canto sesto di ciascuna delle cantiche del poema è riservato al **tema politico**, osservato in una prospettiva che si fa via via più ampia.

Nel sesto canto dell'*Inferno*, Dante aveva trattato il tema politico in forma d'intervista al goloso Ciacco; il tema era la crudele lotta tra le opposte fazioni in Firenze.

Qui, nel sesto del *Purgatorio*, il panorama è intermedio: non Firenze, non l'impero, ma l'Italia.

Infine il sesto del *Paradiso* sarà il canto-monologo dell'imperatore Giustiniano, destinato a celebrare la funzione provvidenziale della monarchia universale.

■ IL PERSONAGGIO: SORDELLO DA GOITO

Sordello viene raffigurato come un'anima solitaria, *altera e disdegnosa*. Tutto raccolto in sé, sta a guardare Dante e Virgilio, senza parlare; gira solo gli occhi come fa silenziosamente un *leone* in riposo. La figura ricorda da vicino quella di Farinata (*Inferno* X): simili l'immobilità statuaria, l'imperturbabilità, l'atteggiamento distaccato. Entrambi hanno **la propria città** (Firenze e Mantova, rispettivamente) **in cima ai loro pensieri**: Farinata interpella Dante solo perché riconosce la parlata di un fiorentino; Sordello si scuote *sol per lo dolce suon de la sua terra* (v. 80). Il motivo politico governa anche le forti differenze tra i due: Farinata era ammirato come un inflessibile capoparte, mentre l'invettiva che seguirà l'affettuoso abbraccio tra Sordello e Virgilio è una sdegnosa condanna degli odi di parte. In un capitolo del *De vulgari eloquentia* (I, XV, 2) Dante aveva elogiato «Sordellus de Mantua» ed è probabile che proprio la suggestione esercitata dal nome della città lo abbia indotto a sceneggiare questo affettuoso incontro tra i due poeti mantovani. S'inserisce benissimo in questo quadro il fatto che il componimento più famoso di Sordello poeta fosse il «compianto» (*Plahn*) in morte di ser Blacatz, spregiudicata satira-invettiva politica, in cui erano aspramente rimproverati i principi del tempo.

■ LE RESPONSABILITÀ DI IMPERO E CHIESA

L'invettiva-digressione prende spunto, in modo apparentemente pretestuoso, dall'incontro di Virgilio con Sordello. Essi si riconoscono come concittadini, ed è in nome della comune patria che si abbracciano, quando Sordello non sa ancora di avere di fronte il grande poeta latino. Sono mantovani entrambi, e ciò basta.

Nasce così il vigoroso lamento di Dante sull'emergere dei **particolarismi** in assenza di un forte potere centrale. L'Italia è troppo divisa tra poteri in competizione. Il latitante senso della patria degli italiani emerge per contrasto dall'abbraccio tra i due mantovani; il tema delle città lacerate dalle contese interne, esemplificato da Firenze nel canto VI dell'*Inferno*, si estende nel VI del *Purgatorio* alla panoramica di un'intera **penisola sconvolta dai conflitti** delle città tra loro. Non c'è pace in nessuna zona d'Italia e senza pace non c'è libertà. *Ahi serva Italia...* Nel VI del *Paradiso* sarà ribadita la funzione provvidenziale della **monarchia universale**; per ora Dante si limita a individuare nella sua assenza (*la sella... vòta*) la causa di tante lacerazioni. Dio vuole la monarchia universale; ma gli uomini tradiscono la sua volontà. L'**assenza dell'imperatore** è la causa delle lotte civili che dilaniano la penisola.

In particolare i suoi strali si appuntano contro Alberto d'Asburgo, non solo perché ha abbandonato l'Italia a se stessa,

172

ma soprattutto perché tradisce la sua missione imperiale. Alberto, agli occhi di Dante, è un anti-imperatore, ossia, a ben guardare, un anti-veltro, visto che ha tutti i vizi opposti alle virtù che caratterizzano, nel canto I dell'*Inferno*, il misterioso inviato di Dio, del quale Dante si fa profeta. Se il *veltro* è infatti caratterizzato da *sapïenza, amore e virtute* (*Inf.* I, v. 104), questo *Alberto tedesco* al contrario:

- **manca di *sapïenza*** perché non comprende in che cosa consiste il suo compito e in ogni caso non lo svolge;
- **manca di *amore*** perché lascia *vedova e sola* la sua capitale e sposa, Roma;
- **manca di *virtute*** perché si lascia guidare solo dalla propria cupidigia, che è precisamente il male che il Veltro dovrebbe stanare e scacciare dal mondo.

Dante distribuisce qui in parti uguali la responsabilità politica di tale assenza dell'autorità imperiale: sono colpevoli gli **imperatori tedeschi**, totalmente assorbiti dagli interessi locali; è colpevole anche la **Chiesa**, così come le grandi famiglie guelfe e ghibelline d'Italia. Più avanti, dalla metà circa del *Purgatorio* in poi, la causa delle discordie e ingiustizie terrene verrà imputata quasi solo alla corruzione della Chiesa. Ma già in questo canto sono i papi a impedire a «Cesare» di salire sulla sella; anzi, si sforzano di guidare essi stessi il riottoso cavallo, che recalcitra e s'imbizzarrisce.

■ LO STILE SOLENNE

La lunga *digression*, come il poeta la chiama (v. 128), spezza il racconto della salita al monte. La modalità prescelta da Dante è l'**invettiva**: la voce che si leva è, direttamente, quella di Dante poeta. È lui a voltarsi verso il proprio pubblico per intonare la grande deplorazione sui destini delle città italiane. Un autentico pezzo di bravura, che attinge a **tutti gli espedienti della retorica**: l'apostrofe, l'anafora, le metafore (il cavallo, la sella, le briglie), l'ironia spinta fino al sarcasmo, la preterizione (*Fiorenza mia, ben puoi esser contenta / di questa digression che non ti tocca...*).

Un tono molto alto caratterizza già la prima terzina (vv. 76-78), dove campeggia la solenne **apostrofe all'Italia**. Fin nelle glosse (commenti) al *Corpus iuris civilis* di Giustiniano l'Italia era chiamata non provincia, *sed domina provinciarum* (ma signora di province); l'espressione *princeps provinciarum* ("prima tra le province") si leggeva anche in un passo del profeta biblico Geremia (*Lamentazioni* I, 1). Da lui Dante riprenderà più avanti (al v. 113) l'immagine di Roma *vedova e sola*. Dunque l'avvio dell'apostrofe è costruito con le parole più solenni del diritto e della religione, così da sancire inequivocabilmente la sacralità dell'Italia. Mentre l'infamia di chi tradisce tale sacralità è messa in rilievo dal termine volgare *bordello*.

Di grande effetto sono poi i quattro *Vieni* consecutivi (l'anafora parte dal v. 106), indice di appassionata eloquenza: essi spostano l'attenzione sulle grandi famiglie italiane (Dante ne nomina cinque), colpevoli di lottare irragionevolmente l'una contro l'altra, fino allo sfinimento reciproco.

Nella **conclusione** dedicata a **Firenze** (v. 127 e ss.) il tono, dall'aspro rimprovero, si sposta nel doloroso sarcasmo e nella pietà dell'ultima similitudine (vv. 145-151, sulle smanie dell'ammalata).

Lavoriamo sul testo

I CONTENUTI

1. In quale zona del purgatorio è ambientato il canto? Quale categoria di anime vi dimora?

2. Chi è Sordello? Quali legami la sua figura propone con il tema politico? Si tratta di legami reali o pretestuosi?

3. Chi si abbraccia o tenta di farlo? Ricordi un altro canto del *Purgatorio* in cui avveniva la medesima situazione?

4. Roma è detta a un certo punto *vedova e sola*. Rintraccia il verso e spiegane il senso.

5. Quali rimedi il poeta propone alla situazione così negativa? Si possono evincere dal testo?

6. Dante muove un aspro rimbrotto alla *gente* che dovrebbe essere *devota*: quale?

7. Quali legami uniscono questo canto agli altri due canti sesti della *Divina Commedia*?

8. Riassumi in max 20 righe i mali principali dell'Italia, così come emergono dall'invettiva dantesca.

9. La conclusione restringe lo sguardo su Firenze, abituale centro dello sguardo di Dante. Di quali mali soffre la città, a parere del poeta? Chi ne è, o chi ne sono, i responsabili?

10. Il poeta dà voce, a un certo punto, a una terribile profezia. Contro chi la indirizza? E che cosa auspica? Ti sembra un augurio o una previsione?

11. Secondo te, perché l'invettiva viene pronunciata non da Sordello, ma da Dante? E da Dante poeta, non personaggio? Credi che tale scelta aggiunga o tolga efficacia a questi versi? Motiva le tue risposte in max 20 righe.

12. Sordello nei suoi atteggiamenti e aspetti caratteriali è connotato come uno degli spiriti magnanimi del canto IV dell'*Inferno* e soprattutto come Farinata, protagoni-

sta del canto X dell'*Inferno*. Metti a confronto queste figure in una breve relazione scritta.

13. La gravità del momento spinge Dante a ribadire l'assoluta necessità di un intervento dal cielo (è il motivo che nel canto I dell'*Inferno* aveva ispirato la profezia del Veltro): il poeta si rimette, pur in tanta angoscia, all'imperscrutabile volere della Provvidenza. Rileva questi aspetti nel testo e ricollegali, in una breve relazione non più lunga di una facciata di foglio protocollo, al disegno politico generale a cui si ispira la *Commedia*.

LE FORME

14. Al v. 118 incontri una perifrasi: illustrala, dopo aver spiegato di che tipo di figura retorica si tratta.
15. A chi è riferita l'espressione *O sommo Giove*? Rintracciala nel testo e spiegala nel suo contesto. Perché a noi appare strana? E perché tale non era, al tempo di Dante?
16. A un certo punto dell'invettiva il poeta ricorre al sarcasmo. Dai una definizione di questo modo espressivo ed esemplificalo sulla base del testo.
17. La conclusione del canto ti sembra più pacata e dolorosa? Rispondi citando espressioni e versi del testo.
18. Nel corso del canto Dante ricorre a diverse personificazioni: dell'Italia, di Roma, di Firenze. Rintraccia i punti nel testo e spiega in che modo il poeta abbia personificato queste tre entità.
19. Ai vv. 106, 109, 112 e 115 s'incontra un'anafora prolungata. Chiarisci che cos'è l'anafora e spiega con le tue parole quella in questione.
20. Per caratterizzare l'Italia del suo tempo Dante ricorre a diverse metafore. Individuane almeno tre e spiegale con le tue parole.
21. Spiega con parole tue, diverse da quelle della parafrasi, il significato delle seguenti espressioni:
    - *solo sguardando / a guisa di leon quando si posa*
    - *un Marcel diventa / ogne villan che parteggiando viene*
    - *Sanz'esso fora la vergogna meno*
    - *tu e 'l tuo padre… / per cupidigia di costà distretti*
    - *Atene e Lacedemona… / fecero al viver bene un picciol cenno*
    - *S'io dico 'l ver, l'effetto nol nasconde.*
22. Considera i vv. 84 e 105 e le terzine 124-126 e 142-144. Commenta ciascuno di tali punti e poi proponi (in una relazione di una facciata di foglio protocollo) una tua analisi complessiva sullo stile dell'invettiva.

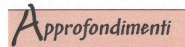

Henri Pirenne
L'impero al tempo di Dante e la sua crisi

Un sogno smentito dalla realtà
Ciò che resta dell'Impero, dopo la morte di Federico II, non sono più che forme vane. La posizione assunta dal papato dopo Innocenzo III e la formazione di Stati nazionali in Francia ed in Inghilterra gli hanno definitivamente tolto ogni mezzo per fare accettare all'Europa il suo primato temporale. Se ancora ci si occupa di questa questione, ciò avviene nelle Università, dove i professori di diritto romano continuano in teoria a vedere nell'imperatore il signore del mondo.

L'Impero può essere invocato, qua e là, contro un avversario politico, come Bonifacio VIII ha fatto nel suo conflitto con Filippo il Bello. Oppure qualche idealista vi vede, come Dante, un bel sogno smentito dalla realtà. Infatti è un'idea morta, un resto del passato, che sarebbe maestoso se troppo spesso la debolezza degli imperatori non contrastasse troppo violentemente con i ricordi da esso evocati. Si riconosce ancora all'imperatore la precedenza sugli altri sovrani, il diritto di creare i nobili e di istituire dei notai in tutti i paesi. È questo, presso a poco, tutto quello che ha conservato del suo antico potere universale. [...]

I fallimenti degli Asburgo Rodolfo d'Asburgo non trovò il tempo, durante il suo lungo regno (1273-1291), di andare a prendere a Roma la corona imperiale. La Germania bastava a tenerlo occupato. [...] Bisognoso e con una famiglia a carico, si accontentò di approfittare della situazione che gli era offerta per fare i propri affari o piuttosto quelli della sua casa. Totalmente privo di idealismo, trovò che sarebbe stata una sciocchezza sacrificarsi e lasciare il potere rimanendo povero come quando l'aveva ricevuto. Le circostanze lo servirono a meraviglia. La vittoria che, con l'aiuto del re d'Ungheria, riportò all'inizio del suo regno sul re di Boemia, Ottokar II (1278), lasciava vacanti i ducati d'Austria e di Stiria. Egli si affrettò a darli in feudo a suo figlio Alberto. Così un'occasione dava tutto ad un tratto, a quella piccola casa di Asburgo, i bei ducati danubiani. Questo fu il solo risultato della politica di Rodolfo. Se egli aveva regnato senza governare, per lo meno lasciava alla sua famiglia un bel possesso ed un esempio nell'arte di trar profitto della fortuna, da cui essa doveva ispirarsi spesso nell'avvenire.

Gli elettori avevano nominato Rodolfo solo perché era debole e povero. Benché li avesse delusi, essi lo sostituirono con un re più debole e più povero ancora e dettero la corona ad Adolfo di Nassau (1291-98). Era certo, pertanto, che la fortuna del suo predecessore doveva metterlo sulla via che questi aveva seguita. Ma non fu, come l'altro, favorito dalla buona fortuna. In mancanza di meglio, si risolvette a vendere, nel 1294, la sua alleanza ad Edoardo I contro Filippo il Bello. [...] Gli elettori [...] lo deposero e misero al suo posto Alberto, il figlio di Rodolfo d'Asburgo (1298-1308). Ispirandosi alla tradizione paterna, Alberto sperava di unire il regno di Boemia all'Austria quando il suo assassinio, nel 1308, fece fallire quel piano che la memoria tenace dei suoi eredi non doveva dimenticare.

Enrico di Lussemburgo e le speranze in Italia Per la terza volta un piccolo principe, da cui ci si prometteva di non aver nulla a temere, fu chiamato al trono. Nominato grazie all'influenza di suo fratello, l'arcivescovo elettore di Treviri, il conte Enrico del Lussemburgo[1] (1308-1313) apparteneva ai Paesi Bassi che, se erano compresi nelle frontiere dell'Impero, dipendevano dalla Germania non più che nominalmente. Tutto penetrato, come i suoi vicini di Liegi, di Hainaut, di Brabante e di Fiandra, dalla civiltà e dai costumi della Francia, e per di più d'origine vallone, apparve al di là del Reno un autentico straniero. Fu pertanto questo «*Welche*[2]» che rinnovò la tradizione imperiale che, per la cura dei propri affari, era stata ugualmente abbandonata dai suoi tre predecessori. La sua stessa origine spiega assai bene questa iniziativa: indifferente per le cose di Germania, dovette volgere la sua attenzione verso quelle dell'Impero. Egli sognò la gloria di cingere a Roma quella corona che nessuno aveva più portato dopo Federico II e, riconciliando l'Impero col papato, di rendergli nella pace una maestà nuova e benefica.

La notizia della sua venuta provocò in Italia un fremito di speranze. L'annientamento degli Hohenstaufen non aveva riportato la calma nelle ardenti città della Lombardia e della Toscana. Sotto i vecchi nomi di Guelfi e di Ghibellini, le fazioni continuavano a dilaniarle con un'asprezza alla quale contribuivano nello stesso tempo la divergenza degli interessi economici, i conflitti degli artigiani e dei patrizi e gli odi della nobiltà. Pisa era stata vinta dalle forze di Genova, e Firenze approfittava della sconfitta per sottomettere la Toscana al suo governo democratico. In Lombardia la maggior parte delle città, spossate dalle loro discordie, accettavano la «signoria» di un militare fortunato o d'un podestà e si rassegnavano alla tirannia per godere di un po' di quiete. I Della Torre dominavano a Milano, i Della Scala a Verona, gli Este a Ferrara, a Roma, abbandonata dai papi, i Colonna e gli Orsini si battevano con accanimento. Venezia sola, sotto la sua potente aristocrazia, conservava una calma che gli permetteva di consacrarsi con più energia alla guerra marittima che continuava contro Genova.

La restaurazione impossibile Enrico VII apparve, in mezzo a questo scatenarsi delle passioni e degli appetiti, come il restauratore dell'ordine e della pace. Egli avrebbe voluto sinceramente riconciliare i partiti e legarli tutti a sé con la sua giustizia. Ma come imporre la giustizia senza l'aiuto della forza? Egli non portava con sé che tre o quattromila cavalieri, e la speranza che aveva salutato la sua venuta dette luogo quasi subito alla delusione. Egli si vide, nonostante le sue intenzioni, obbligato a scegliere a sua volta, per potersi procurare appoggi, tra gli avversari che aveva sognato di pacificare.

Del suo progetto di restaurare la maestà dell'Impero non rimaneva nulla. Senza finanze e quasi senza esercito, fu ridotto a subordinare la sua politica a quella dei Napoletani ed a sollecitare contro di loro l'appoggio del re di Sicilia. In Toscana, Firenze gli chiudeva le porte, e si dovette appoggiare ai Pisani per combatterla.

La delusione era troppo profonda dopo sogni così orgogliosi e così brevi. Enrico, spossato dal dolore, morì nell'agosto del 1313 a Buonconvento. Fu sepolto a Pisa; il suo sarcofago esiste ancora sotto la galleria, dove i terribili affreschi dell'Orcagna rappresentano così crudamente la vanità delle ambizioni umane.

Henri Pirenne, *Storia dell'Europa.*
Dalle invasioni al XVI secolo, Sansoni,
Firenze rist. 1988

---

1. **il conte Enrico del Lussemburgo**: imperatore con il nome di Enrico VII.
2. *Welche*: straniero.

«... surse ver' lui del loco ove pria stava, dicendo: «O Mantoano, io son Sordello de la tua terra!»; e l'un l'altro abbracciava.»

■ *Luca Signorelli*, L'incontro di Dante e Virgilio con Sordello *(1499-1502).*

Purgatorio

Canto VII

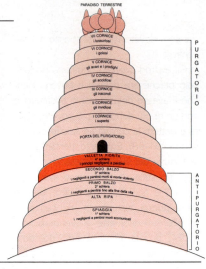

DATA	10 aprile 1300 (domenica di Pasqua), nel pomeriggio.
LUOGO	Antipurgatorio: la **valletta fiorita** scavata sul fianco del monte.
COLPA	**Negligenza dei prìncipi** che, distratti dalle cose terrene, trascurarono i veri doveri verso loro stessi e i sudditi.
PENA / CONTRAPPASSO	Quarto gruppo di anime: prìncipi negligenti. Devono stare nell'antipurgatorio tanto tempo quanto vissero; come in vita tardarono a pentirsi, così ora **ritardano il tempo dell'espiazione**. Ciascuno di loro è posto di fronte a chi fu il suo avversario terreno. Soggiacciono ogni sera alla **tentazione del serpente** (il diavolo), che viene messo in fuga dagli angeli. Cantano il *Salve Regina*, per invocare la misericordia divina.
PERSONAGGI	**Dante**, **Virgilio** e **Sordello**. **I prìncipi della valletta**: Rodolfo d'Asburgo, Ottocaro re di Boemia, Filippo III l'Ardito re di Francia e Enrico I di Navarra; Pietro III d'Aragona e Carlo I d'Angiò; Arrigo III re d'Inghilterra e Guglielmo VII, marchese di Monferrato.

SEQUENZE

■ **Colloquio tra Virgilio e Sordello** (vv. 1-39)
Sordello chiede adesso ai due viandanti di presentarsi: non conosce ancora i loro nomi. Quando viene a capire di avere di fronte a lui Virgilio, si prostra davanti a lui e gli abbraccia le ginocchia. Poi gli chiede se giunge dall'inferno: e Virgilio risponde raccontando di dimorare nel Limbo, tra i bambini non battezzati e coloro che ignorarono le tre virtù teologali. Per quale via, conclude, possono proseguire la salita?

■ **La legge della salita nel Purgatorio** (vv. 40-63)
Sordello si offre di scortare i poeti fin dove può. Ma è ormai il tramonto: le tenebre notturne, spiega, fiaccando il desiderio di salire, inibiscono l'ascesa alla montagna. Pernotteremo – dice – qui vicino, in un'insenatura del monte.

■ **La valletta dei prìncipi** (vv. 64-90)
Un sentiero in pendenza li conduce sull'orlo dell'avvallamento. Colori e profumi di erba e fiori nella valletta costituiscono un insieme *incognito e indistinto*, dove i colori vincono in lucentezza quelli dell'oro e dell'argento, del carminio e della biacca. Nella variopinta valle siede un coro d'anime che intona il *Salve Regina*.

■ **I prìncipi negligenti** (vv. 91-136)
Sordello si ferma sopra una balza e di lì addita i prìncipi della valle sottostante: tra loro si scorgono l'imperatore Rodolfo d'Asburgo e Ottocaro II re di Boemia, il padre (Filippo III) e il suocero (Enrico I di Navarra) di Filippo il Bello, quindi Pietro III con il figlio Alfonso III d'Aragona, Carlo I d'Angiò. Si chiude con Arrigo III d'Inghilterra, uomo semplice, e con il marchese Guglielmo VII, marchese di Monferrato.

Canto VIII

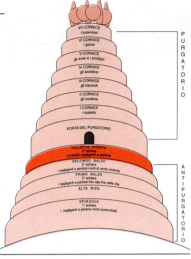

DATA	■ 10 aprile 1300 (domenica di Pasqua), al tramonto.
LUOGO	■ Antipurgatorio: la **valletta fiorita** scavata sul fianco del monte.
COLPA	■ **Negligenza dei prìncipi** che, distratti dalle cose terrene, trascurarono i veri doveri verso loro stessi e i sudditi.
PENA / CONTRAPPASSO	■ Quarto gruppo di anime: i prìncipi negligenti. Soggiacciono ogni sera alla **tentazione del serpente** (il diavolo), che viene messo in fuga dagli angeli.
PERSONAGGI	■ **Dante**, **Virgilio** e **Sordello**. ■ Due prìncipi della valletta: **Nino Visconti** e **Corrado Malaspina**.

SEQUENZE

■ **L'ora del tramonto** (vv. 1-18)
Al tramonto (*Era già l'ora che volge il disio / ai navicanti...*) il *novo peregrin* ode da lontano i rintocchi che sembrano piangere la morte del giorno e prova nostalgia di casa.

■ **La preghiera dei prìncipi e la discesa degli angeli** (vv. 19-45)
Dante vede un'anima che si alza e intona il *Te lucis ante*, preghiera serale, seguita in coro dalle altre. Cantando, guardano ansiosi verso oriente. «Lettore, attento al vero nascosto dietro un velo sottilissimo» avverte il poeta. Da oriente, appaiono in cielo due angeli con spade spuntate di fuoco e di luce; hanno ali e vesti verdi, il colore della speranza. Si dislocano ai due bordi della valletta. Come spiega Sordello, proteggono la valle dal serpente tentatore.

■ **Nino Visconti** (vv. 46-84)
I poeti scendono nella valletta e Dante riconosce il giudice Nino Visconti (dei Visconti di Gallura, in Sardegna), rallegrandosi per la sua salvezza. Quando il poeta dichiara di essere vivo, Sordello e Nino si meravigliano, e Nino chiama Corrado Malaspina: «Vieni a vedere i portenti della grazia...». Nino prega Dante di dire alla figlia di pregare per lui. Non alla moglie Beatrice, che, terminato il lutto, ha subito sposato Galeazzo, un Visconti di Milano. Nino osserva amaramente quanto dura poco in una donna la fiamma d'amore... ma profetizza un matrimonio sfortunato.

■ **Venuta e fuga del serpente** (vv. 85-108)
Dante osserva in cielo le tre stelle teologali, subentrate alle quattro cardinali, quando appare strisciando il nemico per antonomasia in veste di serpente. Gli angeli lo incalzano e lo mettono in fuga, poi volano in cielo.

■ **Corrado Malaspina e la sua profezia** (vv. 109-139)
Infine Corrado Malaspina: era stato chiamato a sé da Nino; e durante l'assalto del serpente non aveva mai distolto gli occhi da Dante. Ora gli augura di giungere fino alla cima del monte e gli chiede notizie della sua casata. I Malaspina, risponde Dante, sono famosi per cortesia e ospitalità. Corrado predice che entro sette anni il pellegrino avrà modo di sperimentare di persona le virtù dei Malaspina.

Purgatorio

Canto IX

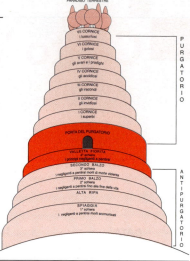

DATA	Notte tra il 10 aprile (domenica di Pasqua) e lunedì 11 aprile 1300.
LUOGO	Passaggio dall'antipurgatorio (valletta fiorita) al purgatorio propriamente detto, attraverso una porta.
CUSTODE	L'angelo guardiano del purgatorio.
PERSONAGGI	Dante, Virgilio e Sordello. Santa Lucia.

SEQUENZE

Dante si addormenta (vv. 1-12)
L'aurora già imbianca l'oriente dell'emisfero di Gerusalemme – e nell'emisfero del purgatorio sono trascorse tre ore di notte – quando Dante, vinto dal sonno, si piega sull'erba dove si erano seduti lui, Virgilio, Sordello, Nino Visconti e Corrado Malaspina.

Sogno di Dante (vv. 13-33)
Verso il mattino, nell'ora in cui la rondinella inizia il suo lamento mattutino e in cui la mente, rimosse le esigenze materiali, si fa quasi indovina, Dante vede in sogno un'aquila dorata che lo rapisce come Ganimede e lo trascina nella sfera del fuoco, dove la sensazione di ardente calore lo sveglia.

Risveglio e rassicurazioni di Virgilio (vv. 34-69)
Dante, appena desto, è confuso; con lui è rimasto il solo Virgilio; e sono già le otto del mattino. Il maestro rinfranca il discepolo: gli racconta che, mentre dormiva, santa Lucia lo ha preso in braccio e portato in volo fin là; quindi ha indicato a Virgilio la porta del purgatorio.

La porta del purgatorio e l'angelo guardiano (vv. 70-132)
I due si avvicinano alla santa soglia; l'autore avverte i lettori che l'argomento e lo stile del poema stanno per elevarsi. Un angelo guardiano con spada luminosa li interroga: chi sono? «Veniamo in nome di santa Lucia», risponde Virgilio. «Avvicinatevi». Dante osserva i tre gradini: il primo è bianco, come la contrizione; il secondo è nero-sangue come il rimorso della confessione; il terzo è di porfido lucente come la riparazione della colpa. Il pellegrino s'inginocchia e l'angelo incide sulla sua fronte, con la spada, sette P (una per ogni peccato o vizio capitale). Poi estrae dalla veste una chiave d'oro e una d'argento e con esse apre la porta. Spiega che fu san Pietro ad affidargliele. I due pellegrini badino a non voltarsi, una volta entrati.

Ingresso in purgatorio (vv. 133-145)
Virgilio e Dante varcano la soglia, che si rinchiude fragorosamente alle loro spalle. Odono la musica dolcissima del *Te Deum*, il canto di ringraziamento a Dio.

Canto X

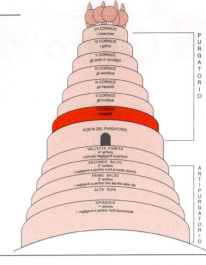

DATA	■ 11 aprile 1300 (lunedì di Pasqua), tra le nove e le dieci del mattino.
LUOGO	■ **Purgatorio,** prima cornice. La parete della cornice è in marmo e reca scolpiti esempi di umiltà premiata; sul pavimento si vedono scolpiti esempi di superbia punita.
COLPA	■ La **superbia**, primo vizio o peccato capitale.
PENA / CONTRAPPASSO	■ I superbi, che in vita camminarono a testa troppo alta, sono adesso costretti a procedere **curvi sotto pesanti macigni**; e poiché confidarono troppo nel loro valore, ora compiono un continuo **atto di umiltà**, recitando il *Padre nostro* e considerando esempi di umiltà e di superbia punita.
PERSONAGGI	■ L'**angelo dell'umiltà**. ■ **Dante** e **Virgilio**. ■ La schiera dei **superbi** in cammino.

SEQUENZE

■ **Salita alla prima cornice** (vv. 1-27)
Senza voltarsi, i poeti risalgono per uno stretto sentiero scavato nella roccia del monte. Quando ne sbucano fuori, la luna è già tramontata. Infine escono su un ripiano circolare e solitario; Dante è stanco e Virgilio non sa quale direzione prendere.

■ **Bassorilievi artistici con esempi di umiltà** (vv. 28-96)
Intorno al ripiano, la parete è di marmo scolpito con esempi di umiltà. Il primo rilievo è un'Annunciazione così realistica che sembra che l'Arcangelo Gabriele e la Madonna dicano rispettivamente *Ave* e *Ecce ancilla Dei*. Nel secondo si vedono David che danza umilmente tra il suo popolo sotto il carro dell'Arca, mentre sua moglie Micòl l'osserva sprezzante. Infine Dante osserva effigiata la storia dell'imperatore Traiano e della vedovella, che sembrano dialogare: «Rendimi giustizia per l'assassinio di mio figlio» dice la vedova; «Al mio ritorno» risponde l'imperatore; «E se non torni?», «Te la renderà il mio successore»; «E a che ti giova la virtù di un altro?». L'imperatore allora la accontenta. Solo Dio può aver creato questo «visibile parlare» delle sculture.

■ **La sofferenza dei superbi e un ammonimento ai cristiani** (vv. 97-139)
Mentre Dante è ancora colpito da quei prodigi d'arte, Virgilio lo richiama alla vista dei primi penitenti. Ecco infatti le anime dei superbi avanzare lentamente, rannicchiate sotto pesanti macigni. Il poeta allora si rivolge ai suoi lettori: «O cristiani superbi, infelici, che baldanzosamente vi allontanate da Dio, noi siamo solo le larve dell'angelo-farfalla, che vola alla giustizia celeste». Le anime, gravate da pesi terribili, paiono soffrire come certe statue che reggono solai o tetti e sembrano non farcela più.

Purgatorio

Canto XI

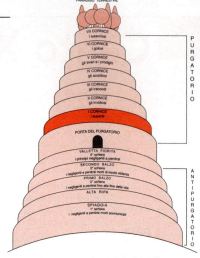

DATA	11 aprile 1300 (lunedì di Pasqua), prima di mezzogiorno.
LUOGO	**Purgatorio,** prima cornice. La parete della cornice è in marmo e reca scolpiti esempi di umiltà premiata; sul pavimento si vedono scolpiti esempi di superbia punita.
COLPA	La **superbia**, primo vizio o peccato capitale.
PENA / CONTRAPPASSO	I superbi, che in vita camminarono a testa troppo alta, sono adesso costretti a procedere **curvi sotto pesanti macigni**; e poiché confidarono troppo nel loro valore, adesso fanno un continuo **atto di umiltà**, recitando il *Padre nostro* e considerando esempi di umiltà e di superbia punita.
PERSONAGGI	L'angelo dell'umiltà. Dante e Virgilio. Tre superbi: **Omberto Aldobrandeschi, Oderisi da Gubbio, Provenzan Salvani**.

SEQUENZE

■ **La preghiera dei superbi** (vv. 1-36)
«Padre nostro che sei nei cieli, pur se onnipresente, siano lodati il tuo nome e la tua potenza. Concedici la pace del tuo regno, elargisci manna al nostro deserto e perdonaci al di là dei nostri meriti...» Così pregano i superbi, per sé e per tutti. Dante riflette: i vivi in terra dovrebbero ricambiare tale preghiera con analoghe intercessioni di suffragio.

■ **Omberto Aldobrandeschi** (vv. 37-72)
Virgilio li prega di indicargli il cammino. Un'anima li invita a seguirli fino a un passaggio praticabile, poi si presenta. Italiano, toscano, figlio di Guglielmo Aldobrandeschi, fu un nobile arrogante e nemico di tutti. Omberto è il suo nome. La superbia rovinò lui e i suoi parenti.

■ **Oderisi da Gubbio** (vv. 73-117)
Un'altra anima, sotto il macigno, si torce, guarda Dante, lo riconosce. «Ma tu sei Oderisi, il grande miniaturista!». «Oggi – risponde quell'anima – la gloria è tutta di Franco Bolognese. Io sconto qui, perché me ne pentii, la mia ansia di primeggiare. Com'è effimera la celebrità delle nostre imprese: Cimabue credeva di avere il primato nella pittura, e Giotto ne ha oscurato la fama; un Guido (Cavalcanti) ha tolto all'altro (Guinizzelli) la gloria della lingua, e forse è già nato chi (Dante) li spodesterà entrambi. La fama è solo un soffio di vento che muta spesso direzione. Fra mille anni, chi saremo noi? E mille anni, di fronte all'eternità, sono un batter di ciglia».

■ **Provenzan Salvani** (vv. 118-142)
A conferma delle sue parole, Oderisi addita a Dante uno spirito che procede poco più avanti. Di lui si parlò in tutta la Toscana, e adesso a malapena se ne bisbiglia a Siena, città di cui fu signore: è Provenzan Salvani. Si pentì molto tardi: acquistò meriti presso Dio perché si mise umilmente a chiedere l'elemosina in piazza, per pagare il riscatto d'un suo amico, fatto prigioniero da Carlo d'Angiò, aggiunge Oderisi e profetizza che presto lo saprà anche Dante, a sue spese.

Canto XI

«O Padre nostro, che ne' cieli stai,
non circunscritto, ma per più amore

3 ch'ai primi effetti di là sù tu hai,

laudato sia 'l tuo nome e 'l tuo valore
da ogne creatura, com' è degno

6 di render grazie al tuo dolce vapore.

Vegna ver' noi la pace del tuo regno,
ché noi ad essa non potem da noi,

9 s'ella non vien, con tutto nostro ingegno.

Come del suo voler li angeli tuoi
fan sacrificio a te, cantando osanna,

12 così facciano li uomini de' suoi.

Dà oggi a noi la cotidiana manna,
sanza la qual per questo aspro diserto

15 a retro va chi più di gir s'affanna.

E come noi lo mal ch'avem sofferto
perdoniamo a ciascuno, e tu perdona

18 benigno, e non guardar lo nostro merto.

Nostra virtù che di legger s'adona,
non spermentar con l'antico avversaro,

21 ma libera da lui che sì la sprona.

La preghiera dei superbi

1-6. «O Padre nostro, che sei nei cieli, non limitato solo a essi, ma per l'amore più grande che tu porti ai cieli e agli angeli (*ai primi effetti*) di lassù, siano lodati il tuo nome e la tua potenza (*valore*) da tutte le creature, così com'è giusto che si rendano grazie al tuo dolce spirito (*vapore*). **7-9.** Venga verso di noi la pace del tuo regno, perché noi da soli (*da noi*) non possiamo, con tutto il nostro sforzo, giungere a essa, se essa non ci viene incontro. **10-12.** Come i tuoi angeli fanno sacrificio a te della loro volontà (*suo voler*) cantando le tue lodi, così facciano gli uomini della loro [volontà]. **13-15.** Dacci oggi la manna [il pane] quotidiana, senza di cui in questo aspro deserto [della vita], più retrocede (*a retro va*) chi più s'affanna per avanzare (*di gir*). **16-18.** E come noi perdoniamo agli altri ciò che ci è stato fatto, anche (*e*) tu perdona benignamente [a noi] e non guardare i nostri [scarsi] meriti. **19-21.** Non mettere alla prova la nostra virtù, che facilmente si abbatte (*di legger s'adona*), lasciandoci in balia del demonio, ma liberaci da lui, che tanto (*sì*) la sprona [al male].

---

2. non circunscritto: non limitato ai cieli o a qualche altra realtà; quindi in ogni luogo, visto che Dio *non circunscritto... tutto circunscrive* come leggeremo nel *Paradiso* (XIV, 30). L'affermazione dei vv. 2-3 spiega in senso teologico e commenta il v. 1, che invece scaturisce dalla preghiera tradizionale (*Pater noster, qui es in* coelis, "Padre nostro, che sei nei cieli").

4-6. nome... valore... vapore: la terzina contiene un'allusione alla Trinità; *nome* è il "verbo" di Dio, cioè Gesù, *valore* è la potenza del Padre, *vapore* è lo Spirito Santo, ritenuto emanazione d'amore e di Dio e "soffio" di sapienza e amore.

8. non potem: non possiamo (è dell'italiano antico questa desinenza in *–emo* della prima persona plurale dei verbi della 2ª coniugazione, derivata dal latino volgare *–emus* invece di *–imus* nella 3ª coniugazione). Nelle prime due terzine, l'aggiunta del

poeta (vv. 2-3 e 5-6) era stata di chiarimento, di esplicazione; qui invece è di lamento della propria pochezza, con un richiamo quindi all'umiltà, richiamo che ritornerà nei versi 13, 18 e 19.

11. fan sacrificio a te: sacrificano a te la loro volontà, nell'ambito della rigida gerarchia celeste. La parafrasi dell'invocazione consueta "avvenga il tuo volere in cielo e in terra") è in questo caso meno fedele del solito; ma Dante vuole insistere (facendo pregare i superbi) sulla sottomissione e sulla rinuncia.

13. la cotidiana manna: il pane quotidiano. C'è un richiamo al cibo che Dio – secondo la Bibbia – fece piovere nel deserto sugli ebrei, per sfamarli durante l'esodo, cioè durante l'uscita dall'Egitto (*Esodo*, XVI, 31). Nel *Padre nostro* l'accenno va soprattutto al pane materiale di ogni giorno; qui si dovrà intendere quello dello spirito.

14. aspro diserto: il mondo terreno, più che il purgatorio. L'immagine del *deserto* completa quella della *manna*.

18. e non guardar... merto: perdonaci senza vincolare il perdono ai nostri meriti. Il poeta insiste sulla pochezza e fragilità umana, che non può rivendicare merito alcuno, ma solo affidarsi alla misericordia di Dio. Il concetto tornerà nel verso successivo; messo in bocca ai superbi, acquista un particolare significato.

20. non spermentar: non sperimentare, non mettere alla prova con l'antico avversario, cioè il demonio (così detto anche nel canto VIII del *Purg.* v. 95), il quale mette continuamente alla prova la nostra virtù, spingendola al male. Questo verso traduce il «non ci indurre in tentazione» della preghiera originale.

Purgatorio

Quest'ultima preghiera, segnor caro,
già non si fa per noi, ché non bisogna,
24 ma per color che dietro a noi restaro».

Così a sé e noi buona ramogna
quell'ombre orando, andavan sotto 'l pondo,
27 simile a quel che talvolta si sogna,

disparmente angosciate tutte a tondo
e lasse su per la prima cornice,
30 purgando la caligine del mondo.

Se di là sempre ben per noi si dice,
di qua che dire e far per lor si puote
33 da quei c'hanno al voler buona radice?

Ben si de' loro atar lavar le note
che portar quinci, sì che, mondi e lievi,
36 possano uscire a le stellate ruote.

«Deh, se giustizia e pietà vi disgrievi
tosto, sì che possiate muover l'ala,
39 che secondo il disio vostro vi lievi,

mostrate da qual mano inver' la scala
si va più corto; e se c'è più d'un varco,
42 quel ne 'nsegnate che men erto cala;

ché questi che vien meco, per lo 'ncarco
de la carne d'Adamo onde si veste,
45 al montar sù, contra sua voglia, è parco».

22-24. Quest'ultima preghiera, o dolce Signore, però (*già*) non è per noi, perché (*chè*) non ne abbiamo [più] bisogno, ma per coloro che sono rimasti dietro di noi».
25-30. Così, pregando buon augurio (*buona ramogna* = buona purificazione), per se stesse e per noi [vivi], quelle anime procedevano sotto il loro sasso (*pondo*), simile al peso di certi sogni, diversamente angosciate e stanche tutt'intorno alla prima cornice, purgando le tracce (*la caligine*) del peccato.
31-36. Se nel mondo di là [nel Purgatorio] si prega (*dice*) sempre per noi, che cosa si può fare per loro, nel mondo di qua, con preghiere e opere buone, da parte di chi ha la volontà radicata nel bene? Giustamente bisogna aiutarli (*atar*) a lavare le loro macchie terrene, sì che, puliti e leggeri, possano salire fino ai cieli (*ruote*) stellati.

Omberto Aldobrandeschi

37-45. «Augurandovi che (*Deh, se*) la giustizia e la misericordia divina vi alleggeriscano presto (*tosto*) dal peso che siete costretti a portare, sì che possiate volare al cielo secondo quanto desiderate (*il disio vostro*), mostrateci da che parte (*mano*) si sale più rapidamente lungo la scala; e se c'è più di un passaggio, indicateci quello meno ripido; perché costui [Dante] che viene con me (*meco*), per il peso della carne d'Adamo di cui (*onde*) è ancora rivestito, è lento (*parco*) a salire, anche se è pieno di buona volontà».

---

22. Quest'ultima preghiera: quella (espressa nella precedente terzina) di non essere indotti in tentazione e sostenuti nel non compiere più il male. Ma forse qui il poeta allude a tutta la seconda parte del *Pater noster*, dal v. 13 fino alla fine: le richieste qui espresse risultano più coerenti con la condizione dei viventi che con quella dei defunti.

24. per color... restaro: per quelli che sono rimasti dietro di noi. Intende sia i viventi in Terra (rispetto a loro le anime del Purgatorio sono legate dalla comunione dei santi, con relativo scambio reciproco di preghiere: ▶ poi vv. 31-33), sia gli spiriti rimasti dietro nell'antipurgatorio, e sottoposti ancora a qualche tipo di tentazione, come si osserva nell'episodio del serpente tentatore del canto VIII, v. 94 e ss.

27. simile a quel... si sogna: il macigno è visto come un sogno angoscioso; come è difficile liberarsi da un incubo mentre lo si sta sognando, così l'oppressione del *pondo* su per la prima cornice produce l'«angoscia» del v. 28.

30. la caligine del mondo: nel loro caso, la nebbia che ha offuscato la loro vista, inducendoli a peccare di superbia. Il peccato è come una nebbia che impedisce di distinguere il vero dal falso.

32. dire e far: le anime del purgatorio possono solo pregare per i vivi; invece i vivi sulla terra (*di qua*) possono e devono aggiungere alle preghiere anche le opere buone. È una pausa di meditazione nel contesto del racconto.

36. uscire alle stellate ruote: salire fino al cielo, uscendo dal purgatorio; ma il ver-bo *uscire* richiama la liberazione dell'anima per la sospirata ascesa alle *stellate ruote*, i cieli ruotanti del paradiso.

37. se: con valore ottativo (augurandovi che). È la *captatio benevolentiae* (lode dell'interlocutore, per propiziarselo) prevista dalla retorica medievale; **giustizia e pietà:** attributi di Dio. Egli è giusto, e quindi severo coi peccatori, ma anche misericordioso, benigno verso i pentiti.

38. muover l'ala: metaforicamente, "innalzarsi a volo", come potrà fare l'anima una volta liberatasi dal peso delle colpe.

43-44. lo 'ncarco/ della carne d'Adamo: il peso del corpo, di cui per primo venne rivestito Adamo. Così nel canto IX (v. 10): *quand'io, che meco avea di quel d'Adamo.*

Canto XI

Le lor parole, che rendero a queste
che dette avea colui cu' io seguiva,
48 non fur da cui venisser manifeste;

ma fu detto: «A man destra per la riva
con noi venite, e troverete il passo
51 possibile a salir persona viva.

E s'io non fossi impedito dal sasso
che la cervice mia superba doma,
54 onde portar convienmi il viso basso,

cotesti, ch'ancor vive e non si noma,
guardere' io, per veder s'i' 'l conosco,
57 e per farlo pietoso a questa soma.

Io fui latino e nato d'un gran Tosco:
Guiglielmo Aldobrandesco fu mio padre;
60 non so se 'l nome suo già mai fu vosco.

L'antico sangue e l'opere leggiadre
d'i miei maggior mi fer sì arrogante,
63 che, non pensando a la comune madre,

ogn' uomo ebbi in despetto tanto avante,
ch'io ne mori', come i Sanesi sanno,
66 e sallo in Campagnatico ogne fante.

Io sono Omberto; e non pur a me danno
superbia fa, ché tutti miei consorti
69 ha ella tratti seco nel malanno.

E qui convien ch'io questo peso porti
per lei, tanto che a Dio si sodisfaccia,
72 poi ch'io nol fe' tra ' vivi, qui tra ' morti».

46-48. Le parole con cui essi risposero (*che rendero*) a queste [parole] che aveva detto la mia guida [Virgilio], non si capì da chi venissero pronunciate; **49-51.** udimmo soltanto: «Venite con noi sulla destra lungo la parete (*riva*) [del monte], e troverete il passaggio per il quale è possibile che si inerpichi anche un uomo vivo. **52-57.** E se io non fossi impedito dal sasso che doma la mia nuca superba, per cui (*onde*) sono costretto a tenere lo sguardo rivolto verso il basso, vorrei guardare costui (*cotesti*=Dante) che ancora vive e non dice chi è, per vedere se lo conosco, è per indurlo a pietà verso il peso (*soma*) che porto, cioè verso la mia pena. **58-60.** Io fui italiano (*latino*), nacqui da un nobile toscano: Guglielmo Aldobrandesco mi fu padre; non so se fu a voi noto (*fu vosco*). **61-66.** La nobiltà di sangue e le gesta gloriose dei miei antenati mi resero così arrogante, che, dimenticando di provenire dalla comune madre terra, ebbi gli altri in disprezzo a tal punto da morirne, come ben sanno i Senesi e lo sanno, in Campagnatico, anche i bambini (*fante*=fantolino). **67-69.** Io sono Omberto; e la superbia non ha rovinato soltanto (*pur*) me, ma trascinò alla rovina anche tutti i miei consanguinei. **70-72.** E qui debbo portare per essa (*per lei*) questo peso, finché non abbia soddisfatto il debito a Dio tra i morti, non avendolo fatto (*poi ch'io nol fe'*) tra i vivi».

48. non fur da cui... manifeste: letteralmente, "non furono manifestate nella loro provenienza", cioè non si capì da chi provenissero. La costruzione un po' tortuosa (secondo il costrutto personale della sintassi latina) è adeguata al dubbio di Dante e anche al gesto: si china per distinguere colui che ha parlato da sotto il grosso sasso, che costringe le anime a procedere rannicchiate.
49. a man destra: nell'inferno si procedeva sempre a sinistra, nel purgatorio sempre a destra, con evidente simbolismo morale.
53. la cervice mia superba: la "nuca", sineddoche per indicare la testa, che il superbo è costretto ad abbassare. Il termine *cervice* proviene dalla Bibbia, dove gli ebrei erano appunto chiamati (in *Esodo* XXXII, 9) «popolo di dura cervice», insuperbitosi dopo aver fabbricato il vitello d'oro.
59. Guiglielmo Aldobrandesco: capo della potente famiglia grossetana dei conti di Santa Fiora, ghibellino, vissuto nella prima metà del Duecento. Acerrimo nemico dei senesi, si appoggiò più volte ai fiorentini nelle sue lotte. Morì nel 1259 a Campagnatico, combattendo appunto contro Siena. Secondo un'altra tradizione, però non accolta da Dante, morì strangolato nel suo letto da sicari ingaggiati sempre da Siena.
60. già mai fu vosco: giunse mai alle vostre orecchie. Poiché gli Aldobrandeschi erano stati ed erano ancora famosi in Toscana, il v. 60 vuole chiaramente correggere la superbia dei vv. 58-59 con l'umiltà, appresa da Omberto in purgatorio.
65. ch'io ne morì: invece di cercare scampo, Omberto superbamente lottò in campo aperto contro i nemici, pur superiori di forze.
66. Campagnatico: il castello degli Aldobrandeschi sull'Ombrone, nei monti del Grossetano.
68. consorti: parenti, consanguinei, tutti superbi e vanagloriosi per la grande potenza raggiunta all'inizio del Duecento dai due rami della famiglia, o *consorteria*, di Santa Fiora e di Soana.

Purgatorio

Ascoltando chinai in giù la faccia;
e un di lor, non questi che parlava,
75 si torse sotto il peso che li 'mpaccia,

e videmi e conobbemi e chiamava,
tenendo li occhi con fatica fisi
78 a me che tutto chin con loro andava.

«Oh!», diss' io lui, «non se' tu Oderisi,
l'onor d'Agobbio e l'onor di quell'arte
81 ch'alluminar chiamata è in Parisi?».

«Frate», diss' elli, «più ridon le carte
che pennelleggia Franco Bolognese;
84 l'onore è tutto or suo, e mio in parte.

Oderisi da Gubbio

73-78. Ascoltandolo, chinai anch'io la testa; e così una di quelle anime, non questa che mi stava parlando, si girò (*torse*) sotto il peso che dava a loro tanto impaccio, e mi vide, e mi riconobbe e mi chiamò per nome, tenendo con grande fatica gli occhi fissi su di me, che tutto chino avanzavo con loro. **79-81.** «Oh – gli dissi – non sei tu Oderisi, la gloria di Gubbio e di quell'arte che a Parigi è detta dell'alluminare [cioè la miniatura]?». **82-84.** «Fratello – mi rispose – sono più belle (*più ridon*) le carte dipinte da Franco Bolognese; la gloria è ora tutta sua, e mia solo in parte.

«Così a sé e noi buona ramogna
quell'ombre orando, andavan sotto 'l pondo,
simile a quel che talvolta si sogna.»

◾ *Gustavo Doré*, Dante e Virgilio tra i superbi (*incisione, 1857*).

73. chinai in giù la faccia: sia per meglio ascoltare le parole dette da quell'anima, sia a indicare la compartecipazione morale del poeta all'espiazione del peccato di superbia, di cui Dante si confesserà colpevole nel canto XIII (vv. 137-138). Poiché si è chinato, un nuovo interlocutore – Oderisi – può guardare Dante in viso, mentre Omberto non aveva potuto. La breve scena rivela grande attenzione ai particolari.
76. e videmi e conobbemi e chiamava: molto intenso ed espressivo il polisindeto; Dante rileva la quasi simultaneità delle

azioni e, insieme, la sorpresa del riconoscimento.
79. Oderisi: celebre miniatore di Gubbio, attivo soprattutto a Bologna e a Roma nella seconda metà del Duecento. Probabilmente Dante lo conobbe a Bologna. Le opere di Oderisi ci sono ignote, così come quelle di Franco Bolognese, citato poco dopo: nessuna delle miniature rimasteci si può attribuire con certezza all'uno o all'altro.
81. alluminar: in francese *enluminer*, "miniare", secondo la tecnica della miniatura,

molto utilizzata per decorare con il pigmento rosso arancione (il minio) le grandi lettere iniziali nei codici manoscritti. Ma nella versione dantesca il verbo fa davvero pensare allo splendore della luce.
82. le carte: le pagine miniate, di pergamena o di carta vera e propria, entrata nell'uso da poco più di un secolo. Il verbo *pennelleggia* riassume la novità della pittura di Franco Bolognese (influenzata dall'arte gotica e da Giotto) rispetto allo stile più arcaico di Oderisi, ancora legato al linearismo della pittura bizantina.

Canto XI

Ben non sare' io stato sì cortese
mentre ch'io vissi, per lo gran disio
87   de l'eccellenza ove mio core intese.

Di tal superbia qui si paga il fio;
e ancor non sarei qui, se non fosse
90   che, possendo peccar, mi volsi a Dio.

Oh vana gloria de l'umane posse!
com' poco verde in su la cima dura,
93   se non è giunta da l'etati grosse!

Credette Cimabue ne la pittura
tener lo campo, e ora ha Giotto il grido,
96   sì che la fama di colui è scura.

Così ha tolto l'uno a l'altro Guido
la gloria de la lingua; e forse è nato
99   chi l'uno e l'altro caccerà del nido.

Non è il mondan romore altro ch'un fiato
di vento, ch'or vien quinci e or vien quindi,
102   e muta nome perché muta lato.

Che voce avrai tu più, se vecchia scindi
da te la carne, che se fossi morto
105   anzi che tu lasciassi il 'pappo' e 'l 'dindi',

85-87. Ma non sarei certamente stato così cortese con lui mentre ero in vita, tanta era la mia brama del primeggiare, l'obiettivo a cui era rivolto (*intese*) il mio cuore. **88-90.** Di quella superbia qui si sconta la pena (*si paga il fio*); e ancora non sarei qui [in purgatorio], se, quando ancora potevo peccare, non mi fossi rivolto a Dio [pentendomi]. **91-93.** O quanto è vana la gloria delle capacità umane! Come resta verde per poco tempo, nella sua evidenza (*in su la cima*), se non è subito seguita (*giunta*) da età di decadenza! **94-96.** Credette Cimabue di essere il migliore nella pittura, e ora non si parla che di Giotto, sì che la fama di lui [Cimabue] si è oscurata. **97-99.** Allo stesso modo l'un Guido [Cavalcanti] ha tolto all'altro Guido [Guinizzelli] l'onore della poesia, e forse è nato chi [Dante] caccerà l'uno e l'altro dal nido. **100-102.** La fama presso gli uomini non è che un fiato di vento, che ora soffia di qua, ora di là, e muta nome solo perché muta direzione. **103-108.** Quale fama (*voce*) avrai tu maggiore, se muori vecchio, di quella che avresti morendo bambino, prima che passino mille anni?, i quali [mille anni], rispetto all'eternità, sono uno spazio di tempo breve (*corto*) più che il battito d'un ciglio, [rispetto al] lentissimo moto del cielo che gira più lentamente [cioè il cielo delle stelle fisse].

---

88. tal superbia: Oderisi rappresenta la superbia per i propri meriti, mentre Omberto rappresentava la superbia del sangue, l'arroganza nobiliare.

90. possendo peccar: mentre ancora avrei potuto peccare. Non ha atteso l'ultimo momento per pentirsi e così non è stato costretto al soggiorno supplementare nell'antipurgatorio.

93. da l'etati grosse: da un'età rozza, di decadenza. Già la gloria ha poco respiro di per sé: se poi è seguita da età migliori, subito viene dimenticata. Regge invece più a lungo, nel caso sia seguita da età peggiori.

94. Credette Cimabue: si passa a un'esemplificazione: precisa la gloria di Cimabue superata da quella di Giotto nella pittura; la gloria di Guido Guinizzelli superata da Guido Cavalcanti nella nuova poesia in volgare. Da qui la conclusione: forse è nato chi (Dante?) caccerà dal nido l'uno e l'altro. Cimabue (1240-1302 ca.) è il grande

pittore fiorentino, noto anche come arrogante e superbo.

95. ha il grido: la fama, la celebrità; che però passa, inesorabilmente. Giotto (1266 ca.-1337), pittore e architetto fiorentino, fu il maggiore artista figurativo dell'età di Dante, a cui era legato da amicizia. Dipinse celebri cicli di affreschi ad Assisi, Padova, Firenze, nei primi decenni del Trecento; e progettò il campanile del Duomo di Firenze.

97. l'uno all'altro Guido: Guido Cavalcanti fiorentino e Guido Guinizzelli bolognese.

98. la gloria della lingua: la lingua della poesia, cioè della nuova letteratura volgare in Italia. Dopo la nuova maniera instaurata da Guinizzelli (il dolce Stilnovo), aveva acquistato grande fama Cavalcanti.

99. chi l'uno e l'altro caccerà del nido: cioè Dante. *Nido* qui indicherà il rifugio del poeta, la nicchia dove godersi la sua gloria. La critica Bianca Garavelli invita a consi-

derare che il verso, dove l'autore accenna a sé, porta il numero 99: «un doppio nove, un doppio *miracolo* secondo la simbologia numerica che gli è cara; infatti il nove è il prodotto della moltiplicazione del più perfetto dei numeri, il tre, numero della Trinità, per se stesso». Visto il peso che queste corrispondenze numeriche rivestivano per il poeta, l'osservazione contribuisce a identificare in Dante colui *che l'uno e l'altro caccerà del nido*.

100-102. mondan romore... muta lato: la gloria diventa, con termini dispregiativi, *romore*, *fiato/ di vento*, che vaga e cambia di nome ogni volta che cambia di direzione.

105. anzi che tu: cioè: prima di lasciare la prima infanzia, qui simboleggiata da due voci infantili, il *pappo*, la "pappa", e il *dindi*, i "denari". La sostanza è che morire vecchio o morire giovane, di fronte a mille anni, è lo stesso. E mille anni sono nulla di fronte all'eternità.

185

Purgatorio

pria che passin mill' anni? ch'è più corto
spazio a l'etterno, ch'un muover di ciglia
108 al cerchio che più tardi in cielo è torto.

Colui che del cammin sì poco piglia
dinanzi a me, Toscana sonò tutta;
111 e ora a pena in Siena sen pispiglia,

ond' era sire quando fu distrutta
la rabbia fiorentina, che superba
114 fu a quel tempo sì com' ora è putta.

La vostra nominanza è color d'erba,
che viene e va, e quei la discolora
117 per cui ella esce de la terra acerba».

E io a lui: «Tuo vero dir m'incora
bona umiltà, e gran tumor m'appiani;
120 ma chi è quei di cui tu parlavi ora?».

«Quelli è», rispuose, «Provenzan Salvani;
ed è qui perché fu presuntüoso
123 a recar Siena tutta a le sue mani.

Ito è così e va, sanza riposo,
poi che morì; cotal moneta rende
126 a sodisfar chi è di là troppo oso».

E io: «Se quello spirito ch'attende,
pria che si penta, l'orlo de la vita,
129 qua giù dimora e qua sù non ascende,

se buona orazïon lui non aita,
prima che passi tempo quanto visse,
132 come fu la venuta lui largita?».

«Quando vivea più glorïoso», disse,
«liberamente nel Campo di Siena,
135 ogne vergogna diposta, s'affisse;

109-114. Colui che cammina proprio davanti a me, fece risuonare del suo nome l'intera Toscana, e ora di lui si parla (*sen pispiglia*) a mala pena in Siena, [Siena] di cui (*ond'*) era gran signore quando [a Montaperti, nel 1260] fu distrutta la rabbia fiorentina, superba allora, come oggi è corrotta. **115-117.** La vostra fama umana è come il colore verde dell'erba, che viene e va, e quel sole (*quei*) che l'ha fatta spuntare tenera (*acerba*) dalla terra, è lo stesso che la scolora».

Provenzan Salvani

118-120. E io a lui: «Le tue parole di verità mi fanno umile e abbattono la mia superbia: ma chi è quello spirito di cui m'hai parlato poco fa?». **121-123.** Ed egli rispose: «È Provenzan Salvani, ed è qui, perché pretese di tenere l'intera Siena in suo potere. **124-126.** Dopo (*Poi*) che morì, va (*ito è*) in questo modo [cioè curvo sotto il peso] e cammina senza riposo. Deve pagare (*rende a sodisfar*=per soddisfare la giustizia di Dio) tale moneta, chi sulla terra è troppo ardito [nella sua superbia]». **127-132.** E io: «Se lo spirito che attende, per pentirsi, il punto di morte, è costretto a restare qua sotto, nell'antipurgatorio, senza poter salire subito fin qui, tanti anni, quanti ne ha vissuti, se non è aiutato da sante preghiere, come ha potuto egli [cioè Provenzan] ottenere di essere già qui?». **133-138.** «Quando era nel colmo della sua potenza – mi rispose [Oderisi] – deposta ogni vergogna, andò volontariamente (*liberamente… s'affisse*) nella piazza del Campo di Siena;

106-108. ch'è più corto... in cielo è torto: (mille anni) che costituiscono uno spazio più corto, rispetto all'eternità, di un battito di ciglia, a paragone del tempo (360 secoli) che impiega il cerchio più lento del cielo (cioè il cielo delle stelle fisse) per compiere il suo giro. Tale giro copre un grado dell'orbita ogni cento anni: un grado al secolo, per un totale di 36000 anni.
109. Colui: è il senese Provenzan Salvani (1229 ca.-69). Fu un potente e arrogante si-

gnore di Siena. Morì nella battaglia di Colle Val d'Elsa, vinta dai fiorentini sui senesi.
112. quando fu distrutta: nella battaglia di Montaperti (1260), dove i Guelfi fiorentini furono sconfitti dai Ghibellini di Siena (comandati da Provenzano) e dalle milizie di Manfredi.
113-114. la rabbia... putta: la memoria del poeta ritorna alla storia recente di Firenze; Dante non perde l'occasione per l'ennesima, amara denuncia. *Rabbia* e *put-*

ta sono termini assai forti, iper-realistici, per indicare la vecchia signora della Toscana, già arrogante e superba, ora ridotta a vendersi come una prostituta (*putta*).
115. color d'erba: la gloria umana è come il colore dell'erba, che dura poco. Il concetto viene dalla Sacra Scrittura (*Isaia*, 40, 6; salmo 89, 6; ecc.).
134. liberamente: mette in rilievo la spontaneità del gesto, nella quale risiede tutto il suo merito presso Dio.

e lì, per trar l'amico suo di pena,
ch'e' sostenea ne la prigion di Carlo,
138 si condusse a tremar per ogne vena.

Più non dirò, e scuro so che parlo;
ma poco tempo andrà, che ' tuoi vicini
141 faranno sì che tu potrai chiosarlo.

Quest'opera li tolse quei confini».

e lì, per riscattare un amico dalla prigionia [di Carlo d'Angiò], si ridusse a tremare per ogni vena [per l'umiliazione]. 139-142. Non ti dirò altro e so che le mie parole sono oscure; ma trascorrerà poco tempo, e i tuoi concittadini faranno sì che tu potrai capire. Questo gesto gli (*li*=a Provenzan) risparmiò la dimora nell'antipurgatorio».

---

135. s'affisse: *affiggersi* vale letteralmente "piantarsi", a indicare la determinazione del gesto. Secondo l'Ottimo, il più informato dei commentatori trecenteschi di Dante, Provenzano fece porre un tappeto sulla piazza e vi si sedette sopra «in quello abito che richiedea la bisogna», cioè in vesti dimesse.

136. l'amico suo: un suo compagno d'armi caduto nelle mani del re Carlo di Napoli. Questi l'avrebbe liberato soltanto dietro pagamento di una taglia di diecimila fiorini d'oro – circa 35 kg d'oro; il valore del metallo era all'epoca assai superiore a quello odierno. Carlo avrebbe atteso quel denaro per un mese, poi avrebbe ucciso il prigioniero. Non disponendo della somma, Provenzano *s'affisse* nel Campo di Siena, «umilmente domandando aiuto» (secondo quanto dice l'Ottimo, antico commentatore di Dante) ai concittadini senesi.

138. si condusse a tremar per ogni vena: uno dei grandi versi della poesia dantesca, capace di condensare in 11 sillabe, con straordinaria forza espressiva, un'intera situazione emotiva.

Le chiavi del canto

■ LA STRUTTURA DEL CANTO E IL SUO MESSAGGIO FONDAMENTALE

Ci troviamo nella prima cornice del monte, quella in cui le anime espiano il peccato di superbia. Questo è dunque il filo conduttore che lega le quattro sequenze fondamentali del canto:

1. la **preghiera dei superbi** (vv. 1-30), seguita da un commento del poeta (vv. 31-36) sul dovere dei vivi di pregare per i defunti;
2. dopo un raccordo narrativo (vv. 37-51), segue l'autopresentazione di un superbo feudatario, **Omberto Aldebrandeschi** (vv. 52-72);
3. un miniatore, **Oderisi da Gubbio**, propone quindi un'ampia meditazione sulla vanità della gloria terrena (vv. 73-126);
4. il canto si chiude con la narrazione, sempre di Oderisi, delle vicende del potente **Provenzan Salvani**, ridottosi a elemosinare a vantaggio di un amico (vv. 127-142).

La superbia è un peccato di cui anche Dante si sente personalmente colpevole, come dichiarerà sul finire del canto XIII (vv. 136-137): perciò egli si rende presente, in modo più o meno esplicito, nell'arco di tutto il canto. È lui il primo destinatario del severo monito di Oderisi sulla caducità della gloria terrena (v. 91: *Oh vana gloria de l'umane posse!*): proprio lui, che subito dopo, ai versi 98-99, si rappresenta come colui che sta per «cacciare dal nido» l'amico Cavalcanti, conquistando così il primo posto tra i poeti. Sempre Dante è presente negli ultimissimi versi del canto, dove ancora Oderisi pronostica un triste futuro per lui (vv. 140-141: *poco tempo andrà, che 'tuoi vicini/ faranno sì che tu potrai chiosarlo*). Tale allusione alla povertà dell'esilio, con la nota dolorosa che introduce, ci conferma **quanto sia passeggera la gloria**, e di quanto la vita umana (*in primis*, quella del pellegrino-poeta) sia pervasa molto di più dalla sofferenza e dall'incomprensione. È il tema, o meglio, il messaggio fondamentale del canto dei superbi.

■ LA PRIMA SEQUENZA: LA PREGHIERA DEL *PADRE NOSTRO*

Ripercorriamo adesso le sequenze del canto. I primi 24 versi sono dedicati alla ripresa/parafrasi del *Padre nostro* (chiamato *Pater noster*, nella formulazione tradizionale del latino ecclesiastico, abituale per Dante). Il purgatorio, lo sappiamo, è il regno della preghiera: in ogni cornice le anime espiano il loro peccato sia con la penitenza fisica sia con la preghiera, e contemplando esempi di virtù premiata e di vizio punito.

Il *Padre nostro*, in particolare, è la **preghiera fondamentale dei credenti**: dettata direttamente da Gesù agli apostoli, è tramandata nella forma canonica dall'evangelista Matteo (VI, 9-13), nel contesto del *Discorso della montagna*. La preghiera consta di cinque versetti, che espongono otto concetti:

1) *O Padre nostro che sei nei cieli*;

2) *sia santificato il tuo nome*;

3) *venga il tuo regno*;

4) *sia fatta la tua volontà in cielo e in terra;*

5) *dacci il pane quotidiano;*

6) *rimetti i nostri debiti come li rimettiamo noi ai nostri debitori;*

7) *non ci indurre in tentazione;*

8) *liberaci dal male.*

Dante propone una parafrasi poetica della preghiera: la adatta però alla particolare mentalità e alle necessità spirituali dei superbi. Dedica una terzina a ognuno dei primi sei concetti, e una agli ultimi due: sette terzine quindi, mentre le 49 parole del testo latino diventano 150. Rispetto alle abitudini di Dante, siamo di fronte a un insolito **procedimento di allargamento**, anziché di concentrazione. Non basta: rispetto all'originale le anime aggiungono di pregare non per sé, che non servirebbe, ma per coloro che hanno lasciato dietro di sé.

Parafrasato a questo modo, il *Padre nostro* diventa un **atto ulteriore e particolare di umiltà**: alle parole antiche tramandate dall'evangelista, apprese fin dall'infanzia e ripetute ogni giorno, i superbi uniscono, di volta in volta, una sorta di chiarimento, o di esortazione a se stessi, o di appello al Padre, per rassicurarlo delle loro intenzioni. Pregano tutti insieme, all'unisono: tale preghiera corale bene si addice al loro cammino di espianti, che stanno faticosamente liberandosi dall'autonomia del proprio io.

■ I PERSONAGGI PRINCIPALI

A ciascuna delle tre grandi sequenze narrative del canto si lega un personaggio (Omberto Aldobrandeschi, Oderisi da Gubbio e Provenzan Salvani) e, conseguentemente, un **diverso tema**: la superbia nobiliare punita, nel primo caso; la meditazione sulla labilità della gloria umana, nel secondo; la superbia umiliata e quindi perdonata da Dio, nel terzo.

■ OMBERTO E LA SUPERBIA NOBILIARE PUNITA

Omberto Aldobrandeschi è un esempio di superbia punita, (già in vita), in lui e nei suoi *consorti*, visto che Omberto *morì* a causa di essa (v. 65), come egli stesso dichiara.

Una punizione clamorosa, aggiunge, ancora tutti la ricordano, persino i bambini. Forse, in questa diffusione della fama, sia pure negativa, vibra ancora una traccia dell'antica superbia di Omberto; la stessa che si avverte nell'**autopresentazione**, così orgogliosa, dei vv. 58-59 (*Io fui latino e nato d'un gran Tosco:/ Guiglielmo Aldobrandesco fu mio padre*: si noti la qualifica di «grande» attribuita al padre e la lunga declinazione del nome e del cognome all'interno del verso). Essa è solo parzialmente corretta dal successivo v. 60 (*non so se 'l nome suo già mai fu vosco*), a sua volta seguito dal ricordo dell'*antico sangue e l'opere leggiadre* (v. 61). Il vanto familiare di Omberto non sarebbe, in sé e per sé, riprovevole (altre volte Dante lo apprezza, quando sia basato, come qui, su autentiche virtù cavalleresche); esso però insospettisce, perché facilmente degenera, come accade appunto in questo caso, in alterigia, cioè in disprezzo per gli altri. Chi dimentica la *comune madre* (v. 63), cioè la natura paritetica di tutti gli uomini, pecca contro Dio e il prossimo e deve pentirsene.

■ ODERISI E LA MEDITAZIONE SULLA LABILITÀ DELLA GLORIA UMANA

Al miniatore Oderisi da Gubbio si lega la parte centrale del canto, la più importante. Dante elogia Oderisi per la sua gloria di artista e lui gli risponde che essa è già svanita, è passata a un altro, proprio come la gloria di Cimabue è stata oscurata da quella di Giotto, nella pittura, mentre in poesia la gloria di Guido Guinizzelli è ormai vinta dalla fama di Guido Cavalcanti; e forse è già vivo chi sta per superarli entrambi. È logico che Dante pensi qui a se stesso, come è pure sottinteso che anche lui, Dante, è destinato a passare in secondo piano.

L'incontro è connotato sul **piano autobiografico**, poiché Oderisi e Dante sono amici, legati da affetto reciproco: ritorna qui quel tema dell'amicizia, spesso connesso all'arte e alla poesia, che attraversa tutto il *Purgatorio*, dal canto di Casella (II) a quello di Forese Donati (XXIII). Chissà quante volte Dante e Oderisi avevano parlato tra loro di cose simili; ma adesso che l'amico è in purgatorio, ha conquistato una visione più alta e definitiva; il suo giudizio si riassume nel mirabile verso 91: *Oh vana gloria de l'umane posse!* Basta poco, dice Oderisi, a distruggere la fama: essa è come il vento; cambia nome a seconda della direzione da cui spira. Rimane però un *fiato* caduco, nel senso che la gloria è una realtà comunque relativa: duri un anno o un secolo, non è nulla, a confronto con l'eterno.

In realtà, nella *Commedia*, vi è un **ruolo positivo per la gloria**: l'*onrata nominanza* privilegiava nel canto IV dell'*Inferno* gli «spiriti magni»; anche Ulisse, nel canto XXVI, cercava gloria, assieme alla conoscenza; nel XXV del *Paradiso* Dante affermerà che forse, un giorno, potrà rientrare a Firenze, grazie alla gloria acquisita con i suoi meriti poetici.

Ma questa gloria che, sul piano umano, è giusto perseguire, non è che un semplice *grido*, o *romore*, o *voce* (come Oderisi la chiama ai vv. 95, 100, 103); perciò non va affidata all'apprezzamento – sempre passeggero – degli uomini, bensì fondata su una virtù intrinseca, che piace anzitutto a Dio.

■ PROVENZAN SALVANI E LA SUPERBIA UMILIATA

La scena finale del canto ha per protagonista un individuo superbo e arrogante come Provenzan Salvani; però, di fronte alla sciagura dell'amico, egli compie un gesto inatteso, tanto pietoso quanto per lui terribile. Provenzano è una personalità straordinaria, ritagliata in uno scorcio brevissimo, come spesso avviene in Dante, ma ricchissima di implicazioni. In sole due terzine Oderisi, su domanda del poeta-pellegrino, ne riassume il momento cruciale: pochi versi, sufficienti a tramutare l'arrogante signore in una **figura d'angosciosa trepidazione**, di inattesa ed edificante umanità. Quanto più ci aveva urtato prima, per l'arroganza del carattere, per la superbia e la pretesa del potere, tanto più Provenzano ci sbalordisce ora, grazie all'annotazione repentina, inattesa, del v. 138 (*si condusse a tremar per ogne vena*), uno dei versi più riassuntivi e sconvolgenti del poema.

Lavoriamo sul testo

I CONTENUTI

1. Chi recita la preghiera iniziale? A quale situazione psicologica essa si adatta?

2. Che cos'è la *cotidiana manna* e perché gli uomini ne hanno bisogno?

3. Dante aggiunge al *Padre nostro* evangelico un'intera terzina: quale e perché?

4. Qual è la pena fisica dei superbi e qual è il contrappasso a cui sono sottoposti?

5. Chi è Omberto Aldobrandeschi? Che cosa emerge di lui e della sua vita, nel corso del dialogo con Dante?

6. Che cosa causò la sua morte?

7. Dove e perché sono citati Giotto e Cimabue?

8. Chi è Provenzan Salvani? Che cosa emerge di lui e della sua vita, nel corso del dialogo con Dante?

9. Che cosa hanno in comune Omberto e Provenzano, e in che cosa invece si differenziano?

10. Quale posto occupa Dante nella «gloria della lingua»? Da che cosa lo capisci?

11. Morendo, Provenzan Salvani:
    - ❏ è asceso direttamente in purgatorio
    - ❏ ha dimorato per lungo tempo nell'antipurgatorio
    - ❏ la misericordia divina lo ha ripescato dall'inferno, dov'era destinato per la sua superbia
    - ❏ è salito in purgatorio ma deve ritornare nell'antipurgatorio

12. Nel corso del canto si rintracciano numerosi riferimenti alla pittura e alla poesia: individuali.

13. Ritrova nel canto i vari riferimenti autobiografici attribuibili a Dante e spiegali in max 10 righe ciascuno.

14. Oderisi in purgatorio sa finalmente giudicare la propria arte e quella altrui con sano giudizio: a quali conclusioni giunge? Rispondi in max 20 righe, citando i termini e le espressioni a tuo avviso più significative.

15. Omberto, Oderisi e Provenzan Salvani incarnano tre diverse forme di superbia. Illustrale in una breve relazione di una facciata di foglio protocollo.

16. Per un momento Oderisi si sofferma su una piccola gara di talenti, ormai appartenente al passato; ma ciò che gli sta davvero a cuore si riferisce a ben altro. Sei d'accordo con questa impostazione? Sviluppala in una breve relazione di una facciata di foglio protocollo.

LE FORME

17. A un certo punto si incontra l'espressione *caligine del mondo*. Dove? Si tratta di:
    - ❏ una metafora
    - ❏ un'allegoria
    - ❏ un'apostrofe
    - ❏ una similitudine

18. Quale valore acquista il *se* del v. 37? Spiegalo nel contesto. Ne hai incontrati altri, nel corso del poema dantesco?

19. Ritrova l'allusione *e forse è nato / chi l'uno e l'altro caccerà del nido* e spiegala con le tue parole, in max 10 righe.

20. Individua tutte le espressioni presenti nel canto che si possono riferire alla fama terrena e chiarisci se si tratta di espressioni letterali o metaforiche.

21. Individua nel corso del canto tutte le espressioni che si possono riferire, più o meno direttamente, al concetto di «umiltà».

22. *Scuro so che parlo*, dice Oderisi a un certo punto del suo discorso: ritrovalo nel testo. A quale proposito lo dice?

23. Ai vv. 116-117 la similitudine dell'erba e anche la perifrasi per indicare il sole richiamano l'immagine botanica dei vv. 92-93, connessa all'idea del ciclo delle stagioni. Illustra con le tue parole la relazione tra i due momenti.

24. Spiega con parole tue, diverse da quelle della parafrasi, il significato delle seguenti espressioni:
    - *a retro va chi più di gir s'affanna*
    - *uscire a le stellate ruote*
    - *il cerchio che più tardi in cielo è torto*
    - *per farlo pietoso a questa soma*
    - *di là sempre ben per noi si dice*
    - *quei ch'hanno al voler buona radice*

25. In una relazione di una facciata di foglio protocollo, metti a confronto il *Padre nostro* evangelico con quello di Dante (vv. 1-24); individua tutte le aggiunte di Dante e commentale.

26. Quali riferimenti alla storia e alla vita duecentesca sono presenti nel canto? Rintracciali sul testo e illustrali in una scheda.

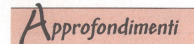

Paolo Di Sacco
Dante, la poesia e i poeti nella *Commedia*

Il valore dei poeti antichi In molti punti della *Commedia* Dante si sofferma sulle questioni estetiche (la natura della poesia, la funzione del poeta, il valore da annettere alla propria e altrui produzione). Un ricco itinerario si svolge dall'una all'altra cantica (con epicentro nel *Purgatorio*), tra citazioni, incontri e memorie.

Un ruolo cruciale spetta a Virgilio, il maggiore poeta latino, che guida Dante nell'oltretomba. Nel primo canto dell'*Inferno*, Dante saluta Virgilio con il nome di *maestro* e di *autore* («Tu se' lo mio maestro e 'l mio autore», *Inf.* I, 85): *maestro* degno di fede perché annunciatore di un nuova età nella IV egloga e perché cantore di Enea, ovvero della provvidenzialità di Roma; e appunto *autore*, artista della parola e del «bello stilo» (*Inf.* I, 87). Già nel Limbo (canto IV dell'*Inferno*), Dante è accolto nella compagnia dei poeti antichi: la loro *scola* allarga in misura decisiva l'orizzonte della *Vita nuova* (cap. XXV) e del *De vulgari eloquentia*, che prendevano in considerazione i poeti che hanno scritto in volgare negli ultimi 150 anni.

Poco dopo, l'incontro con Paolo e Francesca (canto V) mette in discussione la dignità morale della poesia amorosa; dialogando con il padre di Cavalcanti (canto X), Dante marca il proprio distacco dalle vie negative percorse dal suo «primo amico».

Dante cita se stesso Nel *Purgatorio* la serie s'infittisce: Dante incontra il musico Casella, il trovatore Sordello, i poeti Forese Donati, Bonagiunta e Guinizelli, il provenzale Arnaut Daniel. A un poeta latino, Stazio, protagonista di due canti cruciali (il XXI e il XXII), è messo in bocca il più alto elogio alla poesia di Virgilio, che ha guidato Dante per due cantiche, svolgendo la nobilissima funzione d'illuminare la via, procedendo nel buio, a chi lo seguiva.

Teodolinda Barolini ha approfondito il tema (*Il miglior fabbro. Dante e i poeti della «Commedia»*, Bollati Boringhieri, Torino 1993) esaminando anzitutto le tre auto-citazioni dantesche presenti nella *Commedia*. Dante cita tre proprie canzoni: *Amor che ne la mente mi ragiona* in *Purg.* II, 112; *Donne ch'avete intelletto d'amore* in *Purg.* XXIV, 51; *Voi che 'ntendendo il terzo ciel movete* in *Par.* VIII, 37 (la prima e la terza provengono dal *Convivio*, la seconda dalla *Vita nuova*). Il loro insieme disegna una sorta di autobiografia poetica, in cui lo stilnovismo punta *oltre* sé stesso, in una direzione che va dal privato al pubblico, dall'eros alla «poesia redenta» (Barolini, op. cit., p. 76).

Il rapporto di Dante con i suoi precursori Nella *Commedia* Dante ripensa anche ai suoi rapporti con i suoi precursori volgari. Tutto converge verso il «nodo» identificato nel canto XXIV del *Purgatorio* da Bonagiunta, che definisce il *dolce stil novo* e cita «'l Notaro e Guittone». Nel canto XI erano invece citati i due Guidi (Guinizzelli e Cavalcanti), nel quadro di un discorso sul mutare del gusto e sul rapido scolorire della fama artistica. Il discorso, altrove, coinvolge anche i modelli di poesia politica (Bertran de Born e Sordello) o l'arduo *trobar clus* (alcune terzine in lingua d'oc di Arnaut Daniel chiudono il canto XXVI del *Purgatorio*).

Dante, secondo la Barolini, non intende tracciare la storia della propria passata poesia, quanto piuttosto *usarla*, sottoponendola a revisione, per meglio marcare la novità assoluta della *Commedia*, soprattutto in rapporto a Cavalcanti.

Questi viene in concreto *cacciato* dal «nido» del poema, in quanto ne risulta regolarmente assente, o svilito, essendo l'unico lirico amoroso citato nell'*Inferno*: ed è appunto Dante (cioè quel terzo poeta la cui opera sottrae ai due precedenti Guidi «la gloria de la lingua») a incarnare tale assoluta novità.

Una nuova idea di poeta Questa funzione di superamento attribuita a Dante si chiarisce se esaminiamo l'uso che la *Commedia* fa del cruciale termine *poeta*, riservandolo solo ai poeti epici: soltanto Virgilio, Stazio e Dante sono insigniti di tale qualifica di *poeta*. Alla fine proprio Dante diverrà l'unico «poeta» della *Commedia*, prefigurando, nel solenne *incipit* del canto XXV del *Paradiso*, il proprio ritorno a Firenze e l'acquisizione della corona d'alloro: a quel punto si compie, a parere della Barolini, un ideale passaggio di consegne dall'autore antico (Virgilio) e dal poeta di transizione (Stazio), fino all'esperienza di colui «la cui fede cristiana è *conditio sine qua non*[1] della poetica» (Barolini, p. 214).

Un'idea nuova di poeta e della sua funzione si costruisce insomma lungo il poema «sacro»: alla fine del quale la voce del rimatore diviene quella, ben più impegnata e totalizzante, del teologo e del profeta.

Sulla circostanza che, dall'entrata in scena di Stazio fino alle soglie del paradiso terrestre (in pratica, per tutto il purgatorio che ci avanza), non apra bocca «un solo personaggio che non sia un poeta», ragiona benissimo F. Ferrucci, *Il poema del desiderio,* Milano 1990

Paolo Di Sacco e altri, *Scritture*,
Edizioni Scolastiche Bruno Mondadori,
Milano 1997 vol. I

---

1. *conditio sine qua non*: condizione imprescindibile, necessaria.

Canto XII

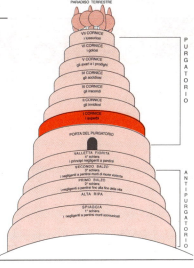

DATA	11 aprile 1300 (lunedì di Pasqua), circa a mezzogiorno.
LUOGO	**Purgatorio,** prima cornice; passaggio alla seconda cornice.
COLPA	La **superbia**, primo vizio o peccato capitale.
PENA / CONTRAPPASSO	I superbi, che in vita camminarono a testa troppo alta, sono adesso costretti a procedere **curvi sotto pesanti macigni**; e poiché confidarono troppo nel loro valore, così adesso compiono un continuo **atto di umiltà**, recitando il *Padre nostro* e considerando esempi di umiltà e di superbia punita.
CUSTODE	L'**angelo dell'umiltà** cancella la prima P dalla fronte di Dante e pronuncia la prima beatitudine evangelica.
BEATITUDINE	La prima beatitudine: «Beati i poveri in spirito».
PERSONAGGI	**Dante** e **Virgilio**.
ESEMPI DI SUPERBIA PUNITA	**Scene scolpite** nel pavimento della cornice: nel primo bassorilievo si vede **Satana** che cade dal cielo *folgoreggiando*, nel secondo il gigante **Briareo** trafitto, come gli altri giganti, da Zeus, nel terzo **Nembròt** ai piedi della torre di Babele. Poi: **Niobe** pietrificata da Latona perché si era vantata della sua fertilità; il suicidio di **Saul** ribelle a Dio; **Aracne** mutata in ragno da Minerva; **Roboamo** spaventato e in fuga; **Erífile** trafitta dal figlio Alcmeone, perché tradì suo padre; **Sennacheríb** ucciso dai figli perché disprezzò il Dio degli ebrei; **Ciro**, il grande re persiano, sconfitto e ucciso da Tamiri. Le ultime lastre mostrano **Oloferne** decapitato da Giuditta; e la distruzione di **Troia**.

SEQUENZE

■ **Esempi di superbia punita** (vv. 1-72)
Dante procede chino al fianco di Oderisi. Virgilio lo esorta ad abbandonare la schiera arrancante: è bene affrettarsi. Dante obbedisce e procede senza fatica. Sul pavimento della cornice vede lastre scolpite a bassorilievo, con esempi di superbia punita.

■ **L'Angelo dell'umiltà** (vv. 73-99)
Virgilio esorta Dante ad affrettarsi: sono ormai passate sei ore di sole. Si avvicina un angelo. Apre le braccia e le ali, invitando i due pellegrini a salire la scala che conduce alla seconda cornice. Toglie con le ali una P dalla fronte di Dante.

■ **Salita alla seconda cornice** (vv. 100-136)
Mentre imboccano una scalinata simile a quella di San Miniato al Monte, i poeti odono una voce cantare la prima beatitudine: «Beati i poveri in spirito». Dante si sente molto più leggero e Virgilio gli spiega che la prima P sulla sua fronte gli è stata cancellata: quando gli saranno tolte anche le altre, procederà non solo senza fatica, ma anche con gioia.

Purgatorio

Canto XIII

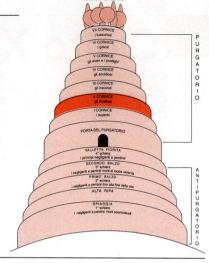

DATA	11 aprile 1300 (lunedì di Pasqua), prime ore del pomeriggio.
LUOGO	**Seconda cornice**. Pavimento e parete sono di color pietra; voci nell'aria suggeriscono esempi di carità (la virtù contraria al vizio) e di invidia punita.
COLPA	L'**invidia**, secondo vizio o peccato capitale.
PENA / CONTRAPPASSO	Gli invidiosi stanno lungo la parete del monte, **appoggiati gli uni agli altri**, così come in vita cercarono di danneggiare gli altri; in vita si rallegrarono per il male altrui e ora **indossano mantelli ruvidi** (cilicio); in vita guardarono gli altri con invidia e ora hanno gli **occhi cuciti di filo di ferro**. Recitano le litanie dei santi e considerano esempi di carità e d'invidia punita.
CUSTODE	L'**angelo della misericordia**.
PERSONAGGI	**Dante** e **Virgilio**. **Sapìa** di Siena, gentildonna, zia materna di Provenzan Salvani (▶ canto XI).
ESEMPI DI CARITÀ	Sono gridati da voci lievi: «Non hanno più vino» (**Maria** alle nozze di Cana); «Io sono Oreste» (le parole pronunciate da **Pìlade** che si offriva di morire invece dell'amico); «Amate chi vi ha fatto del male» (l'insegnamento di **Cristo**).

SEQUENZE

■ **Sulla seconda cornice** (vv. 1-21)
Dante e Virgilio arrivano sulla seconda cornice, un ripiano circolare di diametro minore rispetto alla prima. Virgilio si volge verso il sole, a destra: i suoi raggi guideranno il cammino suo e di Dante.

■ **Esempi di carità** (vv. 22-42)
I due poeti viandanti vengono investiti da folate di voce che passano su di loro e si disperdono alle loro spalle; sono voci di carità: qui siamo nel cerchio degli invidiosi, spiega Virgilio.

■ **La triste pena degli invidiosi** (vv. 43-72)
Dante vede ombre coperte da mantelli, mimetizzate con la roccia, che cantano le litanie dei santi. Accalcati come ciechi che chiedono l'elemosina davanti ai santuari, hanno le palpebre cucite con ruvido filo di ferro, da cui le lacrime escono a stento. Dante non può a sua volta trattenere lacrime di commozione.

■ **Sapìa senese l'invidiosa** (vv. 73-154)
Dante e Virgilio camminano tra le anime (che non possono vederli) e il maestro invita il discepolo a manifestare il suo desiderio. «C'è tra voi qualche italiano?» chiede Dante. «Siamo tutti cittadini della città di Dio» gli dicono. Dante chiede allo spirito di presentarsi. «Fui di Siena, ero chiamata Sapìa (*savia*), benché fossi tutt'altro che saggia». E prosegue: ormai vecchia, pregò Dio che i suoi concittadini, ghibellini, fossero sconfitti a Colle Val d'Elsa; e gioì sfrontatamente, quando vide realizzato il suo desiderio. Si pentì poco prima di spirare e fu aiutata dalle preghiere di suffragio di Pier Pettinaio. «E chi sei tu che parli respirando?», cioè da vivo, chiede Sapìa. Dante risponde che anche lui passerà tra gli invidiosi, ma per poco tempo: molto più lunga sarà, alla sua morte, la sua espiazione nella cornice dei superbi.

192

Canto XIV

Canto XIV

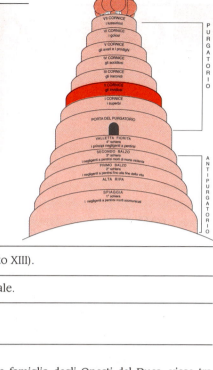

DATA	■ 11 aprile 1300 (lunedì di Pasqua), prime ore del pomeriggio.
LUOGO	■ **Seconda cornice** del Purgatorio (▶ canto XIII).
COLPA	■ L'**invidia**, secondo vizio o peccato capitale.
PENA / CONTRAPPASSO	■ Per la pena degli **invidiosi**, ▶ canto XIII.
PERSONAGGI	■ **Dante** e **Virgilio**. ■ **Guido del Duca** (ravennate, della nobile famiglia degli Onesti del Duca, visse tra 1170 e 1250 circa) e **Rinieri da Calboli** (guelfo di Forlì, morto in battaglia nel 1296).
ESEMPI DI INVIDIA PUNITA	■ Sono gridati da voci che passano nell'aria e ricordano le vicende di **Caino** (tormentato dal ricordo di avere ucciso il fratello Abele) e di **Aglàuro** (invidiosa della sorella, perché il dio Mercurio la amava, venne da questi mutata in sasso).

SEQUENZE

■ **Colloquio sulla seconda cornice** (vv. 1-27)
Chi è costui che gira per la cornice senza gli occhi cuciti? Due anime se lo domandano e una lo chiede a Dante. «C'è un fiume – risponde il poeta – che attraversa la Toscana nascendo dal Falterona: io sono nato lungo il suo corso. Ma non sono ancora famoso e non merito di essere nominato». «Dunque tu vieni dall'Arno» deduce lo spirito. L'altra anima chiede alla prima come mai Dante abbia taciuto il nome del fiume.

■ **Invettiva di Guido contro la Toscana** (vv. 28-72)
Il primo spirito risponde che il nome stesso dell'Arno merita di sparire; dalla sorgente alla foce, quel fiume è una serpe da cui la virtù fugge spaventata. Gli abitanti della valle d'Arno hanno mutato la loro natura da uomini in bestie. Il fiume maledetto scende dai porci casentinesi, attraversa i botoli aretini, giunge ai lupi fiorentini e alle volpi pisane. L'anima conclude con una profezia: un nipote (Fulcieri) del suo compagno di pena compirà strage a Firenze. Ad ascoltare tale profezia, lo spirito rimane turbato.

■ **Le due anime si presentano; invettiva contro i desideri umani** (vv. 73-90)
Dante vorrebbe sapere chi siano i due spiriti. «Io fui Guido del Duca – dice uno – sempre furioso per le gioie altrui; ma, del resto, troppo gli uomini pongono il cuore nei beni terreni. Costui è Rinieri da Calboli: i suoi discendenti non sono i soli smarrire le virtù civili e cavalleresche tra Po, Adriatico, Appennino e Reno».

■ **Rampogna di Guido contro le famiglie romagnole** (vv. 91-126)
Guido prosegue. Le famiglie romagnole, un tempo cortesi e liberali, oggi sono corrotte senza rimedio. Meglio sarebbe stato estinguersi, piuttosto che partorire simili eredi. Parlando dei romagnoli famosi del passato, si commuove. Perciò congeda Dante: non vuole più parlare, ma solo piangere.

■ **Esempi di invidia punita** (vv. 127-151)
Dante e Virgilio si allontanano; sono investiti dalle due grida di invidia punita. Virgilio ammonisce su quanto è facile, per gli uomini, lasciarsi illudere dai beni terreni.

Purgatorio

Canto XV

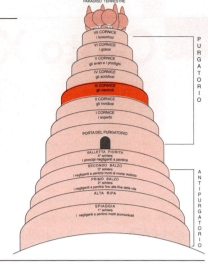

DATA	11 aprile 1300 (lunedì di Pasqua), dalle tre alle sei del pomeriggio.
LUOGO	**Passaggio** dalla seconda alla **terza cornice**; quest'ultima è caratterizzata da nebbia fittissima e fumo.
COLPA	L'**invidia**, secondo vizio o peccato capitale. L'**ira**, terzo vizio o peccato capitale.
PENA / CONTRAPPASSO	Per gli invidiosi, ▶ canto XIII, p. 192. Gli iracondi in vita si lasciarono vincere dai fumi dell'ira: adesso sono costretti a camminare entro una **coltre di fumo denso e soffocante**. In vita si accesero l'un contro l'altro e adesso recitano insieme la preghiera dell'«Agnello di Dio». Considerano esempi di mansuetudine (la virtù contraria al loro vizio) e d'ira punita.
CUSTODE	L'**angelo della misericordia** cancella la seconda P dalla fronte di Dante e canta la quinta beatitudine evangelica.
BEATITUDINE	La quinta beatitudine: «Beati i misericordiosi».
PERSONAGGI	**Dante** e **Virgilio**.
ESEMPI DI MANSUETUDINE	Sono visioni estatiche che appaiono in sequenza: **Maria** che ritrova dopo tre giorni di ricerca Gesù nel tempio; **Pisistrato** indulgente nei confronti di un innamorato di sua figlia; santo **Stefano** lapidato che perdona i suoi persecutori.

SEQUENZE

L'angelo della mansuetudine (vv. 1-39)
Mancano ancora tre ore al tramonto; i poeti, che stanno girando intorno al monte, sono abbagliati da una luce improvvisa. Dante cerca di riparare i suoi occhi di vivo con le mani, ma deve comunque girare indietro lo sguardo. È il riflesso abbagliante di un angelo che invita i poeti a salire su per una scala, meno erta delle precedenti. L'hanno appena imboccata, quando odono alle spalle un canto: «Beati i misericordiosi».

Salita alla terza cornice e dubbio di Dante (vv. 40-81)
Dante chiede a Virgilio spiegazioni: perché Guido del Duca si rammaricava che gli uomini desiderino ciò che non può essere condiviso con altri? «L'ansia che rende invidiosi – spiega Virgilio – si placherebbe se (invece di desiderare i beni terreni, che, essendo molto ambìti, toccano in porzioni troppo piccole a ciascuno) gli uomini indirizzassero i propri desideri verso l'infinita carità divina, che si accresce col numero di coloro che ne partecipano». Ma su questo Beatrice darà ulteriori spiegazioni.

Visioni di mansuetudine (vv. 82-145)
Siamo ormai sul ripiano della terza cornice. Qui Dante viene come rapito in estasi e vede esempi di mansuetudine. Quando, alla fine delle visioni, il pellegrino torna in sé, riconosce i suoi *non falsi errori*: visioni sì, ma di cose giuste. Virgilio gli comunica che da più di mezza lega cammina come intorpidito dal vino o dal sonno e che gli ha letto nel pensiero le visioni di pietà che lo hanno visitato. Proseguono verso il tramonto, mentre li sommerge un fumo nero come la notte.

Canto XVI

DATA	■ 11 aprile 1300 (lunedì di Pasqua), le sei del pomeriggio circa.
LUOGO	■ **Terza cornice**, caratterizzata da nebbia fittissima e fumo.
COLPA	■ L'**ira**, terzo vizio o peccato capitale.
PENA / CONTRAPPASSO	■ Gli iracondi in vita si lasciarono vincere dai fumi dell'ira: adesso sono costretti a camminare entro una **coltre di fumo denso e soffocante**. In vita si accesero l'un contro l'altro e adesso recitano insieme la preghiera dell'«Agnello di Dio».
CUSTODE	■ L'**angelo della mansuetudine**.
PERSONAGGI	■ **Dante** e **Virgilio**. ■ Anime d'iracondi, tra cui **Marco Lombardo**, cortigiano famoso nel Duecento.

SEQUENZE

■ **La cornice degli iracondi** (vv. 1-24)

La coltre di fumo nero che inonda la cornice è così densa da indurre Dante a camminare con gli occhi chiusi, aggrappato a Virgilio; intanto voci cantano l'*Agnus Dei*. Sono le voci degli iracondi.

■ **Marco Lombardo e il dubbio di Dante sulla corruzione del mondo** (vv. 25-63)

Un espiante si affianca ai due. Dante gli spiega come sia arrivato qui e gli chiede chi sia. «Fui Marco Lombardo, e amai la cortesia oggi in disuso» risponde lo spirito. Simili parole aggravano il dubbio insinuato da quelle di Guido del Duca nel canto XIV. Dante chiede quali siano le cause (se celesti o terrene) della corruzione del mondo.

■ **La teoria del libero arbitrio** (vv. 64-84)

Marco risponde assegnando la responsabilità agli uomini, esseri dotati di libero arbitrio. Essi possono cioè scegliere tra compiere il bene o il male: una facoltà che si alimenta con la cognizione e con l'esercizio del bene, e che può condurre a vincere gli influssi astrali dei corpi celesti.

■ **La causa della corruzione del mondo** (vv. 85-114)

Dopo aver detto che la causa della corruzione va ricercata negli uomini, Marco ne dà la dimostrazione. L'anima appena creata, ignara di tutto, inclina a ciò che l'allieta. Assaporando i piccoli piaceri del corpo, essa continua ad aspirare ad altri, finché il freno delle leggi non la orienta a felicità più mature. Le leggi oggigiorno esistono, ma manca un'autorità che le faccia applicare. «La Chiesa – prosegue Marco – mira solo ai beni mondani, e perciò il mondo degenera. Roma aveva due soli, che indicavano la via del mondo e quella di Dio: ora le due autorità sono tenute insieme per forza, e così non si temono più, né si controllano a vicenda». Grande è il disordine che ne deriva.

■ **Le tristi condizioni dell'Italia settentrionale** (vv. 115-145)

Se le cause si riconoscono negli effetti, basta guardare alla corruzione delle corti padane, dopo la sconfitta di Federico II: restano solo tre buoni, Corrado da Palazzo, il buon Gherardo da Camino e Guido da Castello. Dante approva la conclusione di Marco Lombardo. Dietro il fumo scorge ormai il chiarore del sole: Marco deve ritornare sui suoi passi.

Purgatorio

Canto XVII

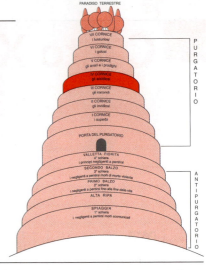

DATA	11 aprile 1300 (lunedì di Pasqua), sera.
LUOGO	**Passaggio** dalla terza **alla quarta cornice**; il fumo denso impedisce a Dante di vedere con chiarezza dove si trovi; riacquistata la vista, scorge un angelo che gli indica il passaggio alla cornice superiore. Qui Dante e Virgilio sostano.
COLPA	L'**ira**, terzo vizio o peccato capitale. ■ L'**accidia**, quarto vizio o peccato capitale.
PENA / CONTRAPPASSO	■ Per gli **invidiosi**, ▶canto XIII, p. 192. ■ Per gli **accidiosi**, ▶canto XVIII, p. 197.
CUSTODE	■ L'**angelo della mansuetudine** cancella la terza P dalla fronte di Dante e canta la quinta beatitudine evangelica.
BEATITUDINE	■ La settima beatitudine: «Beati i pacifici».
PERSONAGGI	■ **Dante** e **Virgilio**.
ESEMPI D'IRA PUNITA	■ Visioni estatiche appaiono in sequenza: **Progne** trasformata in usignolo per aver fatto mangiare i figli al marito Tèreo; **Aman**, ministro del re persiano Assuero, punito perché adirato con lo zio Mardocheo; la regina **Amata**, madre di Lavinia, suicida per la disperazione che la figlia Lavinia sposasse Enea e non Turno.

SEQUENZE

■ **Esempi d'ira punita** (vv. 1-39)
Al diradarsi del fumo che avvolge gli iracondi, s'intravede il sole che debolmente lo penetra. Per mezzo dell'immaginazione, Dio invia alla fantasia di Dante alcune visioni di iracondi puniti.

■ **L'angelo della mansuetudine** (vv. 40-69)
Un lume più intenso di quanto siamo soliti sopportare percuote gli occhi chiusi di Dante e ne infrange le visioni, che guizzano, languiscono, si spengono. La luce, insostenibile ad occhio umano, parla, perché – come spiega Virgilio – è la voce di un angelo. Esso dice: «Qui si sale». Sul primo gradino, un fruscio d'ala e un canto: «Beati i pacifici», mentre la P dell'ira è cancellata dalla fronte di Dante. Le stelle punteggiano la sera.

■ **La quarta cornice** (vv. 70-84)
I due poeti sostano, in cima alla scala che li ha condotti sul ripiano della quarta cornice. Dante chiede a Virgilio delucidazioni sulla colpa che lì viene espiata.

■ **Virgilio spiega l'ordinamento morale del Purgatorio** (vv. 85-139)
Virgilio risponde che si tratta dell'amore troppo debole del bene. Poi spiega la struttura del Purgatorio: «Tutti amano, d'amore naturale o volontario. Il primo è senza colpa, il secondo può deviare scegliendo male l'oggetto, o per troppo, o per poco vigore. Nessuno può odiare se stesso, né si può odiare il Creatore. Si può però amare il male del prossimo, per primeggiare (i superbi), per timore di essere sminuiti (gli invidiosi), per brama di vendetta (gli iracondi). Si può poi aspirare al bene con scarsa convinzione (gli accidiosi) oppure con troppa cura dei beni che non rendono perfettamente felici: in tal caso si commettono i peccati di avarizia, gola, lussuria».

Canto XVIII

Purgatorio

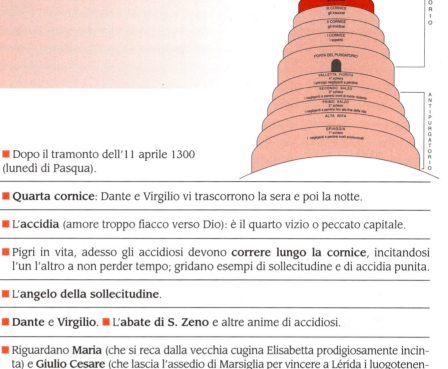

DATA	■ Dopo il tramonto dell'11 aprile 1300 (lunedì di Pasqua).
LUOGO	■ **Quarta cornice**: Dante e Virgilio vi trascorrono la sera e poi la notte.
COLPA	■ L'**accidia** (amore troppo fiacco verso Dio): è il quarto vizio o peccato capitale.
PENA / CONTRAPPASSO	■ Pigri in vita, adesso gli accidiosi devono **correre lungo la cornice**, incitandosi l'un l'altro a non perder tempo; gridano esempi di sollecitudine e di accidia punita.
CUSTODE	■ L'**angelo della sollecitudine**.
PERSONAGGI	■ **Dante** e **Virgilio**. ■ L'**abate di S. Zeno** e altre anime di accidiosi.
ESEMPI DI SOLLECITUDINE	■ Riguardano **Maria** (che si reca dalla vecchia cugina Elisabetta prodigiosamente incinta) e **Giulio Cesare** (che lascia l'assedio di Marsiglia per vincere a Lérida i luogotenenti di Pompeo). Sono gridati dalle prime due anime che corrono lungo la cornice.
ESEMPI DI ACCIDIA PUNITA	■ Riguardano gli **ebrei** (che dopo il passaggio del mar Rosso non volevano seguire Mosè) e quei **troiani** che, partiti assieme a Enea da Troia, si fermarono però in Sicilia. Sono gridati dalle ultime due anime che corrono lungo la cornice.

SEQUENZE

■ **Virgilio spiega a Dante che cosa sia amore** (vv. 1-39)
Adesso Dante vuole capire meglio la natura dell'amore. «L'anima – spiega Virgilio – ha una innata attitudine all'amore e si orienta naturalmente verso quelle realtà esterne che gli danno gioia. Questo è amore naturale o istintivo. Esiste poi un amore razionale, quando l'animo non solo inclina alla cosa che piace, ma la vuole. Se la disposizione ad amare è sempre buona, non sempre è buono ciò che si ama».

■ **L'amore e il libero arbitrio** (vv. 40-75)
Ma come si può giudicare buono o cattivo ciò che si ama? Ancora una volta Virgilio risolve il dubbio dal punto di vista della ragione; sarà Beatrice a chiarire ulteriormente la questione. L'uomo è dotato di ragione, con cui può decidere se accettare oppure no un amore. Le pulsioni primarie non sono colpevoli, ma la ragione che le seleziona è passibile di giudizi di merito. È tale capacità discrezionale che chiamiamo libero arbitrio.

■ **Esempi di sollecitudine** (vv. 76-105)
È quasi mezzanotte, brilla la luna in Sagittario. Dante, appagato dalle delucidazioni, è preso dal torpore. Si ridesta a causa di una schiera d'anime in corsa. Due, in testa al gruppo, gridano esempi di sollecitudine provenienti da Maria e da Giulio Cesare.

■ **L'abate di S. Zeno** (vv. 106-129)
Le anime successive incitano in coro all'alacrità. Virgilio chiede loro la strada. «Correte con noi, che non possiamo fermarci» risponde l'abate di San Zeno, che visse a Verona ai tempi del Barbarossa.

■ **Esempi di accidia punita e sonno di Dante** (vv. 130-145)
Sfilano le anime in corsa. Le ultime due gridano esempi di accidia punita. Dante si addormenta.

Purgatorio

Canto XIX

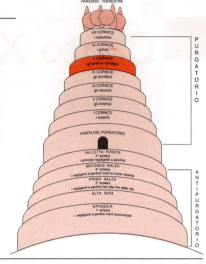

DATA	12 aprile 1300 (martedì dopo Pasqua), tra le quattro del mattino e l'alba.
LUOGO	Sosta notturna sulla **quarta cornice** e quindi **passaggio alla quinta cornice**.
COLPA	L'**accidia** (amore troppo fiacco verso Dio): è il quarto vizio o peccato capitale. L'**avarizia** (primo dei peccati commessi per troppo amore verso i beni terreni) e la **prodigalità** (il peccato di chi dissipa insensatamente i beni terreni).
PENA / CONTRAPPASSO	Per gli **accidiosi**, ▶canto XVIII. Per gli **avari** (e i **prodighi**), ▶canto XXI.
CUSTODE	L'**angelo della sollecitudine**, guardiano della quarta cornice: cancella la quarta P dalla fronte di Dante e canta la terza beatitudine evangelica. L'**angelo della giustizia**, guardiano della quinta cornice.
BEATITUDINE	La **terza** beatitudine: «Beati coloro che piangono».
PERSONAGGI	**Dante** e **Virgilio**. **Papa Adriano V** e altre anime di avari e prodighi.

SEQUENZE

Sogno di Dante (vv. 1-33)
Quando il calore del giorno precedente non può più mitigare il gelo della luna, e quando gli astrologi vedono nel cielo d'oriente la costellazione dei Pesci, Dante dorme. Sogna una *femmina balba* e *distorta*. A osservarla, essa si tramuta in una donna bella e affascinante. Ma interviene a ristabilire la verità una santa donna: e Virgilio-Ragione, afferrata la seduttrice, le strappa la veste mostrando il ventre fetido.

L'angelo della sollecitudine (vv. 34-51)
Al risveglio, i poeti s'incamminano, mentre il sole alle loro spalle sale nel cielo. Un angelo li invita al passaggio per la quinta cornice; con un battere d'ali cancella la quarta P sulla fronte di Dante e canta la beatitudine «beato chi piange, perché sarà saziato».

Virgilio interpreta il sogno di Dante (vv. 52-63)
Virgilio spiega a Dante il sogno, che rappresenta le seduzioni terrene da cui ci si purga nelle cornici superiori del monte.

La quinta cornice: gli avari e i prodighi (vv. 64-75)
Salita lungo la scala e arrivo alla quinta cornice. Qui Dante vede anime, schiacciate a faccia in giù nella terra, intonare tra i sospiri il salmo *Aderisce alla terra la mia anima*.

Adriano V papa (vv. 76-145)
Un'anima distesa indica la via ai poeti. Chi è? E perché è così sdraiata? «Fui successore di Pietro – risponde l'ombra a Dante – nato fra Sestri Levante e Chiavari, e so quanto pesa il gran manto papale se si vuole preservarlo dal fango. Avaro, mi convertii quando scoprii le menzogne della vita. Qui, faccia a terra, sconto il mio amore per le cose terrene». Dante s'inginocchia dinanzi a un papa, ma questi lo esorta a rialzarsi: «Sono servo quanto te. Chiedi a mia nipote Alagia, laggiù, che preghi per me...». E lo invita ad andare.

Canto XX

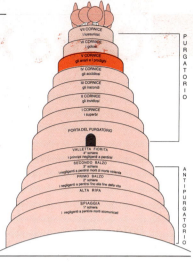

DATA	12 aprile 1300 (martedì dopo Pasqua), prime ore del mattino.
LUOGO	Quinta cornice.
COLPA	L'**avarizia** (primo dei peccati commessi per troppo amore verso i beni terreni) e la **prodigalità** (il peccato di chi dissipa insensatamente i beni terreni).
PENA / CONTRAPPASSO	Per la pena degli **avari** (e i **prodighi**), ▶ canto XXI.
CUSTODE	L'angelo della giustizia.
ESEMPI DI POVERTÀ	Pronunciati dalle anime, riguardano **Maria**, che partorì in una semplice stalla; il console romano **Fabrizio**, che respinse i doni dei Sanniti; **san Niccolò**, vescovo di Mira in Frigia, che donò a tre fanciulle la dote, affinché si sposassero onestamente.
ESEMPI DI AVARIZIA PUNITA	Sono pronunciati anch'essi dalle anime, di notte: riguardano vari **personaggi storici, mitologici e biblici**.
PERSONAGGI	Dante e Virgilio. Ugo **Capeto**, vissuto nel X secolo, re di Francia.

SEQUENZE

■ **Dante impreca contro l'*antica lupa* della cupidigia** (vv. 1-12)
Dante s'allontana da Adriano V e s'inoltra rasente la roccia, tante sono le anime degli avari. E allora pensa: «Maledetta lupa-avarizia, quante sono le tue vittime!».

■ **Esempi di povertà** (vv. 13-33)
Proseguendo, si ascoltano anime piangere e lamentarsi. Una di loro proferisce esempi di umiltà e generosità.

■ **Ugo Capeto e la maledizione sui Capetingi** (vv. 34-96)
«Chi fosti – chiede Dante a quell'anima – e perché solo tu reciti gli esempi di virtù?». «*Io fui* – risponde l'anima – *radice de la mala pianta* che tormenta la cristianità: mi chiamai Ugo *Chapet* (Ciappetta=Capeto). Figlio di un popolano di Parigi, quando i Carolingi si estinsero, mi ritrovai in mano il governo e tanto potere e tante amicizie da incoronare mio figlio. All'inizio la mia casa non era troppo forte, non faceva del male. Poi, ricevuta in dote la Provenza, cominciarono le rapine. I miei discendenti conquistarono terre in Francia e in Italia; qui Carlo d'Angiò uccise Corradino e san Tommaso; Carlo di Valois ingannerà Firenze; e Filippo il Bello, ad Anagni, farà come chi rubò Cristo al Getsemani. Fai, o Signore, che io possa rallegrarmi della tua vendetta».

■ **Esempi di avarizia punita** (vv. 97-123)
Ugo risponde alla seconda domanda di Dante: le anime ripetono esempi di povertà durante il giorno, e di notte esempi di avarizia punita. Quando Dante lo aveva udito, non vi erano altre anime accanto a lui.

■ **Un terremoto e un inno** (vv. 124-151)
Mentre i poeti si allontanano, un terremoto scuote la montagna, un grido risuona in forma di inno: che cosa sta succedendo?

Purgatorio

Canto XXI

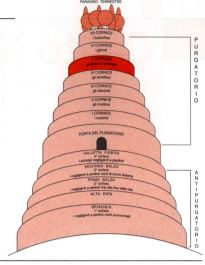

DATA	12 aprile 1300 (martedì dopo Pasqua), prime ore del mattino.
LUOGO	Quinta cornice.
COLPA	L'**avarizia** (primo dei peccati commessi per troppo amore verso i beni terreni) e la **prodigalità** (il peccato di chi dissipa insensatamente i beni terreni).
PENA / CONTRAPPASSO	Gli avari (e i prodighi), che in vita non volsero il loro sguardo al cielo, sono ora costretti a **giacere bocconi lungo la cornice**; in vita vollero impadronirsi di ogni cosa, adesso hanno **mani e piedi legati**. Recitano piangendo il salmo 118 (*Aderisce alla terra la mia anima*). Ripetono di giorno esempi di povertà e liberalità; di notte, esempi di avarizia punita.
CUSTODE	L'**angelo della giustizia**.
PERSONAGGI	**Dante** e **Virgilio**. **Stazio**, poeta latino del I secolo d.C.

SEQUENZE

■ **Apparizione di Stazio** (vv. 1-33)
Dante, tormentato dalla sete (di conoscere) che le parole di Gesù placarono alla samaritana, cammina in fretta dietro Virgilio. Un'ombra dietro di loro li benedice: «Pace a voi». Virgilio restituisce il saluto, dicendo che, purtroppo, lui non può raggiungere la vera pace, perché è una delle anime del Limbo. Quanto a Dante, è un vivo, e viaggia in quel luogo per volere di Dio.

■ **Ragione del terremoto e del canto** (vv. 34-75)
Virgilio domanda: «Perché il terremoto?». L'anima spiega che il monte è immune da perturbazioni naturali. «Qui – continua – la terra trema quando un'anima si sente ormai purificata, libera dalle sue colpe». Proprio questo era successo a lui, poco prima. Dopo 500 anni di espiazione, finalmente egli aveva sentito la libera volontà di salire al cielo: per questo la terra aveva tremato, mentre le altre anime rendevano lode a Dio.

■ **Stazio rivela il proprio nome e parla di sé** (vv. 76-102)
«Ma chi sei?» chiede Virgilio. «Sono un poeta; vissi al tempo in cui Tito imperatore punì Gerusalemme e gli ebrei. Fui incoronato a Roma; Stazio fu il mio nome. Cantai prima di Tebe e poi di Achille, lasciando incompiuto questo secondo poema. Mi accesi di amore per la poesia grazie all'*Eneide*. Ah, fossi nato al tempo di Virgilio…».

■ **Stazio e Virgilio si riconoscono** (vv. 103-136)
Virgilio fa cenno a Dante di tacere, ma questi non riesce a trattenere un sorriso, di cui Stazio chiede spiegazioni. E allora, con il consenso del maestro, il discepolo ne rivela l'identità. Al conoscerla, l'ombra di Stazio s'inginocchia dinanzi a quella di Virgilio, dimenticando per un attimo che entrambi sono incorporei, tanto l'amore che egli prova per il sommo poeta dell'*Eneide*.

Canto XXII

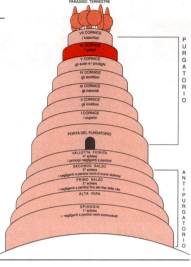

DATA	■ 12 aprile 1300 (martedì dopo Pasqua), tra le dieci e le undici del mattino.
LUOGO	■ **Passaggio** dalla quinta alla **sesta cornice**; qui si trovano due grandi alberi con frutti profumati e freschi d'acqua. Dai rami provengono voci.
COLPA	■ La **gola,** sesto vizio o peccato capitale.
PENA / CONTRAPPASSO	■ I golosi in vita si saziarono troppo di cibi e bevande, e ora devono passare sotto rami carichi di ogni ben di Dio, sempre **soffrendo fame e sete**; aprirono le labbra per soddisfare i piaceri della gola, e ora pregano: «Apri le mie labbra, Signore».
CUSTODE	■ L'**angelo della giustizia** cancella la quinta P dalla fronte di Dante. ■ L'**angelo della temperanza** pronuncia la quarta beatitudine evangelica.
ESEMPI DI TEMPERANZA	■ Pronunciati da una voce che proviene dai rami dell'albero, gli esempi riguardano: **Maria**, alle nozze di Cana; le temperanti **donne di Roma antica**; il profeta **Daniele**; i parchi abitanti dell'**età dell'oro**; san **Giovanni Battista** che visse nel deserto.
BEATITUDINE	■ La **quarta beatitudine**: «Beati coloro che hanno sete della giustizia».
PERSONAGGI	■ **Dante** e **Virgilio**. ■ **Stazio** (▶ canto XXI).

SEQUENZE

■ **L'angelo della giustizia** (vv. 1-9)
I poeti hanno già superato l'angelo della giustizia, che ha cancellato la quinta P dalla fronte di Dante e ha recitato la quarta beatitudine: «Beati gli assetati di giustizia».

■ **Il peccato di Stazio e il suo pentimento per merito di Virgilio** (vv. 10-54)
Sulla scala che conduce alla sesta cornice, Virgilio dice che l'amore innesca amore, purché virtuoso e manifesto: e lui, Virgilio, aveva già da tempo ricambiato l'amore di Stazio. Ma come poté, un uomo tanto saggio, essere avaro? «No – dice Stazio – non fui avaro, bensì prodigo. Tale rimasi finché non lessi la frase dell'*Eneide* sulla "sacra" fame dell'oro: compresi allora che anche la prodigalità è una colpa e me ne pentii».

■ **La conversione religiosa di Stazio per merito di Virgilio** (vv. 55-114)
Da una domanda all'altra: come e perché Stazio si convertì alla fede, di cui non vi è traccia nei suoi poemi? Stazio risponde che proprio Virgilio lo illuminò, svolgendo il prezioso servizio dello schiavo, che avanza nelle tenebre tenendo la lanterna alle spalle, mostrando al padrone la via che egli stesso non vede. «Per te poeta fui, per te cristiano». Stazio però non si rivelò credente: per tale debolezza trascorse tra gli accidiosi più di quattro secoli. Poi Stazio chiede a Virgilio notizie di antichi scrittori e personaggi letterari.

■ **Sesta cornice: i golosi e gli esempi di temperanza** v. 115-154)
Sulla sesta cornice sono passate le dieci. Stazio, Virgilio, Dante camminano sull'orlo del monte. S'imbattono in un albero dai frutti profumati: la sua chioma digrada verso il basso, irrorata dall'acqua freschissima che spiove dalla roccia. Una voce vieta di cogliere i frutti ed elenca ammirevoli esempi di sobrietà.

Purgatorio

Canto XXIII

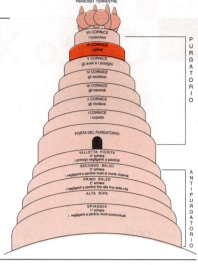

DATA	12 aprile 1300 (martedì dopo Pasqua), verso mezzogiorno.
LUOGO	Purgatorio, **sesta cornice** (v. canto XXII).
COLPA	La **gola,** sesto vizio o peccato capitale.
PENA / CONTRAPPASSO	I golosi, **smagriti dalla fame e dalla sete**: per la loro pena, ▶ canto XXII.
CUSTODE	L'angelo della temperanza.
PERSONAGGI	**Dante, Virgilio** e **Stazio.** **Forese Donati**, poeta fiorentino amico di Dante.

SEQUENZE

■ **La pena dei golosi** (vv. 1-36)
I poeti odono un versetto del *Miserere* e i penitenti che lo recitano. Sono anime consunte, con occhiaie profonde, più scarne di Erisìttone punito da Cerere e di Maria l'ebrea al tempo dell'assedio di Gerusalemme. Dell'«OMO» scritto sui loro visi, si vede bene la M delle sopracciglia sulle O degli occhi.

■ **La magrezza delle anime e l'incontro con Forese** (vv. 37-75)
Un'ombra fissa Dante e lo saluta con un grido di gioia. Irriconoscibile per l'aspetto alterato, si rivela nella voce: allora Dante riconosce e compatisce l'amico Forese Donati. Questi spiega al poeta la pena dei golosi: nell'acqua e nell'albero è infusa una virtù soprannaturale che fa dimagrire.

■ **Forese ringrazia la moglie Nella e depreca le sfacciate donne fiorentine** (vv. 76-111)
Dante gli chiede come mai sia qui e non nell'antipurgatorio, pur essendosi pentito in fin di vita. «La Nella mia – risponde Forese – mi salva con le sue preghiere. Ma la terra in cui l'ho lasciata, Firenze, è più barbara della Barbagia, dove le donne vanno in giro seminude. Presto però si vieterà dal pulpito alle fiorentine di girare a seno scoperto: se esse sapessero la punizione che il cielo prepara loro, avrebbero già cambiato vita!».

■ **Dante dà notizie di sé all'amico** (vv. 112-133)
Ora tocca a Forese sapere da Dante perché sia vivo tra i morti, e lui risponde: «Dalla vita gaudente che conducevamo insieme, di cui ti peserà il ricordo, mi ha distolto la mia guida, Virgilio, pochi giorni fa. Lui mi ha condotto tra i veri morti fin qui; e da qui mi condurrà fino a Beatrice».

Mentre che li occhi per la fronda verde
ficcava ïo sì come far suole
3 chi dietro a li uccellin sua vita perde,

lo più che padre mi dicea: «Figliuole,
vienne oramai, ché 'l tempo che n'è imposto
6 più utilmente compartir si vuole».

Io volsi 'l viso, e 'l passo non men tosto,
appresso i savi, che parlavan sìe,
9 che l'andar mi facean di nullo costo.

Ed ecco piangere e cantar s'udìe
«Labïa mëa, Domine» per modo
12 tal, che diletto e doglia parturìe.

«O dolce padre, che è quel ch'i' odo?»,
comincia' io; ed elli: «Ombre che vanno
15 forse di lor dover solvendo il nodo».

Sì come i peregrin pensosi fanno,
giugnendo per cammin gente non nota,
18 che si volgono ad essa e non restanno,

così di retro a noi, più tosto mota,
venendo e trapassando ci ammirava
21 d'anime turba tacita e devota.

Ne li occhi era ciascuna oscura e cava,
palida ne la faccia, e tanto scema
24 che da l'ossa la pelle s'informava.

La pena dei golosi

1-6. Mentre io fissavo lo sguardo tra i rami e le foglie verdi [dell'albero dei golosi], così come di solito fa chi [il cacciatore] trascorre il proprio tempo dietro agli uccellini, Virgilio, per me più di un padre, mi diceva: «Figliolo, adesso vieni via, perché è necessario (*si vuole*) usare in modo più utile il tempo che ci è concesso (*n'è imposto*)». **7-9.** Io girai gli occhi (*viso*) e non meno velocemente i passi dietro ai due poeti [Virgilio e Stazio], che discorrevano tra loro di cose tanto interessanti, che mi rendevano per nulla faticoso (*di nullo costo*) il cammino. **10-12.** Ed ecco che si udì piangere e cantare «Le mie labbra, Signore» (*Labïa mëa, Domine*, versetto del salmo *Miserere*), in un modo tale che mi generò (*parturíe*) un piacere misto a dolore. **13-15.** «O dolce padre [Virgilio] – cominciai – cos'è mai ciò che io ascolto?»; ed egli mi rispose: «Sono anime, penso (*forse*), che stanno pagando (*solvendo*) il debito (*il nodo*) di cui sono debitori (*di loro dover*) [verso Dio]». **16-21.** Come fanno i pellegrini assorti, quando lungo il loro cammino raggiungono persone sconosciute e si voltano verso di loro senza fermarsi (*non restanno*), così ci guardava con meraviglia dietro di noi una folla di anime silenziosa e pia, che correva più velocemente (*più tosto mota*) e che ci superò (*trapassando*). **22-24.** Ognuna di loro aveva occhiaie scure e scavate, pallida in viso e così priva di carne (*scema*) che la pelle prendeva la forma (*s'informava*) delle ossa.

---

1. la fronda verde: rami e foglie dell'albero misterioso, che nel finale del canto XXII gridava esempi di sobrietà. È lo stesso cui alluderà l'espressione *la pianta / rimasa dietro* dei vv. 62-63.

3. chi dietro a li uccellin sua vita perde: la curiosità di Dante personaggio è paragonata a quella del cacciatore di nidi, che passa la vita a scrutare, con intenso desiderio, il fogliame, in cerca di uccellini.

4-5. Figliuole, / vienne oramai: secondo lo studioso Franco Ferrucci, l'albero in cui Dante si smarrisce rappresenta il paradiso, quindi il grado più alto di poesia, a cui il pellegrino-poeta aspira ormai con impazienza; quindi Virgilio vuole ammonire a maggior prudenza l'allievo, che deve prima completare l'espiazione purgatoriale.

11. Labïa mëa, Domine: è l'inizio del *Miserere* (Salmo 50, 16), che nel testo biblico recita così: *Domine, labia mea aperies, / et os meum adnuntiabit laudem tuam* («Signore, aprirai le mie labbra, e la mia bocca proclamerà la tua lode»). La doppia dieresi (/la-bï-a-më-a/) e anche la posposizione del *Domine* rendono più suggestivo e patetico questo *cantar* dei penitenti, così da insinuare pena (*doglia*) nel *diletto* di chi li ascolta. Appare davvero espressiva la metafora di *parturir*, come uno strappare dalle viscere gli opposti sentimenti di *diletto* e *doglia*.

16. pensosi: l'aggettivo (associato al sostantivo *peregrin*) ci immette in un clima di raccoglimento e di preghiera, che caratterizza il *Purgatorio*.

20. venendo e trapassando: sopraggiungendo e superandoci; si noti l'incalzare dei gerundi, molto espressivi. Come dice l'espressione *ci ammirava*, a essere oggetto dell'osservazione stupita dei golosi è l'intero gruppetto dei tre poeti (Dante, Virgilio e Stazio): il loro aspetto prova che essi non subiscono la stessa pena dei golosi.

22-23. Ne li occhi... oscura e cava... palida ne la faccia: sono immagini e parole di Ovidio (*Metamorfosi* VIII, 801), estratte dalla pagina che Dante direttamente evocherà nella terzina successiva. La nota dominante, qui e poi più volte in seguito, quasi come un'ossessione, è data dagli occhi: quelle dei golosi sono «orbite riempite d'ombra» (Grabher).

Purgatorio

Non credo che così a buccia strema
Erisittone fosse fatto secco,
27   per digiunar, quando più n'ebbe tema.

Io dicea fra me stesso pensando: «Ecco
la gente che perdé Ierusalemme,
30   quando Maria nel figlio diè di becco!».

Parean l'occhiaie anella sanza gemme:
chi nel viso de li uomini legge «omo»
33   ben avria quivi conosciuta l'emme.

Chi crederebbe che l'odor d'un pomo
sì governasse, generando brama,
36   e quel d'un'acqua, non sappiendo como?

Già era in ammirar che sì li affama,
per la cagione ancor non manifesta
39   di lor magrezza e di lor trista squama,

ed ecco del profondo de la testa
volse a me li occhi un'ombra e guardò fiso;
42   poi gridò forte: «Qual grazia m'è questa?».

Mai non l'avrei riconosciuto al viso;
ma ne la voce sua mi fu palese
45   ciò che l'aspetto in sé avea conquiso.

25-27. Non credo che Erisíttone fosse così rinsecchito (*fatto secco*) fino all'ultimo lembo di carne (*buccia strema*) per il suo digiuno, quando esso gli fece più paura [di morire]. **28-30.** Io, pensando fra me e me, dicevo: «Ecco il popolo che perse Gerusalemme durante l'assedio [romano], quando Maria [di Eleazaro] addentò (*dié di becco*) suo figlio». **31-33.** Le occhiaie [su quei volti] sembravano degli anelli privati di gemme: chi, nel viso degli uomini, legge la scritta «omo» [infatti gli occhi formerebbero le due O, mentre la M sarebbe composta da zigomi, sopraccigli e linea del naso], qui (*quivi*=là, su quei volti di espianti) avrebbe riconosciuto senza sforzo la M [la magrezza delle guance accentuava zigomi e arcate sopraccigliari]. **34-36.** Chi, ignorandone la causa (senza sapere *como*=*como*), potrebbe credere che il profumo di un frutto e quello dell'acqua possa deformare (*governasse*) in tale stato (*sì*), per il solo desiderio che suscita?

La magrezza delle anime e l'incontro con Forese

37-42. Io mi stavo già chiedendo, con stupore, cosa mai li rendesse tanto affamati, perché non era visibile la ragione della loro magrezza e della loro pelle disseccata (*trista squama*), quand'ecco che un'anima girò verso di me i suoi occhi dal fondo scuro delle occhiaie, e mi guardò fissamente, poi gridò con forza: «Quale grazia è per me (*mi*) questa [di vederti qui]?». **43-45.** Mai avrei potuto riconoscerlo dall'aspetto; ma dalla sua voce mi fu chiaro quello [la sua identità] che l'aspetto [così stravolto] aveva cancellato (*conquiso*).

---

26. Erisittone: mitico principe di Tessaglia, costui tagliava legna nel bosco di Cerere; abbatté con l'ascia un rovere sacro alla dea, la quale lo castigò ingiungendo alla «pestifera Fame» di straziarlo. Esaurito il cibo, Erisittone finì per mangiarsi a morsi, nutrendo il suo corpo e insieme scarnificandolo.

29. la gente che perdé Ierusalemme: sono gli ebrei di Gerusalemme che, stremati dal lungo assedio delle truppe romane di Tito, capitolarono nell'anno 70. Nel *Bellum Iudaicum* lo scrittore ebreo Giuseppe Flavio (VI, 202-213) narra la terribile storia di una ricca donna, Maria di Eleazaro, che resa furente per la fame, finì per spolpare il figlio neonato (*nel figlio diè di becco*). L'episodio fu a lungo commemorato dagli eru-

diti medievali (Giovanni di Salisbury, *Policraticus* II, 6; Vincenzo di Beauvais, *Speculum historiale* X, 5).

32. chi nel viso degli uomini legge «omo»: nella solenne grafia gotica maiuscola o onciale, la M era scritta "gigliata", con due piccole "o" inserite nelle anse laterali; si ricavava così la sagoma di una faccia d'uomo incorniciata dall'elmo, con i due occhi disposti da una parte e dall'altra del coprinaso. Perciò i medievali ritenevano che noi «òmini» avessimo scritto «omo» in viso. La terribile magrezza dei volti dei golosi accentuava gli zigomi e gli archi sopracciliari, rendendo quindi più evidente il monogramma come un geroglifico del viso umano.

**38. per la cagione ancora non manife-

sta: il poeta vuole che sia Forese, tra poco, a spiegargli tale *cagione*; un ritardo che accentua la curiosità di sapere e la drammaticità della situazione.

42. Qual grazia m'è questa?: cioè, «Che grazia mi tocca?». Il goloso irriconoscibile riconosce il pellegrino. La stessa situazione si presenta nell'*Inferno*, quando l'ex maestro Brunetto Latini, irriconoscibile per Dante, grida al vederlo: «Qual maraviglia!» (*Inf.* XV, 24).

44. la voce sua: l'unica cosa rimasta intatta nella fisionomia umana di Forese. Anche Casella (*Purg.* II, 86) era stato riconosciuto da Dante solo per la sua voce; lo stesso era avvenuto al personaggio di Belacqua (*Purg.* IV, 115).

Questa favilla tutta mi raccese
mia conoscenza a la cangiata labbia,
48 e ravvisai la faccia di Forese.

«Deh, non contendere a l'asciutta scabbia
che mi scolora», pregava, «la pelle,
51 né a difetto di carne ch'io abbia;

ma dimmi il ver di te, dì chi son quelle
due anime che là ti fanno scorta;
54 non rimaner che tu non mi favelle!».

«La faccia tua, ch'io lagrimai già morta,
mi dà di pianger mo non minor doglia»,
57 rispuos' io lui, «veggendola sì torta.

Però mi dì, per Dio, che sì vi sfoglia;
non mi far dir mentr' io mi maraviglio,
60 ché mal può dir chi è pien d'altra voglia».

Ed elli a me: «De l'etterno consiglio
cade vertù ne l'acqua e ne la pianta
63 rimasa dietro, ond' io sì m'assottiglio.

Tutta esta gente che piangendo canta
per seguitar la gola oltra misura,
66 in fame e 'n sete qui si rifà santa.

Di bere e di mangiar n'accende cura
l'odor ch'esce del pomo e de lo sprazzo
69 che si distende su per sua verdura.

46-48. Questo indizio (*favilla*) risvegliò tutta la mia conoscenza del volto cambiato (*cangiata labbra*), e riconobbi chiaramente i lineamenti di Forese Donati. **49-54.** «Su, non badare (*contendere*) – mi chiedeva – alla scabbia secca che mi deforma la pelle, e non guardare se io ho mancanza di carne, ma dimmi [piuttosto] la verità su di te, dimmi chi sono quelle due anime che laggiù ti fanno da guida. Non restare senza parlarmi (*favelle*)!». **55-60.** «Il tuo volto, che io ho compiansi dopo che tu moristi – gli risposi – ora mi suscita un non minore dolore [di allora], al vederlo così deformato (*torta*). Perciò dimmi, in nome di Dio, cosa mai vi avvizzisce (*sfoglia*) in questo modo; non farmi parlare, mentre sono pieno di meraviglia, perché non riesce a parlare (*mal può dir*) uno che è tutto preso da un altro interesse (*voglia*)». **61-63.** Ed egli mi disse: «Dalla volontà di Dio (*etterno consiglio*) scende nell'acqua e nella pianta, che ci siamo lasciati alle spalle, un potere (*vertù*) [soprannaturale] per il quale (*ond'*) io dimagrisco in questo modo (*sì*). **64-66.** Tutte queste anime che cantano [il salmo] tra le lacrime (*piangendo*), per aver assecondato la gola oltre misura, qui si purificano soffrendo (*in*) fame e sete. **67-69.** È il profumo che esce dai frutti (*pomo*) e dallo spruzzo d'acqua che si sparge su per le verdi foglie (*verdura*) dell'albero, a metterci smania (*cura*) di bere e di mangiare.

---

46. favilla... raccese: la metafora vuole suggerire che la voce (di Forese) è come la scintilla che riaccende in Dante la memoria, è l'indizio che apre la via (come la *favilla* prepara il fuoco successivo) a una conoscenza più completa.

48. e ravvisai la faccia di Forese: Dante riconosce dunque la *faccia* dell'amico; tale riconoscimento giunge dopo un lungo, tortuoso, ipotetico ragionamento (avviatosi dal verso 40: *ed ecco...*), un giro di versi tutto finalizzato a questa semplicissima ma emozionante conclusione. Essa spalanca la via all'incontro, inatteso, con uno degli amici di gioventù. Forese, fiorentino, era membro della grande famiglia guelfa dei Donati; Dante sposò sua cugina Gemma. Forese era uomo di mondo e poeta, morto intorno ai trentacinque anni

il 28 luglio 1296. Ebbe con Dante una turbolenta amicizia, documentata dalla celebre "tenzone" poetica: sei sonetti che i due si scambiarono "per le rime", in età giovanile. Nei suoi sonetti Dante più volte accusa Forese di golosità, con il tono spregiudicato e volgare allora tipico dello stile "basso".

49. asciutta scabbia: psoriasi.

52-54. Ma dimmi... dì.... non mi favelle: grande è l'insistenza di Forese, tradotta nella ripetizione del verbo «dire» e del suo sinonimo *favellare*. Allo stesso modo, fra pochi versi, Dante insisterà con l'amico, sempre scongiurandolo di parlare (*però mi dì... non mi far dir... mal può dir*). Entrambi desiderano ardentemente le spiegazioni dell'altro.

55. io lagrimai già morta: un'intensa no-

ta di affetto risuona in questa immagine di compianto funebre.

58. sfoglia: il verbo (relativo all'albero che perde d'inverno la sua chioma verde e rimane scheletrito) dà in modo straordinariamente vivo l'idea dello squamarsi della pelle e del consumarsi della carne dei golosi; effetti della misteriosa *vertù* dell'albero miracoloso, di cui si parla subito dopo, al v. 62. L'analogia (i rami perdono le foglie, come i golosi la carne) produce la metafora (dimagrire=sfogliarsi): metafora a sua volta prodotta dalla situazione (la pena dei golosi come effetto dell'albero e della sua *vertù*).

68. lo sprazzo: lo spruzzo d'acqua chiara, come è stato spiegato nel canto XXII (vv. 137-138), irrora dal basso in alto il fogliame verde dell'albero.

Purgatorio

E non pur una volta, questo spazzo
girando, si rinfresca nostra pena:
72   io dico pena, e dovria dir sollazzo,

ché quella voglia a li alberi ci mena
che menò Cristo lieto a dire "Elì",
75   quando ne liberò con la sua vena».

E io a lui: «Forese, da quel dì
nel qual mutasti mondo a miglior vita,
78   cinqu' anni non son vòlti infino a qui.

Se prima fu la possa in te finita
di peccar più, che sovvenisse l'ora
81   del buon dolor ch'a Dio ne rimarita,

come se' tu qua sù venuto ancora?
Io ti credea trovar là giù di sotto,
84   dove tempo per tempo si ristora».

Ond' elli a me: «Sì tosto m'ha condotto
a ber lo dolce assenzo d'i martìri
87   la Nella mia con suo pianger dirotto.

Con suoi prieghi devoti e con sospiri
tratto m'ha de la costa ove s'aspetta,
90   e liberato m'ha de li altri giri.

Tanto è a Dio più cara e più diletta
la vedovella mia, che molto amai,
93   quanto in bene operare è più soletta;

70-75. E il nostro tormento si rinnova (*rinfresca*) non una volta soltanto, percorrendo in tondo questo ripiano (*spazzo*): lo chiamo tormento, ma dovrei definirlo piacere (*sollazzo*), perché a sospingerci verso gli alberi è quel desiderio che indusse Cristo a dire con serenità (*lieto*) "Dio mio" (*Elì*), quando [sulla croce] ci redense (*ne liberò*) con il suo sangue (*vena*)».

Forese ringrazia la moglie Nella e deprecà le sfacciate donne fiorentine

76-78. E io gli dissi: «Forese, da quel giorno in cui lasciasti il mondo, per ottenere in cambio una vita migliore, fino a oggi, non sono passati [ancora] cinque anni. **79-84.** Se la possibilità (*possa*) di commettere peccati in te venne meno prima che sopraggiungesse (*sovvenisse*) [in tuo soccorso] l'ora del pentimento finale (*buon dolor*), che ci ricongiunge a Dio [cioè: se hai indugiato a pentirti fino all'ultimo istante di vita, quando cessa la possibilità di peccare], allora come hai potuto arrivare quassù così presto (*ancora*)? Io credevo d'incontrarti laggiù di sotto [nell'antipurgatorio], dove il tempo [perduto senza pentimento] si rimedia (*si ristora*) con (*per*) [altrettanto] tempo [d'attesa]». **85-90.** Ed egli mi rispose: «Così in fretta mi ha spinto a scontare la pena amara e dolce insieme (*a ber lo dolce assenzo d'i martìri*) mia moglie Nella, con i suoi pianti dirotti. Con le sue preghiere pie e i suoi sospiri mi ha tirato fuori dall'antipurgatorio (*la costa ove s'aspetta*) e mi ha liberato dalle altre cornici (*giri*). **91-96.** La mia vedova, che in vita molto ho amato, è tanto più cara e amata da Dio, quanto è più isolata nel fare del bene;

---

70. non pur una volta: e cioè, quanto più spesso i golosi giungono sotto uno dei due alberi, tanto più soffrono, e accelerano in tal modo la loro purificazione. Perciò le anime corrono e non si arrestano (v. 20) al vedere Dante.

72. sollazzo: letizia, sollievo; l'italiano di Dante lo riprende dal latino *solacium* (da *solor*, "consolo"), da cui deriva anche il provenzale *solatz* ("svago", "scherzo", "sollazzo").

73-74. quella voglia... che menò Cristo: riprendendo un concetto enunciato da Stazio poco prima (*Purgatorio* XXI, vv. 64-66), Forese professa l'adesione delle anime espianti alle pene finalizzate a redimerli; tale adesione ricorda la letizia con cui Gesù immolò sulla croce il suo sangue (per metonimia: *la sua vena*) a redenzione dell'umanità. Il verso 74 cita l'invocazione *Elì, Elì, lamma sabacthani* (*Vangelo secondo Matteo*,

27, 46 e *Vangelo secondo Marco* 15, 34) rivolta in lingua aramaica da Cristo agonizzante al Padre: «Mio Dio, mio Dio, perché mi hai abbandonato?». Non era però un grido di gioia, come invece Dante riteneva, sulla base dei teologi del suo tempo.

79-82. Se prima fu... venuto ancora: possiamo parafrasare così questa domanda all'amico Forese: «Se – a quanto mi risulta – ti sei pentito solo in punto di morte, come mai sei già qui su? Francamente, m'aspettavo di trovarti in antipurgatorio...». Da un altro amico fiorentino, il liutaio Belacqua, Dante ha appreso (canto IV, v. 130 e ss.; e anche XI, vv. 127-131) la legge secondo cui l'attesa in antipurgatorio dura quanto è durata la vita terrena.

86. lo dolce assenzo: un ossimoro, in cui Forese riassume la complessità del rapporto fra le anime del Purgatorio e i loro *martìri*; l'*assenzo* (o «assenzio») è un liquo-

re amarissimo, preparato con la pianta omonima, simile al moderno vermut (dal tedesco *Wermut*, "assenzio"). La pena è in sé stessa amara, come l'assenzio, perché procura sofferenza, ma è anche *dolce*, perché purifica l'anima, rendendola degna della beatitudine.

87. la Nella mia: è la vedova di Forese. Di lei non sappiamo nulla, salvo dicerie sulla sua presunta insoddisfazione per lo scarso amore portatole dal marito (come Dante afferma nei sonetti della *Tenzone*, laddove chiama Nella «...la malfatata/ moglie di Bicci vocato Forese» - *Rime* 26, 2-3). Invece qui, in purgatorio, il marito esprime immensa tenerezza e gratitudine per la «vedovella sua» (v. 92): darle spazio, come donna devota al marito e unico esempio di virtù in mezzo alle sfacciate concittadine, serve a Dante per ritrattare implicitamente le sue maldicenze giovanili.

Canto XXIII

ché la Barbagia di Sardigna assai
ne le femmine sue più è pudica
96 che la Barbagia dov' io la lasciai.

O dolce frate, che vuo' tu ch'io dica?
Tempo futuro m'è già nel cospetto,
99 cui non sarà quest' ora molto antica,

nel qual sarà in pergamo interdetto
a le sfacciate donne fiorentine
102 l'andar mostrando con le poppe il petto.

Quai barbare fuor mai, quai saracine,
cui bisognasse, per farle ir coperte,
105 o spiritali o altre discipline?

Ma se le svergognate fosser certe
di quel che 'l ciel veloce loro ammanna,
108 già per urlare avrian le bocche aperte;

ché, se l'antiveder qui non m'inganna,
prima fien triste che le guance impeli
111 colui che mo si consola con nanna.

Deh, frate, or fa che più non mi ti celi!
vedi che non pur io, ma questa gente
114 tutta rimira là dove 'l sol veli».

Per ch'io a lui: «Se tu riduci a mente
qual fosti meco, e qual io teco fui,
117 ancor fia grave il memorar presente.

perché la regione sarda della Barbagia, nelle sue donne, è tanto più casta, di quella Barbagia [Firenze] dove io l'ho lasciata [morendo]. **97-102.** O dolce fratello, cosa vuoi che ti dica? Vedo già davanti ai miei occhi (*m'è già nel cospetto*) [leggendolo in Dio] un tempo futuro, rispetto al quale l'ora presente non sarà remota, in cui verrà proibito dal pulpito (*in pergamo*=dalle autorità ecclesiastiche) alle sfrontate donne fiorentine di andare in giro mostrando il petto con i seni nudi. **103-105.** Quali donne barbare, quali donne saracene ci furono mai, che avessero bisogno, perché andassero in giro vestite coperte, di decreti (*discipline*) religiosi (*spiritali*) o civili (*altre*)? **106-111.** Ma se le svergognate [le fiorentine] fossero coscienti di ciò che il cielo prepara (*ammanna*) a loro, fra non molto (*veloce*), avrebbero già spalancato la bocca per gridare [di paura]; perché se la mia capacità di prevedere il futuro (*l'antiveder*) non m'inganna, esse saranno (*fien*) dolenti prima che metta peli sulle gote (*le guance impeli*) chi ora si lascia consolare con la ninna nanna [cioè: prima che ai bambini di oggi cresca la barba, ovvero fra 15 anni circa].

Dante dà notizie di sé all'amico

112-114. Su, fratello, non nasconderti più a me! Vedi che non soltanto (*pur*) io, ma anche tutte queste anime fissano il punto in cui tu fai ombra (*veli*) al sole [con il tuo corpo]». **115-117.** Perciò gli risposi: «Se tu richiami alla memoria come ti sei comportato con me e come io mi sono comportato con te, ancora oggi sarebbe doloroso (*fia grave*) tale presente ricordo (*memorar*) [del passato].

---

94. la Barbagia di Sardigna: la regione montuosa della Sardegna centro-orientale; forse per il suo nome (*Barbagia*=*barbaries*) era conosciuta nel Medioevo come terra barbara e selvaggia per antonomasia. Così ci dice il verso 96: qui la «terra di barbari» dove Forese ha lasciato la sua povera Nella è ovviamente Firenze.

98. Tempo futuro m'è già: introduce una delle più terribili invettive del poema dantesco, rivolta come altre contro la città natale, Firenze, oggetto di un costante amore-odio nei canti della *Commedia*.

102. mostrando con le poppe il petto: un verso intonato allo stile "basso" dei sonetti della *Tenzone* con Forese.

105. o spiritali o altre discipline: le *discipline spirituali* (spirituali) erano sanzioni ec-

clesiastiche, che potevano spingersi fino alla scomunica; le *altre discipline* erano quelle civili. Non sappiamo, con precisione, a quali leggi *suntuarie* (dal latino *sumptus*, "spesa"), cioè relative al lusso e ai costumi di vita, Dante qui allude.

110. prima fien triste: il vaticinio è espresso con l'indeterminatezza tipica del linguaggio profetico. Forse qui Dante pensava al possibile sacco di Firenze a opera delle truppe imperiali di Enrico VII; tale saccheggio non ebbe mai luogo, ma l'autore lo dava per imminente nell'epistola «agli scelleratissimi Fiorentini di dentro» da lui scritta (in latino) il 31 marzo 1311. Forse questa è anche una buona data per ipotizzare il momento in cui fu composto il canto.

112. Deh, frate: dopo l'apocalittica pro-

fezia, torna il tono affettuoso di prima, espresso con le medesime parole, ovvero il *deh* del verso 49 e il *frate* del verso 97; **non mi ti celi:** non nascondermi come mai sei qui, da vivo. Forese riformula la domanda già espressa ai versi 52-54, che – dal suo punto di vista – non è più rinviabile.

114. là dove 'l sol veli: torna il motivo dello stupore delle anime del purgatorio per l'ombra di Dante.

117. Se tu riduci a mente... il memorar presente: versi carichi di «sublime melanconia» (Sermonti), che riecheggiano, con dolore misto a pentimento, il periodo del giovanile traviamento di Dante. È quasi una necessaria preparazione alle accuse di Beatrice nel paradiso terrestre e alla successiva confessione del poeta-pellegrino.

Purgatorio

Di quella vita mi volse costui
che mi va innanzi, l'altr' ier, quando tonda
120 vi si mostrò la suora di colui»,

e 'l sol mostrai; «costui per la profonda
notte menato m'ha d'i veri morti
123 con questa vera carne che 'l seconda.

Indi m'han tratto sù li suoi conforti,
salendo e rigirando la montagna
126 che drizza voi che 'l mondo fece torti.

Tanto dice di farmi sua compagna
che io sarò là dove fia Beatrice;
129 quivi convien che sanza lui rimagna.

Virgilio è questi che così mi dice»,
e addita'lo; «e quest' altro è quell' ombra
132 per cuï scosse dianzi ogne pendice

lo vostro regno, che da sé lo sgombra».

118-123. Da quella vita peccaminosa mi allontanò (*volse*) costui [Virgilio] che cammina davanti a me, pochi giorni fa, quando voi vedeste piena (*tonda*) la luna (la sorella=*suora* del sole)», e indicai il sole; «costui mi ha condotto attraverso la notte eterna dei dannati (*veri morti*) assieme a questa mia vera carne che gli tien dietro (*'l seconda*). **124-126.** Poi i suoi consigli rasserenanti (*conforti*) mi hanno guidato su nel salire e nel percorrere in giro il monte del purgatorio, che riporta sulla retta strada (*drizza*) voi che la vita terrena fece deviare (*fece torti*). **127-133.** [Egli] dice che mi accompagnerà, finché non sarò giunto là dove sarà Beatrice [nel paradiso terrestre]; là è inevitabile che io resti senza di lui. È Virgilio colui che mi parla così», e lo indicai con il dito; «e quest'altro è [Stazio] l'anima a causa della quale poco fa (*dianzi*) il purgatorio (*vostro regno*), che lo allontana (*sgombra*) da sé, fece tremare (*scosse*) ogni sua pendice».

121-122. costui... menato m'ha: secondo alcuni critici, Dante sta additando a Forese non solo il Virgilio emblema della Ragione che lo conduce nell'oltretomba, ma anche il grande poeta classico, l'autore dell'*Eneide*, verso cui Forese in vita si era mostrato indifferente, proprio come qui la menzione di Virgilio lo lascia del tutto

freddo. «È stata la lettura di Virgilio a salvare Dante dall'offesa al proprio talento che lo scrivere tenzoni poetiche poteva rappresentare: è stato il modello letterario dell'*Eneide* a "volgere" Dante verso la *Commedia*. Forese, che non ci è riuscito, che non ha fatto fiorire la pianta poetica di un poema, è ora condannato a *sfogliarsi* (v.

58), come una pianta inaridita» (B. Garavelli).

133. che da sé lo sgombra: "che se ne libera"; o meglio "nell'atto di congedarlo". Infatti il monte si era *scosso* con un terremoto per salutare l'espiazione terminata di Stazio (canto XXI, vv. 70-71).

208

Le chiavi del canto

■ LA POESIA DEL RICORDO E IL MONDO FIORENTINO DI DANTE

Il canto XXIII dà vita, assieme al XXIV, a un dittico (coppia di due) di canti strettamente uniti dal tema delle **memorie giovanili e fiorentine** di Dante. Al centro di questi, che sono senza dubbio (assieme al XVII del *Paradiso*) tra i canti più strettamente autobiografici della *Commedia*, vi sono:

- anzitutto la figura dell'amico **Forese Donati**;
- in secondo luogo, la **sfera dei ricordi**. Il motivo, tipicamente umano, è uno dei grandi temi al centro del *Purgatorio*, la cantica del recupero di tutto ciò che è umano;
- più in generale, al centro è qui la **gioventù di Dante**, il suo piccolo-grande mondo, fatto di ricordi, di amicizie, di vicende più o meno belle, di figure di amici e di nemici.

Tra i nemici rientra **Corso Donati**, il capo del Guelfi Neri, implacabile nemico di Dante: su di lui il poeta, per bocca del fratello Forese, emetterà nel canto XXIV una durissima profezia, immaginando che il corpo di Corso venga trascinato via «a coda di bestia» direttamente all'inferno. Tra gli amici, rientra invece **Piccarda**, la sorella di Forese, di cui Dante chiede affettuosamente notizie (XXIV, 10 e ss.). Ancora: tra gli amici vi è la stessa Beatrice, che Dante nomina qui al v. 128 senza altre specificazioni: evidentemente doveva essere, in vita, una presenza del tutto familiare per l'amico Forese. Nel gruppo rientra anche Nella, la moglie di Forese, che alleggerì la pena del defunto con le sue preghiere di suffragio.

■ AMICIZIA E STILE COLLOQUIALE

Nell'episodio la poesia del ricordo si fonde a quella dell'amicizia. Anche questo è uno dei grandi temi dell'intero *Purgatorio*, connesso al recupero dell'umano di cui si parlava. L'**amicizia**, nella cantica, assume il volto di Casella (canto II), di Belacqua (canto IV), di Nino Visconti (canto VIII).

L'amicizia è anzitutto affettuosità, familiarità, vicinanza anche linguistica. Perciò, in questo canto XXIII, il **dialogo tra Dante e Forese** suona così mosso, dinamico, e contemporaneamente intimo e informale: un dialogo ricco di ripetizioni, di forme parlate (come l'intercalare del v. 97: «*che vuo' tu ch'io dica?*»), d'interruzioni e riprese.

E poi, come accade tra due amici che si parlano senza formalità, ecco che Dante risponde alla richiesta di Forese solo 60 versi più tardi; l'amico voleva sapere subito *il ver* di lui viaggiatore d'oltretomba, ma lui rinvia le spiegazioni: troppo gli preme conoscere la ragione di quel volto così smagrito!

Fino al momento della morte tutto è chiaro (ci sembra di stare accanto alla salma, durante la veglia funebre quando Dante «lagrimò», v. 55), ma *dopo*, che cos'è successo? È successo che *la vedovella mia*, dice Forese, mi ha tratto a forza con le sue preghiere dall'antipurgatorio: esempio di amore coniugale che continua dopo la morte e che appartiene ormai a una dimensione tutta incorporea e spirituale.

■ PALINODIA DI UNA POESIA (TROPPO) GIOVANILE

Forese non è solo, per Dante, un amico: è anche, se non soprattutto, un poeta. Le due cose si fondono, perché con l'amico poeta il giovane Dante aveva intrattenuto uno **scambio di sonetti** «per le rime», ovvero una *tenzone* poetica che ci viene testimoniata in sei sonetti (tre di Dante, tre di Forese) tutti tramandati nelle *Rime* dantesche.

Forese accusa Dante di non avere vendicato un torto patito dal padre usuraio e Dante risponde tacciando Forese di ingordigia, di trascurare la moglie e di tendere al furto, con un crescendo dei toni da sonetto a sonetto.

Il Dante che viaggia nell'oltretomba e che scrive la *Commedia* non era disposto a minimizzare o a cancellare dalla memoria l'episodio della *tenzone*. L'aver scelto Forese come protagonista di due canti del *Purgatorio*, implicava la precisa volontà di ritornare su quel suo particolare momento giovanile quando, dopo la morte di Beatrice, passò una fase di «traviamento» in tutti i sensi: filosofico (dubbi di fede), morale (altri amori, più "bassi" rispetto alla donna-angelo della *Vita nuova*), letterario (altri temi, altri stili, altri linguaggi). Nel corso dell'intero poema Dante, con totale sincerità, fa i conti con il proprio passato; e ciò accade soprattutto nel *Purgatorio*, la cantica più segnata dal **riaffiorare del passato personale** e che non a caso si conclude con l'incontro-confessione con Beatrice, nell'Eden (canti XXX e XXXI). Fare i conti con il proprio passato significava ripensare a tutta la propria poesia giovanile: qui, nel canto XXIII, di essa riaffiora l'episodio della *tenzone*; nel canto successivo, riaffiorerà, grazie all'incontro con Bonagiunta, la fase dello stilnovismo. Nella prospettiva di Dante nulla si perde, del passato; tutto va recuperato, giudicato, eventualmente condannato e poi ri-compreso (la parola esatta è: *ri-consacrato*) in una luce più ampia, la luce dell'eternità.

Perciò il canto va letto anche come una **palinodia**, cioè un rovesciamento letterario, della *tenzone*. Già nei sonetti della *tenzone* Dante aveva attaccato Forese perché goloso; però là era ritratto come un marito che trascura la moglie, come un ladro, che esce di casa di notte per rubare, così da poter soddisfare la sua gola ingorda; uno sfregiato nella faccia, di cui è bene diffidare se si vuole conservare la borsa con i soldi: qui invece, nel *Purgatorio*, egli appare un marito affettuoso, che si commuove al ritrovare un amico e che, se ha la faccia sfregiata, o meglio "rinsecchita", ce l'ha perché si unisce spiritualmente alla passione redentrice di Cristo (*quella voglia a li alberi ci mena / che menò Cristo lieto a dire "Elì"*, vv. 73-74). Parallelamente Nella, che nella *tenzone*

Purgatorio

appare una donna insoddisfatta, viene qui evocata come devota al marito e alla sua memoria.

Il canto XXIII costituisce appunto un completo rovesciamento della *tenzone*, la sua palinodia, ovvero **ritrattazione e ristabilimento della verità**: non a caso la prima domanda che Forese pone a Dante è *dimmi il ver di te*, v. 52. Il rovesciamento è anche letterario: il vivacissimo dialogo di questo canto XXIII sembra ricreare precisamente la vivace situazione dialogica dei sonetti della *tenzone*, pur senza riproporne i contenuti triviali.

■ DA VIRGILIO A BEATRICE, IL VIAGGIO POETICO DI DANTE

Il significato complessivo dell'episodio è chiaro: se il Dante di adesso è un **uomo pentito** dei propri errori e che sta viaggiando **verso la propria perfezione spirituale**, il Dante di allora si lasciò irretire in un esercizio di stile e di poesia del tutto improduttivo, certo divertente, ma sterile, e alla lunga fuorviante. Poiché gli errori si pagano, Dante dice qui a Forese che quel suo traviamento lo sta pagando, adesso, con questo viaggio (miracoloso, impegnativo, drammatico) nell'oltretomba. Il resoconto che ne dà all'amico è uno dei più e ampi e articolati della *Commedia*. Cinque terzine (vv. 118-133) che non solo riassumono il percorso nell'aldilà, ma illustrano anche il **ruolo complementare delle due guide**, Virgilio (vv. 118-119: *costui/ che mi va innanzi*; e poi, al v. 130: *Virgilio è questi...*) e *Beatrice* (v. 128). Virgilio è il grande autore di un poema classico: ebbene, la *Commedia* è (anche) un'altra *Eneide*, è un "poema", una di quelle opere totali che superano smisuratamente le piccole dimensioni di uno scambio episodico di sonetti. Tenzoni come quella con Forese sono inutili (infatti Forese, al sentire il nome di Virgilio, non dà segni di reazione: era realmente un poeta minore). Se, invece, si prende l'***Eneide* a modello**, il viaggio (verso la propria perfezione, di uomo e di poeta) può cominciare. Però Virgilio non basta: occorre Beatrice. Al v. 128 – per la prima e unica volta nella *Commedia* – Dante dice a un'anima d'oltretomba il nome della sua donna; non a caso l'eccezione privilegia proprio Forese, che sapeva bene che cosa ella significasse per Dante. Pronosticando il **passaggio**, ormai prossimo, **da Virgilio a Beatrice**, Dante sta recuperando l'elemento più prezioso del proprio passato di poeta: l'amore alto e puro della *Vita nuova*, ma immesso nella prospettiva assoluta, della *Commedia*.

▌ Lavoriamo sul testo

I CONTENUTI

1. La trattazione della cornice dei golosi non comincia in questo canto: da che cosa lo deduciamo?

2. Dove e in che modo Forese riconosce Dante? Ritrova il punto nel testo. Secondo te, nel testo prevale la meraviglia o l'affetto? Motiva la risposta.

3. Ai vv. 52-54 Forese rivolge a Dante una domanda: riceve risposta oppure no? E se sì, in quali versi?

4. La mente di Dante personaggio è così nutrita di sapienza, che il suo corpo, salendo per la montagna, non sente la fatica. Dove emerge, questo significato?

5. Come si giustifica il plurale *alberi* del v. 73? Spiega la pena del contrappasso nella cornice dei golosi.

6. Secondo te perché i volti dei golosi sono completamente privi di luce? Anzitutto ritrova questo particolare nel canto, e poi cerca di spiegarlo.

7. In quale punto Forese spiega a Dante i motivi della magrezza dei golosi? Rintraccialo nel testo.

8. Di che cosa Dante si mostra più stupito, parlando con Forese? Rintraccia il punto nel testo.

9. Per commentare l'esito che la pena di questa sesta cornice ha sulle anime dei golosi, Dante ricorre a due esempi, uno mitologico e uno biblico. Individuali e spiegali con le tue parole.

10. Dove e perché la pena dei golosi viene paragonata a quella di Cristo?

11. Chi è Nella e quale merito essa ha acquisito nei confronti di Forese? Dove emerge?

12. A che cosa allude la perifrasi *li altri giri* del v. 90?

13. L'attenzione di Dante si rivolge spesso alle teste, alle facce, agli occhi dei golosi: perché? Sottolinea nel testo le spie di questa attenzione e poi motiva la tua risposta in max 20 righe.

14. C'è un verso o un'espressione che allude, in questo canto XXIII, al traviamento di Dante?

LE FORME

15. Nella rima dei vv. 8, 10 e 12 si evidenzia il fenomeno chiamato epìtesi. Cerca su un dizionario in che cosa consiste e poi illustralo in questo caso concreto.

16. Ai vv. 12 e 72 incontriamo due antitesi con significato molto vicino: spiegale entrambe.

17. Quale metafora si evidenzia al v. 30? E quale significato ha, nel contesto di questi versi?

18. L'interrogativa retorica dei vv. 34-36 viene espressa da Dante personaggio o da Dante autore? Per rispondere, tieni presente il successivo v. 37: chi dei due si trova *in ammirar*?

19. Al v. 56 si evidenzia una forte presenza di monosillabi: identificali e cerca di spiegare la loro funzione poetica. Servono a "scarnificare" il linguaggio? A imitare un singhiozzo? Ad accelerare il ritmo, trattandosi di

un colloquio intimo? Motiva la risposta.
20. Ai vv. 67-68 s'instaura un chiasmo tra due verbi e due sostantivi disposti in maniera particolare. Spiega.
21. Al v. 95 la forma *ne le femmine sue* è:
   ❏ complemento di limitazione
   ❏ complemento di stato in luogo figurato
   ❏ attributo del soggetto *Barbagia*
   ❏ primo termine di paragone
22. Al v. 107 si incontra un aggettivo con valore di avverbio: qual è? E quale valore assume?
23. Al v. 82 si trova un avverbio con un significato insolito: di che avverbio si tratta e che cosa significa qui?
24. Spiega con le tue parole la perifrasi astronomica dei vv. 119-121.
25. Il v. 86 presenta un ossimoro: spiega in che cosa consista questa figura retorica commentando l'ossimoro qui presente.
26. Al v. 97 incontri un'interrogativa retorica: spiega, riferendoti al caso concreto, in che cosa consiste questa figura.

Emilio Pasquini
Il significato dell'incontro con Forese

Una ritrattazione [L'incontro tra Dante e Forese] sfocia in una delle più radicali e consapevoli ritrattazioni dantesche, che qui assume anche il sapore di una riparazione postuma. Nella infatti era stata coinvolta in uno sconcertante *exploit* letterario, la famosa «tenzone» in sonetti fra Dante e Forese, che non sarà certo da prendere per uno schietto documento biografico, ma neppure da ridurre a un mero gioco verbale nel solco della maniera comico-giocosa (si ricordi ad esempio, nel primo dei tre sonetti danteschi, la pesante allusione alla salute cagionevole di Nella per la scarsa attitudine di Forese all'esercizio dei doveri coniugali). In ogni caso, l'insolito estremismo delle botte e risposte, la volgarità senza freni di accuse e insinuazioni, il gergo da bassifondi dei vituperi e il piglio canagliesco di certi scherzi testimoniano un periodo di crisi dei valori morali e di ingaglioffamento dell'Alighieri non meno che del suo degno avversario[1].

L'episodio del poema, tutto imbastito in chiave trepida e affettuosa, va interpretato come il rovescio della tenzone, sia come superamento di un genere letterario burlescamente spregiudicato consentito da un modo di vita sregolato e *bohémien*[2] (nella tenerezza gentile di questo colloquio ultraterreno), sia come ripudio di quel tempo di traviamento e dissipazione morale legato al sodalizio con Forese (nella rivendicazione di valori già dileggiati, come la famiglia e l'amicizia); e l'affettuosa insistenza su quel volto smagrito mira anche ad esorcizzare la *faccia fessa* del terzo sonetto. [...] Lontana ormai la Firenze picaresca[3] della tenzone, qui il dolore atterrito di un'intera città di fronte all'irrimediabile si contrae nel grido lancinante che esce da quelle strozze: «già per urlare avrian le bocche aperte», uno dei versi in cui si coagula quell'eccesso di energia visionaria che fa pensare a Masaccio o a Michelangelo[4].

La confessione di una crisi Cosicché, quando finalmente Dante viene a parlare di sé, della sua esperienza del male e del miracoloso riscatto (vv. 115-119), trova le parole più ferme e insieme accorate a rispecchiare la confessione di una crisi profonda che, pur superata, ha lasciato tracce indelebili: «Se tu riduci a mente / qual fosti meco, e qual io teco fui, / ancor fia grave il memorar presente...».

Mai più virilmente e mestamente si rievocò un tempo perduto e ritrovato nella nuova consapevolezza di un distacco ormai definitivo rispetto a prove che, per quanto negative, hanno avuto una funzione di stimolo doloroso. In altre parole, il tema penitenziale caratteristico della seconda cantica si esalta proprio nel rapporto fra Dante-personaggio e l'amico ravvedutosi in tempo per ottenere il perdono divino, in quella loro comune ansia di purificazione esaltata dalla piena consapevolezza degli errori passati. [...] La confessione di Dante corona questo registro dolceamaro di un canto che trova nell'ossimoro (la contraddizione in termini fra dolore e dolcezza, come quando Forese si riferisce al *dolce assenzo de' martiri*, v. 86) la sua connotazione fondamentale. Tale etichetta può estendersi all'intero *Purgatorio*: doloroso per le pene come l'*Inferno*, ma insieme dolce come presagio e certezza delle gioie paradisiache attinte attraverso il pentimento e la redenzione; e ciò fin dalla sua prima definizione, «color che son contenti / nel foco» (*Inf.* I, vv. 118-119).

Emilio Pasquini, *La Divina Commedia. Il Purgatorio*, Garzanti, Milano 1988,

1. **suo degno avversario:** Forese.
2. **bohémien:** l'esistenza tipica dei giovani artisti.
3. **picaresca:** avventurosa, furfantesca; il pícaro, nella narrativa spagnola del Cinquecento è il popolano sfrontato, astuto, vagabondo, protagonista di molte peripezie.
4. **Masaccio... Michelangelo:** grandi artisti dell'età rinascimentale; qui lo studioso allude alla *Cacciata di Adamo ed Eva* (affrescata da Masaccio nella Cappella Brancacci) e al *Giudizio Universale* dipinto da Michelangelo sulla parete di fondo della Cappella Sistina.

Purgatorio

Canto XXIV

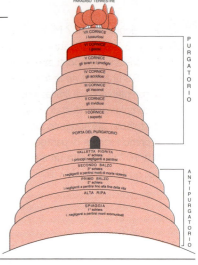

DATA	12 aprile 1300 (martedì dopo Pasqua), poco dopo mezzogiorno.
LUOGO	Purgatorio, **sesta cornice** (▶ canto XXII).
COLPA	La **gola,** sesto vizio o peccato capitale.
PENA / CONTRAPPASSO	I golosi, terribilmente **smagriti**: per la loro pena, ▶ canto XXII.
CUSTODE	L'**angelo della temperanza,** che cancella la sesta P dalla fronte di Dante e recita il finale della quarta beatitudine evangelica.
ESEMPI DI GOLA PUNITA	Li dice una voce dal secondo albero: i **Centauri**, sconfitti perché ebbri di vino; gli **Ebrei** che per aver bevuto alla fonte di Arad non trionfarono contro i Madianiti.
BEATITUDINE	La **quarta beatitudine**, seconda parte: «Beati quelli che hanno fame di giustizia».
PERSONAGGI	**Dante, Virgilio** e **Stazio**. **Forese Donati** e **Bonagiunta Orbicciani**, poeta lucchese. Altri **golosi**: Martino IV, Ubaldino della Pila, Bonifazio Fieschi e altri

SEQUENZE

■ **Forese dà notizie di altri golosi** (vv. 1-33)
Camminando, Dante chiede a Forese dove sia sua sorella Piccarda. «È beata», risponde l'amico. Indica poi altre anime di golosi: il poeta Bonagiunta, il papa di Tours, Martino IV (ghiotto di anguille e di vernaccia) e altri.

■ **Incontro di Dante con il poeta Bonagiunta Orbicciani** (vv. 34-63)
Bonagiunta borbotta un nome come Gentucca e Dante chiede spiegazioni. Lui allora profetizza che una donna nubile gli farà apprezzare la città di Lucca. «Ma tu – continua Bonagiunta – non sei quel poeta che ha dato alla luce le *nuove rime* a partire da *Donne ch'avete intelletto d'amore*?». E Dante: «Io sono uno che si esprime ispirato da Amore secondo quello che Amore *ditta dentro*». «Adesso capisco – risponde il lucchese – cosa trattenne me, il Notaio e Guittone al di qua del *dolce stil novo*, adesso vedo la differenza tra i due stili: le vostre *penne* furono scrupolosamente fedeli al dettato d'amore, le nostre no». E tace, appagato.

■ **Nuovo colloquio tra Dante e Forese; la morte di Corso Donati** (vv. 64-99)
Mentre le altre anime procedono, Forese si trattiene: «Quando ci rivedremo?». «Non lo so, ma spero presto, perché Firenze degenera ogni giorno». «Non temere: il primo responsabile (Corso Donati, fratello di Forese) sarà presto trascinato all'inferno da un cavallo, che lascerà il suo corpo straziato». Poi accelera e se ne va.

■ **Un secondo albero mistico; esempi di golosità punita** (vv. 100-129)
Ecco là un altro albero: anime gli si accalcano intorno supplicando e poi, deluse, si allontanano. «Andate oltre – dice la pianta – più su c'è l'albero di cui Eva morse il frutto»; e prosegue gridando esempi di golosità punita.

■ **L'angelo della temperanza** (vv. 130-154)
Oltre l'albero, si avverte una voce: Dante scorge l'angelo della temperanza, il quale cancella, con un soffio profumato d'ali, la sesta P sulla fronte del pellegrino, recitando: «Beati coloro che hanno fame di giustizia.»

Canto XXV

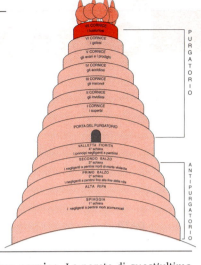

DATA	■ 12 aprile 1300 (martedì dopo Pasqua), primo pomeriggio.
LUOGO	■ Purgatorio, **passaggio** dalla sesta **alla settima cornice**. La parete di quest'ultima getta fuori fiamme, alimentate dal vento che soffia su dal precipizio.
COLPA	■ La **lussuria**, settimo vizio o peccato capitale.
PENA / CONTRAPPASSO	■ I lussuriosi, come in vita furono arsi dal fuoco della passione, così ora si purificano **camminando tra le fiamme** e scambiandosi **baci fraterni**. Cantano un inno a Dio e gridano esempi di castità e di lussuria punita.
CUSTODE	■ L'**angelo della castità**.
ESEMPI DI CASTITÀ	■ Sono gridati dalle anime, alternati a un inno: riguardano **Maria**, che all'arcangelo Gabriele disse di non conoscere uomo; **Diana**, che punì la ninfa Elice, sedotta da Giove; **mogli** e **mariti** che vissero un amore coniugale puro.
PERSONAGGI	■ **Dante**, **Virgilio** e **Stazio**. ■ Anime di **lussuriosi**.

SEQUENZE

■ **Salita alla settima cornice e dubbio di Dante sulla magrezza delle anime** (vv. 1-30)
Il sole sta cominciando il suo giro discendente: bisogna affrettarsi. Dante, che ha visto le anime dei golosi così magre, ha una domanda: «Come può dimagrire una sostanza immateriale, come l'anima?». Virgilio comincia a rispondere, ma affida la prosecuzione a Stazio.

■ **Stazio spiega la teoria della generazione umana** (vv. 31-78)
«Il seme maschile – dice Stazio – contiene una virtù generativa che dà luogo all'anima vegetativa. Da questa si genera l'anima sensitiva, che dà forma agli organi dei sensi e si estende alle altre parti del corpo. Ma come un feto divenga un essere ragionevole, è difficile da intendersi. Averroè, sbagliando, separò la facoltà intellettiva dall'anima individuale. No: appena nel feto è formato il cervello, Dio vi infonde l'anima razionale. Essa si fonde con l'anima vegetativa e sensitiva del nuovo essere e viene a costituire un'anima sola».

■ **Stazio spiega come si forma l'ombra dopo la morte del corpo** (vv. 79-108)
Quando poi, al termine della vita umana, l'anima si scioglie dalla carne, cade sull'Acheronte (se va all'inferno) o sul Tevere (se va in purgatorio). La virtù vegetativa e la virtù sensitiva restano inerti. Più attiva di prima è la virtù intellettiva. Questa, giunta nel luogo assegnatole, impregna l'aria circostante: si forma così un corpo aereo, l'ombra, che parla e sorride, e si modella sui desideri e le passioni che l'affliggono. Perciò anche le anime dei golosi possono dimagrire».

■ **Settima cornice: i lussuriosi** (vv. 109-139)
I tre arrivano sulla settima cornice. Qui una gran fiamma, risospinta dal vento verso la roccia, li costringe a camminare in fila indiana sull'orlo del precipizio, tra il vuoto e il fuoco. Dalle fiamme giunge il canto dei lussuriosi, che inneggiano alla clemenza divina e annunciano esempi di castità.

Purgatorio

Canto XXVI

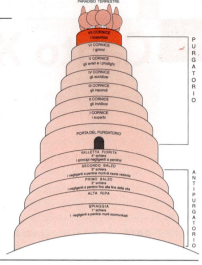

DATA	12 aprile 1300 (martedì dopo Pasqua), a metà pomeriggio.
LUOGO	Purgatorio, **settima cornice**: la parete del monte getta fuori fiamme.
COLPA	La **lussuria**, settimo vizio o peccato capitale.
PENA / CONTRAPPASSO	Per la pena dei lussuriosi, ▶ canto XXV. Essi procedono in due schiere: **lussuriosi secondo natura** e **lussuriosi contro natura** (cioè omosessuali). I due gruppi procedono in direzioni opposte; quando s'incontrano, **si baciano fraternamente**.
CUSTODE	L'**angelo della castità**.
ESEMPI DI LUSSURIA PUNITA	I lussuriosi contro natura gridano l'esempio di **Sodoma e Gomorra**, le due città bibliche distrutte da Dio; i lussuriosi secondo natura gridano il tragico esempio di **Pasifae**, regina di Creta, che si unì a un toro.
PERSONAGGI	**Dante**, **Virgilio** e **Stazio**. I poeti **Guido Guinizzelli** e **Arnaut Daniel**.

SEQUENZE

■ **Le due schiere di lussuriosi** (vv. 1-39)
I poeti avanzano con difficoltà tra le fiamme della parete e l'abisso di sotto. Il sole del pomeriggio si abbassa, a destra, imbiancando l'orizzonte. L'ombra proiettata da Dante sul fuoco attira l'attenzione delle anime poiché non sembra un morto. Dante sta per rispondere, quando vede una nuova schiera di anime giungere da opposta direzione: lì dove s'incontrano, le anime dei due gruppi si baciano fraternamente, senza fermarsi.

■ **Esempi di lussuria punita** (vv. 40-48)
Gridano inoltre, l'una più forte dell'altra, esempi di lussuria punita, riprendendo subito il cammino nella direzione opposta.

■ **Dante e i lussuriosi** (vv. 49-72)
Alle anime accostatesi per sapere di lui, Dante rivela di essere ancora vivo e spiega il motivo della sua presenza. Esse si stupiscono, poi parla una di loro: «Le anime dell'altra schiera scontano il vizio per cui Cesare era chiamato "regina"; noi invece siamo stati preda del folle appetito eterosessuale».

■ **Guido Guinizzelli e suo colloquio con Dante** (vv. 73-114)
«Io sono – prosegue l'anima – Guido Guinizzelli. Mi pentii ben prima di morire». Dante vorrebbe gettarsi nel fuoco per abbracciare il padre di tutti coloro che, come lui, scrissero rime d'amore *dolci e leggiadre*. E gli confessa la propria ammirazione: «Mi siete caro per i *dolci detti vostri*, che renderanno preziose le carte in cui sono trascritti finché si scriverà in italiano».

■ **Arnaut Daniel** (vv. 115-148)
Guido si schermisce e indica a Dante uno che fu il *miglior fabbro del parlar materno*. È superiore anche a Giraut de Bornelh, benché molti glielo preferiscano; altrettanti si sbagliavano, anteponendo Guittone ai moderni. Quell'anima si presenta: è Arnaut Daniel, poeta. In provenzale dice che sta espiando i propri peccati; prega Dante di pregare per lui più in alto, *al som de l'escalina* ("alla sommità della scala"). Poi sparisce nel fuoco purificatore.

Canto XXVII

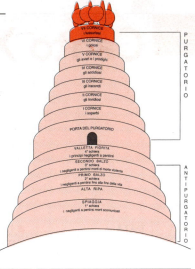

DATA	Dal tramonto del 12 aprile (martedì dopo Pasqua) all'alba del 13 aprile 1300 (mercoledì dopo Pasqua).
LUOGO	**Passaggio** dalla settima cornice del purgatorio al **paradiso terrestre**. Tale passaggio avviene in un muro di fiamme.
CUSTODE	L'**angelo della castità** pronuncia la sesta beatitudine evangelica. L'**angelo guardiano** del paradiso terrestre.
BEATITUDINE	La **sesta beatitudine**: «Beati i puri di cuore».
PERSONAGGI	**Dante**, **Virgilio** e **Stazio**. L'**angelo della castità**. In sogno Dante vede due donne sante: **Lia** (simbolo della vita attiva) e **Rachele** (simbolo della vita contemplativa): l'una e l'altra servono alla perfezione umana.

SEQUENZE

L'angelo della castità (vv. 1-12)
Il giorno ormai se ne va, quando appare ai tre poeti l'angelo della castità, che canta «Beati i puri di cuore» e li invita a passare attraverso il muro di fiamme.

Passaggio oltre le fiamme (vv. 13-63)
Dante impallidisce ma Virgilio lo esorta: il fuoco tormenta, ma non uccide. E di là – aggiunge – c'è Beatrice. All'udire questo nome, Dante vince ogni esitazione e attraversa il fuoco tra Virgilio, che lo consola, e Stazio. Di là una voce canta: «Venite, benedetti del Padre mio», e li guida fuori del rogo, dove il bagliore che cantava li invita a salire in fretta l'ultima scala del purgatorio.

Salita e sosta per la notte (vv.64-87)
La scala, scavata nella roccia, sale dritta verso oriente. Dopo pochi scalini, l'ombra di Dante scompare: il sole alle spalle dei poeti è tramontato. Ciascuno dei tre si sdraia allora su un gradone: Dante come capretta, Virgilio e Stazio come mandriani.

Sonno e sogno di Dante (vv. 88-108)
Contemplando le poche stelle che s'intravedono tra le rocce, Dante si addormenta. Prima dell'alba gli appare in sogno la bella e giovane Lia che coglie fiori: ne fa una ghirlanda per piacersi quando si specchierà in Dio. La sorella Rachele non smette mai di specchiarsi, appagata dal contemplare, come Lia lo è dall'operare.

Salita al paradiso terrestre e ultime parole di Virgilio (vv. 109-142)
Al risveglio, Virgilio annuncia a Dante: «Sei a un passo dalla felicità». Giunti alla sommità della scala, Virgilio si congeda per sempre: «Ti ho condotto per i due regni, ma ora il mio ufficio di guida è concluso. La tua penitenza è finita. Sei ormai padrone di te. Il sole ti batte sulla fronte e presto vedrai Beatrice».

Purgatorio

Canto XXVIII

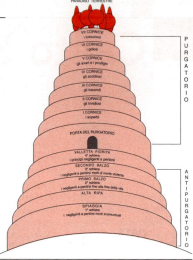

DATA	■ 13 aprile 1300 (mercoledì dopo Pasqua), prime ore del mattino.
LUOGO	■ **Paradiso terrestre** (o Eden): un'amena foresta, posta sulla sommità del monte, verde e fiorita, allietata da una dolce brezza, dal canto degli uccelli e da un fiume di acque pure. Qui dimorarono Adamo ed Eva appena creati da Dio.
PERSONAGGI	■ **Dante**, **Virgilio** e **Stazio** ■ **Matelda** (il suo nome sarà rivelato solo in *Purg*. XXXIII, 19): simboleggia la perfetta felicità goduta dall'umanità appena creata da Dio, prima del peccato originale.

SEQUENZE

■ **Il giardino dell'Eden** (vv. 1-36)
Dante s'inoltra per la campagna e il bosco, che esala graditi profumi, tra un'aura dolce e uguale. Gli uccelli volano e cantano, tra lo stormire delle fronde. Dante ha di fronte un fiumicello di acque purissime.

■ **Apparizione di Matelda** (vv. 37-84)
Al di là del fiume, una giovane donna solitaria, che coglie fiori di cui è cosparsa la sua via: sembra Proserpina prima di essere rapita da Ade. Canta, ma non si odono le sue parole: Dante le chiede di avvicinarsi. Matelda danzando si accosta a riva; qui solleva gli occhi, splendidi come quelli di Venere innamorata. Continua a raccogliere fiori. Tre soli passi la separano da Dante. Poi dice: «Siete nel luogo già destinato da Dio a dimora degli uomini. Sorrido pensando al salmo *Delectasti*, che esalta la creazione di Dio».

■ **Matelda spiega a Dante la causa del vento e dell'acqua nell'Eden** (vv. 85-148)
Ma – chiede Dante – se siamo nella parte alta della montagna, come mai ci sono vento e acque? Spiega Matelda: questo è il giardino di Adamo; la brezza è prodotta dalla rotazione dell'atmosfera, che trasporta i semi delle piante sulla Terra. Qui ci sono i semi di tutte le piante! L'acqua nasce da una fonte perenne. I fiumi sono due: il Lete, che toglie la memoria del peccato, e l'Eunoè, che ravviva il ricordo del bene compiuto.

«Tosto che fu là dove l'erbe sono
bagnate già da l'onde del bel fiume,
di levar li occhi suoi mi fece dono.»

■ *Gustave Doré,* Raffigurazione di Matelda *(incisione, 1861-68).*

Canto XXIX

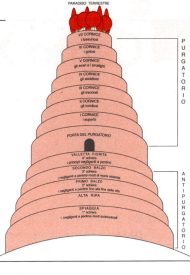

DATA	■ 13 aprile 1300 (mercoledì dopo Pasqua), prime ore del mattino.
LUOGO	■ **Paradiso terrestre** (o Eden): ▶ canto XXVIII.
PERSONAGGI	■ **Dante**, Virgilio e Stazio. ■ **Matelda**.
PROCESSIONE	■ La processione riproduce simbolicamente il costituirsi della **Chiesa**; quest'ultima è simboleggiata dal carro trionfale, nel centro del corteo. ■ Sfilano via via: • **sette candelabri** (i sette doni dello Spirito Santo: sapienza, intelletto, consiglio, fortezza, scienza, pietà e timor di Dio); • **24 anziani** (*seniori*) vestiti di bianco (i libri dell'*Antico Testamento*); • **quattro animali** alati (i *Vangeli*); • **un carro trionfale** (la Chiesa), trainato da **un grifone** (Cristo); • **tre donne**, l'una rossa, l'altra verde, la terza bianca (le tre virtù teologali: la carità, la speranza, la fede); • **quattro donne**, vestite di rosso (le quattro virtù cardinali o naturali: prudenza, fortezza, giustizia e temperanza); • **un medico** (san Luca, con gli *Atti degli Apostoli*); • **un vecchio armato** di spada (san Paolo, con il libro delle sue *Lettere*); • **quattro uomini** di aspetto umile (autori delle altre e più brevi *Lettere* del *Nuovo Testamento*: san Giacomo, san Pietro, san Giovanni, san Giuda); • **un vecchio addormentato** (san Giovanni con l'*Apocalisse*).

SEQUENZE

■ **Dante e Matelda sulle rive del Lete** (vv. 1-15)
Matelda risale il corso del fiume a passi di danza, cantando il salmo XXXI («Beati coloro cui sono stati rimessi i peccati»). Dante la segue.

■ **Luce e melodia** (vv. 16-36)
Un bagliore avanza nella foresta; si ode una dolce melodia. Dante, immerso in tanta felicità, rimpiange il peccato di Eva: se non avesse disobbedito a Dio, quelle delizie sarebbero state per sempre e per tutti.

■ **Invocazione alle muse** (vv. 37-42)
Ora il poeta invoca le muse: lo aiutino a esprimere in versi cose difficili anche solo a immaginarsi.

■ **La processione sacra** (vv. 43-150)
Ma ecco un corteo trionfale che incede lentamente, in un tripudio di luci e colori. Dante se ne rende conto dopo un primo momento di stupore. È il carro della Chiesa, trainato da Cristo, fiancheggiato dalle tre virtù teologali e dalle quattro virtù cardinali, scortato dai *Vangeli*, preceduto dai libri biblici dell'*Antico Testamento*, seguito dagli altri libri del *Nuovo Testamento*; il tutto sotto la protezione dello Spirito Santo.

■ **Il carro della Chiesa si arresta di fronte a Dante** (vv. 151-154)
Arrivato di fronte a Dante, il carro si ferma, s'ode un tuono, e tutto il corteo si arresta.

Purgatorio

Canto XXX

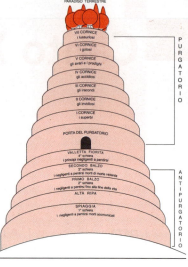

DATA	13 aprile 1300 (mercoledì dopo Pasqua), mattina.
LUOGO	**Paradiso terrestre** (o Eden): ▶ canto XXVIII.
PERSONAGGI	**Dante**, **Virgilio**, **Stazio** e **Matelda**. **Beatrice**. Gli anziani e gli altri personaggi della **processione** sacra.

SEQUENZE

La processione invoca Beatrice (vv. 1-21)
La processione sacra si è arrestata. Uno dei 24 anziani, seguito da tutti, intona un versetto del *Cantico dei Cantici*: «Vieni, o sposa, dal Libano». Cento angeli si levano in volo sul carro, come quando i beati sorgeranno dalle loro tombe cantando *Alleluja* nel giorno del Giudizio Universale; spargono gigli tutt'intorno.

Apparizione di Beatrice e scomparsa di Virgilio (vv. 22-54)
Nella nuvola di fiori, come il sole sorge tra i vapori dell'alba, appare una donna vestita di rosso, sotto un verde manto e velata di bianco. Dante avverte in sé rinascere il suo amore giovanile. Turbato, si volge a Virgilio: ma il suo dolcissimo padre non c'è più. E tutta la bellezza dell'Eden non può placare le lacrime di Dante.

Beatrice rimprovera Dante (vv. 55-81)
«Dante» dice la donna «non piangere per la scomparsa di Virgilio: hai ben altro di cui dolerti». Lui allora si volge a lei, che gli appare sul carro come l'ammiraglio che sprona la flotta: «Sono io, Beatrice. Come osi arrivare fin qui, la sede della vera felicità?». È un rimprovero da madre severa: Dante se ne vergogna e abbassa gli occhi.

Compassione degli angeli (vv. 82-99)
Gli angeli intercedono per Dante presso Beatrice, cantando *In te Signore ho sperato*. Il pellegrino si rinfranca.

Beatrice ricorda agli angeli il traviamento di Dante (vv. 100-145)
Beatrice, imperterrita, fa tacere gli angeli e parla con durezza al viandante: è necessario che il suo pentimento sia pari alle colpe. La grazia divina – dice – aveva destinato Dante a imprese altissime; ma quanto più un seme è fecondo, tanto più selvatico diviene, se cade in terreno incolto. Alla morte di Beatrice egli cominciò a percorrere una strada traversa, inseguendo felicità illusorie. Quando cadde troppo in basso, lei, Beatrice, lo soccorse, scendendo nel Limbo a inviare Virgilio a fargli da guida attraverso l'inferno. Ma ora sta a lui completare l'espiazione.

«Guardaci ben! Ben son, ben son Beatrice.
Come degnasti d'accedere al monte?
non sapei tu che qui è l'uom felice?»

Odilon Redon, Beatrice *(1885)*.

Canto XXX

[Siamo nell'Eden, il paradiso terrestre, sulla vetta del monte Purgatorio. Nel canto precedente Dante ha visto avanzare una solenne processione, con candelabri, genti biancovestite, ventiquattro anziani, infine un grande carro, trainato da un misterioso grifone; il carro era scortato da tre donne-virtù a destra, quattro donne-virtù a sinistra e da sette personaggi vestiti di bianco. Ora, nei primi versi di questo canto XXX, la processione si è fermata. Gli anziani si rivolgono al carro e uno di loro intona, per tre volte, Vieni, sposa, dal Libano; gli altri rispondono Benedetto chi viene nel nome del Signore!, e gettano fiori a piene mani.]

Io vidi già nel cominciar del giorno
la parte orïental tutta rosata,
24 e l'altro ciel di bel sereno addorno;

e la faccia del sol nascere ombrata,
sì che per temperanza di vapori
27 l'occhio la sostenea lunga fiata:

così dentro una nuvola di fiori
che da le mani angeliche saliva
30 e ricadeva in giù dentro e di fori,

sovra candido vel cinta d'uliva
donna m'apparve, sotto verde manto
33 vestita di color di fiamma viva.

E lo spirito mio, che già cotanto
tempo era stato ch'a la sua presenza
36 non era di stupor, tremando, affranto,

sanza de li occhi aver più conoscenza,
per occulta virtù che da lei mosse,
39 d'antico amor sentì la gran potenza.

Apparizione di Beatrice e scomparsa di Virgilio

22-27. Io avevo già visto in precedenza, alle prime luci del giorno, la parte orientale del cielo colorarsi di rosa, e il resto del cielo adornarsi di un puro sereno; e [avevo visto] la faccia del sole nascere velata, per i vapori che ne attenuavano la luminosità, così che l'occhio poteva a lungo sostenerne la vista; **28-33.** allo stesso modo, dentro una nuvola di fiori che saliva dalle mani degli angeli e ricadeva giù, dentro e fuori [del carro], coperta di un candido velo, coronata d'ulivo, m'apparve una donna sotto un verde manto, vestita di una veste color rosso fuoco. **34-39.** E il mio spirito, che da tanto tempo non era più rimasto affranto alla sua presenza, tremando per lo stupore, anche senza averla riconosciuta con gli occhi, ma per una segreta forza che scaturì (*mosse*) da lei, avvertì la grande potenza dell'antico amore.

22. Io vidi già: questa serena visione dal sorgere del sole, allorché la sua luce è addolcita da bassi vapori, prepara, con la sua semplicità di lingua e di stile, l'emozione fortissima che tra poco Dante personaggio dovrà sostenere.
28. così... di fiori: l'immagine corrisponde ai bassi *vapori* della similitudine precedente: quelli temperano la luce viva del sole, questa il fulgore di Beatrice.
32-33. sotto verde manto... fiamma viva: Beatrice è vestita di bianco, verde e rosso, i tradizionali colori delle tre virtù teologali (fede, speranza e carità). L'olivo è sacro a Minerva, dea della sapienza. Bea-

trice qui si ammanta, in conclusione, degli emblemi della sapienza divina.
34-35. cotanto / tempo era stato: nella finzione del viaggio, dieci anni: infatti la *Vita Nuova* dichiara Beatrice morta nel 1290. Si noti l'*enjambement* che separa l'aggettivo *cotanto* da *tempo* del verso seguente, creando un'ansiosa sospensione.
36. non era... affranto: cioè, non era rimasto sconvolto dalla presenza di lei. Il tremito manifesta la potenza soprannaturale di Beatrice, come avveniva già nella *Vita Nuova*.
37. senza de li occhi... conoscenza: senza ancora riuscire a distinguere chiara-

mente la donna, sia perché ella è coperta dal velo e nascosta dai fiori, sia per il tremore che annebbia la vista di Dante.
41. l'alta virtù: la forza trascendente. A colpirlo non è tanto la vista di lei, poiché Beatrice gli è apparsa velata (ne aveva paragonato l'apparizione a quella di un sole che spunti dall'orizzonte "ombrato" di vapori), quanto la forza soprannaturale che promana da lei; la stessa *virtù* morale e spirituale che tramortì Dante *prima ch'io fuor di püerizia fosse*, cioè nella sua fanciullezza (Dante aveva nove anni quando incontrò per la prima volta Beatrice, nella primavera del 1274).

Purgatorio

Tosto che ne la vista mi percosse
l'alta virtù che già m'avea trafitto
42   prima ch'io fuor di püerizia fosse,

volsimi a la sinistra col respitto
col quale il fantolin corre a la mamma
45   quando ha paura o quando elli è afflitto,

per dicere a Virgilio: «Men che dramma
di sangue m'è rimaso che non tremi:
48   conosco i segni de l'antica fiamma».

Ma Virgilio n'avea lasciati scemi
di sé, Virgilio dolcissimo patre,
51   Virgilio a cui per mia salute die'mi;

né quantunque perdeo l'antica matre,
valse a le guance nette di rugiada
54   che, lagrimando, non tornasser atre.

«Dante, perché Virgilio se ne vada,
non pianger anco, non piangere ancora;
57   ché pianger ti conven per altra spada».

Quasi ammiraglio che in poppa e in prora
viene a veder la gente che ministra
60   per li altri legni, e a ben far l'incora;

40-48. E non appena (*Tosto che*) l'alta virtù di lei, che già mi aveva tanto colpito prima che io uscissi dall'infanzia, mi colpì la vista, mi volsi alla mia sinistra, con l'agitazione (*respitto*) con cui il bambino corre verso la mamma quando ha paura o è afflitto [da qualche contrarietà], per dire a Virgilio: «Meno di una goccia (*dramma*) di sangue m'è rimasta che non stia tremando: riconosco le tracce dell'antica passione»; **49-54.** Ma Virgilio ci aveva lasciati soli (*scemi di sé*), Virgilio, padre dolcissimo, Virgilio, a cui m'ero affidato (*die'mi*) per la mia salvezza (*salute*). E tutto ciò che era stato perso dall'antica madre Eva, [cioè: tutte le bellezze del paradiso terrestre] non poté impedire che le mie guance, già lavate con la rugiada [nel rito purificatorio eseguito sulla spiaggia del purgatorio], non si sporcassero di nuovo (*tornasser atre*) per le lacrime.

Beatrice rimprovera Dante

55-57. «Dante, per il fatto che Virgilio se ne va, non piangere, non piangere ancora, perché per ben altro dolore (*spada*) è giusto che tu pianga!». **58-66.** Come un ammiraglio che viene a poppa e a prua a controllare i suoi ufficiali (*la gente che ministra*) a bordo sulle altre navi, e li sollecita (*l'incora*) a ben fare;

---

43. respitto: stato di agitazione; il termine proviene dall'antico francese *respit* ("desiderio", "aspettativa") o dal latino *respectus* ("sguardo" o "atteggiamento reverenziale").
48. conosco i segni dell'antica fiamma: Dante traduce qui il celebre verso virgiliano («Riconosco i segni della vecchia fiamma», *Eneide* IV, v. 23), allorché Didone confessa alla sorella Anna il suo amore per Enea. Si tratta di un ulteriore omaggio poetico al maestro; ma Virgilio è già scomparso.
49. n'avea lasciati scemi: ci aveva lasciati soli; Dante intende sé e Stazio, il poeta latino che, conclusa l'espiazione, sta accompagnando Dante e Virgilio sulla cima del monte. La sparizione di Virgilio ha un chiaro significato allegorico: il poeta latino rappresenta la ragione, ma qui, alle soglie dei cieli, Dante deve spogliarsi delle pretese della ragione, e affidarsi a un diverso metro di giudizio, la grazia e il volere di Dio.
52. quantunque perdeo: tutto ciò che perse. Si riferisce ai beni del paradiso terrestre, concessi da Dio ad Adamo ed Eva e

poi perduti per il peccato originale. La felicità terrena, insomma, non riesce a consolarlo per la perdita del maestro.
53-54. valse a le guance... atre: non fu sufficiente a impedire che, a causa del pianto per la scomparsa di Virgilio, le (mie) guance non tornassero a sporcarsi di lacrime. Il pellegrino non può vedere scomparire senza emozione il maestro; per lui è traumatico il ritrovarsi all'improvviso senza il "suo" Virgilio, che l'aveva scortato fin lì. La ragione, simboleggiata da Virgilio, è infatti il bene supremo dell'uomo; rinunciarvi costa lacrime al filosofo, pur se credente. Perciò il nome di Virgilio viene ripetuto per sei volte in quattro terzine.
55. Dante: questo è l'unico luogo del poema (e dell'intera opera dantesca) in cui sia pronunciato il suo nome; ed è Beatrice l'unica a pronunciarlo. Poeticamente, è una trovata di grande effetto. Era necessario trascrivere il nome, a questo punto dell'opera, perché l'«imposizione del nome» è un momento essenziale della cerimonia di

purificazione che qui si sta compiendo. L'"uomo nuovo", la persona rinnovata da tutta l'espiazione purgatoriale sta per acquisire la propria identità definitiva, di cui il nome è contrassegno indelebile.
57. per altra spada: per un diverso tipo di dolore, quello suscitato dai peccati commessi. Il poeta deve ancora recitare il grande atto di dolore per la sua trascorsa vita peccaminosa: atto fondamentale, perché l'anima possa godere del perdono. Perciò, se vorrà salire alle stelle, dovrà piangere lacrime più convinte di queste sparse per Virgilio.
58. Quasi ammiraglio: Beatrice si appoggia alla sponda sinistra del carro sul quale è seduta, come un ammiraglio che, a capo di una grande flotta, vada dall'una all'altra imbarcazione per dare disposizioni e controllare i marinai che egli *ministra* (cioè amministra e comanda), e rincuorarli, sporgendosi dalla murata della nave. Il paragone, non del tutto chiaro, prepara l'atteggiamento altero della donna che vedremo.

Canto XXX

in su la sponda del carro sinistra,
quando mi volsi al suon del nome mio,
63 che di necessità qui si registra,

vidi la donna che pria m'appario
velata sotto l'angelica festa,
66 drizzar li occhi ver' me di qua dal rio.

Tutto che 'l vel che le scendea di testa,
cerchiato de le fronde di Minerva,
69 non la lasciasse parer manifesta,

regalmente ne l'atto ancor proterva
continüò come colui che dice
72 e 'l più caldo parlar dietro reserva:

«Guardaci ben! Ben son, ben son Beatrice.
Come degnasti d'accedere al monte?
75 non sapei tu che qui è l'uom felice?».

Li occhi mi cadder giù nel chiaro fonte;
ma veggendomi in esso, i trassi a l'erba,
78 tanta vergogna mi gravò la fronte.

Così la madre al figlio par superba,
com' ella parve a me; perché d'amaro
81 sente il sapor de la pietade acerba.

Ella si tacque; e li angeli cantaro
di sùbito «In te, Domine, speravi»;
84 ma oltre «pedes meos» non passaro.

così sulla sponda sinistra del carro, quando mi voltai udendo il mio nome, che qui non ho potuto fare a meno di notificare, vidi la donna [Beatrice] che prima mi era apparsa, velata in mezzo alla festa floreale degli angeli, dirigere gli occhi verso di me di qua dal ruscello (rio). **67-72.** Sebbene (*Tutto che*) il velo che le scendeva dalla testa, incoronato dell'alloro di Minerva, non permettesse di vedere chiaramente chi fosse, nei gesti ancora altera (*proterva*) come una regina, continuò, come uno che parla lasciando per ultimi (*dietro reserva*) gli argomenti più scottanti: **73-75.** «Guarda bene da questa parte (-*ci*), sono io, sono io, Beatrice. Con quale coraggio hai osato scalare questo monte? Non sai che qui regna la felicità [cioè: che il monte è riservato a chi è destinato alla felicità=ai futuri beati]?». **76-78.** Abbassai gli occhi nell'acqua chiara del ruscello; ma vedendomi riflesso, dovetti distogliere lo sguardo all'erba della sponda, tanta fu la vergogna da cui mi sentii gravato. **79-81.** Così maestosa sembra la madre al figlio, com'ella parve a me; perché sa (*sente*) di amaro il sapore del suo severo affetto.

Compassione degli angeli

82-84. Poi ella tacque; e gli angeli immediatamente cantarono il salmo: *Ho sperato in Te, Signore*, ma non andarono oltre al punto che dice *i miei piedi*.

---

63. che di necessità... registra: nel *Convivio* (I, 2, 2) l'autore precisava che «parlare ad alcuno di sé medesimo pare non licito»; perciò si scusa di tanto ardire.
65. l'angelica festa: il tripudio angelico, cioè la glorificazione di Beatrice nella nuvola di gigli gettati su di lei dagli angeli.
68. fronde di Minerva: la ghirlanda d'olivo, pianta sacra alla dea della sapienza (▶ nota 32-33).
69. non la lasciasse parer manifesta: non le consentisse di manifestarsi (dal latino *parere*) apertamente. Beatrice si toglierà il velo solo nel canto successivo, dopo l'immersione di Dante nel Lete. Il poeta in-

fatti non ha ancora cancellato la memoria del peccato e non può quindi contemplare direttamente gli occhi della donna: in essi, al termine del rito di purificazione, vedrà riflessa la duplice natura (umana e divina) di Cristo.
74. Come degnasti... al monte?: come hai potuto ritenerti degno di salire fin qui? Oppure: Tu, che con le tue colpe avevi perduto la retta via, come hai potuto scalare questo luogo di beatitudine? In ogni caso, è un duro rimprovero, che spinge Dante a guardarsi per un attimo nello specchio del ruscello che gli scorre davanti; scoprirà così sul proprio volto la *vergogna*, in un verso

solenne, scandito con forza (*tanta vergogna mi gravò la fronte*).
83. «In te, Domine, speravi»: è un'invocazione degli angeli che fanno corona a Beatrice sul carro. Essi intercedono per il poeta, sollecitando la misericordia divina mediante il salmo XXX («Ho sperato in te, Signore; che io non sia confuso in eterno»): un inno di speranza in Dio e nella sua bontà. Del salmo gli angeli cantano soltanto le prime nove strofe: sia perché dalla decima in poi il tema si sposta dalla richiesta d'aiuto al lamento del supplicante, sia per la solita ossessione di Dante per il numero nove, simbolo di perfezione.

221

Purgatorio

Sì come neve tra le vive travi
per lo dosso d'Italia si congela,
87   soffiata e stretta da li venti schiavi,

poi, liquefatta, in sé stessa trapela,
pur che la terra che perde ombra spiri,
90   sì che par foco fonder la candela;

così fui sanza lagrime e sospiri
anzi 'l cantar di quei che notan sempre
93   dietro a le note de li etterni giri;

ma poi che 'ntesi ne le dolci tempre
lor compartire a me, par che se detto
96   avesser: «Donna, perché sì lo stempre?»,

lo gel che m'era intorno al cor ristretto,
spirito e acqua fessi, e con angoscia
99   de la bocca e de li occhi uscì del petto.

Ella, pur ferma in su la detta coscia
del carro stando, a le sustanze pie
102   volse le sue parole così poscia:

«Voi vigilate ne l'etterno die,
sì che notte né sonno a voi non fura
105   passo che faccia il secol per sue vie;

onde la mia risposta è con più cura
che m'intenda colui che di là piagne,
108   perché sia colpa e duol d'una misura.

85-93. Così come la neve si congela tra gli alberi d'alto fusto (*vive travi*) dell'Appennino, sospinta e addensata dai venti della Schiavonia (*li venti schiavi*=della Croazia); poi, liquefatta, filtra (*trapela*) attraverso se stessa, cioè cade, non appena soffiano i venti caldi delle terre meridionali, quelle in cui l'ombra del sole si accorcia – caldi al punto da sembrare un fuoco che scioglie la candela; così [di ghiaccio, pietrificato] fui io, senza emettere lacrime né sospiri, prima (*anzi*) che cantassero gli angeli, coloro che sempre cantano (*notan*) in sintonia con il ritmo delle eterne sfere celesti; **94-99.** ma quando capii dalle loro dolci note che essi prendevano le mie difese, più chiaramente che se (*par che se*=come se) avessero detto: «Donna, perché lo avvilisci tanto?», il gelo che mi si era addensato attorno al cuore si fece aria e acqua [cioè: sospiri e lacrime], e attraverso la bocca e gli occhi m'uscì dal (*del*) petto con angoscia.

Beatrice ricorda agli angeli il traviamento di Dante

100-108. Ella, sempre immobile sulla sponda (*coscia*) del carro, di cui si è detto, volse quindi agli angeli le sue parole: «Voi vegliate nella luce eterna del paradiso, in modo che né notte né sonno possono rubarvi nulla di quanto il mondo dei vivi (*il secol*) compie lungo il suo cammino; per cui la mia risposta è soprattutto indirizzata a colui [Dante] che piange al di là [del fiume], perché il suo dolore sia commisurato alle sue colpe.

---

85. Sì come neve: inizia qui una complessa similitudine (doppia, addirittura: ▶ v. 90), che usa immagini note nella lirica d'amore duecentesca, in cui neve e ghiaccio sono, spesso, simboli di amore non corrisposto. La neve e i venti delle Alpi (in questo caso, però, degli Appennini) ricorrono anche in componimenti ispirati al *plazer*, il genere provenzale in cui si elencavano cose piacevoli. Attraverso queste immagini in forte contrasto (freddo e caldo, neve che si ghiaccia e neve che si scioglie ecc.) il poeta vuole esprimere il turbinio di emozioni del suo animo: l'angoscia – che finalmente si scioglie in lacrime – è paragonata al gelo dell'Appennino (*lo dosso d'Italia*), che con la buona stagione si scioglie in acqua.

87. soffiata e stretta: la neve spinta dal soffio e accumulata e gelata dai venti di nord-est, i *venti schiavi*, come la bora; provengono dalle regioni balcaniche aldilà

dell'Adriatico, allora dette Schiavonia (Dalmazia, Croazia, Slovenia).

88. in se stessa trapela: lo strato superficiale della neve gelata, sciogliendosi, cola attraverso gli strati sottostanti, fino a scorrere da sotto l'ammasso nevoso in un rigagnolo d'acqua. Ciò accade quando cominciano a soffiare i venti del sud, come lo scirocco.

89. la terra che perde ombra: l'ombra del sole si accorcia sempre di più soprattutto nell'Africa del Nord, dove al solstizio d'estate, sui tropici, l'ombra del sole a mezzogiorno scompare del tutto.

92-93. quei che... li etterni giri: gli angeli, i quali cantano (*notan*) sempre sintonizzandosi sull'armonia delle sfere eterne, ovvero sulla musica prodotta dal moto delle sfere celesti. Più avanti, al v. 101, Dante chiamerà gli angeli *le sustanze pie*, adottando il lessico di Tommaso d'Aquino

(▶ *Convivio*, II, 4, 2: gli angeli «sono sustanze separate da materia»).

102. le sue parole: inizia la lunga risposta di Beatrice, protratta per ben 14 terzine, fino alla chiusa del canto. Beatrice desidera l'atto esplicito di contrizione del poeta: ma Dante non è ancora pronto; lo compirà soltanto nel canto XXXI.

104. notte... sonno: i due termini alludono ovviamente alla sfera morale; *notte* e *sonno* sono l'ignoranza e la pigrizia, quanto distoglie l'uomo dal vigilare sulla via del bene. Beatrice afferma che gli angeli, viceversa, conoscono tutto quanto accade, perché lo vedono nella luce di Dio. A loro buio e sonno non possono "rubare" neanche un passaggio di quanto avviene nel tempo.

105. il secol: l'umanità vivente. Letteralmente: ciò che è sottoposto al passare degli anni, al tempo; quindi la vita del mondo, in antitesi alla vita eterna.

Canto XXX

Non pur per ovra de le rote magne,
che drizzan ciascun seme ad alcun fine
111 secondo che le stelle son compagne,

ma per larghezza di grazie divine,
che sì alti vapori hanno a lor piova,
114 che nostre viste là non van vicine,

questi fu tal ne la sua vita nova
virtüalmente, ch'ogne abito destro
117 fatto averebbe in lui mirabil prova.

Ma tanto più maligno e più silvestro
si fa 'l terren col mal seme e non cólto,
120 quant' elli ha più di buon vigor terrestro.

Alcun tempo il sostenni col mio volto:
mostrando li occhi giovanetti a lui,
123 meco il menava in dritta parte vòlto.

Sì tosto come in su la soglia fui
di mia seconda etade e mutai vita,
126 questi si tolse a me, e diessi altrui.

Quando di carne a spirto era salita,
e bellezza e virtù cresciuta m'era,
129 fu' io a lui men cara e men gradita;

e volse i passi suoi per via non vera,
imagini di ben seguendo false,
132 che nulla promession rendono intera.

109-117. Non soltanto per le operazioni delle sfere celesti, che indirizzano ogni seme a un fine preciso, secondo l'influsso delle costellazioni che alle sfere sono congiunte [al momento della nascita], ma per la generosità di quelle grazie divine, che piovono sul mondo da nuvole (*vapori*) così alte che nemmeno noi riusciamo a vederle, costui fu tale nella sua giovinezza (*vita nova*), potenzialmente, che qualsiasi buona attitudine naturale si sarebbe manifestata in lui in modo ammirevole. **118-120.** Ma tanto più maligno e selvatico si fa il terreno, a causa dei semi cattivi e se è stato lasciato incolto, quanto più esso era in sé naturalmente fertile. **121-123.** Per qualche tempo lo (*il*) sostenni con il mio sguardo: mostrandogli i miei giovani occhi, lo conducevo con me sulla strada del bene (*dritta parte*). **124-126.** Non appena io fui sulla soglia della mia seconda età [prima cioè dei 25 anni] e morii, egli si allontanò da me e si affidò ad altri [o: a un'altra] (*diessi altrui*). **127-132.** Proprio quando io ero salita dalla carne mortale alla condizione di puro spirito, e bellezza e virtù erano cresciute in me, gli fui meno cara e meno gradita; egli camminò per una strada sbagliata, seguendo false immagini di bene, che non conducono mai dove promettono.

---

109. le rote magne: le grandi sfere celesti che, secondo la cosmologia medievale, ruotano intorno alla terra.

111. secondo che... compagne: secondo la costellazione che, al momento della nascita di ogni creatura, si accompagna a quella sfera celeste. Per i medievali, le costellazioni zodiacali influiscono sulle inclinazioni personali di ciascuno. Già nel XV dell'*Inferno* Brunetto Latini aveva detto a Dante: *Se tu segui tua stella / non puoi fallire a glorioso porto* (vv. 55-56).

113. alti vapori: le grazie del cielo sono paragonate a una pioggia (una pioggia di grazie), che piove tuttavia da nuvole così alte (addirittura da Dio), che nemmeno i beati del cielo, come Beatrice, possono conoscerne le ragioni.

115. vita nova: significa "giovinezza", ma l'espressione evoca il titolo dell'opera giovanile, la *Vita nuova*, in cui è narrato il rinnovamento spirituale che Beatrice procurò

a Dante nella sua giovinezza. Finché Beatrice ha indicato al poeta la strada della salvezza, egli non ha smarrito la retta via. Qui ella esorta Dante a ripudiare le scelte fatte dopo la sua morte e a tornare nel solco già tracciato con il *libello* giovanile.

116. virtüalmente: in potenza; questo avverbio e poi il sostantivo *abito* ("abitudine", disposizione permanente dell'animo") sono termini filosofici, ricavati dall'*Etica* di Aristotele e utilizzati dalla filosofia scolastica.

121. il sostenni col mio volto: cioè, bastava la mia vista (i miei occhi) a guidarlo sulla strada del bene. Il solo vederla era per Dante stimolo morale al perfezionamento.

125. di mia seconda etade: l'età che segue la prima età dell'adolescenza; inizia a 25 anni, come Dante dice nel *Convivio* (IV, 24, 2).

126. mutai vita: morii. Secondo la *Vita Nuova*, Beatrice morì, venticinquenne, nel 1290; **e diessi altrui:** e si diede ad altri, o meglio, ad altre. Nella *Vita Nuova* (XXV e

ss.) Dante fa seguire, alla morte di Beatrice, l'episodio della «donna gentile, giovane e bella molto», che ha compassione del suo dolore e lo attrae, finché l'interesse per lei non rischia di suscitare un nuovo amore; allora Dante sceglie di restare fedele a Beatrice e si allontana dalla «donna gentile». Dante reinterpreta l'episodio nel *Convivio* (II, 2, 1 e ss.; II, 12, 1 e ss.), dove la donna gentile della *Vita Nuova* viene a indicare la filosofia. Perciò Beatrice, qui, attacca sia la colpa d'amore, sia la filosofia che vuole trovare la via della verità con il solo aiuto della ragione.

130. via non vera: è il contrario della *verace via* (*Inf.* I, 12) che Dante ha abbandonato nella selva oscura. Le illusorie *imagini di ben*, che inevitabilmente deludono le attese di felicità che suscitano, sono i beni terreni, che Boezio chiama «apparenze del vero bene» (*De consolatione Philosophiae* III, 9).

Purgatorio

Né l'impetrare ispirazion mi valse,
con le quali e in sogno e altrimenti
135 lo rivocai: sì poco a lui ne calse!

Tanto giù cadde, che tutti argomenti
a la salute sua eran già corti,
138 fuor che mostrarli le perdute genti.

Per questo visitai l'uscio d'i morti,
e a colui che l'ha qua sù condotto,
141 li preghi miei, piangendo, furon porti.

Alto fato di Dio sarebbe rotto,
se Letè si passasse e tal vivanda
144 fosse gustata sanza alcuno scotto

di pentimento che lagrime spanda».

133-135. Né servì a nulla che io (*mi valse*) ottenessi dal Cielo buone ispirazioni [per lui], con le quali cercai di richiamarlo (*lo rivocai*) al bene, [apparendogli] in sogno o in altro modo: tanto poco gliene importò (*a lui ne calse*)! **136-138.** Cadde così in basso, che risultavano ormai inefficaci tutti i mezzi impiegati per ottenere la sua salvezza (*salute*), salvo mostrargli le genti dannate [dell'inferno]. **139-141.** Per questo io discesi fino alla soglia della terra dei morti, dove piangendo rivolsi la mia preghiera a colui che l'ha poi condotto fin qui. **142-145.** L'alta volontà di Dio sarebbe infranta, se si potesse oltrepassare il fiume Lete e assaporarne le acque, senza pagare il prezzo di un pentimento cosparso di lacrime».

139. l'uscio di' morti: Beatrice, secondo quanto si racconta nel canto II dell'*Inferno*, era discesa nel Limbo per incontrarvi Virgilio. Aveva quindi superato la vera e propria porta (*uscio*) dell'inferno.

142. fato: nel senso latino di "cosa detta", "decretata", perciò "decisione irrevocabile". La legge di Dio sarebbe infranta, se Dante peccatore potesse superare gli ultimi ostacoli del paradiso terrestre senza

provare un profondo pentimento verso le proprie colpe.
Letè: il fiume Lete. Le sue acque danno l'oblio delle colpe: Dante dovrà esservi immerso nel canto XXXI.

Le chiavi del canto

■ IL SIGNIFICATO DEL TESTO: IL «RITORNO A BEATRICE»

Siamo nel paradiso terrestre, l'Eden di Adamo ed Eva. Dante vi è entrato con Virgilio e con Stazio, il poeta latino che ha pure completato la propria espiazione su per le balze del monte. Già nel canto XXVII Virgilio aveva rivolto a Dante parole di sapore nuovo: «Da qui in poi non posso più guidarti. La penitenza è finita. Sei oramai padrone di te...». Tutto è davvero nuovo per il viandante dell'oltretomba: prati fioriti, dolci melodie, fiumi dalle acque di cristallo, una bella donna (Matelda) innamorata di Dio. Tra le meraviglie della creazione si avanza una **solenne processione spirituale**; il suo fulcro è un carro (la Chiesa) trainato da un grifone alato come la natura divina, leonino come quella umana del Cristo.

Poi, in una nuvola di fiori, come il sole trapela tra i vapori dell'alba, appare una donna vestita di fiamma sotto verde manto e velata di bianco. È Beatrice: da dieci anni (nella finzione del viaggio) Dante l'aspetta.

Secondo diversi commentatori, questo canto fu il primo, della *Divina Commedia*, a essere scritto, o quantomeno pensato, da Dante: in un certo senso tutto parte da qui. Alcuni critici hanno detto per questo che l'intero poema è un «ritorno a Beatrice», una promessa mantenuta dopo quanto annunciato nell'ultimo capitolo della *Vita nuova*: «Io vidi cose che mi fecero proporre di non dire più di questa benedetta, infino a tanto che io potesse più degnamente trattare di lei. [...] Io spero di dicer di lei quello che mai non fue detto d'alcuna».

Ecco, adesso siamo giunti al punto decisivo: Beatrice ritorna, si fa incontro al suo poeta, e lui può davvero «più degnamente trattare di lei». È uno dei momenti più emozionanti dell'itinerario di redenzione di Dante.

Malgrado quello che si potrebbe pensare, l'incontro tra Dante e Beatrice **non è affatto un incontro idilliaco**. Con parole schiette e severe, infatti, Beatrice rimprovera Dante per il suo *traviamento*: dopo la mia morte, ella dice, il poeta *diessi altrui* (v. 126), seguì una *via non vera,/ imagini di ben... false,/ che nulla promession rendono intera* (w. 130-32). È la stagione di errori morali e filosofici rappresentata, poeticamente, nella *selva oscura* del canto I dell'*Inferno*. Appunto per uscirne, Dante ha intrapreso il pellegrinaggio nell'oltretomba: per ritrovare la via della verità, per ritornare insomma a quella verità che Beatrice aveva già rappresentato nella *Vita nuova*. Ma un passo indispensabile, lungo l'itinerario, è che Dante prenda interamente **coscienza dei propri errori** e se ne penta, senza riserve. Infatti, al rimprovero di Beatrice, per la *vergogna* lui volge gli occhi a terra (vv. 76-78), mentre gli angeli, intonando il Salmo XXX, lo invitano alla speranza e alla fiducia in Dio. A questa prima presa di coscienza seguiranno altre fasi, narrate nei canti successivi del *Purgatorio*: il pentimento, il perdono di Dio e infine l'oblio, la dimenticanza del male commesso, mediante l'immersione nelle acque del fiume Lete. Solo a quel punto Dante potrà contemplare gli occhi di Beatrice; scagliato come una freccia verso il suo bersaglio, volerà nella luce.

■ LA SITUAZIONE NARRATIVA

L'incontro tra Dante e Beatrice si svolge sul confine tracciato dal fiume Lete. Dante è al di qua dal fiume, Beatrice al di là.

Il Lete era un «fiume di frontiera» già nell'*Eneide* di Virgilio: segnava il **confine tra la vita e la morte**, quello per cui dalla morte si ritorna, per *metempsicòsi* ("trasmigrazione dell'anima in altro corpo"), alla vita. Nel *Purgatorio* è il fiume dell'oblio: bagnandosi in esso, si dimenticano le colpe commesse. Dante non ha ancora visto, di là del fiume, Beatrice, che già percepisce i segni dell'antico amore; infine la vede, restando al di qua del confine.

Beatrice gli appare velata da una pioggia di gigli, come il sole dalla foschia mattutina. È circondata da **presenze simboliche** e vestita di **panni allegorici**: il divino, visto al di qua dal confine, è un complesso di allegorie, un enigma da decifrare. I colori di Beatrice (bianco, verde e rosso) rappresentano le virtù teologali (fede, speranza, carità); le foglie d'olivo, «le fronde di Minerva», simboleggiano la sapienza; i gigli bianchi che velano la sua apparizione sono immagine della purezza della fede.

Quella del *velo* è una immagine assai presente nel canto: all'inizio (v. 3) lo Spirito divino appare velato, annebbiato a causa della colpa; poi Beatrice è schermata dalla nuvola di fiori come il sole dalla foschia (vv. 25-32); quindi lo è dal velo che le scende dalla testa (vv. 67-69). Nel discorso agli angeli, infine, Beatrice esplicitamente contrapporrà la loro con-

templazione diretta della luce eterna, alla vista offuscata del pellegrino (vv. 103-108).

■ I PERSONAGGI

Dante. L'episodio, ad alta densità drammatica, sottopone il poeta a continui **mutamenti di stati d'animo**: si alternano il dolore per la perdita di Virgilio e l'intensa emozione per l'incontro con Beatrice, che lo guiderà fino in paradiso. Di fronte a lei, Dante personaggio avverte la potenza dell'amore, la forza dell'*antica fiamma*: la stessa che sentiva in gioventù, quando la dolcezza di Beatrice, attraverso i suoi occhi, gli raggiungeva il cuore. Ancora nell'Eden la misteriosa forza di quell'amore si fa sentire prima che Dante riesca a vedere la donna. Ciò significa che tale potenza non appartiene alla realtà dei sensi, come il poeta stesso sottolinea: egli avverte la traccia, il segno dell'antico amore *sanza de li occhi aver più conoscenza*, senza che dagli occhi gli giungessero informazioni più precise. L'origine di quella sensazione deve dunque essere di **natura trascendente**: la traccia che si è impressa, attraverso Beatrice, nella coscienza del poeta è l'impronta di Dio; Beatrice è **incarnazione della verità rivelata**.

Beatrice. Già nella *Vita nuova* Dante aveva celebrato Beatrice come la donna della beatitudine, della salvezza. Già nell'opera giovanile il suo profilo appariva quello di una **creatura spirituale**: più che una donna, un prodigio, attraverso cui era Dio, in realtà, a rivelarsi al poeta. Già nel *libello* giovanile Dante raccontava di tremare e ammutolire di fronte alla sua bellezza, già lì deduceva – dal proprio stupore – che la donna fosse una manifestazione del divino.

Sono tutti elementi confermati nel canto letto:
- stupore e tremore al v. 36;
- senso di mancamento ai vv. 46-47;
- superiorità e inaccessibilità della donna al v. 70.

■ LO STILE

Il canto è ricco di **allegorie** (i colori di Beatrice) e di **similitudini**. Si contano in totale ben otto similitudini, incluse le due della parte introduttiva, da noi omessa: a) v. 5, *come*; b) vv. 13-16, *quali... tali*; c) v. 28, *così*; d) vv. 43-44, *col* [con lo stesso] ... / *col quale*; e) v. 58, *Quasi*; f) v. 71, *come*; g) vv. 79-80, *così... come...*; h) vv. 85-91, *Sì come... così...*

Si potrebbero aggiungere al computo anche le forme del verbo *parere*: al v. 90, *sì che par*, e al v. 95, *par che se*.

La funzione di tale fitta serie di similitudini è paragonare l'esperienza di Dante personaggio a quella di Dante poeta e dei suoi lettori. La similitudine, infatti, stabilisce una **correlazione tra aldiqua e aldilà**, tra il noto e l'ignoto, tra il visibile e l'invisibile, tra l'esperienza del mondo terreno e quella dell'eternità. Ciò che Dante narra (la nuvola di fiori, il tripudio angelico ecc.) non appartiene all'esperienza quotidiana e comune; vi appartengono però il sole velato dalle nubi, il timore del bambino, l'ammiraglio che sprona la flotta, la neve degli Appennini ecc. In tal modo il poeta (colui che scrive, reduce del viaggio) traduce in immagini concrete l'esperienza mistica vissuta nell'aldilà dal personaggio-viaggiatore.

Purgatorio

Lavoriamo sul testo

I CONTENUTI

1. A quale punto siamo giunti, nel viaggio ultraterreno di Dante?

2. Perché a questo punto del viaggio Beatrice si sostituisce a Virgilio nel ruolo di guida?

3. Dante personaggio si trova qui sul confine tra l'umano e il divino. In che senso?

4. Quale atteggiamento tiene Beatrice verso Dante, incontrandolo nel paradiso terrestre, a dieci anni dalla morte? Rispondi citando termini ed espressioni che ti sembrino significativi.

5. Di che cosa Beatrice rimprovera Dante?

6. Come reagisce Dante al primo rimprovero di Beatrice?

7. In questo canto torna a farsi presente con intensità il passato personale di Dante. Quali momenti, quali fasi, quali figure in particolare ritornano? Individuali nel testo.

8. Rintraccia i momenti in cui Dante piange e spiegane le ragioni.

9. L'incontro con Beatrice è per Dante, come già nella *Vita nuova*, un incontro con la divinità: Beatrice, infatti, è messaggera di verità eterne. Da quali elementi del testo lo puoi desumere?

10. Definisci la figura di Beatrice rintracciando tutti gli aggettivi che a essa si riferiscono.

11. La donna dichiara di avere esercitato a favore di Dante un'opera di salvataggio, articolata in tre momenti: riconoscili uno dopo l'altro nel testo.

12. A quale condizione Dante potrà essere immerso nel Lete?

13. La Beatrice che appare al poeta al di là del Lete è un'immagine trasfigurata in un complesso di simboli. Quali simboli? E perché essa si mostra così connotata?

14. Secondo te la *dritta parte* di cui parla Beatrice è la *diritta via* smarrita da Dante nel canto I dell'*Inferno*? Ritrova il punto nel testo e rispondi in max 10 righe.

15. Uno dei momenti più intensi del canto è quello in cui Dante personaggio si accorge di essere stato abbandonato da Virgilio. Commentalo con riferimento al testo in max 20 righe.

16. *Questi si tolse a me e diessi altrui*. Spiega tale verso e illustrane l'importanza nell'ambito dell'intero percorso, umano e poetico, di Dante (max 20 righe).

17. La *Vita nuova* si chiudeva annunciando, in qualche modo, la composizione della *Divina Commedia* («io spero di dicer di lei quello che mai non fue detto d'alcuna»). Nel poema la donna assolve ancora la sua funzione salvifica: è lei a mandare Virgilio a soccorre-re Dante nella selva oscura (come Virgilio afferma nel canto II dell'*Inferno*); a lei spetta il compito di elevare la mente del poeta, attraverso tutti i cieli, fino all'Empìreo, cioè fino alla contemplazione di Dio. Illustra in una relazione le fasi del rapporto tra Dante e Beatrice; inoltre chiarisci il ruolo, intellettuale e morale, che il poeta assegna alla donna, dalla *Vita nuova* alla *Commedia*.

18. L'immagine della donna avvolta in una nuvola di fiori è un *tópos* della lirica d'amore; tornerà più volte in Petrarca. Svolgi una breve ricerca in proposito.

LE FORME

19. L'aggettivo *scemo*, dal latino volgare *exsemo*, "dimezzare", significa "mancante", "privo". In quale verso del canto si mostra? Parafrasalo nel contesto.

20. Beatrice ricorda che il traviamento di Dante avvenne alla morte di lei. Quale immagine usa, per indicare tale momento? Si tratta di un'aggravante o di un'attenuante, per Dante?

21. In due occasioni Dante cita il proprio nome e il titolo di una propria opera: ritrovale nel testo.

22. Spiega i due possibili significati del v. 74 e il senso più generale del rimprovero di Beatrice.

23. Ritornano nel canto le espressioni e le immagini dello stilnovismo cavalcantiano, quelle connesse all'idea dell'amore-turbamento e dell'amore-ferita: rintracciale nel testo e spiega in breve perché Dante dia a esse tanto rilievo.

24. Al v. 131 si parla di *false* immagini di bene: in che senso?

25. Spiega con parole tue, diverse da quelle della parafrasi, il significato delle seguenti espressioni:
    • *l'occhio la sostenea lunga fiata*
    • *sì poco a lui ne calse!*
    • *pianger ti conven per altra spada*
    • *"Donna, perché sì lo stempre?"*
    • *questi si tolse a me, e diessi altrui*

26. Un ruolo importante viene esercitato, nel canto, dagli *occhi* e da tutto quanto a essi si riferisce. Rintraccia nel testo tutte le espressioni riferibili a questa sfera semantica.

27. Chiarisci l'uso dell'aggettivo *altro* ai vv. 24 e 57.

28. Nella *Vita nuova* Beatrice guidava sì Dante a Dio, ma in modo muto e distaccato. Ti sembra che qui ella mantenga il medesimo atteggiamento? Rispondi in max 20 righe, citando qualche momento o termine significativo del canto.

Approfondimenti

Giorgio Montefoschi

Beatrice, il vero amore a un passo dal paradiso

Storia di un'amore Eccoci a Beatrice: il personaggio che congiunge indissolubilmente la *Vita Nova* alla *Commedia*. La storia di questo amore, come scrive Sapegno, ha «una trama tenue e quasi inconsistente». Dante incontra Beatrice (da identificare, sulla scorta delle più antiche testimonianze, in Bice di Folco Portinari, moglie di Simone de' Bardi) per la prima volta a nove anni, e da quel momento Amore signoreggia la sua anima. La rivede nove anni più tardi (il numero è sacro: ha alla base il numero della Trinità), e lei lo saluta. Subito dopo questo saluto, un sogno gli rivela che il suo amore sarà immutabile, e che la gentildonna presto morirà.

Poi, Beatrice muore: nel 1290. Dante s'illude di potersi consolare con un'altra donna che lo guarda da una finestra. Questo è, però, impossibile. Finché, un giorno, l'immagine di Beatrice risorge più potente che mai nella sua fantasia, debella il «malvagio desiderio» e suscita il rimorso nel «vergognoso cuore», richiamandolo al dolore per la sua morte, alla consapevolezza di ciò che ha perduto. Ora, è dall'altra parte del fiume: dentro una nuvola di fiori, coronata da un ramo d'ulivo sopra un velo bianco.

Il ruolo dell'allegoria Sappiamo quanto conti, sia nella *Vita Nova* che nella *Commedia*, l'allegoria. Anche la vicenda amorosa è allegorica. Forse, la «pargoletta», la donna che Dante ha preteso di seguire sulla terra dimenticando Beatrice, è la filosofia: la sapienza laica, contrapposta alla esperienza religiosa e mistica, unica via per conseguire il Bene supremo.

Tuttavia, la profonda bellezza del canto XXX, il canto nel quale per la prima volta Beatrice si rivolge a Dante chiamandolo per nome, è davvero im-

prescindibile dalla sua carica di umanità. Siamo a un passo dall'ingresso nel Paradiso, e mai come ora, davanti alla sua donna, Dante è e rimane uomo. Questo è un canto pieno di lacrime, pieno di sentimenti che si combattono, pieno di memoria, pieno di rimorsi, pieno di timidezza, pieno di tensioni che si sciolgono. Mostrando un'attenzione ai meandri più segreti della psicologia – dinnanzi alla quale persino Proust potrebbe inchinarsi – il poeta descrive se stesso in un vero e proprio subbuglio dei sentimenti. È l'alba.

La donna è immobile sul carro. Dante non ha bisogno degli occhi per riconoscerla. I versi 34-39, sublimi, ci dicono che non è il suo sguardo, è il suo spirito, che per tanto tempo non è stato travolto da un tremito alla presenza di lei, che per «occulta virtù che dai lei mosse» torna a sentire l'antica fiamma. È questo, dunque, un amore ormai puramente spirituale? Macché! È la sostanza misteriosa dell'amore [...] che nasce dalla bellezza, dal corpo, e rapisce l'anima, si trasfigura.

Virgilio, intanto, è scomparso; non c'è più. La ragione, che ha condotto il poeta fin lì, deve lasciare il posto a un'altra guida. Dante piange disperatamente: piange la perdita di un padre dolcissimo, dell'uomo Virgilio. Infatti, con grande severità, vedendolo ancora così preso dai sentimenti terreni, indegno di varcare in tale condizione la soglia del cielo, Beatrice lo rimprovera tanto duramente da farlo vergognare di se stesso.

La rivelazione della vera felicità
Gli dice (pronunciando la verità di un tema insolubile ed eterno): ancora credi in quell'altra felicità? Non sai che la vera felicità è qui, la vera felicità sono io, la vera felicità è l'abbandono di noi stessi

e la contemplazione di Dio? Devono intervenire gli angeli; che cantano il Salmo: *In te, Domine, speravi.* La dolcezza dell'armonia e delle parole scioglie il gelo che paralizza il cuore del poeta, come un vento tiepido, d'inverno, scioglie la neve rappresa fra travi di legno. Giova rammentare che il motivo del gelo che si scioglie è presente in similitudine anche nel canto II dell'*Inferno*, dopo il racconto che fa Virgilio, nel quale si narra di come Beatrice sia scesa dal cielo in suo soccorso. Adesso, ferma nel proposito di liquefare fino in fondo questo gelo, di depurare ogni male e ogni dubbio – insomma: nel proposito di liberare definitivamente dal peccato il cuore dell'uomo che vuole condurre a Dio – Beatrice ripete il racconto dello «smarrimento» che Dante in prima persona ha fatto nella *Vita Nova*: «Sì tosto come in su la soglia fui / di mia seconda etade e mutai vita, / questi si tolse a me, e diessi altrui».

Cosa significa questo pronome *altrui*? È molto probabile che si tratti di un amore intellettuale per la filosofia, alla quale il poeta si era dato, pensando di poter raggiungere la perfetta felicità sulla terra. È altrettanto vero che, nelle parole di rimprovero di Beatrice, si coglie uno stupendo profumo femminile. Così come è vero che, in definitiva, l'amore che è al centro di questa lunga storia, ha tutti gli accenti dell'amore cristiano. È un amore che nasce dal corpo, ma va ben al di là del corpo. È l'amore che – oggi, come sempre, lo riconosciamo – esiste in quanto si traduce nella salvezza altrui. La *pietas*, insomma: inseparabile dalla carità.

Giorgio Montefoschi, *La nostra Commedia* in «Corriere della sera», 30/7/2004

Purgatorio

Canto XXXI

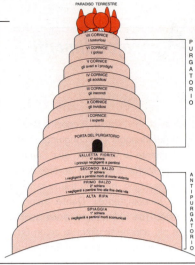

DATA	13 aprile 1300 (mercoledì dopo Pasqua), mattina.
LUOGO	**Paradiso terrestre** (o Eden): ▶canto XXVIII.
PERSONAGGI	**Dante** e **Stazio**. **Beatrice**. **Matelda**, che immerge Dante nel Lete. **Il grifone=Cristo**. Le **donne** della processione sacra (le quattro virtù cardinali e le tre virtù teologali).

SEQUENZE

■ **Rimproveri di Beatrice e confessione di Dante** (vv. 1-36)
Beatrice ordina a Dante di confermare la verità delle accuse che ella gli ha mosso. Lui, confuso e umiliato, non riesce neppure a parlare. Beatrice insiste ed egli emette solo un fioco «sì», accompagnato da lacrime e sospiri. «Ma quali ostacoli – lo incalza Beatrice – t'impedirono di procedere sulla via della virtù?». A voce bassa, Dante risponde che dopo la morte di lei venne allettato dai beni terreni e dai falsi piaceri.

■ **Il traviamento di Dante** (vv. 37-64)
«Chi confessa le sue colpe – dice Beatrice, soddisfatta – smussa, piangendo, il filo della spada divina. La mia morte doveva indurti a volgerti al Cielo, senza disperderti in avventure di poco conto. Bella com'ero, cosa di terreno poté mai ingannarti? Alza la vista, guardami, e soffrirai di più».

■ **Pentimento di Dante** (vv. 65-90)
A fatica Dante alza lo sguardo su di lei. La osserva contemplare il grifone e gli pare più bella di quando già era la più bella di tutte. Vinto dal rimorso, sviene; è il suo finale pentimento.

■ **Immersione nel Lete** (vv. 91-105)
Quando rinviene è già immerso nel Lete, e c'è Matelda a sorreggerlo. Risuona un canto di *Miserere* ("pietà"). Matelda fa bere a Dante un sorso di quell'acqua che dà l'oblio delle colpe commesse.

■ **Dante e le Virtù** (vv. 106-132)
Fuori dall'acqua, Dante è affidato a quattro fanciulle danzanti (le virtù cardinali). Esse gli promettono che lo condurranno a vedere gli occhi di Beatrice; ma a ciò è necessario l'aiuto delle altre tre donne (le virtù teologali). Dante giunge davanti al grifone-Cristo, da cui Beatrice non distoglie lo sguardo. Ora le tre danzatrici teologali, con in testa la Carità, invitano Beatrice a mostrare occhi e bocca al suo poeta.

■ **Svelamento di Beatrice** (vv. 133-145)
La donna si toglie il velo: estasiato, Dante confessa che nessun poeta potrebbe descrivere appropriatamente la bellezza che egli vide allora.

Canto XXXII

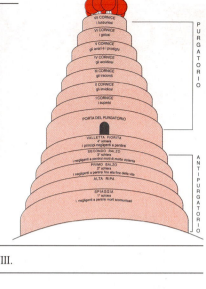

DATA	■ 13 aprile 1300 (mercoledì dopo Pasqua), tarda mattina.
LUOGO	■ **Paradiso terrestre** (o Eden): ▶canto XXVIII.
PERSONAGGI	■ **Dante**, **Stazio**, **Beatrice** e **Matelda**. ■ Le **donne** della processione sacra (le quattro virtù cardinali e le tre virtù teologali), il **grifone**. ■ Appaiono un'aquila, una volpe, un drago, una meretrice e un gigante.

SEQUENZE

■ **La processione ritorna verso oriente** (vv. 1-36)
Gli occhi di Dante fissano quelli di Beatrice, fino alla temporanea cecità. Le virtù danzanti lo richiamano alla visione dell'Eden e della processione che si rimette in moto, tornando verso oriente. Dante, Stazio e Matelda avanzano presso la ruota destra del carro. Poi Beatrice scende.

■ **L'albero mistico** (vv. 37-64)
Tutta la processione si dispone in cerchio intorno a un albero altissimo e spoglio, al quale il grifone lega il carro-Chiesa. L'albero rifiorisce miracolosamente. Sale un inno.

■ **Sonno e risveglio di Dante** (vv. 65-84)
La melodia è di tale dolcezza che Dante se ne inebria, fino ad assopirsi. Al risveglio trova presso di sé la sola Matelda: dov'è Beatrice?

■ **Beatrice rivela la missione di Dante** (vv. 85-108)
«Eccola là» gli dice Matelda, alle radici dell'albero rifiorito, in compagnia delle sette donne, mentre il grifone e il suo seguito volano in cielo. Beatrice parla: «Dopo breve dimora in selva, sarai presto mio eterno concittadino nella Roma di cui è romano Cristo», cioè in cielo. Da eletto di Dio, tenga fissi gli occhi al carro, per poi scrivere, a vantaggio degli uomini, ciò che ha visto.

■ **Vicende del carro-Chiesa** (vv. 109-160)
L'aquila imperiale piomba sull'albero e lo sfronda (le persecuzioni sui primi cristiani). Poi una volpe (le eresie) si nasconde sotto il carro e Beatrice la mette in fuga. Quindi ritorna l'aquila e scarica sul carro le sue piume (donazione di Costantino). Si apre la terra e ne esce il drago dello scisma che porta via una parte del fondo del carro. Le piume dell'aquila proliferano, ricoprendo tutto il carro (la Chiesa si arricchisce). Esso si trasforma nel mostro con sette teste e dieci corna dell'*Apocalisse,* sul quale una meretrice viene percossa; poi un gigante (Filippo il Bello, re di Francia) la trascina via (esilio avignonese).

Purgatorio

Canto XXXIII

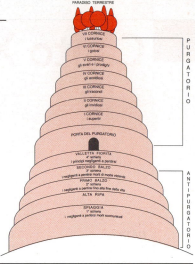

DATA	13 aprile 1300 (mercoledì dopo Pasqua), mezzogiorno.
LUOGO	Paradiso terrestre (o Eden): ▶ canto XXVIII.
PERSONAGGI	Dante, Stazio, Beatrice e Matelda. Le donne: le quattro virtù cardinali e le tre virtù teologali.

SEQUENZE

■ Il pianto delle sette donne per la Chiesa e lo sdegno di Beatrice (vv. 1-24)
Al vedere le tristi vicende del carro, le sette donne intonano piangendo un salmo; Beatrice lo ascolta *sospirosa e pia*. Cessato il canto, si alza sdegnosamente in piedi e invita Dante a farsi più vicino, per udire meglio.

■ La profezia di Beatrice e il compito di Dante (vv. 25-78)
Beatrice dichiara che dirà una profezia: verrà «un cinquecento, dieci e cinque» (un DVX, un capo), inviato di Dio, che ucciderà la meretrice e il gigante. Esorta il pellegrino a rivelare la profezia agli uomini. Ella gli parla della pianta da cui Adamo colse il frutto: chi offende quella pianta, offende Dio. Se Dante non avesse la mente ottenebrata, l'avrebbe già compreso.

■ Motivo del linguaggio oscuro di Beatrice (vv. 79-102)
Dante assicura Beatrice che ricorderà le sue parole; ma lamenta l'oscurità del messaggio. La donna espone l'abisso che separa la scienza umana da quella divina. Al poeta, che non rammenta di essersi mai allontanato da lei, spiega che avendo bevuto l'acqua del Lete non può più ricordare alcun peccato.

■ Dante beve l'acqua dell'Eunoè (vv. 103-135)
È mezzogiorno. Le sette donne si fermano davanti a una fonte da cui sgorgano due fiumi. Beatrice chiama in causa Matelda, cui chiede di far bere a Dante e a Stazio l'acqua dell'Eunoè, perché ricordino le buone azioni fatte in vita.

■ «Puro e disposto a salire alle stelle» (vv. 136-145)
Il poeta vorrebbe descrivere la dolcezza provata al bere di quell'acqua pura; ma lo frena la legge dell'arte, nemica di ogni ritardo. Deve dunque chiudere la seconda cantica: rinnovato come le piante a primavera, egli è *puro* e pronto (*disposto*) *a salire a le stelle*.

«...nel quale un cinquecento dieci e cinque,
messo di Dio, anciderà la fuia
con quel gigante che con lei delinque.»

■ *Enrico VII sul letto di morte*, codice della Biblioteca Vaticana (XIV secolo).

Il Paradiso

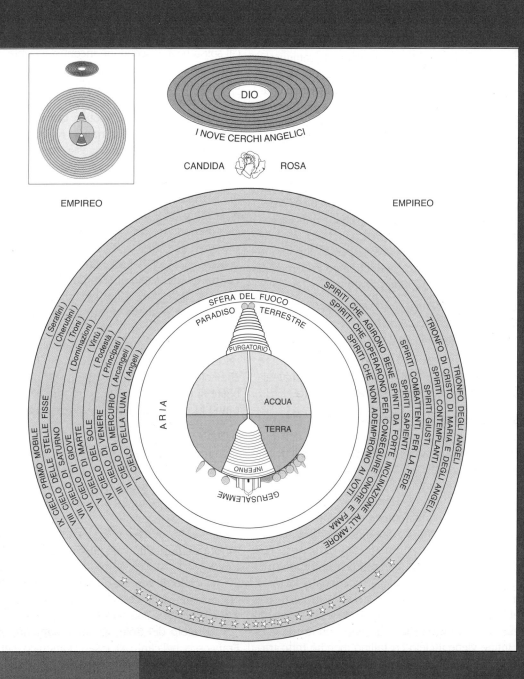

La sfida suprema della poesia

TEMI TEOLOGICI E DOTTRINARI

Nel *Paradiso* diminuisce la folla dei personaggi e degli episodi, mentre, parallelamente, prevalgono i **temi teologici e dottrinari**. Resta però alta la qualità poetica del testo, pur se si fa apprezzare con maggiore difficoltà. Dante gioca ora sui valori della pura poesia, in un'assidua creatività di giochi di colore e di parole sempre nuove. Se i due precedenti regni erano descritti come letteralmente "veri", realisticamente raffigurati, il paradiso non è che **pura luce e suono**; del resto si può parlare di Dio solo indirettamente, attraverso analogie. E così la terza cantica non è che una **gigantesca metafora** estesa per 33 canti, la più ardua e affascinante sfida mai intentata da un poeta alle possibilità del linguaggio umano.

La stesura del *Paradiso* dovette realmente costare a Dante uno sforzo eccezionale. C'è un punto in cui egli esalta l'opera con versi rimasti famosi, con parole, nonostante la commozione, pesate a una a una (siamo all'inizio del canto XXV del *Paradiso*, nel punto in cui l'autore esprime la speranza che il poema gli riapra le porte di Firenze e gli permetta di ottenere la corona di poeta nel suo battistero di San Giovanni):

«Se mai continga [avvenga] *che 'l poema sacro*
al quale ha posto mano e cielo e terra,
sì che m'ha fatto per molti anni macro...»

A noi lettori non resta che credergli e accettare ognuna delle parole di Dante come la più puntuale illustrazione del suo proposito: **sacralità e fatica**.

COSMOLOGIA DEL PARADISO DANTESCO

Secondo la cosmologia medievale, al centro dell'universo vi è la terra, un pianeta sferico, dal quale il pellegrino Dante si distanzia a velocità crescente, fino a vederlo come un punto immobile, ormai minuscolo nella distanza (è *l'aiuola che ci fa tanto feroci*: XXII, 151).

Intorno alla terra orbitano **nove cieli**: immense sfere concentriche di materia trasparente, che ruotano intorno al nostro pianeta. Il primo cielo attraverso cui Dante viaggia – in spirito, non più con il corpo – è il cielo della Luna. Esso è a sua volta circondato dal cielo di Mercurio, come questi lo è dal cielo di Venere, e così via per tutti gli altri cieli: del Sole, di Marte, di Giove, di Saturno. Segue il cielo delle stelle fisse, con le costellazioni. Infine viene il cielo cristallino (perché tutto tra-

sparente), detto anche Primo mobile, perché il più veloce: con il suo rapido movimento, il Primo mobile trasmette la rotazione ai cieli sottostanti e la regola.

Al vertice della costruzione celeste vi è l'**Empìreo**, la sede di Dio e dei beati, questi ultimi disposti in forma di **candida rosa**.

BEATI E BEATITUDINE

Gli spiriti beati discendono incontro a Dante attraverso i cieli: abbandonano cioè temporaneamente la loro sede consueta, l'Empìreo, per incontrare il pellegrino nella sfera che caratterizzò in vita il carattere di ciascuno di loro. È un espediente poetico, grazie a cui sono conservate le leggi di simmetria che regolano tutte e tre le cantiche. Ma non solo per questa struttura cosmologica il paradiso delle sfere rivela forti analogie con l'architettura dei due regni precedenti. Ritroviamo infatti anche qui la **tripartizione dell'ordinamento morale** di *Inferno* e *Purgatorio*: infatti i beati sono distribuiti nei vari cieli secondo tre categorie fondamentali, e cioè **spiriti mondani** (nei primi tre cieli, i più vicini alla terra), **spiriti attivi** (nei cieli del Sole, di Marte, di Giove) e **spiriti contemplativi** (cielo di Saturno), i più vicini a Dio. C'è, come si vede, un ordine gerarchico nella perfezione delle anime e quindi nel grado di beatitudine, tanto maggiore quanto più è alto il cielo in cui compaiono: un ordine ascendente, quindi, com'era quello che caratterizzava il cammino del purgatorio. Va aggiunto che solo nel primo cielo, e poi nell'Empìreo, le anime beate si presentano a Dante in forma umana: poi saranno luce di varia intensità, essenze pure.

INCONTRI POETICI

È dunque di cielo in cielo che si muovono incontro al poeta le diverse categorie di anime beate:

- nel **cielo della Luna**, gli spiriti **che mancarono ai voti**: Piccarda Donati e l'imperatrice Costanza (canto III);
- nel **cielo di Mercurio**, gli spiriti che operano **per amore di gloria**, tra cui l'imperatore Giustiniano (canto VI);
- nel **cielo di Venere**, gli spiriti **amanti del bene**, tra cui, nel canto VIII, Carlo Martello, e nel canto IX Cunizza da Romano e Folchetto di Marsiglia;
- nel **cielo del Sole**, gli spiriti **sapienti**, tra cui san Francesco, nel canto XI, e san Domenico, nel XII;

- nel **cielo di Marte**, gli spiriti **combattenti per la fede**: tra loro vi è l'avo di Dante, Cacciaguida (canti XV-XVII);

- nel **cielo di Giove**, gli spiriti **giusti**: essi formano nel cielo un'immensa aquila, con cui Dante parla di fede e giustizia nel canto XIX;

- nel **cielo di Saturno**, gli spiriti **contemplanti**, tra cui san Pier Damiani (canto XXI).

L'incontro più rilevante è quello con l'avo Cacciaguida. Quest'ultimo, che come già aveva fatto Anchise con Enea nei Campi Elisi, profetizza al lontano nipote il prossimo futuro che lo attende, un destino di esilio e di miseria, ma infine di gloria poetica; inoltre sollecita Dante, una volta che sia ritornato sulla terra, a parlare chiaro e forte, perché le sue parole, cioè la *Commedia*, divengano *vital nutrimento* per tutti, umili e potenti.

■ NEL PARADISO PIÙ VICINO A DIO

Superati così i pianeti, Beatrice sollecita il pellegrino a salire per la scala di Giacobbe (canto XXII), che conduce al **cielo stellato**, quello delle stelle fisse che vediamo nelle notti serene. Su questo sfondo appare al poeta il trionfo di Cristo (canto XXIII). Ora Dante è chiamato a rispondere sulle tre virtù teologali, la fede (canto XXIV: l'esame è condotto da san Pietro), la speranza (canto XXV: l'esame è condotto da san Giacomo) e la carità (canto XXVI: l'esame è condotto da san Giovanni). Il termine «esame» è del tutto esatto: infatti, è secondo gli strumenti dell'università medievale che Dante viene chiamato a dar conto della propria dottrina.

Superato l'ultimo ostacolo, il pellegrino d'oltretomba può spiccare – sempre in spirito – un ulteriore balzo verso l'alto. Eccolo raggiungere (canto XXVII) il cielo nono, chiamato Cristallino o **Primo Mobile**. Qui gli viene incontro san Pietro: nel silenzio sgomento di tutto il paradiso, l'apostolo lancia il suo anatema, l'ultimo e più terribile, contro la corruzione della Chiesa di Roma. Poco dopo spetta a Beatrice tenere lezione prima sul moto dei cieli e le gerarchie angeliche (canto XXVIII), poi sul peccato di Lucifero e degli angeli ribelli (canto XXIX).

■ LA CONCLUSIONE DEL VIAGGIO E LA VISIONE SUPREMA

Infine, superate le sfere celesti, si schiude a Dante (canto XXX) l'**Empìreo**, il vero e proprio paradiso. In esso rifulge la **candida rosa**, formata dai beati disposti ad anfiteatro sui loro seggi. Uno è vuoto: è il posto che spetta all'imperatore Enrico VII, sceso nella penisola per domare l'Italia, purtroppo invano. San Bernardo, subentrato a Beatrice, esorta Dante (canto XXXII) a volgere lo sguardo a Maria, tra il turbinare delle schiere angeliche in nove cori rotanti.

A Maria, Bernardo chiede che il "piccolo uomo" giunto dalla lontana terra possa attingere la grazia suprema, possa "vedere" Dio: Colui che è eternamente in un punto di luce e contemporaneamente dovunque. Così Dante penetra in un balenare che è uno e trino, affonda gli occhi sempre più in quello splendore accecante, è colpito da un fulgore. L'"alta fantasia" deve cedere, ma ora desiderio e volontà sono tutt'uno, in sintonia con Dio, *l'amor che move il sole e l'altre stelle*.

Paradiso

Canto I

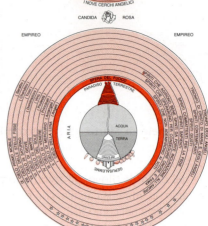

DATA	13 aprile 1300 (mercoledì dopo Pasqua), mezzogiorno.
LUOGO	**Salita** dalla vetta del monte Purgatorio **al paradiso celeste**.
PERSONAGGI	**Dante** e **Beatrice**.

SEQUENZE

Protasi e invocazione (vv. 1-36)
La gloria di Dio, Colui che tutto muove senza essere mosso da nulla, si diffonde, dove più dove meno, in tutto l'universo. Dante, reduce dal paradiso terrestre, cioè dal luogo dove la gloria splende di più, non sa e non può descrivere ciò che là vide: infatti la nostra mente tende a sprofondarsi, immemore, dopo che si è avvicinata a Dio. Dante esorta Apollo (il dio delle Muse) ad aiutarlo in quest'ultima e più ardua fatica poetica, come quando, secondo il mito, scuoiò Marsia da lui vinto nella gara al flauto.

Inizio dell'ascesa; gli occhi di Beatrice e la nuova condizione di Dante (vv. 37-81)
Il sole segna il mezzogiorno sul purgatorio. Beatrice fissa il sole come mai fece un'aquila: Dante ne ripete il gesto, tollerando l'abbaglio più del solito. Gli pare di veder raddoppiare la luce del giorno, come se ci fossero due soli. Poi contempla i cieli riflessi negli occhi di Beatrice... e si trasforma come si trasformò Glauco, quando gustò un'erba che lo rese immortale. Ma il *trasumanare* (cioè l'andare oltre i limiti umani) è difficile da esprimere a parole: il ricordo di Glauco basti, per parlarne, a chi comunque ne farà esperienza. Il pellegrino vede una luce intensissima e avverte una musica celestiale.

Primo dubbio (inespresso) di Dante e risposta di Beatrice (vv. 82-93)
Di che cosa si tratta? Dante se lo chiede, e Beatrice risponde alla sua domanda non ancora espressa: essi non si trovano più nell'Eden; stanno risalendo la sfera del fuoco e volano velocissimi verso il paradiso.

Secondo dubbio di Dante e risposta di Beatrice: l'ordine dell'universo (vv. 94-142)
«Ma come posso salire con il peso del mio corpo?» chiede Dante. Beatrice spiega: «Tutto il creato concorre all'ordine che assimila l'universo a Dio, ma ogni creatura tende, attraverso il mare dell'essere, al proprio porto, alla meta prefissata. Ora, è naturale che Dante salga verso la meta celeste, visto che non è fuorviato dai falsi piaceri».

«O buon Appollo, all'ultimo lavoro
fammi del tuo valor sì fatto vaso,
come dimandi a dar l'amato alloro.»

Dante invoca Apollo, *manoscritto della Biblioteca Marciana, Venezia (XIV secolo)*.

Canto I

PARADISO

[...]

Beatrice tutta ne l'etterne rote
fissa con li occhi stava; e io in lei
66   le luci fissi, di là sù rimote.

Nel suo aspetto tal dentro mi fei,
qual si fé Glauco nel gustar de l'erba
69   che 'l fé consorto in mar de li altri dèi.

Trasumanar significar per verba
non si poria; però l'essemplo basti
72   a cui esperïenza grazia serba.

S'i' era sol di me quel che creasti
novellamente, amor che 'l ciel governi,
75   tu 'l sai, che col tuo lume mi levasti.

Quando la rota che tu sempiterni
desiderato, a sé mi fece atteso
78   con l'armonia che temperi e discerni,

parvemi tanto allor del cielo acceso
de la fiamma del sol, che pioggia o fiume
81   lago non fece alcun tanto disteso.

La novità del suono e 'l grande lume
di lor cagion m'accesero un disio
84   mai non sentito di cotanto acume.

Ond' ella, che vedea me sì com' io,
a quïetarmi l'animo commosso,
87   pria ch'io a dimandar, la bocca aprio

Gli occhi di Beatrice e la nuova condizione di Dante

64-66. Beatrice aveva gli occhi fissi nelle sfere eterne; e io fissai il mio sguardo in lei, dopo averlo distolto da lassù. **67-69.** Contemplandola mi trasformai interiormente come si trasformò Glauco, quando assaggiò l'erba che lo assimilò alle altre divinità marine. **70-72.** Non si può esprimere a parole (*significar per verba*) cosa significhi «trasumanare»; perciò l'esempio [di Glauco] basti a colui al quale la grazia divina riserva una tale esperienza. **73-75.** Se [mentre mi elevavo], io ero solo la parte di me [l'anima razionale] che hai creato per ultima, tu solo lo sai, amore che governi il cielo, che mi hai fatto ascendere (*mi levasti*) [al di sopra di me] per mezzo della tua luce. **76-81.** Quando la rotazione dei cieli, che tu rendi eterna nel desiderio di te, mi attrasse (*mi fece atteso*) a sé con la melodia che tu accordi e moduli (*temperi e discerni*), allora mi apparve illuminata dalla fiamma del sole una parte così grande del cielo, che la pioggia o un fiume non produssero mai, [qui in terra], un lago tanto grande.

Primo dubbio (inespresso) di Dante e risposta di Beatrice

82-84. La novità del suono e la gran quantità di luce mi accesero un desiderio di conoscerne la causa, quale mai avevo avvertito con simile intensità. **85-90.** Per cui ella [Beatrice], che mi vedeva come io mi vedevo, aprì la bocca per acquietarmi l'animo scosso, prima che io [aprissi la bocca] per porgli il quesito, e cominciò a dire: «Tu stesso ti fai tardo a capire (*grosso*) per le tue erronee congetture, e così non vedi ciò che vedresti, se te ne fossi liberato.

---

64. l'etterne rote: le sfere celesti, i cieli ruotanti intorno alla terra.

68. Glauco: è il pescatore di Beozia, di cui racconta Ovidio nelle *Metamorfosi* (XII, vv. 898-968) che, assaggiando un'erba (che cresceva sulla spiaggia e ridava vita ai pesci depositati su di essa), si trasformò in divinità marina; proprio la metamorfosi di Glauco da uomo a un dio è il contenuto che associa la favola ovidiana al *trasumanare* di Dante.

70-72. Trasumanar... grazia serba: non si può esprimere con le parole (*significar per verba*) il passaggio che porta l'umano al divino (*trasumanar*); così chi un giorno, per effetto della grazia, proverà direttamente questa esperienza (*a cui esperïenza grazia serba*: cioè ogni buon cristiano de-

stinato a salire al cielo della vita eterna), si accontenti adesso del paragone mitologico (*essemplo*) di Glauco.

73-75. S'i' era sol di me... levasti: in questa terzina Dante riproduce il dubbio di san Paolo nella *Seconda Lettera ai Corinzi* (XII, 2-3), dove l'apostolo, narrando di essere stato misticamente rapito al terzo cielo, confessa di ignorare se ciò sia avvenuto con o senza il corpo: «Solo Dio lo sa», conclude. *Quel che creasti / novellamente* si riferisce all'anima razionale, la parte creata per ultima da Dio.

76-78. Quando la rota... discerni: quando il ruotare delle sfere celesti (*la rota*) che tu, Dio, rendi eterno per il desiderio senza fine che i cieli nutrono di te, catturò la mia attenzione con l'armonia che tu (Dio) ispiri

e regoli (*temperi e discerni*: due termini tecnici del lessico musicale), quasi come fosse un supremo direttore d'orchestra (o anche come uno straordinario architetto). Precisione matematica e bellezza artistica sono un tutt'uno, nella creazione, e risplendono come non mai nell'armonia dei cieli. Che le sfere celesti, ruotando, emettano musica, era una teoria antichissima. Dante la riprende anche per contrapporre l'ordine sinfonico del cosmo, al disordine e al caos acustico dell'inferno.

85. che vedea me sì com'io: Beatrice, cioè, leggeva nei miei intimi pensieri, così come posso leggervi io. I beati sono onniscienti, conoscono il pensiero di Dante prima che il poeta lo manifesti.

235

Paradiso

e cominciò: «Tu stesso ti fai grosso
col falso imaginar, sì che non vedi
90   ciò che vedresti se l'avessi scosso.

Tu non se' in terra, sì come tu credi;
ma folgore, fuggendo il proprio sito,
93   non corse come tu ch'ad esso riedi».

S'io fui del primo dubbio disvestito
per le sorrise parolette brevi,
96   dentro ad un nuovo più fu' inretito

e dissi: «Già contento requïevi
di grande ammirazion; ma ora ammiro
99   com' io trascenda questi corpi levi».

Ond' ella, appresso d'un pïo sospiro,
li occhi drizzò ver' me con quel sembiante
102   che madre fa sovra figlio deliro,

e cominciò: «Le cose tutte quante
hanno ordine tra loro, e questo è forma
105   che l'universo a Dio fa simigliante.

Qui veggion l'alte creature l'orma
de l'etterno valore, il qual è fine
108   al quale è fatta la toccata norma.

Ne l'ordine ch'io dico sono accline
tutte nature, per diverse sorti,
111   più al principio loro e men vicine;

91-93. Tu non sei più sulla terra, così come credi; ma un fulmine, fuggendo dalla propria sede naturale, non viaggiò mai così velocemente come fai tu, che a essa [la sede naturale, cioè il cielo] stai tornando (*riedi*)».

Secondo dubbio di Dante e risposta di Beatrice: l'ordine dell'universo

94-99. Se io venni liberato dal primo dubbio, grazie alle poche parole pronunziate da lei che sorrideva, caddi in uno nuovo, più grande, e dissi: «Ormai sono contento, perché ho acquietato il mio grande stupore; ma adesso mi meraviglio (*ammiro*) di come io possa trascendere questi corpi leggeri». **100-102.** Per cui Beatrice, dopo un pietoso sospiro, volse a me gli occhi con quell'atteggiamento premuroso che ha una madre verso il figlio che dice parole senza senso, **103-105.** e cominciò: «Tutte le cose esistenti sono coordinate tra loro, e questo è il principio essenziale (*forma*) che rende l'universo simile a Dio. **106-108.** In tale ordine gli esseri razionali (*l'alte creature*: angeli e uomini) riconoscono l'impronta di Dio, il quale Dio è il fine a cui è predisposto il principio [cioè: quell'ordine] di cui ti ho parlato. **109-114.** All'ordine di cui parlo sono inclinati [cioè: partecipano] tutti gli esseri, secondo la condizione ricevuta da ciascuno di loro, a seconda che si trovino più o meno vicino al loro principio, Dio;

89. falso imaginar: Dante crede infatti di essere ancora sulla terra.
92-93. folgore... corse... riedi: secondo la fisica medievale il fulmine precipita in basso dalla sfera del fuoco; proprio qui (e con la stessa velocità del fulmine) Dante sta tornando. Ci ritorna perché il cielo è la vera patria di ogni uomo (*il proprio sito*), la sua dimora originaria, alla quale aspira a tornare.
94. primo dubbio: quello non espresso, ma solo pensato ai versi 82-83; conoscere la *cagione* del *suono* e del *lume*.
95. per le sorrise parolette brevi: grazie al breve discorso di Beatrice che, parlando, sorrideva dei dubbi del poeta.
98. grande ammirazion: *ammirazione*, nel-

l'italiano antico, ha spesso il valore di "stupore".
103. e cominciò: Dante aveva chiesto come la gravità del suo corpo potesse trascendere gli elementi leggeri, ma Beatrice allarga, nella sua risposta, il problema a una più vasta visione dell'ordine universale.
103-104. Le cose... tra loro: il concetto che avvia la spiegazione risponde alla filosofia scolastica-aristotelica allora in voga: l'*ordine* che, impresso al mondo da Dio, lo coordina, è la *forma* in cui Dio si rispecchia. Nel linguaggio filosofico il termine *forma* indicava il principio essenziale, ciò che dà l'essere a ogni cosa. Poiché Dio è l'*ordine* per eccellenza, l'ordine delle cose è la *forma* che rende l'universo simile al suo Creatore.

106. Qui: in quest'*ordine*, in questa *forma*; **l'alte creature:** gli angeli e anche gli uomini dotati di intelletto.
107. fine: Tommaso d'Aquino aveva scritto nella *Summa Theologiae* (I, XLIV, 4) che *omnia appetunt Deum ut finem*, "tutte le cose tendono a Dio come al proprio fine".
108. la toccata norma: il principio sopra citato; il linguaggio di Beatrice non si sottrae alle pedanterie dei professori di logica.
109-111. Ne l'ordine... men vicine: all'ordine anzidetto concorrono (*sono accline*, per "acclini") tutte le cose create (*nature*), ciascuna a suo modo, secondo che le sia toccato in sorte d'esser più o meno prossima (a Dio). Di tale differenza Dante aveva parlato nel III trattato del *Convivio* (cap. 7).

236

Canto I

onde si muovono a diversi porti
per lo gran mar de l'essere, e ciascuna
114 con istinto a lei dato che la porti.

Questi ne porta il foco inver' la luna;
questi ne' cor mortali è permotore;
117 questi la terra in sé stringe e aduna;

né pur le creature che son fore
d'intelligenza quest' arco saetta,
120 ma quelle c'hanno intelletto e amore.

La provedenza, che cotanto assetta,
del suo lume fa 'l ciel sempre quïeto
123 nel qual si volge quel c'ha maggior fretta;

e ora lì, come a sito decreto,
cen porta la virtù di quella corda
126 che ciò che scocca drizza in segno lieto.

Vero è che, come forma non s'accorda
molte fïate a l'intenzion de l'arte,
129 perch' a risponder la materia è sorda,

così da questo corso si diparte
talor la creatura, c'ha podere
132 di piegar, così pinta, in altra parte;

e sì come veder si può cadere
foco di nube, sì l'impeto primo
135 l'atterra torto da falso piacere.

motivo per cui (onde) si muove verso mete e scopi (porti) differenti, attraverso il grande mare di tutto ciò che esiste, ciascun [essere] secondo una specifica inclinazione, che lo orienti [cioè: che lo conduce a realizzare la propria essenza]. **115-120.** C'è un impulso che fa salire il fuoco verso la propria sfera [la sfera del fuoco, collocata nel cielo della luna]; c'è un impulso che fa battere il cuore [stimola l'azione] negli esseri irrazionali (ne' cor mortali=gli animali); c'è un istinto che dà coesione alla terra e la compatta; e questo arco dell'istinto non dà impulso soltanto (pur) alle creature brute [animali e cose inanimate], ma [colpisce anche] angeli e uomini, dotati di intelligenza e volontà. **121-126.** La provvidenza di Dio, che così meravigliosamente dà ordine [all'universo], appaga della propria luce quel cielo [l'Empìreo] nel quale ruota il cielo più veloce [il Primo Mobile]; e proprio lì, nell'Empìreo, come a una sede stabilita (sito decreto), ci sta sospingendo l'energia della corda [di quell'arco] che dirige a buon fine, verso un lieto bersaglio qualsiasi cosa sia stata da esso scoccata. **127-135.** È però vero che, così come la materia (forma) [con cui l'artista esegue la propria opera] molte volte non si piega al suo volere, perché tale materia è restia a sottomettersi, così in certi casi si allontana da questa via del bene la creatura; essa ha facoltà – benché sia così ben sollecitata (pinta) [dall'istinto naturale] – di volgersi verso altre mete, cioè verso il male. E così come si può vedere un fulmine cadere dalla nube [contro il suo istinto], così la naturale inclinazione spinge a terra [la creatura], distolta da piaceri ingannevoli.

---

112. porti: cioè "approdi", nel senso corrente di "mete". Il sostantivo è in rima equivoca con porti (forma verbale) del v. 114.

115. Questi: il pronome ("questo tipo d'istinto") viene scandito in solenne anafora per tre volte a inizio di verso; **inver' la luna:** la sfera del fuoco era immaginata dai medievali appunto "verso il cielo della luna".

116. cor mortali: secondo la scienza dell'epoca, negli esseri irrazionali (gli animali: le creature che son fore / d'intelligenza, vv. 118-119) la vita sensitiva, che è mortale a differenza dell'anima, ha origine nel cuore.

120. amore: qui usato come desiderio e volontà di amare, cioè come forma superiore di amore, non istintiva.

121-123. La provedenza... maggior fretta: "La provvidenza divina, che dispone questo assetto cosmico, appaga della pro-

pria luce il cielo immobile, entro il quale ruota il più veloce dei cieli"; quest'ultimo è il Primo Mobile, che, ruotando vorticosamente imprime il moto ai cieli sottostanti. Dio risiede nell'Empìreo, il cielo quieto; il movimento di ogni cosa si rispecchia, per così dire, nell'eterna placidità di quella fonte perenne di luce, preservata dal mutamento.

124. e ora lì: è l'Empìreo la meta finale del viaggio di Dante e Beatrice.

127. Vero è: è una formula di passaggio, dal valore avversativo. Si può parafrasare: "per la verità".

130-132. si diparte... in altra parte: la creatura umana ha facoltà (podere) di prendere un'altra direzione, quantunque sia (per natura) ben indirizzata al cielo (così pinta); insomma, può essere orientata verso la terra ("atterrata") qualora l'impulso innato al

bene (impeto primo) venga distorto dal perseguimento di felicità illusorie (da falso piacere). Dotato di libero arbitrio, cioè libero di scegliere il bene o il male, l'uomo, a causa dell'allettamento prodotto dai falsi piaceri, può allontanarsi dalla via del bene cui l'istinto lo orienta. Su questi temi Dante si era già soffermato a lungo in purgatorio, durante l'incontro con Marco Lombardo (Purgatorio XVI e anche XVIII).

133-134. cadere / foco di nube: Beatrice ricorda l'eccezione del fulmine, foco che cade di nube, invertendo la sua direzione naturale (per non dire istintiva). Nella fisica del tempo, il fulmine era considerato un fuoco che si genera all'interno della nube; l'esempio serve a Dante per illustrare l'eccezione a una regola generale (il fuoco tende verso l'alto, tranne appunto nel caso del fulmine).

Paradiso

Non dei più ammirar, se bene stimo,
lo tuo salir, se non come d'un rivo
138   se d'alto monte scende giuso ad imo.

Maraviglia sarebbe in te se, privo
d'impedimento, giù ti fossi assiso,
141   com' a terra quïete in foco vivo».

Quinci rivolse inver' lo cielo il viso.

136-138. Non devi dunque più meravigliarti (*ammirar*), se non mi sbaglio, per il fatto che stai salendo, proprio come non fa meraviglia che un ruscello scenda dal monte verso il basso (*ad imo*). **139-142.** Ci sarebbe invece da stupirsi se tu, libero dal peso del peccato, fossi rimasto fermo in basso, così come sulla terra [susciterebbe meraviglia] lo star fermo di un fuoco vivo [che per sua natura è mobile e tende verso l'alto]». Poi rivolse gli occhi (*lo viso*) al cielo.

139. Maraviglia sarebbe in te: dovresti semmai meravigliarti. Il fulcro del discorso di Beatrice concerne appunto la naturalezza di questa salita di Dante verso l'alto. La sua ascesa non è un miracolo, bensì rientra nell'ordine naturale delle cose; la grazia speciale concessa a Dante è quella di aver potuto visitare l'oltretomba da vivo. Questa risalita all'Empìreo è il naturale compimento della sua espiazione.

140. l'impedimento: è il fardello dei peccati.
141. com'a terra... vivo: come (ti meraviglierebbe) una fiamma viva immobile a terra.

Le chiavi del canto

■ DANTE E BEATRICE

In questo passo Beatrice assume il ruolo di guida e maestra che le è proprio in tutto il *Paradiso*. Qui, con l'atteggiamento di una madre che sospira verso il figlio che dice cose errate, ella risponde a una domanda di Dante: il pellegrino sta salendo verso il cielo, e si chiede come il suo corpo fisico possa risultare più leggero di aria e fuoco, i corpi lievi. La risposta di Beatrice supera la questione particolare, per abbracciare in un panorama vastissimo le **ragioni ultime dell'armonia** che regna nell'universo.

■ IL SIGNIFICATO DEL TESTO

L'essenza del mondo consiste nel suo ordine, che è armonia; in ciò il mondo riceve la più visibile impronta del Creatore. La legge di tale armonia è il **tendere di ogni cosa verso Dio**: come il fuoco sale, irresistibilmente, verso l'alto, come l'istinto degli animali obbedisce a una legge prefissata, così anche le creature umane tendono, per il medesimo istinto, a Dio.

Perciò Beatrice e Dante stanno ora salendo, staccati dalla terra e proiettati verso il cielo. La metafora de *lo gran mar de l'essere* (v. 113) acquista in tale contesto un valore poetico riassuntivo: come nell'immenso mare tutte le imbarcazioni si dirigono verso la riva, anche se poi ciascuna tende a un diverso porto, così ogni creatura è per natura orientata a conformarsi all'ordine impresso da Dio.

■ L'UNITÀ DEL COSMO

La visione poetica di Dante coglie la **vastità quasi spaventosa** del mondo e, insieme, per contrasto, la **sicurezza della mano ordinatrice**, che tutto dispone e guida: *onde si muovono a diversi porti/ per lo gran mar de l'essere, e ciascuna/ con istinto a lei dato che la porti* (vv. 112-114). Da una parte la vastità e la varietà del creato, dall'altra la sicurezza di uno sguardo unitario e provvidenziale. Del resto questa terza cantica si era aperta con un verso paradigmatico: *La gloria di colui che tutto move* (*Par.* I, 1) e questo è il filo conduttore del canto e di tutto il *Paradiso*.

■ LA LIBERTÀ DELL'UOMO: LA TENTAZIONE E LA VITTORIA SUL PECCATO

Certo, aggiunge Beatrice, benché Dio voglia la perfezione di ogni creatura, ha lasciato agli uomini la libertà. Essi talora peccano, perché alcune volte la materia di cui gli uomini sono plasmati **non risponde alle intenzioni dell'artefice divino**. In quel caso l'istinto umano si rivolge verso la terra, verso gli illusori beni terreni, anziché verso l'alto, verso quel cielo che è la vera meta. Ma qui, nel *Paradiso*, siamo nel regno della tentazione vinta, della piena rispondenza alla natura profonda dell'uomo. Perciò le anime di Dante e della stessa Beatrice appaiono come folgori, che non si possono arrestare; frecce che un arciere invisibile ma infallibile ha destinato a un bersaglio certo: *e ora lì, come a sito decreto,/ cen porta la virtù di quella corda/ che ciò che scocca drizza in segno lieto* (vv. 124-26). Il *sito* cui tende la vita di ogni uomo è *decreto*, "stabilito" in eterno; ma appunto, perché tale destino di felicità e di pienezza effettivamente si compia, occorre la **libera adesione della volontà personale**.

■ LO SGUARDO DI BEATRICE

Tale felicità, in un certo senso, risplende nello sguardo di Beatrice (il motivo degli occhi della sua donna suscita sempre grande suggestione su Dante): *Quinci rivolse inver' lo cielo il viso* (v. 142). Lo sguardo di Beatrice fisso nel suo Creatore è il motore più potente per tutta questa salita, fisica e spirituale insieme.

Lavoriamo sul testo

I CONTENUTI

1. Spiega l'esempio di Glauco, chiarendo perché Dante vi ricorre qui.

2. Dante manifesta diversi dubbi: quali? Ed è giusto dire che li *manifesta*?

3. Qual è il cielo che ha *maggior fretta*? Quale posto occupa, nella cosmologia dantesca?

4. A che cosa è dovuta l'abbagliante luminosità segnalata ai vv. 79-81?

5. Alla fine del canto Dante e Beatrice si trovano:
   ❏ nel paradiso terrestre
   ❏ nel cielo della Luna
   ❏ nell'Empìreo
   ❏ nella sfera del fuoco

6. Nella sua risposta Beatrice distingue tre categorie di esseri creati. Quali sono? Che cosa li distingue e che cosa li accomuna?

7. Chiarisci se le seguenti affermazioni sono vere o false.

	V	F
• Ci sono creature istintivamente portate verso il male.	❏	❏
• L'anima dell'uomo per istinto tende sempre a Dio.	❏	❏
• Beatrice sale verso il cielo, mentre Dante a un certo punto si arresta.	❏	❏
• L'uomo possiede il libero arbitrio, può cioè scegliere tra bene e male.	❏	❏
• Il fulmine abitualmente scende verso terra: è la sua legge naturale.	❏	❏

8. Che cosa, secondo quanto afferma Beatrice, può fuorviare gli esseri rispetto al piano di Dio? In altre parole, da che cosa ha origine il male?

9. Quale compito assolve qui Beatrice, nei confronti di Dante?

10. Secondo te, perché la dotta disquisizione di Beatrice è stata collocata proprio in apertura della terza cantica? È significativo che Dante inauguri il *Paradiso* con questo sguardo complessivo sui destini dell'universo e delle sue creature? Motiva la risposta.

11. Nella sua dotta risposta, Beatrice delinea una sorta di legge di gravitazione spirituale. Esprimila con le tue parole in max 15 righe, usando qualche termine di Dante.

LE FORME

12. Esamina le immagini poetiche presenti nei versi antologizzati e chiarisci il modo in cui Dante si serve della metafora per comunicare verità soprannaturali.

13. Al v. 77 si evidenzia un participio congiunto con valore causale. Di quale termine si tratta?

14. Cosa significa che il paradiso è il *sito decreto* per l'uomo? Rintraccia il punto nel testo e spiega perché si tratta di un'espressione importante.

15. Quale significato Dante attribuisce al verbo *trasumanar*? Cercalo nel testo e spiega in che modo l'autore commenta o illustra l'esperienza connessa a tale verbo.

16. Individua nel canto i seguenti termini e spiegali nel loro contesto, con parole diverse da quelle della parafrasi laterale:
    • *consorto*
    • *forma*
    • *segno*
    • *accline*

17. Rintraccia tutte le parole ed espressioni inerenti al campo semantico della luce.

18. Al v. 74 si evidenzia una:
    ❏ similitudine
    ❏ perifrasi
    ❏ allegoria
    ❏ metafora

19. Ai vv. 67-69 e 101-102 il poeta ricorre a due similitudini: quali?

20. Spiega la metafora contenuta nel v. 119. Essa continua più avanti: dove, precisamente?

Approfondimenti

Umberto Bosco
Trasumanar, cioè desiderare Dio

Un cambiamento interiore Al principio di questo canto – teniamolo ben presente – Dante è ancora nel paradiso terrestre, presso la sorgente comune del Leté e dell'Eunoé[1]: una scena ancora terrestre, dalle linee concrete, anche se impregnate di simbolo. [...] A un tratto, tutto ciò è improvvisamente cancellato; nella sua fantasia e nella nostra, il paesaggio terreno scompare per cedere il posto a un altro paesaggio, insieme concreto e astratto. Il poeta non sente neppure il bisogno di completare il racconto, di segnare la sparizione della scena: lo stacco è totale, tutto ciò che è comunque terreno e particolare dimenticato: al posto del paesaggio *alpino*[2] [...] la visione dell'immenso orizzonte illuminato dal sole. A questo inizio di volo e al suo seguito il poeta dà un carattere quasi di cosa naturale, ossia concreta, concepibile con mezzi terreni, insieme sottolineandone la soprannaturalità. Il poeta mette in evidenza la "facilità" del suo volo [...].

Quando [Dante] ritrarrà gli occhi dal sole per fissarli in quelli di Beatrice, allora, e soltanto allora, si sente *trasumanato*. [...] In sostanza, non segna nettamente il momento del suo distaccarsi da terra [...] perché esso non è un fatto materiale, ma un fatto d'anima, fuori dello spazio come fuori del tempo: Dante non si accorge dello stacco; il suo cambiamento è solo dentro, nell'interno. [...] Dante insiste sulla fissità di sguardo, cioè sulla fissità e la fermezza del desiderio di Dio in se stesso e in Beatrice. [...] Non una parola tra i due, nemmeno una preghiera comune: il desiderio di Dio si comunica dall'una all'altro con una forza irresistibile; il soprannaturale diventa naturale perché l'uomo è trasumanato. [...]

L'uomo tende a Dio Gli uomini tendono per istinto a Dio: son mossi dal desiderio di lui, essi che hanno «intelletto e amore»: amore consapevole, «amore d'animo». Perciò ora Beatrice e Dante tendono naturalmente a Dio. [...]

Come nell'immenso mare le navi tendono tutte alla riva, anche se si dirigono ciascuna a un diverso porto, così tutte le creature tendono ad adeguarsi, ciascuna a suo modo, all'ordine divino. Balena la visione delle creature sperdute nella vastità paurosa del mondo e la sicurezza d'una mano invisibile che le guida:

«onde si muovono a diversi porti
per lo gran mar de l'essere, e ciascuna
con istinto a lei dato che la porti.»
(vv. 112-114).

Le due immagini, della vastità e della varietà, e della sicurezza con cui ogni creatura è diretta al suo fine, si compenetrano l'una nell'altra.

La cantica s'era iniziata con l'immagine di Dio che «move» (*Par.* I, 1) tutto l'universo; si concluderà (canto XXXIIII, v. 145) con un'altra immagine di armonioso unico moto: «l'amor che move il sole e l'altre stelle». L'anima umana è come una folgore, che nulla può fermare; essa è saettata da Dio a un segno, a un bersaglio infallibile:

«...e ora lì, come a sito decreto,
cen porta la virtù di quella corda
che ciò che scocca drizza in segno lieto.»
(vv. 124-126)

Come la freccia, scoccata dal buon arciere, toccherà sicuramente il segno, non potrà essere più deviata: così il sito dell'uomo è «decreto», stabilito *ab aeterno*[3]: il raggiungerlo è una necessità. [...] L'uomo, per volontà e con l'aiuto divino, corre sicuro verso la sua letizia, se non è *tòrto*[4] da false bellezze. Il fine dell'uomo è la felicità.

Dio come desiderio Il primo canto del *Paradiso* è suggellato, dopo la solenne e grandiosa rievocazione dell'ordine e del fine dell'universo, dal silenzioso sguardo di Beatrice fisso al cielo: «Quinci rivolse inver' lo cielo il viso» (v. 142). Il volo di lei è in quello sguardo, in quel desiderio di volo senza moto. Già al principio del canto, tra le innumeri perifrasi[5] possibili per indicare Dio, Dante aveva scelto quella di Dio come desiderio: «appressando sé al suo *disire*[6]» (v. 7). Più oltre, egli aveva, nel desiderio di Dio, indicata la causa del muoversi dei cieli e della loro eternità: «Quando la rota che tu sempiterni / desiderato...» (vv. 76-77). Qui è il centro del canto; ed è anche il motivo essenziale di tutto il *Paradiso*. Dio non è fuori di noi, ma dentro di noi, nel bisogno che noi abbiamo di lui.

Umberto Bosco, da *Dante Alighieri,
La Divina Commedia – Paradiso*, a cura
di U. Bosco e G. Reggio, Le Monnier,
Firenze rist. 1988

---

1. del Leté e dell'Eunoé: i due fiumi che scorrono nell'Eden e che danno, rispettivamente, la facoltà di dimenticare le cattive azioni compiute e il ricordo delle buone.
2. paesaggio *alpino*: tipico del purgatorio.

3. stabilito *ab aeterno*: fissato fin dall'eternità (dalla volontà divina).
4. tòrto: deviato nel suo cammino.
5. innumeri perifrasi: innumerevoli definizioni.

6. appressando sé al suo *disire*: avvicinando sé stessa (il soggetto è: la mente umana) al proprio desiderio, cioè Dio.

Canto II

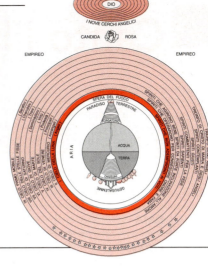

DATA	13 aprile 1300 (mercoledì dopo Pasqua), mezzogiorno.
LUOGO	Primo cielo: **cielo della Luna**.
CATEGORIA DI BEATI	**Spiriti mancanti ai voti** (non appaiono però nel canto).
CONDIZIONE DEI BEATI	Appaiono come **ombre chiare ed evanescenti**, simili a immagini riflesse da uno specchio o dalla superficie dell'acqua; conservano i loro tratti umani, ma trasfigurati dalla beatitudine celeste.
PERSONAGGI	**Dante** e **Beatrice**.

SEQUENZE

■ **Ammonimento ai lettori** (vv. 1-18)
Dante ammonisce: guai a mettersi nel mare aperto della terza cantica se si ha una barca troppo fragile per seguire la nave della mia poesia! Essa s'inoltra in acque inesplorate. Può seguire il solco del poeta solo chi da tempo ha rivolto la propria attenzione alle cose celesti.

■ **Velocissima ascesa al primo cielo** (vv. 19-45)
Dante osserva Beatrice e Beatrice guarda il cielo. Mossi dall'eterna sete di Dio (*la concreata e perpetüa sete del deiforme regno cen portava*), essi raggiungono velocissimamente la luna. Sono nel corpo del pianeta come raggi di luce che penetrano nell'acqua, circondati da una nube diafana e lucente. Come può Dante esservi penetrato con il corpo? È un mistero a cui bisogna credere per fede, mentre in paradiso è una verità che si dimostra da sola.

■ **Domanda di Dante sulle macchie lunari e richiesta di Beatrice** (vv. 46-60)
Il poeta chiede spiegazioni sulle macchie lunari. Beatrice gli domanda quale sia la sua opinione in merito e lui espone l'ipotesi già enunciata nel *Convivio*, secondo la quale esse dipendono da variazioni di densità della materia lunare, così come sostenevano le tesi del filosofo arabo Averroè.

■ **Beatrice spiega la natura spirituale delle macchie lunari** (vv. 61-147)
Sorridendo per l'ignoranza degli uomini, Beatrice confuta tale teoria; e dice: «Dall'Empìreo, attraverso l'ottavo cielo (o Primo Mobile), piove una *virtù* che si distribuisce ordinatamente ai vari cieli. Tali influssi, una volta attuati, danno vita a diverse leghe nel mescolarsi con la materia dei corpi celesti. È il variare di questa *virtù* a determinare la differente luminosità delle stelle o dei pianeti (la luna è il meno luminoso e il più imperfetto)».

Paradiso

Canto III

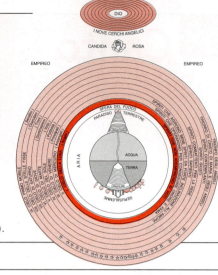

DATA	13 aprile 1300 (mercoledì dopo Pasqua).
LUOGO	Primo cielo: **cielo della Luna**.
CATEGORIA DI BEATI	**Spiriti mancanti ai voti**.
CONDIZIONE DEI BEATI	Appaiono come **ombre chiare ed evanescenti**, simili a immagini riflesse da uno specchio o dalla superficie dell'acqua; conservano i loro tratti umani, ma trasfigurati dalla beatitudine celeste.
INTELLIGENZE MOTRICI	Angeli.
PERSONAGGI	Dante e Beatrice. Piccarda Donati. Costanza d'Altavilla.

SEQUENZE

■ **Apparizione delle anime beate del primo cielo** (vv. 1-33)
Beatrice ha manifestato a Dante il dolce aspetto della verità: il poeta alza lo sguardo per ringraziarla, e vede volti pronti a parlare, tenui quasi fossero riflessi sul vetro o su acque cristalline. Perciò istintivamente si volta, per cercare, ma invano, la fonte dei riflessi. Beatrice gli spiega che davanti a lui non ci sono immagini specchiate, ma *vere sustanze*.

■ **Piccarda Donati** (vv. 34-108)
Dante interpella un'anima, chiedendole il nome e la sua condizione. Lo spirito gli risponde: «In terra fui una suora; il fatto che qui sono più bella, non t'impedirà di riconoscermi: sono Piccarda. Ti appaio in questo cielo per aver trasgredito ai voti». Dante ora la riconosce. Le chiede se ha rimpianti e Piccarda risponde che è potere della carità pacificare le voglie, far sì che ci si accontenti di quel che si ha: la beatitudine paradisiaca porta tutti i desideri a unificarsi nel desiderio di Dio. Poi ella racconta di come divenne clarissa, fuggendo giovinetta dal mondo. Uomini, abituati a compiere il male più che il bene, la rapirono purtroppo al dolce chiostro; solo Dio sa con quale pena ella, in seguito, visse da maritata.

■ **Costanza imperatrice** (vv. 109-120)
Piccarda presenta un caso simile al suo: una monaca alla quale tolsero a forza il velo, ma che lo conservò sempre intatto nel cuore. È la gran Costanza, sposa del secondo imperatore di Svevia (Enrico VI) e madre del terzo (Federico II).

■ **Le anime svaniscono** (vv.121-130)
Quando le anime, cantando, svaniscono come un corpo pesante in acqua fonda, Dante si volge a Beatrice e rimane abbagliato dal suo fulgore.

Canto III

[...]

Quali per vetri trasparenti e tersi,
o ver per acque nitide e tranquille,
12 non sì profonde che i fondi sien persi,

tornan d'i nostri visi le postille
debili sì, che perla in bianca fronte
15 non vien men forte a le nostre pupille;

tali vid' io più facce a parlar pronte;
per ch'io dentro a l'error contrario corsi
18 a quel ch'accese amor tra l'omo e 'l fonte.

Sùbito sì com' io di lor m'accorsi,
quelle stimando specchiati sembianti,
21 per veder di cui fosser, li occhi torsi;

e nulla vidi, e ritorsili avanti
dritti nel lume de la dolce guida,
24 che, sorridendo, ardea ne li occhi santi.

«Non ti maravigliar perch' io sorrida»,
mi disse, «appresso il tuo püeril coto,
27 poi sopra 'l vero ancor lo piè non fida,

ma te rivolve, come suole, a vòto:
vere sustanze son ciò che tu vedi,
30 qui rilegate per manco di voto.

Però parla con esse e odi e credi;
ché la verace luce che le appaga
33 da sé non lascia lor torcer li piedi».

Le anime beate del primo cielo

10-18. Così come, attraverso (*per*) vetri trasparenti e nitidi, oppure (*o ver*) acque limpide e calme, non così profonde che non se ne veda il fondale, vengono riflessi i lineamenti (*postille*) dei nostri volti, talmente evanescenti (*debili*) che persino una perla su una fronte pallida impressiona con maggiore nettezza i nostri occhi; così (*tali*) vidi molti visi pronti a parlare; per cui io caddi nell'errore opposto a quello che suscitò amore tra un uomo [Narciso] e una sorgente. **19-24.** [Infatti, non] Appena io mi accorsi di loro, prendendole per immagini riflesse in uno specchio, girai la testa per verificare a chi appartenessero (*di cui fosser*); e non vidi nulla, e tornai a voltarmi davanti, fissando lo sguardo in quello della mia dolce guida [Beatrice], che, sorridendo, risplendeva nei suoi santi occhi. **25-30.** «Non stupirti per il fatto che io sorrida – mi disse – per il tuo ragionamento (*coto*) infantile, dal momento che esso non è ancora ben radicato nella verità, ma, come al solito, ti fa rigirare a vuoto. Sono vere sostanze, anime vere, quelle che vedi, confinate qui per aver mancato ai voti. **31-33.** E dunque parla con loro, ascoltale e credi [a ciò che ti diranno]; perché la luce di verità che le appaga, non consente (*lascia*) loro di distogliersi da essa».

10-15. Quali per vetri... le nostre pupille: «Le due terzine raccontano con meticolosa delicatezza la prima visione di Paradiso come percezione dell'invisibile» (V. Sermonti). In questo cielo della Luna le figure dei beati compaiono ancora con i tratti evanescenti della figura corporea, mentre nei cieli superiori saranno luci pure. L'aggettivo *persi* significa "oscuri", "neri" (*perso* con significato di colore rosso scuro, quasi nero, compare anche nel canto V dell'*Inferno*, v. 89); può significare anche "perduti", cioè invisibili per la lontananza, ma il senso in sostanza non cambia: si riferisce in entrambi i casi alla perfetta trasparenza dell'acqua, che, come quella del vetro, rende evanescenti le immagini riflesse. Le *postille* sono i contorni dei volti; si tratta del diminutivo di *poste* ("orme"), le piccole, lievi tracce dei nostri visi.

14. perla in bianca fronte: l'espressione si riferisce alla moda femminile del tempo di portare sulla fronte una perla appesa a una coroncina o a una reticella che raccoglieva i capelli; si riteneva allora che la perfetta bellezza femminile esibisse un candore perlaceo della pelle, ritenuto segno di purezza e di nobiltà.

17-18. dentro a l'error... 'l fonte: il poeta, che scambia un'immagine reale per un'immagine riflessa, cade nell'errore opposto a quello in cui incorse Narciso, il quale, secondo la nota favola ovidiana (*Metamorfosi* III, vv. 407-510), s'innamorò della propria immagine riflessa da una fonte, scambiando l'immagine per realtà.

26. coto: pensiero; deriva dal verbo *cotare* (dal latino *cogitare*).

28. te rivolve, come suole, a vòto: ti rivolgi dalla parte sbagliata, riferito al fatto che Dante si è voltato a cercare realtà più vere dei riflessi. Quelle che vede sono vere *sustanze*, mentre gli eventuali corpi sarebbero realtà accidentali: errore comune agli uomini, sorride Beatrice, quello di prendere per sostanziale la realtà materiale, che invece è apparenza e illusione, e per realtà illusoria quella spirituale, che invece è l'unica realtà sostanziale (i teologi medievali chiamavano l'anima *forma substantialis*).

30. qui rilegate: relegate in questo cielo, il più lontano dall'Empireo. In realtà, come Beatrice stessa spiegherà nel canto successivo (*Par.* IV, 28-39), la vera sede di tutti i beati è l'Empìreo; il fatto che Dante le incontri nelle diverse sfere celesti è solo una simulazione didattica destinata a togliere monotonia alla terza cantica della *Commedia*.

32-33. la verace luce... li piedi: la verità luminosa che le appaga non consente a queste anime di mentire.

243

Paradiso

E io a l'ombra che parea più vaga
di ragionar, drizza'mi, e cominciai,
36 quasi com' uom cui troppa voglia smaga:

«O ben creato spirito, che a' rai
di vita etterna la dolcezza senti
39 che, non gustata, non s'intende mai,

grazïoso mi fia se mi contenti
del nome tuo e de la vostra sorte».
42 Ond' ella, pronta e con occhi ridenti:

«La nostra carità non serra porte
a giusta voglia, se non come quella
45 che vuol simile a sé tutta sua corte.

I' fui nel mondo vergine sorella;
e se la mente tua ben sé riguarda,
48 non mi ti celerà l'esser più bella,

ma riconoscerai ch'i' son Piccarda,
che, posta qui con questi altri beati,
51 beata sono in la spera più tarda.

Li nostri affetti, che solo infiammati
son nel piacer de lo Spirito Santo,
54 letizian del suo ordine formati.

E questa sorte che par giù cotanto,
però n'è data, perché fuor negletti
57 li nostri voti, e vòti in alcun canto».

Piccarda Donati

34-36. E io mi rivolsi all'ombra che sembrava più desiderosa di parlare, e cominciai, quasi come chi sia reso timido da un eccesso di desiderio. **37-41.** «O anima creata per ottenere la perfetta felicità (*ben creato*), che attingi ai raggi della vita eterna quella dolcezza che non si può comprendere, a meno che non la si sperimenti direttamente, mi sarebbe assai gradito se tu appagassi il mio desiderio [di sapere] il tuo nome e la vostra condizione». **42-45.** E perciò lei, sollecita e sorridente [mi disse]: «La nostra [dei beati] carità non chiude le sue porte a un giusto desiderio, [com'è il tuo], non diversamente da [come fa] la carità divina, che vuole tutto il suo seguito simile a sé. **46-51.** Io nel mondo fui una monaca (*vergine sorella*); e se la tua memoria si rivolge con attenzione a sé stessa, il fatto di essere diventata più bella [grazie alla beatitudine celeste] non mi nasconderà a te, ma riconoscerai che io sono Piccarda, che, posta qui [nel cielo della Luna] con questi altri beati, sono beata [ma] nella sfera celeste più lenta (*tarda*). **52-54.** Le nostre emozioni, che sono solo infiammate dalla carità dello Spirito Santo, si rallegrano nell'adeguarsi al suo stesso ordine. **55-57.** E tale nostra condizione, che sembra così inferiore [alle altre paradisiache], ci è stata assegnata perché furono trascurati, e parzialmente disattesi, i nostri voti».

---

36. com'uom cui troppa voglia smaga: Dante è intimidito da un eccesso di desiderio (questa è la prima anima del paradiso che incontra); *smagare* significa propriamente "indebolire".

37. ben creato: l'opposto di *mal nato* detto delle anime dell'*Inferno*.

38-39. la dolcezza senti / che, non gustata, non s'intende mai: la dolcezza della beatitudine va al di là di qualsiasi esperienza umana e non può essere compresa se non da chi la prova. È lo stesso concetto espresso nel più famoso sonetto della *Vita Nuova* (*Tanto gentile e tanto onesta pare,* vv. 8-9: «che dà per li occhi una dolcezza al core, / che 'ntender non la può chi non la prova»). Gli stilnovisti, ritenendo l'amore forza nobilitante attribuivano gran valore all'esperienza diretta del sentimento. Qui Dante riporta a Dio l'origine di quella suprema *dolcezza* nobilitante.

42. occhi ridenti: uno dei pochi tratti esteriori con cui si presentano a Dante le anime del *Paradiso*.

49. Piccarda: giovane religiosissima, figlia di Simone Donati e sorella di Forese e di Corso. Entrò nel convento di Monticelli, vicino Firenze, dal quale fu rapita dal fratello Corso, forse durante il periodo in cui quest'ultimo fu podestà e capitano del popolo a Bologna (1283-93); fu quindi data in moglie, per ragioni politiche, a un altro violento seguace di parte nera, Rossellino della Tosa. Antichi cronisti e commentatori narrano che Piccarda, appena tolta dal convento, si ammalò e morì. Dal v.108 di questo canto del *Paradiso* parrebbe però che la donna abbia continuato a vivere, sia pure infelicemente. Dante rimase certo colpito dalla monacazione di questa ragazza, gio-

vanissima e famosa per la sua bellezza (ne risuona un'eco al verso 48). Il poeta ne sposò la cugina, Gemma Donati.

51. in la spera più tarda: i cieli ruotano intorno alla terra, che è ferma nel centro dell'universo; i più veloci sono quelli distanti dalla terra e più vicini a Dio, fonte dell'energia cosmica e oggetto ultimo del loro desiderio. Il cielo della Luna, il più vicino alla terra e dotato di minore circonferenza, è il più lento.

54. letizian del suo ordine formati: i nostri affetti (*affectus* in latino è l'emozione, il sentimento, la capacità di sentire), dice Piccarda, gioiscono nel conformarsi all'ordine universale voluto da Dio stesso. Tale coincidenza assoluta tra il volere di Dio e il volere dei beati è un aspetto saliente della beatitudine, effetto della carità divina che permea di sé tutto il paradiso (▶ vv. 70-87).

Canto III

Ond' io a lei: «Ne' mirabili aspetti
vostri risplende non so che divino
60 che vi trasmuta da' primi concetti:

però non fui a rimembrar festino;
ma or m'aiuta ciò che tu mi dici,
63 sì che raffigurar m'è più latino.

Ma dimmi: voi che siete qui felici,
disiderate voi più alto loco
66 per più vedere e per più farvi amici?».

Con quelle altr' ombre pria sorrise un poco;
da indi mi rispuose tanto lieta,
69 ch'arder parea d'amor nel primo foco:

«Frate, la nostra volontà quïeta
virtù di carità, che fa volerne
72 sol quel ch'avemo, e d'altro non ci asseta.

Se disïassimo esser più superne,
foran discordi li nostri disiri
75 dal voler di colui che qui ne cerne;

che vedrai non capere in questi giri,
s'essere in carità è qui necesse,
78 e se la sua natura ben rimiri.

Anzi è formale ad esto beato esse
tenersi dentro a la divina voglia,
81 per ch'una fansi nostre voglie stesse;

sì che, come noi sem di soglia in soglia
per questo regno, a tutto il regno piace
84 com' a lo re che 'n suo voler ne 'nvoglia.

E 'n la sua volontade è nostra pace:
ell' è quel mare al qual tutto si move
87 ciò ch'ella crïa o che natura face».

Chiaro mi fu allor come ogne dove
in cielo è paradiso, etsi la grazia
90 del sommo ben d'un modo non vi piove.

58-63. Io perciò le risposi: «Nelle vostre meravigliose sembianze risplende qualcosa di divino che vi trasforma (trasmuta) rispetto alle vostre precedenti immagini. Perciò (Però) non fui rapido (festino) a riconoscerti; ma ciò che mi dici adesso mi aiuta, sicché m'è più facile recuperare la tua figura. 64-66. Ma dimmi: voi che siete beati quassù, non desiderate una collocazione più alta, per vedere meglio [Dio] e per essere più vicini (amici) [a Lui]?». 67-69. Prima sorrise un po' con le altre anime; quindi mi rispose così lieta, che sembrava ardesse d'amore nel primo fuoco [d'amore: cioè in Dio]. 70-72. «Fratello, è una virtualità intrinseca della carità divina acquietare la nostra volontà, facendo sì che noi si desideri solo ciò che abbiamo, e non ci rende desiderosi di altro. 73-78. Se desiderassimo essere più su, i nostri desideri sarebbero (foran) discordi dal volere di Colui che qui ci ha disposti (ne cerne); cosa che vedrai non aver luogo tra questi cieli, se qui è legge necessaria essere nella carità divina, e se tu osservi bene la sua natura. 79-84. Anzi appartiene alla stessa essenza della beatitudine sottostare al volere divino, per cui le nostre singole volontà si fanno una sola; ragion per cui il criterio in base a cui siamo distribuiti, in tutto il paradiso, di cielo in cielo, piace a tutto il paradiso, nell'identica misura in cui piace al re [Dio] che ci fa volere (ne 'nvoglia) ciò che vuole Lui. 85-87. La nostra pace è nella sua volontà; è Lui il mare in cui sfocia tutto ciò che ella [la volontà divina] crea o che la natura produce». 88-90. A quel punto compresi che in cielo non è spazio che non sia beatitudine, sebbene la grazia divina non vi è distribuita in modo uniforme.

---

65. disiderate voi più alto loco: la domanda può sembrare ingenua, dopo quanto Piccarda ha appena spiegato; ma traduce un pensiero istintivo e umanissimo di Dante: esistono forse in paradiso beatitudini differenti tra loro?

70-72. Frate... asseta: l'affettuoso vocativo frate, "fratello", in bocca alla prima anima incontrata in paradiso, suor Piccarda, c'immette gradualmente nella realtà claustrale (il monastero) delle anime consacrate a Dio.

85-87. e 'n la sua volontade... pace: questo celebre verso, che riassume in sé, mirabilmente, tutto il discorso teologico svolto in precedenza, inizia una terzina dal ritmo largo e solenne.

Paradiso

    Ma sì com' elli avvien, s'un cibo sazia
    e d'un altro rimane ancor la gola,
93 che quel si chere e di quel si ringrazia,

    così fec' io con atto e con parola,
    per apprender da lei qual fu la tela
96 onde non trasse infino a co la spuola.

    «Perfetta vita e alto merto inciela
    donna più sù», mi disse, «a la cui norma
99 nel vostro mondo giù si veste e vela,

    perché fino al morir si vegghi e dorma
    con quello sposo ch'ogne voto accetta
102 che caritate a suo piacer conforma.

    Dal mondo, per seguirla, giovinetta
    fuggi'mi, e nel suo abito mi chiusi
105 e promisi la via de la sua setta.

    Uomini poi, a mal più ch'a bene usi,
    fuor mi rapiron de la dolce chiostra:
108 Iddio si sa qual poi mia vita fusi.
    [...]

91-96. Ma così come càpita talvolta, quando si è sazi di un cibo e ci resta la voglia di un altro, che dell'uno si ringrazia e dell'altro si chiede, così feci io lì, a gesti e a parole, per apprendere da lei quale fosse stata la tela [il voto inadempiuto] su cui non era riuscita a portare in fondo la spola. **97-102.** «Una vita perfetta», mi disse «e alte benemerenze collocano in un cielo più alto una donna [santa Chiara di Assisi], secondo la cui regola nel vostro mondo terreno si vestono l'abito e il velo monacale, per vegliare e dormire fino alla morte con quello sposo [Gesù] che accetta ogni voto che la carità renda conforme al suo volere. **103-108.** Per seguirla, ancor giovane, me ne fuggii dal mondo e mi chiusi nel suo abito e feci voto di seguire la regola del suo ordine (*setta*). Poi, uomini avvezzi al male più che al bene mi rapirono fuori del dolce chiostro: solo Dio sa quale fu poi la mia vita.

«... ma riconoscerai ch'i' son Piccarda, che, posta qui con questi altri beati, beata sono in la spera più tarda.»

■ *Gustavo Doré*, Episodio di Piccarda Donati *(incisione, 1857).*

95-96. la tela... spuola: in questa metafora, desunta dall'arte della tessitura (Piccarda e Dante erano fiorentini, figli di una città resa florida dall'arte tessile), il voto inadempiuto è paragonato a una *tela* (v. 95) non finita. *Co* è il "capo", il termine della spola.
97-98. inciela / donna più sù: all'idea del moto a luogo ("mettere in cielo") si aggiunge nel verbo un'idea gerarchica, rafforzata da *più sù*: "fa degna di un cielo più alto". Si tratta di un neologismo dantesco, che si presenta soltanto qui in tutto il poema. È costruito con il prefisso *in-* come tanti altri verbi coniati da Dante in *Paradiso*: per esempio *imparadisare, immillarsi, indovarsi, indíarsi* ecc.). La *donna* di cui Piccarda parla con ammirazione è la famosa santa Chiara d'Assisi che, nel 1212, diciannovenne, aveva fondato con san Francesco l'ordine femminile delle Clarisse.
100-102. perché... conforma: nelle parole di Piccarda troviamo termini del linguaggio dei mistici, nel tema delle nozze con Cristo. Gesù era già stato identificato come lo sposo a cui restano fedeli le *vergini* dei *Vangeli* (*Matteo* IX, 15 e XXV, 1-12; *Marco* II, 19).
106. usi: gli uomini della famiglia Donati erano "abituati" a compiere il male; le fonti ricordano che Corso costrinse a rinunciare al velo anche un'altra sorella, Ravenna.
107. dolce chiostra: l'espressione evidenzia tutto il rammarico terreno che Piccarda si porta fin quassù, nel cielo della Luna, e che riguarda la pace perduta, il voto infranto, la beatitudine mai completa.

Le chiavi del canto

■ LA REALTÀ IMMATERIALE DEL PARADISO

Il canto I del *Paradiso* spiegava – per bocca di Beatrice – la "legge di gravitazione spirituale", in virtù della quale il cosmo è un insieme meravigliosamente armonioso. In esso si riflette l'ordine dell'intelletto divino e, in sostanza, il modo in cui l'Uno si distribuisce nel molteplice (tema poi ripreso nel canto II). Questo canto III inverte il punto di vista e racconta il graduale **rifluire del molteplice nell'Uno**.

All'inizio del canto Dante personaggio è distratto dalla visione degli spiriti lunari, che appare (vv. 10-18) in dissolvenza, come diafana immagine riflessa in acqua cristallina. Alla fine del canto (non antologizzata), quella stessa visione scomparirà *come per acqua cupa cosa grave* (v. 123), cioè allo stesso modo in cui un corpo pesante sprofonda in acque profonde, e non lo si vede più. Qual è il concetto? È che Dante personaggio deve gradualmente **abituarsi all'immaterialità del paradiso**: le prime anime incontrate nel primo cielo conservano ancora i tratti dei loro volti terreni, e lui crede di poterle riconoscere; ma si sbaglia, perché in realtà esse non sono più riconoscibili (vv. 58-61). A tirare le conclusioni è Beatrice (vv. 25-30): questa realtà dell'immateriale è una realtà più autentica di quella materiale; Dante pellegrino sbaglia, perché (all'opposto di Narciso, che voleva attribuire una solida fisicità a pure apparenze) scambia per apparenze delle *vere sustanze,* per cui si volta a cercare qualcosa di corporeo di cui le immagini che vede siano il riflesso. Scambia le cause per gli effetti: la **vera realtà** sostanziale, invece, **è quella dell'anima**.

Il punto di vista si capovolge anche rispetto al purgatorio. Qui l'errore in cui incorreva Dante con l'amico Casella nel canto II (così come poi Stazio con Virgilio nel XXI), era quello di trattare *l'ombre come cosa salda*, ancora l'errore di Narciso. Ora che è in paradiso, Dante *trasumana*, compie una metamorfosi, ma è ancora troppo legato alla dimensione terrena: perciò cerca la *cosa salda* di cui le immagini siano le ombre. Ha acquisito consapevolezza che l'anima sopravvive come sostanza separata, ma non sa ancora che tale *forma* – separata dalla "materia" – è l'unica realtà autentica. È ciò che gli spiega Beatrice, riassumendo il concetto nel mirabile v. 29: *vere sustanze son ciò che tu vedi*.

■ L'INCONTRO CON PICCARDA

Il cuore del canto è occupato dalla figura di Piccarda Donati. Possiamo suddividere il dialogo con Dante in **tre momenti**:

- il primo (vv. 34-57) è la presentazione e la spiegazione della **beatitudine menomata** dell'ex monaca;
- il secondo (vv. 58-90) costituisce una dissertazione di Piccarda sulla **natura della beatitudine**;
- il terzo (vv. 91-120) è infine il racconto della **storia di Piccarda**.

■ LA BEATITUDINE OFFUSCATA

Al centro dell'interesse di Dante e dei lettori vi è il **voto mancato** a causa della violenza degli *uomini* [...] *a mal più che a bene usi*. È questa la causa che costringe l'anima della donna a una beatitudine imperfetta. Piccarda appartiene (come Francesca da Rimini, come Pia senese, che compariva nel finale del canto V del *Purgatorio*) alla schiera delle **vittime della violenza maschile**. Nella parte centrale del canto l'ex suora dichiara di non poter aspirare a una collocazione più alta, perché la beatitudine consiste nell'appagarsi di ciò che si ha, nel non poter neppure concepire desideri in disaccordo con quelli di Dio. Eppure un velo di malinconia affiora nella terza parte, quando Piccarda narra in poche battute la sua triste vicenda. Trapela il suo umanissimo rimpianto per *la dolce chiostra*; il ricordo del resto della sua vita, lunga o breve che fu, rimane segnato per sempre da quella violenza, da quella violazione della sua volontà, che pesa ancora come una macchia sulla sua beatitudine offuscata.

■ LO STRETTO LEGAME TRA CARITÀ E VOLONTÀ: PICCARDA E FRANCESCA

Le parole-chiave del canto sono:

- *carità* (e *amore*, nello stesso senso di "amore divino");
- *volontà* (il verbo *volere* e i suoi derivati, o *piacere* usato nello stesso significato).

Qui, in paradiso, la carità che appaga il *volere* di Piccarda Donati si contrappone all'*amor che s'apprende* in un istante al cuore e ai *dubbiosi disiri* di Francesca da Rimini (canto V dell'*Inferno*). Gli studiosi hanno messo in luce che, per come le tratteggia Dante, **Piccarda è un'anti-Francesca**. La sua parabola di vita è opposta a quella della nobildonna, pur se (ecco l'analogia della violenza subita) si conclude, come quella di Francesca, con l'oltraggio di una violenza totale, le cui conseguenze si ripercuotono per l'eternità e non hanno smesso di *offendere* la donna neanche nell'aldilà.

Questo vale in una certa misura anche per Piccarda: ma ella già nell'aldiquà, nella *dolce chiostra*, aveva cercato in Dio la sua *pace*, quella *pace* tanto invocata da Francesca nell'eterna bufera dei lussuriosi, e che consiste, come spiega Piccarda a Dante, nell'uniformare i propri desideri alla volontà divina, nell'esser contenti di ciò che si ha (vv. 70-72) o si è. Non il *piacer* di Paolo, la sua bellezza terrena, ma il *piacer* dello sposo celeste (vv. 101-102) è l'unico oggetto d'attrazione per Piccarda. Se la pace evocata da Francesca era la pace dell'annullamento, quella del gran fiume Po che si disperde nel mare (*Inf.* V, vv. 97-99), Piccarda, al contrario, sa bene che il mare verso cui tutto muove è la volontà divina: i vv. 85-87 costituiscono una palinodia (ripresa, e rovesciamento) di quei versi infernali.

247

Paradiso

Ora però il dramma è superato, riassorbito nella beatitudine. Volere la volontà di Dio, desiderare i Suoi desideri, questo è il Paradiso. La *caritas* cristiana (amore per Dio, che si riflette sulle creature) dà quella pace che non dà l'*amor ch'a nullo amato amar perdona*. L'errore di Francesca è l'errore comune di cui sorride Beatrice all'inizio di questo canto: l'errore di Narciso, cioè innamorarsi della *bella persona*, del *costui piacer* – erano espressioni di Francesca – ritenere in-somma l'anima un riflesso del corpo, e non viceversa. Sì, la violenza altrui può menomare, può un poco scalfire la felicità eterna di Piccarda finalmente ricongiunta con lo sposo celeste. Ma non la può annullare. Conservando la fedeltà al "velo del cuore", conservando la purezza di cuore anche dopo la violenza subita, **Piccarda ritorna nell'immensità dell'Uno** da cui tutto proviene, si fonde nell'unica volontà in cui si uniformano i desideri individuali di tutti i beati.

Lavoriamo sul testo

I CONTENUTI

1. Quali anime incontra Dante nel primo cielo? Dimorano effettivamente in esso?

2. Quale errore commette Dante al vedere questo gruppo di anime?

3. Come si giustifica il poeta per non aver riconosciuto Piccarda? E perché avrebbe dovuto riconoscerla?

4. Come Narciso, Dante:
   - ❏ osserva la propria immagine specchiarsi nello splendore del paradiso
   - ❏ commette l'errore di scambiare come *vera sustanza* un'immagine che è solo incorporea
   - ❏ s'innamora troppo di sé e della propria poesia
   - ❏ sbaglia, ma perché scambia per apparenze delle *vere sustanze*

5. In quale momento del canto Piccarda dice di essere stata una suora? E a quale ordine apparteneva? Sottolinea i due punti nel testo.

6. Chiarisci se le seguenti affermazioni sono vere o false.

	V	F
• La volontà di tutti i beati è concorde.	❏	❏
• I beati vogliono solo ciò che hanno e ciò che sono e niente altro.	❏	❏
• I beati sono liberi di scegliere in modo differente dalla volontà divina.	❏	❏
• Esistono in paradiso differenti gradi di beatitudine.	❏	❏

7. Quale atteggiamento tiene Piccarda rispetto a Dante? Mettilo a confronto con quello dei dannati dell'*Inferno* e delle anime espianti del *Purgatorio* (max 15 righe).

8. Che cosa s'intende per carità, in paradiso? Rispondi sulla base di quanto ne dice Piccarda (max 10 righe).

9. Piccarda a un certo punto parla di *uomini... a mal più ch'a bene usi*: come si sono comportati con lei? A chi allude, in particolare?

10. È stato detto che l'episodio di Piccarda è tutto un inno alla carità. Sei d'accordo? E se sì, in che senso? Rispondi in max 20 righe.

LE FORME

11. Analizza le rime del canto. Sono prevalentemente aspre o dolci, difficili o facili? E, a tuo avviso, perché?

12. Al v. 56 s'incontra *però*: con quale significato? Esso è prolettico del *perché* che segue: che cosa significa *prolettico*? Spiega.

13. Ai vv. 73-75 si ha un periodo ipotetico: individua la proposizione principale e quella condizionale. Si tratta di un'ipotesi realistica o di una dimostrazione per assurdo?

14. Ai vv. 77-79 s'incontrano due forme latine: un aggettivo indeclinabile e un infinito sostantivato. Spiegali con le tue parole. Sono due termini tecnici appartenenti a quale linguaggio?
    - ❏ Il linguaggio della lirica d'amore stilnovista
    - ❏ Il linguaggio della politica medievale
    - ❏ Il linguaggio della filosofia scolastica
    - ❏ Il linguaggio dell'etica comunale

15. Enumera tutte le occorrenze, nel canto, dei termini *amore*, *carità*, *piacere*, e individua la voce che li pronuncia. Spiega di volta in volta il loro significato nel contesto.

16. Nel discorso di Piccarda (vv. 70-87) compaiono in ben sette variazioni il verbo *volere* e i suoi derivati. Rintracciali sul testo.

17. Al v. 88 s'incontra un avverbio sostantivato: qual è?

18. Nel v. 108 s'incontra per due volte il *si* pleonastico: in quali parole?

19. Individua nel canto i seguenti termini e spiegali nel loro contesto, con parole diverse da quelle della parafrasi laterale:
    - *vi trasmuta*
    - *superne*
    - *cerne*
    - *è paradiso*
    - *è formale*
    - *fui festino*

Approfondimenti

Gianluigi Tornotti
La donna nel Medioevo: un bene familiare

La subalternità femminile nel Medioevo La condizione femminile nella società medioevale è una condizione di radicale subalternità. Subalternità giuridica, in quanto gli statuti laici ed ecclesiastici non riconoscono alla donna diritti pari all'uomo, né riguardo al diritto di eredità né riguardo alla tutela dei figli.

Subalternità culturale, dal momento che le attività prescritte alla donna (se togliamo il ristretto ambito delle corti feudali o signorili, dove la castellana e le sue dame leggono liriche d'amore e romanzi cavallereschi) sono la cura della prole, il lavoro domestico (filatura e tessitura) o, nel mondo contadino, la condivisione delle fatiche nei campi.

Subalternità sessuale, poiché la donna è considerata elemento passivo nella procreazione (quasi contenitore del «sangue» del marito che dovrà svilupparsi nel bambino) e soggetto a forti vincoli nella vita sentimentale (l'adulterio femminile è punito molto più duramente di quello maschile).

Il ruolo della donna medievale: moglie, madre, monaca Tuttavia, pur relegata in uno *status* di minorità, la donna ha due canali praticabili per garantirsi qualche, ancorché limitato, riconoscimento sociale: il matrimonio e la monacazione.

La monacazione – soprattutto in un secolo di grande fervore religioso come il Duecento – ha una buona fioritura ed è, in genere, molto meno forzata di quanto lo sarà nei secoli XVI-XVIII: nella Firenze del tempo di Dante le monache, distribuite in ventiquattro conventi, possono vantare parità numerica con i monaci.

Quanto al matrimonio, la donna deve accettare una struttura familiare rigidamente patriarcale in cui l'autorità pressoché assoluta è nelle mani del padre, del marito o del fratello maggiore. Tuttavia vi trova una certa rispettabilità e alcuni, per così dire, spazi di competenza (come il diritto di educare i figli fino ai 14 anni e l'attribuzione di nomi di battesimo tratti dalla linea materna), soprattutto dopo che la Chiesa ha dato credito alla libertà femminile rendendo obbligatorio, nell'atto matrimoniale, il «consenso», grazie al quale si limitano almeno in parte i rischi del ripudio.

Ma la donna ottiene la considerazione sociale attraverso le nozze paradossalmente proprio in quanto «cosa necessaria all'uomo» (san Tommaso). La donna è ovviamente necessaria in primo luogo per l'atto procreativo. In particolare tra XII e XIII secolo, per far fronte a un notevole calo demografico e alla devastante propaganda anti-procreativi dell'eresia càtara, la fanciulla giunge di norma al matrimonio ancora adolescente (16-18 anni), così da poter mettere al mondo numerosi figli (mediamente non meno di otto-dieci, anche in considerazione dell'alta mortalità infantile).

La donna come "strumento" politico Inoltre – ed è questo un aspetto di grande rilievo storico – la donna è importante «oggetto di scambio» tra famiglie non solo dell'aristocrazia feudale ma anche della classe politica comunale. Si cementano alleanze, si sanciscono paci, si compongono antiche rivalità attraverso il matrimonio, per cui la donna è al centro di una complessa rete «diplomatica» (ed economica, data l'entità, spesso enorme, della dote femminile). Ma può accadere anche l'opposto: le lotte di fazione a Firenze iniziarono nel 1215 quando Buondelmonte Buondelmonti (che pagò con la vita la sua scelta) ruppe il fidanzamento con una Amidei per stabilire un patto nuziale con una Donati (vedi *Par.* XVI, vv. 140-141). E proprio la famiglia Donati userà la debole Piccarda come «bene di scambio» per un'alleanza politica all'interno del partito dei Neri.

Gianluigi Tornotti, *La mente innamorata*,
Edizioni Scolastiche Bruno Mondadori,
Milano 2005

«... così fec' io con atto e con parola,
per apprender da lei qual fu la tela
onde non trasse infino a co la spuola.»

■ *Miniatura del Basso Medioevo.*

Paradiso

Canto IV

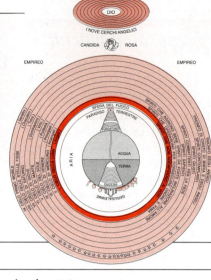

DATA	13 aprile 1300 (mercoledì dopo Pasqua).
LUOGO	Primo cielo: **cielo della Luna**.
CATEGORIA DI BEATI	**Spiriti mancanti ai voti** (non appaiono però nel canto).
CONDIZIONE DEI BEATI	Appaiono come **ombre chiare ed evanescenti**, simili a immagini riflesse da uno specchio o dalla superficie dell'acqua; conservano i loro tratti umani, ma trasfigurati dalla beatitudine celeste.
INTELLIGENZE MOTRICI	**Angeli**.
PERSONAGGI	**Dante** e **Beatrice**.

SEQUENZE

Due dubbi di Dante intuiti da Beatrice (vv. 1-27)
Dante tace, irresoluto tra due dubbi ugualmente pressanti. Sul volto del pellegrino Beatrice li legge i due dubbi: il primo riguarda la responsabilità morale nella violenza subita, il secondo la dislocazione delle anime nei vari cieli. Quest'ultimo è il più pericoloso per la dottrina cristiana.

Soluzione del secondo dubbio: la sede dei beati (vv. 28-63)
Beatrice risolve subito il secondo dubbio: i beati sono tutti nell'Empìreo per l'eternità, ma si manifestano nei cieli inferiori per comunicare con Dante e con la sua intelligenza di uomo mortale. Anche la Bibbia parla per immagini, in modo che gli uomini possano intenderla.

Soluzione del primo dubbio: volontà assoluta e volontà relativa (vv. 64-117)
Quindi Beatrice risponde al primo dubbio del poeta: la volontà assoluta non si piega mai al male, ma la volontà relativa può adattarsi alla violenza, assecondandola, per timore di un male più grande. Così fecero Piccarda e Costanza d'Altavilla, che non ebbero la fermezza di san Lorenzo martire o di Muzio Scevola.

Un nuovo dubbio di Dante e il sorriso di Beatrice (vv.118-142)
Dante ringrazia Beatrice, ma subito espone un ulteriore quesito: «Si può compensare l'inadempienza al voto con opere di bene»? Beatrice sorride con tale dolcezza che il poeta non può sostenerne lo sguardo, e quasi sviene.

Canto V

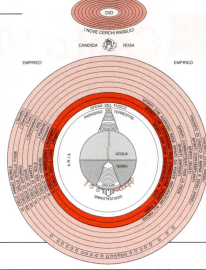

DATA	■ 13 aprile 1300 (mercoledì dopo Pasqua).
LUOGO	■ Secondo cielo: **cielo di Mercurio**.
CATEGORIA DI BEATI	■ **Spiriti attivi per desiderio di onore e di gloria**.
CONDIZIONE DEI BEATI	■ Anime **splendenti di luce**; cantano e danzano ricolme di gioia.
INTELLIGENZE MOTRICI	■ Arcangeli.
PERSONAGGI	■ **Dante** e **Beatrice**. ■ Uno spirito attivo (**Giustiniano**).

SEQUENZE

■ **Beatrice spiega a Dante il valore del voto** (vv. 1-33)
Beatrice spiega a Dante perché mai si sia mostrata così luminosa. E aggiunge: «Vorresti sapere se il voto non mantenuto si può risarcire con opere buone. Sappi che il maggior dono di Dio agli esseri intelligenti è la libertà della volontà: ne deriva che un libero voto accetto a Dio non ha prezzo».

■ **Un'obiezione possibile: la dispensa dal voto** (vv. 34-63)
Poi la donna previene una possibile obiezione: perché, allora, la Chiesa concede le dispense dai voti? Ciò che resta, dice Beatrice, è l'essenza del voto, il patto con Dio. La materia del voto si può cambiare, ma a severe condizioni e con l'approvazione della Chiesa.

■ **Monito di Beatrice ai cristiani sulla serietà delle promesse a Dio** (vv. 64-84)
«Voi, cristiani – continua Beatrice – dovete ben ponderare le vostre scelte, tenendo presenti le Sacre Scritture e l'autorità del pontefice». Del resto, chi promette in modo avventato, pecca in modo grave, come peccarono l'ebreo Iefte e il greco Agamennone, che sacrificarono le loro figlie.

■ **Fulminea salita al cielo di Mercurio** (vv. 85-99)
Ora Beatrice tace e il suo aspetto sfolgorante frena le domande di Dante. Insieme si lanciano nel cielo di Mercurio come frecce verso il bersaglio.

■ **Nuova schiera di beati; Dante a colloquio con uno di loro** (vv. 100-139)
Le anime affiorano vicino a loro, come pesci alla superficie di una limpida peschiera, in un fulgore di letizia. Un'anima incoraggia il poeta a domandare ciò che vuol sapere e anche Beatrice lo sollecita. Allora, a un'anima fasciata di luce, il pellegrino chiede chi sia e perché si manifesti proprio lì, nel cielo di Mercurio. Lo spirito, facendosi ancora più ardente nella sua luce di carità, si accinge a rispondere.

Paradiso

Canto VI

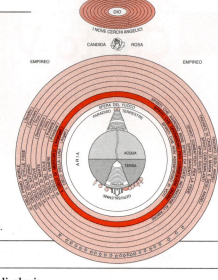

DATA	13 aprile 1300 (mercoledì dopo Pasqua).
LUOGO	Secondo cielo: **cielo di Mercurio**.
CATEGORIA DI BEATI	**Spiriti attivi per desiderio di onore e di gloria**.
CONDIZIONE DEI BEATI	Anime **splendenti di luce**; cantano e danzano ricolmi di gioia.
INTELLIGENZE MOTRICI	**Arcangeli**.
PERSONAGGI	**Dante** e **Beatrice** (però non intervengono). **Giustiniano**, imperatore d'Oriente dal 527 al 565 d.C. **Romeo da Villanova** (ministro del conte di Provenza, Raimondo Berlinghiere).

SEQUENZE

Giustiniano narra la propria vita (vv. 1-27)
«Dopo che Costantino rivolse l'aquila imperiale in senso contrario al moto dei cieli, essa pervenne di mano in mano nella mia: fui imperatore, sono Giustiniano. Riordinai le leggi dopo che papa Agapito mi convertì alla vera fede, e affidai le armi a Belisario.

Una digressione, per dimostrare il torto di chi si oppone all'impero (vv. 28-33)
Ciò mi fa aggiungere qualcosa sulla sacralità dell'impero e della sua insegna, perché tu comprenda il torto di chi gli si oppone, oppure se ne appropria indebitamente.

La millenaria storia dell'aquila imperiale (vv. 34-96)
Considera quanta virtù ha reso l'aquila imperiale degna di venerazione, dai primordi di Enea, agli inizi della repubblica romana e dei suoi eroi. Poi l'aquila sconfisse i cartaginesi e trionfò con Scipione e Pompeo. Quindi passò a Cesare, alle cui imprese, narrando, è impossibile tener dietro. In mano all'imperatore successivo (Ottaviano Augusto) l'aquila spedì all'inferno i nemici dell'impero e instaurò una pace duratura. Ma niente pareggia quanto segue: in mano al terzo Cesare (Tiberio) Dio le concesse il privilegio di vendicare il peccato originale (con l'incarnazione di Cristo), e poi, con Tito, di vendicare (con la distruzione di Gerusalemme) l'uccisione di Cristo. Poi, da Carlo Magno, la Chiesa fu posta sotto le ali dell'aquila, contro l'insidia longobarda.

Invettiva contro i Guelfi e i Ghibellini (vv. 97-111)
Adesso cogli gli errori dei Guelfi che oppongono, alla sacra insegna imperiale, i gigli gialli della monarchia francese, e dei Ghibellini che se ne appropriano faziosamente.

I beati del cielo di Mercurio e Romeo da Villanova (vv. 112-142)
Riguardo al cielo di Mercurio, vi si manifestano le anime di coloro che operarono per amore di onore e fama, diminuendo così la propria beatitudine. Tra le altre splende *la luce di Romeo* di Villanova, il cui servizio al conte di Provenza fu mal ricompensato dall'invidia dei provenzali, che indussero il conte a sbarazzarsene. E Romeo se ne andò, povero e vecchio. Il mondo, che lo loda, lo loderebbe di più se conoscesse il coraggio che ebbe di mendicare».

Canto VI

PARADISO
PURGATORIO
INFERNO

«Poscia che Costantin l'aquila volse
contr' al corso del ciel, ch'ella seguio
3   dietro a l'antico che Lavina tolse,

cento e cent' anni e più l'uccel di Dio
ne lo stremo d'Europa si ritenne,
6   vicino a' monti de' quai prima uscìo;

e sotto l'ombra de le sacre penne
governò 'l mondo lì di mano in mano,
9   e, sì cangiando, in su la mia pervenne.

Cesare fui e son Iustinïano,
che, per voler del primo amor ch'i' sento,
12   d'entro le leggi trassi il troppo e 'l vano.

E prima ch'io a l'ovra fossi attento,
una natura in Cristo esser, non pïue,
15   credea, e di tal fede era contento;

ma 'l benedetto Agapito, che fue
sommo pastore, a la fede sincera
18   mi dirizzò con le parole sue.

Giustiniano narra la propria vita

1-9. «Dopo (*Poscia*) che Costantino rivolse le insegne imperiali (*l'aquila*) in direzione contraria al moto del cielo, che essa aveva invece assecondato seguendo l'eroe [Enea] che anticamente aveva sposato Lavinia, l'uccello divino [l'aquila] restò per oltre duecento anni all'estremo confine d'Europa [a Bisanzio], vicino ai monti [dell'Asia minore] dai quali era partito [con Enea]; e lì, sotto la protezione delle sacre insegne, governò il mondo passando da un imperatore all'altro, fino a che, cambiando padrone, giunse nelle mie [mani]. **10-12.** Fui imperatore (*Cesare*), e adesso sono Giustiniano, che, per volontà dello Spirito Santo (*primo amor*) di cui [adesso, qui in paradiso] sento la forza, tolsi ciò che vi era di eccessivo e d'inutile nel sistema legislativo romano. **13-18.** E prima che io mi dedicassi (*fossi attento*) a quest'opera (*ovra*) legislativa, credevo che in Cristo ci fosse (*esser*) una sola natura [quella divina], non più [nature]; ed ero appagato da tale credenza; ma il benedetto Agapito, che fu papa, m'indirizzò con le sue parole alla fede vera.

---

1. Poscia che Costantin: il canto comincia, fin dal verso 1, sotto forma di discorso diretto. Si tratta di un evento eccezionale nella *Commedia*, ma che serve per conferire grande importanza sia a colui che prende la parola dal primo all'ultimo verso, l'imperatore Giustiniano, sia ai suoi concetti, a cui Dante vuole attribuire il massimo rilievo. Costantino il Grande (274-337) fu imperatore dal 306; è famoso per aver posto fine alle persecuzioni anticristiane con il famoso editto del 313.
2. contr' al corso del ciel: Costantino trasferì nel 330 la capitale imperiale da Roma a Bisanzio (da lui ribattezzata Costantinopoli); e sbagliò, a giudizio del poeta, perché la sede che era stata designata dalla provvidenza era Roma. Inoltre Costantino, per Dante, fu il colpevole (prima che a metà Quattrocento il filologo Lorenzo Valla dimostrasse l'infondatezza di quell'attribuzione) della donazione di beni a papa Silvestro: evento funesto, agli occhi del poeta, che servì alla chiesa medievale per legittimare il proprio potere temporale; potere che, secondo Dante, spetta interamente all'impero. Di Costantino, tuttavia, egli salverà la *buona intenzion che fé mal frutto* (*Par.* XX, 56) nel momento in cui lo

incontrerà più avanti, nel cielo di Giove.
4. cento e cent'anni e più: dal 330 al 527 (data dell'incoronazione imperiale di Giustiniano) corrono meno di due secoli; ma Dante ricavava le sue informazioni dal *Trésor* di Brunetto Latini, che poneva nel 333, e non nel 330, il trasferimento della capitale da Roma a Bisanzio, e nel 539, invece che nel 527, l'incoronazione di Giustiniano.
5. lo stremo d'Europa: l'espressione si riferisce a Bisanzio/Costantinopoli, oggi Istanbul; la città si trova effettivamente nello *stremo d'Europa*, cioè all'estremità sudorientale del continente. Di fronte a essa vi è la costa anatolica, dove sorgono i monti della Troade, la regione dell'antica Troia.
10. Cesare fui e son Iustinïano: costruzione a chiasmo molto studiata, con i due nomi propri a inizio e fine di verso e i due verbi nel mezzo. Attraverso gli opposti tempi verbali (*fui/son*) Dante sottolinea la vanità, nell'aldilà, dei titoli terreni, anche dei più prestigiosi. Dopo la morte rimangono le persone, non le loro cariche. Giustiniano (482-565) era per Dante colui che riportò a Occidente l'*aquila,* simbolo dell'impero, scacciando dall'Italia i barbari invasori; inoltre restituì all'impero le sue leggi e (terzo motivo di grandezza, ma non ultimo

in ordine d'importanza) agì in accordo con il papa e la Chiesa, dopo essersi convertito alla vera fede. In sostanza, Giustiniano è un modello ideale di monarca: la sua fu un'autorità universale illuminata dal magistero spirituale del pontefice.
13. E prima che: in realtà, quando papa Agapito si recò a Costantinopoli (535), l'opera legislativa di Giustiniano era già stata iniziata (528) e praticamente già conclusa.
14. una natura... non pïue: Dante crede erroneamente che Giustiniano fosse stato eretico, aderente al monofisismo (dal greco *mónos*, "una sola" e *physis*, "natura"), che era l'eresia, assai diffusa in Oriente, che attribuiva a Cristo la sola natura divina e non anche quella umana. In realtà Giustiniano era cattolico, anche se simpatizzava per le dottrine dei monofisiti. Esse erano, invece, apertamente favorite dalla moglie Teodora. Il monofisismo fu condannato dal concilio di Calcedonia del 451.
16. Agapito: fu papa dal 533 al 536, durante la guerra combattuta in Italia tra Giustiniano e gli Ostrogoti. Andò a Costantinopoli (535) per trattare la pace tra l'imperatore e Teodato, re ostrogoto; Dante ritiene che in questa occasione avrebbe "convertito" Giustiniano alla *fede sincera*, quella cattolica.

253

Paradiso

Io li credetti; e ciò che 'n sua fede era,
vegg' io or chiaro sì, come tu vedi
21   ogne contradizion e falsa e vera.

Tosto che con la Chiesa mossi i piedi,
a Dio per grazia piacque di spirarmi
24   l'alto lavoro, e tutto 'n lui mi diedi;

e al mio Belisar commendai l'armi,
cui la destra del ciel fu sì congiunta,
27   che segno fu ch'i' dovessi posarmi.

Or qui a la question prima s'appunta
la mia risposta; ma sua condizione
30   mi stringe a seguitare alcuna giunta,

perché tu veggi con quanta ragione
si move contr' al sacrosanto segno
33   e chi 'l s'appropria e chi a lui s'oppone.

Vedi quanta virtù l'ha fatto degno
di reverenza; e cominciò da l'ora
36   che Pallante morì per darli regno.

19-21. Io gli credetti; e quella verità contenuta nella sua dottrina, io adesso la vedo (*vegg'io*) così chiaramente, come tu comprendi che in ogni proposizione contraddittoria (*contradizion*) c'è una parte di verità e un'altra di errore. **22-27.** Non appena (*Tosto che*) procedetti [in pieno accordo] con la Chiesa, Dio si compiacque per sua grazia d'ispirarmi la grande opera [legislativa], e mi dedicai completamente a essa (*'n lui*); e affidai il comando dell'esercito (*l'armi*) al mio Belisario, al quale l'aiuto del cielo fu così favorevole (*congiunta*), che mi sembrò [fosse un] indizio [divino] che io dovessi cessare la guerra [e dedicarmi alle opere di pace].

Una digressione, per dimostrare il torto di chi si oppone all'impero

28-33. A questo punto ha termine (*s'appunta*) la mia risposta alla tua prima domanda; ma la natura di tale risposta mi obbliga a far seguire (*seguitare*) un'aggiunta, affinché tu possa vedere quanto ingiustamente agiscano (*si move*) contro il sacro simbolo [dell'aquila imperiale] sia coloro che se ne (*'l*) appropriano [i Ghibellini], sia coloro che lo avversano [i Guelfi].

La millenaria storia dell'aquila imperiale

34-36. Considera quanto valore lo ha reso degno di venerazione; e [tale valore] cominciò dal momento in cui Pallante morì per dargli un regno. [...]

20. vegg'io chiaro: ora che è in paradiso, Giustiniano vede la verità delle parole di Agapito con la stessa evidenza con cui la mente umana comprende che, quando si affermano due cose contraddittorie, per forza di cose una è falsa, e l'altra è vera. Il principio di non contraddizione (A non è non-A) era uno dei cardini della logica medievale, fondata su Aristotele.
24. l'alto lavoro: intende il *Corpus iuris civilis* ("Raccolta di [leggi di] diritto civile"); l'aggettivo *alto* segnala la sua importanza e anche la fatica per realizzarlo. Fu un'impresa davvero meritoria, quella di raccogliere ordinatamente, ma in modo selettivo (perciò Dante dice giustamente che Giustiniano vi estrasse *il troppo e 'l vano*) e secondo principi giuridici moderni, l'intera tradizione delle leggi romane, inclusi i decreti degli imperatori e i pareri ufficiosi degli antichi giusperiti.
25. mio Belisar: Belisario (500 ca.-565), nipote e generale di Giustiniano; combatté

contro i persiani, riconquistò all'Impero bizantino l'Africa settentrionale e riportò vittorie in Italia. Fu però deposto dall'imperatore (forse per invidia) nel 548 e forse imprigionato. Dante ignorava questi ultimi fatti, altrimenti non avrebbe aggiunto l'affettuoso pronome *mio*.
27. posarmi: fermarmi, nel senso di abbandonare la guerra, ormai vittoriosa su tutti i fronti, per dedicarsi alle opere giuridiche e civili.
28. question prima: la domanda di Dante relativa all'identità del beato apparso sul finire del canto V.
29. sua condizione: la qualità, la natura di questa risposta implicava un discorso sull'aquila imperiale.
31. con quanta ragione: l'espressione è ironica e significa con quanto poco senso della giustizia tanto i Guelfi, quanto i Ghibellini si appropriano del simbolo dell'aquila. Gli uni e gli altri se ne fregiano non nell'interesse dell'impero, ma solo per i

propri interessi di parte; e ogni particolarismo viene condannato dalla visione universalistica di Dante.
34. virtù: non solo il valore delle imprese militari compiute in nome dell'aquila imperiale, ma anche le virtù politico-civili espresse dal governo della monarchia universale.
36. Pallante morì… regno: Pallante era amico e alleato di Enea nella guerra contro Turno, che portò i troiani sbarcati nel Lazio a impadronirsi del territorio su cui sarebbe poi sorta la città di Roma. È da quei tempi remotissimi (mitici, in realtà, e non storici: ma Dante fondeva i due piani, cantati da Virgilio nell'*Eneide*, che cominciò la virtù del *sacrosanto segno*. Virtù soprannaturale, più che umana: l'opera dell'aquila imperiale è voluta da Dio e risponde ai disegni della sua provvidenza nel mondo. Perciò lungo il suo vittorioso "volo" non conosce ostacoli.

Canto VI

PARADISO · PURGATORIO · INFERNO

[Il racconto di Giustiniano passa in rassegna i primi secoli della storia romana, nell'età antica della monarchia e poi durante la repubblica, allorché Roma sconfisse i Cartaginesi di Annibale. In ogni suo fatto e in ogni suo eroe, come Scipione, Pompeo, Torquato, Cincinnato, la storia romana viene presentata come manifestazione della potenza dell'aquila imperiale].

Poi, presso al tempo che tutto 'l ciel volle
redur lo mondo a suo modo sereno,
57 Cesare per voler di Roma il tolle.

E quel che fé da Varo infino a Reno,
Isara vide ed Era e vide Senna
60 e ogne valle onde Rodano è pieno.

Quel che fé poi ch'elli uscì di Ravenna
e saltò Rubicon, fu di tal volo,
63 che nol seguiteria lingua né penna.

55-57. Poi, avvicinandosi il tempo in cui il cielo volle ricondurre tutto il mondo alla pace, secondo il proprio piano, Cesare per volontà [del popolo] di Roma prese le insegne imperiali [l'aquila]. **58-60.** E ciò che [l'aquila romana] compì dal fiume Varo al Reno, lo videro l'Isère, la Loira, la Senna e tutte le valli da cui è alimentato il Rodano. **61-63.** Quello che [l'aquila] fece, dopo che uscì da Ravenna e varcò il Rubicone, fu un volo di tale velocità, che non potrebbero stargli dietro parole pronunciate o scritte [che volessero narrarlo]. [...]

[Dopo Cesare, l'aquila imperiale venne imbracciata da Ottaviano Augusto, che fece fiorire ovunque la pace. Ma la massima gloria dell'aquila toccò al terzo Cesare, Tiberio: sotto il suo regno nacque Cristo. A vendicare la crocifissione di Gesù provvide poi l'imperatore Tito, espugnando Gerusalemme.]

E quando il dente longobardo morse
la Santa Chiesa, sotto le sue ali
96 Carlo Magno, vincendo, la soccorse.

Omai puoi giudicar di quei cotali
ch'io accusai di sopra e di lor falli,
99 che son cagion di tutti vostri mali.

94-96. E quando la ferocia dei longobardi perseguitò la Santa Chiesa, fu Carlo Magno a soccorrerla, con le sue vittorie, marciando sotto l'insegna dell'aquila imperiale [sotto le sue ali].

Invettiva contro i Guelfi e i Ghibellini

97-99. Adesso puoi valutare l'opera di coloro [Guelfi e Ghibellini] che io ho accusato prima, e i loro errori, che sono all'origine di tutti i vostri mali.

55-56. presso al tempo... sereno: si delinea chiaramente la funzione provvidenziale e pacificatrice dell'impero nel mondo. Questo *tempo* è l'epoca dell'incarnazione di Cristo, avvenuta sotto l'autorità dell'Impero romano; fu l'avvento di Cristo e della fede a rasserenare il *mondo*.
57. il: si riferisce al *sacrosanto segno*, citato nel lontano verso 32, o anche all'*uccel di Dio* del v. 4: l'aquila, emblema dell'impero; **Cesare:** nella visione di Dante, Giulio Cesare (100-44 a.C.) era il vero fondatore dell'Impero romano (giudizio sostanzialmente confermato dagli storici moderni). Come tale egli fu uno strumento di Dio in terra, esecutore di un disegno tendente a dare all'umanità un'unica guida temporale: l'imperatore, appunto. Dante e la cultura me-

dievale non percepivano alcuno stacco tra l'età antica e la loro, medievale: in quest'ottica, l'Impero romano di Cesare (I secolo a.C.), quello carolingio di Carlo Magno (v. 96: secolo VIII-IX) e l'Impero tedesco del Trecento costituivano un'unica realtà.
58. E quel che fé: le gesta di Cesare sono riassunte in due terzine dinamicissime. Si comincia dalle vittoriose campagne in Gallia (58-50 a.C.), riassunte indicando i fiumi della regione: *Varo* e *Reno*, che ne segnano i confini continentali, l'Isère (*Isara*), la Loira (*Era* traduce il francese antico Lere, con la «L» iniziale presa per un articolo), la *Senna* e gli affluenti che alimentano il Rodano (*ogne valle onde Rodano è pieno*: "tutte le valli da cui il Rodano è riempito").
61-62. uscì di Ravenna / e saltò Rubi-

con: dalla guerra gallica si passa alla guerra civile, combattuta tra Cesare e Pompeo. Cominciò nel 49 a.C. con il passaggio del Rubicone, il fiume a sud di Ravenna che segnava all'epoca il confine oltre cui nessun generale romano poteva condurre le truppe. Curione, colui che convinse Cesare a passare il confine, e a iniziare quindi la guerra civile, è condannato nell'*Inferno* tra i seminatori di discordie (XXVIII, vv. 97-99).
96. Carlo Magno: il fondatore dell'Impero carolingio aveva, agli occhi di Dante, il merito di essersi proposto come il difensore della Chiesa e come il continuatore, quindi, dell'opera di Giustiniano e di Cesare.
97-98. quei cotali / ch'io accusai di sopra: ritorna sui vv. 31-33 con riferimento a Guelfi e Ghibellini.

255

Paradiso

L'uno al pubblico segno i gigli gialli
oppone, e l'altro appropria quello a parte,
102   sì ch'è forte a veder chi più si falli.

Faccian li Ghibellin, faccian lor arte
sott'altro segno, ché mal segue quello
105   sempre chi la giustizia e lui diparte;

e non l'abbatta esto Carlo novello
coi Guelfi suoi, ma tema de li artigli
108   ch'a più alto leon trasser lo vello.

100-102. Gli uni [i Guelfi] oppongono all'insegna universale i gigli gialli [di Francia], gli altri [i Ghibellini] se ne appropriano faziosamente, cosicché risulta difficile stabilire chi sbagli di più. **103-108.** I Ghibellini curino i propri interessi sotto un'altra insegna, giacché è un cattivo seguace [dell'aquila] chi la separa (*lui diparte*) dalla giustizia; e questo Carlo II d'Angiò, con i suoi Guelfi, non la combatta, ma abbia timore dei suoi artigli, che scuoiarono leoni più forti di lui.

100. L'uno: è il partito guelfo, che al *publico segno* della monarchia universale (di cui non riconosce l'autorità) oppone l'insegna della casa reale di Francia (*i gigli gialli*).
101. l'altro: è il partito ghibellino, che pretende di strumentalizzare la sacra insegna ai propri fini faziosi (*a parte*).
106. esto Carlo novello: Carlo II d'Angiò, re di Napoli dal 1285 al 1309, capo del movimento guelfo in Italia, su cui Dante esprime anche altrove giudizi assai negativi (*Purgatorio* VII, 126 e XX, 80; *Paradiso* XIX, 127 e XX, 63).

Le chiavi del canto

■ LA PROGRESSIONE DEI TRE CANTI SESTI DELLA COMMEDIA

Siamo al terzo e ultimo dei tre canti sesti della *Commedia*, i tre **canti politici** per eccellenza del poema. Nel canto precedente Dante aveva posto due concise domande («Chi sei, tu che mi parli? Perché sei nel cielo di Mercurio?»). La risposta dell'imperatore bizantino Giustiniano (vissuto nel VI secolo d.C.) va ben oltre quei ristretti confini: a lui Dante affida infatti il compito, cruciale, di riaffermare l'alta **missione provvidenziale e universale dell'impero**.

Nel canto di Ciacco (*Inferno* VI) la modalità del dialogo era quella, diciamo così, dell'intervista, delle puntuali e secche risposte del dannato alle domande di Dante. Nel canto di Sordello (canto VI del *Purgatorio*) la digressione era stata esposta direttamente dall'autore. Invece questo canto VI del *Paradiso* è un **unico discorso diretto**, un monologo, dal primo all'ultimo verso, del personaggio: un caso unico nella *Commedia*, adatto a far assumere alla lunga dichiarazione di Giustiniano i crismi della rivelazione.

■ IL PRODIGIOSO VOLO DELL'AQUILA

Il monologo di Giustiniano riassume **millenni di storia** come in panoramico volo d'uccello: egli espone una grandiosa visione, dai toni epici, dei destini dell'impero. La sua è un'ideale prosecuzione della profezia di Anchise nel libro VI dell'*Eneide*, allorché il padre di Enea, al figlio che era sceso nell'Ade per visitarlo, aveva pronosticato che proprio a lui sarebbe toccato di fondare una città a capo di un impero universale.

Nasce su quel modello la lunga sequenza dei vv. 34-96, vero e proprio pezzo di bravura di Dante. La rapidissima carrellata sulla storia romana si avvia da Pallante (l'alleato di Enea che morì nella vittoriosa guerra contro i Rutuli) e dalla fondazione di Albalonga, per giungere fino alla creazione, grazie a Carlo Magno, del Sacro romano impero. L'aquila imperiale manifesta la sua potenza già prima della fondazione di Roma e passa poi di mano in mano, senza soluzione di continuità, dall'uno all'altro eroe; si cuciono in tal modo fra loro momenti eterogenei di storia, che Dante fa apparire come **tappe necessarie di un unico, lineare processo evolutivo**. I fatti della storia di Roma divengono, nella sua larga visione, i momenti necessari per l'unificazione di tutte le terre civili sotto un'unica autorità statale, la cui missione è garantire la pace universale.

Il momento cruciale, al centro della storia, è l'incarnazione di Cristo, redentore del mondo. Ebbene, avvicinandosi il momento della sua nascita, per volontà del popolo romano le insegne imperiali cadono nelle mani di Cesare: questi sottomette la Gallia, poi (in due terzine qui omesse) sconfigge i pompeiani in Spagna e in Tessaglia e, discendente di Enea,

256

torna nei luoghi da cui l'eroe virgiliano era partito. Con il suo successore, Ottaviano Augusto, viene chiuso il tempio di Giano e garantita così la **pace universale**. In tal modo, come Dante dice nel *Convivio* (IV, V, 4) e nel *De Monarchia* (I, XVI, 1-2), si realizza, secondo la definizione di san Paolo, la «pienezza dei tempi», l'«ottima disposizione della terra», voluta da Dio per l'incarnazione, per l'avvento di Cristo.

La continuità della storia romana con il presente è invece affidata alla menzione di Carlo Magno che, sconfiggendo l'insidia longobarda, si propone come garante e protettore della chiesa, altro campione della **monarchia universale illuminata** (vv. 94-96). Al termine della lunga panoramica giunge l'ennesimo giudizio (formulato dall'imperatore) sulla lotta delle fazioni in Italia e più in generale nel mondo.

■ DANTE E LA STORIA GUIDATA DALLA PROVVIDENZA

Per bocca di Giustiniano, sono così solennemente esposti dall'alto del *Paradiso* quelli che, a parere di Dante, sono i disegni provvidenziali iscritti nella storia umana. Possiamo riassumerli così:

- Dio vuole un **impero romano autonomo** in grado di garantire la pace universale;
- tale impero dev'essere **ispirato dalla Chiesa**, come l'imperatore Giustiniano lo fu da papa Agapito;
- dev'essere **indipendente** e **autonomo** nella guida degli affari temporali.

Universalismo e **concezione provvidenzialistica** della storia sono le due formule che riassumono il progetto politico di Dante. Con il senno di poi, la crisi delle istituzioni universali, dell'impero e della chiesa, appariva già, al tempo di Dante, irreversibile. Quella esposta da Giustiniano era dunque un'utopia, bella ma impossibile. Eppure, nel cielo di Mercurio non c'è posto per i dubbi: la storia ha un corso ordinato, così ritiene Dante, predisposto dal cielo, deviato talora dalla miopia o dall'ingordigia degli uomini. Ma gli uomini sono mortali e la storia continua. Osservata dall'alto, da lontano, come qui, dal cielo di Mercurio, essa assume contorni lineari e definiti: è un progressivo **cammino di redenzione**, dalla colpa originaria all'incarnazione di Cristo, e da Cristo all'attuarsi del regno di Dio sulla terra. Certo, l'umanità può, occasionalmente, smarrire la retta via, ma a un Costantino che va *contr' al corso del ciel* segue prima o poi un Giustiniano che riporta nell'alveo provvidenziale il gran fiume della storia.

■ GUELFI E GHIBELLINI VISTI DALL'ALTO DEL CIELO DI MERCURIO

Alla luce della grandiosa visione espressa da Giustiniano, Dante ormai può giudicare con equanimità i conflitti del suo tempo. Equanimità significa equidistanza: hanno torto gli uni e gli altri.

- Gli uni (i Guelfi) si oppongono all'istituzione imperiale e si appoggiano alla monarchia francese (*i gigli gialli*);
- gli altri (i Ghibellini) asservono l'insegna universale dell'impero a interessi di parte.

I Ghibellini, piuttosto che disonorare, con le loro ingiustizie, *il pubblico segno*, farebbero meglio a cambiare bandiera. Quanto a Carlo II d'Angiò, re di Napoli e capo della fazione guelfa in Italia, dovrebbe desistere, dice il poeta, dal tentativo di opporsi all'aquila imperiale che con i suoi artigli scuoiò leoni più indomiti di lui.

«Cesare fui e son Iustinïano,
che, per voler del primo amor ch'i' sento,
d'entro le leggi trassi il troppo e 'l vano.»

■ *Particolare di un mosaico del VI secolo, Ravenna, San Vitale.*

Lavoriamo sul testo

I CONTENUTI

1. In quale cielo si ambienta il canto? E quale categoria di beati viene incontrata da Dante?

2. Indica l'epoca in cui vissero i seguenti personaggi storici citati nel canto, scegliendola fra quelle elencate:

   ☐☐ Giustiniano

   ☐☐ Costantino

   ☐☐ Giulio Cesare

   ☐☐ Carlo d'Angiò

   ☐☐ Carlo Magno

   a) secolo VIII d.C.; b) secolo IV d.C.; c) secolo VI d.C.; d) secolo XIV d.C.; e) secolo I a.C.)

3. Chiarisci se le seguenti affermazioni sono vere o false.

	V	F
• Nel canto VI c'è un unico narratore.	☐	☐
• A narrare le prodigiose vicende dell'aquila è l'imperatore Costantino.	☐	☐
• Giustiniano è un personaggio del cielo di Mercurio.	☐	☐
• Responsabile di aver invertito il corso provvidenziale dell'aquila fu Giulio Cesare.	☐	☐
• Carlo Magno viene elogiato come il vero fondatore dell'Impero romano.	☐	☐

4. Quali sono i torti imputati da Dante (per bocca di Giustiniano) rispettivamente ai Guelfi e ai Ghibellini?

5. Quale immagine è il soggetto sia grammaticale sia logico del canto? Rintraccia nel testo tutti i termini o le espressioni che a esso si riferiscono.

6. Giustiniano inizialmente fu, secondo Dante, seguace dell'eresia monofisita, che:

   ❏ negava a Cristo la natura divina
   ❏ negava a Cristo la natura umana
   ❏ negava che il papa fosse il capo della Chiesa
   ❏ negava che Cristo fosse il fondatore della Chiesa.

7. Nel resoconto di Giustiniano, qual è l'evento tra tutti più importante?

   ❏ La nascita di Cesare
   ❏ La conquista della Gallia
   ❏ La nascita di Cristo
   ❏ Il trasferimento dell'aquila a Bisanzio/Costantinopoli

8. In che senso la concezione storico-politica di Dante si può definire "provvidenzialistica"?

9. Quali sono i compiti rispettivi del papa e dell'imperatore secondo Dante? In quali figure ideali di pontefice e di sovrano essi si delineano?

10. Riassumi in max 10 righe i meriti acquisiti da Giustiniano nei tre ambiti:

    • militare
    • religioso
    • civile.

11. Spiega in max 15 righe perché la panoramica storica dei vv. 36-96 serve a capire meglio la colpa di Guelfi e Ghibellini.

LE FORME

12. Quale forma narrativa occupa completamente il canto, caso unico nella *Commedia*?

    ❏ Il discorso diretto
    ❏ L'interrogativa retorica
    ❏ L'allegoria
    ❏ La similitudine

13. Individua le figure retoriche che rendono così solenne il v. 10.

14. Tra i vv. 98 e 102 si stabilisce una rima equivoca: spiega con le tue parole.

15. Il termine *fede* viene retoricamente ripetuto per tre volte nelle terzine iniziali: rintraccia l'anafora sul testo. Secondo te, perché il poeta vi fa ricorso? Quale concetto intende sottolineare in tal modo?

16. Il v. 31 manifesta un'antìfrasi: se non si riconosce questa figura retorica, non lo si può intendere correttamente. Chiarisci cos'è l'antìfrasi e perché essa si realizza in questo verso.

17. Spiega con le tue parole l'immagine figurata al v. 22: *mossi i piedi*.

18. Individua nel canto i seguenti termini e spiegali nel loro contesto, con parole diverse da quelle della parafrasi laterale:

    • *sacre penne*
    • *commendai l'armi*
    • *la destra del ciel*
    • *trasser lo vello*

Approfondimenti

Francesco Fioretti

Il «ghibellin fuggiasco»: Dante tra il papato e l'impero

La "svolta" ghibellina di Dante

Dalle dichiarazioni messe in bocca a Giustiniano e dall'esaltazione dell'alta missione storica dell'impero, le posizioni finali di Dante sembrerebbero autorizzare un'interpretazione del suo pensiero nella chiave di una radicale svolta dal guelfismo al ghibellinismo, sia pure a un ghibellinismo depurato da strumentalizzazioni faziose (secondo la definizione foscoliana che fa di Dante, nei *Sepolcri*, un «ghibellin fuggiasco»). Dante frequentava durante l'esilio le corti ghibelline dell'Italia settentrionale, in particolare la Verona di Cangrande della Scala (a cui è dedicato il *Paradiso* nell'*Epistola XIII* e di cui è esaltata la virtù nella profezia di Cacciaguida: *Paradiso* XVII, 76-93), e soprattutto caldeggiava l'intervento militare contro Firenze di Arrigo VII, quando l'imperatore scese in Italia, prima invitato, poi osteggiato da papa Clemente V, fallendo il tentativo di recuperare al potere imperiale i territori perduti; l'imperatore ha già un posto prenotato nell'Empìreo (come dice Beatrice in *Paradiso* XXX, 133-148):

«E 'n quel gran seggio a che tu li occhi
[tieni
per la corona che già v'è sù posta,
prima che tu a queste nozze ceni,   135

sederà l'alma, che fia giù agosta,
de l'alto Arrigo, ch'a drizzare Italia
verrà in prima ch'ella sia disposta.   138

La cieca cupidigia che v'ammalia
simili fatti v'ha al fantolino
che muor per fame e caccia via la
[balia.   141
E fia prefetto nel foro divino

allora tal, che palese e coverto
non anderà con lui per un cammino.   144
Ma poco poi sarà da Dio sofferto
nel santo officio: ch'el sarà detruso
là dove Simon mago è per suo merto,   147

e farà quel d'Alagna intrar più giuso».

133-138. E su quel grande seggio a cui tu indirizzi lo sguardo per la corona che v'è posta sopra, prima che tu partecipi a questa festa di beatitudine, siederà l'anima, che sulla terra sarà augusta, dell'alto Arrigo, che verrà a raddrizzare l'Italia prima che questa sia pronta. 139-141. La cieca cupidigia che v'inganna vi ha resi simili al fanciullo che muore di fame e scaccia la balia. 142-144. E allora sarà capo della chiesa uno [Clemente V] che con lui [Arrigo VII], nelle prese di posizione pubbliche come in quelle private, non seguirà una linea politica unitaria. 145-148. Ma da Dio sarà sopportato nel santo ufficio per poco tempo; perché sarà precipitato là dove Simon mago risiede a giusto titolo [all'Inferno] e farà sprofondare più in basso (al suo arrivo) il papa di Anagni [Bonifacio VIII]

La posizione antipapale del poeta

Non si deve tuttavia sopravvalutare il cambiamento di posizione politica operato da Dante dopo l'esilio: si tratta di un approfondimento più che di un voltafaccia. Dante a Firenze era guelfo bianco, ovvero un guelfo moderato. A differenza dei Neri, che per i loro interessi economici internazionali avevano bisogno dell'appoggio della chiesa, degli Angioini e della monarchia francese, i Bianchi erano fautori dell'indipendenza politica fiorentina, e caldeggiavano in particolare l'indipenden-

za dal papato. Questa posizione antipapale si accentua per Dante dopo che i Neri prevalgono a Firenze con l'aiuto di Bonifacio VIII e di Carlo di Valois. Giudizi pesantemente negativi cadranno nella *Commedia* tanto sul papa di Anagni che sulla monarchia francese. Bonifacio VIII ha un posto prenotato tra i simoniaci, come rivela involontariamente papa Niccolò III nel XIX dell'*Inferno*.

Nel canto XX del *Purgatorio* è invece il capostipite stesso della monarchia francese, Ugo Capeto, a coprire di funesti presagi la sua discendenza. Nell'asservimento del papato alla monarchia francese Dante vedrà la causa principale della decadenza della chiesa, che non sa più assurgere al ruolo di guida spirituale della cristianità. Ai suoi occhi soltanto la separazione netta del potere temporale da quello spirituale e il ripristino di un potere politico *super partes* come quello imperiale possono garantire la pace universale e la prosperità. Ed è proprio a una visione *super partes*, equilibrata e al di sopra delle fazioni, come quella di Giustiniano, che Dante presume di approdare e, pur avendo preso le distanze dai Bianchi, dalla *compagnia malvagia e scempia* (*Paradiso* XVII, 62), pur avendo, inoltre, partegggiato apertamente per Arrigo VII, si farà un vanto di aver mantenuto l'autonomia del suo giudizio, nelle parole dell'avo Cacciaguida: *a te fia bello / averti fatta parte per te stesso* (*Paradiso* XVII, 68-69).

Francesco Fioretti, *Percorsi nella Divina Commedia*, Edizioni Scolastiche Bruno Mondadori, Milano 1997

Paradiso

Canto VII

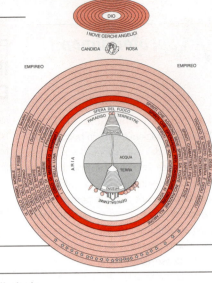

DATA	13 aprile 1300 (mercoledì dopo Pasqua).
LUOGO	Secondo cielo: **cielo di Mercurio**.
CATEGORIA DI BEATI	**Spiriti attivi per desiderio di onore e di gloria**.
CONDIZIONE DEI BEATI	Anime **splendenti di luce**; cantano e danzano ricolmi di gioia.
INTELLIGENZE MOTRICI	**Arcangeli**.
PERSONAGGI	**Dante** e **Beatrice**. **Giustiniano** e gli altri spiriti attivi.

SEQUENZE

Canto e allontanamento delle anime (vv. 1-9)
«*Osanna, sanctus Deus sabaòth...*»: così cantando, in latino, le lodi del Dio degli eserciti e ruotando al ritmo del suo canto, Giustiniano si allontana con le altre anime.

Dubbio di Dante sulla vendetta contro gli Ebrei (vv. 10-24)
Dante vorrebbe (non osa farlo, ma Beatrice glielo legge nel pensiero) chiedere delucidazioni all'imperatore sulla crocifissione come vendetta del peccato originale e sulla dispersione degli Ebrei (a opera di Tito) come vendetta divina su quella prima vendetta. Così Giustiniano aveva detto nel canto precedente.

Risposta di Beatrice (vv. 25-51)
Beatrice spiega che in Cristo c'è una doppia natura, divina e umana. Se consideriamo quest'ultima, macchiata dal peccato, la crocifissione punì, in Cristo, le colpe dell'umanità. Con tale crocifissione però gli Ebrei vollero punire la natura divina di Cristo. Essi si macchiarono così del peccato più terribile: perciò vennero giustamente puniti da Tito, che vendicò per conto di Dio quel sacrilegio.

Nuovo dubbio di Dante e nuova soluzione: da Adamo a Cristo (vv. 52-120)
Beatrice legge in Dante un nuovo dubbio: come mai fu necessaria la passione di Cristo per redimere l'umanità? «In origine la natura umana era perfetta, ma il peccato originale la separò da quella perfezione. Come espiare la colpa di Adamo? Fu Dio, coniugando misericordia e giustizia, a intervenire: s'incarnò in Gesù, la cui immolazione sulla croce espiò pienamente la colpa d'origine».

Ultimo chiarimento di Beatrice: la risurrezione dei corpi (v. 121-148)
«Ciò che Dio direttamente crea – conclude Beatrice, revenendo un'obiezione del suo poeta – (uomini, angeli e cieli) è incorruttibile. In tale categoria è incluso l'uomo e anche il suo corpo, come dimostra la Bibbia, quando narra della creazione di Adamo ed Eva. Perciò i corpi, alla fine di tutto, risorgeranno».

Canto VIII

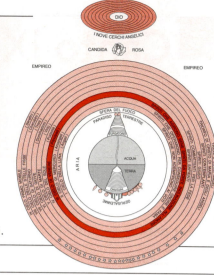

DATA	13 aprile 1300 (mercoledì dopo Pasqua).
LUOGO	Terzo cielo: **cielo di Venere**.
CATEGORIA DI BEATI	**Spiriti amanti**.
CONDIZIONE DEI BEATI	Le anime di questo cielo si presentano come **splendori cantanti e danzanti**, con diversa velocità a seconda della perfezione di ciascuna; l'amore intenso per la bellezza corporea ne limita, in parte, la beatitudine.
INTELLIGENZE MOTRICI	**Principati**.
PERSONAGGI	**Dante** e **Beatrice**. **Carlo Martello** e altri spiriti amanti.

SEQUENZE

■ **Il pianeta Venere** (vv. 1-12)
Gli antichi credevano che la dea Venere, ruotando nel terzo cielo, irradiasse da lì l'amore sensuale. Perciò la veneravano, dando il suo nome alla stella che il sole illumina tanto che sembra che la corteggi.

■ **Salita al terzo cielo e incontro con gli spiriti amanti** (vv. 13-30)
Beatrice si fa più bella: Dante sa in tal modo di essere salito al terzo cielo, quello dell'amore. Ora vede luci danzare nella luce del pianeta, con differenti velocità. Sono i beati, che si avvicinano a Dante e Beatrice cantando soavemente *Osanna*.

■ **Colloquio con Carlo Martello** (vv. 31-85)
Un'anima parla: «Ruotiamo – dice – con il coro dei Principati, per cui tu scrivesti *Voi che 'ntendendo il terzo ciel movete*. Pieni d'amore, ci fermeremo per compiacerti». Poi l'anima risplende, presentandosi a Dante: «Non mi riconosci a causa della mia letizia. Mi amasti molto in terra: fossi vissuto più a lungo, ti avrei ricompensato come meritavi. Mi volevano come loro signore la Provenza e il Regno di Napoli, e avevo già la corona d'Ungheria. La Sicilia sarebbe ancora governata dai miei eredi angioini e d'Asburgo, se il malgoverno di Carlo I non avesse suscitato la ribellione dei Vespri. Rifletta, mio fratello Roberto [d'Angiò], su dove porta un governo come il suo».

■ **Carlo Martello illustra l'indole individuale negli uomini** (vv. 86-135)
Dante lo ringrazia, poi gli chiede: «Come può nascere un frutto amaro da un seme dolce?». L'anima risponde: «I cieli inviano sulla terra i loro influssi in maniera infallibile. Poiché l'uomo è un animale sociale, e poiché la vita in società richiede la divisione dei ruoli, le attitudini degli uomini si differenziano provvidenzialmente: perciò uno nasce Solone e l'altro Serse... Ma gli influssi delle rotazioni celesti non tengono conto del casato di appartenenza».

■ **Conclusione: bisogna assecondare la propria indole** (v. 136-148)
Chiarito il dubbio di Dante, Carlo Martello aggiunge un corollario polemico: oggi l'umanità è corrotta perché va contro natura, contro gli influssi celesti, costringendo gli uomini ad assumere ruoli che non sono loro congeniali.

Paradiso

Canto IX

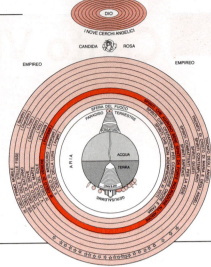

DATA	13 aprile 1300 (mercoledì dopo Pasqua).
LUOGO	Terzo cielo: **cielo di Venere**.
CATEGORIA DI BEATI	**Spiriti amanti**.
CONDIZIONE DEI BEATI	**Splendori cantanti e danzanti**, (▶ canto VIII).
INTELLIGENZE MOTRICI	**Principati**.
PERSONAGGI	**Dante, Beatrice, Carlo Martello**. **Cunizza da Romano**; il trovatore **Folchetto di Marsiglia**; la meretrice biblica **Raab**.

SEQUENZE

Profezia di Carlo Martello (vv. 1-12)
Carlo Martello accenna agli inganni che colpiranno la famiglia di Dante; poi torna a rivolgersi verso Dio.

Incontro con Cunizza da Romano (vv. 13-36)
Un altro splendore si avvicina: «Tra Venezia e le sorgenti del Brenta e del Piave c'è un colle, da cui scese la fiaccola (Ezzelino da Romano) che fece violenza alla Marca Trevigiana. Io nacqui dalla sua stessa radice (sono sua sorella), mi chiamai Cunizza, risplendo qui perché mi dominò l'influsso di Venere. Ma la mia beatitudine mi basta».

Profezia di Cunizza (vv. 37-66)
Cunizza continua: «La perla splendente e preziosa che mi è vicina ha lasciato durevole fama sulla terra, tale che passeranno cinque secoli prima che questa fama svanisca. Fossero come lui gli uomini della Marca Trevigiana! Presto i Padovani si scontreranno con i Vicentini, Rizzardo da Camino cadrà vittima di una congiura e il vescovo di Feltre si macchierà di tradimento. Noi leggiamo quanto accadrà nei Troni del settimo cielo».

Colloquio con Folchetto di Marsiglia (vv. 67-108)
L'anima preziosa a lato di Cunizza risplende; e Dante: «Dio vede tutto, il tuo sguardo si compenetra in Lui, e non ti si può nascondere niente: perché allora aspetti la mia domanda?». Il beato si presenta: è Folchetto di Marsiglia, poeta provenzale: «Questo cielo di Venere riceve la mia impronta come io ricevetti la sua, ardendo come Didone, Fillide, Ercole. Qui non ci si pente di colpe, ma ci si rallegra della provvidenza e si ammira l'arte suprema con cui l'amore di Dio plasma il mondo sul modello dei cieli».

La meretrice Raab (v. 109-126)
Ora Folchetto presenta a Dante l'anima che scintilla accanto a lui: è Raab (l'eroica meretrice di Gerico), prima anima del Limbo ad essere assunta in cielo. Favorì il primo successo di Giosuè in Terra Santa.

Invettiva di Folchetto contro l'avarizia dei papi (v. 127-142)
«Di questa Terra Santa – conclude Folchetto – oggi il papa non si occupa più. La tua città, Firenze conia l'unico bene a cui aspira il papa: il fiorino d'oro. Ma presto la Chiesa sarà liberata dai cattivi pastori».

Canto X

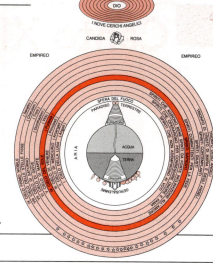

DATA	13 aprile 1300 (mercoledì dopo Pasqua).
LUOGO	Quarto cielo: **cielo del Sole**.
CATEGORIA DI BEATI	**Spiriti sapienti**.
CONDIZIONE DEI BEATI	Sono **splendori eccezionalmente ardenti**, che costellano il cielo. Formano due corone circolari di 12 spiriti ciascuna, che danzano in tondo.
INTELLIGENZE MOTRICI	**Potestà**.
PERSONAGGI	**Dante** e **Beatrice**. **San Tommaso d'Aquino**. Sono nominati anche: Alberto Magno, Graziano, Pietro Lombardo, Salomone, Dionigi l'Areopagita, Paolo Orosio, Severino Boezio, Isidoro di Siviglia, Beda il Venerabile, Riccardo di San Vittore, Sigieri di Brabante.

SEQUENZE

■ **La perfezione dell'universo** (vv. 1-27)
Dio creò il moto dei cieli con un'armonia tale, che chi la contempla gode della perfezione stessa di Dio. Il lettore alzi lo sguardo e segua il poeta che si eleva prodigiosamente.

■ **Salita al cielo del Sole** (vv. 28-63)
Dante ruota con il sole, che ruota in Ariete: il pellegrino, grazie a Beatrice, è già nel quarto cielo. Come descrivere tanta perfezione? Mai nessuno salì a simili altezze. Beatrice invita il poeta a ringraziare Dio, che gli ha concesso una grazia tanto speciale: lui lo ringrazia, fino a dimenticarsi, per un attimo, della propria donna.

■ **La corona degli spiriti beati** (vv. 64-81)
Appaiono anime lucenti, che si dispongono a corona intorno ai due nuovi venuti, come l'alone intorno alla luna. La dolcezza del loro canto è inesprimibile. Dopo tre giri, si fermano.

■ **San Tommaso presenta sé e le altre 11 anime** (vv. 82-138)
Un'anima comincia: «Poiché la grazia splende tanto in te da condurti sulla scala da cui non si scende se non per risalirvi, non possiamo che saziare la tua sete di sapere. Tu vuoi conoscere i fiori di questa ghirlanda di anime. Io [san Tommaso d'Aquino] sono frate del gregge di san Domenico, gregge che s'arricchisce se non si disperde dietro a cose vane. Accanto ho il mio maestro, Alberto di Colonia. Poi vedi Graziano, promotore del diritto canonico e di quello civile; Pietro Lombardo; re Salomone, di cui nessuno fu più saggio; Dionigi l'Areopagita; Paolo Orosio, che ispirò il latino di Agostino; poi Severino Boezio, Isidoro di Siviglia, Beda il Venerabile, Riccardo di San Vittore. Chiude il cerchio lo spirito di Sigieri di Brabante, che all'università di Parigi dimostrò verità che gli procurarono fama di eretico».

■ **Canto e danza dei beati** (v. 139-148)
Infine Tommaso tace; la corona dei beati riprende a danzare e a cantare, con una precisione e un'armonia indescrivibili.

Paradiso

Canto XI

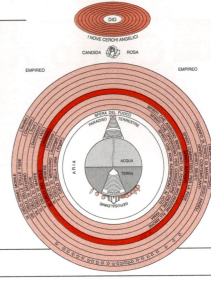

DATA	13 aprile 1300 (mercoledì dopo Pasqua).
LUOGO	Quarto cielo: **cielo del Sole**.
CATEGORIA DI BEATI	**Spiriti sapienti**.
CONDIZIONE DEI BEATI	Sono **splendori eccezionalmente ardenti**, che costellano il cielo. Formano due corone circolari di 12 spiriti ciascuna, che danzano in tondo.
INTELLIGENZE MOTRICI	**Potestà**.
PERSONAGGI	**Dante** e **Beatrice**. **San Tommaso d'Aquino**. **San Francesco d'Assisi**.

SEQUENZE

La vanità delle cose umane (vv. 1-12)
Quanto sono inutili le cose e le occupazioni che attraggono gli uomini sulla terra! Lo può ben dire il pellegrino d'oltretomba, accolto assieme a Beatrice nell'alto dei cieli.

Due dubbi di Dante (vv. 13-27)
San Tommaso riprende il discorso interrotto; sa che Dante è tormentato da due dubbi. Il primo nasce dalla frase *u' ben s'impingua se non si vaneggia*, cioè "dove ci si arricchisce se non si devia dal retto cammino", pronunciata da Tommaso al v. 96 del canto X. Il secondo dubbio concerne la frase *a veder tanto non surse il secondo*, "nessuno venne dopo che fosse più saggio di lui", detta da Tommaso a proposito di re Salomone. Per chiarire i dubbi, dice Tommaso, bisogna anzitutto distinguere.

San Tommaso risolve il primo dubbio: i due campioni della Chiesa (vv. 28-42)
«La provvidenza, che governa il mondo con saggezza, per indirizzare la Chiesa a Cristo, consacrò due guide che la sostenessero: l'una dotata di ardore, l'altra di sapienza. Parlerò – dice Tommaso – di uno solo dei due, perché lodarne uno significa lodarli entrambi».

San Tommaso racconta la vita di san Francesco (vv. 43-117)
«Ad Assisi, dove il monte Subasio digrada di fronte a Perugia, dove il pendio scende più dolce, nacque un sole, per cui Assisi dovrebbe chiamarsi Oriente. Giovinetto, egli si mise in guerra con il padre per una donna da tutti disprezzata: la Povertà, che mille e cento anni prima aveva pianto sulla croce con Cristo. Ma a tanti, adesso, ella piace. Ottenuta l'approvazione dei papi Innocenzo e Onorio, dopo aver predicato in Oriente, Francesco ricevette le stimmate sulla Verna. Infine, raccomandata la sua donna (Povertà) ai fratelli, morì».

San Tommaso rimprovera i domenicani degeneri (v. 118-139)
Conclude Tommaso: «Se tale fu san Francesco, suo degno collega fu san Domenico, il mio patriarca. Ma il suo gregge è ormai ghiotto d'altro cibo e torna all'ovile senza latte. Pochi frati domenicani restano fedeli al pastore. Questo intendevo dicendo che i domenicani si arricchiscono solo se non si attardano nelle vanità del mondo».

Canto XI

O insensata cura de' mortali,
quanto son difettivi silogismi
3 quei che ti fanno in basso batter l'ali!

Chi dietro a iura e chi ad amforismi
sen giva, e chi seguendo sacerdozio,
6 e chi regnar per forza o per sofismi,

e chi rubare e chi civil negozio,
chi nel diletto de la carne involto
9 s'affaticava e chi si dava a l'ozio,

quando, da tutte queste cose sciolto,
con Bëatrice m'era suso in cielo
12 cotanto glorïosamente accolto.

[vv. 13-27: vedi la seconda sequenza nello schema del canto]

La provedenza, che governa il mondo
con quel consiglio nel quale ogne aspetto
30 creato è vinto pria che vada al fondo,

però che andasse ver' lo suo diletto
la sposa di colui ch'ad alte grida
33 disposò lei col sangue benedetto,

in sé sicura e anche a lui più fida,
due principi ordinò in suo favore,
36 che quinci e quindi le fosser per guida.

La vanità delle cose umane

1-3. O dissennata bramosia (*cura*) del genere umano, quanto difettosi sono i ragionamenti che lo fanno svolazzare in basso, rivolti alle cose terrene! **4-12.** Chi, in terra, se ne andava dietro alle scienze del diritto (*iura*) e chi alla medicina (*amforismi*), chi aspirava alla carriera ecclesiastica, chi si preoccupava di governare con la violenza o con l'inganno, chi era intento a rubare e chi alle faccende politiche, chi si affaticava per soddisfare le proprie passioni carnali e chi si dava all'ozio, mentre io, ormai liberato da tutte queste cose, venivo accolto così gioiosamente nel [quarto] cielo assieme a Beatrice. [...]

San Tommaso risolve il primo dubbio: i due campioni della Chiesa

28-36. La provvidenza, che governa l'universo secondo quel disegno nel guardare il quale ogni sguardo di creatura si smarrisce prima che tocchi il fondo [cioè secondo i suoi disegni insondabili], affinché la Chiesa, la sposa di Colui [Cristo] che, gridando a gran voce, l'aveva sposata con il proprio sangue, si recasse dal suo amato più sicura di sé e più fedele a lui, consacrò due condottieri a tutela di essa, che guidassero la Chiesa in un senso e nell'altro (*quinci e quindi*: garantendone, cioè, sicurezza e fedeltà).

---

1. cura: con questo termine *cura* (che è un latinismo) Dante non intende solo la bramosia di denaro e di piaceri mondani, ma anche l'ambizione smodata e l'aspirazione a conoscere tutto; sono le varie modalità dell'*avaritia*, secondo Tommaso d'Aquino.
2. difettivi silogismi: manchevoli argomentazioni. *Silogismi* sono i modelli della logica deduttiva aristotelica, catalogati minuziosamente dalla filosofia scolastica medievale (l'esempio più noto: «se tutti gli uomini sono mortali, e Socrate è uomo, allora Socrate è mortale»). Ragionamenti di per sé impeccabili, possono però risultare *difettivi*, ovvero portare a conclusioni false, se costruiti a sproposito o anche se fondati su «falsi principii» (*Convivio* IV, 9, 6; *De Monarchia* I, 11, II, 5, 23, III, 5 e 13 ecc.).
3. in basso batter l'ali: "svolazzare, volare senza prender quota, senza puntare in su; in quanto l'animo è rivolto ai beni terreni. L'immagine è già in *Inferno* XXVI, 2.

4-9. Chi dietro a *iura*... a l'ozio: l'elenco offre un campionario degli uomini che volano basso, affaccendati in varie occupazioni. Prevede otto tipi: 1) chi si dedica ai due rami del diritto (*ius civile* e *ius canonicum*, plurale *iura*); 2) chi si dedica alla medicina (gli *Aforismi* o *amforismi* di Ippocrate erano il testo-base per gli studi di anatomia e patologia medica); 3) chi segue la carriera ecclesiastica (*sacerdozio*), ma a scopo di prebende e guadagni; 4) chi persegue il potere (*regnar*) con la violenza o con il raggiro (*sofismo* è un'argomentazione solo in apparenza rigorosa); 5) chi ruba; 6) chi si applica alla pubblica amministrazione; 7) chi si spossa nei piaceri della carne; 8) chi si dà all'ozio. Già in *Convivio* III, 11, 10 Dante deplorava qualsiasi applicazione intesa ad *acquistare moneta o dignitade*.
12. glorïosamente: l'avverbio si distende al centro del verso, allungato nella dieresi

in posizione di forte rilievo. Il poeta marca così l'infinita distanza tra le piccole miserie degli uomini e la gioia perfetta del cielo.
28. La provedenza: rispetto ai due dubbi che si dispone a dirimere, Tommaso, come compete al suo magistero, parte molto da lontano. Tornerà sul primo (quello che verte sui frati domenicani) fra 30 terzine, a fine canto; il secondo dubbio verrà chiarito soltanto nel canto XIII. Per ora comincia tracciando le coordinate provvidenziali che inquadrano la missione dei fondatori degli ordini mendicanti, Francesco e Domenico, mettendo avanti il disegno provvidenziale di Dio.
32-33. Colui ch'ad alte... benedetto: è Gesù Cristo, che "chiamando a gran voce" (*clamans voce magna*, come leggiamo nel Vangeli) sposò la Chiesa versando il suo sangue sulla Croce (*adquisivit sanguine suo*, "la guadagnò con il proprio sangue": *Atti degli Apostoli* 20, 28).

265

Paradiso

L'un fu tutto serafico in ardore;
l'altro per sapïenza in terra fue
39   di cherubica luce uno splendore.

De l'un dirò, però che d'amendue
si dice l'un pregiando, qual ch'om prende,
42   perch' ad un fine fur l'opere sue.

Intra Tupino e l'acqua che discende
del colle eletto dal beato Ubaldo,
45   fertile costa d'alto monte pende,

onde Perugia sente freddo e caldo
da Porta Sole; e di rietro le piange
48   per grave giogo Nocera con Gualdo.

Di questa costa, là dov' ella frange
più sua rattezza, nacque al mondo un sole,
51   come fa questo talvolta di Gange.

Però chi d'esso loco fa parole,
non dica Ascesi, ché direbbe corto,
54   ma Orïente, se proprio dir vuole.

Non era ancor molto lontan da l'orto,
ch'el cominciò a far sentir la terra
57   de la sua gran virtute alcun conforto;

37-39. L'uno [Francesco] fu ardente d'amore come un Serafino; l'altro [Domenico], con la sua sapienza irradiò sulla terra il fulgore dei Cherubini.

40-42. Parlerò del primo, in quanto lodando (*pregiando*) l'uno dei due, qualunque si consideri, si fa la lode d'entrambi, poiché le loro opere furono concordemente rivolte a un solo fine.

San Tommaso racconta la vita di san Francesco

43-48. Fra il fiume Tupino e il corso d'acqua [il Chiascio] che discende dal colle scelto [per il proprio romitaggio] dal beato Ubaldo, blandamente digrada (*pende*) la fertile costa di un alto monte [il Subasio], che investe Perugia sul versante di Porta Sole con il freddo [per i suoi venti di neve] e con il tepore [delle sue brezze estive]; mentre sul versante opposto [dello stesso Subasio] Nocera e Gualdo Tadino si lamentano per [le intemperie dovute a]i gioghi [orientali del Subasio]. **49-51.** Su questo versante [quello che guarda Perugia], dove il pendio è meno ripido, venne al mondo un sole, come il sole che presidia questo cielo spunta talvolta [cioè, in tempo d'equinozio] dal fiume Gange. **52-54.** Perciò chi parla di questa località, non dica *Assisi*, perché direbbe poco e male, ma, se vuole esprimersi con proprietà, dica *Oriente*. **55-57.** [Francesco] non era ancora lontano dalla sua nascita (*orto*), che già cominciò a far sì che gli uomini (letteralmente: *la terra*) sentissero un qualche conforto della sua virtù;

---

35. due prìncipi: i due "capi" (in latino *principes*), prescelti a tutela della sposa-Chiesa, sono san Francesco e san Domenico. Le loro mansioni vanno distinte: colui che, *tutto serafico in ardore*, ha incrementato nella sposa mistica l'appassionata fedeltà allo sposo divino (l'ha resa *più fida*), è Francesco; Domenico, splendente *di cherubica luce*, l'ha invece rinfrancata nelle certezze di dottrina (l'ha resa *in sé sicura*).

36. quinci e quindi: da una parte e dall'altra (nel senso di carità e di sapienza); o, in senso lato, da Oriente (Francesco) e da Occidente (Domenico, nato in Spagna).

40-41. d'amendue/ si dice l'un pregiando: è così complementare l'azione dei due santi, così perfetta l'omogeneità dei loro fini, che – afferma Tommaso d'Aquino – lodandone uno (*l'un pregiando*), chiunque si prenda (*qual ch'om prende*: come in francese *quel qu'on prende*), si lodano entrambi.

43-54 Intra Tupino... dir vuole: si comincia con il luogo di nascita del santo, definito mediante una laboriosa perifrasi geografica, ricca di elementi simbolici. In sintesi: 1) Francesco è nato a oriente (di Perugia); 2) è nato dove nasce il sole; 3) dunque Francesco è il sole.

43. l'acqua: quella del fiume Chiascio, che nasce appunto dal monte, o *colle*, Iugino. Qui il beato Ubaldo Baldassini visse da eremita, prima di diventare vescovo di Gubbio e di morire nel 1160.

47. Porta Sole: era la porta della cinta muraria di Perugia, orientata a est, dove oggi c'è l'omonimo rione, anche se la porta non c'è più. Poiché Perugia sorge proprio di fronte al monte Subasio, è dall'altra parte che riceve il riverbero del calore estivo e il freddo invernale.

47-48. di rietro le piange... Gualdo: le due città di Nocera Inferiore e di Gualdo

Tadino, si trovano in condizioni climatiche infelici, in quanto situate dietro al massiccio del Subasio, che incombe su di loro.

50-51. nacque... un sole: Francesco nacque nel 1182 ad Assisi; è chiamato «sole» secondo un uso comune nella letteratura francescana dell'epoca, che lo definiva *sol oriens*, "sole che sorge". Dante sfrutta l'etimo, perché è Cristo, anzitutto, il *Sol Oriens*: dunque fin d'ora vediamo che Francesco è *alter Christus*, "secondo Cristo", suo inviato nel mondo e destinato a replicarne la missione di salvezza.

51. Gange: nella geografia tardo-antica e medioevale, in tempo d'equinozio il sole sorgeva dal Gange, all'estremo est.

53. Ascesi: era con *Scesi* un toscanismo corrente per designare Assisi. La forma *Ascesi* viene preferita dal poeta per le sue risonanze «ascetiche».

Canto XI · PARADISO · PURGATORIO · INFERNO

ché per tal donna, giovinetto, in guerra
del padre corse, a cui, come a la morte,
60 la porta del piacer nessun diserra;

e dinanzi a la sua spirital corte
et coram patre le si fece unito;
63 poscia di dì in dì l'amò più forte.

Questa, privata del primo marito,
millecent' anni e più dispetta e scura
66 fino a costui si stette sanza invito;

né valse udir che la trovò sicura
con Amiclate, al suon de la sua voce,
69 colui ch'a tutto 'l mondo fé paura;

né valse esser costante né feroce,
sì che, dove Maria rimase giuso,
72 ella con Cristo pianse in su la croce.

Ma perch' io non proceda troppo chiuso,
Francesco e Povertà per questi amanti
75 prendi oramai nel mio parlar diffuso.

La lor concordia e i lor lieti sembianti,
amore e maraviglia e dolce sguardo
78 facieno esser cagion di pensier santi;

tanto che 'l venerabile Bernardo
si scalzò prima, e dietro a tanta pace
81 corse e, correndo, li parve esser tardo.

58-63. perché, ancor giovane, incorse nell'ira del padre per amore di una donna [la povertà] tale, a cui, come alla morte, nessuno fa buona accoglienza; e dinanzi alla curia vescovile [di Assisi], in presenza del padre, si unì a lei in mistiche nozze; poi di giorno in giorno l'amò, con intensità crescente. **64-66.** Costei, privata del primo sposo [Gesù], era rimasta per 1100 anni e più disprezzata e ignorata, senza che nessuno la cercasse (*sanza invito*); **67-72.** e non le valse [per trovar marito] la notizia che il terrore del mondo [cioè Giulio Cesare], facendosi conoscere, la trovasse tranquilla nella capanna di Amiclàte; né le valse l'essere stata strenuamente fedele al punto che, mentre Maria rimase ai piedi (*giuso*) [della croce], ella montò sulla croce a patire con Cristo. **73-75.** Ma affinché io non continui a parlare in modo troppo enigmatico, d'ora in avanti, nel corso del mio ampio racconto, per questi due amanti intendi Francesco e Povertà. **76-81.** La loro reciproca concordia e il loro aspetto così lieto, l'amore e l'ammirazione [che suscitavano] e i loro dolci sguardi, erano causa [in chi li osservava] di santi propositi; tanto che il beato Bernardo si scalzò per primo e corse dietro a quella grande pace spirituale e, pur affrettandosi, gli sembrò di essere lento.

---

58. tal donna: la fidanzata ripugnante – come verrà chiarito dal verso 74 – è la Povertà. È lei la figura-chiave del lungo elogio di Francesco tessuto da Tommaso.

58-59. in guerra / del padre corse: entrò in conflitto con suo padre, Pietro Bernardone, mercante all'ingrosso di tessuti. Francesco cominciò la sua vita ascetica e di apostolato nel 1206. Nella primavera dell'anno successivo, per restaurare la chiesetta di S. Damiano, offrì il ricavato della vendita di alcuni panni e di un cavallo; il padre s'infuriò e pretese davanti al vescovo la rinuncia all'eredità da parte del figlio, il quale non solo acconsentì, ma si spogliò di tutti gli abiti. L'immagine della *guerra* richiama il linguaggio cavalleresco; il santo fin dall'inizio appare un paladino, un campione della fede.

64. il primo marito: è Cristo il *marito* di cui la sposa-Povertà è rimasta vedova, disprezzata e negletta (*dispetta e scura*), per più di *millecent'anni*. Prima di Francesco (*costui*), nessuno l'ha voluta più: sono appunto trascorsi più di 11 secoli.

68. Amiclàte: un umile pescatore dell'Epiro che, con la serenità di chi non ha nulla da perdere, accolse di notte nella sua piccola capanna Giulio Cesare. Povero com'era, Amiclate non aveva timore di lasciare aperto l'uscio di casa, malgrado le scorrerie dei soldati cesariani e pompeiani. Parla di lui il poeta Lucano nella *Farsaglia* (V, 519-531), commentando: «O sicura ricchezza quotidiana/ del povero! o umili Lari! o doni ancora /incompresi degli dèi!». L'esclamazione di Lucano sarà ripresa da Dante al v. 82.

78. facieno... santi: l'atteggiamento di Francesco e Povertà suscitava santi pensieri in tutti e perciò fu esempio (*cagion*) per gli altri.

79. 'l venerabile Bernardo: Bernardo da Quintavalle (nato intorno al 1170), ricco gentiluomo di Assisi, primo discepolo di Francesco, in seguito fondatore, a Bologna, del primo convento di frati minoriti (1211).

80. si scalzò: obbedendo alla lettera, secondo la regola dei frati minori, al comando di Gesù di fare a meno delle scarpe (*Matteo* 10, 10).

81. corse e, correndo: «la ripetizione del verbo *correre* e l'*enjambement* tra i vv. 80-81 che pone il *corse* in posizione di rilievo, vogliono sottolineare l'ardore del frate nel seguire le gioie della santa povertà» (Bosco-Reggio).

267

Paradiso

Oh ignota ricchezza! oh ben ferace!
Scalzasi Egidio, scalzasi Silvestro
84 dietro a lo sposo, sì la sposa piace.

Indi sen va quel padre e quel maestro
con la sua donna e con quella famiglia
87 che già legava l'umile capestro.

Né li gravò viltà di cuor le ciglia
per esser fi' di Pietro Bernardone,
90 né per parer dispetto a maraviglia;

ma regalmente sua dura intenzione
ad Innocenzio aperse, e da lui ebbe
93 primo sigillo a sua religïone.

Poi che la gente poverella crebbe
dietro a costui, la cui mirabil vita
96 meglio in gloria del ciel si canterebbe,

di seconda corona redimita
fu per Onorio da l'Etterno Spiro
99 la santa voglia d'esto archimandrita.

82-84. O ricchezza spirituale ignota ai più! O bene così fecondo [che produce la beatitudine]! Dietro a Francesco, si scalza Egidio, si scalza Silvestro: a tal punto la sposa di lui piace. **85-87.** Poi il fondatore e il maestro [cioè Francesco] se ne va [a predicare per il mondo; oppure: a Roma dal papa] con la sua donna [Povertà], con quel piccolo gruppo di discepoli a cui l'umile cordone già legava il saio. **88-93.** E la viltà dell'animo non gli fece abbassare gli occhi (*gravò... le ciglia*) per il fatto di essere figlio di Pietro Bernardone, né per il fatto di apparire straordinariamente spregevole (*dispetto a maraviglia*); ma con la dignità di un re manifestò a papa Innocenzo il suo duro proposito, e da lui ebbe il primo riconoscimento del suo ordine monastico (*sua religione*). **94-99.** Dopo che i seguaci della povertà si moltiplicarono dietro a costui, la cui vita ammirevole meriterebbe di esser meglio celebrata dagli angeli e dai beati, il santo proposito che animava questo fondatore e pastore (*archimandrita*) fu coronato da una seconda approvazione ufficiale, per mezzo di papa Onorio, dello Spirito Santo.

82. ferace: fecondo di meriti per l'anima; riprende il *fertile* del v. 45. L'esaltazione della povertà è un tema alla base di tutta la spiritualità francescana.
83. Scalzasi... scalzasi: la ripetizione, con il suo ritmo incalzante, esprime il fervore mistico dell'esempio e sembra moltiplicare il suo influsso all'infinito; **Egidio:** un giovane di Assisi incline alle estasi (*idiota et simplex* lo descrive la *Legenda maior* III, 4, che è la biografia ufficiale di Francesco compilata da san Bonaventura); da adulto redigerà una delle molte biografie di Francesco; **Silvestro:** prima di farsi frate dopo un sogno miracoloso, era un prete di Assisi.
85. sen va: Francesco percorre, mendicando, le campagne, con la sua sposa Povertà e con i suoi figli-discepoli (*quella famiglia*), già stretti in vita dall'umile corda del saio (*capestro* o cordiglio francescano).
91. regalmente: nella *Legenda maior* di Bonaventura, cui Dante si attiene, al posto di *regalmente* si legge l'avverbio "umilmente"; ma per Dante si può essere umili e insieme re, come aveva mostrato David, il

quale, ballando per la gioia davanti all'Arca Santa, si manifesta *più e men che re* (*Purgatorio* X, vv. 65-66). I due avverbi, paradossalmente, quasi coincidono: sia David sia Francesco ripetono in loro il paradosso dell'umiliazione salvifica di Gesù, il Figlio di Dio morto sul patibolo degli schiavi. L'avverbio *regalmente* non esclude dunque l'umiltà di Francesco, ma ne fa una figura eroica e maestosa, ben diversa da quella remissiva delle biografie "ufficiali".
92. Innocenzio: Innocenzo III, al secolo Lotario dei conti di Segni, papa dal 1198 al 1216; nel 1210 conferì all'ordine dei frati minori (*religione* nel senso di "comunità", "congregazione") un primo avallo orale (*primo sigillo*, v. 107), benché la regola di Francesco gli apparisse *nimis dura et aspera* ("troppo dura e aspra"). Secondo la leggenda – che però Dante non raccoglie – il papa aveva visto in sogno la basilica di S. Giovanni in Laterano, che, sul punto di crollare, veniva sostenuta dalle spalle di Francesco; da questo sogno egli intuì l'importanza decisiva che il fraticello di Assisi avrebbe avuto nel sorreggere e consolida-

re l'edificio spirituale della Chiesa.
96. meglio in gloria... canterebbe: meglio di me, dice Tommaso (oppure: meglio di quanto non facciano, oggi, i frati degeneri), la canterebbero gli angeli nel sommo dei cieli. Ma forse l'espressione significa: meglio (che in lode della persona di Francesco) si canterebbe in gloria di Dio. In effetti nel salmo *In exitu Israel de Aegypto* (cantato in *Purgatorio* II: ▶ p. 147) si legge: «Dai gloria non a noi, Signore, ma al tuo nome» (*Salmi* 113, 9).
97. seconda corona: questa ulteriore approvazione con cui lo Spirito Santo, tramite papa Onorio III, corona il santo proposito (*la santa voglia*) di Francesco, è la bolla pontificia che proclama l'approvazione della regola dei Frati Minori, emessa nel novembre 1223 da (*per*) papa Onorio III (1216-27).
99. archimandrita: arcipastore, pastore di pastori; è un grecismo ecclesiastico che si addice ai fondatori d'ordini religiosi, o al papa (*Epistole* XI, 13; *De Monarchia* III, 9, 17). Viene reso più solenne dalla rima con il latinismo *redimita*.

268

Canto XI

E poi che, per la sete del martiro,
ne la presenza del Soldan superba
102 predicò Cristo e li altri che 'l seguiro,

e per trovare a conversione acerba
troppo la gente e per non stare indarno,
105 redissi al frutto de l'italica erba,

nel crudo sasso intra Tevero e Arno
da Cristo prese l'ultimo sigillo,
108 che le sue membra due anni portarno.

Quando a colui ch'a tanto ben sortillo
piacque di trarlo suso a la mercede
111 ch'el meritò nel suo farsi pusillo,

a' frati suoi, sì com' a giuste rede,
raccomandò la donna sua più cara,
114 e comandò che l'amassero a fede;

e del suo grembo l'anima preclara
mover si volle, tornando al suo regno,
117 e al suo corpo non volle altra bara.

Pensa oramai qual fu colui che degno
collega fu a mantener la barca
120 di Pietro in alto mar per dritto segno;

e questo fu il nostro patrïarca;
per che qual segue lui, com'el comanda,
123 discerner puoi che buone merce carca.
[...]

100-108. E dopo che, spinto dalla sete di martirio, [andò in Oriente e] predicò il vangelo di Cristo e degli apostoli alla presenza del Sultano, suo fermo avversario, e per il fatto di aver trovato il popolo [musulmano] troppo riluttante alla conversione, per non restare inoperoso [colà], se ne tornò (*redissi*) a far fruttare l'erba seminata in Italia, sul monte roccioso [della Verna], tra il Tevere e l'Arno, ricevette da Cristo l'ultimo sigillo di approvazione [le stigmate], che le sue membra portarono impresse per due anni. **109-117.** Allorché Dio, che lo aveva destinato a così alta missione, decise di richiamarlo a sé in cielo per conferirgli il premio che egli [Francesco] meritò nel farsi suo servo e discepolo, ai suoi frati, come a legittimi eredi, raccomandò la donna a lui più cara [la Povertà], e raccomandò che l'amassero fedelmente; e dal grembo di lei la sua nobile anima volle muoversi, facendo ritorno al paradiso, e non volle altra bara al proprio corpo.

San Tommaso comincia a parlare dei domenicani

118-123. Pensa ora chi fu colui [Domenico], che fu degno collega di Francesco nel dirigere la barca di Pietro [la Chiesa], in alto mare sulla giusta rotta: costui fu il nostro patriarca; perciò puoi ben capire che chi lo segue, secondo la regola domenicana, accumula su quella barca beni spirituali (*buona merce*) utili alla vita eterna. [...]».

---

101. Soldan: Malik al-Kámil, sultano d'Egitto, alla cui presenza minacciosa Francesco predicò nel 1219 la parola di Cristo e degli apostoli (*li altri che 'l seguiro*). Il Saladino ricevette con deferenza Francesco e i suoi 12 frati; li liberò (i suoi soldati li avevano in precedenza imprigionati), li ascoltò volentieri, li colmò di doni. Invece Dante dipinge il Sultano come intollerante persecutore: gli interessa di farne un risoluto avversario di Francesco, per far meglio risaltare la fortezza del santo.

106. crudo sasso: è il monte della Verna, che sovrasta la cittadina di Bibbiena, fra l'alta valle del Tevere e l'alto Valdarno.

107. prese l'ultimo sigillo: a Francesco, ritiratosi in penitenza su quella roccia brulla, nell'autunno 1224 apparve Cristo in veste di serafino crocifisso; a conferma della perfetta adesione di Francesco al suo esempio divino, Cristo impresse nel palmo delle mani, nei piedi e nel costato del santo di Assisi le piaghe del Calvario, cioè le stigmate. Esse sono l'*ultimo sigillo* marcato nella carne («i segni del sommo re a mo' di sigillo», scrive il biografo Bonaventura in *Legenda maior* XII, 12, e anche XIII, 3 e 9). Esso segue il *primo sigillo* orale di papa Innocenzo (v. 93) e la bolla di papa Onorio (*seconda corona*, v. 97).

108. due anni: Francesco portò impresse le stigmate nella carne per i *due anni* che gli rimasero da vivere (morirà nella notte del 4 ottobre del 1226).

111. pusillo: dal latino *pusillu[m]*, "piccino, insignificante, da nulla": è termine evangelico con cui Cristo designa i suoi umili seguaci (*Matteo* 18, 6; *Luca* 17, 2). Francesco chiama così, nel suo *Testamentum*, il "gregge" dei frati minori.

112. giuste rede: giusti eredi; *rede* è plurale femminile di *reda*. Ai frati, naturali eredi e continuatori del santo, egli raccomanda *la donna sua più cara*, cioè la Povertà. Nel *Testamentum* Francesco si raccomanda che i confratelli «amino sempre e obbediscano la mia donna Povertà».

117. non volle altra bara: nell'ottobre del 1226 Francesco, sentendo la morte vicina, si fece portare alla Porziuncola, ordinò ai frati che lo deponessero nudo sulla nuda terra, in un ultimo segno di umiltà e povertà evangelica.

118. Pensa oramai: esaurito il panegirico del poverello di Assisi, Tommaso commenta: se Francesco fu il grandissimo santo che ti ho appena descritto, puoi farti un'idea della grandezza del *nostro patrïarca*, cioè di Domenico, che gli è stato *degno/ collega* nel mantenere la Chiesa sulla giusta rotta (*per dritto segno*) nelle burrasche del mondo.

Le chiavi del canto

■ UN DITTICO DI CANTI

Siamo nel cielo del Sole, quello degli spiriti sapienti: vera sapienza è saper relativizzare gli affanni e le illusioni della vita terrena, cogliendo il contrasto tra ciò per cui gli uomini perdono, inutilmente, la loro vita quaggiù, e la condizione felice, invece, di chi ha superato le miserie del mondo per l'influsso della grazia di Dio. È il tema del proemio (vv. 1-12).

Poi uno degli spiriti sapienti, **Tommaso d'Aquino**, teologo e dottore della Chiesa, traccia l'**elogio di san Francesco**, il fondatore dell'ordine dei francescani. Tommaso è un frate domenicano; reciprocamente, nel canto XII sarà un francescano illustre, Bonaventura da Bagnoregio, a scrivere cavallerescamente l'elogio di san Domenico. Lo scambio dei panegirici vuole additare la **concordia celeste di francescani e domenicani**, in contrasto con i rancori terreni (non erano infrequenti, all'epoca, attriti tra i due ordini). Con la stessa reciprocità, dopo aver elogiato l'ordine altrui, Tommaso e Bonaventura biasimano le degenerazioni del proprio ordine.

I canti XI e XII vengono in tal modo a comporre un dittico unitario sui *duo viri* ("i due campioni") che, secondo una profezia diffusa al tempo di Dante, avrebbero salvato la Chiesa, pericolante da più lati, a causa di nemici esterni (gli eretici) e interni (gli ecclesiastici avidi di beni temporali). Sconfiggere questi ultimi è precisamente il compito di Francesco, il «poverello di Assisi», che Dante eleva al livello supremo di *alter Christus*: il nuovo Cristo che rivela agli uomini contemporanei la bellezza e la sublime semplicità del Vangelo.

■ LA STRUTTURA

Nel canto possiamo riconoscere quattro sequenze fondamentali:

- il contrasto tra la **vanità** delle cose umane e la **gloria celeste** (vv. 1-12);
- la **provvidenza divina** provvede *duo prìncipi* (v. 35: Francesco e Domenico) in favore della Chiesa (vv. 28-42);
- la **biografia di Francesco** (vv. 43-117);
- la conclusione di Tommaso, che sposta il discorso su **san Domenico** (vv. 118-123).

Il momento centrale, quello della biografia del santo di Assisi, è suddivisibile a sua volta in diversi momenti:

- la solenne perifrasi per designare il luogo di nascita, **Assisi** (vv. 43-54);
- la "guerra" di Francesco **contro il padre** e le mistiche **nozze con Povertà** (vv. 55-75);
- la schiera dei **discepoli** alla sequela di Francesco (vv. 76-87);
- la duplice **approvazione papale** della regola francescana, da parte di Innocenzo III e di Onorio III: primo e secondo «sigillo» (vv. 88-99);

- la coraggiosa **predicazione del Vangelo** davanti al Sultano (vv. 100-105);
- le **stigmate**: il terzo «sigillo» (vv. 106-108);
- l'**umile morte** alla Porziuncola (vv. 109-117).

■ L'EROISMO DELLA SANTITÀ

Può sembrare strano che, nella biografia di san Francesco, così come la narra Dante, manchino i tanti episodi commoventi che all'epoca si tramandavano sul conto del poverello di Assisi: i miracoli (la predica agli uccelli, il lupo di Gubbio ecc.), le estasi, gli episodi insomma affrescati da Giotto nel grande poema visivo della Basilica Superiore di Assisi.

Il punto è che il poeta vuole restituirci sul conto di Francesco un'**immagine battagliera** e indomita (lo stesso accadrà, nel canto XII, per Domenico): la santità, per Dante, non è mai sottomissione al mondo o rinuncia; presuppone coraggio, voglia di affermare la verità, vivendola anzitutto in prima persona. Per questo vediamo Francesco che ancor *giovinetto* dà prova della sua *gran virtute* muovendo guerra al padre in nome della Povertà. Dante usa un verbo molto dinamico, "correre" (*corse*, v. 59), per sottolineare la forza di volontà del santo. Più avanti lo ritroviamo in atteggiamenti analoghi:

- mentre non si vergogna delle proprie umili origini (*Né li gravò viltà di cor le ciglia...*, v. 88);
- mentre rivela *regalmente sua dura intenzione* al pontefice (v. 91);
- infine quando si contrappone, indomito, a *la presenza del Soldan superba* (v. 101).

In sostanza, nella figura del santo di Assisi umiltà e regalità tendono a coincidere. Da una parte egli vive con assoluta radicalità la propria "insignificanza" (l'esser *pusillo*, scrive Dante); dall'altra questo atteggiamento è l'opposto diametrale della "pusillanimità" (la *viltà di cuor* del verso 88), che è mancanza di coraggio morale e resa ai giudizi del mondo.

■ L'EROE DELLA POVERTÀ

In questa prospettiva fondamentale (l'eroismo della santità), prendono vita le due tematiche salienti di questo ritratto di Francesco: la povertà e l'imitazione di Cristo.

L'amore di Francesco per la povertà è un sentimento "viscerale", anche perché supera la normale avversione verso colei *a cui, come a la morte,/ la porta del piacer nessun disserra* (vv. 59-60). Dante dice che tra Cristo e Francesco nessun altro – in uno spazio di 11 secoli – aveva più amato la povertà: è una sottolineatura polemica verso la Chiesa e gli ecclesiastici del Medioevo, colpevoli di tradire il mandato di Gesù. Coerentemente, l'ultimo quadro della biografia sarà la raccomandazione di Francesco morente ai fraticelli, i suoi *giuste rede* (v. 112): *raccomandò la donna sua più cara,/ e comandò che l'amassero a fede* (vv. 113-114).

Se **le nozze di Francesco e Povertà** sono il filo conduttore della biografia disegnata da Dante, lo scopo ultimo è stabilire la profonda somiglianza che lega Francesco a Cristo, evidenziata da tre elementi:

- entrambi sono assimilabili al *Sol Oriens*, il "**Sole che sorge**" e che porta luce (è questo il senso della lunga perifrasi iniziale per designare Assisi come luogo di nascita del santo);
- da entrambi promana un fascino che suscita un **fervore d'imitazione** senza pari;
- entrambi recano sul loro corpo i **segni della passione** (perciò Dante indugia sull'episodio delle stigmate: *l'ultimo sigillo,/ che le sue membra due anni portarno*, vv. 107-108).

Anche in virtù di questo amore totale di Francesco per la povertà, egli viene disegnato da Dante come l'*alter Christus*, il **nuovo Cristo** che deve sorreggere la Chiesa fondata da Gesù e oggi pericolante.

Non è certamente un caso il rilievo concesso da Dante alla povertà: tutta la *Commedia* è il poema-profezia che il poeta fiorentino lancia contro la lupa-cupidigia, per spianare la via all'intervento risolutore del Veltro. Questo elogio di Francesco aggiunge, nell'ottica di Dante, un tassello importante a tale costruzione ideale.

Lavoriamo sul testo

I CONTENUTI

1. Dove è ambientato il canto? Quale categoria di beati si presenta a Dante?

2. Chi pronuncia l'elogio di Francesco? In che senso si può dire che l'elogio risponde a uno scambio di cortesie?

3. Chi sono i due prìncipi voluti dalla Provvidenza? A quale scopo?

4. Sintetizza in max 5 righe i contenuti dell'apostrofe iniziale. Il suo scopo è evidenziare il contrasto tra:
   - ❏ la chiesa e l'impero
   - ❏ il papa e i nuovi ordini religiosi
   - ❏ francescani e domenicani
   - ❏ vita civile e vita religiosa

5. Dove viene citato il padre di Francesco, nel corso del canto? Quale rapporto intercorse tra padre e figlio?

6. Individua puntualmente a quali versi corrispondono i seguenti aspetti della biografia di Francesco:
   - il luogo di nascita
   - i contrasti con il padre
   - le nozze mistiche con la Povertà
   - la prima approvazione papale della Regola
   - la successiva consacrazione da parte di Onorio III
   - la predicazione agli infedeli
   - le stigmate
   - la morte

7. Ricostruisci in max 20 righe una sintesi della biografia di Francesco che tenga presenti tutti i punti elencati.

8. La vita del santo, nel racconto del poeta, sembra ridursi alla scandalosa storia d'amore fra lui e una vecchia bruttissima. Rispondi alle seguenti domande.
   - Chi è questa figura?
   - Quali fasi conosce il loro rapporto?
   - Quale messaggio simbolico vuole esprimere l'autore?

9. L'accento del canto batte su quanto vi è di eroico nella figura del santo di Assisi. Ritrova i punti nel testo e commentali.

10. Francesco è il *Sol Oriens*. Da dove lo apprendiamo? E qual è il significato di tale immagine? Spiega facendo riferimento al testo.

11. Più in generale, il Francesco di Dante è un "secondo Cristo", un'immagine reincarnata di Gesù. Da quali elementi risalta, soprattutto, questa analogia?

12. Esiste a tuo avviso un nesso tra il solenne proemio del canto e la successiva biografia di Francesco? Quali temi in essa sviluppati puoi ricollegare all'esordio?

13. Le biografie di Francesco insistevano parecchio sui miracoli compiuti, in vita, dal santo. Perché Dante non ne parla? Rileggi con attenzione, per rispondere, *Le chiavi del canto* alla pagina precedente.

15. Nei 28 grandi affreschi dipinti da Giotto e dai suoi aiuti nella Basilica Superiore di Assisi, qualche anno prima della stesura di questo canto, un solo riquadro si riferisce, e anche marginalmente, al motivo della povertà. Metti a confronto il Francesco di Dante con quello di Giotto: su quali elementi insiste il pittore? Si può dire che Dante incarni invece le posizioni degli "spirituali", che saranno condannate nel 1323 da papa Giovanni XXII? Svolgi una ricerca in proposito.

LE FORME

16. Riassumi in max 5 righe i contenuti principali della perifrasi geografica dei vv. 43-54.

17. Rintraccia nel canto le varie espressioni attribuite ai seguaci del santo. Quale conclusione generale puoi tirare?

18. Riporta ciascun termine al suo ambito semantico, scegliendo tra quelli elencati:

- *silogismi* ....
- *archimandrita* ....
- *sofismi* ....
- *mercede* ....
- *iura* ....
- *aforismi* ....

(linguaggio religioso / linguaggio cavalleresco / linguaggio filosofico / linguaggio della logica / linguaggio medico / linguaggio giuridico)

19. Spiega al v. 62 l'espressione *coram patre* nel suo contesto.
20. In che cosa consiste l'*ultimo sigillo*? Rintraccia l'espressione nel testo e spiegala.

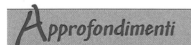 Domenico Del Rio
La rivoluzione religiosa di Francesco

Francesco, un «uomo libero» C'era uno sfarzoso corteo imperiale sulla strada di Assisi. Ottone IV, «con grande pompa e clamore», andava a Roma a farsi incoronare imperatore da papa Innocenzo III, con un interminabile seguito di cortigiani, vassalli e cavalieri. La gente di Assisi si era riversata nella piana, abbandonando case, fondachi e campi per ammirare il magnifico spettacolo.

A Rivotorto, poco lontano dalla strada, in una capanna abitava Francesco d'Assisi con i suoi primi frati. Quando passò l'imperatore, da quella capanna non si mosse nessuno. Francesco, dice Tommaso da Celano, il suo maggior biografo, «non volle nemmeno uscire a vederlo né permise che vi andasse alcuno dei suoi compagni».

È un episodio emblematico del distacco, dell'indifferenza, della noncuranza, che Francesco d'Assisi, sensibilissimo e attento a ogni condizione umana, aveva verso chi incarnava l'autorità, verso gli uomini del potere. «Sdegnava di adulare re e principi», dice ancora il suo biografo, Era una libertà da «gran signore» che il «Poverello» si prendeva di fronte a ciò che sembrava avere grande valore per il mondo. [...]

Di questa libertà Francesco prende consapevolezza nel momento cruciale della sua vita, quando abbandona la famiglia e si rifiuta di presentarsi in giudizio, davanti ai consoli della città, che lo hanno convocato su denuncia del padre: «Per grazia di Dio sono diventato uomo libero e servo dell'Altissimo. Non sono più obbligato a obbedire ai consoli».

Il giovane (era sui 25 anni, aveva già fatto una guerra e disastrose esperienze cavalleresche e militari) era all'inizio della sua «conversione» e la frase, con quella precisa indicazione di «uomo libero», richeggiava concetti di diritto feudale germanico, che si era ampiamente diffuso in Italia con longobardi e franchi. «Uomo libero» era l'equivalente di nobile, che godeva di diritti di esenzione di fronte all'autorità. Francesco, appropriandosi di quel titolo, senza investitura di nessun signore, per autodeliberazione, si proclamava libero da qualsiasi vassallaggio terreno.

Una fermezza irremovibile contro le autorità Su questa strada convoglierà poi anche i Terziari, cioè uomini e donne che, pur non facendosi religiosi, aderivano al movimento francescano tramite il Terz'ordine. Ad essi proibì il giuramento di vassallaggio e l'uso delle armi. Non fu una semplice regola morale, provocò invece una massa di obiettori di coscienza, che diede luogo al rifiuto di obbedienza perfino di città intere, come avvenne a Faenza nel 1221. Il Terz'ordine era appena stato fondato che i cittadini di Faenza vi entrarono in massa per non dover rispondere agli appelli alle armi del loro signore. Costui, che era ghibellino, volle costringerli in virtù di un giuramento. Essi si rivolsero al vescovo il quale si rivolse al papa. E il Pontefice rispose che i Terziari di Faenza erano sciolti dal loro giuramento di vassallaggio e quindi era diritto e dovere del vescovo difenderli contro il loro signore. Questa forza, dati i tempi in cui vigeva il principio «Dio ha voluto che ogni dignità secolare fosse soggetta all'autorità ecclesiastica», veniva naturalmente dall'appoggiarsi alla Chiesa.

Ma anche nei confronti dell'autorità ecclesiastica, sebbene con maggiore formale cautela, Francesco non rinunciò mai a fare ciò che voleva, a sviluppare il disegno che aveva in mente. «Rimase irremovibile in quello che egli chiedeva al papa» per la sua istituzione religiosa, afferma un antico biografo. «La sua grande originalità», dice Paul Sabatier, il maggiore degli studiosi di francescanesimo, «è di non aver mai ceduto».

Non solo. Sebbene nella regola avesse raccomandato di non criticare nessuno, c'è una testimonianza storica che ce lo fa vedere mentre predica di fronte al papa e ai cardinali: «parlò dell'orgoglio e del cattivo esempio dei prelati che coprivano di confusione tutta la Chiesa». Del resto egli stesso disse: «Io voglio, prima di tutto, con la santa umiltà e reverenza, convertire i prelati».

Contro i modelli del potere costituito Ma la più grande libertà il santo d'Assisi se la prese quando rifiutò di portare nella fraternità da lui fondata i modelli delle strutture del potere costituito, civile, ecclesiastico o monastico. Creò una comunità religiosa dove era completamente assente qualsiasi forma di quella mentalità classista medioevale, per cui i piani sociali erano regolati rigidamente secondo la sottomissione feudale, una mentalità che vigeva da tempo anche nella vita monastica.

Recenti studi hanno dato rilievo al tema del «monastero come regno della nobiltà» e della «signoria nobiliare monastico-liturgica», con la descrizione di un istituto monacale dove i componenti sono divisi in *nobiles* e *ignobiles*, cioè monaci e conversi. Una celebra badessa tedesca, Santa Ildegarda di Bingen, morta tre anni prima che nascesse San Francesco, interrogata come mai accettasse nel suo monastero soltanto dame della nobiltà, aveva risposto: «E chi mai radunerebbe tutto il suo bestiame in un solo gregge, in un'unica stalla, senza distinzione tra buoi, pecore e capre? Dio stesso ha stabilito queste distinzioni nel suo popolo, non solo in terra, ma anche in cielo».

A distanza di pochi anni, una concezione del genere è completamente buttata all'aria da Francesco d'Assisi. Il suo biografo maggiore si diletta ad enunciare una lunga fila di persone di condizioni diverse che entrano nel movimento francescano in assoluta parità: «ricchi, poveri, nobili, umili, spregevoli, onorati, prudenti, semplici, dotti, ignoranti». [...]

La struttura fortemente democratica dei francescani C'è qualcosa di ancor più forte inventato da Francesco d'Assisi. Non solo si è liberato del concetto e della pratica dell'autorità come intesa allora, ma egli stesso per la fraternità da lui fondata ha liberato il concetto evangelico di autorità come servizio, facendone una precisa struttura organizzativa.

«I frati non abbiano nessuna potestà o dominio, soprattutto fra di loro»; scrive nella regola. «Padre, ti prego», dice al cardinale Ugolino, futuro papa Gregorio IX, «non permettere in nessun modo che i miei frati ottengano cariche».

Non solo vuole che i superiori vengano chiamati «servi» (in latino: *ministri*), ma arriva a chiamare «padroni» i semplici frati: «I ministri trattino i frati con carità e benignità e tanto familiarmente che i frati possano parlare loro ed agire come fanno i padroni coi servi. Poiché così dev'essere: che i ministri siano i servi di tutti i frati».

Il livello di democrazia cui fa giungere la sua comunità religiosa è tale che, nelle riunioni generali dei frati, dette *Capitoli*, ognuno può «denunciare» il superiore, se questi agisce male, «senza che nessun impedimento glielo vieti».

«Frati minori», come si sa, si chiamò l'Ordine religioso fondato da Francesco d'Assisi. I due concetti di quella denominazione esprimono bene i termini della «libertà» scoperta da lui stesso e offerta ai suoi seguaci: *Fratellanza*, cioè liberazione dai legami di una società medioevale aristocratica e classista; *Minorità*, cioè liberazione dai legami del potere e dal prestigio del potere.

In lui fu certamente così, con estremo rigore e testardaggine. Per l'Ordine religioso che tentò di seguirne le orme, le cose andarono un po' diversamente. [...] Nella storia della comunità cristiana, tuttavia, Francesco rimane come la perenne coscienza critica rivolta a una Chiesa che non riesce a credere al Vangelo.

Domenico Del Rio, *Novità francescane*, da «La Repubblica», *Dossier* n. 126, 26.10.1981

«Ma perch' io non proceda troppo chiuso, Francesco e Povertà per questi amanti prendi oramai nel mio parlar diffuso.»

■ *Colantonio*, San Francesco consegna la regola agli Ordini francescani *(1444-45)*.

Paradiso

Canto XII

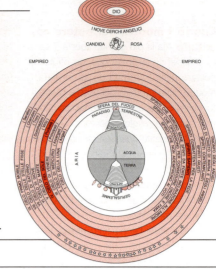

DATA	13 aprile 1300 (mercoledì dopo Pasqua).
LUOGO	Quarto cielo: **cielo del Sole**.
CATEGORIA DI BEATI	**Spiriti sapienti**.
CONDIZIONE DEI BEATI	Sono **splendori eccezionalmente ardenti**, che costellano il cielo. Formano due corone circolari di 12 spiriti ciascuna, che danzano in tondo.
INTELLIGENZE MOTRICI	Potestà.
PERSONAGGI	**Dante** e **Beatrice**. Seconda corona di spiriti 12 sapienti: san **Bonaventura da Bagnoregio**, Illuminato da Rieti, Agostino da Assisi, Ugo di san Vittore, Pietro Mangiadore, Pietro ispano, il profeta Natan, Giovanni Crisostomo, sant'Anselmo d'Aosta, Elio Donato, Rabano Mauro, Gioacchino da Fiore. **San Domenico di Guzmán**.

SEQUENZE

Danza e apparizione della seconda corona di beati (vv. 1-27)
Non appena Tommaso tace, la corona di spiriti riprende a ruotare, circondata da un'altra corona concentrica, di diametro maggiore, che si coordina alla prima nel moto e nel canto; i due cerchi mirabilmente si rispondono, *paralleli e concolori* come due arcobaleni.

San Bonaventura elogia san Domenico e narra la sua vita (vv. 28-105)
Una delle nuove luci parla: «*L'amor che mi fa bella* m'induce a parlare dell'altra guida della Chiesa. Grazie a loro si ravvide l'esercito di Cristo, che sbandava dubbioso. Questo secondo campione nacque nella fortunata Calaruega, lì dove nasce il vento primaverile d'occidente, presso l'Oceano, sotto lo scudo del re di Castiglia. L'amante della fede, il santo atleta della lotta alle eresie, fu già da bambino ricolmo di viva virtù. La madre, ammaestrata da un sogno, lo chiamò Domenico, indicando che apparteneva tutto a Dio («Dominus»). Davvero Felice suo padre, davvero Giovanna [piena di grazia] sua madre! Domenico divenne sapiente, ma solo per amore della verità. Messosi a guardia della vigna di Cristo, non chiese al papa guadagni, ma il permesso di predicare per preservare la dottrina dall'errore. Quindi si abbatté come un fiume in piena sugli sterpi eretici, irrigando l'orto cattolico».

Bonaventura biasima la corruzione dei francescani (vv. 106-126)
Terminata la lode di san Domenico, il beato parla della corruzione dell'ordine francescano cui appartiene.

Gli spiriti della seconda corona (vv. 127-145)
E conclude: «Io sono *la vita* di Bonaventura da Bagnoregio; misi sempre al primo posto la cura dello spirito. Insieme a me vi sono alcuni seguaci di Francesco, e Ugo da San Vittore e altri, tra cui Gioachino da Fiore, il profeta. A esaltare Domenico mi hanno mosso l'ardente cortesia e le chiare parole di Tommaso».

Canto XIII

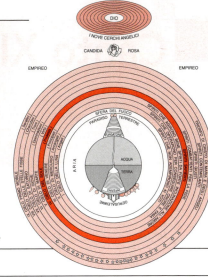

DATA	13 aprile 1300 (mercoledì dopo Pasqua).
LUOGO	Quarto cielo: **cielo del Sole**.
CATEGORIA DI BEATI	**Spiriti sapienti**.
CONDIZIONE DEI BEATI	Sono **splendori eccezionalmente ardenti**, che costellano il cielo. Formano due corone circolari di 12 spiriti ciascuna, che danzano in tondo.
INTELLIGENZE MOTRICI	**Potestà**.
PERSONAGGI	**Dante** e **Beatrice**. Le due corone degli spiriti sapienti.

SEQUENZE

■ **Canto e danza delle due corone di beati** (vv. 1-27)
Non appena san Bonaventura termina il panegirico di san Domenico, le due corone di spiriti riprendono, concentricamente, la loro danza cantata: per figurarsela, Dante invita i lettori a immaginarsi una costellazione composta dalle stelle più luminose del cosmo.

■ **Tommaso spiega a Dante in che cosa consiste la somma sapienza di Salomone** (vv. 28-111)
Poi i beati si fermano, per tornare a parlare con Dante. Riprende il lume di Tommaso d'Aquino, spiegando il senso del suo discorso sull'ineguagliabile sapienza di Salomone: «La mia affermazione (dopo Salomone non ci fu nessuno di più saggio) non contraddice il fatto, evidente, che Dio infuse il massimo della sapienza in Adamo e in Cristo-uomo: entrambi infatti provengono direttamente da Dio, l'uno dalla terra che Egli creò, l'altro dal concepimento divino nella Vergine Maria. Dunque, quello di Salomone è un primato relativo, non assoluto, come lo sono invece quelli di Adamo e Cristo-uomo; non su questioni di metafisica, di fisica, di logica o di geometria, ma tra monarchi e prìncipi, nessuno fu né sarà sapiente quanto Salomone».

■ **Tommaso ammonisce gli uomini a non dare giudizi affrettati** (vv. 112-142)
Così conclude Tommaso: «E se hai capito il ragionamento, ti ammonisca a procedere con cautela nelle questioni complesse, sulle quali è stupido affermare e negare senza un'adeguata capacità di giudizio. Mai quindi sostituirsi a Dio nelle questioni più delicate, come, per esempio, giudicare su chi sia salvo e chi, invece, dannato».

Paradiso

Canto XIV

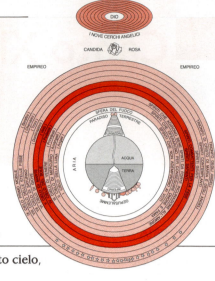

DATA	13 aprile 1300 (mercoledì dopo Pasqua).
LUOGO	Salita dal quarto cielo (del Sole) al **quinto cielo**, quello di **Marte**.
CATEGORIA DI BEATI	**Spiriti sapienti** (quarto cielo). **Spiriti combattenti per la fede** (quinto cielo).
CONDIZIONE DEI BEATI	Cielo del Sole: **due ghirlande di splendori**, che danzano e cantano; intorno a loro si accendono altre innumerevoli luci, disposte in cerchio attorno alle prime. Cielo di Marte: sono i **martiri** o i **crociati**, scesi personalmente in campo per il trionfo della fede. Ora appaiono come **lumi** che, cantando, si muovono lungo i bracci (orizzontale e verticale) di **un'immensa croce**, sulla quale sfavilla la figura di Cristo.
INTELLIGENZE MOTRICI	**Potestà** (cielo del Sole). **Virtù** (cielo di Marte).
PERSONAGGI	**Dante** e **Beatrice**. Il re biblico **Salomone** e altri spiriti sapienti. Le anime del cielo di Marte.

SEQUENZE

Nuovo dubbio di Dante sulla luminosità delle anime (vv. 1-18)
Tommaso tace e comincia a parlare Beatrice: «Spiegate a costui se la luce che illumina la vostra sostanza resterà così in eterno e se, dopo che avrete recuperati i corpi mortali, riuscirete a sopportarne l'intensità».

Tripudio dei beati e scioglimento del dubbio da parte di Salomone (vv. 19-60)
Lieti della domanda, gli spiriti riprendono a ruotare, cantando le lodi della Trinità. Lo spirito più luminoso della corona interna (Salomone) dice: «La nostra luce, frutto di carità, è eterna. Rivestendosi del corpo, essa aumenterà, ma lo stesso accadrà delle nostre facoltà percettive; e così il corpo sarà visibile entro la luce».

Apparizione di altri beati (vv. 61-78)
Tutte le anime dicono «Amen». Esternamente alle due corone di beati appare una miriade di altre luci ruotanti, talmente luminose che Dante ne rimane abbagliato. Mentre china gli occhi, eleva nel suo cuore un inno di ringraziamento allo Spirito Santo.

Salita al cielo di Marte (vv. 79-90)
Dante riacquista forza volgendosi a Beatrice: e con lei si ritrova istantaneamente asceso nel corpo di Marte, più rosso del solito. Anche di ciò ringrazia Dio, con la lingua del cuore, comune a tutti gli uomini.

Una croce luminosa ed estasi di Dante (vv. 91-139)
Dante in preghiera vede due raggi luminosi che contengono spiriti, come le stelle della Via Lattea; i raggi formano una croce greca, la quale *lampeggia* Cristo. Al ricordarlo, vengono meno al poeta le sue capacità di rappresentazione. Nei due raggi si muovono luci che, incrociandosi, scintillano come il pulviscolo in un raggio di sole. I beati cantano in coro una soavissima musica: Dante coglie solo che si tratta di un inno di lode a Cristo risorto. È lo spettacolo più straordinario a cui abbia mai assistito, e anche gli occhi di Beatrice, pensa Dante, si saranno fatti più splendenti.

Canto XV

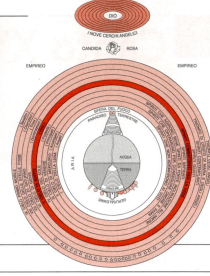

DATA	■ 13 aprile 1300 (mercoledì dopo Pasqua).
LUOGO	■ Quinto cielo: cielo di **Marte**.
CATEGORIA DI BEATI	■ **Spiriti combattenti per la fede**.
CONDIZIONE DEI BEATI	■ Coloro che scesero personalmente in campo per il trionfo della fede, appaiono come **lumi** che, cantando, si muovono lungo i bracci (orizzontale e verticale) di **un'immensa croce**, sulla quale sfavilla la figura di Cristo.
INTELLIGENZE MOTRICI	■ Virtù.
PERSONAGGI	■ **Dante** e **Beatrice**. ■ **Cacciaguida** (capostipite della famiglia Alighieri, vissuto nel XII secolo).

SEQUENZE

■ **Il silenzio dei beati e l'incontro con uno di loro** (vv. 1-27)

I beati interrompono il loro canto, mossi da carità, per consentire al poeta d'interrogarli. Egli commenta che è punito giustamente chi per cupidigia si priva di un simile amore. Come una stella cadente, come una fiamma dietro l'alabastro, dal braccio destro un'anima scende fino ai piedi della croce e muove incontro a Dante, come un giorno fece Anchise con Enea.

■ **L'anima saluta Dante come suo discendente e lo invita a parlare** (vv. 28-69)

L'anima parla al poeta: «*O sanguis meus, o superinfusa gratia Dei,* o sangue mio, o traboccante grazia divina, o due volte eletto...». Beatrice sorride: contemplandola, Dante tocca l'apice della sua gloria e del suo paradiso. L'anima aggiunge parole incomprensibili per i mortali. Quando il linguaggio torna a farsi comprensibile, Dante capisce che sta lodando la Trinità, generosa verso la sua discendenza. Poi si rivolge a Dante: «Grazie alla donna [Beatrice] che ti ha fornito le ali per un volo così alto, oggi placo il desiderio di vederti: che saresti giunto, lo vidi nell'immutabile libro divino. Voglio essere caritatevole: perciò dimmi con letizia e fermezza i tuoi desideri, che già conosco, e per i quali la risposta è già stabilita».

■ **Richiesta di Dante** (vv. 70-87)

Incoraggiato da Beatrice, Dante comincia: «In voi beati sentimento e ragione sono unificati dal sole divino, ma in noi mortali hanno ali di diversa forza: perciò posso ringraziarti solo con il cuore per la tua accoglienza». E chiede al beato il nome.

■ **Cacciaguida parla di sé e dell'antica Firenze** (vv. 88-148)

«O fronda, io fui la tua radice» dice l'anima; suo figlio Alighiero (bisnonno di Dante) percorre il purgatorio da più di cent'anni. E prosegue: «Firenze tra le mura più antiche era sobria e pudica. Nessuno sfarzo, nessuna esagerazione: né matrimoni esosi, né ricchi palazzi, né corruzione. I nobili di allora non ostentavano ricchezze. Donne sfacciate o politici corrotti avrebbero destato, allora, tanto stupore quanto, adesso, ne susciterebbero un Cincinnato e una Cornelia. Io nacqui in *un così bello viver di cittadini*. Nel fonte di San Giovanni divenni cristiano e Cacciaguida. Mia moglie, da cui avete preso il cognome, era padana. Seguii l'imperatore Corrado III e morii combattendo nella seconda crociata. Dal martirio terreno sono salito a questa pace celeste».

Paradiso

Canto XVI

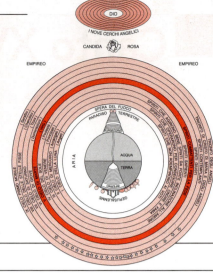

DATA	13 aprile 1300 (mercoledì dopo Pasqua).
LUOGO	Quinto cielo: cielo di **Marte**.
CATEGORIA DI BEATI	**Spiriti combattenti per la fede**.
CONDIZIONE DEI BEATI	Coloro che scesero personalmente in campo per il trionfo della fede, appaiono come **lumi** che, cantando, si muovono lungo i bracci (orizzontale e verticale) di **un'immensa croce**, sulla quale sfavilla la figura di Cristo.
INTELLIGENZE MOTRICI	Virtù.
PERSONAGGI	Dante e Beatrice. Cacciaguida.

SEQUENZE

Il vanto della nobiltà di sangue (vv. 1-9)
La nobiltà di sangue vale poco: è un manto che le forbici del tempo accorciano senza posa. Dante però in cielo ne va orgoglioso, dopo aver conosciuto il suo nobile avo.

Domande di Dante a Cacciaguida (vv. 10-27)
In segno di rispetto, Dante si rivolge a Cacciaguida con il *voi*: «Voi, padre mio, mi date coraggio, sollevandomi al di sopra dei miei meriti. Ditemi: chi furono i vostri antenati? Quando siete nato? Quanti abitanti aveva Firenze e quali erano i più degni tra loro?».

Prima risposta di Cacciaguida: l'anno di nascita (vv. 28-39)
Cacciaguida parla nella *favella* dei fiorentini antichi: «Dall'Annunciazione di Maria fino al parto di mia madre, Marte è tornato 580 volte nel Leone (sono trascorsi 1091 anni)».

Seconda risposta di Cacciaguida: gli antenati (vv. 40-45)
«I miei avi abitavano all'imbocco dell'ultimo sestiere, attraversato oggi dal palio. Ti basti sapere questo.».

Terza risposta: la popolazione di Firenze (vv. 46-49)
«I fiorentini in età da poter portare armi erano circa seimila, la quinta parte della popolazione attuale».

Decadenza di Firenze e delle sue antiche famiglie (vv. 50-154)
«La città – continua l'avo – adesso si è quintuplicata e non è più pura; tra le sue mura è entrata gente corrotta del contado. Se la Chiesa avesse dedicato all'impero cure materne e non di matrigna, anche Firenze si sarebbe conservata pura e integra. La mescolanza di genti diverse è sempre l'inizio dei mali delle città. Purtroppo le nobili famiglie *si disfanno* e anche Firenze è troppo soggetta all'azione deleteria della Fortuna. Vidi le famiglie nobili d'un tempo vivere dentro le antiche mura e in Borgo Santi Apostoli. Allora la casata degli Amidei, da cui si originarono tutte le successive contese, era *onorata*. Quella Firenze era in pace, il suo popolo era glorioso: e il giglio fiorentino non si era ancora arrossato per le sanguinose lotte di parte».

Canto XVII

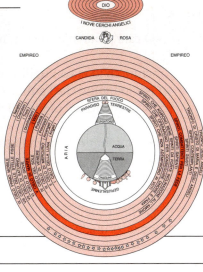

DATA	13 aprile 1300 (mercoledì dopo Pasqua).
LUOGO	Quinto cielo: cielo di **Marte**.
CATEGORIA DI BEATI	**Spiriti combattenti per la fede**.
CONDIZIONE DEI BEATI	Coloro che scesero personalmente in campo per il trionfo della fede, appaiono come **lumi** che, cantando, si muovono lungo i bracci (orizzontale e verticale) di **un'immensa croce**, sulla quale sfavilla la figura di Cristo.
INTELLIGENZE MOTRICI	Virtù.
PERSONAGGI	**Dante** e **Beatrice**. **Cacciaguida**.

SEQUENZE

Dante chiede a Cacciaguida chiarimenti sul proprio futuro (vv. 1-30)
Dante vorrebbe rivolgere altre domande a Cacciaguida e Beatrice lo incoraggia. Allora chiede all'avo delucidazioni sulle varie profezie che ha ricevuto da diverse anime dell'inferno e del purgatorio. Udrà parole dolorose, lo sa bene; ma un dolore già previsto fa meno male.

I beati vedono il futuro in Dio (vv. 31-45)
Cacciaguida risponde: «Io vedo in Dio tutti gli eventi che accadono nel mondo materiale; essi però dipendono dalla libera scelta degli uomini. Alla mia vista viene anche ciò che il futuro prepara a te».

La profezia di Cacciaguida sull'imminente esilio di Dante (vv. 46-99)
«Come Ippolito, che fu scacciato per la malizia della matrigna Fedra, anche tu per la malizia di chi trama là (alla Curia di Roma) dove si fa mercato di Cristo, dovrai andartene da Firenze. Proverai l'amarezza e la durezza dell'elemosinare l'ospitalità altrui. Seguirai i Bianchi scellerati e poi farai *parte per te stesso*. Infine ti daranno ospitalità gli Scaligeri: vedrai il giovanissimo Cangrande dare alta prova di sé, prima che papa Clemente V inganni l'imperatore Arrigo VII». Cacciaguida prevede grandi imprese di Cangrande, che Dante non è tenuto a rivelare. Conclude esortando il pronipote a non serbare rancore per i suoi concittadini: la punizione di Dio è vicina.

Dubbio di Dante: l'esilio e la poesia (vv. 100-120)
Dante gli espone un timore: se, ritornato in terra, rivelerà apertamente ciò che ha visto nell'aldilà, finirà per attirarsi l'odio di molti. Ma se tacerà, finirà dimenticato dai lettori *che questo tempo chiameranno antico*.

La missione del poeta (vv. 121-142)
L'avo lo esorta a scrivere senza reticenze: la sua voce poetica, se in un primo tempo risulterà sgradita, diventerà un cibo sano non appena sarà stata digerita.

Paradiso

[...]

13 «O cara piota mia che sì t'insusi,
[...]
    mentre ch'io era a Virgilio congiunto
    su per lo monte che l'anime cura
21 e discendendo nel mondo defunto,

    dette mi fuor di mia vita futura
    parole gravi, avvegna ch'io mi senta
24 ben tetragono ai colpi di ventura;

    per che la voglia mia saria contenta
    d'intender qual fortuna mi s'appressa:
27 ché saetta previsa vien più lenta».

    Così diss' io a quella luce stessa
    che pria m'avea parlato; e come volle
30 Beatrice, fu la mia voglia confessa.

    Né per ambage, in che la gente folle
    già s'inviscava pria che fosse anciso
33 l'Agnel di Dio che le peccata tolle,

    ma per chiare parole e con preciso
    latin rispuose quello amor paterno,
36 chiuso e parvente del suo proprio riso:

Dante chiede a Cacciaguida chiarimenti sul proprio futuro

13. «O cara mia radice, che così ti innalzi [in Paradiso], [tanto da conoscere li avvenimenti futuri],
19-27. mentre salivo assieme a Virgilio su per la montagna [il Purgatorio] che guarisce le anime dal male, e [prima], discendendo nel mondo dei morti, mi furono dette parole preoccupanti circa il mio futuro personale, benché (*avvegna che*) io mi senta saldo (*tetragono*) rispetto ai colpi della sorte; motivo per cui il mio desiderio sarebbe quello di conoscere il futuro che mi si prepara; perché un male atteso ci colpisce con minor dolore.
28-30. Così dissi a quell'anima che prima [nel canto precedente] mi aveva parlato. In tal modo il mio desiderio venne manifestato, secondo il volere di Beatrice.

Risposta di Cacciaguida

31-36. Non con le parole vaghe (*ambage*) [degli oracoli], in cui la gente pagana si invischiava prima che fosse ucciso Cristo, l'Agnello di Dio che toglie i peccati, ma con parole chiare e linguaggio preciso mi rispose quel padre amoroso, fasciato [della sua fiamma] e splendente della propria beatitudine. [...]

[Cacciaguida premette anzitutto che tutto il corso della vita futura è già presente alla mente di Dio; egli pertanto vede in Dio il futuro di Dante. Poi passa alla risposta attesa dal pronipote: l'esilio.]

[...]
    Qual si partio Ipolito d'Atene
    per la spietata e perfida noverca,
48 tal di Fiorenza partir ti convene.

La profezia di Cacciaguida sull'imminente esilio di Dante

46-48. Come dovette Ippolito lasciare Atene, a causa [di Fedra], la sua spietata e perfida matrigna, così tu dovrai lasciare Firenze.

---

13. cara piota: molto solenne questo esordio di Dante pronipote; *piota*, letteralmente "pianta del piede", significa qui "radice", "ceppo" (in senso genealogico); *t'insusi* deriva da «insusarsi» ("andare in su", "elevarsi"), neologismo dantesco costruito sulla preposizione *suso*, "su"; è una delle forme con prefisso *in-* di cui il *Paradiso* abbonda.
24. tetràgono: l'aggettivo, usato per la prima volta in italiano, proviene dal greco *tetrágonos* (letteralmente "cubico"), un termine che in Aristotele designava saldezza e irremovibilità morale; ma Dante lo ha conosciuto dalle opere in latino di Tommaso d'Aquino, che al *tetragonus* attribuisce la perfezione delle quattro virtù cardinali.

27. saetta previsa vien più lenta: è variazione di un detto proverbiale, assai diffuso nel Medioevo e che si trova anche in Tommaso d'Aquino; il senso è che chi vede la freccia (cioè la disgrazia) in arrivo, può cavarsela meglio, non perché quella rallenti la sua velocità, ma in quanto ha tempo per prepararsi.
28. quella luce: la luce che fascia l'anima di Cacciaguida.
31. la gente folle: i pagani, che prima dell'avvento di Cristo («ecco l'agnello di Dio che toglie i peccati del mondo», dice Giovanni Battista nel *Vangelo secondo Giovanni* I, 29), si lasciavano irretire (*s'inviscava*) in quegli enigmi oracolari. La tortuo-

sità è ovviamente un segnale di menzogna.
46. Qual si partio Ipolito: è narrata da Ovidio (*Metamorfosi* XV, 497-505) la favola mitologica di Ippolito, il casto figliolo di Teseo, che il padre avrebbe esiliato, innocente, da Atene per colpa dell'infame matrigna Fedra (*la spietata e perfida noverca*), la quale lo aveva allettato con promesse di un amore incestuoso. Dante sottolinea l'innocenza dell'accusato (nella quale rispecchia la propria stessa innocenza di «esule senza averlo meritato»). Si è discusso sul valore metaforico di questa *noverca*, che è di solito identificata con Firenze; ma altri intendono la Curia romana.

280

Questo si vuole e questo già si cerca,
e tosto verrà fatto a chi ciò pensa
51   là dove Cristo tutto dì si merca.

La colpa seguirà la parte offensa
in grido, come suol; ma la vendetta
54   fia testimonio al ver che la dispensa.

Tu lascerai ogne cosa diletta
più caramente; e questo è quello strale
57   che l'arco de lo essilio pria saetta.

Tu proverai sì come sa di sale
lo pane altrui, e come è duro calle
60   lo scendere e 'l salir per l'altrui scale.

E quel che più ti graverà le spalle,
sarà la compagnia malvagia e scempia
63   con la qual tu cadrai in questa valle;

che tutta ingrata, tutta matta ed empia
si farà contr' a te; ma, poco appresso,
66   ella, non tu, n'avrà rossa la tempia.

Di sua bestialitate il suo processo
farà la prova; sì ch'a te fia bello
69   averti fatta parte per te stesso.

49-51. Questo è quanto si vuole e si cerca [da parte di Bonifacio VIII], e presto riuscirà a quanti stanno pianificando ciò là [a Roma], dove si fa incessantemente (*tutto dì*) mercato delle cose di Cristo. **52-54.** Come sempre (*come suol*), tutte le colpe saranno, dalla fama (*in grido*), imputate ai vinti; ma la punizione (*vendetta*) [di Dio] costituirà la prova della verità di cui sarà emanazione. **55-57.** Tu dovrai abbandonare tutte le cose amate, anche le più care; questo è il primo dolore prodotto dall'esilio. **58-60.** Tu proverai come sappia di amaro il pane degli altri, e quale doloroso sentiero sia salire e scendere sulle scale altrui. **61-66.** Ma ciò che più ti peserà, saranno i compagni d'esilio, malvagi e sciocchi, assieme a cui precipiterai in tale misera condizione (*valle*); essi muoveranno contro di te, ingrati, furibondi e irriverenti; ma presto saranno loro, non tu, a subirne le sanguinose conseguenze. **67-69.** Tali conseguenze costituiranno la prova del loro agire dissennato; e così, per te, sarà (*fia*) onorevole aver mantenuto la tua indipendenza.

---

49. già si cerca: nel senso di "si trama", "si prepara". L'avverbio *già* va naturalmente riferito al momento del viaggio di Dante e quindi della profezia di Cacciaguida, entrambi posti nell'aprile 1300; Dante fu bandito da Firenze nel gennaio 1302 (circa 15 o 20 anni prima della stesura di questo canto).

50-51. chi ciò pensa... tutto dì si merca: da parte di chi sta studiando le mosse nel luogo in cui si fa mercato di Cristo da mattina a sera. Il riferimento va al famigerato Bonifacio VIII e più in generale alla sua Curia, *cloaca* di simonia (così dirà san Pietro, in *Paradiso* XXVII, v. 25). Il papa e i suoi seguaci stanno già architettando, assieme ai Neri di Corso Donati, la resa di Firenze a Carlo di Valois e la cacciata dei Bianchi.

52-53. La colpa seguirà... come suol: si intende: "la voce pubblica riverserà tutta la colpa sulla parte lesa, come regolarmente avviene". L'idea che i torti vengono regolarmente imputati a chi li patisce, ricorda il *De Consolatione* di Boezio (I, 4) e il *Convivio* («la piaga de la fortuna, che suole ingiusta-

mente al piagato molte volte essere imputata», I, 3 4).

53-54. la vendetta... la dispensa: il castigo celeste (*vendetta* vale quasi sempre in Dante "giusta punizione") testimonierà della verità di cui è strumento. Non sappiamo se, quale bersaglio della *vendetta* esemplare di Dio, Cacciaguida designi in particolare Bonifacio, *catto* e *deriso* in Anagni (*Purgatorio* XX, vv. 85-90), oppure Corso Donati, ammazzato nel 1308 e trascinato *a coda d'una bestia* (*Purgatorio* XXIV, vv. 82-87), o magari i pessimi compari di parte bianca del poeta.

55-56. diletta / più caramente: l'*enjambement* ha la tristezza breve di un sospiro.

58-60. Tu proverai... altrui scale: la terzina, famosissima, esprime con amarezza infinita la sofferenza di un doloroso peregrinare di corte in corte, per cui il pane si fa amaro (e salato: notazione concretissima per chi era cresciuto con il "pane sciocco", cioè senza sale, di Toscana) e le scale si salgono e si scendono con trepidazione.

62. la compagnia: è la coalizione di Bian-

chi e Ghibellini fuorusciti da Firenze la compagnia con cui Dante si troverà a condividere il vagabondaggio nella «valle di lacrime» dell'esilio; essa lo opprimerà con la sua disonestà e con la sua scempiaggine, per rivoltarsi poi contro di lui *tutta ingrata, tutta matta ed empia*. Dante, nei primissimi anni d'esilio, partecipò delle loro velleità cospiratorie, ma in seguito si allontanò.

66. n'avrà rossa la tempia: avranno la peggio, colpiti a sangue. Il poeta condanna gli ex compagni d'un tempo perché rimangono legati a una concezione violenta della politica, come dimostra il colpo di mano della Lastra, una maldestra irruzione entro la cinta di Firenze, tentato nel luglio 1304 da fuorusciti bianchi e ghibellini; una concezione troppo di parte, in cui Dante non si riconosce più. Sembra che il poeta avesse tentato, ma invano, di dissuadere i compagni dal frettoloso e rischioso tentativo.

69. averti fatta parte per te stesso: costituendo a partito, per così dire, la propria coscienza; in altre parole, proseguendo da solo la propria azione politica.

Paradiso

Lo primo tuo refugio e 'l primo ostello
sarà la cortesia del gran Lombardo
72　che 'n su la scala porta il santo uccello;

ch'in te avrà sì benigno riguardo,
che del fare e del chieder, tra voi due,
75　fia primo quel che tra li altri è più tardo.

Con lui vedrai colui che 'mpresso fue,
nascendo, sì da questa stella forte,
78　che notabili fier l'opere sue.

Non se ne son le genti ancora accorte
per la novella età, ché pur nove anni
81　son queste rote intorno di lui torte;

ma pria che 'l Guasco l'alto Arrigo inganni,
parran faville de la sua virtute
84　in non curar d'argento né d'affanni.

Le sue magnificenze conosciute
saranno ancora, sì che ' suoi nemici
87　non ne potran tener le lingue mute.

A lui t'aspetta e a' suoi benefici;
per lui fia trasmutata molta gente,
90　cambiando condizion ricchi e mendici;

e porterà'ne scritto ne la mente
di lui, e nol dirai»; e disse cose
93　incredibili a quei che fier presente.

70-75. Il tuo primo rifugio, la tua prima dimora ospitale sarà la generosità del grande Lombardo [Bartolomeo della Scala] che inalbera l'aquila imperiale (*il santo uccello*) sulla scala dello stemma; il quale nutrirà verso (*in*) di te così benevola attenzione, che tra voi due, nel concedere e nel domandare, verrà per primo ciò che solitamente, per gli altri, viene dopo. **76-78.** Assieme a lui vedrai colui [Cangrande della Scala] che, al momento della nascita, è stato influenzato così fortemente da questa stella [di Marte], che le sue imprese resteranno memorabili. **79-84.** Per la sua giovane età, nessuno (*le genti*) se ne è ancora accorto, poiché solo nove anni questi cieli hanno ruotato intorno a lui [cioè: Cangrande nel 1300 ha solo 9 anni]; ma prima che papa Clemente V, di Guascogna, inganni Enrico VII [cioè: prima del 1312], si mostreranno i primi sprazzi (*faville*) della virtù di Cangrande, nel suo disprezzare il denaro e le fatiche militari. **85-87.** Le sue cortesie, la sua generosità diverranno così note che i suoi stessi nemici non potranno tacerle. **88-93.** Affidati (*t'aspetta*) a lui e ai suoi benefici; per opera sua molta gente sarà mutata di condizione, i ricchi diventando poveri e i poveri ricchi; e ricordati anche di questo che ti dico, che però non rivelerai a nessuno...»; e mi disse cose che non saranno credute neppure da quanti vi assisteranno.

71. gran Lombardo: alla lettera, un "eminente personaggio dell'Italia Settentrionale". L'epiteto designa quasi certamente Bartolomeo della Scala, signore di Verona dal 1301 al 1304; avendo sposato una pronipote di Federico II, inserì nello stemma del casato, sopra *la scala* araldica, l'aquila imperiale (*il santo uccello*). Ospiterà Dante – dice Cacciaguida – agli esordi dell'esilio, con un'ospitalità così cortese e riguardosa al punto da esaudire i desideri dell'esule senza dargli neppure il tempo di formularli (*che del fare e del chieder...*, vv. 74-75). In realtà l'elogio pare un po' esagerato, a leggere quanto Dante scrive in *Purg.* XVIII, vv. 121-126; ma qui egli riversa su Bartolomeo la gratitudine che maturerà una decina

d'anni dopo per suo fratello minore, Cangrande, ospite davvero generoso fra il 1313 e il 1318 (o forse più in là, fin verso il 1320).

80. pur nove anni: nato nel 1291, Cangrande aveva nel 1300 nove anni; nel 1311 sarà associato al governo di Verona dal fratello secondogenito Alboino; quindi, dal 1312 al 1329, data della sua morte, reggerà da solo la città. Il maggiore omaggio del poeta a Cangrande consisterà nell'*Epistola* in latino con cui il poeta (già ospite a Ravenna) gli dedicherà la cantica del *Paradiso*.

82. 'l Guasco: epiteto sprezzante riservato al detestato papa francese Clemente V, nato a Villandraut, in Guascogna. Dopo aver indotto Arrigo VII a scendere in Italia, l'an-

no successivo (1312) gli revocherà la sua protezione apostolica, anzi gli aizzerà contro gli Angioini e tutte le città e le corti guelfe d'Italia.

89. per lui: da lui, con il consueto *per* con valore d'agente (come il *par* francese). I due versi 89 e 90 riassumono due versetti che nel *Magnificat* la Vergine Maria destina al Signore («depose i potenti dai troni e innalzò gli umili; ricolmò di beni gli affamati e rimandò i ricchi a mani vuote», *Vangelo secondo Luca* 1, 52-53).

93. fier presente: saranno presenti. Dante tace la chiusa di questa lode a Cangrande; si limita a comunicarci che conteneva gesta che risulteranno incredibili anche a chi avrà la ventura di vederle con i propri occhi.

Canto XVII

Poi giunse: «Figlio, queste son le chiose
di quel che ti fu detto; ecco le 'nsidie
96 che dietro a pochi giri son nascose.

Non vo' però ch'a' tuoi vicini invidie,
poscia che s'infutura la tua vita
99 via più là che 'l punir di lor perfidie».

94-96. Poi aggiunse: «Figlio, sono questi i chiarimenti (*le chiose*) alle predizioni che ti sono state fatte [in inferno e in purgatorio]; ecco le insidie che ti sono nascoste, entro pochi anni (*giri*). **97-99.** Ma non voglio che, per questo, tu porti odio ai tuoi concittadini [fiorentini], poiché la tua vita è destinata a un lungo futuro, ben (*via*) più in là [di quando] saranno punite le loro infamie». […]

[*Dante si accorge che Cacciaguida ha terminato di parlare e allora gli rivolge nuovamente la parola, per chiedergli un consiglio: durante il suo viaggio nell'aldilà, ha avuto numerosi incontri e ha visto cose compromettenti per molti: come dovrà comportarsi, una volta ritornato in terra? Dovrà riferire tutto con verità, o essere prudente? Cacciaguida risponde invitando Dante a dire la verità*]

indi rispuose: «Coscïenza fusca
o de la propria o de l'altrui vergogna
126 pur sentirà la tua parola brusca.

Ma nondimen, rimossa ogne menzogna,
tutta tua visïon fa manifesta;
129 e lascia pur grattar dov' è la rogna.

Ché se la voce tua sarà molesta
nel primo gusto, vital nodrimento
132 lascerà poi, quando sarà digesta.

Questo tuo grido farà come vento,
che le più alte cime più percuote;
135 e ciò non fa d'onor poco argomento.

Però ti son mostrate in queste rote,
nel monte e ne la valle dolorosa
138 pur l'anime che son di fama note,

La missione del poeta

124-126. Quindi rispose: «Una coscienza offuscata dalle colpe proprie o altrui, certo (*pur*) troverà severa la tua poesia. **127-129.** Malgrado ciò, allontanando qualsiasi menzogna, racconta ciò che hai visto con sincerità totale; e lascia pure che chi ha la rogna, se la gratti [cioè: chi deve lamentarsi, si lamenti pure]. **130-132.** Perché se la tua poesia risulterà amara al primo assaggio, diventerà un cibo sano in seguito, dopo che sarà stata digerita. **133-135.** Queste tue parole ispirate (*grido*) faranno come il vento, che colpisce più violentemente le cime degli alberi più alti; e ciò non è [per te] motivo di scarso onore. **136-142.** Perciò ti vengono mostrate, nei cieli, sul monte [del purgatorio] e nella dolorosa valle infernale, solo (*pur*) le anime famose per notorietà;

97-98. Non vo' però... perfidie: Dante non ha niente da invidiare ai fiorentini che hanno deliberato (o tollerato) il suo esilio; questo dice Cacciaguida; più che l'esortazione al perdono cristiano, sembra un invito a portare pazienza; Dante vivrà oltre il tempo della loro punizione e farà in tempo a vederla.

128. tua visïon: ciò che hai visto (con i tuoi occhi), la tua visione d'oltremondo. Il termine – spesso usato nel Medioevo come puro sinonimo di "sogno" – secondo alcuni definirebbe il "genere letterario" della *Commedia*, quello appunto della *visio*.

129. e lascia pur grattar dov'è la rogna: Dante compie qui un improvviso salto di registro, perché all'interno del *Paradiso* inserisce un'espressione plebea e "bassa". La

rogna era una malattia della pelle che provocava forte prurito e costringeva chi ne era affetto a grattarsi continuamente. Era assai diffusa nel Medioevo.

131. vital nodrimento: l'espressione riassume lo scopo ultimo del poema, quello cioè di offrire ai lettori un messaggio di liberazione morale e di salvezza spirituale. Qui Cacciaguida davvero "investe" Dante (cioè lo incarica per così dire ufficialmente) di tale importante missione.

132. digesta: dal latino *digesta*, "digerita". È frequente in tutta l'opera di Dante la metafora alimentare a indicare il processo di comunicazione e assimilazione della cultura.

133. tuo grido... come vento: la doppia immagine del *grido* e del *vento* vuole espri-

mere la forza profetica della *Commedia*, assimilata alla «voce di uno che grida nel deserto» di san Giovanni Battista, annunciatore di Cristo nei *Vangeli* (*Matteo* 3, 3; *Marco* 1, 3; *Luca* 3, 4; *Giovanni* 1, 23).

135. onor: nella canzone filosofica *Tre donne intorno al cor*, scritta prima di questo canto, Dante aveva già affermato: *l'essilio che m'è dato, onor mi tengo* (v. 76), un verso nel quale risuona questo stesso sentimento di fierezza.

138. pur l'anime... note: soltanto le anime conosciute per fama vengono mostrate a Dante nel corso del suo viaggio. Questo passo è influenzato dall'uso medievale degli *exempla*, che si riferiscono a casi esemplari, per stimolare l'imitazione da parte del popolo dei fedeli.

283

Paradiso

che l'animo di quel ch'ode, non posa
né ferma fede per essempro ch'aia
141   la sua radice incognita e ascosa,

né per altro argomento che non paia».
[...]

in quanto (*però...che*) l'animo di chi le ascolta non si sofferma né presta fede a un esempio che abbia (*aia*) una radice ignota, né a un qualche altro argomento che non risulti evidente (*paia*)».

Le chiavi del canto

■ L'ANTEFATTO DEL COLLOQUIO

Siamo al centro del *Paradiso*, **tra i beati del cielo di Marte**. Nel canto XV essi si erano manifestati a Dante in forma di bagliori disposti a comporre il simbolo della croce. Come stella cadente, come fiamma dietro alabastro dal braccio destro ai piedi della croce, un'anima era scesa a parlare con Dante: *O sanguis meus, o superinfusa gratia Dei*, "O mio discendente, o traboccante grazia divina...". Dante, allora, aveva chiesto a quel beato il nome, e questi così gli aveva risposto. «O fronda, io fui la tua radice». Poi quell'anima eletta aveva proseguito: fu il padre del bisnonno Alighiero, che si trova in purgatorio da più di cent'anni. È dunque **Cacciaguida**, morto durante la crociata, combattendo gli infedeli al seguito di Corrado III.

Parlando con Dante, ha rimpianto la sobrietà della Firenze antica e la nobiltà di quel tempo, morigerata nei costumi e meno avventuriera. Adesso, in apertura del canto XVII, Beatrice incoraggia il poeta a chiedere all'avo delucidazioni circa le profezie sul proprio conto, ricevute in inferno e purgatorio. Dante lo fa volentieri e Cacciaguida fornisce una lunga risposta.

■ L'ESORDIO DEL CANTO

L'esordio del canto, che abbiamo potuto riportare solo in parte, prende all'incirca un terzo di esso: si caratterizza per la studiata **lentezza**, per il **tono solenne** e per l'**importanza dei temi trattati**: il viaggio del pellegrino nei primi due regni d'oltretomba, l'accenno alle *parole gravi* lì ascoltate sul suo futuro, il richiamo alla falsità degli oracoli pagani, l'elogio al linguaggio *preciso* dell'anima beata.

■ UNA PROFEZIA IN DUE SEQUENZE

A partire dal verso 46 si snoda la profezia di Cacciaguida. Essa si suddivide in due momenti successivi: il futuro di Dante e la sua missione di poeta-profeta.

La **prima sequenza**, quella relativa al futuro di Dante, si articola in alcune fasi:

a) l'espulsione da Firenze (Dante viene paragonato all'innocente Ippolito, calunniato da Fedra: vv. 46-51);

b) il disagio e la sofferenza dell'esilio (vv. 52-60);

c) la *compagnia malvagia e scempia* degli altri fuoriusciti fiorentini (vv. 61-69);

d) l'ospitalità concessa dagli Scaligeri di Verona (vv. 70-75) e l'elogio di Cangrande della Scala (vv. 75-93), celebrato per la sua *virtute* e per la capacità di mutare le sorti di *ricchi e mendici*;

e) la punizione, che non tarderà, dei nemici di Dante (vv. 97-99).

Due sono dunque i momenti di questa grande profezia sull'esilio, due parti di eguale durata, anche se di diverso registro: la **condanna** e l'**esilio randagio**, corrispondenti ai punti a, b e c; l'ospitalità scaligera, corrispondente al punto d.

La **seconda sequenza**, sulla missione del poeta-profeta, è così articolata:

a) Dante chiede se, una volta ritornato in terra, dovrà rivelare tutto ciò che ha visto nell'oltretomba (vv. 106-120);

b) Cacciaguida risponde di sì: scriva tutto, con piena verità (vv. 124-129);

c) la sua parola infatti porterà salvezza (vv. 130-135);

d) è a tale scopo che la provvidenza divina ha disposto il suo viaggio (vv. 136-142).

■ DA ESULE SVENTURATO A DONO DI DIO PER L'UMANITÀ

Protagonista assoluto del canto è **Dante**. Egli prima viene rappresentato come l'esule bersagliato dalla sventura, l'innocente costretto a mendicare; poi la solenne conclusione lo raffigura in modo ben diverso: a Dante è infatti conferita da Cacciaguida, in termini espliciti e circostanziati, l'investitura di **poeta-profeta**. Comprendiamo ora il senso della precedente profezia sull'esilio: per poter essere investito poeta, Dante deve aver prima maturato i requisiti esistenziali prefigurati nel vaticinio di Cacciaguida (innocenza di esule, solitudine, povertà, umiliazione di mendicante).

Entro questa complessa struttura, il caso personale del poeta si carica via via di una **risonanza universale**; i fatti storici particolari acquistano una veste di eternità. La provvidenza divina non manca d'intervenire nella storia umana, sia investendo Cangrande della Scala di una misteriosa missione (vv. 85-93), sia punendo il male (v. 99), sia predisponendo lo stesso viaggio di Dante (v. 131 e ss.) allo scopo di migliorare la condizione dell'umanità.

Dante, per grazia divina, ha potuto, prima della morte fisica, compiere quel viaggio che tutti gli uomini un giorno compiranno; è stato salvato nel momento più pericoloso della sua esistenza, quando, smarritosi nella selva oscura del peccato, già disperava della salvezza.

Dopo aver visto nella sua interezza, nell'aldilà, l'ordine divino eternamente realizzato, ora il compito di Dante è quello di **trasmettere il messaggio agli uomini**, chiamati a comprenderne l'alto valore esemplare. Il poeta assegna così alla sua opera una funzione di altissimo significato, che gli si è rivelata via via nel corso del viaggio, fino ad assumere qui una totale chiarezza: alla fine di questo itinerario, il pellegrino e il narratore della *Commedia* ormai coincidono; vita e poesia si fondono in totale compiutezza.

Lavoriamo sul testo

I CONTENUTI

1. Chi è Cacciaguida? Quale compito svolge rispetto a Dante?

2. Completa la seguente equazione riferita ai vv. 46-48:
   Ippolito : Fedra = X : Firenze

3. In max 15 righe complessive ricostruisci il modo in cui matura, nelle parole dell'avo, la condanna di Dante all'esilio. Tieni presenti le seguenti domande:
   • chi decise l'esilio?
   • quando maturò?
   • perché?

4. Quali sono le caratteristiche del linguaggio degli oracoli pagani, secondo Cacciaguida?

5. A Cacciaguida Dante esprime un dubbio: teme che, se dirà tutta la verità:
   ❏ non troverà più signori disposti a ospitarlo
   ❏ non riuscirà a pubblicare il libro
   ❏ dovrà infangare la memoria della sua amata patria, Firenze
   ❏ rischia di essere scomunicato dal papa

6. Per quale motivo, secondo Cacciaguida, nei tre regni oltremondani sono state mostrate a Dante le *anime che son di fama note*?
   ❏ Perché i lettori hanno bisogno di esempi eloquenti, altrimenti non colgono l'insegnamento
   ❏ Perché scrivendo di loro il poeta può sperare di ottenere ospitalità presso le corti signorili
   ❏ Per non annoiare Dante nel suo viaggio oltremondano
   ❏ Per non annoiare i lettori quando leggeranno il libro

7. Il canto svolge un ampio elogio di Cangrande della Scala. Ritrovalo nel testo e poi cerca di chiarire i motivi che ispiravano al poeta tanta riconoscenza per lui.

8. In che cosa consiste, secondo le parole di Cacciaguida, la missione di Dante poeta?

9. Metti a confronto la profezia del veltro, enunciata da Virgilio nel canto I dell'*Inferno*, con quanto qui viene detto di Cangrande: si può dire che Cangrande sia il veltro? O che lo sia Dante? Motiva la risposta.

10. Dalla prima alla seconda parte del canto si può dire che il destino e la raffigurazione di Dante si capovolgano: in che senso? Rispondi in max 10 righe.

11. Quale concezione della poesia viene affermata in questo canto XVII? Rispondi in max 15 righe utilizzando parole, frasi e versi di Dante.

LE FORME

12. Individua tutte le perifrasi e gli epiteti con cui, nel corso del canto, viene indicata la Chiesa.

13. Cacciaguida definisce le sue risposte con il termine di *chiose*: ritrova il punto nel testo. Secondo te, significa che si tratta di spiegazioni generiche oppure analitiche?

14. Alcune espressioni piuttosto crude, nella predizione di Cacciaguida, conferiscono un tono realistico al discorso. Rintracciale nel testo e commentale in breve.

15. Ai vv. 62-64 il poeta condanna i suoi compagni di partito utilizzando, in sequenza, cinque aggettivi di condanna: quali?

16. Il secondo e il quinto di tali aggettivi sono legati da una rima detta "inclusiva": verifica sul testo e poi spiega con le tue parole.

17. La corte scaligera di Verona viene circonfusa, nel linguaggio dantesco, di immagini e termini attinenti alla sfera cavalleresca: evidenziali nel testo.

18. Invece la Curia romana è raffigurata con termini che ne vogliono denunciare la logica mercantesca: evidenzia questo aspetto nel testo.

19. Spiega e commenta la similitudine dei vv. 133-134.

20. La poesia dell'esilio risuona qui con gli umanissimi accenti del dolore. In quali immagini e concetti si concretizza?

21. Ai vv. 58 e 60 si rintraccia l'allitterazione della lettera *S*. Illustrala.

22. Al v. 129 si mostra un improvviso scarto espressivo: in che senso?

Approfondimenti

Jacques Heers
L'esilio nella vicenda politica dei Comuni

Il dramma degli esiliati Le condanne all'esilio erano molto frequenti e numerose. Molti membri di famiglie ricche e potenti dovevano abbandonare la città e vagare alla ricerca di una nuova dimora. [...] Ne derivano durevoli conseguenze, poiché l'esperienza dell'esilio, evidentemente, mantiene molto più vivo il desiderio di tornare al potere e di vendicarsi, e tende così a prolungare indefinitamente le guerre fra i partiti. Si crea perciò una situazione naturalmente gravida di pericoli: una fazione monopolizza il potere e l'altra, scacciata, costretta a vivere fuori dalla città, prepara attivamente, con tutti i mezzi possibili, il proprio ritorno politico. Ma anche a prescindere dalla vita pubblica, l'esilio sottolinea pesantemente i legami fra città e campagna, incide sulle migrazioni umane e dunque sull'andamento demografico, sulle attività mercantili e sulle correnti di rifornimento, sulle forme di reclutamento delle compagnie militari di cavalieri, sulla mentalità collettiva e sui temi dell'ispirazione letteraria, soprattutto poetica. [...]

I fuorusciti non erano tutti di famiglie ricche, e nonostante la generosa ospitalità di cui godevano, nonostante le numerose alleanze di ogni genere su cui potevano contare, non tutti erano accolti allo stesso modo. Taluni conducevano una vita difficile, errabonda, cercando invano una sistemazione più stabile. Salimbene de Adam descrive assai bene, in poche righe, quei cavalieri di Parma esiliati dall'imperatore nel 1267, che «erano uomini di coraggio, robusti e forti, molto competenti nell'arte della guerra, ma amareggiati perché andavano cercando rifugio di casa in casa, anche quelli che appartenevano a grandi famiglie». [...]

Odio per il nemico, nostalgia per la patria Come l'odio collettivo e la vendetta, come il terrore della guerra civile, l'esilio segna profondamente la mentalità italiana dell'epoca. Ogni famiglia dell'aristocrazia ha conosciuto, una

o più volte nella sua storia, la disgrazia e la fuga dalla città, il ripiegamento sulle proprie terre o una difficile sistemazione lontano, in terra straniera. I *Libri di Ragione*[1] pongono questi bandi subiti dai padri o dagli avi tra i fatti salienti della stirpe, allo stesso titolo delle guerre e delle alleanze; sono tappe decisive, memorie sempre presenti che appartengono alla comune tradizione familiare. [...]

Questo esilio costituisce una frattura brutale nella vita di un uomo, comporta la rottura di molti legami sociali e delle abitudini quotidiane. L'esule diviene un estraneo e, lontano dalla sua città, ne conserva il tenero ricordo, ha una viva nostalgia del passato, del quartiere e della strada dove è nato e dove è vissuto, dei suoi vicini, della loro parlata caratteristica. In una certa misura l'esilio rafforza nel cuore dei proscritti l'attaccamento alla loro patria di origine e l'orgoglio per la città natale. Questo è testimoniato da tutta una letteratura dell'esilio, uno dei temi più importanti dell'ispirazione poetica e drammatica. La figura altera, dura e al tempo stesso sensibile dell'esiliato, i suoi sentimenti e i suoi rimpianti, il suo orgoglio e il suo isolamento talvolta struggente, il suo implacabile odio per il partito al potere e la sua insaziabile sete di vendetta dominano e animano un considerevole numero di opere letterarie di ogni genere: racconti, novelle, liriche e drammi. [...] Questa produzione poetica ben riflette il particolarismo proprio di ogni centro urbano ed è una preziosa miniera di notizie sulle condizioni di vita degli esuli.

La critica, in ogni caso, è sempre colorata di una tinta nostalgica; il poeta esiliato, anche quando è felice, ben nutrito e ben vestito, non riesce a sopportare l'idea di trascorrere tutta la propria vita in quel paese straniero e rimpiange il suo; afferma la propria volontà di ritornare nella propria città, che gli pare adorna di tutte le virtù.

Così è per Pieraccio Tebaldi, profugo fiorentino a Faenza:

«Bel vesto e calzo, e ben empio la pancia, e ben ho de' contanti a mia piacenza.»

Ma egli si lamenta e spera con tutte le proprie forze di tornare a Firenze:

«Vorrei partir ormai d'esta campagna
e ritornare nel dilettoso spazio
de la nobil città gioiosa e magna».

Pur in uno stile completamente diverso, anche Dante Alighieri scrive nello stesso periodo; con la sua vita raminga, le sue reazioni emotive, l'odio che nutre verso i nemici, egli mostra di essere, prima di tutto, un poeta dell'esilio; talmente attaccato anzi a questa condizione e a questa mentalità, da rifiutarsi di tornare nella sua città anche quando ne ebbe l'occasione. [...] La *Divina Commedia* è tutta quanta impregnata delle passioni del partigiano e dell'esule, di quella violenza vendicatrice che a quel tempo animava i clan e le fazioni; ma anche da una sorta di venerazione, dal bisogno di esaltare la terra e la città natia; orgoglio e nostalgia che troviamo perfettamente espressi in alcune righe del *De vulgari eloquentia*:
«Ma noi cui la patria è il mondo come per i pesci il mare, benché abbiamo bevuto in Arno prima di mettere i denti e amiamo Firenze a tal punto da patire ingiustamente, proprio perché l'abbiamo amata, l'esilio...».

Jacques Heers, *Partiti e vita politica nell'Occidente medievale*, Mondadori, Milano 1983

---

1. **Libri di Ragione:** registri comunali.

Canto XVIII

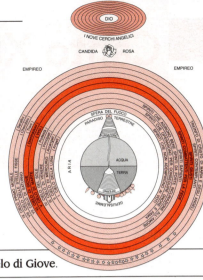

DATA	13 aprile 1300 (mercoledì dopo Pasqua).
LUOGO	**Salita** dal cielo di Marte **al sesto cielo: cielo di Giove**.
CATEGORIA DI BEATI	Cielo di Marte: **spiriti combattenti per la fede**. Cielo di Giove: **spiriti giusti**.
CONDIZIONE DEI BEATI	**Spiriti combattenti per la fede**: coloro che scesero personalmente in campo per il trionfo della fede; appaiono come **lumi** che, cantando, si muovono lungo i bracci (orizzontale e verticale) di **un'immensa croce**, sulla quale sfavilla la figura di Cristo. **Spiriti giusti**: luci dorate che cantano e **volteggiano nell'aria**, formando le lettere di una scritta biblica (*Diligite iustitiam qui iudicatis terram*, "Amate la giustizia, voi che giudicate il mondo»); molte anime-luci si fermano sull'ultima lettera, una M gotica; altre formano prima la figura di un giglio e poi il corpo di un'aquila.
INTELLIGENZE MOTRICI	Cielo di Marte: **Virtù**. Cielo di Giove: **Dominazioni**.
PERSONAGGI	**Dante** e **Beatrice**. **Cacciaguida** e altri spiriti combattenti per la fede.

SEQUENZE

Il fulgore dello sguardo di Beatrice (vv. 1-21)
Dante medita sulle profezie di Cacciaguida; Beatrice lo consola: ella è sempre presso Dio, Colui che allevia il peso delle ingiustizie subite. Contemplando gli occhi di Beatrice, Dante si libera di ogni altro desiderio. Infine la donna lo induce a volgersi di nuovo a Cacciaguida: «Il paradiso non si esaurisce nei miei occhi».

I beati combattenti per la fede (vv. 22-51)
Cacciaguida addita alcuni spiriti che si sono disposti nei bracci della Croce di Cristo: nominati, essi percorreranno i bracci della croce come i lampi si muovono in una nube. Al sentir pronunciare il proprio nome, si muove il lume di Giosuè, Giuda Maccabeo comincia a ruotare con rapidità, seguito da Carlo Magno e Orlando. Vengono poi Guglielmo d'Orange e Rinoardo, Goffredo di Buglione e Roberto il Guiscardo.

Salita al cielo di Giove (vv. 52-69)
Dante si volge a Beatrice; la purezza e la letizia dello sguardo di lei gli dicono che hanno mutato cielo: dal pianeta rosso (Marte) sono entrati nel candore di Giove.

«Amate la giustizia voi che giudicate la terra» (vv. 52-114)
Numerosi bagliori volteggiano in cielo fino a comporre una serie di lettere: D, I, L...: e così via. Ora 35 tra vocali e consonanti formano la frase DILIGITE IVSTITIAM QVI IVDICATIS TERRAM ("Amate la giustizia voi che giudicate la terra"). Le anime si arrestano sull'ultima lettera, la M; da qui disegnano prima un giglio e poi un'aquila, simbolo sacro dell'impero.

Invettiva contro gli ingiusti e contro papa Giovanni XXII (vv. 115-136)
La giustizia umana è effetto del cielo di Giove: al ricordarsene, Dante poeta condanna chi è responsabile dell'ingiustizia nel mondo; e chiede ai beati del sesto cielo di pregare Dio affinché intervenga, specialmente contro chi fa mercato di cose sacre nel tempio di Dio (papa Giovanni XXII).

Paradiso

Canto XIX

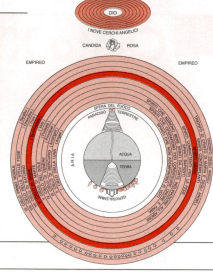

DATA	13 aprile 1300 (mercoledì dopo Pasqua).
LUOGO	Sesto cielo: **cielo di Giove**.
CATEGORIA DI BEATI	**Spiriti giusti**.
CONDIZIONE DEI BEATI	Spiriti giusti: le anime sono **disposte nella testa dell'Aquila** (▶canto XVIII); con essa dialoga Dante.
INTELLIGENZA MOTRICE	**Dominazioni**.
PERSONAGGI	**Dante** e **Beatrice**. L'**Aquila** formata dagli spiriti giusti.

SEQUENZE

L'Aquila comincia a parlare (vv. 1-21)
Dante contempla l'Aquila splendente: benché formata da un tripudio di anime immerse nel godimento divino, parla al singolare: «Per la mia giustizia e la mia pietà, sono qui in questa gloria. Sulla terra tutti mi lodano, ma pochi mi seguono».

Dante chiede che gli venga risolto un vecchio dubbio (vv. 22-33)
Il poeta chiede che sia appagata una sua antica curiosità riguardo alla giustizia divina.

L'Aquila parla dell'imperscrutabilità della giustizia divina (vv. 34-66)
E l'Aquila risponde: «Colui che ha tracciato col compasso i confini del mondo non può non eccedere i confini dell'universo. Invece gli uomini vedono ben poco oltre le apparenze, così come non vedono il fondale marino quando sono al largo».

Il problema della salvezza eterna (vv. 67-90)
«Tu – continua l'Aquila – ti chiedi: come può meritare la condanna chi non poté essere cristiano, ma visse senza colpe? Piega il capo e credi. Sbagliate voi uomini, creature imperfette, a emettere giudizi sulla giustizia di Dio. *Cotanto è giusto quanto a lei consuona*». Poi, con un canto ineffabile, l'Aquila ruota intorno a Dante.

L'Aquila rivela le colpe dei principi cristiani (vv. 91-148)
L'Aquila aggiunge un corollario al suo discorso: molti a parole si dicono cristiani, ma nei fatti sono malvagi e depravati; nel giorno del Giudizio universale, cadranno più in basso dei pagani. Allora, saranno rivelate tutte le infamie dei principi cristiani: l'imperatore Alberto e, con lui, i re cristiani del tempo di Dante.

Canto XX

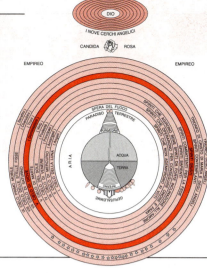

DATA	13 aprile 1300 (mercoledì dopo Pasqua), al tramonto.
LUOGO	Sesto cielo: **cielo di Giove**.
CATEGORIA DI BEATI	**Spiriti giusti**.
CONDIZIONE DEI BEATI	Le anime dei giusti sono **disposte nella testa dell'Aquila** (▶ canto XVIII), che dialoga con Dante; le principali formano l'occhio del rapace.
INTELLIGENZE MOTRICI	**Dominazioni**.
PERSONAGGI	**Dante** e **Beatrice**. L'**Aquila** formata dagli spiriti giusti. Sono nominati gli spiriti che ne formano l'occhio: il primo è il re **David**, che cantò nei suoi *Salmi* lo Spirito Santo; seguono cinque altri beati: l'imperatore **Traiano**, il re biblico di Giuda, **Ezechia**; il primo imperatore cristiano, **Costantino**; il re di Sicilia **Guglielmo II d'Altavilla**; l'eroe troiano **Rifeo**.

SEQUENZE

■ **I beati sfavillano e cantano** (vv. 1-15)
L'Aquila tace; i beati che la compongono sfavillano e cantano, come quando il sole tramonta e il cielo si accende di una molteplicità di stelle. Le anime intonano canti che la memoria di Dante non trattiene.

■ **L'Aquila indica a Dante gli spiriti giusti che formano il suo occhio** (vv. 16-72)
Cessati gli angelici canti, si forma un suono, come un mormorio di ruscello e poi come una dolce melodia di zampogna; esce dal becco dell'Aquila in forma di parole: «Gli spiriti di cui si compongono i miei occhi sono i maggiori di questo cielo; primo Davide, premiato qui in cielo per la sua musica; seguono: Traiano, salvato dalle preghiere di Gregorio Magno, Ezechia, Costantino, che raccolse cattivi frutti da buone intenzioni, Guglielmo II d'Altavilla, ancora rimpianto in Sicilia, infine l'eroe troiano Rifeo, che conosce almeno in parte l'inaccessibile volto della grazia divina».

■ **Dubbio di Dante sulla presenza di anime pagane in paradiso** (vv. 73-84)
Un dubbio di Dante: perché sono in paradiso due pagani come Traiano e Rifeo?

■ **La fede e la salvezza** (vv. 85-138)
«Essi – risponde l'Aquila – non morirono pagani, come credi: Traiano rientrò dall'inferno nel proprio corpo, in virtù delle buone preghiere di Gregorio Magno, e quando morì un seconda volta era beato; Rifeo fu così giusto che la grazia divina gli diede la visione della venuta di Cristo: lui credette e si convertì con mille anni di anticipo. O predestinazione divina, quanto sei lontana dalla miopia degli uomini! Neppure noi beati conosciamo ancora tutti i salvati».

■ **Conclusione** (vv. 139-148)
Mentre l'Aquila ancora parla, le due luci di Traiano e Rifeo accompagnano il suono delle sue parole con più viva luce.

Paradiso

Canto XXI

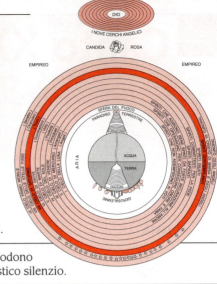

DATA	13 aprile 1300 (mercoledì dopo Pasqua).
LUOGO	Settimo cielo: **cielo di Saturno**. Non si odono canti né suoni: tutto è avvolto in un mistico silenzio.
CATEGORIA DI BEATI	Spiriti contemplativi.
CONDIZIONE DEI BEATI	Le anime sono **splendori intensi** che salgono e scendono lungo i gradini di una **scala dorata**, altissima, tanto che non se ne vede la cima (simile alla scala apparsa in sogno a Giacobbe).
INTELLIGENZE MOTRICI	Troni.
PERSONAGGI	Dante e Beatrice. San Pier Damiani e altri spiriti contemplativi.

SEQUENZE

■ **Salita al cielo di Saturno** (vv. 1-24)
Dante fissa Beatrice, che però non ride: infatti, se ella ridesse in questo settimo cielo, Dante non potrebbe sostenerne la vista e rimarrebbe incenerito. Beatrice esorta Dante a guardare davanti a sé.

■ **La scala d'oro** (vv. 25-42)
Dante obbedisce, e la sua vista è appagata dalla visione di Saturno. Nel cielo appare una scala dorata, tanto alta da sfumare all'infinito, da cui scende un andirivieni di bagliori.

■ **Colloquio di Dante con un'anima** (vv. 43-102)
Un'anima si avvicina e s'illumina. Il poeta esita a porgli domande. Ma ricevuto il consenso di Beatrice, gli chiede perché essa si sia avvicinata a lui più delle altre e perché, in questo cielo, le anime non cantano. «Tu hai vista e udito mortali, – risponde il bagliore – e questo cielo tace per lo stesso motivo per cui Beatrice non ha riso. Sono sceso qui per volontà della carità divina, che ci rende docili ai suoi disegni». E Dante: «Ma perché proprio tu sei stato destinato a questo compito?». L'anima luminosa risponde che non lo sa: nessuna creatura, neppure la più perfetta, penetra interamente nell'abisso divino. Le decisioni di Dio sono imperscrutabili: Dante dovrà ricordarlo e ripeterlo ai suoi lettori, quando tornerà sulla terra.

■ **L'anima si presenta: è san Pier Damiani** (vv. 103-126)
Il poeta allora gli domanda, più umilmente, chi egli sia. Lo spirito si presenta: viene dall'eremo sull'Appennino in cui era dedito alla vita contemplativa. Fui Pier Damiani a Fonte Avellana e mi chiamavano Pietro Peccatore nel monastero di S. Maria vicino a Ravenna; fui cardinale a pochi anni dalla morte.

■ **Invettiva contro i vescovi attuali** (vv. 127-142)
Ora la santa anima prorompe contro la bestialità dei cardinali odierni, che pretendono ogni lusso e conforto: «Davvero immensa è la pazienza divina, per tollerare tutto questo! Gli altri spiriti contemplativi, in segno di approvazione, si fanno più luminosi ed emettono un urlo che assorda Dante».

Canto XXII

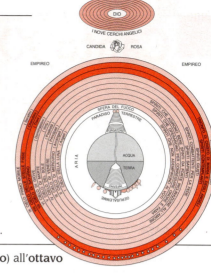

DATA	■ 13 aprile 1300 (mercoledì dopo Pasqua).
LUOGO	■ Salita dal settimo cielo (**cielo di Saturno**) all'**ottavo cielo** (**cielo delle stelle fisse**).
CATEGORIA DI BEATI	■ Cielo di Saturno: **spiriti contemplativi**. ■ Cielo delle stelle fisse: **spiriti trionfanti**.
CONDIZIONE DEI BEATI	■ Le anime sono **splendori intensi** che salgono e scendono lungo i gradini di una **scala dorata**, altissima, tanto che non se ne vede la cima (simile alla scala apparsa in sogno a Giacobbe).
INTELLIGENZE MOTRICI	■ Cielo di Saturno: **Troni**. ■ Cielo delle stelle fisse: **Cherubini**.
PERSONAGGI	■ **Dante** e **Beatrice**. ■ San **Benedetto da Norcia**, che cita Macario e Romualdo; altri spiriti contemplativi.

SEQUENZE

■ **Beatrice spiega la ragione del grido** (vv. 1-21)
Impaurito dal grido, Dante si volge a Beatrice: ma ella gli ricorda che in paradiso tutto è ispirato al bene. I beati hanno invocato la giustizia divina, che verrà a tempo debito. Quindi invita Dante a riportare lo sguardo sulle luci della scala.

■ **Inizio del colloquio con san Benedetto** (vv. 22-51)
La perla più luminosa si fa avanti e si presenta: «Il monte alle cui pendici si trova Cassino era abitato da pagani prima che io lo evangelizzassi. Sono con me gli spiriti contemplativi, Macario, Romualdo e i miei fratelli, che nel chiostro mantennero il cuore saldo».

■ **Richiesta prematura di Dante** (vv. 52-72)
Confortato dall'affetto che l'anima gli manifesta, Dante le chiede di rivelarsi a lui, senza più celarsi dietro il velo della luce. Ma lo spirito dice che ciò sarà possibile solo nell'Empìreo, dove tutti i desideri divengono perfetti. Là, nell'Empìreo, giunge la scala che parte dal cielo di Saturno: così la vide un giorno Giacobbe.

■ **Benedetto deplora la corruzione dei monasteri** (vv. 73-99)
L'anima deplora adesso la decadenza dei cristiani, ormai poco inclini a contemplare Dio. Denuncia il traviamento degli ordini monastici e ricorda gli esempi di san Pietro e san Francesco, che iniziarono la loro missione in assoluta povertà e profetizza che Dio saprà intervenire. Quindi l'anima si riunisce agli altri beati e insieme ritornano verso l'alto.

■ **Salita al cielo delle stelle fisse e sguardo alla terra** (vv. 100-151)
Beatrice spinge Dante a seguirla e, così, entrano insieme nella costellazione dei Gemelli, nel cielo delle stelle fisse. Beatrice invita Dante a guardare in basso i cieli, la luna senza macchie, il sole lontanissimo, i pianeti con il gioco complesso delle loro orbite, ad abbracciare in un solo colpo d'occhio le piccole dimensioni del mondo, *l'aiuola che ci fa tanto feroci*.

Paradiso

Canto XXIII

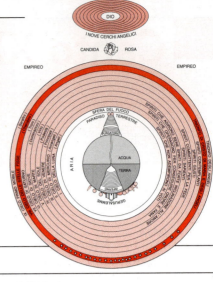

DATA	■ 13 aprile 1300 (mercoledì dopo Pasqua).
LUOGO	■ Ottavo cielo: cielo delle **stelle fisse**.
CATEGORIA DI BEATI	■ **Spiriti trionfanti**; trionfo di Cristo e apoteosi di Maria.
CONDIZIONE DEI BEATI	■ Gli spiriti trionfanti appaiono come **migliaia di luci che risplendono direttamente della luce di Cristo**. Essi celebrano il trionfo di Maria, che invocano e di cui cantano le lodi.
INTELLIGENZE MOTRICI	■ **Cherubini**.
PERSONAGGI	■ **Dante** e **Beatrice**. ■ Si vedono Cristo, Maria, l'arcangelo Gabriele e san Pietro.

SEQUENZE

■ **Attesa di Beatrice** (vv. 1-15)
Beatrice guarda in alto, in attesa trepidante, come l'uccello che attende l'alba per procurare cibo ai suoi piccoli. Dante fissa lo sguardo nella stessa direzione.

■ **Il trionfo di Cristo** (vv. 16-45)
Una miriade di spiriti luminosi rischiara il cielo: «Essi accompagnano il trionfo di Cristo», dice Beatrice. Spicca una luce, che tutto illumina: è così abbagliante che Dante non può sostenerne la vista. «Quella luce – spiega la donna – contiene la Sapienza e la Potenza che aprirono la via tra cielo e terra (Cristo)». La mente del poeta si dilata, uscendo da se stessa come fa il fuoco, quando si sprigiona dalla nube come fulmine.

■ **Il sorriso di Beatrice e la sua ineffabilità** (vv. 46-69)
Beatrice richiama Dante, che ora può sostenerne il sorriso, inesprimibile a parole. Il poeta si scusa di dover tacere simili bellezze, superiori alle capacità umane.

■ **Le anime dei beati illuminate da Cristo** (vv. 70-87)
Beatrice invita adesso Dante a contemplare la rosa (Maria) e i gigli (le anime degli apostoli) del giardino che s'infiora ai raggi di Cristo. Egli non vede la fonte di tanti raggi: Cristo infatti si è elevato, per consentire a Dante di sostenere la visione.

■ **Trionfo e incoronazione di Maria** (vv. 88-111)
Dante si concentra sulla rosa (Maria), incoronata da una luce circolare (l'arcangelo Gabriele) che canta un inno in lode sua. Anche i beati inneggiano a Maria.

■ **Cristo e Maria risalgono all'Empìreo** (vv. 112-139)
La rosa-Maria si solleva, seguendo il figlio Cristo, nel cielo superiore. I beati, cantando il *Regina coeli*, si protendono verso di lei come bimbi appena allattati che tendono le braccia verso la mamma. «Di quanta grazia sono piene le anime celesti, che tanto bene seminarono in terra!» conclude Dante. Tra quegli spiriti, riconosce san Pietro.

Canto XXIII

Come l'augello, intra l'amate fronde,
posato al nido de' suoi dolci nati

3 la notte che le cose ci nasconde,

che, per veder li aspetti disïati
e per trovar lo cibo onde li pasca,

6 in che gravi labor li sono aggrati,

previene il tempo in su aperta frasca,
e con ardente affetto il sole aspetta,

9 fiso guardando pur che l'alba nasca;

così la donna mïa stava eretta
e attenta, rivolta inver' la plaga

12 sotto la quale il sol mostra men fretta:

sì che, veggendola io sospesa e vaga,
fecimi qual è quei che disïando

15 altro vorria, e sperando s'appaga.

Ma poco fu tra uno e altro quando,
del mio attender, dico, e del vedere

18 lo ciel venir più e più rischiarando;

e Bëatrice disse: «Ecco le schiere
del trïunfo di Cristo e tutto 'l frutto

21 ricolto del girar di queste spere!».

Pariemi che 'l suo viso ardesse tutto,
e li occhi avea di letizia sì pieni,

24 che passarmen convien sanza costrutto.

Attesa di Beatrice

1-9. Come l'uccello, tra le fronde che gli sono familiari, dopo essersi riposato presso il nido dei suoi piccoli (*dolci nati*), durante la notte che ai nostri occhi nasconde l'aspetto delle cose, [uccello] il quale, per rivedere i figli amati e per trovare il cibo con cui sfamarli – attività per cui gravi fatiche gli sono gradite –, previene l'ora [dell'alba] su un ramo (*frasca*) scoperto, e con intenso desiderio attende lo spuntare del sole, gli occhi costantemente fissi all'alba che spunta; **10-15.** così la mia donna, stava eretta e attenta, rivolta verso quella parte (*plaga*) del cielo sotto cui il sole sembra muoversi più lentamente [cioè il mezzogiorno], in modo tale che, vedendola in tale estatica attesa, divenni come colui che, desiderando, vorrebbe ciò che non ha, e si appaga intanto della speranza [di ottenerlo].

Il trionfo di Cristo

16-21. Ma breve fu l'intervallo tra un momento (*quando*) e l'altro, ovvero tra l'attesa e la visione del cielo che si veniva sempre più rischiarando. Beatrice disse: «Ecco le schiere del trionfo di Cristo [cioè: ecco i beati che tripudiano al vedere Cristo], ecco il frutto del girare di questi cieli [cioè: il frutto del girare dei cieli e dei loro influssi salvifici sugli uomini]». **22-24.** Mi sembrò (*Pariemi*) che tutto il suo viso ardesse, e avesse gli occhi così colmi di beatitudine, che mi conviene procedere oltre senza parlarne.

1-11. Come l'augello... e attenta: due sono i termini di paragone: *Come l'augello* (v. 1) ... *che* (v. 4) ... *previene il tempo* (v. 7) ..., *così la donna mia* (v. 10). Beatrice fissava eretta e attenta il lembo di cielo sotto il quale il moto del sole sembra rallentare; è all'apice della volta celeste, allo zenit, che, intorno a mezzogiorno, il sole osservato dalla terra pare quasi immobile. *Li aspetti disiati* sono gli amati pulcini; *labor* (da leggersi *labòr*) è latinismo (*labores* al plurale) per "fatiche"; *aggrati* significa "graditi": è un neologismo coniato da Dante dalla forma avverbiale "a grato". Bellissimo il verso 9, in cui il desiderio della mamma-uccello,

prevenendo l'alba, sembra propiziarla. Numerose le fonti classiche del passo (in particolare il risveglio della fenice nel *De ave Phoenice* del poeta cristiano Lattanzio, vv. 39-42, in cui il favoloso uccello sta su un ramo ad attendere l'arrivo del sole); ma tutto dantesco è il loro trattamento.

13. vaga: ansiosa, assorta nel suo desiderio (di vedere l'arrivo, imminente, di Cristo).

16. Ma poco fu... quando: ma minimo fu (l'intervallo) fra i due momenti (*tra uno e altro quando*); *quando*, sostantivato, ha il valore tecnico-filosofico di "punto del tempo".

19-20. le schiere / del trïunfo di Cristo: sono tutti i beati, la Chiesa detta "trionfan-

te", che tripudia con il suo Cristo Risorto.

20-21. 'l frutto / di queste spere: Beatrice precisa che i beati costituiscono l'intero raccolto (*tutto 'l frutto / ricolto*) degli influssi benefici esercitati sulla terra dai sette cieli sottostanti (il cielo della Luna, di Mercurio, di Venere, del Sole, di Marte, di Giove, di Saturno), e dei cieli ulteriori (il cielo delle stelle fisse e il Primo Mobile) che governano il moto di quelli.

24. che passarmen... sanza costrutto: che mi vedo costretto a passare oltre senza parlarne. *Costrutto* ha il valore di «formulazione verbale». È la prima delle professioni di ineffabilità che costellano il canto.

293

Paradiso

Quale ne' plenilünïi sereni
Trivïa ride tra le ninfe etterne
27 che dipingon lo ciel per tutti i seni,

vid' i' sopra migliaia di lucerne
un sol che tutte quante l'accendea,
30 come fa 'l nostro le viste superne;

e per la viva luce trasparea
la lucente sustanza tanto chiara
33 nel viso mio, che non la sostenea.

Oh Bëatrice, dolce guida e cara!
Ella mi disse: «Quel che ti sobranza
36 è virtù da cui nulla si ripara.

Quivi è la sapïenza e la possanza
ch'aprì le strade tra 'l cielo e la terra,
39 onde fu già sì lunga disïanza».

Come foco di nube si diserra
per dilatarsi sì che non vi cape,
42 e fuor di sua natura in giù s'atterra,

la mente mia così, tra quelle dape
fatta più grande, di sé stessa uscìo,
45 e che si fesse rimembrar non sape.

25-33. Come in una notte di sereno plenilunio la luna (*Trivia*) splende tra le ninfe eterne [del suo corteo], cioè le stelle, che adornano il cielo in ogni sua parte (*seni*=insenature), allo stesso modo io vidi sopra migliaia di luci [i beati] un sole [Cristo] che tutte le accendeva, così come il nostro sole accende tutte le stelle del cielo; e il corpo risorto di Cristo (*la lucente sustanza*) trapariva attraverso la viva luce, così fulgida (*chiara*) al mio sguardo, che gli occhi non poterono sostenerla. **34-39.** Oh Beatrice, dolce e cara guida! Ella mi disse: «Ciò che supera (*sobranza*) la tua capacità visiva è una luce (*virtù*) divina, a cui nessuna facoltà umana può resistere. Lì, in quella luce [Cristo], vi è la sapienza, lì vi è la forza che [con la sua morte e resurrezione] riaprì la via di comunicazione tra cielo e terra, per la quale [comunicazione] si era acceso un così secolare desiderio». **40-45.** Come il fulmine si sprigiona (*si diserra*) da una nuvola perché si dilata al punto, che non può più esservi contenuto (*vi cape*), e, contrariamente alla sua natura [che tende verso l'alto], scende verso il basso, così la mia mente, resa più capiente grazie a quei sacri nutrimenti (*dape*) [del cielo], in preda all'estasi, uscì fuori di sé, e [ora] non sa ricordare che cosa facesse.

---

26. Trivïa: alla lettera "colei che è venerata nei crocicchi"; è epiteto classico di Diana, identificata con la luna. Le *ninfe etterne* sono le stelle: anche oggi moltissime costellazioni hanno nomi di ninfe.

29. un sol... l'accenda: l'astronomia medievale reputava che fosse il sole a dare la luce, ad "accendere" le stelle.

30. viste superne: letteralmente "aperture", finestre "altissime"; sono le stelle (*Paradiso* II e XXX). La similitudine intende assimilare il *Sol Christi* (ovvero Cristo) alla *Luna Ecclesiae*, cioè, alla Chiesa trionfante, che vive della sua luce. Accanto alla teologia, la poesia: purissima nel verso 25 e poi godibilissima nell'immagine dello sciame di beati-virtù.

32. la lucente sustanza: attraverso la *viva luce* del sole mistico, abbagliante al punto che la vista (*viso*) del pellegrino Dante non

la tollera, traspare il corpo di Cristo risorto. Solo i santi sono abilitati a percepire nitidamente quel mistero della resurrezione della carne, a contemplarlo a occhio nudo e in perpetuo (è la cosiddetta *visio beatifica*); per adesso Dante non può che intravedere questa esperienza, intuirla, esserne abbacinata (la sua è una *visio mystica*).

34. Oh Bëatrice... cara!: l'esclamazione scaturisce naturale dal poeta, che mentre rievoca la visione celestiale, istintivamente avverte un moto per colei che lo ha condotto a tanto. L'interruzione del racconto equivale dunque a un moto del cuore.

35. sobranza: supera, sopraffà; è un termine provenzale (da *sobransar*).

37. la sapïenza e la possanza: sono attributi di Cristo-Dio, come si legge in san Paolo (*I Lettera ai Corinzi* 1, 24: «Cristo, potenza di Dio e sapienza di Dio»). Ma tutta

la tradizione cristiana identifica Cristo come *sapientia Dei*, "sapienza" di Dio Padre. Realizzando un lunghissimo desiderio (*sì lunga disïanza*) del genere umano, egli riattivò le comunicazioni *tra 'l cielo e la terra*, ripristinò il patto fra Dio e gli uomini, infranto dal peccato originale.

43. dape: plurale femminile dal latino *dape[m]*, "pranzo festivo" e "vivanda"; in questo caso il termine vale "banchetto mistico".

43-44. la mente mia... di sé stessa uscìo: è il fenomeno dell'*excessus mentis*, dell'"uscita della mente da sé", fenomeno che produce, quale esito, l'ineffabilità, il non poter riferire i contenuti dell'estasi contemplativa, o *visio mystica*. Sono temi ben presenti negli scrittori mistici medievali, in particolare in Riccardo di San Vittore (autore del *Benjamin Major*, una delle fonti di Dante).

294

Canto XXIII

«Apri li occhi e riguarda qual son io;
tu hai vedute cose, che possente
48 se' fatto a sostener lo riso mio».

Io era come quei che si risente
di visïone oblita e che s'ingegna
51 indarno di ridurlasi a la mente,

quand' io udi' questa proferta, degna
di tanto grato, che mai non si stingue
54 del libro che 'l preterito rassegna.

Se mo sonasser tutte quelle lingue
che Polimnïa con le suore fero
57 del latte lor dolcissimo più pingue,

per aiutarmi, al millesmo del vero
non si verria, cantando il santo riso
60 e quanto il santo aspetto facea mero;

e così, figurando il paradiso,
convien saltar lo sacrato poema,
63 come chi trova suo cammin riciso.

Ma chi pensasse il ponderoso tema
e l'omero mortal che se ne carca,
66 nol biasmerebbe se sott' esso trema:

non è pareggio da picciola barca
quel che fendendo va l'ardita prora,
69 né da nocchier ch'a sé medesmo parca. [...]

Il sorriso di Beatrice e la sua ineffabilità

46-48. «Apri gli occhi e guardami come sono; hai veduto cose tali, per cui sei reso capace di sostenere il mio sorriso». **49-54.** Io ero come colui che si ridesta da (*di*) una visione dimenticata e che si sforza di richiamarsela alla mente, quando udii questo invito, degno di tanta gratitudine, da non cancellarsi più dal libro della memoria [che registra il tempo passato]. **55-60.** Se anche risuonassero, adesso (*mo*), per aiutarmi, tutte le lingue dei poeti, poeti che la musa Polimnia e le [muse] sue sorelle resero più ricchi (*pingue*) grazie alla loro ispirazione, non si giungerebbe comunque alla millesima parte di verità, cantando il santo sorriso [di Beatrice] e quanto esso rendesse più lucente (*mero*) il santo volto [di lei]; **61-63.** e così, descrivendo il paradiso, il mio consacrato poema deve saltare questo punto, come chi trova sul suo cammino un ostacolo insormontabile. **64-69.** D'altra parte, chi meditasse quanto sia difficile il mio argomento e considerasse le spalle mortali che devono sobbarcarselo, non le biasimerebbe, se tremano sotto quel peso; non è un tratto di mare (*pareggio*) per una piccola barchetta quello che va percorrendo l'ardita [mia] prua, né è adatto a un navigante che risparmi le fatiche.

46. Apri li occhi: era dall'ingresso nel cielo di Saturno (canto XXI), il cielo degli spiriti contemplanti, che Beatrice non sorrideva più a Dante, per non accecarlo; ora però non può non sorridere, inondata com'è dal bagliore del Cristo-Sole. Naturalmente tale sorriso di Beatrice è il riflesso sempre più vivo, sempre più nitido, della luce di Dio. Proprio questa visione estatica del Cristo – benché incerta e balugiante – abilita il pellegrino celeste (lo fa *possente*) a sostenere quell'impronunciabile sorriso della sua donna.

50. visïone oblita: sogno dimenticato (*oblita* è latinismo). L'oblio (*oblivio*) che tien dietro all'*excessus mentis* era un fenomeno ben previsto dagli scrittori mistici. Dante qui paragona la sua *visio mystica* in stato di veglia alla *visio in somniis*, ai sogni, insomma, che sogniamo tutti, e dai quali ci riscuotiamo spesso annaspando, come smemorati. Ciò per avvicinare meglio l'argomento del canto all'esperienza comune dei lettori.

52. proferta: dal latino *profero*, "metto avanti", "porgo", vale "invito", come anche il nostro termine "profferta". È la proposta avanzata da Beatrice ai vv. 46-48.

53. grato: aggettivo sostantivato per "gratitudine".

54. il libro che 'l preterito rassegna: letteralmente "il libro che registra il passato"; dove *pretèrito* (dal latino *praeteritu[m]*, participio passato di *praetereo*, "passo oltre", "trascorro") significa "passato", e *rassegna* sta per "registra". È "il libro della memoria"; un'immagine simile è nel proemio della *Vita Nuova*.

56. Polimnìa: è la musa della poesia lirica; *le suore*, cioè "le sue sorelle", sono le altre muse. L'immagine ha precedenti nella poesia classica: la vana moltiplicazione delle lingue si trova in Virgilio (*Eneide* VI, 625); in Ovidio (*Metamorfosi*, VIII 533-534) leggiamo di una convocazione dell'intero Elicona, il monte delle muse.

62. convien saltar lo sacrato poema: la frase obbedisce a un costrutto latineggiante; significa alla lettera: "è indispensabile che il sacro poema salti".

64. il ponderoso tema: è l'argomento celestiale della terza cantica; *l'omero mortal* che se lo carica e che – tenuto conto dell'onerosità dell'argomento – non va rimproverato se vacilla, sono le spalle di Dante autore.

67. pareggio: termine di dubbia etimologia e molto discusso dai filologi; dovrebbe valere "tratto di mare", "rotta". La *picciola barca* richiama esplicitamente la *picciolétta barca* di *Paradiso* II, vv. 1-3 (*O voi che siete in picciolétta barca,/ desiderosi d'ascoltar, seguiti / dietro al mio legno che cantando varca...*) e ne richiama l'immagine della lettura=navigazione ardita. *L'ardita prora* è la prua del fare poesia, la fatica di attraversare un mare sempre più rischioso; *ch'a sé medesmo parca*, con un latinismo che significa "che si risparmi".

295

Paradiso

Le chiavi del canto

■ IL QUADRO NARRATIVO

Per Dante, approdato nel cielo delle stelle fisse, il canto precedente (il XXII) si era chiuso con una visione vertiginosa: Beatrice lo aveva esortato a guardare in basso i cieli, la luna senza macchie, il sole lontanissimo, i pianeti con il gioco complesso degli epicicli, per abbracciare in un colpo d'occhio le piccole dimensioni del nostro mondo, l'*aiuola che ci fa tanto feroci*.

Molto diversa e – apparentemente – dimessa è invece la "partitura" con cui si apre questo canto XXIII: dalla grandiosità della visione cosmica passiamo a una scenetta umile, familiare, quella dell'uccellino e delle sue cure materne; a lui è ora paragonata Beatrice, che guarda in alto trepidante, proprio come l'uccello che attende l'alba per procacciare cibo ai suoi piccoli. Anche Dante fissa lo sguardo nella stessa direzione: guarda in alto… e scorge allora uno spettacolo straordinario, per il quale sale in estasi.

Una **miriade di spiriti luminosi** rischiara infatti il cielo («Sono le schiere del trionfo di Cristo», spiega Beatrice). Tra loro, un Sole (Cristo, appunto) che li illumina tutti. Dante non può sostenerne la vista perché – spiega la guida celeste – quella luce «contiene Sapienza e Potenza che aprirono la via tra cielo e terra».

Ma per un prodigio la mente del poeta si dilata, eccede se stessa, come il fuoco che si sprigiona dalle nubi in forma di fulmine: e allora Dante riesce a sostenere il sorriso di Beatrice, inesprimibile a parole.

In questi versi dove non accade pressoché nulla, siamo posti davanti a uno dei vertici dell'arte dantesca: questo episodio – uno dei più "paradisiaci" di tutta la cantica – è ricolmo di una **beatitudine tutta interiore**, nutrita della sfida suprema portata alla parola poetica.

■ LA MATERNITÀ DI BEATRICE

Il canto inizia con una **vasta e laboriosa similitudine**, un'immagine di sorridente intimità che, come abbiamo accennato, paragona Beatrice a un animaletto molto comune: la mamma-uccello, la quale, entro la chioma del suo albero, dove ha riposato nel buio della notte accanto al nido dei suoi piccoli, s'appollaia su un ramo più alto, ad anticipare trepidante la levata del sole, che le consentirà di rivedere i suoi pulcini e di nutrirli. Allo stesso modo Beatrice aspetta l'avvento del Cristo-Sole: egli la accenderà in viso, poi le permetterà di riguardare negli occhi il suo "pulcino-Dante", e infine consentirà che egli veda quanta felicità emanino i suoi occhi.

È l'amore ciò che accomuna Beatrice alla mamma-uccello; semplicità e intimità di sentimento che preparano la grandiosità epica dello spettacolo che verrà, e la commozione che ne seguirà.

■ IL TRIPUDIO DEI BEATI E IL TRIONFO DI CRISTO

Quando il cielo si rischiara, Beatrice annuncia solennemente l'arrivo delle luci, cioè dei beati, il frutto raccolto dai buoni influssi astrali (i cieli sono infatti strumenti che Dio utilizza per la salvezza degli uomini). Il "trionfo di Cristo" esplicitamente dichiarato da Beatrice (v. 20) e raffigurato nei versi 28-33, non è, propriamente un "trionfo" nel senso classico, cioè paragonabile al corteo del generale vittorioso; è costituito dall'arrivo dei beati disposti intorno a Cristo che li sovrasta. Il trionfo equivale quindi al tripudio, all'intima gioia dei beati, al loro godere e alla riconoscenza che essi portano al Salvatore. La descrizione si affida a una bellissima similitudine (vv. 25-27), in cui ciò che prevale è la **semplicità delle immagini** e la **linearità dell'espressione**; nella vastità del cielo si dispongono miriadi di fiamme minori, il cui scintillio si protrarrà per l'eternità.

■ L'ESPERIENZA MISTICA

Di fronte alla *lucente sustanza*, al corpo glorioso di Cristo risorto, Dante prova un'esperienza mistica. Appartiene al linguaggio mistico dei medievali l'immagine dell'**anima che si "dilata"** ed **"esce"** da sé stessa. Tale esperienza dura un attimo, e subito Dante la dimentica. Quel che non può dimenticare è la "profferta" di Beatrice, che invita il poeta a guardarla: egli lo fa, e benché sia ora incapace di descriverla, registra quell'impressione di inaudita gioia.

■ L'INSUFFICIENZA POETICA

Seguiamo il ragionamento di Vittorio Sermonti (*Paradiso*, Ed. Bruno Mondadori, Milano 1995). Già nella seconda terzina del *Paradiso* il poeta ci segnalava di aver visto cose non riferibili (*Nel ciel [...] / fu' io, e vidi cose che ridire / né sa né può chi di là sù discende*, I, vv. 4-6); nell'*Epistola a Cangrande* specifica il motivo per cui non sa (avendo dimenticato quasi tutto) e non può (difettando di strumenti linguistici adeguati a quel poco che ricorda) dire ciò che ha visto. Numerosissime poi le professioni di smemoratezza e incapacità di profferir parola che costellano il *Paradiso*. Mai però risultano frequenti come in questo canto XXIII. Infatti, nell'arco di sedici terzine (vv. 22-69), Dante precisa di non poter adeguatamente riferire:

- la letizia degli **occhi di Beatrice**: non avendo parole, si vede costretto a soprassedere (vv. 22-24);
- la **visione mistica di Cristo**: eccedendo irreparabilmente la mente sua, il poeta l'ha dimenticata, non la ricorda più (vv. 40-45);
- il **sorriso di Beatrice** al risveglio dalla visione. Pur avendolo stampato per sempre nella memoria, che registra il passato, purtroppo nemmeno con l'aiuto dei massimi poeti Dante potrebbe cantarne un millesimo (vv. 49-60);

Canto XXIII

PARADISO | PURGATORIO | INFERNO

• il **paradiso in generale**: nel rappresentarlo, infatti, ha constatato che il *sacrato poema* procede comunque a salti, scarti e singhiozzi, come uno che strada facendo continua a trovarsi davanti ostacoli proibitivi (vv. 61-63).

Uno dei grandi temi del *Paradiso* è precisamente la celebrazione dell'impossibilità a scriverne; questa terza cantica, come scrive Sermonti, «è il più sfrontato, sontuoso e sublime ordito di preterizioni [la preterizione è la figura retorica per cui si finge di voler tacere qualcosa, nel momento stesso in cui la si dice] mai versato su carta da essere umano». Soprattutto nella terza cantica rifulge lo sforzo espressivo di Dante poeta, che cerca di rendere quasi "visibili" o "sensibili" al lettore le esperienze celesti dichiarate ineffabili.

■ LO STILE

In tutto il canto prevale il **tono lirico**, reso mediante abbondanti similitudini e i **frequenti latinismi** (*labor* al v. 6, *dape* al v. 43, *oblita* al v. 50, *preterito* al v. 54, *convien saltar* al v.

62 ecc.). L'artificio più visibile è quello delle similitudini, a partire dall'ampia mossa di apertura (vv. 1-12), tutta incentrata sull'atteggiamento umano dell'umile uccello. Si continua con una celebre immagine (*Quale ne' plenilunii sereni/ Trivïa ride tra le ninfe etterne/ che dipingon lo ciel per tutti i seni*, vv. 25-27), tra le più liriche della *Commedia*: si noti la sapiente disposizione del termine *plenilunii* a metà del primo verso, "accarezzato" dalle due -*ii* finali e preceduto e seguito da due vocaboli distesi e piani (*quale* e *sereni*). Molto originale, per esprimere il fulgore della luce, il ricorso a un notturno trapunto di stelle, le *ninfe etterne* di cui il cielo si "dipinge". Un'altra similitudine attinta al mondo della natura si apre al verso 40 (*Come foco di nube si diserra*), a indicare la fulmineità del suo smarrirsi di fronte alla luce di Cristo. Segue al verso 67 una nuova immagine metaforica, quella della barchetta che l'ardito marinaio guida tra le onde: un paragone utile a raffigurare il viaggio nell'aldilà di Dante e – più avanti – il suo viaggio nella scrittura del *sacrato poema*.

Lavoriamo sul testo

I CONTENUTI

1. In quale cielo è ambientato il canto? A quale punto del suo cammino paradisiaco è giunto Dante?

2. In max 10 righe esponi la complessa similitudine che apre il canto. Precisa anche la sua funzione narrativa, ossia: cosa o chi introduce?

3. Dante guarda in alto e vede il cielo rischiararsi: a che cosa è dovuto il fenomeno, secondo Beatrice? Individua il punto nel testo.

4. A un certo punto il poeta descrive l'arrivo di un gruppo di anime beate.
   • In quale verso accade?
   • Di quali beati si tratta?
   • Come vengono caratterizzati da Dante?

5. Quale effetto produce, sul pellegrino dell'oltretomba, l'improvvisa visione? Cerca di distinguere tra effetti fisici ed effetti interiori.

6. A un certo punto Beatrice invita il poeta a riaprire gli occhi: dove accade ciò? E che cosa fa Dante?

7. Il poeta ripete di non poter dire (insufficienza poetica), perché quanto avrebbe da dire è ineffabile, indicibile (ineffabilità del paradiso). Individua nel testo questi concetti, distinguendoli.

8. In quale punto del canto Dante ci parla della straordinaria bellezza e dell'inesprimibile sorriso di Beatrice?

9. La coscienza di dover trattare un argomento arduo anche per il poeta più coraggioso, ovviamente, sottintende l'orgoglio, legittimo, per chi si è messo su una strada di straordinario ardimento. Aprendo il canto XXV del *Para*-

diso, Dante dirà che al suo *poema sacro* hanno posto mano cielo e terra e che esso lo ha reso *macro*, "macilento", per le difficoltà quasi insormontabili poste da una materia così difficile e alta. Rintraccia i due passi qui citati. In una relazione di max 1 facciata di foglio protocollo, sviluppa un tuo commento sull'autocoscienza poetica di Dante (su che cosa, cioè, egli pensasse della propria opera e della propria funzione di poeta).

LE FORME

10. C'è un punto di questo canto nel quale Dante viene paragonato a un pulcino?

11. *Ecco le schiere/ del trïunfo di Cristo*, dice Beatrice. Ritrova il punto del testo. *Trïunfo* è un termine militaresco, come lo è *schiere*; tuttavia qui non si tratta d'un corteo di beati che portino Cristo-generale in trionfo. In che senso va dunque assunta tale espressione?

12. Che cos'è la *lucente sustanza* che appare sfolgorante allo sguardo di Dante?

13. Il poeta disegna nei vv. 28-30 lo strano fenomeno di un sole notturno: spiega con le tue parole.

14. Individua nel canto i seguenti termini e spiegali nel loro contesto, con parole diverse da quelle della parafrasi laterale:
    • *foco di nube si diserra*
    • *poco fu tra uno e altro quando*
    • *visïone oblita*
    • *il ponderoso tema*
    • *pareggio da picciola barca*

297

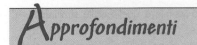

Vittorio Sermonti
L'ineffabile ineffabilità

Un canto irriducibile Un esperto d'arte che dovesse dipingere un'*expertise*[1] o un musicologo costretto a scrivere in musica di musica, si troverebbero più o meno nel medesimo imbarazzo di chi è tenuto a dar conto in parole sue delle parole di questo canto XXIII del *Paradiso*. Il testo non offre né concetti da delucidare, né simboli da decifrare, né personaggi da riraccontare, né invettive da circostanziare, e il poeta, oltre tutto, non fa che dire che non sta dicendo.

Senza arrendersi alla tentazione – che ha sedotto molti dantisti – di tradurre questi versi in una partitura d'orchestra o in un fondo-oro, per poi riconvertirli in prosa d'arte, sarà comunque bene prendere le distanze più del solito, rompere il ritmo, non fare il verso ai versi.

Scorriamo la vicenda.

Dante, astronauta mistico, sbucato appena dalla calotta dei cieli planetari nella sfera delle Stelle Fisse, è tornato a infiggere gli occhi negli occhi di Beatrice, che da un cielo e mezzo non gli sorride per non accecarlo. Ma gli occhi, Beatrice li ha puntati in alto a perpendicolo, con grandissima trepidazione.

Allora anche Dante guarda in alto, e trepida nella ferma speranza di saper presto per cosa sta trepidando.

Un attimo, e il cielo va a rischiararsi. Il fenomeno – spiega Beatrice – è dovuto all'afflusso d'una miriade di beati sfolgoranti, che lei definisce «schiere del trionfo di Cristo»; e il viso le si incendia di letizia (per quell'incendio il poeta si scusa di non trovar parole).

Sulla miriade di splendori il nostro eroe vede ora rifulgere qualcosa come un sole, e nel sole un nòcciolo di luce così abbagliante, che non riesce a guardarlo.

Beatrice lo conforta: «Non c'è occhio che regga: è Gesù in persona, il desideratissimo». Fulmineamente Dante va in «*excessus mentis*» (e, una volta poeta, confesserà di non ricordare nulla).

Beatrice lo richiama – se così si può dire – alla realtà, e si lascia guardare che sorride.

Come affiorando da un sogno dimenticato, Dante la guarda (ma, quantunque quel sorriso di donna gli sia rimasto indelebile nella memoria, il poeta prossimo venturo ammetterà di non poterne riferire nemmeno all'un per mille, nemmeno con l'ausilio di tutti i poeti più eccelsi; e, allegando l'onerosità del soggetto, giustifica la propria inettitudine sia per il caso specifico, sia per la stesura della cantica in generale).

L'"impossibilità" di scrivere il *Paradiso* [Il tutto è retto da] un tema. Quasi ineffabile, purtroppo: l'ineffabilità.

E si giustifica energicamente, Dante il poeta: «chiunque si renda conto, per un verso, del soggetto onerosissimo, per l'altro, delle spalle d'uomo che se lo sono caricato, non potrà biasimarle, povere spalle, se tremano e vacillano sotto il carico. D'altra parte, non è rotta consigliabile per una barchetta, quella che va fendendo la mia prora temeraria, né per timoniere che si risparmi».

Sulla ineffabilità di quel che Dante ha esperito viaggiando i cieli si sono diffusi dantisti a migliaia. È giustissimo, infatti, prendere in parola il sacro poeta.

Ma sarà doveroso constatare che di tutta questa ineffabilità, a conti fatti, noi sappiamo solo quello che ce ne dice lui, nel modo che ha scelto lui per dircelo, cioè scrivendo il *Paradiso*. E se questo *Paradiso* di Dante non fa che celebrare l'impossibilità di essere scritto – posto che nessun dantista è ancora mai stato nel regno dei cieli, da poter dire al ritorno con conoscenza di causa: «sì, effettivamente non son cose che si possano scrivere...» –, contentiamoci di leggere il *Paradiso* di Dante attenendoci al verbale poetico per quel che fattualmente è: il più sfrontato, sontuoso e sublime ordito di preterizioni mai versato su carta da essere umano.

D'altronde, noi non sapremo mai se l'esperienza mistica che questo canto canta – naufragio supremo della mente – sia schermata o non piuttosto doppiamente testimoniata dalla sua conclamata ineffabilità, quando la si conclami con tanto scandalo di immagini analogiche, tanto ardimento di parole e lusso di suoni, con un così limpido e musicale sragionare.

Vittorio Sermonti, da *La Divina Commedia*, cit.

---

1. *expertise*: autenticazione di un'opera d'arte effettuata da un esperto.

Canto XXIV

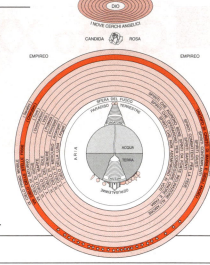

DATA	■ 13 aprile 1300 (mercoledì dopo Pasqua).
LUOGO	■ Ottavo cielo: cielo delle **stelle fisse**.
CATEGORIA DI BEATI	■ **Spiriti trionfanti**.
CONDIZIONE DEI BEATI	■ Dopo l'ascensione di Maria, gli spiriti trionfanti si uniscono a formare **cerchi che danzano** girando sul loro centro, a velocità diverse, a seconda del loro grado di beatitudine; dal cerchio più nobile si stacca l'anima di san Pietro.
INTELLIGENZE MOTRICI	■ **Cherubini**.
PERSONAGGI	■ **Dante** e **Beatrice**. ■ **San Pietro**.

SEQUENZE

■ **Beatrice prega le anime beate di soddisfare le richieste di Dante** (vv. 1-18)
«O voi beati, invitati alla cena dell'Agnello…»: così esordisce Beatrice, intercedendo affinché l'immensa sete di Dante sia saziata di verità. Le anime ruotano come gli ingranaggi di un orologio, manifestando la loro gioia.

■ **Dialogo tra san Pietro e Beatrice** (vv. 19-51)
Il fuoco più felice e prezioso (san Pietro) si volge tre volte a Beatrice con un canto ineffabile: si mostra così ben lieto di aiutare Dante. Beatrice lo prega di esaminare il discepolo sulla fede: non perché occorra appurare se Dante crede o no, ma per dargli occasione di glorificare la fede. Dante si prepara in silenzio, come se stesse per affrontare un esame.

■ **San Pietro esamina Dante sulla fede** (vv. 52-147)
Alla domanda: «Cos'è la fede?», Dante risponde citando san Paolo: «È sostanza delle cose sperate e premessa concettuale dalla quale crediamo anche alle cose che non si possono vedere». «Come può essere al tempo stesso sostanza e premessa?». «Le verità che sono tanto evidenti qui, in paradiso, giù in terra sono oggetto di fede (su cui si fonda la speranza) e sono la premessa necessaria del ragionamento teologico». «Hai tu la fede? E su che cosa si fonda?». «Credo in virtù dello Spirito Santo, la cui pioggia irrora le Scritture, garantite dai miracoli. Ma se non ci fossero stati miracoli, la diffusione stessa del cristianesimo sarebbe un miracolo». «E in cosa credi?» «In un Dio eterno, che tutto muove, senza essere mosso da nulla; un Dio che è uno e trino».

■ **La benedizione di san Pietro** (vv. 148-154)
San Pietro benedice Dante per le sue ottime risposte, cantando e abbracciandolo tre volte, compiaciuto.

Paradiso

Canto XXV

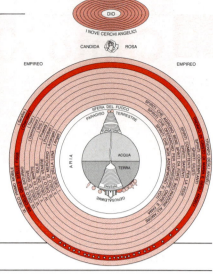

DATA	13 aprile 1300 (mercoledì dopo Pasqua).
LUOGO	Ottavo cielo: cielo delle **stelle fisse**.
CATEGORIA DI BEATI	**Spiriti trionfanti**.
CONDIZIONE DEI BEATI	Gli spiriti trionfanti si uniscono a formare **cerchi che danzano** girando sul loro centro, a velocità diverse, a seconda del loro grado di beatitudine.
INTELLIGENZE MOTRICI	**Cherubini**.
PERSONAGGI	**Dante** e **Beatrice**. San Pietro, **san Giacomo**, san Giovanni.

SEQUENZE

■ **Dante e il suo «poema sacro»** (vv. 1-12)
«Se – dice il poeta – il sacro poema, a cui lavorano sia il cielo sia la terra, e che mi consuma da molti anni, vincerà la crudeltà di chi mi esclude da Firenze, sarò consacrato poeta sul fonte battesimale che mi aprì la via della fede (sulla quale ho superato l'esame di san Pietro)».

■ **Apparizione di san Giacomo, che interroga Dante sulla speranza** (vv. 13-48)
Dal gruppo di anime ne esce un'altra: è san Giacomo, che saluta danzando san Pietro. Poi i due apostoli fissano Dante. Beatrice invita Giacomo a interrogare Dante sulla Speranza. L'apostolo chiede: «Cos'è la speranza? Quanta ne hai? Da dove ti deriva?»

■ **Beatrice risponde per Dante** (vv. 49-63)
Per non indurre Dante alla superbia, Beatrice stessa risponde alla prima domanda: «La Chiesa dei vivi non ha nessun figlio con maggiore speranza di lui. Lo attesta il viaggio prima del tempo alla patria celeste».

■ **Esame di Dante (seconda parte)** (vv. 64-99)
Agli altri due quesiti risponde Dante: «La speranza, prodotta dalla grazia divina e dalle opere buone, è un attendere certo della gloria del paradiso. Ne sono fonte le Sacre Scritture, in particolare i *Salmi* e la tua *Epistola*». «E – chiede il santo – cosa ti prospetta, la speranza?». Dante: «Isaia e Giovanni, tuo fratello, ci dicono che le anime amiche di Dio risorgeranno con i loro corpi». I beati inneggiano.

■ **Apparizione di san Giovanni** (vv. 100-117)
Un terzo bagliore si affianca ai primi due e Beatrice lo presenta: «È colui che poggiò la testa sul petto di Gesù (l'apostolo Giovanni)».

■ **Il corpo di san Giovanni** (vv. 118-139)
Dante fissa il nuovo venuto come per volerne vedere il corpo. «No – dice Giovanni – non c'è qui il mio corpo: solo Gesù e Maria furono assunti in cielo con il corpo. Dillo ai vivi». Dante, voltandosi verso Beatrice, s'accorge che la sua vista è cieca.

Canto XXVI

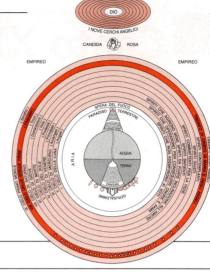

DATA	■ 13 aprile 1300 (mercoledì dopo Pasqua).
LUOGO	■ Ottavo cielo: cielo delle **stelle fisse**.
CATEGORIA DI BEATI	■ **Spiriti trionfanti**.
CONDIZIONE DEI BEATI	■ Gli spiriti trionfanti si uniscono a formare **cerchi che danzano** girando sul loro centro, a velocità diverse, a seconda del loro grado di beatitudine.
INTELLIGENZE MOTRICI	■ **Cherubini**.
PERSONAGGI	■ **Dante** e **Beatrice**. ■ San Pietro, san Giacomo, **san Giovanni**. ■ **Adamo**.

SEQUENZE

■ **San Giovanni esamina Dante sulla carità** (vv. 1-66)

«La tua vista è smarrita, non scomparsa: Beatrice farà per te ciò che Ananía fece a san Paolo, cioè ridargli la vista», dice Giovanni rassicurando Dante. Poi comincia a esaminarlo sulla carità. Prima domanda: «A cosa aspira la tua anima?». Risposta: «Il bene che appaga questa corte celeste è inizio e termine di tutto ciò che Amore mi insegna». «E chi puntò il tuo arco su tale bersaglio?». «Argomentazioni filosofiche e l'autorità della rivelazione – risponde il pellegrino – imprimono e modellano dentro di me l'amore; il bene lo accende di per sé. Me lo dimostra il Filosofo (Aristotele), me lo dimostra la Bibbia, me lo dici tu nel *Prologo* del tuo *Vangelo*». «Dimmi dunque se senti altri impulsi che ti spingono verso Dio, dimmi *con quanti denti questo amor ti morde*». «Tutti gli stimoli hanno contribuito a indirizzare il mio cuore a Dio: l'essere del mondo e il mio, la morte e resurrezione di Cristo. E così dal falso amore sono ritornato a quello vero».

■ **Approvazione dei beati e riacquisto della vista da parte di Dante** (vv. 67-79)

Non appena Dante cessa di parlare, Beatrice e i beati intonano il *Santo, santo, santo*, in ringraziamento a Dio. Il pellegrino recupera la vista grazie al fulgore degli occhi di Beatrice.

■ **Incontro e dialogo con Adamo** (vv. 80-142)

Un quarto lume si è affiancato ai tre esaminatori: è Adamo. Il poeta ha fretta di ascoltarlo e Adamo legge le domande in Dio, specchio che contiene ogni cosa senza essere contenuto in nessuna. «Tu da me vuoi sapere: quanto tempo fa Dio mi pose nell'Eden; per quanto tempo ci rimasi; per quale colpa ne sono stato cacciato; quale lingua parlavo. La colpa non fu di gola, ma di superbia (la trasgressione di un divieto). Rimasi nel Limbo 4302 anni: vi ero giunto dopo 930 anni di vita. La lingua che parlavo era già morta all'epoca di Babele, perché la facoltà di parola è cosa naturale, ma le lingue si trasformano con l'uso. Rimasi nell'Eden quasi 7 ore».

301

Paradiso

Canto XXVII

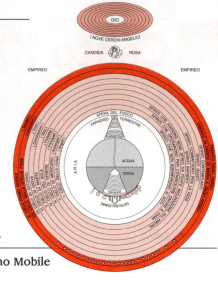

DATA	■ 13 aprile 1300 (mercoledì dopo Pasqua).
LUOGO	■ Ascesa dal cielo delle stelle fisse al **Primo Mobile** (o Cielo cristallino: nono cielo).
CATEGORIA DI BEATI	■ Cielo delle stelle fisse: **spiriti trionfanti**. ■ Primo Mobile: in quest'ultimo cielo fisico non sono ospitati beati, bensì le nove **gerarchie angeliche**.
CONDIZIONE DEI BEATI	■ Gli spiriti trionfanti (▶ canto XXVI) ■ Gerarchie angeliche (ordini di angeli) appaiono come **nove cerchi di fuoco concentrici**, che ruotano a diverse velocità e ardore intorno a un punto luminosissimo (Dio). Velocità e luminosità sono proporzionate alla perfezione delle singole gerarchie.
INTELLIGENZE MOTRICI	■ Cielo delle stelle fisse: **Cherubini**. ■ Primo Mobile: **Serafini**.
PERSONAGGI	■ **Dante** e **Beatrice**. ■ **San Pietro**.

SEQUENZE

■ **I beati intonano il** *Gloria* (vv. 1-9)
Tutto il paradiso canta *Gloria* a Dio: è un *riso / de l'universo* che inebria udito e vista del poeta.

■ **San Pietro condanna la corruzione del papato** (vv. 10-66)
La fiamma di san Pietro diventa da bianca, rossa: «Non meravigliarti se mi trascoloro (e con me tutti i beati): il mio attuale successore (Bonifacio VIII) ha reso la mia tomba una fogna, rallegrando Lucifero». I beati arrossiscono, come il cielo all'aurora o al tramonto: anche Beatrice s'imporpora ad ascoltare i peccati altrui. Poi Pietro prosegue: «La sposa di Cristo (la Chiesa) è stata nutrita dal sangue dei martiri non per arricchire i faziosi papi attuali, ma per assicurare a tutti i cristiani la gioia del paradiso. Sui lupi travestiti da pastori, come Giovanni XXII e Clemente V, incombe la vendetta divina. E tu, figlio, tornato nel mondo, dì tutto».

■ **I beati risalgono all'Empìreo** (vv. 67-75)
Ora i beati salgono al cielo superiore, l'Empìreo, con la leggiadria di fiocchi di neve.

■ **Ultimo sguardo alla terra e bellezza di Beatrice** (vv. 76-99)
Beatrice invita Dante a guardare l'universo sotto di loro: vede il mare con il *varco folle di Ulisse*, un vasto cono in ombra, ma soprattutto la *mente innamorata* del poeta desidera più che mai il *viso ridente* dell'amata.

■ **Il Primo Mobile** (vv. 100-120)
Contemplando Beatrice, Dante sale al Primo Mobile, il cielo che gira più velocemente. Cinto solo dall'Empìreo, esso – spiega Beatrice – dà origine al movimento e al tempo.

■ **Invettiva di Beatrice contro la cupidigia e profezia finale** (vv. 121-148)
«Oh cupidigia – prorompe Beatrice – che sommergi gli uomini! Ingannati dai beni terreni, non sanno più sollevare lo sguardo! Ma le cose stanno per cambiare e *vero frutto verrà dopo il fiore*».

Canto XXVIII

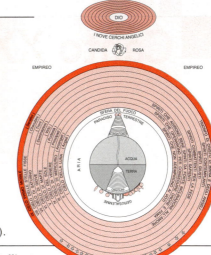

DATA	13 aprile 1300 (mercoledì dopo Pasqua).
LUOGO	Nono cielo: **Primo Mobile** (o Cielo cristallino): è il cielo che gira più rapidamente; racchiude gli altri cieli ed è circondato solo dall'Empìreo. Dal Primo Mobile s'irradia il movimento dell'universo e ha origine la divisione del tempo.
CATEGORIA DI BEATI	Nove **gerarchie angeliche** (ordini di angeli): Serafini, Cherubini, Troni, Dominazioni, Virtù, Potestà, Principati, Arcangeli, Angeli.
CONDIZIONE DEI BEATI	Le gerarchie angeliche (ordini di angeli) appaiono come **nove cerchi di fuoco concentrici**, che ruotano a diverse velocità e ardore intorno a un punto luminosissimo (Dio). Velocità e luminosità sono proporzionate alla perfezione delle singole gerarchie.
INTELLIGENZE MOTRICI	**Serafini**.
PERSONAGGI	**Dante** e **Beatrice**. Cori angelici.

SEQUENZE

■ **Visione di nove cerchi ruotanti intorno a un punto luminoso** (vv. 1-39)
Quando la donna che *imparadisa* la mente di Dante tace, egli vede riflettersi negli occhi di lei una luce: si volge allora a guardare un punto luminosissimo, circondato da 9 cerchi concentrici di fuoco che gli ruotano intorno, tanto più velocemente quanto gli sono più vicini.

■ **Spiegazioni di Beatrice** (vv. 40-87)
Beatrice spiega: il cerchio più stretto è così rapido perché più *punto* (stimolato) da amore. Ma come mai – chiede Dante – il cerchio più vicino alla terra è il più lento e imperfetto, diversamente da ciò che accade qui, in paradiso? La sua donna lo invita a guardare alla virtù, non all'apparenza (alla grandezza) dei cerchi, per cogliere la corrispondenza di ogni cielo con la sua Intelligenza motrice. Il poeta riconosce la verità, come quando il maestrale spazza le nubi e le stelle tornano a risplendere.

■ **Le gerarchie angeliche** (vv. 88-129)
Continua Beatrice: il punto luminoso è il principio da cui dipendono il cielo e la natura, è il *punto fisso che li tiene a li 'ubi'*, è Dio. Intorno a lui sfavillano i cerchi angelici. «I primi 2 cerchi sono Serafini e Cherubini. Concludono la prima terna i Troni. La seconda terna è costituita da Dominazioni, Virtù e Potestà. La terza da Principati, Arcangeli e Angeli».

■ **Teorie sugli angeli** (vv. 130-139)
Dunque – conclude Beatrice – Dionigi l'Areopagita rivelò agli uomini giuste verità sugli angeli, mentre san Gregorio errò: ma quando giunse in paradiso, rise di sé.

Paradiso

Canto XXIX

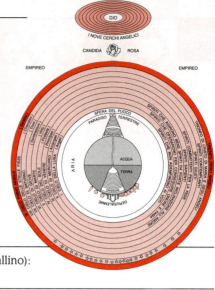

DATA	13 aprile 1300 (mercoledì dopo Pasqua).
LUOGO	Nono cielo: **Primo Mobile** (o Cielo cristallino): ▶ canto XXVIII.
CATEGORIA DI BEATI	Nove **gerarchie angeliche** (ordini di angeli): ▶ canto XXVIII.
CONDIZIONE DEI BEATI	Le gerarchie angeliche appaiono come **nove cerchi di fuoco concentrici**: ▶ canto XXVIII.
INTELLIGENZE MOTRICI	**Serafini**.
PERSONAGGI	**Dante** e **Beatrice**. Cori angelici.

SEQUENZE

■ **Il silenzio di Beatrice** (vv. 1-9)
Beatrice tace, fissando gioiosa il punto luminoso (Dio) che aveva abbagliato Dante.

■ **La creazione degli angeli** (vv. 10-48)
Poi la donna dice: «L'eterno amore (Dio) ha prodotto per amore nuovi amori (gli angeli). Creò simultaneamente forma, materia e la loro combinazione; e l'atto creativo durò un istante. Gli angeli furono creati nell'Empìreo, buoni, perfetti e pure forme. Dunque erra san Gerolamo: gli angeli non furono creati prima del mondo».

■ **Angeli ribelli e angeli fedeli** (vv. 49-66)
Continua Beatrice: «Non più di 20 secondi trascorsero dalla creazione degli angeli alla caduta di quelli ribelli, che seguirono il *maledetto superbir* di Lucifero. Gli angeli fedeli, invece, riconobbero il Bene da cui dipendono. Ricevettero perciò la grazia illuminante, quale più, quale meno, a seconda del loro desiderio».

■ **Le facoltà degli angeli** (vv. 67-81)
«Ormai – prosegue Beatrice – puoi capire da te che gli angeli possiedono volontà e intelletto. Non hanno, viceversa, i ricordi: vedono già ogni cosa al presente in Dio».

■ **Polemica contro teologi e predicatori** (vv. 82-126)
«Quelli che in terra insegnano il contrario, si distolgono dalla verità per amore di apparenze o di mania di protagonismo. Guai a subordinare le Sacre Scritture alla filosofia! Se ne altera il significato e si fa torto al sangue versato per seminarle nel mondo. Per ambizione molti predicatori insegnano ciance e facezie, che "ingrassano" le elemosine che ricevono... Altri, che gonfiano il loro cappuccio di frati, sono ancora più ingordi».

■ **Il numero degli angeli e la perfezione di Dio** (vv. 127-145)
«Infine: il numero degli angeli è determinato, ma incalcolabile. In questa moltitudine s'irraggia la prima luce (Dio), in molti modi distinti e con intensità differenti: la perfezione di Dio sta nel dividersi in tante creature, rimanendo uno».

Canto XXX

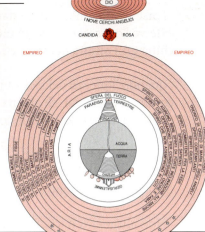

DATA	■ 13 aprile 1300 (mercoledì dopo Pasqua).
LUOGO	■ Passaggio dal nono cielo (Primo Mobile) all'**Empìreo**. Quest'ultimo non è propriamente un «cielo», essendo costituito da pura luce intellettuale e amore spirituale. Nell'Empìreo non ci sono limitazioni spaziali, lontananza o vicinanza, né leggi fisiche o naturali. Qui risiedono Dio, i beati e gli angeli: è il vero e proprio paradiso.
CATEGORIA DI BEATI	■ I beati, visibili in vesti bianche, sono disposti come in un **anfiteatro celeste**, sui cui gradini essi, come petali di una rosa, hanno il loro seggio. ■ Al centro dell'Empìreo vi è l'immenso **lago della grazia divina**, creato dal raggio diretto di Dio: esso si riflette sul Primo Mobile, dando così origine al moto delle sfere celesti. In alto, sulla verticale dell'Empìreo, vi è Dio. ■ Dall'alto discendono incessantemente gli **angeli**, che depositano sui beati la sublime felicità della grazia di Dio; gli angeli, poi, dai beati risalgono verso Dio.
PERSONAGGI	■ **Dante** e **Beatrice**. ■ Angeli e beati della candida rosa. ■ Viene citato l'imperatore **Enrico** (Arrigo) VII.

SEQUENZE

■ **Sparizione dei cori angelici e nuova bellezza di Beatrice** (vv. 1-33)
Come all'alba, quando le stelle svaniscono una dopo l'altra, così sbiadisce il trionfo angelico festante intorno al punto luminoso insostenibile per Dante. Egli torna con gli occhi a Beatrice, più bella che mai: il ricordo del *dolce riso* vince le sue facoltà e Dante rinuncia all'impresa impossibile di esprimerla con parole umane.

■ **Arrivo all'Empìreo: il fiume di luce** (vv. 34-96)
Beatrice annuncia: «Siamo entrati nel *ciel ch'è pura luce: / luce intellettual, piena d'amore; / amor di vero ben, pien di letizia; / letizia che trascende* tutta la dolcezza dell'universo: e vedrai la milizia degli angeli e quella dei beati, questi ultimi con il corpo che avranno dopo il Giudizio universale». Una viva luce abbaglia Dante. Beatrice lo rincuora: lo fortificherà. Dante infatti riesce a scorgere un fiume di luce tra due rive fiorite. Scintille si riversano sui fiori e tornano al fiume, inebriate dal profumo. Ma ciò che Dante vede è solo un'ombra del vero, perché egli non è ancora pronto alla visione completa. Come un bimbo al latte materno, Dante si protende all'onda luminosa; vede il fiume farsi lago di luce, i fiori farsi beati in candide vesti, e le scintille, angeli che volano e ritornano dalla luce di Dio alla rosa dei beati.

■ **Il lago di luce e l'anfiteatro** (vv. 97-123)
Dante prega Dio perché gli consenta di rivelare ciò che vide. Lassù c'è un lume che rende visibile il Creatore alle creature: esso *si distende* in cerchio, più largo del sole; si riflette sul Primo Mobile, che ne ricava vita e potenza. Intorno al lume si specchiano nella luce, disposti ad anfiteatro, i beati: *quanto di noi là sù fatto ha ritorno*.

■ **Beatrice e Dante nel centro della candida rosa** (vv. 124-148)
Beatrice conduce Dante al centro della rosa mistica. Lo invita a guardarsi attorno: pochi posti sono ancora vuoti. Su un trono c'è una corona: è il seggio che attende l'augusto Arrigo (l'imperatore Enrico VII), che cercherà di *drizzare* l'Italia, trovandola però impreparata. Ma il papa che lo ingannerà (Clemente V) sarà presto dannato.

Paradiso

Forse semilia miglia di lontano
ci ferve l'ora sesta, e questo mondo
3   china già l'ombra quasi al letto piano,

quando 'l mezzo del cielo a noi profondo
comincia a farsi tal, ch'alcuna stella
6   perde il parere infino a questo fondo;

e come vien la chiarissima ancella
del sol più oltre, così 'l ciel si chiude
9   di vista in vista infino a la più bella.

Non altrimenti il trïunfo che lude
sempre dintorno al punto che mi vinse,
12   parendo inchiuso da quel ch'elli 'nchiude,

a poco a poco al mio veder si stinse:
per che tornar con li occhi a Bëatrice
15   nulla vedere e amor mi costrinse.

Se quanto infino a qui di lei si dice
fosse conchiuso tutto in una loda,
18   poca sarebbe a fornir questa vice.

La bellezza ch'io vidi si trasmoda
non pur di là da noi, ma certo io credo
21   che solo il suo fattor tutta la goda.

Sparizione dei cori angelici e nuova bellezza di Beatrice

1-9. A forse seimila miglia [di distanza] da dove eravamo, sulla terra (*ci*) divampa il mezzogiorno (*l'ora sesta*), e il mondo terreno proietta (*china*: letteralmente "reclina", "appoggia") le sue ombre quasi in orizzontale (*al letto piano*), quando il centro (*mezzo*) del cielo, a perpendicolo (*profondo*) sopra di noi, comincia a mutare, [diventando così luminoso] che qualche stella non si vede più (*perde il parere*) dalla terra, fondo dell'universo; e quando poi viene l'aurora, luminosissima ancella che anticipa il giorno (*del sol più oltre*), così il cielo si spegne (*si chiude*), stella dopo stella (*vista*) fino alla più luminosa.

10-15. Nello stesso modo il trionfo [degli angeli] che fa festa (*lude*) attorno al punto luminoso [Dio] che mi aveva sopraffatto, punto che m'era apparso incluso in ciò che esso stesso, invece, include, a poco a poco [il trionfo del v. 10] si dissolse (*si stinse*) alla mia vista: motivo per cui (*per che*) il non veder più nulla e il mio amore per lei [Beatrice] mi indussero a ritornare con lo sguardo a Beatrice.

16-21. Se quanto ho detto (*si dice*) su di lei, fino a questo punto, fosse chiuso tutto insieme in una sola lode (*loda*), questa sarebbe inadeguata (*poca*) ad adempiere bene (*fornir*) tale compito (*vice*). La bellezza che io vidi allora trascende (*si trasmoda*) non solo le facoltà umane (*non pur di là da noi*) [ma anche quelli dei beati e degli angeli]: ma io sono convinto che solo Dio, suo creatore, possa goderla pienamente.

1-9. Forse semilia miglia... a la più bella: il senso è che, come sulla terra allo spuntare dell'aurora si spengono via via le stelle in cielo, così agli occhi di Dante dileguano via via le luci dei cori angelici. Dante vede quindi affievolirsi, fino a scomparire, gli infuocati cerchi angelici di cui Beatrice gli ha poco prima parlato. Sull'espressione *'l mezzo del cielo a noi profondo* le interpretazioni divergono: se intendiamo *mezzo* come termine fisico, allora l'espressione significa "il tratto d'atmosfera alto sulla nostra testa"; se invece lo prendiamo come

termine geometrico, allora *mezzo* varrà "il centro del cielo a perpendicolo su di noi" (questa seconda ipotesi pare preferibile). Al verso 6 *il parere* è "la parvenza", "la possibilità di esser visto"; al verso 9 *vista* significa "stella", come spesso accade nella terza cantica (vedi *Paradiso* XXIII, vv. 25-30).

11. al punto che mi vinse: è Dio questo punto di luce, che ha abbagliato il pellegrino Dante, presentandoglisi al centro del sistema concentrico dei cori angelici, che, in realtà, Dio stesso contiene.

15. nulla vedere: voce verbale sostantiva-

ta: "il fatto di non veder più nulla". Il successivo verbo *costrinse* è concordato a senso con doppio soggetto.

17. loda: significa propriamente "componimento in lode" della donna amata, come viene precisato nel cap. XIX della *Vita Nuova* e come viene confermato in *Purgatorio* XXIV. Tale esercizio della poesia non si prefigge altro compenso se non la felicità stessa di lodare la donna, quale anticipo e simbolo di felicità ulteriori e supreme.

306

Canto XXX

	Da questo passo vinto mi concedo
	più che già mai da punto di suo tema
24	soprato fosse comico o tragedo:
	ché, come sole in viso che più trema,
	così lo rimembrar del dolce riso
27	la mente mia da me medesmo scema.
	Dal primo giorno ch'i' vidi il suo viso
	in questa vita, infino a questa vista,
30	non m'è il seguire al mio cantar preciso;
	ma or convien che mio seguir desista
	più dietro a sua bellezza, poetando,
33	come a l'ultimo suo ciascuno artista.

22-27. Mi dichiaro (*mi concedo*) vinto di fronte a tale compito (*passo*), più di quanto mai un qualche scrittore di stile comico o tragico sia mai stato sopraffatto dalla difficoltà di un passaggio da scrivere (*punto di suo tema*): perché, come [la luce del] sole [si cancella] negli occhi (*viso*: la vista umana) che vacillano, così il ricordarmi del dolce sorriso di Beatrice mi sottrae (*scema*) le facoltà mentali.

28-33. Dal primo giorno in cui io vidi i suoi occhi, in questa vita terrena, fino alla presente visione celeste (*questa vista*), non era mai stato, per me, impossibile (*preciso*: precluso, impedito) che la mia poesia (*cantar*) tenesse dietro (*seguire*) alla sua [di Beatrice] bellezza; ma ora è tempo che io desista dal tener dietro, poetando, alla sua bellezza, come qualsiasi artista [giunto] allo stremo delle sue risorse.

Lume è la sù che visibile face / lo creatore a quella creatura / che solo in lui vedere ha la sua pace.

■ *Gustave Doré*, L'Empìreo e la candida rosa (incisione, 1880).

22. questo passo: il compito di "lodare" ulteriormente Beatrice.
24. comico o tragedo: Dante si rifà qui alla distinzione, tipicamente medievale, fra i tre stili: elegiaco (il più basso), comico (mediano), tragico (il più solenne), al quale corrispondevano i tre generi letterari: rispettivamente, *elegia*, *commedia* (in latino *comedìa*: è il vocabolo che dà titolo al poema) e *tragedia*. Sempre al verso 24, *soprato* ("sopraffatto", "superato") è un puro dantismo.
29. questa vita... questa vista: si noti il gioco linguistico della coppia quasi perfetta aggettivo + sostantivo (in cui il dimostrativo *questa* viene utilizzato in modo ambiguo). Dante usa anche questi mezzi, nel *Paradiso*, per esprimere l'inesprimibile.
31. desista: nel suo intento di riferire ulteriormente, con la sua arte, la bellezza di Beatrice, Dante è costretto ad arrendersi, come capita a tutti gli artisti nel punto estremo della loro capacità espressiva (*a l'ultimo suo*).

Le chiavi del canto

UNO STILE PIÙ COMMOSSO

Dante sta giungendo al suo **supremo traguardo**: alla visione di Dio nell'Empìreo. L'inizio del canto XXX narra appunto l'ascesa del poeta-pellegrino all'Empìreo: nei versi immediatamente successivi a questi che abbiamo letto, Beatrice annuncerà a Dante la salita nell'ultimo cielo, dove egli vedrà i beati con il loro corpo glorioso.

Tale **materia conclusiva**, che riempie gli ultimi quattro canti dell'opera, richiede al poeta un **ultimo sforzo**. Perciò, rispetto al finale del canto XXIX, con il suo tono di "lezione teologica", l'inizio del canto XXX sembra segnato da **un'ispirazione nuova**: un'ispirazione meno didascalica e assai più **lirica**, quasi sentimentale. Certo, il tono generale rimane solenne – non potrebbe essere diversamente – ma il poeta sembra esprimere nei suoi versi l'attonito **stupore** che, parallelamente, cattura anche il pellegrino nella sua ultima salita.

DUE MOMENTI CONTEMPLATIVI

L'inizio del canto (vv. 1-12) è dedicato a un grande **spettacolo naturale**: i cori angelici, ammirati in precedenza, dileguano uno per uno, come qui in terra si spengono le stelle al sopraggiungere dell'aurora. È un **momento poetico**, che non suggerisce a Dante digressioni astronomiche o scientifiche: viene goduto di per sé, come pausa di pura bellezza.

Allo stesso modo i versi successivi (vv. 13-21) sono dedicati a un'ulteriore pausa contemplativa: gli **occhi di Beatrice** strappano un'ultima *loda* al suo poeta.

IL POETA ALL'ULTIMO TRAGUARDO

Infine viene la dichiarazione d'**insufficienza poetica** dei versi 22-33. La bellezza della donna è ormai tale, che non soltanto gli uomini sono incapaci di goderla appieno (e tantomeno di esprimerla), ma persino gli angeli non ne hanno facoltà: solo Dio, nientemeno, ne è capace. Beatrice viene così definitivamente posta su **un livello** intrinsecamente **superiore**. Se fino a ora ella era stata pur sempre una donna, o quantomeno aveva conservato qualcosa della sua natura terrena, da qui in avanti diviene un'altra cosa: una **creatura superiore** all'umanità comune. Qui, dunque, **si arresta la lode** concessa a Dante, che si dichiara definitivamente vinto da un simile tema (*Da questo passo vinto mi concedo*, v. 22), posto al di là di ciò che è esprimibile con parole umane.

Giunge qui all'ultimo traguardo il proposito espresso nell'ultimo capitolo della *Vita nuova*: «Io spero di dicer di lei – aveva scritto Dante verso i trent'anni, a chiusa della *Vita Nuova* – quello che mai non fue detto d'alcuna». Dante si arrende, ma dopo aver raggiunto il **massimo traguardo**: la visione di Beatrice nella gloria di Dio. Beatrice, «loda di Dio vera», non può essere ulteriormente lodata.

Lavoriamo sul testo

I CONTENUTI

1. Una scenografia grandiosa apre il testo: da quali elementi è resa tale?

2. Chi è la *chiarissima ancella del sol*? Perché viene citata?

3. Il canto si apre su un tema astronomico, al quale però il poeta conferisce un andamento quasi idillico: spiega queste due dimensioni con qualche riferimento al testo.

4. Il cielo si *chiude*, ma all'improvviso appare una nuova luce. Illustra questo motivo, spiegando in che modo avvengono, e perché, oscuramento e illuminazione.

5. Nel testo vi sono due riferimenti diretti a Dio: individuali.

6. Uno dei motivi dominanti del canto (e dell'intero poema) è la bellezza di Beatrice. Quali versi o espressioni la rivelano?

7. La Beatrice di questo canto appare più che una creatura terrena. Da quale verso o allusione lo si capisce?

8. Dante a un certo punto fa riferimento a due generi letterari: quali? E a quale scopo vi fa cenno?

9. In un verso e in parte del successivo Dante fa riferimento al suo passato personale. Rintracciali e spiega.

10. In che cosa consiste il motivo dell'«insufficienza poetica»? Spiegalo con le tue parole, facendo riferimento ai versi di Dante.

LE FORME

11. Al verso 2 *ci* viene utilizzato come pronome o come avverbio di luogo? Chiarisci.

12. In questo testo compaiono diversi infiniti sostantivati: rintracciali.

13. Quale concordanza a senso puoi rintracciare nel brano? Ritrovala e spiegala con le tue parole.

Canto XXXI

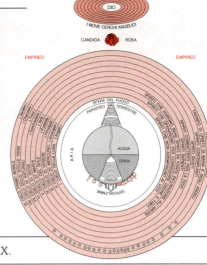

DATA	13 aprile 1300 (mercoledì dopo Pasqua).
LUOGO	**Empìreo:** per la descrizione, ▶ canto XXX.
CATEGORIA DI BEATI	I beati, visibili in vesti bianche, sono disposti come in un **anfiteatro celeste**, sui cui gradini essi, come petali di una rosa, hanno il loro seggio.
PERSONAGGI	**Dante** e **Beatrice**. **San Bernardo** di Chiaravalle. **Maria**; angeli e beati della candida rosa.

SEQUENZE

La candida rosa (vv. 1-27)
La Chiesa trionfante (cioè: le anime gloriose del paradiso) si mostra al poeta in forma di candida rosa in cui entra ed esce uno sciame di angeli che porgono ai beati la pace e l'ardore che acquistano volando. *Tanta moltitudine volante* non oscura la luce di Dio: essa penetra senza impedimenti ovunque.

Stupore di Dante (vv. 28-48)
Il poeta, che è venuto da Firenze all'Empìreo, al divino dall'umano, all'eterno dal tempo, si stupisce ma si ristora, guardandosi intorno e con la speranza di raccontarlo.

Apparizione di san Bernardo (vv. 49-63)
Vede visi persuasi alla carità, inondati dalla luce e dal riso di Dio. Coglie la *forma general di paradiso* ma vorrebbe chiarimenti. Perciò si volge alla sua donna... ma al suo posto vede un vecchio glorioso, lieto come un padre benigno.

Saluto a Beatrice (vv. 64-93)
Egli indica al poeta Beatrice, posta sul trono che si è meritata, nella terza fila di beati. Da lì la sua immagine giunge ancora agli occhi del poeta: lontana ma inalterata perché in paradiso non esiste più lo spazio. Dante si rivolge per l'ultima volta a Beatrice. La ringrazia per la sua bontà: «Ero servo – dice – e mi hai reso libero: custodisci in me la tua *magnificenza*, così che muoia nello stato di grazia che te la rende cara». Beatrice gli sorride, poi si rivolge definitivamente a Dio.

San Bernardo invita Dante a contemplare la candida rosa e Maria (vv. 94-117)
E il vecchio: «Il santo amore mi manda per la conclusione del tuo viaggio. Osserva la candida rosa; osserva la regina del cielo, a cui io, Bernardo, sono devoto. Ella ti concederà la grazia necessaria a contemplare Dio». E invita Dante ad alzare lo sguardo su Maria.

Gloria di Maria (vv. 118-142)
Levando lo sguardo, Dante vede che nella rosa c'è un punto più luminoso e nella luce un tripudio di angeli: è la bellezza che rallegra gli occhi dei santi.

Paradiso

Canto XXXII

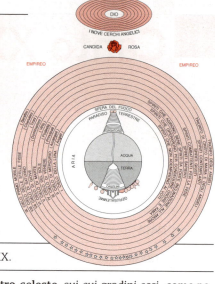

DATA	13 aprile 1300 (mercoledì dopo Pasqua).
LUOGO	**Empìreo:** per la descrizione, ▶ canto XXX.
CATEGORIA DI BEATI	I beati sono disposti come in un **anfiteatro celeste**, sui cui gradini essi, come petali di una rosa, hanno il loro seggio. La rosa è divisa longitudinalmente in **due parti**: beati dell'Antico Testamento e del Nuovo Testamento.
PERSONAGGI	**Dante** e **san Bernardo**. I **beati nella rosa**, tra cui: Maria (intorno a cui vola l'Arcangelo Gabriele), Eva, Rachele, Beatrice, Sara, Rebecca, Giuditta e Ruth; san Giovanni Battista; san Francesco, san Benedetto e sant'Agostino; i bambini innocenti; Adamo e san Pietro; san Giovanni evangelista, Mosè; sant'Anna, santa Lucia; altri beati non nominati.

SEQUENZE

■ **San Bernardo spiega la distribuzione dei beati nella rosa celeste** (vv. 1-48)
Bernardo illustra a Dante l'ordine della rosa mistica: parte da Maria, continua con le sante donne ebree, distingue tra quelli che hanno creduto in Cristo venturo e quelli che hanno creduto in Cristo venuto. Alla fine dei tempi – spiega – i credenti in Cristo venuto saranno pari ai credenti in Cristo venturo. Dal gradino che taglia a metà le due schiere in giù, vi sono i fanciulli senza alcun merito personale.

■ **Il dubbio sui bambini innocenti** (vv. 49-84)
"Perché i bambini innocenti sono su gradini diversi l'uno dall'altro?" si chiede Dante. San Bernardo risponde che nulla in paradiso è casuale: Dio concede a tutti la sua Grazia in proporzioni diverse, e così avviene anche ai bambini. Come poi questo avvenga, appartiene all'imperscrutabile disegno divino.

■ **Glorificazione di Maria** (vv. 85-114)
San Bernardo invita Dante ad alzare gli occhi verso Maria e a fissarne il volto luminoso: Dante non ha mai visto in vita tanta immagine di Dio quanta ve ne è nell'*allegrezza* che vede piovere su Maria. Un angelo è disceso davanti a lei e intona l'*Ave Maria*. Tutta la corte celeste gli fa eco. «Chi è quell'angelo innamorato?» chiede Dante. «Egli portò in terra la palma (dell'annunciazione) a Maria, quando Dio si volle incarnare».

■ **I beati più eminenti** (vv. 115-138)
«Adesso osserva – continua Bernardo – i più nobili in questo regno di giusti: vicini a Maria sono Adamo e san Pietro. E alla destra di Pietro san Giovanni evangelista, alla sinistra di Adamo, Mosè. Poi Anna e Lucia, che indusse la tua donna a soccorrerti».

■ **Necessità dell'intercessione di Maria** (vv. 139-151)
«Qui è bene interromperci e indirizzare lo sguardo sul *primo amore* (Dio) per penetrare il più possibile nella sua luce. Ma affinché tu non voli all'indietro con le tue povere ali, credendo d'avanzare, bisogna pregare colei (Maria) che sola può aiutarti». E comincia una preghiera.

Canto XXXIII

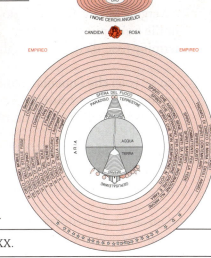

DATA	13 aprile 1300 (mercoledì dopo Pasqua).
LUOGO	**Empìreo:** per la descrizione, ▶ canto XXX.
CATEGORIA DI BEATI	I beati della **candida rosa**: ▶ canti XXXI e XXXII.
PERSONAGGI	**Dante**, **san Bernardo** e **Maria**. Al v. 38 viene citata Beatrice. **Dio**, che appare come Uno e Trino.

SEQUENZE

■ **Preghiera di san Bernardo e intercessione di Maria** (vv. 1-45)

«Vergine madre, figlia del tuo figlio, tu, che rendesti così nobile la natura umana da invogliare il Creatore a farsi creatura umana, esaudisci tra i tanti che si rivolgono a te anche costui: venuto qui dal fondo dell'universo, egli ti supplica di potersi elevare alla visione di Dio. Io ardo di desiderio per lui». Fissi in quelli di Bernardo, gli occhi di Maria mostrano quanto le sono gradite le preghiere devote: ella infatti si rivolge a Dio. La preghiera di Bernardo è esaudita.

■ **Dante fissa lo sguardo su Dio; sua invocazione d'aiuto** (vv. 46-75)

Dante sente che il suo ardente desiderio sta per essere appagato. Bernardo lo invita a indirizzare lo sguardo nel raggio della luce di verità. L'esperienza è inenarrabile, la memoria cede. La visione è sfumata come un sogno di cui resta soltanto, al risveglio, l'emozione. Il poeta invoca la somma luce perché lo renda capace di esprimere anche solo una favilla della sua inesprimibile gloria.

■ **L'unità dell'universo in Dio** (vv. 76-105)

Per grazia lo sguardo del pellegrino si fonde con l'infinita essenza di Dio. Nel profondo della luce divina vede che si raccoglie, con amore, tutto ciò che nell'universo si mostra sparso e diviso: è lì la *forma universal* in cui si amalgama ogni cosa. Ne gode ancora adesso che ne parla. Però ne ricorda pochissimo, come per un infinito oblio.

■ **Unità e Trinità di Dio e il mistero dell'Incarnazione** (vv. 106-138)

Di qui in poi il poeta non potrà che balbettare come un bambino. La potenza del suo sguardo si accresce: Dante vede nella luce tre cerchi (Padre, Figlio, Spirito Santo) di tre colori, ma di identiche dimensioni: Dio è in tre Persone, distinte, ma di eguale natura. Lo vide in cielo, ma ciò che può riferirne adesso è troppo fioco. Il secondo cerchio (il Figlio: Gesù) ha l'aspetto di figura umana. Dante si profonde nella nuova visione; cerca di capire come ciò possa avvenire, ma il suo è in vano sforzo di spiegare razionalmente un infinito mistero.

■ **Folgorazione e appagamento supremo di Dante** (vv. 139-145)

Un'illuminazione suprema, però, concessa dalla grazia divina, appaga ogni voglia. Dante *vede*. Gli manca la forza di completare la visione: ma a conformare a sé il desiderio di Dante, placandolo nell'armonia cosmica, è Dio, l'amore che muove il cielo e le altre stelle. «Qui finisce il libro della *Comedía* di Dante Alighieri di Firenze».

Paradiso

«Vergine Madre, figlia del tuo figlio,
umile e alta più che creatura,
3   termine fisso d'etterno consiglio,

tu se' colei che l'umana natura
nobilitasti sì, che 'l suo fattore
6   non disdegnò di farsi sua fattura.

Nel ventre tuo si raccese l'amore,
per lo cui caldo ne l'etterna pace
9   così è germinato questo fiore.

Qui se' a noi meridïana face
di caritate, e giuso, intra ' mortali,
12   se' di speranza fontana vivace.

Donna, se' tanto grande e tanto vali,
che qual vuol grazia e a te non ricorre
15   sua disïanza vuol volar sanz' ali.

La tua benignità non pur soccorre
a chi domanda, ma molte fïate
18   liberamente al dimandar precorre.

Preghiera di san Bernardo e intercessione di Maria

1-6. «Vergine Madre, figlia del tuo figlio, la più umile e alta fra tutte le creature, termine fissato dall'eterno volere divino [per la redenzione degli uomini], tu sei colei che ha nobilitato a tal punto la natura umana, che il Creatore di essa non disdegnò di diventare creatura umana. **7-9.** Nel tuo ventre [cioè con il concepimento di Cristo] si riaccese l'amore [tra Dio e gli uomini], e grazie al suo calore, nell'eterna pace è così germogliata questa candida rosa [dei beati]. **10-12.** Qui tu, per noi, sei fiaccola luminosissima di carità, e laggiù (*giuso*=in terra), fra i mortali, sei inesauribile (*vivace*) fonte di speranza. **13-15.** O Signora, sei così grande e tale è la tua potenza [presso Dio], che il desiderio di chiunque desideri (*qual vuol*) la grazia di Dio senza ricorrere a te, [è come uno che] pretende di volare senza avere le ali. **16-18.** La tua bontà non solo (*non pur*) aiuta chi chiede, ma molte volte previene spontaneamente la richiesta.

1-2. Vergine madre... e alta: tre coppie di termini antitetici (*vergine/madre, figlia del figlio, umile/alta*), cioè tre ossimori, inaugurano la preghiera alla Vergine; sono paradossi che san Bernardo, ovvero Dante, attinge dalla Bibbia e dalla liturgia mariana (i riti e le preghiere in onore di Maria). La preghiera con cui comincia il canto è stata preparata e introdotta dai due punti con cui si chiudeva il canto precedente, penultimo della *Commedia*. (*E cominciò questa santa orazione:*)

3. termine fisso... consiglio: punto fermo, meta predestinata (dalla provvidenza divina), punto di divisione tra l'era pagana e quella cristiana.

5-6. che 'l suo fattore... fattura: questa terminologia risale a san Pier Damiani e altri mistici medievali (Dio che è, al tempo stesso, *factor*, cioè "colui che fa" e *factura*, "ciò che è fatto"; *creans*, "colui che crea", e *creatura*, "chi è creato").

7. ventre: il termine richiama la concretezza del concepimento miracoloso di Gesù. C'è qui un'eco della preghiera più popolare a Maria, l'*Ave Maria* ("sia benedetto il frutto del ventre tuo"); **l'amore:** il patto d'amore fra Dio e il genere umano, interrotto dal peccato originale.

8. per lo cui caldo... fiore: per il cui calore o fervore di carità, nella pace perpetua del paradiso, è germogliata, è fiorita la candida rosa dei beati. La rosa mistica raffigura la Chiesa "trionfante" della Città di Dio di cui parlava (V secolo d.C.) sant'Agostino nel *De civitate Dei*; essa è ben distinta dalla Chiesa "militante", composta dai battezzati ancora vivi nel mondo.

10. Qui: nell'Empìreo; **a noi:** per noi beati.

11-12. meridïana face / di caritate: letteralmente, "meridiana (di mezzogiorno) fiaccola di carità"; la Vergine, cioè, è fiaccola, che splende come il sole di mezzogiorno, il più luminoso. L'unica virtù teologale ancora vigente, in paradiso, è la carità; fede e speranza infatti non hanno più motivo d'essere, perché il loro oggetto (Dio) è del tutto manifesto.

12. fontana vivace: sorgente inesauribile, sempre viva.

13. Donna: signora (il termine deriva dal latino *domina*, "padrona", "signora"); **tanto vali:** hai tanto prestigio, presso Dio.

14-15. che qual vuol grazia... sanz'ali: che chiunque voglia una grazia e non ricorre a te, il suo desiderio ecc. *Qual*, il "colui" di cui si parla, *vuole*, ma la *sua disïanza vuol* indipendentemente da lui, desiderio senza soggetto, e perciò *vola... senza avere le ali*. Sintatticamente si tratta di un anacoluto: il cambiamento di soggetto tra la principale e la relativa rompe l'equilibrio sintattico del periodo. C'è una ragione poetica in questo costrutto non lineare: lo sdoppiamento del soggetto sembra infatti sottolineare l'errore di chi anela male al bene.

17-18. soccorre / a chi: costruzione latineggiante; in latino, infatti, *succurrere* nel senso di "correre in aiuto" è intransitivo, non regge un complemento oggetto.

18. al dimandar precorre: previene la richiesta. Dante ha già sperimentato all'inizio del viaggio la "grazia preveniente" di Maria: allorché, nel canto II dell'*Inferno*, Maria sollecitò santa Lucia, che a sua volta sollecitò Beatrice, che sollecitò Virgilio a intervenire in aiuto di Dante, il quale errava nella *selva oscura* (▶*Inferno*, canto I, p. 23).

Canto XXXIII

PARADISO

PURGATORIO

INFERNO

In te misericordia, in te pietate,
in te magnificenza, in te s'aduna
21 quantunque in creatura è di bontate.

Or questi, che da l'infima lacuna
de l'universo infin qui ha vedute
24 le vite spiritali ad una ad una,

supplica a te, per grazia, di virtute
tanto, che possa con li occhi levarsi
27 più alto verso l'ultima salute.

E io, che mai per mio veder non arsi
più ch'i' fo per lo suo, tutti miei prieghi
30 ti porgo, e priego che non sieno scarsi,

perché tu ogne nube li disleghi
di sua mortalità co' prieghi tuoi,
33 sì che 'l sommo piacer li si dispieghi.

Ancor ti priego, regina, che puoi
ciò che tu vuoi, che conservi sani,
36 dopo tanto veder, li affetti suoi.

Vinca tua guardia i movimenti umani:
vedi Beatrice con quanti beati
39 per li miei prieghi ti chiudon le mani!».

19-21. In te vi sono misericordia, pietà, generosità del donare; in te si assomma tutto quanto vi è di buono nelle creature umane. **22-27.** Ora costui [Dante], che dalla zona più fonda dell'universo [risalendo] fino a qui ha osservato a uno a uno gli stati dell'anima dopo la morte, ti supplica di ottenere, per la tua intercessione, tanta forza (*salute*) da potersi innalzare con lo sguardo a Dio, suprema beatitudine. **28-33.** E io [Bernardo], che non ho mai desiderato di vedere Dio più di quanto arda ora di desiderio che sia lui [Dante] a vederLo, ti rivolgo tutte le mie preghiere, e prego che non siano insufficienti, affinché tu, con le tue preghiere, gli dissolva ogni impedimento (*ogni nube*) umano, così che Dio, somma beatitudine, gli si manifesti. **34-36.** Ti prego ancora, o regina, tu che puoi ciò che vuoi, di conservare pure, intatte, le sue inclinazioni dopo una visione così straordinaria. **37-39.** La tua protezione raffreni le sue passioni terrene: osserva Beatrice e gli altri beati, che a mani giunte ti supplicano di esaudire la mia preghiera!».

19-21. In te... in te.../ in te... in te/ è di bontate: l'anafora, solennemente scandita, si fonda su un crescendo di prerogative. Infatti *misericordia* (la compassione per chi soffre) e *pietate* (la religiosa osservanza del patto di carità fra esseri umani) non sono perfettamente sinonimi: la *magnificenza* è la "grandezza di gesto" in cui si esprime la *magnanimitas*, la grandezza d'animo. *Quantunque in crĕatura è di bontate* è "tutto il bene che un essere creato può contenere". Maria è la più alta testimonianza che Dio abbia impresso di sé stesso nel creato.
22. Or questi: dalla lode della Vergine, Bernardo passa all'implorazione: "Ora quest'uomo", che è Dante; ci si può immaginare che l'oratore indichi con un gesto della mano il pellegrino genuflesso; **lacuna:** il termine latino *lacuna* può significare "specchio d'acqua stagnante" (in tal caso si riferisce al lago ghiacciato del Cocito) oppure "cavità", "abisso".
24. le vite spiritali: le vite delle anime (l'anima è la parte spirituale dell'uomo),

ovvero, con parole di Dante (*Epistole* XIII), «gli stati dell'anima dopo la morte».
25. supplica a te: ti supplica; un altro costrutto alla latina con il dativo (*a te*).
27. l'ultima salute: l'estrema, definitiva *salus* ("salvezza") della visione di Dio.
28-29. che mai... per lo suo: io che, per il desiderio di vedere (Dio), non ho mai bruciato più di quanto ora (bruci) per il desiderio che lo veda lui. L'ardore contemplativo di san Bernardo era proverbiale; qui, nell'Empìreo, si sublima in magnanimità. I beati infatti desiderano la salvezza altrui quanto desiderano la propria.
31-32. ogne nube.../ di sua mortalità: tale *nube* è l'impaccio, l'opacità dei sensi, tipica dell'essere uomini in terra; un offuscamento che preclude l'accesso alla superiore verità divina.
32. co' prieghi tuoi: Bernardo non prega direttamente Dio a favore di Dante; chiede alla Vergine di farlo. Nel *Paradiso* dantesco vige il senso delle gerarchie che era tipico del mondo feudale.
35. che conservi... suoi: Bernardo prega

Maria perché conceda a Dante la "perseveranza finale", com'era chiamata nel Medioevo, gli consenta cioè di "conservare", una volta tornato sulla terra, a rischio quindi di tentazione, lo stato di grazia conseguito qui in paradiso; oppure (la seconda interpretazione non esclude la prima) chiede di aiutare il pellegrino a salvarsi dagli effetti dell'*excessus mentis*, cioè di rientrare nel pieno possesso delle sue facoltà, compromesse dall'estasi paradisiaca.
37. Vinca tua guardia... umani: la tua tutela sia più forte, raffreni le passioni terrene. È un verso semplice, ma trepidante.
38-39. vedi Beatrice... mani: secondo il filosofo e critico Benedetto Croce, questa visione di tutti i beati con le mani giunte, rivolti al trono della Vergine, è una «scena da affresco giottesco»; sembra assai simile infatti ai tanti Paradisi dipinti a fresco o su tavola nel Duecento e Trecento. Intanto echeggia per un'ultima volta nella *Commedia* l'amato nome di Beatrice, ormai fusa (ma non confusa) nel coro dei beati.

Paradiso

> Li occhi da Dio diletti e venerati,
> fissi ne l'orator, ne dimostraro
> 42 quanto i devoti prieghi le son grati;
>
> indi a l'etterno lume s'addrizzaro,
> nel qual non si dee creder che s'invii
> 45 per creatura l'occhio tanto chiaro.
>
> E io ch'al fine di tutt' i disii
> appropinquava, sì com' io dovea,
> 48 l'ardor del desiderio in me finii.
> [...]

40-45. Gli occhi [della Vergine], che Dio ama e tiene come cosa preziosa, fissi su colui che pregava [san Bernardo], ci (*ne*) dimostrarono [là, in Paradiso] quanto le preghiere devote sono gradite a lei [la Vergine]; poi s'indirizzarono alla luce che eternamente brilla [Dio], nella quale luce si deve pensare che nessuna creatura [angeli inclusi] possa penetrare con lo sguardo tanto chiaramente (*chiaro*). **46-48.** E io, che mi avvicinavo al fine di tutti i desideri, com'era giusto [che facessi], portai al culmine dentro di me l'ardore del desiderio [di contemplare Dio].

41. fissi ne l'orator: *oratore* ha tanto il senso classico di "oratore", quanto quello cristiano (da *orare*, "pregare") di "colui che prega". Comincia un gioco di sguardi: Maria prima ha gli occhi *fissi* su san Bernardo, poi li volge nella luce divina; presto Bernardo si volgerà a Dante e Dante, simultaneamente, seguirà con gli occhi lo sguardo di Maria, fissando Dio a propria volta.

48. finii: il verbo non va inteso nel senso che Dante sente cessare il suo desiderio perché Dio gli manda un anticipo della visione successiva; sarebbe troppo presto, anche se alcuni critici la preferiscono all'altra interpretazione, più ovvia: *finii* nel senso di "portai al culmine", all'intensità massima, l'ardore mistico del desiderio, il desiderio di vedere Dio.

Le chiavi del canto

■ LA SITUAZIONE NARRATIVA

Siamo nell'Empìreo, il cielo più alto, la sede di Dio. Nel canto precedente san Bernardo, l'ultima guida di Dante, ha illustrato al visitatore terreno l'**ordine della rosa mistica**, che è l'immagine assunta dalla Chiesa trionfante allo sguardo del pellegrino. Egli ha così visto le donne sante delle Scritture, Maria, di fronte a lei Giovanni Battista, e sotto di lui Francesco, Benedetto e Agostino; e poi Adamo e san Pietro e, alla destra di Pietro, Giovanni evangelista, alla sinistra di Adamo, Mosè... Poi san Bernardo ha invitato Dante a indirizzare lo sguardo sul *primo amore*, cioè Dio, per penetrare il più possibile nella sua luce.

Ma – ecco il problema – la vista di Dante non può, da sola, sostenere tanta luce. È necessario **pregare Maria**, colei che sola può aiutare Dante in quest'ultima impresa. E allora Bernardo, il *doctor mellifluus* ("dolce come il miele"), mistico fervente e teologo devoto di Maria, eleva alla Vergine la celeberrima preghiera: la sua *santa orazione* (così viene definita nell'ultimo verso, il 151, del canto XXIII).

■ LA STRUTTURA

Nella preghiera di san Bernardo alla Vergine si possono riconoscere due momenti principali:

- la prima parte (vv. 1-21) svolge il tema dell'**elogio di Ma-**

ria: la *laudatio* diviene un'alta e commossa *captatio benevolentiae*;

- la seconda parte (vv. 22-39) corrisponde alla *supplicatio*: l'oratore avanza la vera e propria **richiesta d'intercessione** a favore di Dante presso Dio.

■ IL SIGNIFICATO DEL TESTO

Bernardo, l'ultima guida del pellegrino dell'aldilà, non chiede direttamente a Dio un simile privilegio: lo chiede a Maria, affinché sia lei a intercedere presso Dio per conto di Dante. E Maria, in effetti, lo farà, con un semplice sguardo *a l'etterno lume* (v. 42).

Nella preghiera non c'è più posto per le svariate passioni terrene apparse tanto vibranti nei precedenti 99 canti: il ristabilimento della giustizia, la punizione dei colpevoli, persino il desiderio di ritornare a Firenze, tutto ciò sembra sparire in questo canto finale e anche nella preghiera che lo apre. Tutto sembra dissolversi nel **pensiero dell'eterno**, ogni altra preoccupazione appare superata, quasi senza significato, come *i movimenti umani* (v. 37) da cui san Bernardo chiede che Dante, una volta ritornato sulla terra, venga preservato.

Al centro della preghiera alla Madonna – colei che nella dottrina cattolica è "Madre di Dio" – è soprattutto il paradosso teologico per il quale la verginità di Maria convive con l'incarnazione, in lei, di Cristo: per cui il *fattore* diventa *fattura* (v. 6), il Creatore si crea creato. Dante, in paradiso, non fa che risalire a ritroso il mistero dell'incarnazione, per cui il Verbo divino si fa carne, mentre lui, al contrario, s'*indìa*, risale cioè dalla carne a Dio: se nell'incarnazione Dio si fa uomo, nel viaggio paradisiaco, all'inverso, un uomo può trascendere se stesso, e **ascendere così dall'umano** (anzi: *da l'infima lacuna / de l'universo*, vv. 22-23) **fino al divino**.

Ma in nessuno dei due movimenti c'è negazione dell'umanità: in entrambi, c'è superamento dell'umanità, c'è il compimento dell'umanità. Infatti:

- **Maria**, la madre di Dio, non cessa in nessun momento di restare donna (così al v. 13: *Donna, se' tanto grande…*), creatura di questo mondo e madre. Soprattutto nella terzina dei versi 7-9 san Bernardo (e Dante poeta, per bocca sua) esalta in Maria la presenza del femminile materno, che è *ventre*, calore (anzi, più concretamente: *caldo*), e "germinazione" di vita.

- **Dante**, il pellegrino che è salito fin qui, dovrà fra poco ritornare sulla terra. Lì sarà ancora sottoposto alla tentazione, da cui non lo sottrae certo il privilegio di questo viaggio oltremondano. Perciò Bernardo prega Maria di *conserv*are *sani, / dopo tanto veder, li affetti suoi* (vv. 35-36): non ceda alla superbia, una volta tornato nel mondo, sappia vincere, con la protezione di Maria, i *movimenti umani* (v. 37): neppure qui, nel più alto dei cieli, viene dimenticata o negata l'umanità.

■ LO STILE

Molti critici hanno messo in luce la **solenne semplicità** di questo testo; una semplicità dovuta principalmente allo **stile umile**, pur se finalizzato a comunicare verità "alte"; un linguaggio, quindi, dimesso e sublime al contempo, ispirato alla sublime semplicità della Bibbia. Dante riprende immagini e termini appartenenti a un repertorio tradizionale di figure, paradossi, antitesi ecc., caratteristico del repertorio tradizionale degli inni mariani (e sfruttato da san Bernardo di Chiaravalle nei suoi *Sermoni*).

In realtà quella di Bernardo è una preghiera "umile e alta" insieme, per riprendere una delle lodi che egli rivolge a Maria. Non avrebbe senso, infatti, rivolgersi a lei con eccessiva dottrina o retorica: lo scopo di san Bernardo non è trascinare folle di uomini, ma propiziarsi Maria, colei che nel *Magnificat* – la sublime preghiera riferita dal *Vangelo secondo Luca* (I, 45 e ss.) – aveva lodato Dio in quanto «ha rovesciato i potenti dai troni, ha esaltato gli umili».

E tuttavia la preghiera di Bernardo non è affatto dimessa o trascurata. La semplicità del testo è solo apparente: si tratta di una **semplicità costruita**, frutto di una paziente **elaborazione letteraria**. Dante lavora sulla «frequenza di terzine chiuse, che, includendo un doppio *enjambement* e una cesura forte al centro del verso centrale [...] paiono conciliare le gran volute della prosa oratoria con la fibrillazione ritmica dei primi inni cristiani. Così l'ampiezza della sintassi e la complicata simmetria delle figure producono una musica umile e antica» (V. Sermonti).

Lavoriamo sul testo

I CONTENUTI

1. Dove è ambientato quest'ultimo canto della *Commedia*? Chi pronuncia la preghiera alla Vergine?

2. Quali paradossi, relativi alla Vergine, il poeta mette in luce? Rilevali nel testo.

3. Dove viene enunciato, per un'ultima volta, il nome di Beatrice? Ti sembra un riferimento casuale?

4. Nella preghiera di Bernardo si accenna anche al viaggio nell'oltretomba compiuto da Dante.
   - Dove emerge questo ricordo?
   - Perché l'oratore ne parla?

5. Quali aspetti del viaggio sono presentati alla Vergine?

6. Che cosa chiede l'oratore, per conto di Dante, alla Vergine? Si tratta di una richiesta sola o di più richieste? Rispondi sulla base del testo.

7. Come si conclude la preghiera: con esito positivo o negativo? Da che cosa lo capisci?

8. Confronta il ruolo tenuto rispettivamente dalle tre guide di Dante, Virgilio, Beatrice e san Bernardo, nell'arco della *Commedia*; rispondi in max 20 righe.

9. Nel testo, si può ravvisare la medesima bipartizione (lode, preghiera di richiesta) presente nella popolare preghiera dell'*Ave Maria*. Svolgi un commento scritto in cui illustrerai questa affinità di costruzione con precisi riferimenti ai due testi. Anche il riferimento al *ventre* richiama all'*Ave Maria*. Ne rintracci altri?

Paradiso

LE FORME

10. Nella preghiera di san Bernardo ricorrono numerosi *enjambements*: sottolineali nel testo. Chiarisci la funzione poetica di almeno qualcuno di essi: che cosa Dante vuole mettere in rilievo, ricorrendo a tale procedimento?
11. Nella preghiera di Bernardo, secondo te, quale procedimento retorico prevale?
    - ☐ L'antitesi, per sottolineare il miracolo dell'incarnazione di Cristo
    - ☐ La similitudine, per enfatizzare l'eccellenza di Maria attraverso paragoni terreni
    - ☐ L'allegoria, perché di Maria e di Dio si può parlare solo in chiave simbolica
    - ☐ L'iperbole, per l'eccesso di elogi che Bernardo pronuncia.

    Motiva la tua risposta, allegando a riprova espressioni e versi che giudichi significativi.
12. Individua con l'aiuto delle note alcuni dei latinismi presenti nel testo. Poi chiediti: perché, a tuo avviso, il poeta vi fa così ampio ricorso?
13. Individua nel canto i seguenti termini o espressioni, e spiegali nel loro contesto, con parole diverse da quelle della parafrasi laterale:
    - *termine fisso d'etterno consiglio*
    - *meridïana face / di caritate*
    - *e vite spiritali*
    - *i movimenti umani*
    - *sua disïanza vuol volar sanz'ali*

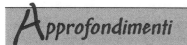

Roberto Benigni
«Roba da andare al manicomio»

Dante si trova alla fine del viaggio, Beatrice l'ha abbandonato, si è messa sul suo scranno in questo luogo che è inimmaginabile – la descrizione dei colori e delle bellezze – ma è proprio una bellezza scandalosa, da andare al manicomio. Non è che si può rivolgere alla Madonna. Nessuno di noi può dire: «Senti Maria...». Non si può fare, perché lui era in carne ed ossa, come noi. Allora chiede a san Bernardo che è un santo che gli piace perché lui era un servo umilissimo della Madonna. Ha scritto tante cose sulla Madonna, ma proprio zelantissimo alunno, amante intimissimo della Madonna. [...]

E la prega così san Bernardo: versi famosissimi, è come cantare una melodia che tutti conoscono.

Vergine madre. Guardate, ogni termine è l'opposto dell'altro, guardate la bellezza.

Vergine Madre, figlia del tuo figlio.

Eh? Già qui, 'sto verso, uno si ferma, s'ignuda e dice: «Fammi quello che vuoi, io sono qui a disposizione tua!». È una cosa... Già qui ci si ferma. Perché il mistero della Trinità è un mistero di una bellezza spettacolare... un bambino lo capisce subito. Dice: «Guarda è uno ma sono in tre, è il Padre e il Figlio e lo Spirito Santo». Noi con questo paradosso ci siamo cresciuti fin da bambini e non ci siamo mai chiesti niente. Io quando ero ragazzo dicevo: «Sì, la Madonna l'ha fatto, non c'aveva il babbo, però lui era anche il su' figliolo, erano in tre. Sì, ho capito». Non ho mai detto niente, io. Da grande non ci ho più capito niente, ma da bambino avevo capito tutto.

Vergine Madre, figlia del tuo figlio
umile e alta più che creatura.

La più bassa e la più alta, si capisce da sé.

Termine fisso d'etterno consiglio. Il punto d'arrivo, il momento nella storia dell'umanità, a cui tutti sempre si deve guardare per ricordarsi chi siamo e dove andiamo. Il consiglio di Dio ci ha detto che da questa donna in poi comincia una nuova era. Ha deciso di fare pace con tutto il mondo. Già da Noè, quando aveva litigato con gli uomini, ha mandato il diluvio universale e, alla fine del diluvio, con l'arcobaleno, pose la sua firma a patto con gli uomini che non si sarebbe arrabbiato *mai più*[1]. La firma di Dio è l'arcobaleno e il cielo è il suo quaderno dove ci scrive qualche appunto. È una bella cosa, no? Solo che gli uomini non firmarono. Infatti hanno continuato; non c'è la firma degli uomini. Dio ha firmato, ma noi abbiamo continuato.

Tu se' colei che l'umana natura
nobilitasti sì, che 'l suo fattore
non disdegnò di farsi sua fattura.

Queste son cose! Ha detto che... prega la Madonna così: l'umana natura nobilitasti così tanto che quello che l'aveva fatta... come se io faccio una cosa e dico: «Madonna com'è bella, è talmente bella che sai che faccio? Mi faccio far da lei. Mi garba così tanto 'sta cosa che ho fatto che mi faccio fare da lei!». Talmente straordinaria che dice: *'l suo fattore non disdegnò di farsi sua fattura*.

Quanto gli garbava 'sta donna a Dio? Pensa negli occhi di Maria che ci deve essere.

Nel ventre tuo si raccese l'amore,
per lo cui caldo ne l'etterna pace
così è germinato questo fiore.

---

1. **Già da Noè... mai più:** Benigni sta citando un passo del canto XII del *Paradiso*, nel quale Dante parla degli archi paralleli e concolori dell'arcobaleno, i quali, scrive, fanno qui *la gente esser presaga, / per lo patto che Dio con Noè puose, / del mondo che già mai più non s'allaga* (vv. 16-18).

Ora, dicono che questo fiore vuol dire la Chiesa, ecc. Io penso che sia Cristo, mi piace di più pensare che è Gesù che è nato dentro di lei. Si sente che c'è proprio un corpo, una donna come noi.

Per lo cui caldo: pensa essere nel ventre di una donna al caldo eterno. Come ci fa sentire d'esser dentro. E in più fa la rima fiore-amore, la più antica e difficile del mondo. Falla te una rima fiore/amore... Sì vabbé ho capito, il cuore col dolore, il fiore con l'amore.

Qui se' a noi meridiana face di caritate.

Fiaccola meridiana. Qui dove siamo noi, in Paradiso, sei la fiaccola meridiana, una luce meravigliosa di caritate, di carità. Che poi è la pietà e l'amore, che l'ha portato Cristo. Prima di Cristo non c'erano la pietà e la carità. Questo è bene saperlo, eh? L'ha inventata lui. C'era uno per strada, gli si sputava e tutti dicevano bravo. Dopo Cristo no. Ha detto: «Non va bene 'sta cosa qui». È una cosa non da niente! Io vorrei sottolinearlo.

di caritate, e giuso, intra 'mortali,
se' di speranza fontana vivace.

Tra noi sei di speranza fontana vivace. Uno zampillo di speranza per noi. È una cosa che sento rinfrescarmi, voglio mettermi sotto a questa fontana vivace di speranza!

Donna. A quel tempo voleva dire anche "signora", però partire con "donna" ci s'impaurisce quasi.

Donna, se' tanto grande e tanto vali,
che qual vuol grazia e a te non ricorre,
sua disïanza vuol volar sanz'ali.

Se uno vuole qualcosa come ora sta pregando Dante, bisogna rivolgersi a lei, a Maria, alla Vergine Madre, sennò non vola la speranza. Bisogna rivolgersi a lei per qualsiasi cosa bella, così ha deciso Dio.

La tua benignità
(niente di personale, per carità!)
La tua benignità non pur soccorre
a chi domanda, ma molte fïate
(fïate vuol dire volte, molte volte)
liberamente al dimandar precorre.

Arriva prima, qualche volta addirittura non c'è neanche bisogno di chiedergli niente. Ce l'ha dato prima e noi non ce ne siamo neanche accorti. Almeno una volta al giorno bisognerebbe dire: grazie

Maria. Non si sa perché, però qualcosa ce l'ha data. Questo intende dire Dante: bisognerebbe dirglielo. Qui le dice quanto è bella lei proprio direttamente.

In te misericordia, in te pietate,
in te magnificenza, in te s'aduna
quantunque in creatura è di bontate.

Qui finiscono le sette terzine in cui gli ha detto quant'è brava 'sta donna. È come se uno avesse detto: «Guarda, a me mi garbi tanto, ti voglio tanto bene». Dante ha scritto 'ste sette terzine [...].

Ormai ci siamo dimenticati che il *Vangelo* dice che quando si dà la mano a un poveraccio, a un bistrattato, a un diverso, ci fiorisce un giglio sopra. Quando si tratta male un diverso, un altro che viene da un altro posto, che si butta via, un cherubino smette di cantare e di volare. Le vogliamo dire queste cose che dice il *Vangelo*?

A questo punto san Bernardo parla di Dante e dice:

Or questi, che da l'infima lacuna
de l'universo infin qui ha vedute
le vite spiritali ad una ad una,

Dice: guarda che questo ha fatto un viaggio, Maria, mamma mia, poveraccio, viene proprio da dei postacci...

supplica a te, per grazia, di virtute
tanto, che possa con li occhi levarsi
più alto verso l'ultima salute.

Supplica te: «Fagli vedere, dagli la possibilità di vedere Dio».

E io, che mai per mio veder non arsi

M'interessa più che lo veda lui di quanto m'interessi vederlo io.

ti porgo, e priego che non sieno scarsi,
speriamo che bastino
perché tu ogne nube li disleghi
di sua mortalità co' prieghi tuoi,
sì che 'l sommo piacer li si dispieghi

Attenzione che questo è importante. Dice alla Madonna: «Naturalmente, levagli la nube della sua mortalità». Perché Dante era come noi, è andato lì come se ci andasse uno di noi. E non è che uno vede Dio e rimane come prima. Non si può vedere, non si può contenere, si schianta. È impossibile proprio, è un concetto che non ci appartiene. Allora dice a Maria di farlo trasumanare, che è un termine proprio di Dante, il più famoso, cioè passare dall'umano al divino. Fallo

diventare Dio per un momento [...].

Ancor ti priego, regina, che puoi ciò che tu vuoi,

Certo, a lei tutto è permesso.

che conservi sani,
dopo tanto veder, li affetti suoi.

Perché si rincitrullisce. Come i mistici. Hanno avuto un momento una visione e non sono più gli stessi. Guardate che Dio è Dio, non è che stiamo parlando di.... questo verso è bellissimo.

Vinca tua guardia i movimenti umani:

Fallo rimanere in sé. Fai che per un momento sia come noi che siamo delle anime, dei beati, fa che non diventi scemo, guarda tu alle sue facoltà perché regga il fatto di vedere Dio. Lo capiamo da soli.

vedi Beatrice con quanti beati
per li miei prieghi ti chiudon le mani!

Tutti lì pregavano Maria: te ne prego, faglielo vedere un momento. [...] Qui finisce la preghiera di San Bernardo, e ora dice la poesia:

Li occhi da Dio diletti e venerati

Quelli di Maria. Ma questa donna quanto gli garberà a Dio? Io mi domando: ma quanto gli piace 'sta donna? È innamorato come ognuno di noi è innamorato di una donna perché s'è fatto uomo. È uomo, gli piace proprio 'sta donna!

fissi ne l'orator, ne dimostraro
quanto i devoti prieghi le son grati;
Queste parole le piacquero.
indi a l'etterno lume s'addrizzaro,

La Madonna guardò Dio per un momento perché voleva quasi come il consenso anche suo. Ma pensa, una che si volta verso Dio. Tu ce l'hai davanti a te e dove guarda? Sta guardando Dio! Voi dovete immaginarvi il movimento.

nel qual non si dee creder che s'invii
per creatura l'occhio tanto chiaro

Lei l'ha guardato così, normalmente, ma non è possibile per nessuno al mondo! Solo gli occhi di Maria possono guardare così Dio. Si è voltata, ha fatto così. Io questo movimento me lo sogno la notte, di quando Maria per un momento guarda Dio. Roba da andare al manicomio.

Roberto Benigni, *Lettura e commento del XXXIII canto del Paradiso* (RAI 1, 23 dicembre 2002)

GLOSSARIO METRICO E STILISTICO

■ **Afèresi.** Caduta di uno o più suoni all'inizio di parola: *nostro intelletto, se 'l ver non lo illustra* (*Par.* VI, 125).

■ **Allegoria.** Figura retorica che consiste nello stabilire un legame puntuale fra una serie di elementi di una narrazione o di una descrizione e una serie di significati diversi dal senso letterale della prima serie di elementi. Il legame tra i significati letterali e i significati diversi non è dettato da immediata somiglianza. Il sovrasenso, cioè il senso allegorico, può essere volontariamente attribuito dall'autore (è il caso della *Commedia*) o dai commentatori in tempo successivo (è il caso dell'interpretazione allegorica delle Sacre Scritture). Per esempio, il *veltro* dantesco (*Inf.* I, 101) designa letteralmente un cane da caccia, ma allude a un riformatore spirituale.

■ **Allitterazione.** Figura retorica consistente nella ripetizione di una lettera o di un gruppo di lettere in una serie di parole vicine. L'a. trova ampio luogo nella *Commedia*, in funzione espressiva, o per evocare immagini o toni (aspri o dolci) con suoni considerati analoghi: *Inf.* VI, 18: *graffia li spirti iscoia ed isquatra*; *Pur.* XXVIII, 109: *la percossa pianta tanto puote*.

■ **Anacolùto.** Fenomeno per il quale si introduce nel discorso un repentino cambiamento di costruzione, che infrange la regolarità sintattica della frase. Proprio dello stile colloquiale, l'a. è a volte usato per far acquistare risalto a una parte del discorso («*Quelli che muoiono*, bisogna pregare Iddio per loro», Manzoni). Rarissimo in Dante. Si avvicinano al fenomeno dell'a. versi come *Inf.* XXIV, 34-36: *se non fosse che da quel precinto/ più che dall'altro era la costa corta,/ non so di lui, ma io sarei ben vinto*.

■ **Anàfora.** Figura retorica che consiste nel ripetere la medesima parola o il medesimo sintagma all'inizio di segmenti omogenei del discorso (per esempio, frasi o versi): si veda, *Inf.* V, 100-106: *Amor, ch'al cor gentil ratto s'apprende... / Amor, ch'a nullo amato amar perdona... / ... Amor condusse noi ad una morte*.

■ **Antìtesi.** Figura retorica che consiste nell'accostare due elementi del discorso di senso opposto, per creare effetti di contrasto: *non pomi v'eran, ma stecchi con tosco* (*Inf.* XIII, 6).

■ **Antonomàsia.** Figura retorica che consiste nel sostituire al nome proprio un termine comune o una perifrasi: *vidi 'l maestro di color che sanno* (*Inf.* IV, 131), per indicare Aristotele.

■ **Apòcope.** Caduta di vocale in fine di parola (andar, morir ecc.). In poesia è ammessa la caduta di una intera sillaba: *Inf.*, II, 24: *u' [ubi] siede*.

■ **Apòstrofe.** Procedimento retorico consistente nel rivolgersi direttamente a un interlocutore, reale o fittizio, modificando il tono abituale dell'esposizione o della narrazione. Mirata ad accrescere l'attenzione o la tensione nel pubblico, l'a. è frequentissima nella *Divina Commedia*. Per esempio: *Pur.* VI, 76: *Ahi, serva Italia, di dolore ostello*.

■ **Arcaismo.** Utilizzo di una forma lessicale o di una costruzione sintattica ormai scomparsa dall'uso linguistico dei parlanti e recuperata dagli scrittori per ottenere effetti di eleganza o solennità di stile: *alma* per anima, *oste* per nemico ecc.

■ **Asìndeto.** Procedimento sintattico che consiste nella soppressione delle congiunzioni fra parole o proposizioni: *di qua, di là, di giù, di sù li mena* (*Inf.* V, 43).

■ **Canzone.** Componimento della lirica d'arte romanza, codificato da Dante nel *De vulgari eloquentia*. La c. è caratterizzata da un certo numero di stanze o strofe, uguali fra loro per numero di versi e per schema di rime. La stanza si compone di due parti: fronte (divisa in due piedi), e sirma (divisa in due volte, ma non più divisa, in genere, dal Petrarca in poi).

■ **Chiasmo.** Figura retorica che consiste nella disposizione incrociata degli elementi costitutivi di due sintagmi o proposizioni: *ingiusto fece me contra me giusto* (*Inf.* XIII, 72).

■ *Climax.* Figura retorica (detta anche *gradatio*) costituita da una successione di termini posti in ordine crescente di intensità, per esempio concettuale o espressiva: *Par.* XXX, 39-42: *al ciel ch'è pura luce: / luce intellettual, piena d'amore; / amor di vero ben...*

■ **Dialèfe.** Figura metrica per cui la vocale o il dittongo in fine di parola e la vocale iniziale della parola successiva vengono considerate come appartenenti a due sillabe distinte, contrariamente alla più usuale scansione prosodica che ricomprende i due elementi in una sola sillaba (sinalefe): *Inf.*, I: *tant'era pien di sonno a quel punto*.

■ **Dièresi.** Fenomeno che consiste nella lettura distinta della semivocale e della vocale di un dittongo. Si segnala solitamente con due punti sovrapposti alla prima vocale: *ma voi torcete a la religïone* (*Par.* VIII, 145).

■ **Dittologia.** Consiste nella successione di sinonimi legati dalla congiunzione "e": *ha natura sì malvagia e ria* (*Inf.* I, 97).

■ **Ellissi.** Omissione di uno o più elementi necessari a una costruzione sintattica completa, senza che ne risulti alterato il significato. Per esempio: *Non omo, omo già fui* (*Inf.* I, 67); *Questo io a lui; ed elli a me* (*Par.* VIII, 94).

■ **Ènclisi.** Fenomeno per il quale una parola priva di accento si appoggia a una parola precedente accentata. Per esempio, in *guàrdalo* il pronome *lo*, non accentato, si dice enclitico perché si appoggia alla parola accentata *guarda*.

■ **Endecasillabo.** Verso composto da dieci sillabe con accento sulla decima, più – nella forma più ricorrente – una undicesima non accentata (e. piano: *Nel mezzo del cammin di nostra vita*), due non accentate (e. sdrucciolo: *che noi possiam ne l'altra bolgia scendere*), o nessuna (e. tronco: *e con Rachele, per cui tanto fè*). All'interno del verso, si individuano ac-

318

centi principali; schemi frequenti sono quelli con accento su 4ª e 10ª sede: *Inf.* I, 2: *mi ritròvài per una selva oscùra*; o con accenti su 6ª e 10ª: *Inf.* I, 1: *Nel mezzo del cammìn di nostra vìta*. Si parla, in questi casi, rispettivamente di e. *a minori* e *a maiori*. Altre collocazioni di accenti sono possibili; resta comunque fisso quello sulla 10ª sillaba.

■ **Endíadi.** Figura retorica con cui si esprime un unico concetto mediante la coordinazione di due sostantivi o sintagmi: *Inf.* XXI, 82: *sanza voler divino e fato destro* (per indicare il favorevole decreto della Provvidenza).

■ **Enjambement.** Letteralmente "scavalcamento", "sconfinamento" (in italiano "inarcatura"). Si produce quando la fine di un verso non coincide con una pausa sintattica: *come se di foco uscite // fossero* (*Inf.* VIII, 72-73).

■ **Epèntesi.** Figura morfologica che consiste nell'inserire un fonema all'interno di una parola. Si verifica per lo più per ragioni metriche: *non averebbe in te la man distesa* (*Inf.* XIII, 49).

■ **Epìtesi.** Figura morfologica analoga all'epentesi, in cui un fonema non derivato dall'etimologia viene aggiunto alla fine della parola: *ne con ciò che di sopra al Mar Rosso èe* (*Inf.* XXIV, 90).

■ **Epìteto.** Aggettivo, sostantivo o locuzione che qualifica un oggetto o una persona indicandone le caratteristiche peculiari: *Cleopatràs lussuriosa* (*Inf.* V, 63).

■ **Francesismo.** Parola o locuzione propria del francese entrata, con o senza modifiche, in italiano: *mangiare*, da *manger*.

■ **Gallicismo.** Parola o forma derivata da una delle lingue gallo-romanze (cioè dal francese o dal provenzale). Si adotta la definizione di g., invece delle più precise provenzalismo o francesismo, quando è problematico stabilire da quale delle due lingue il termine sia passato all'italiano.

■ *Hápax legómenon.* In greco: "detto una sola volta". Nome o espressione di cui si ha solo un esempio nel sistema linguistico o nella lingua di un autore: *preclara è*, per esempio, *hápax* dantesco (*Par.* XI, 115).

■ *Hysteron próteron.* Figura sintattica che consiste nell'invertire, in una frase, l'ordine temporale degli avvenimenti, così da anticipare l'azione a cui si vuole dare maggior rilievo: *la incontrerai, se parti subito*.

■ **Ipèrbato.** Figura retorica che consiste nell'inversione di alcuni elementi rispetto all'ordine normale di una frase: *Pur.* XXII, 4: *e quei c'hanno a giustizia lor disio*.

■ **Ipèrbole.** Figura retorica che consiste nell'esprimere un concetto in modo esagerato, oltre i limiti della verosimiglianza (*lento come una lumaca* ecc.): *Inf.* XXV, 27: *di sangue fece spesse volte laco*.

■ **Ipotàssi.** Rapporto di subordinazione complesso e articolato (opposto alla paratassi) di elementi nella frase, di frasi nel periodo, di periodi nel discorso.

■ **Latinismo.** Parola o locuzione propria del latino entrata nell'uso di un'altra lingua e principalmente in italiano: *peculio* (dal latino *pecus*), per "gregge" (*Par.* XI, 124).

■ **Litòte.** Figura retorica che afferma un concetto negando l'opposto. Non frequente nella *Commedia*; *Par.* VI, 130-31: *Ma i Provenzai che fecer contra lui / non hanno riso*.

■ **Meridionalismo.** Termine, locuzione o modo di pronuncia proprio di uno dei dialetti delle regioni meridionali d'Italia. Sono tipici meridionalismi: l'uso dell'ausiliare *avere* in luogo di *essere* con il pronome riflessivo (per esempio: *che mai se avesse trovato*), raddoppiamenti come *nubbe* o *dirrei*, l'avverbio *loco* per "lì".

■ **Metafora.** Figura retorica consistente nella sostituzione di un termine *a* con un termine *b*, il quale abbia con *a* elementi in comune, a livello semantico (*Giovanni è una volpe, Maria è stata un lampo*; si sottolineano, rispettivamente l'astuzia e la velocità). Largamente usata da Dante: *Par.* VI, 74: *Bruto con Cassio ne l'inferno latra*.

■ **Metàtesi.** Fenomeno linguistico che consiste nell'inversione di due suoni contigui entro la parola, senza che venga alterato il significato: *drento* per "dentro" (*Inf.* IX, 7).

■ **Metonìmia.** Figura retorica che consiste nella sostituzione di una parola con un'altra avente con la prima un rapporto di causa ed effetto, o di dipendenza (contenente per il contenuto, autore per l'opera, o simili): *leggere Dante*, per dire "leggere l'opera di Dante".

■ **Neologismo.** Parola di recente creazione presa in prestito da un'altra lingua o formata *ex novo*. Notevole (anche se ridimensionata dalle attuali conoscenze di storia della lingua) la tendenza di Dante nella *Commedia* a creare n.: *Par.* XVII, 98: *infuturarsi* ("prolungarsi nel futuro"); XXX, 87: *immegliarsi* ("diventare migliore") ecc.

■ **Onomatopea.** Segno linguistico che riproduce con il significante un rumore naturale. *Par.* X, 143: *tin tin sonando...*

■ **Ossìmoro.** Figura retorica in cui si accostano parole di senso opposto che sembrano reciprocamente escludersi: *urlo silenzioso, oscura chiarezza*.

■ **Ossitonizzazione.** Fenomeno con cui si definisce l'uso medievale di rendere tronchi i nomi non latini: *Inf.* V, 4: *Minòs*; *Inf.* V, 58,: *Semiramìs*.

■ **Parafrasi.** Ritrascrizione o "traduzione" di un testo in termini più espliciti che conservi il più possibile i contenuti e l'informazione.

■ **Parallelismo.** Procedimento stilistico che consiste nel collocare simmetricamente e in parallelo gli elementi logici e grammaticali in due sin-

GLOSSARIO METRICO E STILISTICO

tagmi contigui: *occhi azzurri, capelli biondi*.

■ **Paratassi.** Rapporto di coordinazione fra due o più proposizioni dello stesso grado nell'ambito di un enunciato o di un discorso.

■ **Parodia.** Componimento letterario che imita, in modo dissacrante e ironico, un testo o uno stile altrui.

■ **Paronomasia.** Figura retorica che consiste nell'accostamento di parole che hanno suono simile: *selva selvaggia*.

■ **Perìfrasi.** Figura retorica che consiste nell'indicare una persona o una cosa attraverso un giro di parole: *La gloria di colui che tutto move* [=Dio] (*Par.* I, 1).

■ **Personificazione.** Figura retorica attraverso cui l'autore fa parlare personaggi lontani o defunti, oppure esseri inanimati o concetti astratti come la Gloria, la Patria ecc.

■ **Pleonasmo.** Elemento linguistico non necessario e ridondante: per esempio in *sicuramente omai a me ti riedi* (*Inf.* XXI, 90) il pronome *ti* è ridondante.

■ **Polisemia.** Proprietà di un segno linguistico (parola, frase o testo) di possedere più significati compresenti. La stessa *Divina Commedia* è un testo polisemico, perché esprime, programmaticamente, significati a livelli diversi (letterale, allegorico ecc.).

■ **Pròclisi.** Processo per cui una parola (mono o bisillaba) atona si appoggia nella pronuncia alla seguente parola tonica (*ti dico* ecc.).

■ **Prolèssi.** Anticipazione di uno o più elementi linguistici rispetto all'ordine normale del discorso, col fine di messa in rilievo. *Inf.* II, 11: *guarda la mia virtù, s'ell'è possente*.

■ **Provenzalismo.** Termine o locuzione tratto dalla lingua provenzale ed entrato nell'uso italiano: per esempio (*Inf.* I) *lonza, gaetta*.

■ **Rima composta.** Detta anche "franta" o "spezzata"; si ha quando un'unica parola rima con un gruppo di parole. *Inf.* VII, 28-30: *pur lì, burli*.

■ **Rima equivoca.** Rima fra parole di identica grafia, ma di significato differente: *vòlto*, per "viso", che rima con *vólto*, per "girato" (*Par.* XVIII, 65, 67).

■ **Rima identica.** Rima fra parole di uguale grafia e significato: *solvi* di *Inf.* XI, 92, in rima identica con *solvi* del verso 96.

■ **Rima sdrucciola.** Si produce quando due parole sdrucciole (con accento tonico sulla terz'ultima sillaba) rimano tra loro: *scendere* con *rendere* (*Inf.* XXIII, 32, 34).

■ **Rima siciliana.** Viene così definita la possibilità, ammessa nella lirica italiana a partire dalle origini, di far rimare *e* tonica chiusa (derivante da *E* lunga e *I* breve latine) con *i* (derivante da *I* lunga latina), ed *o* tonica chiusa (derivante da *O* lunga e *U* breve latine) con *u* (derivante da *U* lunga latina): *servire, dire, gire, gaudere; uso: amoroso*. L'imperfezione della rima è tale nel toscano, che ha un sistema di vocali toniche di sette elementi (*a, è, é, ò, ó, i, u*). In siciliano, dotato di un sistema vocalico a cinque elementi, in cui gli esiti di *E* lunga e *I* breve confluiscano in *i*, e quelli di *O* lunga e *U* breve in *u* (non esistevano, in pratica, *o* ed *e* chiuse), le rime erano perfette: *piaciri: diri* ecc. La diffusione dei manoscritti siciliani si accompagnò a una toscanizzazione linguistica a opera dei copisti, che fu di necessità imperfetta nei fenomeni in rima (*piacere: dire*). L'imperfezione fu accolta come possibilità. Numerose le r.s. nella *Commedia. Inf.* VI, 28-30: *agogna: pugna*.

■ **Similitudine.** Figura retorica che accosta due termini o due azioni sulla base di un rapporto di somiglianza. La relazione fra i termini è resa esplicita attraverso avverbi («come») o espressioni analoghe («più di» ecc.): *Lucevan gli occhi suoi più che la stella* (*Inf.* II, 55).

■ **Sinalèfe.** Fusione in una sola sillaba (nella pronuncia, e quindi nella prosodia) di vocale o dittongo in fine parola e vocale iniziale della parola successiva: *esta selva selvaggia e aspra e forte*, da leggere: *selvaggia e aspra* (*Inf.* I, 5).

■ **Síncope.** Caduta di uno o più suoni all'interno di una parola: *opra* per "opera".

■ **Sinèddoche.** Figura retorica impostata sul trasferimento di significato da una parola a un'altra, in base a una relazione di quantità: la parte per il tutto o viceversa, il genere per la specie o viceversa, la materia per l'oggetto (vela per nave; mortale per uomo, ferro per spada). *Inf.* XII, 109: *Quella fronte c'ha il pel così nero.* La s. non è spesso ben distinta dalla metonimia: contenente per il contenuto, effetto per la causa.

■ **Sinestesia.** Tipo di metafora consistente nel determinare una sensazione di un genere, per esempio visiva, con termini che si riferiscono a diverse sfere sensoriali, per esempio tattili o uditive: *mi ripigneva là dove 'l sol tace* (una sensazione visiva è espressa con un termine del campo semantico dell'udito) (*Inf.* I, 60).

■ ***Tópos.*** In greco "luogo". Concetto diffuso fino a diventare luogo comune, adattabile a varie situazioni e predisposto all'uso letterario e retorico.

■ ***Trobar clus.*** Letteralmente: "poetare chiuso". Particolare tendenza stilistica, praticata da alcuni trovatori provenzali (come Arnaut Daniel, Raimbaut de Aurenga), caratterizzata da vocaboli rari, rime preziose, oscurità semantica.

■ ***Variatio.*** Figura retorica (in latino "variazione"), consistente nel ripetere il medesimo concetto, ma variandone la forma espressiva.